Perl in 21 Tagen

Perl

IN 21 TAGEN

Schritt für Schritt zum Profi

PATRICK DITCHEN

Markt+Technik

Bibliografische Information Der Deutschen Bibliothek

Die Deutsche Bibliothek verzeichnet diese Publikation in der Deutschen Nationalbibliografie;
detaillierte bibliografische Daten sind im Internet über <http://dnb.ddb.de> abrufbar.

10 9 8 7 6 5 4 3 2 1

05 04 03

ISBN 3-8272-6393-X

© 2003 by Markt+Technik Verlag,
ein Imprint der Pearson Education Deutschland GmbH,
Martin-Kollar-Straße 10–12, D–81829 München/Germany
Alle Rechte vorbehalten
Lektorat: Melanie Kasberger, mkasberger@pearson.de
Fachlektorat: Brigitte Jellinek, Salzburg
Herstellung: Philipp Burkart, pburkart@pearson.de
Korrektur: Petra Kienle, Fürstenfeldbruck
Satz: reemers publishing services gmbh, Krefeld, (www.reemers.de)
Coverkonzept: independent Medien-Design, München
Coverlayout: Sabine Krohberger
Druck und Verarbeitung: Bercker, Kevelaer
Printed in Germany

Inhaltsverzeichnis

Über den Autor

Patrick Ditchen ist seit 1998 als freier Trainer und Autor tätig. Neben Kursen und Workshops rund um die verschiedenen Aspekte von Perl gibt er auch Seminare auf den Gebieten der UNIX-Shell-Skript-Programmierung und der UNIX-System-Administration. Er ist Autor des Buches *Shell-Skript-Programmierung* (VMI-Verlag, 2002, ISBN 3-8266-0883-6) und hat zahlreiche Kurs-Unterlagen erstellt oder übersetzt. Darunter diejenigen des Perl-Kurses von SUN Microsystems, den er regelmäßig selbst hält. Neben seiner Tätigkeit als Trainer und Autor arbeitet er an Projekten mit, die sich um Perl, Shell-Skripting und Automatisierungs-Konzepte zur System- und Netzwerk-Überwachung drehen.

Patrick Ditchen ist ausgebildeter Diplom-Physiker. Noch während des Studiums hielt er Kurse, Praktika und eine Vorlesung an der Universität für eine angegliederte MTA-Schule. Nach dem Studium wechselte er in die EDV und arbeitete sechs Jahre lang am Max-Planck-Institut für Psychiatrie in München. Dort baute er als System- und Netzwerk-Administrator ein komplexes heterogenes Netzwerk mit über 300 Rechnern auf, das er in den folgenden Jahren gemeinsam mit seinen Kollegen betreute. Er implementierte Firewall-Funktionalitäten, half bei der Einführung von SAP und wirkte an vielen weiteren Vernetzungs-Projekten mit.

In all seinen Lehrtätigkeiten, ob auf Papier oder bei Schulungen, orientiert er sich in erster Linie an praktischen Fragen und der konkreten Anwendung des Lehrstoffs.

Hinweise und Termine zu den Schulungen finden Sie unter
www.perl-kurse.de, www.pditchen.de oder *www.saruman.de*

Über die Fachlektorin

Diplom-Informatikerin Brigitte Jellinek programmiert seit 10 Jahren Perl in allen Lebenslagen, von Netzwerküberwachung bis Webprogrammierung. Auf *perlmonks.org* ist sie als »bjelli« bekannt. Ihr Buch »Easy Perl« (ISBN 3-8272-6153-8) wird gerne für Anfänger-Schulungen verwendet.
Und wenn Sie auf dem Perl Workshop 2003 nicht gelyncht wurde, weil sie einen Vortrag über PHP hielt, dann programmiert sie immer noch Perl.

Einführung

Herzlichen Glückwunsch! Mit Perl haben Sie sich für eine Skriptsprache entschieden, bei der nicht nur die Programme schnell laufen, sondern gewissermaßen auch der Programmierer. Ihr Chef wird also begeistert sein! ;-)

Die meisten Leute kommen zu Perl, weil sie an einem Projekt mitarbeiten oder ein Projekt fortsetzen, dessen Pogramme in dieser Sprache geschrieben sind. Warum werden so viele Projekte in Perl realisiert? Warum gilt Perl quasi als der »Mercedes« unter den Skriptsprachen? Erstens: Weil es schnelle *Skripte* erzeugt. Zweitens: Weil es dem Programmierer erlaubt, *schnell* Skripte zu erzeugen! Die Entwicklungszeit, die Sie für ein Perl-Skript veranschlagen müssen, liegt in aller Regel weit unter derjenigen anderer Sprachen. Und drittens: Weil es sich um eine Allround-Sprache handelt, weder spezialisiert auf das Internet, noch auf den Datenbank- oder den Administrations-Bereich. Und dennoch bestens geeignet, effiziente Lösungen für Aufgabenstellungen auf all diesen Gebieten zu schaffen.

Ganz nebenbei ist es auf praktisch jedem System installierbar, vom Großrechner über UNIX-Server bis hin zum Windows- oder Macintosh-Rechner. Kostenlos! Und ihr Skript, das Sie auf Windows 98 entwickelt haben, läuft genauso unter Windows 2000, Windows XP, MacOS, Linux, Solaris, VMS und und und. Gute Gründe also, sich für Perl zu entscheiden!

Perl in 21 Tagen möchte Sie in die Welt der Perl-Programmierung entführen, Ihnen das gesamte Standard-Repertoire dieser faszinierenden Sprache vermitteln und vieles mehr, was darüber hinausgeht. Es möchte Sie durch große Praxisnähe in die Lage versetzen, Ihr Perl-Wissen effizient in Ihrem Arbeits-Umfeld einzusetzen. Und es möchte Ihnen eine Menge Spaß bereiten beim Lernen und beim anschließenden Arbeiten mit Perl.

Wie dieses Buch aufgebaut ist

Dieses Buch ist in drei Wochen zu je sieben in sich abgeschlossene Kapitel aufgeteilt. Die meisten Kapitel behandeln das besprochene Thema vollständig, einige Themen sind jedoch so umfangreich, dass sie auf zwei Tage aufgeteilt wurden.

Die erste Woche führt Sie in die wichtigsten Grundlagen von Perl ein, in den Umgang mit Zahlen, Zeichenketten, Kontrollstrukturen und Arrays. Die zweite Woche behandelt anspruchsvollere Themen wie die Arbeit mit Hashes, Dateien, Regular Expressions und Modulen. Nach diesen vierzehn Tagen haben Sie eine Art Grundlagen-Kurs in Perl absolviert. Zum Perl-Profi avancieren Sie in der dritten Woche. Ausgehend von Referenzen erobern Sie sich die fortgeschrittenen Themen von Perl. Sie lernen, wie man komplexe Datenstrukturen aufbaut, wie man objektorientiert programmiert und wie anspruchsvolle Web-Anwendungen geschrieben werden.

Am Ende jedes Kapitels finden Sie eine Zusammenfassung des behandelten Stoffes. Hierhin blättern Sie zurück, wenn Sie sich nach einer längeren Unterbrechung ein bestimmtes Thema wieder vergegenwärtigen möchten. Auf die Zusammenfassung folgt ein fiktives Gespräch zwischen Leser und Autor, in dem der Leser Fragen zu besonders interessanten Themen oder zu Anwendungsmöglichkeiten stellt, die der Autor dann engagiert bis enthusiastisch beantwortet.

Abgerundet wird jedes Kapitel durch einen Workshop. Zunächst können Sie in einem Quiz eine Reihe von Fragen beantworten und auf diese Art selbst kontrollieren, wie präsent Ihnen der behandelte Stoff ist. Den zweiten Teil des Workshops bilden Übungen, in denen Sie das Gelernte selbst anwenden können. Es wurde viel Wert auf *praxisnahe* Übungen gelegt, was zur Folge hat, dass Sie etwas mehr Zeit investieren müssen als es bei eher didaktisch angelegten Übungen der Fall wäre. Andererseits erarbeiten Sie sich auf diese Weise bereits in den Übungen Lösungen zu Problemen, die nach der Lektüre dieses Buches in Ihrer täglichen Arbeit auf Sie warten. Musterlösungen zu den Übungen sowie die Auflösung des Quiz finden Sie in Anhang A.

In diesem Buch verwendete Konventionen

Sourcecode (Quelltext) stellen wir in diesem Buch immer in einer Festpunktschrift dar.

```
print "Hallo Welt." ;
```

Bildschirm-Ausgaben sehen folgendermaßen aus:

```
Hallo Welt.
```

Wenn der Benutzer ein Skript auf der Befehlszeile aufruft oder das Skript eine Eingabe von ihm erwartet, werden die Aktionen des Benutzers fett dargestellt.

$ myscript.pl

Platzhalter für variable Werte sind in Syntax-Beschreibungen immer *kursiv* dargestellt.

```
sin zahl ;
```

Einige Abschnitte sind mit grafischen Elementen ausgezeichnet:

 Als Hinweis werden interessante Zusatz-Informationen zu dem gerade behandelten Thema gekennzeichnet. Oft bieten sie Ausblicke auf weiterführende Themen oder weisen auf zusätzliche Anwendungs-Möglichkeiten hin.

 Achtung! Hier wird auf eine mögliche Falle aufmerksam gemacht. Indem Sie solche Hinweise beachten, können Sie sich eine Menge unnötiger Arbeit ersparen.

Kurse zu Perl

Kurse zu Perl finden Sie im Internet über jede Suchmaschine, über *www.perl-kurse.de* oder direkt beim Autor unter *www.pditchen.de*.

Feedback

Positive und negative Kritik, Anregungen und Hinweise zu Fehlern oder Unklarheiten im Buch werden Sie am Besten direkt beim Autor und beim Verlag los. Wir freuen uns über Ihre E-Mail, die Sie an *patrick.ditchen@mut.de* senden können.

Tag

1

Erste Schritte

Herzlich willkommen zu unserem Perl-Kurs in 21 Tagen. Drei Wochen lang werden wir uns ausführlich mit dieser faszinierenden Sprache und ihren enormen Möglichkeiten beschäftigen. In überschaubarer Zeit avancieren Sie vom Perl-Anfänger zu einem soliden Perl-Programmierer und aller Voraussicht nach werden Sie dabei eine Menge Spaß haben. In der ersten Woche lernen Sie die grundlegenden Konzepte und Datenstrukturen sowie die wichtigsten Befehle von Perl kennen.

An diesem ersten Tag tasten wir uns behutsam an Perl heran und wagen unsere ersten Schritte.

- Wir erfahren wie Perl entstand,

- wo es im Verhältnis zu anderen Programmiersprachen steht,

- und was es uns Alles zu bieten hat.

- Anschließend installieren wir Perl,

- wir schreiben unser erstes Skript,

- lernen mehrere Varianten kennen, es auszuführen,

- und werfen zum Schluss noch einen kurzen Blick auf einige wichtige Perl-Befehle.

Am Ende dieses Kapitels werden Sie bereits in der Lage sein, einfache Perl-Skripte zu schreiben, die Daten von der Tastatur einlesen, einfache mathematische Berechnungen durchführen und Texte auf dem Bildschirm ausgeben können.

1.1 Perl-Geschichte

Wie alles begann ...

Perl wurde von dem amerikanischen Programmierer Larry Wall entwickelt. Er stand 1987 vor der Herausforderung, ein gemeinsames Überwachungssystem für mehrere, Tausende von Kilometern voneinander entfernte UNIX-Rechner schreiben zu müssen. Er begann – wie alle Systemadministratoren in einer solchen Situation – mit einer Sammlung von UNIX-Shell-Skripten[1], um schließlich – wie alle Systemadministratoren – bei voluminösen awk-Programmen[2] zu landen. Doch Larry war mit dem erzielten Ergebnis unzufrieden. Mit awk ließen sich nicht alle Ideen realisieren und das, was funktionierte, war häufig recht umständlich gelöst. Man müsste awk erweitern, dachte er – oder besser noch: gleich eine neue Skriptsprache schreiben!

---

1   Die *Shell* ist die textorientierte Benutzerschnittstelle auf einem UNIX-System, vergleichbar mit der Eingabeaufforderung unter Windows, aber sehr viel leistungsfähiger als diese. *Shell-Skripte* dienen der Verwaltung eines UNIX-Systems. In ihnen werden Kommandos, die der Administrator normalerweise einzeln über die Tastatur eingibt, zu einem Programm zusammengefasst.

2   awk ist eine einfache Programmiersprache zur Datenauswertung, die unter UNIX im Rahmen von Shell-Skripten eingesetzt wird.

So weit die offizielle Version. Wahrscheinlich hat Larry Wall aber einfach nur auf eine günstige Gelegenheit gewartet, endlich seine Skriptsprache zu entwickeln, denn bereits zu diesem Zeitpunkt stammten einige UNIX-Tools wie patch, rn oder warp aus seiner Feder. Und der Sinn eines ambitionierten Programmierers strebt nun mal nach Höherem.

Larry schrieb seine neue Skriptsprache in C. Er nahm Funktionalitäten aus der UNIX-Shell-Skript-Programmierung, aus awk und aus C in seine Neuentwicklung auf und schuf damit eine enorme Fülle an programmiertechnischen Möglichkeiten. Mithilfe dieser Sprache realisierte er nun die ihm gestellte Aufgabe eines Überwachungssystems und: war zufrieden!

Welchen Namen sollte die neue Errungenschaft erhalten? Larry entschied sich nach langem Ringen und vielen Albträumen schließlich für »pearl« (ja, mit a), also die richtig geschriebene Perle, was außerdem als Akronym für **P**ractical **E**xtraction **A**nd **R**eport **L**anguage interpretiert werden sollte. Etwas später entdeckte er, dass es bereits eine Grafiksprache dieses Namens gab und es außerdem sehr lästig war, beim Aufruf der Sprache immer fünf Zeichen eintippen zu müssen. Er gab das bedeutungslose »a« auf und gelangte schließlich zu dem, was wir heute kennen.

... und was daraus wurde

Larry Wall stellte seine Skriptsprache schon bald ins Internet, wo sie jeder kostenlos herunterladen konnte, der sich einen Nutzen von ihr versprach. Der Zuspruch war enorm. Perl schloss die Lücke zwischen der pragmatischen, aber langsamen und oft ineffizienten Shell-Skriptsprache einerseits und der performanten, aber doch recht umständlich zu handhabenden Programmiersprache C auf der anderen Seite. Viele Administratoren sahen in ihr genau das richtige Mittel zur Bewältigung anspruchsvoller Administrationsaufgaben.

Die ständig wachsende Fangemeinde wartete nun ihrerseits mit einer Fülle von neuen Ideen und Verbesserungsvorschlägen auf. Larry Wall war begeistert und nahm immer wieder Erweiterungen vor – vielleicht sogar zu viele. Auf diese Weise erfuhr die Sprache eine lebhafte Entwicklung, wurde auf andere Betriebssysteme portiert und gewann auch außerhalb des Administrationsumfelds zunehmend an Bedeutung. Ob es nun um Webprogrammierung, grafische Benutzerschnittstellen, um Berechnungen zur Halbleiterherstellung, die Auswertung von Börsendaten oder die Entschlüsselung des menschlichen Genoms geht – immer ist irgendwo auch Perl mit im Spiel. Denn »Geht nicht« gibt es nicht in Perl.

1.2 Perl und das Web

Am bekanntesten wurde Perl durch seinen Einsatz im World Wide Web. Als man endlich begann, das Web nicht nur als Sammelkasten für virtuelle Visitenkarten zu begreifen, sondern dazu überging, es für ernsthafte Anwendungen zu nutzen, schlug die große Stunde von Perl. Denn wo sinnvolle Applikationen laufen sollen, muss auf Daten zugegriffen, müssen Daten über komplexe Algorithmen verarbeitet und schließlich auch wieder gespeichert werden – Anforderungen, die statische Webseiten nicht erfüllen.

Im Grunde spielt es keine Rolle, in welcher Sprache eine Webanwendung geschrieben ist, solange sie sich an den CGI-Standard (Common Gateway Interface) hält, der den Datenaustausch zwischen Browser, Webserver und dem Programm beschreibt. Die Vorteile von Perl gegenüber Sprachen wie C, Pascal oder der UNIX-Shell, nämlich die Unabhängigkeit der Skripten von dem darunter liegenden Betriebssystem (siehe Abschnitt 1.3), ihre kurze Entwicklungszeit (siehe Abschnitt 1.6) sowie ihre gute Performance, machten Perl aber schnell zum Quasi-Standard in der Webprogrammierung.

Heute teilt es sich diesen Markt mit einer ganzen Reihe von neueren Sprachen wie PHP (Hypertext Preprocessor) und ASP (Active Server Pages). Sie wurden speziell für die Webentwicklung geschaffen und bieten oft elegantere Lösungen als Perl. Während ein Perl-Skript immer ein eigenständiges Programm darstellt, das unabhängig von einer Webseite existiert und gespeichert werden muss, wird PHP- oder ASP-Code in eine Webseite *integriert*. Der Webserver erkennt diesen Code in dem Moment, da er die Seite ausliefert, lässt ihn von dem entsprechenden Interpreter ausführen und fügt die dabei entstehenden Daten in die Webseite ein.

Die Vorteile von Perl gegenüber den anderen Programmiersprachen fürs Web liegen sicherlich in seinen Qualitäten als Allrounder. Es ist eben nicht beschränkt auf die Anforderungen des Webs, sondern stellt eine mächtige, breitgefächerte Sprache dar. Zudem ist es ausgereift, ändert sich nicht mehr dramatisch von Version zu Version und ist längst seinen Kinderkrankheiten entwachsen. Mit Modulen wie CGI.pm, HTML::Table, LWP::Simple, XML::Simple, CGI::Application verfügt Perl auch über eine ausgereifte Bibliothek für das Web und muss den Vergleich mit den spezialisierten Websprachen nicht scheuen.

1.3 Perl für jede Plattform

Perl ist praktisch für jede Plattform verfügbar. Da Larry Wall den Source-Code offen legte, dauerte es nicht lange, bis Interessierte und Mitstreiter Binaries für alle gängigen UNIX-Systeme, aber auch für VMS, Großrechner-Betriebssysteme, DOS, Windows und den Macintosh vorlegten.

Ihre Perl-Skripte laufen im Wesentlichen unverändert auf all diesen Systemen; sie müssen auch nicht, wie in C oder Pascal, neu kompiliert werden. Einschränkungen gibt es allerdings immer dann, wenn Sie in Ihrem Programm Betriebssystemfunktionen verwenden, über die das neue System nicht verfügt. Wenn Sie beispielsweise auf die – mit Verlaub nicht sehr schlaue – Idee kommen, unter LINUX ein Verzeichnis mittels ls aufzulisten, werden Sie den Befehl natürlich durch dir ersetzen müssen, wenn das Perl-Skript unter Windows laufen soll. Wie Sie sehen werden, hält Perl jedoch eine Menge Alternativen parat, damit Sie auch in solchen Fällen kompatibel programmieren können.

1.4 Module für jede Aufgabe

Viele Perl-Programmierer folgen dem Beispiel Larry Walls und stellen ihrerseits selbst geschriebene Funktionen, die auch für andere nützlich sein könnten, *frei* verfügbar ins Internet. Im Laufe der Jahre hat sich daraus eine Sammlung von über 4000 Modulen (Funktionsbibliotheken) ergeben. Unglaublich!

Doch damit nicht genug. Um den Nutzen dieses Software-Repertoires zu optimieren, werden alle Module auf einem zentralen Server gesammelt und unter *www.cpan.org* zugänglich gemacht. Sie finden sie nach Themen geordnet, jedes einzelne gepackt und komprimiert. (CPAN steht für Comprehensive Perl Archive Network, Netzwerk für ein umfassendes Perl-Archiv.)

Wann immer man am Beginn eines neuen Software-Projekts steht, lohnt es sich, zunächst einmal diese gut sortierte Sammlung fertiger Module zu durchstöbern. Häufig kann man das ein oder andere Modul direkt einsetzen, manchmal muss man es nur noch leicht modifizieren, damit es auf die eigenen Bedürfnisse passt. Aber selbst wenn die Suche negativ verläuft, erhält man oft eine Menge nützlicher Anregungen durch den Vergleich mit dem bereits Bestehenden.

1.5 Eine große Gemeinde

Die Perl-Gemeinde ist riesig und gut organisiert. Sie trifft sich regelmäßig zu Kongressen, veröffentlicht ihre Beiträge auf einer ganzen Reihe von Webservern im Internet und diskutiert tagtäglich auftretende Fragen in mehreren Newsgroups. Um an all diese Informationskanäle zu gelangen, müssen Sie sich im Prinzip nur eine einzige Adresse merken:

www.perl.com

Auf dieser Seite laufen praktisch alle Fäden zusammen. Hier erfahren Sie die neuesten Entwicklungen, die aktuellen Termine, hier können Sie sich die Perl-Binaries herunterladen. Sie finden Dokumentationen, werden zum CPAN gelinkt und zu vielen weiteren wichtigen Servern.

Die Perl-Newsgroups finden Sie unter den Zweigen *comp.lang.perl* (fünf Gruppen) sowie *de.comp.lang.perl* (zwei Gruppen), wobei

comp.lang.perl.misc und *de.comp.lang.perl.misc*

die aktivsten Gruppen bilden mit 20 bis 40 Beiträgen pro Tag in der internationalen Gruppe und fünf bis zehn Beiträgen pro Tag in der deutschen Gruppe.

Wenn Sie das bestehende Archiv an Perl-News durchsuchen möchten, bietet sich ein Besuch bei

www.google.de

an. Klicken Sie dort auf den Zweig »Groups« und Sie erhalten eine Suchmaske zum durchstöbern von etwa 300.000 internationalen und 30.000 deutschen Beiträgen zu Perl!

1.6 Der Perl-Interpreter

Interpreter oder Compiler

Man unterscheidet allgemein zwischen *Compiler-* und *Interpreter-Sprachen*. Bei Compiler-Sprachen, wie etwa C, übersetzt der *Compiler* (etwa gcc) den Quellcode (das, was der Programmierer geschrieben hat) in Maschinencode, also Anweisungen, die der Prozessor direkt versteht. Das dauert zwar, ist aber nur ein einziges Mal notwendig. Das fertige Programm, auch als Binary bezeichnet, kann anschließend selbständig, ohne Compiler ausgeführt werden.

Interpreter (etwa die UNIX-Shell, command.com unter Windows oder AppleScript) gehen anders vor. Sie werden erst in dem Moment aktiv, in dem das Programm aufgerufen wird. Der Interpreter liest dann eine Zeile des Quellcodes nach der anderen ein und führt für jede Zeile separat die zugehörigen Maschinenbefehle aus. Wird das Programm ein zweites Mal aufgerufen, wiederholt sich der gesamte Prozess erneut.

Es liegt auf der Hand, dass fertig kompilierte Programme in der Regel schneller ablaufen als interpretierte, da sie nicht immer wieder von neuem übersetzt werden müssen. Andererseits ist der Umgang mit einem Interpreter einfacher als mit einem Compiler. Hat man etwas an seinem Programm geändert, kann man es sofort wieder aufrufen, ohne vorab den aufwendigen Kompilierungsprozess durchlaufen zu müssen.

Interpreter besitzen aber noch einen weiteren, entscheidenden Vorteil: Plattformunterschiede kommen praktisch nicht mehr zum Tragen. Bei einer Compiler-Sprache variiert das fertige Binary bei gleichem Quellcode stark zwischen verschiedenen Betriebssystemen und Prozessoren, so dass es nur auf dieser einen Plattform läuft, für die es kompiliert wurde.

Der Interpreter hingegen fängt die Unterschiede zwischen den verschiedenen Systemen auf. Er selbst läuft ja auf der gewünschten Plattform und kann daher für jeden Befehl des Quellcodes die richtigen Maschinenbefehle starten. Ist die für eine Plattform passende Version des Interpreters einmal installiert, läuft über ihn jedes Programm, selbst dann, wenn der Programmierer es ursprünglich für ein anderes System geschrieben hat.

Perl ist eine schnelle Interpreter-Sprache

Wegen der besseren Handhabbarkeit und der Plattformunabhängigkeit wurde Perl als Interpreter-Sprache konzipiert. Wie bereits oben erwähnt, gibt es den Perl-Interpreter für praktisch jedes System. Sie müssen die entsprechende Version für Ihr System installieren und können anschließend jedes beliebiges Perl-Skript ausführen. Die Skripte, die Sie schreiben, sind plattformunabhängig. Allerdings gilt die Einschränkung, dass Sie keine betriebssystemeigenen Befehle wie ls oder dir verwenden dürfen.

Nun leiden interpretierte Programme aber daran, dass sie langsamer ablaufen als kompilierte. Dennoch gilt Perl gemeinhin als schnelle Sprache, zwar nicht so schnell wie C, aber weitaus schneller als UNIX-Shell-Skripte oder Windows-Batch-Programme.[3] Wie kommt das?

Die großen Unterschiede zu Shell-Skripten oder Batch-Programmen erklären sich vor allem dadurch, dass Perl über ein riesiges Repertoire an eingebauten Befehlen verfügt. Shell-Skripte leben hingegen davon, dass sie fremde Programme aufrufen und deren Ein- und Ausgaben verarbeiten oder weiterleiten. Das Aufrufen externer Programme ist aber extrem zeitaufwendig. Bei Perl ist ein solches Ausweichen äußerst selten notwendig. Egal, ob es um das Durchsuchen, Herausfiltern, Zerlegen oder Sortieren von Daten geht, immer steht ein interner Befehl zur Verfügung.

Ein zweiter Faktor, der zur Schnelligkeit von Perl beiträgt, ist die spezielle Arbeitsweise des Interpreters.

Die Arbeitsweise des Perl-Interpreters

Ein klassischer Interpreter behandelt jede Zeile separat. Zunächst checkt er, ob sie syntaktisch korrekt geschrieben ist, dann ersetzt er Variablen durch ihre Werte und schließlich führt er den resultierenden Befehl aus. Befindet sich der Befehl in einer Schleife, so dass er mehrmals aufgerufen wird, erfolgt auch die komplette Interpretation stets von neuem. Perl geht anders vor.

Perl liest alle Zeilen in einem einzigen Durchlauf ein und testet sie auf ihre syntaktische Korrektheit. Stimmt etwas nicht, wird das Programm erst gar nicht ausgeführt. Und nun kommt der Clou. Es übersetzt alle Zeilen in einen maschinennahen Code, den so genannten Opcode. Das sind immer noch für uns lesbare, aber bereits viel elementarere Befehle als die für den Menschen gedachten Perl-Anweisungen. Auf diese Weise können sie sehr viel schneller interpretiert werden als der Originalcode.

Diesen Opcode führt Perl schließlich aus. Dabei *interpretiert* es Befehl für Befehl, weshalb man nach wie vor von einem Interpreter spricht. Allerdings erreicht es auf diese Art eine Performance, die weit über die anderer Skriptsprachen hinausgeht.

Kurze Entwicklungsphase

Perl zeichnet sich nicht nur durch seine Plattformunabhängigkeit und seine gute Performance aus, sondern auch durch kurze Entwicklungszyklen.

Allein schon dadurch, dass Sie Ihren Code zum Testen nicht ständig neu übersetzen müssen, ist der Entwicklungsprozess einfacher und schneller als bei einer Compiler-Sprache. Noch stärker fällt die Tatsache ins Gewicht, dass Perl über weitaus mehr integrierte Funktionen verfügt als die klassischen Sprachen. Arrays, Hashes, Regular Expressions, indirekter Variablenzugriff – alles ist bereits vorhanden. Das beschleunigt nicht nur das Schreiben des Programms an sich, sondern vermindert auch die Fehleranfälligkeit und damit die Fehlersuche enorm.

---

3   Eine Art Mini-Version der Shell-Skriptsprache, die man unter DOS/Windows verwendet.

Wir konstatieren also: ein kleines Minus bei der Laufzeit im Vergleich zu Compiler-Sprachen, dafür aber ein großes zeitliches Plus bei der Entwicklung.

Einen entscheidenden Nachteil bringt das Interpretieren allerdings für die kommerzielle Nutzung mit sich. Sie können Ihren Code nicht so einfach geheim halten. Jeder Interessierte kann sich Ihren Source-Code ansehen. Oder vielleicht noch schlimmer, er kann ihn verändern und für seine Zwecke erweitern, ganz nach Belieben. Wenn Sie Ihre Programme also verkaufen möchten, müssen Sie sich entweder auf die Einhaltung bzw. Durchsetzung geltenden Rechts verlassen oder den Code aufwendig verschlüsseln und erst beim Aufruf wieder entschlüsseln.

1.7   Perl 5 und Perl 6

Wenn man über aktuelle Perl-Versionen spricht, meint man Perl 5. Man arbeitet beispielsweise mit Perl 5.005, 5.6 oder 5.8, welche im Abstand von ein bis zwei Jahren herausgekommen sind.

Die aktuelle Versionsnummer von Perl erfahren Sie auf der Startseite von *www.perl.com* oder unter *www.cpan.org*, wenn Sie den Punkt »Source Code« auswählen. Zu der Zeit, da dieses Buch geschrieben wird, lautet die Nummer der aktuellen, stabilen Version 5.8.0. Sie ist seit Juli 2002 erhältlich.

Spricht jemand von »altem« Perl, so meint er mit großer Wahrscheinlichkeit Perl 4. Es sind immer noch Programme im Einsatz, die Perl 4 benötigen. Viele wichtige Features sind in dieser alten Version jedoch noch nicht vorhanden. Vieles, was den Reiz von Perl ausmacht, fehlt hier noch.

Zurzeit erfährt Perl eine Art Generalüberholung und die ist bei weitem gründlicher, als es der Sprung in der Versionsnummer vermuten lässt. Das zukünftige Perl 6 wird keine Erweiterung oder Fortsetzung von Perl 5 darstellen, sondern ein komplett neu geschriebenes Perl sein. Man kam im Umfeld von Larry Wall zu der Überzeugung, dass sich fällige Erweiterungen und Performance-Verbesserungen wegen der bestehenden internen Architektur nur noch mühsam erreichen lassen würden, und entschloss sich, das gesamte Gebilde neu zu schreiben.

Diese Neukonzeption einer Computersprache ist sicherlich einzigartig, denn sie erfolgt nicht etwa hinter verschlossenen Türen, sondern wird öffentlich in der gesamten Perl-Gemeinde diskutiert und von dieser mitbestimmt, um schließlich von einer Reihe von Mitstreitern umgesetzt zu werden. Der Diskussions- und Entwicklungsprozess läuft seit etwa Mitte 2000 und kann auf der Webseite *http://dev.perl.org/perl6* von jedem verfolgt werden.

Wann wird Perl 6 herauskommen? Lohnt es sich überhaupt noch, sich mit Perl 5 auseinander zu setzen? Werden meine Skripte dann noch laufen? Das sind Fragen, die sich jedem Perl-Neuling aufdrängen.

Fakt ist, dass Sie keine Aussagen darüber erhalten, wann Perl 6 freigegeben wird. Man ist fest entschlossen, die Entwicklung in aller Ruhe und konsequent durchzuführen, ohne sich durch irgendwelche zeitliche Vorgaben drängen zu lassen. Das ist deshalb möglich, weil man auf der anderen Seite die Arbeit an Perl 5 fortführt, es kommt also nicht etwa zum Stillstand. Es ist auch nicht zu erwarten, dass mit der Freigabe der ersten Releases die halbe Welt von der 5er zur 6er Version wechseln wird. Halten Sie sich vor Augen, wie lange es dauert, bis bei einem gewöhnlichen Release-Wechsel das Attribut »stabil« gerechtfertigt ist, obwohl in einem solchen Fall nur wenige neue Features hinzugefügt werden. Stellen Sie sich also die Unsicherheiten vor, die eine komplette Neukonzeption mit sich bringt. Es wird vielmehr einen sanften Übergang geben. Perl 6 wird erst allmählich von den Pre-Releases in die stabilen Versionen übergehen und auch dann noch längere Zeit neben einem weiterhin aktiv gepflegten Perl 5 existieren.

So sehr sich Perl 6 in seiner inneren Architektur von seinem Vorgänger unterscheidet, so wenig wird man dies als Perl-Programmierer zu spüren bekommen. Die bisherige Syntax, die Variablentypen und Operatoren, die vielen bestehenden Funktionen werden fast vollständig übernommen. Sie werden also kein neues Perl lernen müssen. Allerdings wird es einige kleine Änderungen an Operatoren und Konstruktionen geben, die eine vollständige syntaktische Kompatibilität zur früheren Version wohl nicht erlauben werden. Ihre Perl-5-Skripte werden aber dennoch laufen, sei es weil der Perl-6-Interpreter in einem Kompatibilitätsmodus arbeitet oder weil Sie beide Versionen parallel installiert haben.

In Kapitel 20 werden wir ausführlich auf die anvisierten Änderungen in Perl 6 eingehen.

1.8   Perl installieren

Wenn Sie unter einem UNIX/LINUX-Betriebssystem arbeiten oder unter MacOS X, das unter seiner schönen Mac-Oberfläche ein UNIX-System versteckt, ist Perl mit großer Wahrscheinlichkeit bereits auf Ihrem Rechner vorhanden. In allen anderen Fällen müssen Sie es selbst installieren. Um auf UNIX oder MacOS X zu sehen, ob Perl installiert ist, und in welcher Version, rufen Sie

```
perl -v
```

in einem Terminal-Fenster auf. Unter Windows können Sie das Gleiche auf der Eingabeaufforderung (DOS-Box) tun.

Ist Perl nicht zu finden, sollten Sie als Erstes auf den Zusatz-CDs Ihres Betriebssystems nachsehen, ob es vielleicht auf diesen enthalten ist, so dass Sie es lediglich nachträglich installieren müssen. Ist das nicht der Fall, müssen Sie sich die Perl-Dateien aus dem Internet herunterladen.

Nun stellt sich die Frage, ob Sie fertige Binaries oder den Source-Code herunterladen. Auf Windows-Versionen und Macintosh-Betriebssystemen (auch X) installiert man in der Regel Perl-*Binaries*, also bereits kompilierte Pakete, da auf diesen Systemen normalerweise kein C-Compiler vorhanden ist. Auf UNIX-Systemen kann man wählen, ob man fertige Binaries herunterladen möchte oder den Source-Code, der dann zunächst übersetzt werden muss. Für den einen Weg spricht die Bequemlichkeit, für den anderen die Sicherheit, keine Viren oder Trojaner einzuschleppen, sowie die Gewissheit, definitiv die neueste Perl-Version zu übersetzen.

Möchten Sie fertige Binaries installieren, gehen Sie zu *www.cpan.org/ports* und wählen das Paket für Ihr Betriebssystem aus. Beachten Sie bitte, dass CPAN selbst keine Binaries verteilt, sondern lediglich Links zu Standorten sammelt, auf denen die Dateien zu finden sind. Wie alt ist die angebotene Version? 5.8.0 gibt es seit Juli 2002, 5.6.1 seit April 2001, 5.005 seit März 1999. Binaries von älteren Versionen sollten Sie nicht verwenden. Schon gar nicht alte Perl-4-Versionen. Folgen Sie nach dem Download den beigefügten Installationsanweisungen. In der Regel geht es schlicht um das Entpacken der komprimierten Dateien und das Kopieren in ein geeignetes Verzeichnis.

Windows

Für Windows bietet das CPAN gleich mehrere unterschiedliche Distributionen an. Sie bauen alle auf dem ursprünglichen Perl-Code für Windows auf (mit Win32-Funktionsbibliotheken), fügen jedoch unterschiedliche Zusatzmodule hinzu. Am bekanntesten ist *ActivePerl* von ActivePerl (*www.activestate.com*). Wählen Sie den Link Ihrer Wahl aus und laden Sie das entsprechende Paket herunter. Anschließend gelangen Sie über einen Doppelklick auf das Icon der heruntergeladenen Datei in ein geführtes Installationsprogramm. Mehr zur Installation erfahren Sie im Anhang.

MacOS

Beim Apple Macintosh haben sich die Zeiten dramatisch geändert. Seit MacOS X läuft ein BSD-UNIX unter der Mac-Oberfläche. Folgen Sie im gesamten Verlauf dieses Buchs immer den Anweisungen für UNIX, wenn Sie auf MacOS X programmieren. Perl (für UNIX) ist bereits vorinstalliert. Falls Sie eine neuere Version wünschen, erhalten Sie diese über den Link für MacOS X in *www.cpan.org/ports*.

Für MacOS 8 und 9 müssen Sie *MacPerl*, eine spezielle Macintosh-Version von Perl, herunterladen. Folgen Sie hierzu entweder dem Link *http://www.cpan.org/ports/mac* oder gehen Sie direkt nach *www.macperl.org*. Wählen Sie anschließend entweder die Web-Install- oder die Full-Install-Version und folgen Sie den Installationsanweisungen. Mehr Details gibt es wieder im Anhang.

UNIX

Für praktisch alle UNIX-Derivate gibt es bei *www.cpan.org/ports* fertige Binaries für den Fall, dass Ihnen die installierte Perl-Version zu alt erscheint oder noch keine Version installiert ist. Anklicken, herunterladen und mit gunzip und tar entpacken.

Haben Sie sich entschieden, den Perl-Quellcode auf einem UNIX-System selbst zu kompilieren, finden Sie diesen unter *www.cpan.org/src*. Die Datei für die neueste Version heißt stable.tar.gz. Nach dem Download entpacken Sie die Datei mit gunzip und tar, stellen über configure eine Reihe von Parametern ein, übersetzen den Code mittels make und installieren ihn über make install. OK? Wenn das alles zu schnell ging, finden Sie eine ausführliche Anleitung von Übersetzung und Installation wieder im Anhang dieses Buchs.

1.9 Perl-Skripte entwickeln

Ist Perl auf Ihrem Rechner installiert, kann es auch schon losgehen mit Ihrem ersten Perl-Programm. Aber wie geht das überhaupt, *ein Perl-Skript schreiben?* Der Perl-Interpreter, den Sie gerade installiert haben, hat mit dem Erstellen des Programms nichts am Hut. Er ist einzig für die Ausführung zuständig.

Das Erstellen eines Perl-Skripts ist nichts anderes, als einzelne Perl-Befehle in eine Textdatei zu schreiben. Wie wir gleich noch sehen werden, gilt es dabei einige Regeln zu beachten. Aber letztendlich ist es technisch gesehen wirklich nur eine Textdatei, die man da erstellt.

Diese Datei wird schließlich abgespeichert und dem Perl-Interpreter zur Ausführung übergeben. Wie das genau vonstatten geht, werden wir ebenfalls gleich erfahren. Der Interpreter führt das Skript aus – oder auch nicht. Entdeckt er nämlich einen Fehler in unserem Skript, weigert er sich. Dann öffnen wir wieder unsere Textdatei, korrigieren den Fehler, speichern wieder ab und übergeben es erneut dem Perl-Interpreter zur Ausführung. So sieht der Entwicklungszyklus eines Perl-Skripts aus.

1.10 Der passende Editor

Was wir noch benötigen, ist ein Editor, mit dem wir die einzelnen Perl-Befehle in eine Datei schreiben können. Der Editor muss nur einfachsten Ansprüchen genügen; ein simpler Texteditor genügt. Unter UNIX können Sie z.B. den Editor Ihrer grafischen Oberfläche verwenden, unter Windows das Notepad. Auf einem Mac wird der eingebaute Texteditor gestartet.

Wenn Sie es gewohnt sind, mit einem anderen Editor zu arbeiten, verwenden Sie einfach diesen. Unter UNIX stehen Ihnen z.B. vi oder emacs zur Verfügung. Unter Windows können Sie Ihre Skripte auch mit Wordpad, Word oder einem anderen Textverarbeitungsprogramm schreiben, solange Sie die Datei ohne zusätzliche Formatierung, also im Textmodus abspeichern. Auf einem Mac gefällt Ihnen vielleicht das Programm Simple-Text besser. Und selbstverständlich gibt es noch eine Vielzahl weiterer, frei erhältlicher Editoren.

Festzuhalten bleibt: Unser Perl-Programm ist von außen betrachtet eine simple Textdatei, die mit jedem beliebigen Texteditor geschrieben oder verändert werden kann.

1.11 Unser erstes Skript

Dann also los! Öffnen Sie Ihren Editor und schreiben Sie Ihr erstes Programm.

Listing 1.1: hallo.pl

```
print "---------- \n" ;
print "Hallo Welt \n" ;
print "---------- \n" ;
```

 Sie finden alle Perl-Skripte, die wir in diesem Buch entwickeln, auch auf der beiliegenden CD. Wenn Sie also Zeit sparen möchten, können Sie die fertigen Skripte starten, anstatt sie selbst einzutippen. Allerdings ist dieses Vorgehen nicht wirklich empfehlenswert. Gerade durch die Fehler, die Ihnen zwangsläufig unterlaufen, wenn Sie die Programme selbst schreiben, lernen Sie eine Menge dazu!

Speichern Sie die Datei ab, z.B. unter dem Namen hallo.pl. Die Endung .pl ist zwar nicht erforderlich, hilft uns jedoch, Perl-Programme in einem Verzeichnis sofort zu erkennen. Unter Windows wird überdies die Endung .pl an den Aufruf des Perl-Interpreters gebunden, so dass beim Aufruf der Datei oder bei einem Doppelklick auf eine Perl-Datei automatisch Perl gestartet wird.[4]

Was print bedeutet, können Sie sich wahrscheinlich denken, aber was soll das seltsame \n am Ende? Bei der Ausgabe auf dem Bildschirm durch print erhalten Sie von Perl wirklich nur das geliefert, was Sie print als Argument übergeben. Perl gibt nicht automatisch ein *Newline* mit aus, so dass der Cursor an den Anfang der nächsten Zeile springt. Wenn Sie dies möchten, müssen Sie es mit angeben und zwar in Form einer so genannten *Escapesequenz* (Steuerungszeichen): \n. Wie Sie bereits an diesem einfachen Beispiel sehen, muss in Perl jeder Befehl mit einem Semikolon abgeschlossen werden.

Die Datei ist abgespeichert, nun können wir sie aufrufen. Dabei geht man je nach Betriebssystem unterschiedlich vor.

UNIX

Unter UNIX/LINUX und MacOS X[5] rufen Sie Perl in einem Terminalfenster auf, gefolgt von dem Namen des auszuführenden Skripts.

---

4   Diese Bindung wird bei der Installation von Perl automatisch erstellt. Um Sie manuell zu erzeugen, klicken Sie im Explorer mit der rechten Maustaste auf das Icon des Perl-Skripts, selektieren den Punkt öffnen mit ... und wählen aus der folgenden Liste von Programmen den Perl-Interpreter aus.

5   Unter MacOS X starten Sie ein Terminalfenster über die Anwendung »Terminal« im Ordner »Programme«, Unterordner »Dienstprogramme«.

```
$ perl hallo.pl
----------
Hallo Welt
----------
$
```

Selbstverständlich muss das Verzeichnis, in dem das Perl-Binary zu finden ist, im Suchpfad enthalten sein. Ist dies nicht der Fall (wenn es sich etwa unter `/usr/local/bin` befindet), müssen Sie dies entweder in der Datei `.profile` eintragen (`PATH=$PATH:/usr/local/bin`) oder Sie rufen Perl mit vollem Pfadnamen auf: `/usr/local/bin/perl`.

Wir werden weiter unten noch sehen, wie man mithilfe der so genannten Shebang-Zeile den expliziten Aufruf des Perl-Interpreters vermeiden kann, so dass Sie lediglich den Namen des Skripts aufrufen müssen.

```
$ hallo.pl
```

Windows

Unter Windows wechseln Sie in ein Befehlszeilen-Fenster und rufen dort `perl` auf, gefolgt von dem Namen des auszuführenden Skripts.

```
C:\perl> perl hallo.pl
----------
Hallo Welt
----------

C:\perl>
```

Auch unter den neueren Windows-Versionen gibt es die Möglichkeit, ein Perl-Programm direkt aufzurufen. Mehr dazu erfahren Sie im nächsten Abschnitt.

MacOS 8 und 9

Hier starten Sie Perl über einen Doppelklick auf das MacPerl-Icon. Im Menü FILE können Sie über den Punkt NEW eine neue Textdatei öffnen, in die Sie Ihre Perl-Befehle hineinschreiben; Sie können diese Datei zunächst aber auch unabhängig von Perl erstellen. Ist die Datei gespeichert, wechseln Sie unter Perl zum Menü RUN und starten das Skript über den Punkt RUN SCRIPT.

1.12   Die Shebang-Zeile

```
#!/usr/bin/perl
```

Eine Zeile dieser Art, auch *Shebang-Zeile* genannt, finden Sie in den meisten Perl-Skripten als erste Zeile. Sie hat ihre Wurzeln im UNIX-System, wird teilweise aber auch in Perl-Skripten anderer Betriebssysteme verwendet.

UNIX

Unter UNIX können Sie in der ersten Zeile eines Skripts festlegen, von welchem Programm das Skript ausgeführt werden soll. In unserem Fall ist das Perl – geschrieben mit voller Pfadangabe, damit es vom Betriebssystem auch gefunden wird. Das Kürzel #! (*Shebang*) legt die Sonderbedeutung der Zeile fest; ohne #! wird die erste Zeile wie eine gewöhnliche Skriptzeile gelesen.

> Wenn Sie unter UNIX arbeiten, heißt das also: Fügen Sie eine Shebang-Zeile in Ihre Skripte ein, damit Sie den Perl-Interpreter nicht jedes Mal explizit aufrufen müssen. Achten Sie darauf, dass Perl auch wirklich unter diesem Pfad gefunden wird. Wenn nicht, sollten Sie einen Link von der ursprünglichen Stelle auf /usr/bin/perl legen.[6] Das Skript sieht dann folgendermaßen aus.

```
#!/usr/bin/perl
print "---------- \n" ;
print "Hallo Welt \n" ;
print "--------- \n" ;
```

Da Ihr Skript nun nicht mehr als Argument übergeben wird sondern direkt aufgerufen werden soll, benötigt es Ausführungsrechte. Die vergibt man über den Befehl chmod.

```
$ chmod u+x hallo.pl[7]
```

Der Aufruf vereinfacht sich dann zu:

```
$ hallo.pl
```

oder

```
$ ./hallo.pl
```

falls der aktuelle Pfad nicht automatisch nach ausführbaren Dateien durchsucht wird. (Um diese Einstellung zu ändern, können Sie die Zeile PATH=$PATH:. in Ihre .profile-Datei aufnehmen.)

Windows

Wenn Sie unter Windows arbeiten, benötigen Sie keine Shebang-Zeile, da der direkte Aufruf des Skripts hier über die Dateiendung geregelt wird. Die Endung .pl wird bei der Installation

---

6   ln -s /dirx/diry/perl /usr/bin/perl
7   u+x bedeutet, dass der Besitzer des Skriptes (u) Ausführungsrechte erhält (x).

von Perl fest mit dem Aufruf von Perl verknüpft. Unter allen aktuellen Windows-Varianten ist es daher möglich, ein Perl-Skript einfach durch einen Doppelklick zu starten. Seit Windows 2000 kann man es überdies durch Aufruf seines Namens in einem Eingabe-Fenster starten.

```
C:\perl> hallo.pl
```

Unter Windows 95 etc. klappt das nicht, hier muss in einem Eingabe-Fenster immer der Perl-Interpreter explizit aufgerufen werden (`C:\perl>` **perl hallo.pl**).

Haben Sie die Variante mit dem Doppelklick schon probiert? Das klappt wunderbar, nur können Sie das Ergebnis Ihres Programms nicht bewundern, denn Windows schließt das DOS-Fenster wieder, sobald das Skript beendet ist. Um dieser Unsitte zu begegnen, fügen Sie als letzte Zeile in Ihrem Skript den Befehl `<STDIN>` ein. Der liest eine Zeile von der Tastatur ein, wodurch das Fenster geöffnet bleibt. Mit einem simplen Drücken der [Enter]-Taste können Sie es dann schließen. Oder Sie schreiben `sleep 30` in die letzte Skriptzeile, um 30 Sekunden zu warten, bis das Programm sich beendet.

```
print "---------- \n" ;
print "Hallo Welt \n" ;
print "---------- \n" ;
<STDIN>      # oder: sleep 30
```

Die Shebang-Zeile ist unter Windows nicht notwendig, sie schadet aber auch nicht. Außerdem können Sie die Shebang-Zeile dazu verwenden, Aufrufparameter an den Perl-Interpreter zu übergeben, wie es im nächsten Abschnitt gezeigt wird. Wenn Sie Perl-CGI-Skripte für den Apache Webserver schreiben, benötigen Sie Shebang ebenfalls, da Apache in dieser nachsieht, um welche Art von Skript es sich handelt.

MacOS 8 und 9

Auch unter MacPerl benötigen Sie keine Shebang-Zeile, außer Sie möchten Aufrufparameter übergeben. Allerdings stört auch hier eine solche Zeile nicht, wenn sie z.B. in einem ursprünglich für UNIX geschriebenen Skript auftaucht.

1.13 Formalitäten

Strichpunkte setzen

Perl ist seeeehr tolerant, was die Formatierung der Skripte angeht.

Die erste und wichtigste Regel lautet:

- Jeder Befehl muss mit einem Semikolon abgeschlossen werden.

Denn Perl zerlegt das Skript ausschließlich anhand dieser Trennzeichen in einzelne Befehle.

Das war's. Eigentlich gibt es zur Formatierung nichts weiter zu sagen. Sie können mehrere Befehle in eine Zeile schreiben, wenn Sie das mögen. Sie können einen Befehl auf mehrere Zeilen verteilen, denn das Zeilenende interessiert Perl überhaupt nicht. Sie dürfen beliebig viele Leerzeichen oder Tabs zur Einrückung von Code verwenden, ja Sie können sogar beliebig viel Leerraum zwischen die einzelnen Teile eines einzigen Befehls setzen. Das spielt alles keine Rolle.

Folgendes Fragment funktioniert demnach wunderbar:

```
$a=17 ;
print $a ;
```

Aber auch dieses:

```
$a=17 ; print $a ;
```

Oder dieses:

```
$a      = 17 ; print $a ;
```

Und auch dieses:

```
     $a      = 17 ; print
$a ;
```

Aber besser, Sie gewöhnen sich einen solchen Stil nicht an ;-)

Selbst der Abschluss eines Befehls durch ein Semikolon ist nicht ganz so starr, wie bisher formuliert. In einigen Fällen werden wir Befehle in so genannte *Blöcke* zusammenfassen, z.B. alle Befehle einer if-Konstruktion, einer Schleife oder einer Funktion. Solche Blöcke bilden wir, indem wir die jeweiligen Befehle durch geschweifte Klammern umschließen.

```
{ befehl1 ;
  ...... ;
  befehln
}
```

Die geschweiften Klammern { } werden von Perl ebenfalls als Trennzeichen zwischen Befehlen erkannt, so dass dort, wo eine solche zu finden ist, kein Semikolon stehen *muss*. Es muss nicht, darf aber. Wenn Sie ein zusätzliches Semikolon hinter befehln setzen, oder gar hinter die Klammer, trifft Perl eben auf zwei oder drei Trennzeichen, was in keiner Weise stört.

Kommentare einfügen

Kommentare, also Text, der einzig dem Programmierer zum besseren Verständnis dient, wenn er sich das Listing eines Skripts ansieht, leitet man mit einem Doppelkreuz ein (Lattenzaun, Gartenzaun, Teppich, Hash-Symbol ...).

```
# Perl-Skript zur Auswertung der Monatsdaten in month.dat
```

Alles, was hinter dem Doppelkreuz bis zum Ende der Zeile folgt, wird von Perl ignoriert. Soll sich der Kommentar über mehrere Zeilen erstrecken, müssen Sie jede Zeile einzeln auskommentieren. Kommentare dürfen auch mitten in einer Zeile beginnen.

```
$spa=5        # Anzahl der ausgegebenen Spalten
```

Sie sollten sich unbedingt angewöhnen, Ihre Skripte ausführlich zu kommentieren. Sie ahnen noch gar nicht, welche Fülle an Befehlen und Befehlsvarianten Perl für uns bereithält. Perl-Programme sind mitnichten auf den ersten Blick lesbar – nach einigen Wochen nicht einmal mehr für den Programmierer selbst. Böse Zungen behaupten, es gleiche eher einer Geheim-, denn einer Programmiersprache. Umso wichtiger ist es, dass Sie in Ihrem Skript einige Schlüsselinformationen in Form von Kommentaren hinterlassen.

An den Anfang jedes Skripts gehören daher folgende Informationen:

- Der Name des Skripts und gegebenenfalls seine Version

- Das Erstellungsdatum

- Name und eventuell Telefon des Autors

- Eine kurze Beschreibung der Funktionalität des Skripts

Außerdem sollten Sie im Verlauf des Skripts an entsprechender Stelle noch folgende Erläuterungen geben:

- Die Bedeutung neu eingeführter Variablen

- Die Funktionsweise komplizierter Konstruktionen

Sie müssen nur wenige Minuten investieren, um Ihr Skript ausführlich zu kommentieren, sparen dafür aber ein Vielfaches an Zeit, wenn Sie oder Ihr Kollege das Programm später einmal weiterpflegen sollen.

```
#!/usr/bin/perl

# monatsanalyse.pl    Version 2  vom  13.10.2002
#                     Patrick Ditchen
#                     Abteilung EOG, Tel. 236
#
# Perl-Skript zur Auswertung der Monatsdaten in month.dat
# Das Skript liest die uebergebene Datei ein, zerlegt sie
# in ihre Spalten und gibt die Werte fuer die Niederlassungen
# Koeln und Muenchen sortiert aus.

$file="month.dat"     # Datei mit den Monatsdaten
$spa=5                # Anzahl der ausgegebenen Spalten
.......
.......
# Zerlegung in Spalten
.......
.......
# Ausgabe sortieren
.......
.......
```

1.14 Kommandozeilen-Schalter

Sie können Perl beim Aufruf eine ganze Reihe von Optionen mitgeben, um bestimmte Features einzuschalten. Die Liste aller Optionen wird angezeigt, wenn Sie

```
$ perl -h
```

eingeben. Die meisten dieser Schalter werden selten benötigt. Einige werden von geübten Perl-Programmierern verwendet, um möglichst elegant kurze Einzeiler formulieren zu können, welche Dateien in der Art von awk durchforsten oder manipulieren sollen. Für uns spielen zunächst nur eine Hand voll Optionen eine Rolle.

```
$ perl -v
```

Über den Schalter -v (version) erfährt man die installierte Perl-Version.

```
$ perl -c script
```

Die Option -c (check) veranlasst Perl dazu, lediglich die Syntax des Skripts zu checken, ohne es auszuführen. Sie benötigen -c, wenn Sie Ihr Skript nur unter schwierigen Bedingungen testen können, z.B. weil die Daten, die dabei verändert werden, nur schwer zu beschaffen sind oder ein zu großes Volumen besitzen. Außerdem sparen Sie Zeit, wenn Sie die meisten Fehler auf diese Weise bereits vorab entdecken, denn ein reiner Syntax-Check wird viel schneller durchgeführt als ein realer Durchlauf.

```
$ perl -w script
```

Der bekannteste Befehlszeilen-Schalter ist -w (warnings). Wie Sie bereits wissen, testet Perl die Syntax des gesamten Skripts, bevor es die erste Zeile ausführt. Findet es einen Fehler, wird das Skript nicht gestartet. Die meisten Fehler werden damit vorab entdeckt. Die meisten, jedoch nicht alle, da einige Fehler auf diese Weise nicht erkennbar sind, wie z.B. Schreibfehler an Variablen oder logische Unstimmigkeiten.

Über den Schalter -w können Sie einen Teil dieser Probleme eliminieren. Bei eingeschaltetem -w versucht Perl, »unsaubere« Konstruktionen zu entdecken, die häufig die Ursache für versteckte Fehler darstellen.

Nehmen Sie z.B. die Variable $host, in der Sie Rechnernamen speichern wollen. Es ist schnell passiert, dass Sie später versehentlich mit $hosts arbeiten, welches dann unerwartet leer ist. Perl kann versuchen, solche Dinge aufzuspüren. In diesem Fall würde ihm auffallen, dass Sie $host nur ein einziges Mal einen Wert zuweisen, ohne ihn später wieder zu verwenden. Das muss nicht, kann aber auf einen Fehler hindeuten. Bei gesetztem -w erhalten wir dann so etwas wie:

```
Name "main::host" used only once: possible typo at
myscript.pl line 7.
```

Perl vermutet einen möglichen Schreibfehler, weil Sie den Variablennamen host des Hauptprogramms nur einmal verwenden. Das Skript wird übrigens dennoch gestartet, denn eine Warnung ist eine Warnung und keine Fehlermeldung. Perl ist sich nicht sicher, ob Ihre Konstruktion nicht etwa bewusst so gewählt ist.

Sie sollten zumindest in Ihrer Lehrzeit als Perl-Programmierer den Schalter -w in allen Skripten einschalten. Er hilft Ihnen ein gutes Stück bei der Vermeidung verwickelter Fehler. Viele Perlianer verwenden -w aus Prinzip – eine lobenswerte Haltung. Allerdings ist vielen auf Dauer die Redseligkeit dieser Option eher lästig. Denn was Perl als »unsauber« entdeckt und als Warnung ausgibt, ist häufig vom Programmierer genau so gewollt. Schalten Sie ihn also zunächst immer ein und dann irgendwann wieder ab, wenn er sie zu stören beginnt.

 MacOS 8 und 9: Unter MacPerl aktivieren Sie die Warnings durch einen Klick auf COMPILER WARNINGS im SCRIPT-Menü. Einen reinen Syntax-Check (-c) erhalten Sie über den Menüeintrag SYNTAX CHECK ...

Übrigens dürfen Sie Optionen kombinieren. Bei einem vorgeschalteten reinen Syntax-Check macht -w ebenfalls Sinn. In diesem Fall würden Sie dann -cw mit angeben.

```
$ perl -e ' print "Hallo \n" '
```

Mit der Option -e realisiert man Perl-Einzeiler, welche im nächsten Abschnitt besprochen werden.

```
$ perl -d myscript.pl
```

Über die Option -d führt man ein Skript im Perl-Debugger aus, um schwierigen Fehlern auf die Spur zu kommen. Den Perl-Debugger behandeln wir am 3. Tag in einem Exkurs.

Die komplette Liste aller Befehlszeilen-Schalter erhalten Sie, wie gesagt, über

```
$ perl -h
```

Schalter und die Shebang-Zeile

Schalter können auch direkt in der Shebang-Zeile gesetzt werden.

```
#!/usr/bin/perl -w
```

Witziger Weise erkennen auch die Perl-Interpreter unter Windows und MacOS diese Schalter. Wenn Sie also irgendwo lesen, #! würde dort nur als Kommentar interpretiert, stimmt das nicht ganz. Ein Betriebssystem dazu zu bringen, beim Aufruf einer Datei sogleich Perl zu starten, nur weil die erste Zeile mit #!/usr/bin/perl beginnt, ist *eine* Sache (und wohl auch keine einfache). Aber den Perl-Interpreter anzuweisen, sich die erste Zeile genau anzusehen und zu verstehen, ist natürlich kein Problem und unabhängig vom Betriebssystem.

▶ **Manpages**:[8] Mehr über Kommandozeilen-Schalter finden Sie in der Manpage *perlrun*. Um sie zu betrachten, geben Sie entweder man perlrun oder perldoc perlrun auf Ihrer Befehlszeile ein. Auf einem Apple klicken Sie auf perlrun im Hilfemenü von MacPerl.

---

8   Die Perl-Dokumentation ist in so genannten *Manpages* organisiert. Wir werden in allen Kapiteln zum Abschluss eines Themas auf die entsprechenden Manpages verweisen.

1.15 Perl-Einzeiler

```
$ perl -e ' print "Hallo \n" '
```

bzw.

```
C.\perl> perl -e " print \"Hallo \n\" "
```

Sie müssen nicht immer ein Skript schreiben, um Perl-Befehle ausführen zu können. Die Option -e erlaubt es Ihnen, Statements direkt auf der Kommandozeile an Perl zu übergeben. Dabei können Sie im Prinzip beliebig viele Befehle aneinander hängen, solange Sie sie durch Semikolon voneinander trennen.

```
$ perl -e ' $x=sin(1.5); print "$x \n" '
0.997494986604054
```

Alle Anweisungen müssen zusammen formell ein einziges Argument für den Perl-Interpreter bilden, weshalb sie in Anführungszeichen zusammengefasst werden. Da man nun wiederum innerhalb von Perl regen Gebrauch von Double-Quotes macht, bieten sich für die Befehlszeile *einfache* Anführungszeichen an. Leider ist dies aber nur unter UNIX so zu realisieren.

Windows

Unter Windows werden keine einfachen Anführungszeichen als Umhüllung eines Parameters akzeptiert. Hier *müssen* Sie doppelte verwenden. Diese kollidieren jedoch mit denen, die man innerhalb von Perl benötigt, da das zweite Double-Quote, das auf der Befehlszeile folgt, bereits als das Ende des gesamten Parameters interpretiert wird. Sie kommen daher nicht umhin, alle *inneren* Double-Quotes durch einen Backslash zu schützen. Oder Sie verwenden eine alternative Form der Double-Quotes: qq()

```
C:\perl> perl -e " $x=sin(1.5); print \"$x \n\" "
0.997494986604054
```

```
C:\perl> perl -e " $x=sin(1.5); print qq($x \n) "
0.997494986604054
```

MacOS 8 und 9: Unter MacPerl können Sie Einzeiler über den Eintrag ONE LINER im Menü SCRIPT ausführen.

Einzeiler verwendet man zum einen, um einzelne, herausgegriffene Zeilen eines Skripts isoliert und schnell zu testen. Wir kopieren die betroffene Zeile in den Zwischenspeicher, fügen Sie in ein Terminal-Fenster ein und umhüllen sie durch perl -e '.....'. Das hilft, wenn wir bei einem Skript an einer bestimmten Zeile »hängen« und nicht weiterkommen, weil wir den Fehler nicht erkennen. Isoliert auf der Befehlszeile kann man sie nach Belieben verändern und vereinfachen und so dem Fehler leichter auf die Schliche kommen.

Zum andern kann man über Einzeiler einfache Aktionen oder Datenmanipulationen durchführen, ohne dass man extra ein eigenes Skript schreiben muss. Für alles, was quasi im Vorbeigehen erledigt werden soll, bietet sich ein Einzeiler an, da man sich die Arbeit mit dem Editor spart. Auch kann auf diese Weise die Funktionalität vieler (UNIX-)Tools nachgebildet oder erweitert werden.

In Kapitel 20 werden wir noch einmal auf Einzeiler zu sprechen kommen. Dort werden wir sehen, wie man mit Hilfe der Kommandozeilen-Schalter -n, -p, -a und -i mit nur einer einzigen Perl-Zeile ganze Dateien durchsuchen, filtern und umformen kann. Eine tolle Sache, ein echtes Stück Perl-Magie. ;-)

1.16   Einige einfache Perl-Befehle

Lassen Sie uns einen kurzen Blick auf ein paar typische Perl-Befehle und -Konstruktionen werfen. Einerseits erhalten Sie auf diese Weise schon früh ein Gefühl für die Sprache und müssen sich nicht tagelang gedulden, bis die wichtigsten Befehle in ihren jeweiligen Kapiteln besprochen werden. Andererseits ermöglicht uns dieses Vorgehen, bereits gleich zu Beginn unseres dreiwöchigen Kurses mit sinnvollen Beispielen und Übungen zu arbeiten, da wir schon früh über das nötigste Repertoire verfügen.

Variablen

Es gibt drei unterschiedliche Typen von Variablen in Perl. Die einfachste Art – und nur auf diese wollen wir hier eingehen – sind die *skalaren Variablen*, in denen man genau *einen* Wert speichert. Die beiden anderen Variablentypen, Arrays und Hashes, nehmen gleich ganze Listen von Werten auf.

Skalare Variablen – man spricht auch oft von einfachen Variablen – kennzeichnet man durch ein Dollar-Zeichen vor dem Variablennamen. So entstehen beispielsweise

`$var $name $host $anzahl` oder `$user3`.

Das Dollar-Zeichen muss *immer* geschrieben werden, egal ob die Variable einen Wert erhält oder ob man den Wert einer Variablen irgendwo einsetzt.

Um nun etwas in einer Variablen zu speichern, schreiben Sie einfach:

```
$anzahl=5 ;
$ort="Berlin"
```

Wie Sie sehen, dürfen sowohl Zahlen als auch Zeichenketten in einer solchen skalaren Variablen gespeichert werden. Wie bereits erwähnt, dürfen Sie gerne Leerzeichen zwischen den einzelnen Wörtern einfügen, um die Lesbarkeit zu verbessern.

Um eine Variable später wieder auszulesen, also ihren Wert in einem Befehl wieder zu verwenden, setzt man sie einfach an der entsprechenden Stelle ein.

```
print "$ort" ;              # gibt Berlin aus
$ort2 = lc($ort) ;          # wandelt es in Kleinbuchstaben um
```

Ausgabe mit print

Sie kennen print bereits. Es gibt Daten auf der Standardausgabe aus. Das ist normalerweise der Bildschirm. Wenn Sie Ihr Skript allerdings beim Aufruf mit > in eine Datei umleiten, landen die ausgegebenen Daten eben in dieser Datei.

Vielleicht erwarten Sie, dass print die Ausgabe mit einem *Newline* abschließt. Das ist aber nicht so. Der Cursor Ihres Fensters bleibt daher direkt hinter der Ausgabe stehen, er wandert nicht in die nächste Zeile. Schlimmer noch: Wenn Sie zwei Zeilen nacheinander ausgeben, werden sie direkt aneinander gehängt, also auch hier wieder ohne ein dazwischen gesetztes *Newline*.

Wenn Sie die Ausgabe eines *Newline* wünschen, müssen Sie dies Perl durch die Escapesequenz \n mitteilen. Da solche Steuersequenzen nur in doppelten Anführungszeichen verstanden werden, taucht \n ausschließlich in solchen auf.

```
print "Ihr Name lautet: $name \n" ;
```

Eine zweite, häufig verwendete Escapesequenz ist \t, mit der man einen Tabulator-Sprung erzeugt.

```
print "Name: \t $name \n" ;
```

Ein solcher Befehl führt bei entsprechender Belegung von $name zu der Ausgabe:

```
Name:    Beate Stein
```

Berechnungen

Für die Durchführung von Berechnungen verwenden Sie einfach die bekannten mathematischen Symbole bzw. ihre typische Software-Schreibweise.

```
$a=3 ; $b=4 ;
```

```
$c = $a + $b ;       # -> 7
$c = $a - $b ;       # -> 1
$c = $a * $b ;       # -> 12
$c = $a / $b ;       # -> 0.75
$c = $a ** 2 ;       # -> 9
```

Tastatureingabe

Ein wenig gewöhnungsbedürftig ist die Konstruktion zum Einlesen einer Zeile von der Tastatur.

```
$line=<STDIN> ;
```

Das Schlüsselwort STDIN, das symbolisiert, dass von der Standardeingabe und nicht etwa aus einer Datei eingelesen wird, muss zwischen spitze Klammern geschrieben werden. Die eingelesene Zeile wird hier in der Variablen $line gespeichert.

Folgendes Programmschnipsel

```
print "Bitte geben Sie Ihren Namen ein: " ;
$name = <STDIN> ;
print "Ihr Name lautet: $name \n" ;
```

würde folgendermaßen zur Wirkung kommen:

```
Bitte geben Sie Ihren Namen ein: Balu der Baer
Ihr Name lautet: Balu der Baer

$
```

Wie man aus einer *Datei* liest, wird erst in einem späteren Kapitel beschrieben. So viel sei aber verraten, dass man auch dort die Syntax mit den spitzen Klammern verwendet, nur dass zwischen diesen nicht STDIN, sondern eine Art Abkürzung für die entsprechende Datei steht.

Übrigens behandelt Perl auch das eingegebene *Newline*, mit dem man die Tastatureingabe abschickt, wie ein gewöhnliches Zeichen. Es wird daher in der Variablen $name mit gespeichert. Wenn wir die Variable anschließend printen, wird auch das *Newline* wieder ausgegeben, so dass eine zusätzliche Leerzeile entsteht.

Meistens ist dieses Verhalten nicht erwünscht. Um das störende *Newline* von der Variablen zu entfernen, benützt man den Befehl chomp.

```
$name = <STDIN> ;
chomp $name ;          # entfernt das angehaengte Newline-Zeichen
```

if-Verzweigung

Meistens soll der Code eines Skripts nicht stur von der ersten bis zur letzten Zeile abgearbeitet werden. Vielmehr sollen manche Segmente nur unter bestimmten Bedingungen zur Ausführung kommen. Zur Formulierung solcher Bedingungen verwendet man eine if-Konstruktion:

```
if ( $a != 0 ) {
   $c=$b/$a
   }
```

Hier wird beispielsweise zunächst getestet, ob $a die Zahl Null enthält. Ist dies nicht der Fall, wird $b durch $a geteilt und das Ergebnis $c zugewiesen.

Damit beenden wir unseren kleinen Schnupperkurs. Ich hoffe, Sie konnten einen ersten Eindruck von der Beschaffenheit typischer Perl-Befehle gewinnen. An den kommenden Tagen werden wir uns ausführlich mit jedem einzelnen Thema beschäftigen. Heute sehen wir uns zum Abschluss noch an, wie man an Informationen aus dem Perl-Hilfesystem gelangt, wenn es einmal nicht so läuft wie gewünscht.

1.17 Manpages und Dokumentation

Über Hilfestellung aus dem Internet haben wir bereits in Abschnitt 1.5 gesprochen. Selbstverständlich verfügt Perl jedoch auch über eine mitgelieferte Dokumentation, die so genannten *Manpages*.

Auf UNIX-Systemen rufen Sie die Manpages über den Befehl *man* auf. Unter Windows werden sie in der Regel als HTML-Version geliefert, die man sich mithilfe eines Browsers ansehen kann. Unter MacPerl sind sie im Hilfe-Menü untergebracht.

Die Perl-Dokumentation ist auf viele einzelne Manpages aufgeteilt. Einen Überblick verschafft man sich am besten über die Hauptseite *perl*. Auf UNIX gibt man ein:

```
$ man perl
```

Unter Windows ist es noch einfacher: Auf der linken Seite des Browser-Fensters sehen Sie die Liste aller Manpages. Durch einen Klick auf einen dieser Einträge erhalten Sie auf der rechten Seite die gewünschte Manpage angezeigt (Abbildung 1.1).

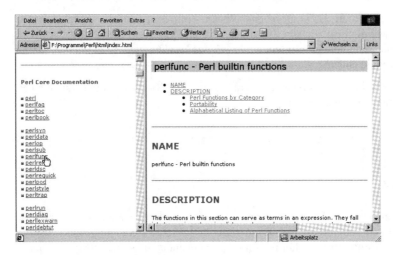

Abbildung 1.1: Manpages unter Windows

Wir listen hier nur etwa die Hälfte (ich hoffe, die interessantere) der Manpages auf, die in Perl 5.8 enthalten sind.

Manpage	Inhalt
perl	Perl overview (this section)
perlfaq	Perl frequently asked questions
perltoc	Perl documentation table of contents

Tabelle 1.1: Perl-Manpages

Manpage	Inhalt
perlbook	Perl book information
perlsyn	Perl syntax
perldata	Perl data structures
perlop	Perl operators and precedence
perlsub	Perl subroutines
perlfunc	Perl builtin functions
perlreftut	Perl references short introduction
perldsc	Perl data structures intro
perlrequick	Perl regular expressions quick start
perlpod	Perl plain old documentation
perlstyle	Perl style guide
perltrap	Perl traps for the unwary
perlrun	Perl execution and options
perldiag	Perl diagnostic messages
perllexwarn	Perl warnings and their control
perldebtut	Perl debugging tutorial
perldebug	Perl debugging
perlvar	Perl predefined variables
perllol	Perl data structures: arrays of arrays
perlopentut	Perl open() tutorial
perlretut	Perl regular expressions tutorial
perlre	Perl regular expressions, the rest of the story
perlref	Perl references, the rest of the story
perlform	Perl formats
perlboot	Perl OO tutorial for beginners

Tabelle 1.1: Perl-Manpages (Forts.)

Manpage	Inhalt
perltoot	Perl OO tutorial, part 1
perltootc	Perl OO tutorial, part 2
perlobj	Perl objects
perlbot	Perl OO tricks and examples
perltie	Perl objects hidden behind simple variables
perlport	Perl portability guide
perlsec	Perl security
perlmod	Perl modules: how they work
perlmodlib	Perl modules: how to write and use
perlmodinstall	Perl modules: how to install from CPAN
perlfaq1	General Questions About Perl
perlfaq2	Obtaining and Learning about Perl
perlfaq3	Programming Tools
perlfaq4	Data Manipulation
perlfaq5	Files and Formats
perlfaq6	Regexes
perlfaq7	Perl Language Issues
Perlfaq8	System Interaction
Perlfaq9	Networking
Perlutil	utilities packaged with the Perl distribution

Tabelle 1.1: Perl-Manpages (Forts.)

Beeindruckend, nicht wahr? Jede Seite kann nun einzeln aufgerufen bzw. angeklickt werden.

```
$ man perlfunc
```

Greifen wir uns einige wichtige Seiten heraus. Alle Perl-Funktionen finden Sie ausführlich in *perlfunc* beschrieben. Diese Seite werden Sie wahrscheinlich am häufigsten konsultieren. Symbolisch geschriebene Operatoren (. + – ++ ** % etc.) werden in *perlop* besprochen. In *perldata* erfahren Sie alles über Variablentypen. Wenn Sie Fragen zu if-Konstruktionen oder die genaue

Syntax von Schleifen haben, wenden Sie sich an *perlsyn*. Die berühmten Regular Expressions sind in *perlre* erläutert, Referenzen (Pointer) in *perlref*.

Wie Sie ebenfalls sehen, gibt es auch eine ausführliche Liste an häufig gestellten Fragen (*perlfaq*). Werfen Sie ruhig einmal einen Blick hinein.

Immer, wenn Sie sich über die genaue Syntax eines Befehls informieren möchten, werden Sie in der *perlfunc*-Manpage nachsehen. Die einzelnen Funktionen sind dort zunächst inhaltlich aufgelistet, werden dann aber in alphabetischer Reihenfolge besprochen. Man findet also relativ schnell, was man sucht.

Für UNIX und Windows gibt es zudem die Möglichkeit, über den Befehl `perldoc` schnell die entsprechende Stelle der *perlfunc*-Manpage angezeigt zu bekommen.

```
$ perldoc -f print
```

```
    print FILEHANDLE LIST
    print LIST
    print   Prints a string or a list of strings. Returns true if
            successful. FILEHANDLE may be a scalar variable name,
            in which case the variable contains the name of or a
            reference to the filehandle, thus introducing one
            level of indirection.
    .......
```

Mithilfe von `perldoc` kann man außerdem nach Stichwörtern in der *perlfaq*-Manpage suchen.

```
$ perldoc -q STDIN
```

```
Found in F:\Programme\Perl\lib\pod\perlfaq8.pod
```

```
Why can't my script read from STDIN after I gave it EOF
                        (^D on Unix, ^Z on MS-DOS)?
    Some stdio's set error and eof flags that need clearing.
    .......
```

 Zu den meisten Themen in diesem Buch sind jeweils am Ende eines Abschnitts Verweise auf die entsprechenden Manpages angegeben, z. B.:

> ▶ **Manpages:** perldoc perlop ... Relational operators

Damit sind wir am Ende unseres ersten Tags angelangt. Ich hoffe, Sie sind neugierig geworden auf das, was uns Perl alles zu bieten hat. Zum Abschluss fassen wir das Wichtigste noch einmal zusammen und laden Sie zu einem Workshop ein. Dieser soll Ihnen dabei helfen, das Gehörte zu vertiefen und den behandelten Stoff aktiv anzuwenden.

1.18 Zusammenfassung

■ Perl wurde 1987 von Larry Wall entwickelt und ist für praktisch jede Plattform frei erhältlich. Eine Vielzahl von Modulen steht unter *www.cpan.org* zur Verfügung.

■ Perl ist eine schnelle Interpreter-Sprache, da es nicht auf externe Tools zurückgreifen muss, sondern wegen seiner Fülle von Funktionen alle Aufgaben intern erledigen kann.

■ Perl checkt die Syntax des Skripts in einem einzigen Durchgang. Ist sie in Ordnung, optimiert es den Programmtext zu so genanntem Opcode, der auf jeder Plattform lauffähig ist. Dieser wird dann Zeile für Zeile ausgeführt.

■ Perl-Skripte können mit einem beliebigen Texteditor geschrieben werden.

■ Zur Ausführung schreibt man entweder `perl script.pl` oder, wo dies möglich ist, einfacher `script.pl`. Unter MacPerl ruft man Skripte über ein grafisches Menü auf.

■ Die Shebang-Zeile `#!/usr/bin/perl` gibt auf UNIX-Systemen an, von welchem Programm das vorliegende Skript ausgeführt werden soll.

■ Einzeiler werden mittels `perl -e '...'` (UNIX) bzw. `perl -e "..."` (Windows) gestartet. Unter MacPerl existiert ein entsprechender Menüpunkt.

■ Die Option `-w` hilft, syntaktisch unauffällige Fehler zu entdecken.

■ Jeder Befehl muss mit einem Semikolon abgeschlossen werden, außer er ist der letzte Befehl in geschweiften Klammern. Ansonsten können Perl-Skripte beliebig formatiert werden.

■ Kommentare leitet man mit einem Doppelkreuz `#` ein. Name, Autor, Erstellungsdatum und Funktionalität eines Skripts sollten immer als Kommentar angegeben sein.

■ Hilfe findet man mittels `man perl`, `man perlfunc` oder `perldoc -f befehl`.

■ Im Internet beginnt man am besten mit dem Server *www.perl.com*. Perl-Fragen werden in der Newsgroup *[de.]comp.lang.perl.misc* diskutiert, welche man z. B. in *www.google.de* einsehen kann.

1.19 Workshop

Fragen und Antworten

F *Benötige ich Kenntnisse in einer anderen Programmiersprache, um Perl verstehen zu können?*

A Nein, in diesem Fall ist Perl eben Ihre erste Programmiersprache. Naturgemäß werden Sie sich damit etwas schwerer tun als jemand, der bereits andere Sprachen beherrscht. Für Sie sind die meisten Konstruktionen und Befehle nicht nur in ihrer Formulierung (Syntax) neu, sondern auch von der Idee her. Alte Hasen müssen sich hingegen lediglich auf die besondere Syntax konzentrieren, was natürlich einfacher ist.

F *Kann ich eigentlich alles, was ich bisher mithilfe von UNIX-Shell-Skripten programmiert habe, auch über Perl realisieren?*

A Ja, können Sie schon, aber macht es wirklich Sinn? Wenn Sie bisher gewohnt waren, bestimmte Zeilen mittels grep aus einer Datei herauszufiltern oder eine Datei nach der dritten Spalte mittels sort zu sortieren, was ist daran noch zu verbessern? Wenn es Ihnen aber schlichtweg Spaß macht, alles in Perl zu formulieren, ist dagegen allerdings nichts einzuwenden.

F *Da vergessen Sie aber etwas! Immerhin steht mir Perl auf allen Plattformen zur Verfügung.*

A Absolut, da haben Sie Recht. Wenn Sie ein grep oder ein sort schreiben möchten, das auf UNIX, Windows und Mac funktioniert, liegen Sie mit Perl absolut richtig.

F *Sie haben kaum etwas zu den Unterschieden zwischen den Perl-Versionen auf den verschiedenen Plattformen gesagt. Die gibt es doch sicherlich, oder?*

A Ja. Während der größte Teil von Perl wirklich unabhängig vom Betriebssystem ist, tauchen dort Differenzen auf, wo man direkt oder indirekt mit dem Betriebssystem, aber auch mit dem Dateisystem interagiert. Da gibt es Befehle, Eigenschaften und Konzepte, die von OS zu OS variieren. Immer wenn in diesem Buch betriebssystemspezifische Funktionen auftauchen, werden wir auf die Unterschiede eingehen. Pauschal macht das jetzt noch keinen Sinn.

F *Dass* print *nicht automatisch ein Newline mit ausgibt, finde ich ziemlich umständlich. Auch, dass beim Einlesen von Tastatur dieses Newline mitgenommen wird, erscheint mir eher seltsam ...*

A Das Verhalten von print kann übrigens umgestellt werden; wir werden später sehen, wie das geht. Nun, zugegeben, die meisten Perl-Neulinge finden die Einstellung von print und <> störend. Die Grundidee dahinter war sicherlich, möglichst exakt zu tun, was man von einem Befehl verlangt. Fordert man nicht explizit das Newline, wird es auch nicht gedruckt. Haben Sie einfach ein wenig Geduld. Nach ein paar Tagen finden Sie das alles ganz normal. ;-)

F   *Ich habe den Eindruck, dass viele Perl-Programmierer eine ausgesprochene Begeisterung für diese Sprache aufbringen. Das geht weit über die sachliche Ebene hinaus. Wie kommt das?*

   A   Die meisten Programmierer beherrschen mehrere Sprachen. Gerade wenn die Leute C kennen, sind sie oft überrascht von der Vielfalt der Befehle in Perl. Was in C 20 Zeilen und den raffinierten Einsatz von Pointern verlangt, ist in Perl häufig in einer einzigen Zeile machbar. Das begeistert natürlich. Wer andererseits aus der Shell-Programmier-Ecke kommt, freut sich über die Leistungsfähigkeit von Perl. Lauter glückliche Menschen also, wie Sie sehen.

Quiz

1. Wofür steht der Name Perl?

2. Seit wann gibt es Perl?

3. Ist Perl eine Compiler- oder einer Interpreter-Sprache?

4. Welches ist die aktuelle Version von Perl?

5. Wie lautet der URL für die zentrale Perl-Webseite?

6. Wann bricht ein Perl-Skript ab, wenn es eine syntaktisch fehlerhafte Zeile enthält?

7. Wie schaltet man zusätzliche Warnungen an?

Übungen

1. Fragen Sie den Benutzer nach seinem Alter. Geben Sie die erhaltene Zahl anschließend über »Ihr Alter ist: ...« wieder aus.

2. Fragen Sie den Benutzer wieder nach seinem Alter. Geben Sie den Satz »Zugang erlaubt.« nur aus, wenn er mindestens 18 ist (`$alter >= 18`).

3. Lesen Sie zwei Zahlen von der Tastatur ein. Geben Sie ihre Summe, Differenz, ihr Produkt und ihren Quotienten aus.

Die Antworten zu den Quizfragen sowie die Lösungen zu den Übungen finden Sie im Anhang A.

Tag

2

Skalare Variablen
und Zahlen

Herzlich willkommen zum zweiten Tag unseres Kurses. Heute werden wir lernen, wie man in Perl mit Zahlen umgeht. Da Zahlen ebenso wie Zeichenketten in einfachen, so genannten *skalaren* Variablen gespeichert werden, lenken wir unseren Blick zunächst ganz allgemein auf diesen Variablentyp. Das sind unsere Themen:

- Welche Variablentypen gibt es in Perl?
- Wie deklariert und initialisiert man Variablen?
- Was genau bedeutet *skalare* Variable?
- Wie unterscheidet man Zahlen und Zeichenketten?
- Welche Rechenoperationen bietet Perl an?
- Welche mathematischen Funktionen?
- Wie vergleicht man numerische Werte miteinander?
- Wie rundet man?
- Wie werden Oktal- und Hexadezimalzahlen dargestellt?
- Wie erhält man Zufallszahlen?

In zwei Exkursen erfahren wir außerdem,

- wie man generell mit Funktionen in Perl umgeht,
- was es mit der Default-Variablen $_ auf sich hat.

2.1   Variablen

Perl kennt drei Variablentypen: skalare Variablen, Arrays und Hashes. Skalare Variablen nehmen einzelne Werte auf, Arrays und Hashes ganze Listen von Werten. Der Unterschied zwischen Arrays und Hashes liegt in der Art, mit der man auf einzelne Elemente der Liste zugreift. Bei Arrays geschieht dies über Indizes (Integer-Zahlen), bei Hashes über Zeichenketten. Beide Typen werden in eigenen Kapiteln ausführlich besprochen.

Wenn wir in Perl eine Variable verwenden, müssen wir immer angeben, um welchen Typ es sich handelt. Dies geschieht über ein eindeutiges Präfix: Skalare beginnen mit einem $-Zeichen, Arrays mit einem @ und Hashes mit einem %. Hier eine erste Gegenüberstellung:

Typ	Präfix	Beispiel	Inhalt
Skalar	$	$ort	Einzelner Wert
Array	@	@hosts	Liste von Werten, indiziert über ganze Zahlen
Hash	%	%adressen	Liste von Werten, indiziert über Zeichenketten

Tabelle 2.1: Die drei Variablentypen von Perl

Variablennamen

Worauf müssen Sie achten, wenn Sie eine Variable in Perl zum ersten Mal verwenden?

- Variablennamen dürfen bis zu 255 Zeichen lang sein.

- Sie dürfen aus Buchstaben, Ziffern und Unterstrichen zusammengestellt werden. Das erste Zeichen *Ihrer* Variablen darf jedoch keine Ziffer sein.

  Perl selbst definiert sehr wohl Variablen, die mit einer Ziffer beginnen; sie haben eine besondere Bedeutung, auf die wir im Zusammenhang mit Regular Expressions stoßen werden.

- Sonderzeichen dürfen in Variablen nicht vorkommen, da sie praktisch alle zu speziellen Zwecken eingesetzt werden und Perl sie daher falsch interpretieren würde.

- Groß- und Kleinschreibung wird unterschieden. $a ist also eine andere Variable als $A.

Einige einfache Regeln müssen Sie also befolgen, wenn Sie sich einen Namen für Ihre Variable aussuchen. Wenn man von einigen Randbedingungen absieht, die eh selbstverständlich sind, bleibt eigentlich schlicht zu beachten:

- Ein Variablenname wird aus den Zeichen A-z, 0-9 und _ gebildet, wobei das erste Zeichen keine Ziffer sein darf. Die Umlaute und ß sind nicht erlaubt.

Folgende Variablennamen sind demnach korrekt:

```
$raum  @daten  %TEL_kunden  $adr_raum_2  $_USER  $host17  $_45
```

Nicht in Ordnung wären hingegen:

```
$45  $3host  %telefon.1  @orig-daten  $höhe
```

Deklaration

- In Perl werden Variablen nicht eigens deklariert.

In vielen anderen Sprachen muss dem Compiler oder Interpreter eine Variable bekannt gegeben werden, bevor man sie benutzen darf. Dabei wird vor allem der Typ der Variablen festgelegt. Perl benötigt eine solche Deklaration nicht, da der Variablentyp über das Präfix ($, @, %) stets mit angegeben wird. Wir können die Variable also sofort verwenden.

Initialisierung

- In Perl muss eine Variable nicht einmal initialisiert werden.

Unter Initialisierung versteht man das Belegen einer Variablen mit einem Wert, bevor man sie verwendet.

```
$a = 5 ;           # Initialisierung von $a
$b = $a + 7 ;
```

Wenn wir Variablen nicht initialisieren, übernimmt Perl diese Arbeit für uns. Dabei weist es den skalaren Variablen den Wert undef zu, was so viel bedeutet wie *unbekannter Wert*. Wenn wir mit einer derart automatisch initialisierten Variablen rechnen, wird das undef wie eine Null behandelt.

```
$b = $a + 7 ;        # Ohne vorherige Initialisierung
print $b ;           # --> 7
```

Verwendeten wir $a als Zeichenkette, würde undef als leerer String ("") gewertet.

Wie geht man nun mit der Freiheit um, initialisieren zu dürfen, es aber nicht zu müssen? Bei kleinen Test-Skripten erspart man sich oft aus Bequemlichkeit das Initialisieren von Variablen, wenn man sie sowieso mit 0 oder "" belegen würde. In professionellen Skripten würde ich Ihnen jedoch wegen der besseren Übersichtlichkeit unbedingt empfehlen, jede Variable explizit mit einem Startwert zu versehen, auch mit 0 oder "". Am besten, Sie fassen alle Initialisierungen in einem einzigen Block gleich zu Beginn Ihres Skripts zusammen, mit einem kleinen Kommentar zur Erläuterung jeder Variablen. Dann sieht man auf den ersten Blick, mit welchen Variablen das Skript arbeitet und wie diese belegt sind.

```
#!/usr/bin/perl
#
# agmittel.pl
# Mittelwert ueber die Verbindungsdaten der
# einzelnen Arbeitsgruppen.

$agfile = "/data/ags/online.dat" ;    # Datenquelle
$tage = 14 ;                          # Mittelwert ueber n Tage
$auswahl = "all" ;                    # Welche? all/max/ag_xy
.........
```

2.2   Skalare Variablen

Zahlen und Zeichenketten

Wie Sie nun wissen, werden skalare Variablen mit einem $-Zeichen eingeleitet. Sie können genau *einen* Wert aufnehmen. Dabei kann es sich sowohl um eine Zahl wie auch um eine Zeichenkette handeln. (Übrigens auch um eine Referenz oder ein Filehandle, doch die werden wir erst später kennen lernen.)

Ob es sich um eine Zahl (eine Abfolge von Ziffern und eventuell einem Punkt) oder aber um eine Zeichenkette handelt, erkennt Perl anhand der übergebenen Daten automatisch. Intern wird zusätzlich ein Unterschied zwischen ganzen Zahlen (integer, 32 Bit) und Fließkommazahlen gemacht (double, 64 Bit). Um solche Feinheiten müssen Sie sich aber nicht kümmern, da Perl den Zahlentyp automatisch erkennt und bei Bedarf auch automatisch umwandelt. Enthält der übergebene Wert ein Zeichen, das nicht zu einer Zahl passt, wird er so, wie er ist, als

Zeichenkette (String) gespeichert. Möchten Sie, dass auch eine Abfolge von Ziffern als String abgelegt wird, etwa eine Hausnummer, Telefonnummer etc., können Sie dies durch umschließende Anführungszeichen erzwingen.

```
$x = 345 ;          # Zahl
$x = "345" ;        # String
```

Automatische Konvertierung

Bei Bedarf kann Perl automatisch Zahlen als Zeichenketten interpretieren und umgekehrt. Wir benötigen keine explizite Umwandlungsfunktion. Eine solche Konvertierung findet immer dann statt, wenn Sie mit Zahlen Operationen durchführen, die man eigentlich nur mit Strings durchführen darf, wie beispielsweise die Länge einer Zahl (Anzahl der Ziffern) zu ermitteln.

```
$zahl = 6699 ;            # Eine waschechte Zahl.
$len = length($zahl) ;    # String-Operation. Dabei wird die
                          # Zahl wie ein String behandelt.
print $len ;              # --> 4
```

Ebenso geschieht es mit einer Zeichenkette, die in die Mühlen einer mathematischen Operation gerät. Sie wird automatisch als Zahl interpretiert. Tauchen in der Zeichenkette Ziffern und Buchstaben gemischt auf, wird alles ab dem ersten Zeichen, das nicht zu einer Zahl passt, ignoriert.[1] Ein String, der nicht mit einer Ziffer beginnt, wird als 0 gewertet.

```
$a = "345" ;    $b = "17ab" ;    $c = "abc" ;


$x = $a + 1 ;            # --> 346
$y = $b + 1 ;            # --> 18
$z = $c + 1 ;            # --> 1
```

2.3 Der Kontext

Unsere Beschäftigung mit der automatischen Umwandlung von Strings in Zahlen und umgekehrt führt uns zu einem Begriff, der eine zentrale Rolle in Perl spielt: den Kontext. Wie Sie gesehen haben, interpretiert Perl ein und dieselben Daten einmal als Zahl und einmal als Zeichenkette, je nachdem, welche Aktion mit diesen Daten ausgeführt werden soll. Handelt es sich um eine Zahlenoperation, werden auch die Daten als Zahlen gesehen. Handelt es sich um eine Zeichenkettenoperation, werden die Daten zwangsläufig als Strings behandelt.

Man spricht im einen Fall vom »numerischen Kontext«, in dem die Daten ausgewertet wurden, im anderen Fall vom »Zeichenkettenkontext«. Der Kontext – also der inhaltliche Zusammenhang – bestimmt, wie die Daten interpretiert werden. Dadurch können dieselben Daten je nach

---

1   Falls Sie die Warnungen aktiviert haben (mit -w), erhalten Sie den Hinweis `Argument "17ab" isn't numeric ...`

Operation unterschiedlich interpretiert werden. Dies steht in absolutem Widerspruch zu klassischen Sprachen wie C, in denen der Typ der Daten bei der Deklaration eindeutig festgelegt wird. In Perl bestimmt die Operation die Sichtweise.

Die Problematik des Kontexts wird uns noch öfter begegnen. Sie sollten sich also daran gewöhnen, die Dinge etwas flexibler zu betrachten. Übrigens gehört das Fachsimpeln über den *Kontext* unbedingt zu den Fähigkeiten dazu, die Sie als echten Perl-Kenner ausweisen. ;-)

2.4   Zahlen

Wenden wir uns nun dem eigentlichen Gegenstand dieses Kapitels zu: dem Umgang mit Zahlen. Zahlen werden, wie Sie schon wissen, in skalaren Variablen gespeichert und als Gleitpunktzahl mit doppelter Genauigkeit (64 Bit) im System abgelegt. Bevor wir mit dem Rechnen beginnen, müssen wir klären, in welcher Form Perl Zahlen erkennt, welche Schreibweisen wir also verwenden dürfen.

Wir können Zahlen zunächst in den üblichen Notationen angeben, wobei der Punkt für das Dezimaltrennzeichen steht. Achtung: Vor Integer-Zahlen dürfen Sie keine Null schreiben, da sie sonst als Oktalzahlen (8er-System) interpretiert werden (siehe Oktalzahlen, Abschnitt 2.11).

```
$z = 45 ;
$z = 45.0 ;
$z = -21 ;
$z = 3.45 ;
$z = 0.7756 ;
$z = .7756 ;
# $z = 045 ; ACHTUNG: Oktalzahl
```

In großen Zahlen dürfen Sie zur besseren Lesbarkeit Gruppierungen durch Unterstriche vornehmen. Zehner-Potenzen können über die e-Notation angegeben werden. e4 oder E4 steht z. B. für 10 hoch 4, also 10000.

```
$z = 30_000_000 ;        # 30 Millionen
$z = 3.5e6 ;             # 3500000
$z = 1.45e-3 ;           # 1.45 mal 10 hoch -3, also 0.00145
```

2.5 Arithmetische Operatoren

Mit Zahlen möchten wir natürlich rechnen. Perl bietet uns hierzu eine ganze Palette von Operatoren an. Hier zunächst die komplette Liste.

Operator	Beispiel	Beschreibung
=	$c = $a	Zuweisung
+	$c = $a + $b	Addition
-	$c = $a - $b	Subtraktion
*	$c = $a * 7	Multiplikation
/	$c = $a / 3	Division
%	$c = $a % 5	Modulo, Rest bei der ganzzahligen Division
**	$c = $a ** 3	Potenzieren (hoch ...)
+=	$c += 5	Kurzschreibweise für $c = $c + 5
-= *= /= %= **=	$c *= 3	wie += aber für -, *, /, % und **
++	$c ++ oder ++$c	Kurzschreibweise für $c = $c +1
--	$c -- oder --$c	Kurzschreibweise für $c = $c - 1

Tabelle 2.2: Arithmetische Operatoren

%

Die Grundrechenarten dürften klar sein. Aber was ist ein Modulo-Operator? Damit ist der Rest bei der ganzzahligen Division gemeint. Wenn Sie beispielsweise 38 % 7 rechnen, erhalten Sie 3 als Ergebnis, da 38 / 7 ganzzahlig gerechnet 5 ergibt und ein Rest von 3 bleibt.

**

Potenziert wird über **. Um ein Quadrat zu erhalten, schreiben Sie also **2 , für hoch 4 schreibt man **4. Das Ganze funktioniert auch mit einer Kommazahl oder einer negativen Zahl als Exponent, so, wie man es aus dem Mathe-Unterricht vielleicht noch kennt: Die Quadratwurzel erhält man z.B. über **0.5 , die dritte Wurzel mittels **(1/3).

+= -= etc.

Perl hält für jeden mathematischen Operator auch eine Kurzschreibweise parat. Man benützt sie, wenn es darum geht, das Ergebnis der Operation direkt im ersten Operanden zu speichern, anstatt es einer neuen Variablen zuzuweisen. Man möchte beispielsweise $x um 5 erhöhen und das Ergebnis wieder in $x speichern.

++ --

Ein häufig benötigter Spezialfall ist die Erhöhung einer Variablen um 1. Hierfür bietet uns Perl den Operator ++ an. Für die Erniedrigung um 1 gibt es entsprechend --. $c++ erhöht also $c um 1, $-- erniedrigt es um 1.

Die Operatoren ++ und -- können *vor* oder *nach* der betroffenen Variablen stehen. Besteht der gesamte Befehl nur aus der Operation ++ oder --, spielt die Stellung keine Rolle. Ist eine der Variablen jedoch in eine zweite Operation eingebunden, klärt die Stellung die Reihenfolge der beiden Aktionen.

```
$a = 5 ;
$c = $a++ ;              # zunächst: $c=5   dann: $a=6

$a = 5 ;
$c = ++$a ;             # zunächst: $a=6   dann: $c=6
```

Leerraum und Klammerung

Ob Sie die Operatoren direkt an die Variablen hängen oder Leerraum dazwischen einfügen, bleibt Ihnen überlassen. Sie dürfen also z.B. $a++ oder auch $a ++ schreiben.

Selbstverständlich können Sie in arithmetischen Ausdrücken nach Belieben Klammern setzen.

```
$c = (( $a + $b ) * 5 ) **2 ;
```

▶ **Manpages:** perldoc perlop

2.6   Numerische Vergleiche

Zahlen werden nicht nur zum Rechnen gebraucht. Häufig müssen wir numerische Werte, die wir in Variablen speichern, mit vorgegebenen Grenzwerten vergleichen. Ist der Kunde jünger als 18? Läuft ein Prozess (z.B. der Webserver) in mehr als 50 Kopien? Kommt ein genetischer Code auch wirklich nur einmal in einem DNS-Strang vor? Stieg der Kurs einer Aktie um mehr als 10 Prozent?

```
$alter < 18
$procanz > 50
$count == 1
$pdiff > 10
```

Der Vergleich an sich ist zwar eine eigene Operation, in der Praxis kommt er aber nie im leeren Raum, sondern stets als Bedingung einer if-Abfrage oder einer Schleife vor. Da wir Letztere noch nicht kennen, halten wir uns im Folgenden an if-Anweisungen.

```
if ( $alter < 18 ) {
    print "Sie haben leider keinen Zugang. \n" ;
    }
```

Perl verfügt über Operatoren für alle gängigen numerischen Vergleiche:

Operator	Beispiel	Beschreibung
==	$count == 1	ist gleich
!=	$uid != 0	ist nicht gleich
<	$alter < 18	ist kleiner als
<=	$alter <= 18	ist kleiner oder gleich
>	$procanz > 50	ist größer als
>=	$procanz >= 50	ist größer oder gleich

Tabelle 2.3: Numerische Vergleichsoperatoren

Das einzige, was Sie womöglich erstaunt, ist das doppelte == für den Test auf Gleichheit. Das hängt damit zusammen, dass das gewöhnliche = für die Zuweisung eines Wertes an eine Variable reserviert ist. Der Vergleich zweier Werte ist etwas ganz anderes, verdient also auch einen eigenen Operator.

Bereits hier möchte ich Sie darauf hinweisen, dass mit diesen Operatoren ausschließlich Zahlen verglichen werden dürfen. Zeichenketten testet man mit einer eigenen Stafette von Operatoren.

▶ **Manpages:** perldoc perlop

2.7 Mathematische Funktionen

Für Rechnungen, die quasi nebenbei erfolgen, genügen in der Regel die einfachen numerischen Operatoren. Schreibt man aber ein Skript im mathematischen Umfeld, z.B. im Forschungsbetrieb, für statistische Auswertungen oder im Bankwesen, benötigt man weitergehende mathematische Funktionen. Eine ganze Reihe solcher Funktionen gehören bereits zum Standardumfang von Perl. Eine weitaus größere Anzahl ist außerdem noch über Module (Funktionsbibliotheken) verfügbar, die wir in unsere Programme einbinden können.

Werfen wir zunächst einen Blick auf die eingebauten Funktionen. Wie man sie verwendet, sehen Sie an den kleinen Beispielen in der zweiten Spalte.

Funktion	Beispiel	Beschreibung
abs	$c = abs($a)	Absoluter Betrag (-3.2 -> +3.2)
atan2	$c = atan2($y,$x)	Arcus Tangens von $y/$x

Tabelle 2.4: Perls interne mathematische Funktionen

Funktion	Beispiel	Beschreibung
cos	$c = cos($a)	Cosinus
exp	$c = exp(1)	Exponential-Funktion: e hoch ... (hier: ~2.718)
hex	$c = hex(12)	Konvertierung hexadezimal -> dezimal (hier: 18)
int	$c = int(3.975)	Ganzzahliger Anteil (hier: 3)
log	$c = log(2.718)	Natürlicher Logarithmus (hier: ~1)
oct	$c = oct(12)	Konvertierung oktal -> dezimal (hier: 10)
rand	$c = rand(10)	Zufallszahl, hier zwischen 0 und 10 (exklusive)
sin	$c = sin($a)	Sinus
sqrt	$c = sqrt(16)	Quadratwurzel (hier: 4)
srand	srand (365)	Startwert für rand setzen

Tabelle 2.4: Perls interne mathematische Funktionen (Forts.)

abs() entfernt eventuell vorhandene Minuszeichen.

atan2()benötigt zwei Argumente ($y und $x durch Komma getrennt) und gibt den Arcus Tangens von $y/$x im Bereich von -π bis +π zurück.

cos() und sin() arbeiten ebenfalls im Bogenmaß, akzeptieren also Werte zwischen 0 und 2π für Gradzahlen von 0 bis 360.

Bei hex() und oct() muss man die Richtung der Konvertierung beachten: Sie wandeln Zahlen, die als Hexadezimal- bzw. Oktalzahlen geschrieben sind, ins Dezimalsystem um. Für die umgekehrte Richtung benötigt man den Befehl sprintf(), der weiter unten noch besprochen wird.

int() schneidet alle Nachkommastellen ab, um eine Integerzahl zu liefern. Es rundet also nicht. Für Rundungen verwendet man wieder sprintf().

log() ist die Umkehrfunktion zu exp(), sie entspricht damit also dem natürlichen Logarithmus (mathematisch: ln), nicht etwa dem Zehner-Logarithmus.

Auf rand() und srand() gehen wir im Abschnitt über Zufallszahlen noch näher ein.

▶ **Manpages:** perldoc perlfunc ... Numeric functions ; perldoc -f sin usw.

Exkurs: Funktionen und ihre Argumente

Da wir hier zum ersten Mal in größerem Umfang Perl-Funktionen verwenden, sollten wir uns einige Gedanken darüber machen, wie man sie syntaktisch korrekt aufruft und wie man ihnen Argumente übergibt.

Funktionsargumente können, müssen aber nicht geklammert werden. Wenn man es nur mit *einer* Funktion zu tun hat, verzichtet man häufig auf die Klammern.

Mehrere Funktionen dürfen ineinander geschachtelt werden. Bei geschachtelten Funktionen empfiehlt es sich, die Klammern zu verwenden, um keine Zweideutigkeiten entstehen zu lassen.

```
$z = int($x) ;
$z = int $x ;
$z = int(sqrt($x)) ;
$z = int sqrt $x ;
```

Diese Variabilität gilt für alle eingebauten Funktionen, nicht nur für die mathematischen. Auch z. B. für print, das wir ja ständig verwenden. Es kann seine Argumente in Klammern aufnehmen, wird aber meistens in der kürzeren Schreibweise benützt.

```
print ($x) ;
print $x ;
print (int(sqrt($x))) ;
print int sqrt $x ;
```

Zwischen Funktionsnamen und öffnender Klammer dürfen Leerzeichen stehen.

```
$z = int($x) ;
$z = int ($x) ;
```

Übergibt man einer Funktion mehrere Argumente, trennt man diese durch Kommas.

```
$z = atan2 ($y, $x) ;
print $a, $b, $c ;
```

Fertig. Mehr gibt es über die Verwendung interner Funktionen nicht zu sagen. ;-)

2.8   Mathematische Module

Die bisher vorgestellten Funktionen sind direkt in Perl eingebaut. Der Interpreter versteht sie ohne zusätzliche Hilfen. Wie Sie aber wissen, gibt es Tausende von weiteren Funktionen, die uns in Modulen (Funktionsbibliotheken) zur Verfügung stehen. Ein Teil dieser Module wird gleich mit der Perl-Distribution ausgeliefert (die heißen deshalb Standardmodule), den Rest findet man im CPAN unter *www.cpan.org*.

Module werden zu Beginn des Skripts über den simplen Befehl

use *modulname* ;

eingebunden. Die darin enthaltenen Funktionen darf man anschließend wie gewöhnliche Perl-Befehle aufrufen. Standardmodule sind sofort verfügbar, CPAN-Module müssen Sie sich zunächst aus dem Internet herunterladen. Unter diesen Bibliotheken befinden sich auch jede Menge Module, die sich mit mathematischen Funktionen befassen.

Eine ganze Palette zusätzlicher mathematischer Funktionen bietet Ihnen das Standardmodul POSIX. Eingebunden wird es über

```
use POSIX ;
```

Zu seinen Funktionen gehören `acos` (Arcus Cosinus), `asin` (Arcus Sinus), `atan` (Arcus Tangens), `ceil` (auf Integer aufrunden), `cosh` (Cosinus Hyperbolicus), `floor` (auf Integer abrunden), `log10` (10er-Logarithmus), `sinh` (Sinus Hyperbolicus), `tan` (Tangens) und `tanh` (Tangens Hyperbolicus). POSIX ist ein riesiges Modul. Mehr darüber erfahren Sie in der zugehörigen Manpage: `perldoc POSIX`.

Weitere Standardmodule, die sich mathematischen Themen widmen, sind zum Beispiel `Math::BigFloat`, das Funktionen zum Rechnen mit Gleitkommazahlen beliebiger Genauigkeit bietet, `Math::BigInt`, welches zum Arbeiten mit Integerzahlen beliebiger Länge dient, und `Math::Complex`, das über Befehle für den Umgang mit komplexen Zahlen verfügt.

Schließlich finden Sie im CPAN etwa hundert weitere Module, die sich um mathematische Themen ranken. Da geht es um Statistiken, Algorithmen, Zufallszahlen, Matrizen, Integration, Fourier-Transformation, Geometrie, Schätzungen usw. Wenn Sie bedenken, dass jedes dieser Module eine Vielzahl von Funktionen zu einem Thema enthält, erahnen Sie den riesigen Schatz, der da auf Sie wartet.

▶ **Manpages:** perldoc POSIX

2.9 Rundung

Manchmal fällt es schwer, die Begeisterung des Perl-Interpreters für Nachkommastellen zu teilen. Dann ergibt sich der dringende Wunsch, die auszugebende Zahl auf wenige Stellen hinter dem Komma zu runden.

```
$ perl -e ' print 1/7, "\n" ' ;
0.142857142857143
$ danke
```

Zum Runden einer Fließpunktzahl auf eine vorgegebene Anzahl von Stellen bietet uns Perl keine spezielle mathematische Funktion an. Statt dessen verwendet man den Befehl `sprintf()`, der ganz allgemein der Formatierung von Daten dient. Es würde hier zu weit führen, `sprintf()` in seiner ganzen Breite zu erklären. (Das sparen wir uns für das nächste Kapitel auf.) Hier soll nur gezeigt werden, wie man mit `sprintf()` rundet.

```
$z = sprintf ("%.2f" , $x) ;
```

`sprintf()` erwartet in unserem Fall zwei Argumente: das Ausgabeformat und die zu rundende Zahl. Das Ausgabeformat beginnt mit einem %-Zeichen und endet mit einem f. Das f für *floating* muss hier stehen, weil wir es mit Fließkommazahlen zu tun haben. Dem %-Zeichen folgen ein Dezimalpunkt und die Anzahl der Nachkommastellen (hier 2). Vor dem Dezimalpunkt könnte man noch die gesamte Anzahl der auszugebenden Stellen festlegen (%5.2f), beim Runden spielt das aber keine Rolle.

```
$z = sprintf ("%.2f" , $x) ;    # Rundung auf 2 Nachkommastellen
```

Sehen wir uns die Wirkung von sprintf() an einem kleinen Beispielskript an.[2]

```
#!/usr/bin/perl -w
#
# runde.pl
# Rundungen mit sprintf()

$x = 123.6752 ;

print "\n", $x, "\n" ;
print "-------\n" ;

$z = sprintf ("%.3f" , $x) ;    # Runden auf 3 Stellen.
print "$z \n" ;

$z = sprintf ("%.2f" , $x) ;    # Runden auf 2 Stellen.
print "$z \n" ;

$z = sprintf ("%.1f" , $x) ;    # Runden auf 1 Stelle.
print "$z \n" ;

$z = sprintf ("%.0f" , $x) ;    # Runden auf ganze Zahl.
print "$z \n" ;
```

Die Ausgabe:

$ runde.pl

```
123.6752
-------
123.675
123.68
123.7
124
123
```

sprintf() liefert das Ergebnis der Rundung *zurück*, so dass es einer Variablen zugewiesen werden kann. Soll es hingegen einfach nur *ausgegeben* werden – ist man also gar nicht an einer Speicherung interessiert –, nimmt man normalerweise den Befehl printf(). Er funktioniert genauso wie sprintf(), gibt das Resultat aber sofort aus.

```
$x = 123.6752 ;
printf ("%.3f \n" , $x) ;    # Runden und Ausgeben
```

▶ **Manpages:** perldoc -f sprintf/printf

---

2   Alle Beispiel-Skripte finden Sie auf der beiliegenden CD, jeweils im Verzeichnis des entsprechenden Kapitels.

2.10 Zufallszahlen

Zufallszahlen benötigen Sie beispielsweise, wenn Sie Stichproben aus einer großen Menge anfallender Daten ziehen möchten, wenn Sie zufällig einige Rechner, Netze oder Benutzer für bestimmte Tests auswählen müssen oder wenn Sie Session-IDs für Webanwender vergeben.

```
$c = rand   ;
$c = rand 100 ;
```

rand() liefert bei jedem Aufruf eine Zufallszahl. Ohne Argument liegt sie zwischen 0 (inklusiv) und 1 (exklusiv), mit Argument zwischen 0 und diesem Argument (hier 100). Die Zufallszahl wird als Gleitkommazahl mit relativ vielen Nachkommastellen geliefert. Um eine Integerzahl zu erhalten, kombiniert man rand() und int().

```
int(rand(20))
```

liefert z. B. eine zufällige ganze Zahl zwischen 0 und 20.

Das folgende Programmfragment liefert zehn Zufallszahlen zwischen 0 und 100.

Listing 2.1: *zufall_1.pl – Zufallszahlen*

```
#!/usr/bin/perl
# zufall_1.pl
# Gibt 10 Zufallszahlen zw. 0 und 100 aus

for($i=0; $i<=9; $i++) {
   print int(rand(100)) , " " ;
   }
print "\n\n" ;
```

Bei wiederholter Ausführung erhalten wir folgende Ausgabe:

```
$ zufall_1.pl
2 2 93 59 50 26 45 19 41 95

$ zufall_1.pl
24 99 27 50 15 88 99 27 46 64

$ zufall_1.pl
98 89 60 49 24 88 41 73 67 64
```

Wie Sie sehen, wird jedes Mal eine andere Reihe von Zufallszahlen geliefert. Das funktioniert erst seit Perl 5.004. In früheren Versionen musste man explizit die Funktion srand() einmalig beim Start des Programms aufrufen, um einen zufälligen Anfangswert und damit eine neue Reihe von Zahlen zu erhalten. Heute startet Perl srand() automatisch.

▶ **Manpages:** perldoc -f rand/srand

2.11 Oktal- und Hexadezimalzahlen

Wir können Zahlen auch im Oktal- und im Hexadezimalsystem angeben. Das macht immer dann Sinn, wenn wir mit Problemen zu tun haben, die sich in einem dieser Systeme bewegen (Speicherbereiche, IP-Netzwerk-Masken, Steuersequenzen, Bit-Vektoren etc.).

Zahlen im Oktalsystem (8er-System) werden durch eine führende Null gekennzeichnet, solche im Hexadezimalsystem (16er-System) durch ein führendes 0x.

```
$z = 034 ;              # Oktalzahl, 28 im Dezimalsystem
$z = 0x34 ;             # Hexadezimal, 52 im Dezimalsystem
$z = 0x1A ;             # Hexadezimal, 26 im Dezimalsystem
```

Seit Perl 5.6 kann man auch Zahlen im Binärsystem angeben.

```
$z = 0b101 ;            # Binär, 5 im Dezimalsystem
```

 Binär-, Oktal- und Hexadezimaldarstellung sowie die Unterstriche werden von Perl nur bei der direkten Zuweisung im Skript erkannt (Zahlenliterale). Bei der automatischen Konvertierung von Zeichenketten zu Zahlen sowie in Einleseoperationen werden sie nicht verstanden.

Mithilfe der Befehle oct() und hex() können Sie Zahlen, die in Oktal- bzw. Hexadezimalschreibweise vorliegen, in normale Dezimalzahlen umwandeln.

```
$c = oct(12) ;                  # --> 10
$c = hex ("1A") ;               # --> 26
```

Um in entgegengesetzter Richtung zu konvertieren, also Dezimalzahlen in Oktal- bzw. Hexadezimalschreibweise umzuwandeln, verwendet man sprintf(). Geht es nur um die Ausgabe an sich, benützt man einfacher printf(). Der Formatstring lautet "%o", wenn man Oktalzahlen und "%x", wenn man Hexadezimalzahlen erzeugen möchte.

```
$c = sprintf ("%o", 10) ;       # --> 12
printf ("%x", 26) ;             # --> 1A
```

Wenn Sie Zahlen im 8er- und 16er-System direkt eingeben möchten, verwenden Sie die entsprechende Notation:

```
$x = 013 ;
$y = 0x13 ;
```

▶ **Manpages:** perldoc -f oct/hex ; perldoc perlnumber

2.12 Bit-Operationen

Es gibt unter den Perl-Anwendern auch sehr kleinliche Leute. Sie betrachten ein Byte mitnichten als die kleinste Dateneinheit, die von Interesse ist, sondern diskutieren ständig über den Inhalt eines solchen und wie man ihn am geschicktesten manipulieren kann. Sie lassen sich sozusagen auf die Ebene der Bits herab. Oft bedeutet ihnen das Byte überhaupt nichts mehr. Sie fassen die Bits zu Portionen zusammen, wie sie es gerade benötigen.

Solche Leute findet man unter den Chip-Programmierern, den Grafikexperten, Soundspezialisten, Systemprogrammierern oder Kryptografen. Sie alle arbeiten mit einzelnen Bits und Bit-Vektoren und benötigen Operationen zur Verarbeitung derselben. Für die meisten Perl-Programmierer sind solche Manipulationen jedoch eher uninteressant.

Möchte man beispielsweise alle Bits um mehrere Stellen nach links verschieben (shiften), wendet man den <<-Operator auf den betroffenen Wert an.

```
$c = $a << 2 ;
```

Dabei wird der bearbeitete Wert als Integer-Zahl interpretiert und in einem 32-Bit-Feld geshiftet. Ist er kleiner als $2^{**}32$, wird er also quasi mit 4 multipliziert.

Hier die Tabelle aller Bit-Operatoren.

Operator	Beispiel	Beschreibung
<<	$bit << 2	Verschiebung um *n* Bits nach links
>>	$bit >> 2	Verschiebung um *n* Bits nach rechts
&	$bita & $bitb	Bitweise UND-Verknüpfung
|	$bita | $bitb	Bitweise ODER-Verknüpfung
^	$bita ^ $bitb	Bitweise Verknüpfung durch Exklusives ODER
~	~ $bit	Bitweises NICHT

Tabelle 2.5: Bit-Operatoren

▶ **Manpages:** perldoc perlop

2.13 Die Reihenfolge der Operatoren

Präzedenz

Wenn mehrere Operationen in *einem* Befehl durchgeführt werden, muss man sich Gedanken über die Reihenfolge dieser Operationen machen, da sie sich auf das Endergebnis auswirken kann.

```
$z = $a + $b * $c ;
```

Perl sollte den obigen Ausdruck sicherlich nicht von links nach rechts auswerten, sondern zunächst die Multiplikation und erst dann die Addition durchführen. Und genau dies tut es auch! Wie kommt eine solche Vorfahrtsregelung eigentlich zustande?

Perl besitzt eine Tabelle, in der festgelegt ist, mit welcher Priorität Operatoren ausgewertet werden sollen. Man spricht von der Präzedenz (Vorrang) eines Operators gegenüber einem anderen und entsprechend von der Präzedenztabelle.

Da die Präzedenztabelle sehr viele unterschiedliche Niveaus besitzt, kann sich kein Mensch für alle Operatoren merken, in welcher Abfolge sie verarbeitet werden. In der Regel setzt man einfach Klammern, um selbst zu bestimmen, was wann berechnet wird. Zwei Präzedenzen sollten Sie aber immer vor Augen haben:

- Was die Rechenoperatoren betrifft, hält sich Perl an die in der Mathematik geltenden Sätze. Punktrechnung kommt also vor Strichrechnung und ** wird zuallererst ausgewertet.

- Mathematische Funktionen besitzen jedoch eine niedrigere Priorität als die Rechenoperatoren, so dass man z. B.

  sin(3) + 4

  schreiben muss, um den Sinus nur auf die 3 anzuwenden, obwohl in der Mathematik die Klammerung nicht nötig wäre.

Assoziativität

Die Präzedenztabelle umfasst zwar viele Stufen, allerdings weniger, als es Operatoren gibt, somit besitzen oft mehrere Operatoren die gleiche Präzedenz. In welcher Reihenfolge werden nun Operatoren ausgewertet, die auf der gleichen Stufe stehen? Diese Frage stellt sich zudem immer dann, wenn es sich um zwei gleiche Operatoren handelt.

```
$z = $a * $b / $c ;
$z = $a ** $b ** $c ;
```

Perl wird den ersten Ausdruck auswerten wie

```
$z = ( $a * $b ) / $c ;
```

also von links nach rechts. Anders ausgedrückt: Der linke der beiden gleichwertigen Operatoren * und / wird zuerst ausgeführt. Man sagt: Diese Operatoren sind links-assoziativ. Der zweite Ausdruck wird hingegen folgendermaßen gelesen:

```
$z = $a ** ( $b ** $c ) ;
```

Hier wird der rechte der gleichwertigen Operatoren zuerst ausgewertet. Die technische Formulierung heißt hier: ** ist rechts-assoziativ.

Neben der Präzedenz spielt also auch die Assoziativität von Operatoren eine Rolle, wenn es darum geht, herauszufinden, in welcher Reihenfolge ein Ausdruck ausgewertet wird. Die Präzedenz bestimmt die Grob-, die Assoziativität die Feinregelung. In jedem Fall gilt: Experimentieren Sie nicht mit dieser Tabelle, sondern legen Sie die gewünschte Reihenfolge durch Klammerung fest. Da wir uns erst im zweiten Kapitel unseres Kurses befinden, kennen Sie viele der aufgelisteten Operatoren noch nicht. Aber keine Angst, am Ende der dritten Woche wird Ihnen kein einziger mehr fremd sein.

Operator	Assoziativität	Bedeutung
Terme und ( )	links	Variablen, Quoting, Klammern und Funktionen mit geklammerten Argumenten
->	links	Dereferenzierung
++ −	nicht	Inkrement und Dekrement
**	rechts	Potenzieren
! ~ \ + -	rechts	logisches NICHT, bitweises NICHT, Referenzierung unäres +, unäres − (Vorzeichen)
=~ !~	links	Regular Expression: passt, passt nicht
* / % x	links	Multiplikation, Division, Modulo, String-Wiederholung
+ − .	links	Addition, Subtraktion, String-Verkettung
<< >>	links	bitweise Links- und Rechtsverschiebung
monadische Operatoren	nicht	ohne Klammern geschriebene Operatoren und Funktionen, die nur auf einen einzigen Term wirken (-f -w etc., log, sqrt etc., lc, uc etc., sleep, scalar etc.)
< > <= >= lt gt lt le	nicht	Vergleichsoperatoren für Zahlen und Strings
== != <=> eq ne cmp	nicht	Vergleichsoperatoren für Zahlen und Strings
&	links	bitweises UND
| ^	links	bitweises ODER, bitweises XOR
&&	links	logisches UND

Tabelle 2.6: Präzedenz und Assoziativität

Operator	Assoziativität	Bedeutung
||	links	logisches ODER
.. ...	nicht	Bereichsoperatoren (inklusiv, exklusiv)
?:	rechts	Bedingungsoperator (Ternärer Operator)
= += -= *= /= etc.	rechts	Zuweisungsoperatoren
, =>	links	Kommaoperatoren
Listenoperatoren	nicht	Listenoperatoren/Funktionen ohne Klammer (sie binden schwächer als das Komma, damit die Liste der Argumente als Ganzes erkannt wird)
not	rechts	logisches NICHT
and	links	logisches UND
or xor	links	logisches ODER, EXKLUSIV-ODER

Tabelle 2.6: Präzedenz und Assoziativität (Forts.)

▶ **Manpages:** perldoc perlop

Exkurs: Die Default-Variable $_

Wir haben in Abschnitt 2.8 gelernt, dass man Perl-Funktionen mit oder ohne Klammern aufrufen darf und dass man mehrere Funktionsargumente durch Kommas voneinander trennt. Überraschend akzeptiert Perl sogar Funktionsaufrufe, bei denen kein einziges Argument übergeben wird. Und das bei Befehlen, die eigentlich eines erwarten.

```
$anzahl = int ;
```

Ja, wovon soll denn da bitteschön der ganzzahlige Anteil ermittelt werden?

```
$wert = sqrt ;
```

Schon wieder! Da passiert etwas hinter den Kulissen: In beiden Fällen wertet Perl die so genannte Default-Variable $_ (sprich: Dollar-Underscore) aus.

Praktisch alle Funktionen, die nur *ein* Argument erwarten, akzeptieren den Aufruf ohne Argument und werten in diesem Fall $_ statt des Arguments aus.

Und was enthält $_, werden Sie sich nun fragen? Kommt drauf an, was Sie in ihr gespeichert haben. Belegen müssen Sie diese Variable nämlich wie jede andere. Sie wird nicht etwa automatisch gefüllt, sie wird nur automatisch benützt. Mit einer Ausnahme: Wenn man in einer Schleife eine Datei zeilenweise ausliest, gibt es eine Konstruktion, welche die aktuelle Zeile in

$_ speichert. (Das lernen wir aber erst später.) Ansonsten gilt: $ müssen Sie selbst belegen. Die Default-Variable wurde einfach aus Bequemlichkeit eingeführt. Man spart sich das Erfinden von Variablennamen für Zwischenergebnisse, die nur kurzfristig gebraucht werden.

▶ **Manpages:** perldoc perlvar ... Predefined Names

2.14 Zusammenfassung

- Perl unterscheidet drei Variablentypen: Skalare ($), Arrays(@) und Hashes(%).

- Variablennamen werden aus den Zeichen A-z, 0-9 und _ gebildet. Sie dürfen aber nicht mit einer Zahl beginnen.

- Variablen werden in Perl nicht deklariert (bekannt gegeben).

- Variablen müssen nicht, sollten aber initialisiert werden. Bei der automatischen Initialisierung erhalten sie den Wert undef, was sich wie eine Null bzw. eine leere Zeichenkette verhält.

- Skalare Variablen nehmen einen einzelnen Wert auf. Bei diesem kann es sich sowohl um eine Zahl wie auch um eine Zeichenkette handeln. Perl erkennt Zahlen an der Schreibweise.

- Führt man numerische Operationen mit Strings oder String-Operationen mit Zahlen durch, erhält man keine Fehlermeldung. Statt dessen interpretiert Perl die Daten so, dass sie zu der gewählten Operation passen (Kontext).

- Zahlen werden intern als integer oder double (64 Bit) gespeichert. Sehr große oder sehr kleine Zahlen schreibt man in der e-Notation, 1.3e-5.

- Zum Rechnen stehen uns die Operatoren + – * / % und ** zur Verfügung. Zu jedem Operator gibt es eine Kurzform, z.B. +=.

- ++ und -- erhöhen bzw. erniedrigen um 1. ++$a führt eventuell zu einem anderen Ergebnis als $a++ .

- Perl kennt die mathematischen Funktionen int, abs, sqrt, exp, log, sin, cos, atan2, rand, srand, oct und hex.

- Eine Vielzahl weiterer mathematischer Funktionen findet man in einer Reihe von Standard- und CPAN-Modulen.

- Funktionsargumente können in Klammern oder ohne Klammern angegeben werden.

- Zahlen rundet man über die Funktionen sprintf und printf – sprintf "%.2f", $x.

- Zufallszahlen erhält man durch rand(): int(rand(100)). Perl initialisiert den Zufallsgenerator automatisch beim ersten Aufruf.

- Oktal- und Hexadezimalzahlen kennzeichnet man durch vorangestellte 0 bzw. 0x. Zur Konvertierung verwendet man die Funktionen oct und hex sowie sprintf und printf.

- Numerische Vergleiche werden mithilfe der Operatoren == != < <= > und >= durchgeführt.

- Für Bit-Operationen gibt es die Operatoren << >> & | ~ und ^ .

- Die Reihenfolge der Auswertung bei mehreren Operatoren wird über die Präzedenz- und Assoziativitätstabelle geregelt. Im Zweifelsfall sollten Sie Klammern setzen.

2.15 Workshop

Fragen und Antworten

F *Das war recht viel für den Anfang. Können Sie mir einen Tipp geben, wie man sich die Vielzahl von Funktionen und Konstruktionen merken kann?*

    A Versuchen Sie vor allem Schlüsselaussagen zu verinnerlichen, wie sie soeben in der Zusammenfassung noch einmal aufgetaucht sind. Die Grundideen sind entscheidend. Details können Sie immer wieder nachschlagen – entweder hier oder in den Manpages.

F *Wie kann man einen Überblick über die Funktionen der CPAN-Module erhalten?*

    A Das sind einfach zu viele, als dass man sie noch überblicken könnte. Die Vorgehensweise ist eine andere: Man geht von einem konkreten Problem aus und sieht dann nach, was das CPAN diesbezüglich zu bieten hat. Auf diese Art bleibt die Sache überschaubar.

F *Ich weiß nicht so recht, ob ich die automatische Konvertierung zwischen Zahlen und Zeichenketten nun gut oder schlecht finden soll.*

    A Stimmt, das ist zwiespältig. Auf der einen Seite ist es bequem, z.B. die Länge einer Zahl ohne umständliches Konvertieren ermitteln zu können. Auf der anderen Seite birgt es die Gefahr schwer auffindbarer Fehler.

F *Warum soll man sich die Mühe machen und sich Spezialitäten wie += oder ++ merken? So viel länger ist die ausgeschriebene Form nun auch wieder nicht.*

    A In der Regel können Sie die Formulierung wählen, die Ihnen besser gefällt. Allerdings werden die Kurzformen vom Prozessor anders – und zwar schneller – ausgewertet. Wenn die Laufzeit Ihres Skripts eine Rolle spielt, wählen Sie also besser die kürzeste Form, zumal wenn eine solche Zuweisung in einer Schleife vorkommt.

F   *Die Präzedenztabelle enthält ziemlich viele Abstufungen. Warum?*

    A   Perl ist in C programmiert und sehr mit C verhaftet. Viele Perl-Funktionen in unseren Skripten haben intern einfach den Aufruf der gleichnamigen C-Funktion durch den Perl-Interpreter zur Folge. Auch die Präzedenztabelle wurde einfach von C übernommen. Die zusätzlichen Perl-Operatoren, die es in C nicht gibt, wurden dann in eigenen Ebenen hinzugefügt. So entstanden die etwa 20 Abstufungen.

Quiz

1. Welche der folgenden Variablennamen dürfen Sie vergeben?

    `$kunde1` , `$1kunde` , `$_kunde1` , `$__kunde__1` , `$kunde:1` , `$kunde.1` , `$123`

2. Welches Ergebnis erhalten Sie, wenn Sie 5 zu `"a34"` und 5 zu `"34a"` addieren?

3. Geben Sie vier verschiedene Schreibweisen für die Erniedrigung einer Variablen um 1 an.

4. `$a` enthalte 5. Welchen Wert erhält `$b` in den Varianten `$b = $a ++ ;` und `$b = ++ $a ;`?

5. Lassen Sie Perl eine ganze Zufallszahl zwischen 0 und 10 ausgeben.

6. Lassen Sie Perl eine ganze Zufallszahl zwischen 10 und 15 ausgeben.

7. Geben Sie die Zahl 45.77777 auf eine Stelle hinter dem Komma gerundet aus (45.8).

8. Wie können Sie feststellen, ob eine Zahl durch 7 teilbar ist?

Übungen

1. Von 350 Stichproben haben sich 75 als positiv herausgestellt. Berechnen Sie die Prozentzahl positiver Stichproben und geben Sie das Ergebnis auf eine ganze Zahl gerundet aus.

2. Erweitern Sie das obige Programm derart, dass der Benutzer Gesamtanzahl und Anzahl positiver Proben per Tastatur eingeben kann.

3. Schreiben Sie einen Euro-Dollar-Umrechner, der Euro-Preise entgegennimmt und den entsprechenden Dollar-Preis ausgibt. Umrechnungsfaktor z.B. 1 Euro ~ 0,95 $.

4. Erstellen Sie ein Mehrwertsteuerprogramm, das einen vom Benutzer eingegebenen Preis in Netto-Preis und Mehrwertsteuer (16%) zerlegt.

Tag

3

Zeichenketten

Genauso wie das Rechnen mit Zahlen, so gehört auch der Umgang mit Zeichenketten zu unserer täglichen Arbeit. Wir haben es mit Benutzer- und Rechnernamen zu tun, Tastatureingaben, Datei- und Verzeichnisnamen, Adress- und Kundendaten sowie Webseiten oder Inhalten aus unterschiedlichen Datenbanken. Diese Daten müssen wir einlesen, zwischenspeichern, verändern und wieder ausgeben. Webseiten werden zusammengestellt, Kundendaten in spezielle Formate gebracht, von Pfadnamen wird der Dateiname isoliert und an Rechnernamen eine Domäne angehängt.

Die Techniken und Befehle, die man benötigt, um solche Operationen erfolgreich durchführen zu können, lernen Sie heute kennen. Im Einzelnen geht es darum,

- Zeichenketten in Variablen zu speichern,

- die richtigen Anführungszeichen zu wählen,

- Zeichenketten miteinander zu vergleichen,

- die Länge einer Zeichenkette zu ermitteln,

- Teile eines Strings zu extrahieren,

- Zeichenketten zu manipulieren und

- den Umgang mit Escapesequenzen zu lernen.

3.1 Single- und Double-Quotes

Zeichenketten (Strings) werden genauso wie Zahlen in skalaren Variablen gespeichert. Dabei darf die Zeichenkette beliebig lang sein; eine theoretische Grenze bildet höchstens die Größe des Arbeitsspeichers. Sie können also den Inhalt einer ganzen Datei als String in eine einzige Variable packen. Woraus der String besteht, ist vollkommen egal. So kann er etwa aus mehreren Zeilen bestehen oder aber auch leer sein.

```
$ort   = berlin ;
$name  = "Klara Schmidt" ;
$str   = "78+44" ;
$cmd   = "sin" ;
$id    = "48cf3" ;
$leer  = "" ;
$faust = "
Da steh ich nun, ich armer Tor!
Und bin so klug als wie zuvor." ;
```

In der Regel sollten Sie Anführungszeichen (Quotes) um eine Zeichenkette setzen, zwingend sind sie aber nicht, wie Sie an dem String berlin sehen. Anführungszeichen benötigt man aus ganz bestimmten Gründen:

- Besteht der String aus mehreren Wörtern, fassen die Quotes diese Wörter zu einem einzigen Argument zusammen. Sie zeigen Anfang und Ende der Zeichenkette an. Ohne Quotes glaubt Perl, sie bestehe nur aus dem ersten Wort.

- Einzelne Wörter laufen Gefahr, mit Perl-Befehlen verwechselt zu werden. Anführungszeichen legen fest: Dies ist ein String mit Inhalt »sin«, nicht die Funktion sin().

- Enthält der String Sonderzeichen, werden diese durch Anführungszeichen davor geschützt, von Perl interpretiert zu werden. Ein Plus wird dann nicht mehr als Aufforderung verstanden, eine Addition durchzuführen.

- Außerdem verlangt Perl, dass wir jeden String in Anführungszeichen setzen, der mit einer Zahl beginnt. Dies ist eine sehr kluge Maßnahme, verhindert sie doch, dass eine Zahl wegen eines Tippfehlers versehentlich als String interpretiert wird.

Wie Sie sehen, hält man sich am besten an den einfachen Grundsatz: *Zeichenketten gehören immer in Anführungszeichen.*

Single-Quotes

Solange es Ihnen nur darum geht, die Zeichenkette zusammenzuhalten oder Missverständnisse auszuschließen, spielt es keine Rolle, ob Sie einfache (Single-Quotes, '...') oder doppelte Anführungszeichen (Double-Quotes, "...") verwenden. Sind aber Sonderzeichen im Spiel, sieht die Sache anders aus.

Innerhalb von Single-Quotes interpretiert Perl *keine* Sonderzeichen. Jedes Character (Zeichen) bleibt so erhalten, wie Sie es eingeben. Insbesondere wird das $-Zeichen nicht als Beginn einer Variablen betrachtet.

```
$preis = '5,39 $' ;         # Das $-Zeichen bleibt erhalten.
print 'Alter: $alter' ;     # Ausgabe: Alter: $alter
```

Eine Ausnahme gibt es allerdings, der mit der Verwendung von Single-Quotes innerhalb derselben zusammenhängt. Wenn Sie beispielsweise ein Zitat einschließlich Anführungszeichen speichern oder eine Auslassung durch ' andeuten möchten, gibt es Schwierigkeiten: Beim zweiten auf der Zeile auftauchenden Quote denkt Perl, der String sei zu Ende. Um dies zu verhindern, müssen Sie dem inneren Quote seine besondere Bedeutung nehmen, indem Sie einen Backslash (\) davor setzen.

```
$line = 'It\'s time to say good-bye.' ;
print 'Zitat:  \'Das also war des Pudels Kern.\' (Goethe)' ;
```

Ausgabe:

```
Zitat:  'Das also war des Pudels Kern.' (Goethe)
```

Benötigt man den Backslash als normales Zeichen, muss man ihn selbst entschärfen – durch Voranstellen eines Backslash: \\

Somit behält, wenn man es genau nimmt, der Backslash als einziges Zeichen innerhalb von Single-Quotes seine Sonderbedeutung.

Double-Quotes

Nun steht man aber häufig vor der Aufgabe, in einen String Variablen einbauen zu müssen. Für solche Fälle gibt es Double-Quotes. In ihnen werden Variablen erkannt. Bevor der komplette String zugewiesen oder ausgegeben wird, ersetzt Perl die eingelagerten Variablen durch ihre Werte.

```
$error = "$user hat leider keinen Zugriff. \n" ;
print $error ;

$ausgabe = "Artikel: $artikel \t Preis: $preis Eu \n" ;
print $ausgabe

print "Hallo $name, geben Sie bitte Ihr Alter ein: " ;
```

Ausgabe:

```
david hat leider keinen Zugriff.
Artikel: Turnschuhe        Preis: 44,99 Eu
Hallo Patrick, geben Sie bitte Ihr Alter ein:
```

In Double-Quotes werden Variablen also ersetzt, in Single-Quotes nicht.

Neben dem $ für skalare Variablen erkennt Perl übrigens auch das @ für Arrays, jedoch nicht das %-Zeichen von Hashes. Das Einsetzen von Variableninhalten wird auch Variableninterpolation genannt.

In Double-Quotes und nur in diesen werden auch Escapesequenzen ("\n" für Newline, "\t" für Tabstopp etc.) ausgewertet. Im übernächsten Abschnitt werden wir noch ausführlicher darauf eingehen.

Möchte man ein normales $- oder @-Zeichen speichern bzw. ausgeben, muss es durch einen Backslash vor der Interpretation geschützt werden: \$ \@. Benötigt man einen Backslash als normales Zeichen, schreibt man: \\.

```
print "Inhalt der Variablen \$id: $id" ;
```

Ausgabe:

```
Inhalt der Variablen $id: 1027
```

Alle anderen Sonderzeichen werden in allen Quote-Arten als normale Zeichen angesehen. Alles, was hier über Anführungszeichen gesagt wurde, gilt sowohl für das Speichern einer Zeichenkette in einer Variablen als auch für die Ausgabe einer Zeichenkette mittels print.

Über rückwärts gerichtete Quotes haben wir noch nicht gesprochen, da sie eine völlig andere Bedeutung besitzen. Solche Backquotes stehen für eine Technik, die man Kommandosubstitution nennt. Sie werden in einem späteren Abschnitt behandelt.

Wenn Sie eine solche Diskussion um die Bedeutung der Quotes zum ersten Mal erleben, hört es sich womöglich recht kompliziert an. Versuchen wir das Wichtigste deshalb noch einmal zusammenzufassen.

- In Single Quotes haben Sonderzeichen keine besondere Bedeutung (bis auf \).

- In Double Quotes erkennt Perl die Sonderzeichen $ @ und \ sowie Escapesequenzen.

- Alle anderen Zeichen haben keine besondere Bedeutung, nicht in ' ' und nicht in " ".

- Benötigt man eines der Sonderzeichen als normales Zeichen, schützt man es durch einen Backslash.

- Außerhalb von Quotes wird bei Bedarf *jedes* Sonderzeichen mittels \ entschärft.

▶ **Manpages:** perldoc perlop ... Quote and Quote-like Operators

3.2 Zeichenkettenvergleiche

Aus Dateien oder von der Tastatur eingelesene Zeichenketten müssen wir häufig mit einem vorgegebenen String vergleichen. Handelt es sich bei dem eingeloggten Benutzer um root? Gibt der Benutzer quit ein? Enthält eine Datei die Endung .doc? Wurde im Webformular die Option search angeklickt?

Meistens geht es technisch gesehen um die Feststellung einer Gleichheit. In einigen Fällen werden aber auch Vergleiche benötigt, die dem > oder < bei Zahlen entsprechen. Bei Zeichenketten wird dabei die relative Position im Alphabet – genauer: im verwendeten Zeichensatz – ermittelt, also welcher String zuerst, welcher später kommt. Die Einstufung entspricht der Abfolge, wie wir sie aus Lexika und Telefonbüchern kennen. Solche Größer-Kleiner-Vergleiche werden nur selten benötigt, etwa, wenn bei zusammengesetzten Strings die eingebaute Sortierfunktion erweitert werden soll.[1]

Sehen wir uns die komplette Liste der String-Vergleichsoperatoren einmal an.

Operator	Beispiel	Beschreibung
eq	$user eq »root"	ist gleich (equal)
ne	$user ne »root"	ist nicht gleich (not equal)
lt	$wort1 lt $wort2	ist kleiner als (less than)
le	$wort1 le $wort2	ist kleiner oder gleich (less than or equal)

Tabelle 3.1: Vergleichsoperatoren für Zeichenketten

---

1 Die Problematik der deutschen Umlaute oder des ß, die im voreingestellten Zeichensatz (ASCII) leider nicht enthalten sind, behandeln wir in Kapitel 20.

Operator	Beispiel	Beschreibung
gt	$raum1 gt $raum2	ist größer als (greater than)
ge	$raum1 ge $raum2	ist größer oder gleich (greater than or equal)

Tabelle 3.1: Vergleichsoperatoren für Zeichenketten (Forts.)

Ja was denn? Warum tut man sich denn so etwas an und wählt Abkürzungen statt der bekannten mathematischen Symbole?

Da Perl sowohl Zeichenketten als auch Zahlen im gleichen Variablentyp speichert, hat es per se keinen Anhaltspunkt, ob das, was wir da vergleichen wollen, nun eine Zahl oder ein String ist. Diese Unterscheidung kann jedoch wichtig werden, wenn man bedenkt, dass ein Zahlenvergleich z.B. zwischen 99 und 123 genau die gegenteilige Anordnung liefern würde als ein Stringvergleich (die 1 steht im Zeichensatz vor der 9, daher wird 123 vor 99 angeordnet). Zugegeben, man braucht schon etwas Fantasie, um auf sich realistische Situationen vorzustellen, in denen Quasi-Zahlen alphabetisch sortiert werden sollen, aber sehen Sie sich einmal die letzte Seite Ihres Telefonbuchs an!

Egal, ob solche Situationen häufig oder selten auftauchen, eine Programmiersprache muss *eindeutige* Lösungen anbieten. Es muss einen Weg geben, festlegen zu können, ob zwei Elemente numerisch oder alphabetisch verglichen werden sollen. Da dies nun über den Variablentyp nicht funktioniert, hat sich Larry Wall für unterschiedliche Operatoren entschieden. Voilà.

Numerisch gilt also: 99 < 123

alphabetisch aber: 123 lt 99

Wie gesagt, Zeichenketten muss man nur selten auf kleiner oder größer testen. Üblich ist der direkte Vergleich auf Gleichheit. Dann heißt es bei Zahlen

```
if ( $zahl == 100 ) ...
```

Bei Zeichenketten gilt hingegen

```
if ( $eingabe eq "quit" )
```

Will man statt dessen auf Ungleichheit testen, schreibt man bei Zahlen

```
if ( $zahl != 0 )
```

und bei Zeichenketten

```
if ( $eingabe ne "" )
```

 Ein häufiger Fehler besteht in der fälschlichen Verwendung von ==, obwohl man Zeichenketten vergleicht. Man erhält dann nicht etwa eine Fehlermeldung, sondern eine Bedingung, die immer wahr ist, da beide Strings numerisch zu 0 konvertiert werden und 0 == 0 ist.

Der Schalter -w hilft, solche Fehler zu vermeiden. Will man bei eingeschaltetem -w Zeichenketten mit numerischen Operatoren bearbeiten, erhält man eine Warnung nach dem Muster:

```
Argument "quit" isn't numeric in division (/) at /scripts/perl/
myscript.pl line 14.
```

Ein kleines Beispiel zur Demonstration:

```perl
#!/usr/bin/perl
#
# vergleiche.pl
# vergleicht eingegebene Werte numerisch und alphabetisch

print "Erster Wert:  " ;
$wert1 = <STDIN> ; chomp $wert1 ;

print "Zweiter Wert: " ;
$wert2 = <STDIN> ; chomp $wert2 ;
print "\n" ;

if ( $wert1 == $wert2 ) {
   print "numerisch:     $wert1 == $wert2 \n"
   }
if ( $wert1 < $wert2 ) {
   print "numerisch:     $wert1 < $wert2 \n"
   }
if ( $wert1 > $wert2 ) {
   print "numerisch:     $wert1 > $wert2 \n"
   }
if ( $wert1 eq $wert2 ) {
   print "aplphabetisch: $wert1 eq $wert2 \n"
   }
if ( $wert1 lt $wert2 ) {
   print "aplphabetisch: $wert1 lt $wert2 \n"
   }
if ( $wert1 gt $wert2 ) {
   print "aplphabetisch: $wert1 gt $wert2 \n"
   }
```

Ausführung:

```
$ vergleiche.pl
Erster Wert:  99
Zweiter Wert: 123

numerisch:     99 < 123
aplphabetisch: 99 gt 123
```

```
$
$ vergleiche.pl
Erster Wert:  abc
Zweiter Wert: def

numerisch:    abc == def
aplphabetisch: abc lt def
$
```

▶ **Manpages:** perldoc perlop ... Relational Operators

3.3 Zeichenkettenfunktionen

Wie teste ich, ob der Name eines neu anzulegenden Benutzers nicht länger ist als acht Zeichen? Wie wandele ich eine Eingabe in Kleinbuchstaben um? Wie erkenne ich, ob ein Rechnername unsere eigene Domäne enthält? Und wie kann ich aus einer Preisangabe die Währungszeichen entfernen, um den reinen numerischen Wert zu erhalten?

Es gibt unzählige Aufgaben, in denen die Analyse und Manipulation von Zeichenketten gefragt ist. Was hat uns Perl da zu bieten? Viel! Perl verfügt über eine ansehnliche Palette von String-Funktionen. Die folgende Tabelle zeigt zunächst alle im Überblick. Anschließend werden wir uns jede Funktion im Einzelnen ansehen, analysieren, wozu man sie einsetzt und üben, wie man mit ihr umgeht.

Funktion	Syntax/Beispiel	Beschreibung
.	*string* . *string* $nachname . " " . $vorname	Verkettung von Strings
x	*string* x *anzahl* "-" x 20	Wiederholung eines Strings
.= x=	$var .= *string* $liste .= "wort" $var x= *anzahl* $strich x= 20	Zuweisungsoperatoren für . und x
length	length (*string*) length ($username)	Länge eines Strings
lc	lc (*string*) lc ($line)	Kleinbuchstaben (lower case)
uc	uc (*string*) uc ($header)	Großbuchstaben (upper case)

Tabelle 3.2: Zeichenkettenfunktionen

Funktion	Syntax/Beispiel	Beschreibung
lcfirst	lcfirst (*string*) lcfirst ($wort)	Nur erster Buchstabe klein
ucfirst	ucfirst (*string*) ucfirst ($wort)	Nur erster Buchstabe groß
reverse	reverse (*string*) reverse ($*string*)	String umdrehen
chomp	chomp (*string*) chomp ($line)	Abschließendes Newline entfernen
chop	chop (*string*) chop ($line)	Letztes Zeichen entfernen
chr	chr (*zahl*) chr (65)	Das in der ASCII-Tabelle zu *zahl* passende Zeichen liefern
ord	ord (*char*) ord (A)	Die Position des Zeichens *char* in der ASCII-Tabelle liefern
index	index (*string,teil*[,*start*]) index ($line,"Tel:") index ($line,"Tel:", 20)	Position einer Zeichenfolge *teil* in einem String *string*; eventuell erst ab einer bestimmten Startposition *start* suchen
rindex	rindex (*string,teil*[,*start*]) rindex ($line,"Tel:") rindex ($line,"Tel:",5)	Wie index(), jedoch von hinten suchen
substr	substr (*string,start*[,*len*]) substr ($line,5,10) substr ($line,5) substr ($line,-5, 10) substr ($line,-5)	Teilstück der Länge *len* aus einem String *string* ab Position *start* liefern. Ohne *len* erhält man den String ab *start* bis zum Ende.
substr()=	substr (*string,start*[,*len*])=*new* ; substr ($line, 5,10) = "****" ;	substr() links vom Gleichheitszeichen! Teilstück nicht liefern, sondern durch den String *new* ersetzen.

Tabelle 3.2: Zeichenkettenfunktionen (Forts.)

 Die Funktionen, die nur *ein* Argument akzeptieren, also lc, uc, lcfirst, ucfirst, reverse, chomp, chop, chr und ord, verarbeiten die Defaultvariable $_, wenn kein Argument übergeben wird.

▶ **Manpages:** perldoc perldata ; perldoc perlop (. x .= x=) ; perldoc -f length etc

3.4 Verkettung und Wiederholung

string . string

```
$var .= string
```

Zwei Funktionen, . und x, sind als symbolische Operatoren realisiert. Die Verkettung zweier Strings wird über den Punktoperator durchgeführt. Die beiden Teile werden zusammengefügt und anschließend meist einer Variablen zugewiesen.

```
$nachname = "Meier" ;
$vorname  = "Ute" ;
$name = $vorname . " " . $nachname ;          # --> "Ute Meier"
```

Soll dem bestehenden Inhalt einer Variablen ein String angehängt werden, verwendet man einfacher den Zuweisungsoperator .=.

```
$name =  "Ute " ;
$name .= "Meier" ;     # Kurzform fuer: $name = $name . "Meier" ;
```

string x anzahl
$var x= anzahl

Der Operator x vervielfältigt einen String. So etwas benötigt man zwar nicht alle Tage; ab und zu kann man sich dadurch aber etwas Schreibarbeit sparen. Um beispielsweise eine Linie aus 20 Minuszeichen zu ziehen, schreibt man:

```
$strich = "-" x 20 ;
print "$strich\n" ;          # --------------------
```

Auch hier gibt es wieder eine Kurzform, wenn man das Ergebnis der Variablen selbst wieder zuweisen möchte.

```
$strich = "-" ;
$strich x= 20 ;
print "$strich\n" ;          # --------------------
```

3.5   Die Länge eines Strings

length (string)

Die Funktion `length` gibt einfach die Länge einer Zeichenkette zurück. Ist die Zeichenkette leer, beträgt die Länge 0. Die Länge eines Strings wird oft als Parameter für kompliziertere Zeichenkettenoperationen benötigt.

```
$ort = "Muenchen" ;
print length $ort ;          # -> 8
```

3.6   Groß- und Kleinschreibung

lc (string)

```
uc (string)
lcfirst (string)
ucfirst (string)
```

Eine Reihe von Funktionen dienen der Umwandlung zwischen Groß- und Kleinbuchstaben. `lc()` und `uc()` liefern den kompletten String umgewandelt zurück, `lcfirst()` und `ucfirst()` wandeln nur das erste Zeichen um, so wie man es am Beginn eines neuen Satzes benötigt. Es geht dabei immer nur um die Rückgabe des Befehls. Der ursprüngliche Inhalt der Variablen bleibt unverändert.

```
$eingabe = "QUIT" ;
$klein = lc   $eingabe ;
$klein1 = lcfirst $eingabe ;
print "$eingabe $klein $klein1 \n" ;
```

Ausgabe:

```
QUIT quit qUIT
```

3.7 Umkehren und Ende abschneiden

reverse (string)

Die Umkehrung einer Zeichenkette wird über den Befehl `reverse()` vorgenommen. Das erste Zeichen wird als Letztes, das letzte als Erstes zurückgegeben. Die Originaldaten bleiben wieder unversehrt.

```
print reverse "abcdefghi" ;   # --> ihgfedcba
```

chomp (string)

Den Befehl `chomp()` kennen wir bereits. Er entfernt das abschließende *Newline* einer eingelesenen Zeile. Hier wird der Inhalt der Originalvariablen verändert. Enthält der übergebene String kein *Newline*, wird nichts entfernt. `chomp()` gibt die Anzahl der entfernten Zeichen zurück. Dadurch kann man testen, ob etwas abgeschnitten wurde (1) oder nicht (0). (Das oder die Zeichen, nach denen `chomp` sucht – per Default \n – kann man in der Spezialvariablen $/ festlegen. Daher sind auch Rückgabewerte >1 denkbar.)

```
$line = <STDIN> ; chomp $line ;
```

Beide Befehle können auch zusammengezogen werden.

```
chomp ($line = <STDIN>) ;
```

Intuitiv, aber definitiv FALSCH ist folgende Konstruktion: $line = chomp(<STDIN>), weil erstens keine Variable da ist, die <STDIN> aufnehmen könnte, und zweitens `chomp` die Zahl der entfernten Zeichen und nicht etwa die Zeile selbst zurückgibt.

Hat man mehrere Zeilen in einem Array oder einer Liste gespeichert (siehe Tag 6), kann man die *Newlines* aller Zeilen in einem Schwung entfernen: `chomp @array`.

chop (string)

Die Vorgängerversion von `chomp` war `chop`. `chop()` entfernt das letzte Zeichen einer Zeichenkette, unabhängig davon, was dort steht. Es liefert das abgeschnittene Zeichen zurück. (Nicht etwa die Anzahl, wie bei `chomp`, denn die ist hier eh immer 1.) `chop` kann dazu verwendet werden, einen String Zeichen für Zeichen »abzuknabbern«.

3.8 Suchen in der ASCII-Tabelle

chr (zahl)

ord (*char*)

Bei den beiden Funktionen chr() und ord() geht es darum, ein bestimmtes Zeichen aus der ASCII-Tabelle zu finden oder seine Position festzustellen.

```
$n = 65 ;
$char = chr($n) ;                       # --> A
print "$char ",ord($char),"\n";         # --> A 65
```

3.9 Positionen bestimmen

index (string, teil [,start])

Nun kommen wir langsam zu den interessanteren Stringverarbeitungsroutinen. Die Funktion index() liefert die erste Position einer Zeichenfolge *teil* in einem String *string*. Die Positionsangaben starten bei 0! Wird also eine 0 zurückgegeben, heißt das, der gesuchte Teil beginnt mit dem ersten Zeichen. Ist das gesuchte Teilstück nicht in dem String enthalten, gibt Perl -1 zurück.

Eine solche Information kann in zweifacher Hinsicht interessant sein: Zum einen stellt man auf diese Weise fest, *ob* z. B. eine Zeile ein bestimmtes Wort enthält. Ist der Rückgabewert >=0, ist dies der Fall, ansonsten nicht. Zum zweiten benötigt man die zurückgegebenen Positionsangaben oft als Parameter für die Extraktion oder Manipulation von Strings mithilfe der Funktion substr().

```
$line = "Warning: This action may cause security problems." ;

print index ($line, "Error") ;          # -1
print index ($line, "Warn") ;           #  0
print index ($line, "problem") ;        # 40
```

Ist die gesuchte Zeichenfolge mehrfach in dem untersuchten String enthalten, gibt Perl nur die Position des *ersten* Auftauchens zurück. Sind wir jedoch an dem zweiten Vorkommen interessiert, müssen wir zusätzlich eine Startposition *start* angeben, ab der Perl zu suchen beginnt. Diese Startposition kann entweder schon vorher bekannt sein oder sie ergibt sich aus der Fundstelle des ersten Auftauchens.

```
$line = "Error in line 34. Error opening file april.dat." ;

$pos1 = index ($line, "Error") ;              #  0
$pos2 = index ($line, "Error", 3) ;           #  18
$pos2 = index ($line, "Error", $pos1+1) ;     #  18
```

Die meisten Mini-Beispiele wie dieses hier für index() finden Sie als kleine Skripte auf der Buch-CD. In der Regel sind sie um ein print() bereichert und nach der behandelten Funktion benannt (hier: test_index.pl). Eigentlich lohnt es sich nicht, sie auszuführen. Manchmal möchte man sich aber selbst von dem überzeugen, was da steht.

rindex (string, teil [,start])

rindex() funktioniert genauso wie index(), nur dass der String hier von hinten nach vorn durchsucht wird. rindex() würde in seiner Grundform daher die Position des *letzten* Vorkommens ausgeben. Die zurückgegebenen Positionszahlen sind übrigens ganz normal formuliert, also etwa 2 für das dritte Zeichen; es wird weiterhin von vorne gezählt. Wird nichts gefunden, gibt auch rindex() -1 zurück.

Welche Bedeutung hat bei rindex() die zusätzliche Startposition? Hier *beginnt* die Suche. Der String wird rückwärts ab dieser Position bis zum Anfang durchsucht.

```
$line = "Error in line 34. Error opening file april.dat." ;

$pos1 = rindex ($line, "Error") ;             # 18
$pos2 = rindex ($line, "Error", 7) ;          # 0 (Error in)
$pos2 = rindex ($line, "Error", $pos1-1) ;    # 0 (Error ... 34. )
```

Es kann vorkommen, dass der gesuchte Teil zwar im analysierten String vorhanden ist, aber nur teilweise in dem vorderen Abschnitt, der durch die Startposition abgegrenzt wurde. In diesem Fall wird die Suche dennoch als erfolgreich gewertet.

```
$pos = rindex ($line, "Error", 20) ;          # 18 (Error ... Err)
```

▶ **Manpages:** perldoc -f [r]index

3.10 Teilstrings extrahieren

substr (string, start [,len])

substr() ist die wichtigste und mächtigste String-Funktion. Sie wird in zwei unterschiedlichen syntaktischen Formen verwendet, einmal als normale Funktion und einmal links vom Gleichheitszeichen stehend, als so genannter *Lvalue*.

Zunächst zur normalen Form. Hier liefert `substr()` den gewünschten Teil einer Zeichenkette, definiert über seine Startposition im ursprünglichen String und die Länge. Der ursprüngliche String bleibt dabei unversehrt. Man sollte also nicht vom »Entfernen« eines Stücks sprechen, sondern lieber von »Extrahieren« oder »Herauskopieren«.

Macht man keine Angabe über die Länge des gewünschten Teilstücks, erhält man den kompletten rechten Teil des ursprünglichen Strings ab der festgelegten Startposition.

```
$fullname = "www.saruman.de" ;

$host = substr ($fullname,0,3) ;          # www
$firm = substr ($fullname,4,7) ;          # saruman
$top  = substr ($fullname,12) ;           # de
```

Nun werden Sie einwenden, dass dieses Beispiel in den Papierkorb gehöre, da man in der Praxis ja nicht wisse, ab welcher Position der interessante Teil beginne. Stimmt. Aus diesem Grund ist es meistens nötig, `substr()` mit `index()` oder `rindex()` zu kombinieren. Die `index`-Befehle finden heraus, wo ein Part beginnt, und `substr()` extrahiert ihn dann.

Listing 3.1: domain.pl – zerlegt einen Domänennamen in seine drei Bestandteile.

```perl
#!/usr/bin/perl

# domain.pl
# Zerlegt einen Domänennamen in seine drei Bestandteile.

# $fullname = "www.saruman.de" ;          # zur Illustration

print "\nDomaenenamen: " ;
$fullname = <STDIN> ; chomp $fullname ; # Einlesen

$p1 = index ($fullname, ".") ;            # erster Punkt
$p2 = rindex ($fullname, ".") ;           # letzter Punkt

$host = substr ($fullname,0,$p1) ;            # www
$firm = substr ($fullname,$p1+1,$p2-$p1-1) ;  # saruman
$top  = substr ($fullname,$p2+1) ;            # de

print "
Rechner:   $host
Firma:     $firm
Toplevel:  $top \n\n"
```

Tja, damit lasse ich sie jetzt mal alleine! Lesen Sie noch nicht weiter! Über den Ausdruck für `$firm` muss man ein wenig meditieren, dann dämmert es allmählich und irgendwann steht es einem klar vor Augen: Genau so muss das heißen. ;-)

Bedenken Sie, dass der dritte Parameter die Länge des zu extrahierenden Stücks angibt, wir aber zwei Positionsangaben in $p2 und $p1 stehen haben. Die Länge erhält man aus der Differenz der Positionen: $p2-$p1. Der Rest ist eine kleine Korrektur wegen einer zu viel gezählten Stelle.

Ich nenne die ermittelten Positionen übrigens meistens schlicht *$pn* – erstens, weil sie nur einen Zwischenschritt darstellen und nicht weiter interessant sind, und zweitens, weil man sie übersichtlicher in substr() integrieren kann, wenn sie kurz geschrieben sind.

Führen wir also unser kleines Programm aus. Übrigens beherrscht es wegen der Verwendung von rindex() nicht nur dreiteilige Domänennamen.

```
$ domain.pl

Domaenennamen: www.sub2.sub1.saruman.edu

Rechner:    www
Firma:      sub2.sub1.saruman
Toplevel:   edu
```

 Unsere Beispiele sind noch etwas holprig, weil wir die Daten einzeln per Tastatur einlesen. Für die gezeigten Techniken spielt es jedoch keine Rolle, woher die Daten kommen. Später werden wir lernen, wie man Daten aus einer Datei einliest, so wie es in der Praxis meist der Fall ist. Der Kern unserer Skripte wird sich dadurch jedoch nicht verändern.

Auf die gleiche Weise verfährt man, wenn man Pfadangaben in Verzeichnis- und Dateianteil zerlegen, Endungen von Dateien abschneiden, Währungen innerhalb von Preisangaben erkennen oder eine Webformular-Eingabe in ihre Bestandteile zerlegen muss.

Übrigens besitzt substr() noch zwei witzige Features. Sowohl für die Startposition als auch für die Länge des Teilstücks dürfen wir negative Zahlen eingeben! Im ersten Fall wird die Startposition von hinten gezählt.

```
$string = "abcdefghi" ;

substr ($string,-1)      # i    letztes Zeichen
substr ($string,-3)      # ghi  ab dem dritt-letzten Zeichen
substr ($string,-3,2)    # gh   zwei Zeichen ab dem drittletzten
```

Wird hingegen die Länge negativ formuliert (*-n*), bekommt man alles ab der Startposition *abzüglich* der letzten *n* Zeichen.

```
substr ($string,0,-3)    # abcdef
substr ($string,4,-2)    # efg
substr ($string,-4,-2)   # fg
```

▶ **Manpages:** perldoc -f substr

3.11 Zeichenketten verändern

substr (string, start [,len]) = new ;

`substr()` kann auch auf der linken Seite des Gleichheitszeichens verwendet werden. Man spricht dann davon, dass es sich wie ein *Lvalue* verhält, ein Wert, dem man etwas zuweisen kann. Das anvisierte Teilstück wird auf die gleiche Weise angegeben, wie wir es gerade gesehen haben. Hier geht es aber nicht darum, ein Teilstück herauszukopieren, vielmehr wollen wir es direkt verändern.

- Das ausgewählte Teilstück wird entweder aus der Zeichenkette gelöscht.

- Oder es wird durch eine andere Zeichenfolge ersetzt.

- Oder es wird durch eine zusätzliche Zeichenfolge erweitert.

```
$string = "abcdefghi" ;

substr ($string,3,4) = "" ;          # Loeschen
print $string ;                      # --> abchi

substr ($string,3,4) = "XXXXXX" ;    # Ersetzen
print $string ;                      # --> abcXXXXXXhi

substr ($string,3,0) = "XXXXXX" ;    # Erweitern
print $string ;                      # --> abcXXXXXXdefghi
```

Wir verwenden also im Prinzip immer die Technik des Ersetzens eines Teilstücks durch eine neue Zeichenfolge. Beim Löschen besteht das *neue* Stück jedoch aus einem leeren String, beim Erweitern das *alte* (Länge=0).

`substr()` muss in dieser Syntax *mit Klammern* verwendet werden, da das Gleichheitszeichen stärker bindet als Listenoperatoren (Funktionen). Ohne Klammern würde in

```
substr string, start ,len = new ;    # FALSCH
```

der Teil `len=new` als zusammengehörig gewertet werden, was zwar keinen Syntaxfehler erzeugte, aber zu falschen Ergebnissen führen würde.

Nehmen wir das Beispiel einer E-Mail-Adresse, aus der der Benutzername aus Datenschutzgründen entfernt werden soll.

Listing 3.2: *mail_anon.pl – löscht den Usernamen aus einer Mail-Adresse*

```
#!/usr/bin/perl
#
# mail_anon.pl
```

```
# Loescht den Usernamen aus einer Mailadresse

# $mail = "meier@web.de" ;          # zur Illustration
print "\nMail-Adresse:      " ;
$mail = <STDIN> ; chomp $mail ;     # Einlesen

$p = index $mail, "@" ;
substr ($mail, 0, $p) = "-----" ;   # Anonymisieren

print "Anonyme Adresse: $mail \n\n" ;
```

Ausführung:

```
$ mail_anon.pl
```

```
Mail-Adresse:     grima@saruman.de
Anonyme Adresse: -----@saruman.de
```

3.12   Beispiel: Ein Euro-Dollar-Rechner

Da man den Umgang mit Zeichenketten gar nicht genug üben kann, hier noch ein längeres Beispiel. Wir lesen Zeilen ein, die Artikelbeschreibung und Preis in einem festen Format enthalten. Der Preis sei in Dollar angegeben und soll durch den entsprechenden Euro-Preis ersetzt werden.

Listing 3.3: dollar-euro.pl – ersetzt einen Dollar-Preis durch den Euro-Preis

```
#!/usr/bin/perl
#
# dollar_euro.pl
# Ersetzt in fest formatierten Zeilen den
# Dollar-Preis durch den Euro-Preis.

# $zeile = "Toaster, Siemens, blau: 9.99 $"   # Zur Illustration

$kurs = 0.95 ;                     # Unrechnungskurs 1 Eu ~ 0.95 $

print "\nArtikelzeile: " ;
$zeile = <STDIN> ; chomp $zeile ;

$p1 = rindex $zeile, ":" ;                    # letzter :
$p2 = rindex $zeile, '$' ;                    # letztes $

$dollar = substr ($zeile, $p1+2, $p2-$p1-3) ; # 9.99
$euro = $dollar / $kurs ;                      # Euro-Preis
```

```
$euro = sprintf "%.2f", $euro ;            # Runden

substr ($zeile, $p1+2, $p2-$p1-3) = $euro ;   # Ersetzen

$p2 = rindex $zeile, '$' ;                  # letztes $
substr ($zeile, $p2, 1) = "Eu" ;            # Waehrung

print "Neue Zeile:   $zeile \n\n" ;
```

Wir finden den Preis zwischen : und dem $-Zeichen, rechnen ihn in Euro um, runden auf zwei Stellen, ersetzen den alten durch den neuen Wert und tauschen die Währungen aus. Der Abzug von 3 bei der Ersetzung des Preises (`$p2-$p1-3`) basiert auf einfachem Ausprobieren. Die Position des $-Zeichens für die Ersetzung der Währung muss erneut ermittelt werden, da sich die Zeile verlängert (`9.99 -> 10.25`) haben könnte.

Mal sehen, wie sich unser Skript so macht.

```
$ dollar_euro.pl

Artikelzeile: Toaster, Siemens, blau: 9.99 $
Neue Zeile:   Toaster, Siemens, blau: 10.52 Eu

$ dollar_euro.pl

Artikelzeile: Fahrrad, 28 ', rot-metallic: 256.00 $
Neue Zeile:   Fahrrad, 28 ', rot-metallic: 269.47 Eu
```

Wie Sie sehen, hat Perl eine Menge nützlicher Befehle zu bieten, wenn es darum geht, Zeichenketten zu analysieren und zu manipulieren. Der Witz ist aber: Das war erst der Anfang! Die Auswertung großer und komplexer Datenmengen war immer einer der Brennpunkte von Perl; auf diesem Gebiet ist es wahrscheinlich jeder anderen Sprache überlegen. Neben den bisher gesehenen String-Funktionen bietet es einen sehr nützlichen Befehl zur Zerlegung von Strings (split, Tag 7) sowie einen mächtigen Apparat zur Suche und Extraktion von Zeichenkettenmustern aus vorgegebenen Daten (Pattern-Matching mit Regular Expressions).

▶ **Manpages:** perldoc -f substr

3.13   Reguläre Ausdrücke: Ein Vorgeschmack

Neben den bisher besprochenen klassischen String-Funktionen kennt Perl eine zweite, völlig andere Technik, mit Zeichenketten umzugehen: reguläre Ausdrücke (Regular Expressions). Mithilfe von Regular Expressions kann man Vergleiche und Manipulationen mit Strings vornehmen, die auf der Erkennung von Mustern beruhen. Strings müssen dann nicht mehr konkret benannt, sondern dürfen mit einer gewissen Unschärfe beschrieben werden. Etwa »eine Ziffer«, »ein Kleinbuchstabe«, »ein Wort, dem eine zweistellige Zahl folgt«, etc. Die damit verbundenen Möglichkeiten gehen weit über das bisher Gehörte hinaus und dienen vor allem der anspruchsvollen Verarbeitung von Logdateien und der Datentransformation.

Wie nicht anders zu erwarten, sind Regular Expressions nicht nur mächtig, sondern auch etwas aufwendiger zu erlernen, weshalb wir uns einen kompletten Tag für dieses Thema reservieren (Tag 12). Die Operatoren, die in Zusammenhang mit dieser Technik verwendet werden, funktionieren aber auch hervorragend mit festen Zeichenketten. Hier ein erster Überblick:

Operator	Bedeutung	Beispiel	Beschreibung
m	match	*$line =~ m/string/*	Strings suchen
s	substitute	*$line =~ s/old/new/*	Strings ersetzen, löschen, erweitern
tr	transliterate	*$line =~ tr/A-Z/a-z/*	Einzelne Zeichen ersetzen oder löschen

Tabelle 3.3: Operatoren für reguläre Ausdrücke

```
if ($line =~ m/error/) ...
```

liefert *wahr* zurück, wenn irgendwo in der Zeile $line das Wort error vorkommt, ansonsten *falsch*. Das m für den Match-Operator (m/.../) kann auch weggelassen werden (/.../).

```
$line =~ s/error/Fehler/g ;
```

Ersetzt alle Vorkommen von error durch das Wort Fehler. Das angehängte g (global) sorgt dafür, dass bei mehrfachem Auftauchen auch wirklich alle errors ersetzt werden.

Der Witz an diesen Konstruktionen ist nun, dass man nicht nur konkrete Strings benennen kann.

```
$line =~ s/[0-9]/-/g ;
```

ersetzt beispielsweise beliebige Ziffern durch ein –, um beispielsweise User-IDs zu löschen. Wie Sie sehen, wartet da eine tolle Geschichte auf uns am zwölften Tag.

tr, wegen des schwierigen englischen Worts *transliteration* (deutsch: Transskription) auch Übersetzungsoperator genannt, wandelt in einem String jedes Zeichen einer vorgegebenen Liste in das entsprechende Zeichen einer Ersetzungsliste um.

```
$line =~ tr/abc/xyz/ ;
```

Ersetzt jedes vorkommende a durch ein x, jedes b durch ein y und jedes c durch ein z.

```
$line =~ tr/A-Z/a-z/ ;
```

Ersetzt Groß- durch Kleinbuchstaben (wie lc()). Bereiche dürfen mithilfe eines Minuszeichens angegeben werden.

▶ **Manpages:** perldoc perlop ... Regexp Quote-Like Operators ... tr

3.14   Quote-Ersatzzeichen

Für Zeichenketten, die selbst Anführungszeichen enthalten, sind die Anführungszeichen als Begrenzer schlecht geeignet. Die innen liegenden Quotes müssen dann alle durch einen Backslash geschützt werden, was nervig werden kann.

Wer unter Windows arbeitet, kennt das Problem. Möchte man eine Konstruktion schnell auf der Kommandozeile ausführen, darf man nicht wie unter UNIX

```
$ perl -e ' ... print "$var \n" ... '
```

schreiben, da Windows Befehlsargumente nicht in einfachen Anführungszeichen akzeptiert. Statt dessen muss man Double-Quotes verwenden, mit der Konsequenz, dass alle Double-Quotes in Perl-Anweisungen mit einem Backslash versehen werden müssen.

```
C:\perl> perl -e " ... print \"$var \n\" ... "
```

Für solche Situationen bietet uns Perl eine ungewöhnlich flexible Lösung an. Zunächst einmal dürfen wir die Anführungszeichen durch den q-Operator ersetzen. Statt Single-Quotes schreiben wir q(...), statt Double-Quotes qq(...).

```
print q(Hans Meier) ;        # entspricht  print 'Hans Meier'
print qq(Hans Meier) ;       # entspricht  print "Hans Meier"
```

```
C:\perl> perl -e " ... print qq($var \n) ... "
```

Doch damit nicht genug. Sie dürfen sich die Freiheit nehmen, die runden Klammern durch eigene Zeichen zu ersetzen. Das erste Zeichen, welches auf q bzw. qq folgt, dient als Begrenzer. Haben Sie runde, eckige oder geschweifte Klammern gewählt, beenden Sie den String mit der passenden Klammer, bei allen anderen Zeichen verwenden Sie das gleiche Zeichen am Anfang und am Ende des Strings.

```
print q{Hans Meier} ;        # entspricht  print 'Hans Meier'
print qq/Hans Meier/ ;       # entspricht  print "Hans Meier"
print qq:Hans Meier: ;       # entspricht  print "Hans Meier"
```

Auch Backquotes, die wir noch nicht besprochen haben, kann man auf diese Weise durch den Operator qx ersetzen.

Quotes	Q-Operator	Bedeutung
' '	q(...) q/.../ etc.	Single-Quotes
" "	qq(...) qq/.../ etc.	Double-Quotes
` `	qx(...) qx/.../ etc.	Backquotes (siehe Tag 11)
(' ',' ', ' ')	qw(... ... ...) qw/... ... .../	Quoted Word List (siehe Tag 6)

Tabelle 3.4: Quote-Ersatzzeichen

▶ **Manpages:** perldoc perlop ... Quote and Quote-like Operators

3.15   Escapesequenzen

Escapesequenzen sind Steuerzeichen für Ausgabegeräte, z.B. für den Terminaltreiber eines Fensters oder einen Drucker. Sie werden über einen Backslash und ein oder mehrere nachfolgende Zeichen angegeben. Die beiden wichtigsten kennen wir bereits: über "\n" erzeugt man ein Newline, über "\t" einen Tabulatorsprung.

```
print "aaa \t bbb \t ccc \n" ;
print "aaa\tbbb\tccc\n" ;
print "----------\n----------\n" ;
```

Ausgabe:

```
f:\myperl>test1.pl
aaa        bbb        ccc
aaa        bbb        ccc
----------
----------
```

Die übrigen Steuerzeichen braucht man selten. Die komplette Liste der Escapesequenzen sehen Sie in der folgenden Tabelle. Beachten Sie unbedingt, dass sie ausschließlich in doppelten Anführungszeichen wirken, nicht in einfachen und auch nicht außerhalb von Quotes.

Zeichen	Bezeichnung	Beschreibung
\t	tabstopp	Tabulatorsprung
\n	newline	(Zeilenvorschub + Wagenrücklauf)
\r	carriage return	Wagenrücklauf ohne Zeilensprung
\f	formfeed	Vertikaler Tabulator
\b	backspace	Ein Zeichen zurück
\a	alarm(bell)	Piepser
\e	escape	Escape-Zeichen
\033	octal character \0..	z.B. \011 ~ \t , \012 ~ \n , \013 ~ Zeilenvorschub
\x1b	hex character \x..	z.B. \x9 ~ \t , \xa ~ \n , \xb ~ Zeilenvorschub
\c[	control character \c..	z.B. \cC ~ $\boxed{\text{Strg}}$ $\boxed{\text{C}}$
\l	lower case	Nächstes Zeichen klein
\u	upper case	Nächstes Zeichen groß
\L	Lower Case till \E	Alle folgenden Zeichen klein bis \E
\U	Upper Case till \E	Alle folgenden Zeichen groß bis \E

Tabelle 3.5: Escapesequenzen

Zeichen	Bezeichnung	Beschreibung
\E	End \L \U \Q	Beendet \L \U \Q
\Q	Quote non-word characters	Stellt vor alle nicht-alphanumerischen Zeichen einen Backslash.

Tabelle 3.5: Escapesequenzen (Forts.)

\n und \t haben wir schon häufig eingesetzt.

Bei \r handelt es sich um einen Rücksprung an den Anfang der aktuellen Zeile, was man braucht, wenn man die Zeile überschreiben möchte. \b geht ein Zeichen zurück und wird verwendet, um ein einzelnes Zeichen zu überschreiben. \f behält die Spaltenposition bei, setzt den Cursor aber eine oder mehrere Zeilen nach unten. Über print "\a" erzeugen Sie einen Piepston.

Einfach anzuwenden sind noch die letzten Einträge der obigen Tabelle. \l, \u, \L, \U und \E können dazu verwendet werden, Klein- oder Großbuchstaben zu erzwingen. Allerdings sind lc() und uc() gängiger.

```
print "abc\udefghi" ;           # -> abcDefghi
print "abc\Udefg\Ehi" ;         # -> abcDEFGhi
```

Wimmelt es in einem String vor Sonderzeichen, die alle einzeln durch einen Backslash geschützt werden sollen, kann man dies durch \Q...\E erreichen.

Die übrigen Sequenzen benötigt man, wie gesagt, ganz selten. Außerdem sind sie schwer zu verstehen und funktionieren nur auf UNIX-Systemen reibungslos. Bei den meisten geht es darum, Tastatureingaben wie Esc, Strg oder → zu erkennen und zu verarbeiten.

▶ **Manpages:** perlop ... Quote and Quote-like Operators

3.16 Zusammenfassung

■ Zeichenketten werden in skalaren Variablen gespeichert, sie dürfen beliebig lang sein.

■ Man setzt sie gewöhnlich in Anführungszeichen, um mehrere Wörter zusammenzuhalten, Sonderzeichen zu schützen, die Verwechselung mit Perl-Befehlen zu vermeiden und Tippfehler bei Zahlen zu erkennen.

■ In Single-Quotes werden alle Sonderzeichen entkräftet, in Double-Quotes erkennt Perl skalare ($) und Array-Variablen (@). Benötigt man $ und @ direkt, muss man sie mit \ schützen. Über \ schützt man außerdem alle Sonderzeichen außerhalb von Quotes.

■ Zum Vergleich von Zeichenketten verwendet man die Operatoren eq ne lt le gt und ge. Die symbolische Form ist für Zahlenvergleiche reserviert. Achtung bei falscher Verwendung von ==.

- Zwei Strings werden über den Punktoperator (.) zusammengefügt. Über den x-Operator vervielfältigt man eine Zeichenfolge.

- length() gibt die Länge eines Strings zurück.

- lc(), uc(), lcfirst() und ucfirst() dienen zur Umwandlung zwischen Groß- und Kleinbuchstaben.

- reverse() dreht eine Zeichenkette um.

- chomp() schneidet das angehängte *Newline* ab, falls es eines gibt, chop() entfernt in jedem Fall das letzte Zeichen.

- chr() wandelt eine Zahl in ein ASCII-Zeichen um, ord() tut das Gegenteil.

- index() und rindex() ermitteln die Position einer Zeichenfolge in einem String. Positionen werden ab 0 gezählt.

- substr() ist die wichtigste String-Funktion. In seiner Grundform liefert es einen Teil einer Zeichenkette, definiert durch Startpunkt und Länge.

- substr() links von = ermöglicht das direkte Löschen, Ersetzen oder Erweitern des definierten Teilstücks eines Strings.

- Zeichenketten (meist Zeilen) können auch über den match-Operator nach einer Zeichenfolge durchsucht werden. Über den substitute-Operator kann man Teile ersetzen. Ihre wahre Stärke entfalten beide bei der Verwendung von regulären Ausdrücken.

- tr ersetzt Zeichen einer vorgegebenen Liste durch Zeichen einer zweiten Liste.

- Über q() und qq() kann man alternative Anführungszeichen verwenden.

- Escapesequenzen werden nur in Double-Quotes erkannt. Die gebräuchlichsten sind \n und \t.

3.17 Workshop

Fragen und Antworten

F *Wenn ich Sie richtig verstanden habe, spielt die Frage nach der Art der Quotes nur dann eine Rolle, wenn ich innerhalb von ihnen Variablen auflösen will. Ansonsten kann ich sowohl Single- als auch Double-Quotes verwenden. Welche werden dann üblicherweise benutzt?*

A Es gibt kein »üblicherweise« in Perl. Wenn es etwas gibt, wird es auch verwendet. Deshalb finden Sie in den uneindeutigen Fällen beide Varianten bunt gemischt.

F *Die Geschichte mit den Quote-Ersatzzeichen kommt mir ein wenig übertrieben vor. Sieht man die denn auch in den Skripten – üblicherweise?*

A Wie gesagt: Sie finden alles! Ich habe schon Skripte gesehen, in denen es überhaupt keine richtigen Quotes gab. Da hieß es immer q(), qq() oder q::. Diese Vielfältigkeit macht Perl-Einsteigern manchmal das Leben schwer. Das Repertoire ist riesig. Wenn Sie es aber einmal beherrschen, werden Sie Ihre Freude daran haben, da Sie praktisch für jedes Problem die ideale Formulierung finden.

F *Können Sie noch einmal kurz erläutern, welche Folgen es hat, wenn man == und eq verwechselt?*

A Sie wollen Strings vergleichen, verwenden aber versehentlich ==. In diesem Fall werden die Strings numerisch interpretiert, also in der Regel als 0, außer sie beginnen mit einer Zahl. Der Vergleich ergibt dann praktisch immer *wahr*, da 0==0 ist. Wollen Sie hingegen Zahlen vergleichen, verwenden jedoch eq, wird die Zahl alphabetisch ausgewertet, so dass 9 größer als 88 wird. Das Ergebnis wird also mal *wahr*, mal *falsch*.

F *Sie haben erklärt, wie man durch* index() *ermittelt, ob ein Zeichen in einem String vorkommt oder nicht (Rückgabe <0 oder >=0). Wie bekomme ich heraus, wie oft es vorkommt?*

A Hierzu weicht man auf den substitute-Operator aus: $n = $line =~ s/error/error/g. Sieht komisch aus, stimmt aber. s gibt die Anzahl ersetzter Teilstücke zurück. Der String wird nicht wirklich verändert, da error durch error ersetzt wird. Über index() wäre die Sache schwieriger. Da müsste man in einer Schleife index() immer wieder mit neuer Startposition aufrufen, solange es etwas findet, und einen Zähler jeweils um 1 erhöhen.

F *Wir müssen Dateien miteinander vergleichen, bei denen die Datumseinträge einmal in deutscher, einmal in englischer Schreibweise vorkommen. Ich muss im Prinzip also eine Art in die andere umwandeln. Wie geht man da vor?*

A Sie isolieren sich über index() und substr() das Datum und zerlegen es anhand der Schrägstriche, Punkte und Doppelpunkte in seine Bestandteile. Einige Teile werden eventuell umgewandelt (mar -> 03) und das Ganze wird dann in neuer Reihenfolge und mit neuen Trennzeichen wieder abgespeichert. Viel Spaß! :-)

F *Wir möchten Rechnernamen in IP-Adressen umwandeln. Wie geht das?*

A Sie isolieren den Rechnernamen wieder per index() und substr() oder über Regular Expressions. Dann suchen Sie die richtige IP-Adresse heraus und setzen diese über substr() oder s/// in die Zeile ein. Für die Zuordnung zwischen Namen und Adressen benötigen Sie allerdings Hashes, die erst in der zweiten Woche besprochen werden.

F *Ein ähnliches Problem? Wir möchten in Texten Abkürzungen mit Erläuterungen versehen.*

A Ja. Wieder das Gleiche. Übrigens benötigen Sie auch hier wieder Hashes.

Quiz

1. Wahr oder falsch? `90 lt 245` ; `88 > 123` ; `"Berlin" < "Bobb"` ; `"Berlin" lt "Bonn"`

2. Wie stellt man fest, ob ein reines `Enter` gedrückt wurde?

3. Wie kann man testen, ob der Benutzer `quit` eingegeben hat, auch wenn er Teile oder das ganze Wort groß schreibt?

4. Wie kann man mit einem einzigen Befehl feststellen, ob ein Wort ein Palindrom ist, also symmetrisch geschrieben ist, so dass es sich von vorn wie von hinten gleich liest? (`Otto`, `Radar`, `abcdcba`,...).

5. Was erhalten Sie, wenn sie in `substr()` den Parameter für die Länge weglassen?

6. Was gibt `substr()` zurück, wenn Sie einen negativen Startpunkt wählen?

Übungen

 Die Übungen werden nun immer anspruchsvoller. Es ist oft nicht mehr möglich, sie exakt und dennoch knapp zu formulieren. Bitte nehmen Sie sich daher die Freiheit, fehlende Rahmenbedingungen selbst festzulegen. Beim Umrechner in Aufgabe 2 können Sie z.B. das geforderte Eingabeformat selbst bestimmen. Die Musterlösung im Anhang passt dann zwar eventuell nicht genau zu Ihrem Format, aber das macht ja nichts.

1. Ersetzen Sie die Endung einer vorgegebenen Datei durch `.bck` Erfragen Sie den Dateinamen vorerst von Tastatur.

2. Schreiben Sie wieder einen Euro-Dollar-Umrechner wie in den Übungen zu Kapitel 2, der Preise in einer Währung entgegennimmt und in die andere umrechnet. Bieten Sie dieses Mal aber beide Richtungen an. Die Richtung der Umrechnung soll anhand des Währungszeichens im Originalpreis erkannt werden.

3. Gegeben sei ein Datum der Form `Thu Oct 24 18:01:40 MEST 2002` (vorerst per Tastatur einlesen oder fest im Skript speichern). Geben Sie die daraus ermittelte Uhrzeit in Stunden und Minuten aus.

4. Sie werden morgen ein Programm schreiben, das einen Text auf eine beliebige Breite neu umbricht, also die Zeilen derart zerhackt und neu zusammenfügt, dass keine Zeile mehr als die gewünschte Zahl von Zeichen lang ist. Schreiben Sie eine Vorversion dieses Programms, indem Sie eine Zeile von der Tastatur einlesen und diese auf die gewünschte Breite umbrechen. Die Breite können Sie ebenfalls erfragen oder im Programm festlegen.

Tag

4

Verzweigungen

Nachdem wir den Umgang mit den wichtigsten Datentypen beherrschen, wird es Zeit, mehr über Kontrollstrukturen zu erfahren. Kontrollstrukturen dienen dazu, den Ablauf des Skripts zu steuern. Da Perl auch hier wieder eine große Palette an Alternativen zu bieten hat, nehmen wir uns zwei Tage Zeit, um alle Kontrollstrukturen im Detail kennen zu lernen. Heute befassen wir uns mit Verzweigungen, morgen mit Schleifen.

Verzweigungen – Sie kennen ja bereits das einfache if – dienen dazu, den linearen Fluss eines Skripts zu unterbrechen und unter bestimmten Kriterien zwei oder mehrere alternative Wege einzuschlagen. Die dafür notwendigen Konstruktionen und Techniken werden wir in diesem Kapitel kennen lernen. Das sind unsere Themen:

- Die einfache if-Konstruktion

- `if ... elsif ... else`

- `unless ... else`

- Der boolesche Kontext

- Logische Verknüpfungen

- Statement Modifier

- Default-Werte für Variablen setzen

Außerdem haben wir etwas Raum und Zeit für einen Exkurs:

- Fehlersuche und Debugging

4.1 Die if-Konstruktion

Die einfache if-Konstruktion ist uns bereits hinlänglich bekannt. Sie testet eine Bedingung; ist diese wahr, führt sie einen oder mehrere Befehle aus, ist sie falsch, tut sie nichts, so dass das Programm mit dem ersten Befehl nach der if-Konstruktion fortgesetzt wird.

Die eventuell auszuführenden Befehle werden immer in einem *Block* – also einem Paar von geschweiften Klammern – zusammengefasst. Dieser Block grenzt die if-Konstruktion eindeutig ab, so dass kein weiteres Schlüsselwort nötig ist, um das Ende der if-Konstruktion anzuzeigen. Die if-Anweisung kann mehr- oder einzeilig geschrieben werden.

```
if ( bedingung ) {
   befehl ;
   befehl ;
   ...
   }

if ( bedingung ) { befehl ; befehl ; ... }
```

In der Formatierung sind Sie völlig frei. Fügen Sie so viel Leerraum ein, wie Sie wollen, oder stellen Sie die öffnende Klammer an den Beginn der zweiten Zeile – Hauptsache, alles folgt in der richtigen Reihenfolge aufeinander. Vor und hinter der schließenden geschweiften Klammer müssen keine Strichpunkte stehen.

 Als Block bezeichnet man ganz allgemein eine Folge von Befehlen, die durch geschweifte Klammern zusammengehalten werden. Blöcke werden für Verzweigungen, Schleifen und Subroutinen benötigt, können aber auch frei im Programm stehen, um Befehlsgruppen zu kennzeichnen oder Gültigkeitsbereiche von Variablen abzugrenzen.

Bisher nichts Neues, was die if-Anweisung betrifft! Im Folgenden werden wir diese einfache Konstruktion erweitern, so dass wir raffiniertere Steuerungen formulieren können. Außerdem werden wir uns ausgiebig Gedanken darüber machen, was genau in den runden Klammern der Bedingung stehen darf.

Wir beginnen mit einer einfachen Alternative zu if, der unless-Anweisung. Sie funktioniert syntaktisch genauso wie if, jedoch mit umgekehrter Logik: Sie prüft eine Bedingung darauf hin, ob sie *falsch* ist.

```
unless ( bedingung ) {
    befehl ;
    befehl ;
    ...
    }
```

```
unless ( bedingung ) { befehl ; befehl ; ... }
```

Die unless-Anweisung führt die Befehle im folgenden Block nur dann aus, wenn die Bedingung *falsch* ist. Im Prinzip handelt es sich um eine if-not-Konstruktion. Da es im englischsprachigen Raum für if-not das Wort unless gibt, hat man auch eine entsprechende Konstruktion geschaffen.

```
unless ( $user eq "root" ) { print "Zugriff verweigert! \n" }
```

▶ **Manpages:** perldoc perlsyn ... Compound Statements

4.2   if ... elsif ... else

Die else-Erweiterung

Bisher haben wir einfach überhaupt nichts getan, wenn die Bedingung einer if-Anweisung nicht erfüllt war. Häufig ist es aber erforderlich, in beiden Fällen aktiv zu werden: wenn die Bedingung wahr *und* wenn sie falsch ist, allerdings über unterschiedliche Befehle. Genau diesem Zweck dient die else-Erweiterung.

```
if (bedingung) {
    befehle ;
    .....
    }
else {
    befehle ;
    ...
    }
```

Ist die Bedingung wahr, werden die Bedingungen des ersten Blocks ausgeführt, ist sie falsch, diejenigen des Blocks nach else. Der jeweils andere Block wird ignoriert.

```
# Anzahl laufender Datenbank-Prozesse prüfen

if ($p_anzahl <= 20) {
    print "$date: DB-Prozesse ok. \n" ;
    }
else {
    print "$date: Warnung - DB-Prozess-Anzahl: $p_anzahl \n" ;
    }
```

$date soll im obigen Fragment Datum und Uhrzeit enthalten und wird irgendwo vorher im Skript gesetzt.

Beachten Sie bitte, dass zwischen dem if-Block und dem Schlüsselwort else kein Semikolon stehen darf. Das Semikolon würde die komplette if-Konstruktion beenden, wodurch ein Syntaxfehler wegen des nicht zuzuordnenden else entstünde.

Die elsif-Erweiterung

Wie würden Sie vorgehen, wenn innerhalb einer Fragestellung mehr als eine Bedingung geprüft werden müsste? Wenn etwa eine OK-Meldung für eine Prozessanzahl <= 20, eine Warnung für $p_anzahl zwischen 20 und 50 und eine echte Fehlermeldung bei mehr als 50 Prozessen erzeugt werden sollte? Für solche Fälle sieht Perl die elsif-Erweiterung vor.

```
if (bedingung) {
    befehle ;
    .....
    }
elsif (bedingung) {
    befehle ;
    .....
    }
elsif (bedingung) {
    befehle ;
    .....
    }
else {
```

```
    befehle ;
    ...
    }
```

Wieder müssen wir darauf achten, die gesamte Konstruktion nicht durch ein zwischengeschobenes Semikolon frühzeitig zu beenden. Es dürfen beliebig viele `elsif`-Erweiterungen eingebaut werden. Der abschließende `else`-Zweig muss nicht stehen, macht aber meistens Sinn.

Perl überprüft die Bedingungen nacheinander von oben nach unten. Ist eine Bedingung erfüllt, werden die Anweisungen des entsprechenden Blocks durchgeführt. Anschließend verlässt es die komplette `if`-Anweisung, ohne sich weiter um die noch folgenden Zweige zu kümmern.

```
# Anzahl laufender Datenbank-Prozesse prüfen

if ($p_anzahl <= 20) {
    print "$date: DB-Prozesse ok. \n" ;
    }
elsif ($p_anzahl <= 50) {
    print "$date: Warnung - DB-Prozess-Anzahl: $p_anzahl \n" ;
    }
else {
    print "$date: Fehler - DB-Prozess-Anzahl: $p_anzahl \n" ;
    }
```

Auch `unless` können Sie durch einen `else`-Zweig erweitern, ein `elsif`-Konstrukt gibt es für `unless` jedoch nicht. Der `else`-Zweig kommt bei `unless` dann zum Tragen, wenn die Bedingung *wahr* ist.

```
unless (bedingung) {
    befehle ;
    .....
    }
else {
    befehle ;
    ...
    }
```

4.3 Boolescher Kontext und Wahrheit

Jetzt wird es philosophisch! Wir beschäftigen uns mit der wichtigen Frage: Was ist Wahrheit? Doch bevor wir diese Frage ein für allemal klären, überlegen wir uns, was überhaupt alles in einer `if`-Bedingung getestet werden kann, wovon also überhaupt gesagt werden kann, ob es wahr oder falsch ist. In Perl würde man diese Frage folgendermaßen formulieren: Was kann alles im booleschen Kontext ausgewertet werden?

Antwort: Alles!

Sonderbar ... Sehen wir uns zunächst einmal diejenigen Tests an, die wir bereits kennen. Es handelt sich um Zahlen- oder Zeichenkettenvergleiche, die durch die jeweiligen Operatoren auf *wahr* oder *falsch* ausgewertet werden. Die Operatoren bestimmen hier, was Wahrheit bedeutet.

- Zahlenvergleiche: `== != < <= > >=`

- Zeichenkettenvergleiche: `eq ne lt le gt ge`

```
if ( $eingabe eq "quit" ) ...
```

Wir haben auch bereits den match-Operator `m` kennen gelernt, der eine Zeichenkette auf ein enthaltenes Muster hin untersucht. Ist der Suchstring enthalten, gibt er *wahr* zurück, wenn nicht, dann falsch. Auch diese Sache ist eindeutig.

```
if ( $line =~ m/error/ ) ...
```

Am 11. Tag werden wir außerdem eine Reihe von Dateitestoperatoren sehen, die Dateien und Verzeichnisse auf ihre Existenz und auf Attribute hin überprüfen. Existiert die Datei oder ist das Attribut gesetzt, wird der Ausdruck wahr, wenn nicht, falsch.

```
if ( -f $file ) ...
```

Damit endet die Liste der einfach zu verstehenden booleschen Tests. Aber man kann noch viel mehr testen! Einfach alles! Zum Beispiel eine Zahl:

```
if ( 5 ) ...          # wahr!
if ( 0 ) ...          # falsch
```

oder Zeichenketten:

```
if ( "abcd" ) ...     # wahr!
if ( "" ) ...         # falsch
```

oder auch Befehle:

```
if (  chdir "/backup" ) ...
        # wahr, wenn in das Verz. /backup gewechselt werden kann
if ( chomp $line ) ....
        # wahr, wenn ein Newline entfernt werden konnte
```

Perl kann wirklich von allem bestimmen, ob es wahr oder falsch ist. Die dabei gültigen Regeln lauten folgendermaßen:

- *Falsch* ist die Zahl 0, der String `"0"` und der leere String `""` sowie der Wert `undef` und eine leere Liste `( )`.

- Alles andere ist wahr.

Wie Sie sehen, ist das *Nichts* in all seinen Variationen falsch, der Rest ist wahr. Man könnte stundenlang über den philosophischen Gehalt dieser Worte sinnieren.

Witziger Weise ist dies die entscheidende boolesche Regel in Perl, nach der sich alle Operatoren und Funktionen richten: Die geben überhaupt nicht *wahr* oder *falsch* zurück, sondern 1 bzw. `undef`, `""` oder 0.

Die Vergleichsoperatoren geben eine 1 zurück, wenn ihr Vergleich *wahr* ist, ansonsten undef. Die Dateitestoperatoren returnieren eine 1, wenn der Test erfolgreich ist, ansonsten "" oder undef. Ebenso tut es der match-Operator. Viele Funktionen geben eine 1 oder eine andere Zahl zurück, wenn sie erfolgreich verliefen, ansonsten undef, 0 oder "".

```
print 2<3 ;           # -> Ausgabe: 1
print 3<2 ;           # -> Ausgabe:
print -f "$file"      # -> Ausgabe: 1, falls es $file gibt
print "abc" =~ m/a/   # -> Ausgabe: 1
print "abc" =~ m/x/   # -> Ausgabe:
```

Allerdings wertet Perl nicht in jeder Situation die zurückgegebenen Werte auf diese Weise aus, sondern nur, wenn es sich im booleschen Kontext befindet. Das heißt: immer dann, wenn eine Konstruktion vorliegt, die auf *wahr* oder *falsch* getestet werden soll, wie if, unless, viele Schleifen und andere Anweisungen, die wir noch kennen lernen werden.

Jede Funktion und jeder Operator in Perl gibt einen Wert zurück, der dann in einer if-Anweisung getestet werden kann. Geben sie 0, "0", "", undef oder () zurück, ergibt die boolesche Auswertung falsch, in allen anderen Fällen wahr. Welcher Wert in welcher Situation returniert wird, ist für jede Funktion individuell geregelt und kann in ihrer Beschreibung nachgelesen werden.

Der Übersetzungsoperator tr gibt beispielsweise die Anzahl der gefundenen Zeichen zurück. Wird er im booleschen Kontext ausgewertet, sieht Perl seine Rückgabe als *wahr* an, wenn er mindestens ein Zeichen finden konnte (>=1), als *falsch*, wenn nicht.

```
$anzahl = "abcabc" =~ tr /a// ;      # --> 2
if ("abcabc" =~ tr /a// ) { ... }    # --> wahr

$anzahl = "abcabc" =~ tr /z// ;      # --> 0
if ("abcabc" =~ tr /z// ) { ... }    # --> falsch
```

4.4 Statement Modifier

Einfache Verzweigungen können Sie in Perl auch über so genannte *Statement Modifiers*, zu Deutsch *bedingte Anweisungen* formulieren. Sie arbeiten ebenfalls mit den Schlüsselwörtern if und unless, werden aber anders geschrieben.

befehl if *bedingung* ;

Wie Sie sehen, wird hier der auszuführende Befehl zuerst geschrieben; die Bedingung folgt zuletzt.

```
print "Kurs fallend!" if $kurs_neu < $kurs_alt ;
```

Statement Modifier lehnen sich stärker an die englische oder deutsche Sprache an als die ausgeschriebene Form des if. »Tue etwas, falls die Bedingung erfüllt ist.« Der Befehl wird ausgeführt, falls eine Bedingung erfüllt ist, daher der Name *bedingte Anweisung*. Solche Konstrukte sind sehr beliebt, da sie schlanker wirken als die Grundform mit ihren zwei Klammerpaaren.

Allerdings ist die Verwendung auf einen einzigen Befehl beschränkt; dieser eine Befehl wird modifiziert. Sie können nicht einfach über Strichpunkte oder zusätzliche geschweifte Klammern weitere Befehle hinzufügen. (Na ja, irgendwie doch, siehe unten.)

Auch unless kann als Statement Modifier dienen.

```
befehl unless bedingung ;

$c = $a / $b unless $b == 0 ;       # Teile nur, wenn $b != 0
```

Syntaktisch gibt es eine Möglichkeit, die Beschränkung auf nur einen Befehl aufzuheben. Über das Schlüsselwort do können mehrere Befehle, die über geschweifte Klammern zu einem Block zusammengefasst sind, als eine einzige Anweisung angesprochen werden, die dann wieder über if oder unless modifizierbar ist.

```
do {
    befehl ;
    befehl ;
    .....
    } if bedingung ;
```

Solche Konstrukte erschweren jedoch die Lesbarkeit Ihres Skripts. Sehen Sie noch einen wirklichen Vorteil gegenüber der ursprünglichen if-Anweisung?

```
do { print "Fehler!" ; $count ++ } if $line =~ m/error/ ;
          # Führt Befehle aus, falls die Zeile "error" enthaelt
```

Bei den Schleifen werden wir erneut auf do stoßen. Dort wird es häufiger eingesetzt als hier in Zusammenhang mit if, da es die Wirkungsweise einer normalen Schleife entscheidend verändern kann.

▶ **Manpages:** perldoc perlsyn ... Simple Statements

4.5   Logische Operatoren

Nun kennen wir if-Anweisungen in allen Details, können Zeichenketten oder Zahlen miteinander vergleichen und Befehle modifizieren. Was uns noch fehlt, ist die Formulierung für kombinierte Tests, wenn also ein Testergebnis die logische Verknüpfung mehrerer einzelner Tests darstellt: Alarmiere mich, wenn die Prozessanzahl über 50 liegt ODER der Prozess überhaupt nicht läuft. Erlaube ein Login nur dann, wenn es zwischen 8:00 UND 18:00 Uhr ist.

Für solche Abfragen benötigen wir Operatoren, die zwei boolesche Werte (wahr oder falsch) logisch miteinander verknüpfen. Perl hat natürlich wieder einmal mehrere Varianten auf Lager ...

```
bedingung and bedingung      # Logisches UND
bedingung && bedingung       # Logisches UND
```

```
bedingung or bedingung          # Logisches ODER
bedingung || bedingung          # Logisches ODER

not bedingung                   # Logisches NICHT
! bedingung                     # Logisches NICHT

bedingung xor bedingung         # Logisches exklusives ODER
```

Die Wirkung logischer Operatoren ist Ihnen sicherlich bekannt:

- `and`, `&&`   Der Ausdruck ist wahr, wenn beide Teile wahr sind.

- `or`, `||`   Der Ausdruck ist wahr, wenn wenigstens ein Teil wahr ist.

- `not`, `!`   Der Wahrheitsgehalt wird umgekehrt.

- `xor`   Der Ausdruck ist wahr, wenn genau ein Teil (nicht beide) wahr ist.

Es gibt also für jeden logischen Operator – mit Ausnahme des exklusiven ODER – eine ausgeschriebene und eine symbolische Variante. Beide werten den Ausdruck im Prinzip gleich aus, häufig kann man daher frei zwischen den Varianten wählen. Der Unterschied liegt einzig in ihrer Bindungsstärke. Die symbolisch geschriebenen Operatoren binden weitaus stärker als die ausgeschriebenen Formen (siehe Tag 2, Präzedenztabelle).

Gleichwertige Konstrukte:

```
if ( $p_anzahl == 0 or $p_anzahl >50 ) ...      # ODER mit or
if ( $p_anzahl == 0 || $p_anzahl >50 ) ...      # ODER mit ||

if ( $stunde >= 8 and $stunde < 18 ) ...        # UND mit and
if ( $stunde >= 8 && $stunde < 18 ) ...         # UND mit &&
```

Die unterschiedliche Bindungsstärke werden wir in den folgenden Abschnitten zu sehen bekommen, wenn es darum geht, logische Operatoren als Ersatz für `if`-Anweisungen zu verwenden oder Variablen mit alternativen Werten zu belegen.

▶ **Manpages:** perldoc perlop ... Logical NOT/AND/OR

4.6   Short Circuit Tests

Die meisten Programmiersprachen erlauben es, mit logischen Operatoren einfache Verzweigungen zu konstruieren; so auch Perl.

```
bedingung && befehl ;
bedingung || befehl ;
```

Seltsam, nicht wahr? Ein Beispiel, bitte!

```
$p_anz > 50 and print "Fehler: mehr als 50 Prozesse." ;
                      # entspricht:  if ($p_anz > 50) {print ...
```

```
-f $file or print "Fehler: Datei $file existiert nicht." ;
                # entspricht: if ! (-f $file) {print ...
```

Das logische UND entspricht also einer if-Anweisung, das logische ODER einer if-not- bzw. unless-Anweisung. Warum?

Moderne Sprachen werten logische Konstruktionen von links nach rechts und immer nur bis zu der Stelle aus, ab der eindeutig feststeht, ob der gesamte Ausdruck wahr oder falsch wird. Ist bei einer UND-Verknüpfung der linke Teil wahr, muss auch der rechte Teil noch überprüft werden, denn das Ganze ist ja nur dann wahr, wenn beide Teile wahr sind. Ist der linke Term jedoch falsch, erspart sich Perl die Auswertung des rechten, da sowieso schon feststeht, dass der gesamte Ausdruck falsch ist. Dieses Verhalten entspricht demjenigen einer if-Konstruktion. Eine ODER-Verknüpfung verhält sich da genau anders herum. Fassen wir zusammen:

- Ist bei einer UND-Verknüpfung der linke Term *wahr*, muss auch der rechte noch ausgewertet werden. Ist der linke falsch, wird der rechte übersprungen (if).

- Ist bei einer ODER-Verknüpfung der linke Term *falsch*, muss auch der rechte noch ausgewertet werden. Ist der linke wahr, wird der rechte übersprungen (if-not).

Der Name *Short Circuit Test* deutet an, dass die Auswertung einer logischen Anweisung eventuell frühzeitig abgebrochen, kurzgeschlossen wird. Zwar kann man mit dieser Technik beliebige kurze Verzweigungen erzeugen, typisch ist sie aber für zwei Anwendungsbereiche: für die Zuweisung von alternativen Werten an Variablen und für kurze Fehlermeldungen. Ersteres wird im nächsten Kapitel besprochen, Fehlermeldungen sehen wir uns hier kurz an.

```
-f $file or print "Fehler: Datei $file existiert nicht. \n" ;

open FH, "monat.dat" or die "Kann Datei nicht oeffnen. \n" ;
open (FH, "monat.dat") || die "Kann Datei nicht oeffnen. \n" ;
```

Der Operator -f gibt undef zurück, wenn die Datei nicht existiert. In diesem Fall evaluiert der linke Term zu *falsch*, so dass der rechte Ausdruck ausgewertet werden muss. Auswerten bedeutet, dass er zunächst ausgeführt und seine Rückgabe dann auf *wahr* oder *falsch* hin beurteilt wird. Was bei dieser Beurteilung herauskommt, interessiert uns überhaupt nicht, wichtig ist nur die Ausführung. Der Befehl open() öffnet eine Datei. Er gibt eine 1 zurück, wenn dies gelingt, undef, wenn nicht. Der Befehl die() gibt eine Fehlermeldung aus und beendet anschließend das Skript. open() und die() werden morgen noch ausführlich besprochen.

Am letzten Beispiel sieht man den Effekt der unterschiedlichen Bindungsstärke von || und or. Wenn open() ohne Klammern geschrieben wird, darf man nur or verwenden. Möchte man statt dessen || benutzen, muss die open()-Funktion in Klammern gesetzt werden. || würde im ersten Fall stärker binden als das Komma, weswegen der Ausdruck "monat.dat" || die als zusammengehörig betrachtet würde, was die ganze Konstruktion ad absurdum führte.

▶ **Manpages:** perldoc perlop ... Logical OR

4.7 Default-Werte für Variablen

Logische Operatoren können in ihrer Short Circuit Funktion auch hervorragend dazu verwendet werden, Variablen mit Default-Werten zu belegen.

Nicht alle Variablen in unseren Skripten besitzen festgelegte Werte. Häufig möchten wir einen gewissen Grad an Flexibilität bieten und erlauben es dem Benutzer, über die Befehlszeile oder eine Konfigurationsdatei einige Parameter einzustellen. Wenn dann zu einem späteren Zeitpunkt mit den entsprechenden Variablen gearbeitet wird, muss sichergestellt sein, dass sie auch wirklich einen Wert enthalten. Am elegantesten erledigt man dies über ||.

```
$file = $file || "januar.dat" ;
$max_lines = $max_lines || 40 ;
```

Enthalten `$file` und `$max_lines` bereits Werte (ungleich Null), bleiben diese bestehen, sind sie jedoch leer (oder 0), wird ihnen ein Default-Wert zugewiesen.

Hier dürfen wir nur die symbolischen Varianten einsetzen, da nur sie stärker binden als das Gleichheitszeichen. Dadurch bildet `$file || "januar.dat"` eine Einheit, die zunächst ausgewertet und deren Ergebnis anschließend `$file` zugewiesen wird. Wir haben es bisher noch nicht erwähnt, aber wie alle Operatoren geben auch || und && etwas zurück, nämlich den Wert des zuletzt geprüften Ausdrucks. Ist der erste Wert (`$file`) undefiniert, »« oder 0, wird er im booleschen Kontext als *falsch* angesehen, so dass der zweite evaluiert werden muss. Dessen Wert wird dann von || zurückgegeben. Waren `$file` und `$max_lines` bereits vorher gesetzt, ist schon der boolesche Wert des ersten Terms wahr, so dass dessen Wert zurückgeliefert wird.

Solche Konstrukte können auch allgemeiner verwendet werden:

```
$var1 = $var2 || $var3 ;
```

`$var1` erhält den Wert von `$var2`, falls dessen Wert gesetzt ist. Wenn nicht, erhält es `$var3`. Auch mit && kann man auf diese Art spielen, allerdings benötigt man so etwas eher selten.

```
$var1 = $var2 && $var3 ;
```

Hier wird der Wert von `$var2` übergeben, wenn `$var1` gesetzt ist. Das macht normalerweise keinen Sinn.

Möchten Sie eine Fehlermeldung ausgeben, falls eine Variable nicht belegt ist, verwenden Sie wieder das schwächer bindende or.

```
$var or print "Achtung: Variable $var nicht belegt." ;
```

4.8 Der Bedingungsoperator ?:

Mithilfe von || haben wir eine Art kondensierte `if`-Anweisung entworfen. Auch für die `if-else`-Konstruktion kennt Perl eine Kurzform: den Bedingungsoperator ?:

```
$var1 = bedingung ? $var2 : $var3
```

Er wird vor allem in Situationen eingesetzt, wo eine richtige if-else-Anweisung zu aufwendig erscheint, zum Beispiel weil es wieder lediglich darum geht, eine Variable mit zwei alternativen Werten zu belegen. Ist die Bedingung erfüllt, erhält $var1 den Wert von $var2, wenn nicht, dann denjenigen von $var3.

```
$anrede = $sex eq "w" ? "Frau" : "Herr" ;

$lines = $lines<30 ? $lines : 30 ;

$config = -f $config ? $config : "/db/db.cfg" ;
```

Beliebt ist dieser Operator, der wegen seiner drei Teile oft ternärer oder triadischer Operator genannt wird, auch, wenn es darum geht, das Maximum oder Minimum zweier Werte zu bestimmen.

```
$max = $a > $b ? $a : $b ;
$min = $a < $b ? $a : $b ;
```

Ist im ersten Fall $a größer als $b, wird $a zurückgegeben, wenn nicht dann $b.

▶ **Manpages:** perldoc perlop ... Conditional operator

4.9 Mehrfachauswahl

In Abschnitt 4.2 haben wir gesehen, dass man mehr als eine Bedingung für den gleichen Sachverhalt überprüfen kann, indem man die if-Konstruktion durch wiederholte elsif-Zweige erweitert. Ein häufig auftretender Spezialfall solcher mehrfacher Tests ist das Abprüfen ein und derselben Variablen auf unterschiedliche Werte: Enthält $gruppe "root", "studenten", "kollegen" oder "gaeste"? Ist $tag mit "montag", "dienstag", ... oder "sonntag" belegt?

Die meisten Programmiersprachen bieten für diese Spezialfälle eine case- oder switch-Anweisung an. Fehlanzeige bei Perl! Larry Wall war wohl der Meinung, dass sich die zusätzliche Syntax für etwas, was ebenso gut über elsif erledigt werden kann, nicht lohnt. Für sich betrachtet, ist dies sicherlich eine nachvollziehbare Entscheidung. Wenn man aber berücksichtigt, dass Perl uns allein vier Varianten für die Formulierung eines if bereitstellt, fragt man sich, warum ausgerechnet hier gespart wurde, wo die meisten anderen Sprachen eine spezielle Konstruktion besitzen.

In Perl formulieren wir eine Mehrfachauswahl also einfach über elsif.

```
if    ( $tag" eq "montag" ) {
   .....
   }
elsif ( $tag" eq "dienstag" ) {
   .....
   }
```

```
elsif ( $tag" eq "mittwoch" ) {
   .....
   }
.....
```

Dass es keine case-Anweisung gibt, ärgert viele Perlianer. Sie geben sich nicht mit dem sperrigen elsif zufrieden, sondern suchen nach Möglichkeiten, eine case-ähnliche Konstruktion nachzuahmen. Morgen werden wir einigen davon begegnen. Davon abgesehen, kennen Sie nun alle Arten von Verzweigungen, die Perl uns zur Verfügung stellt.

4.10 Exkurs: Fehlersuche und Debugging

Da Ihr Wissensdurst für heute sicherlich noch nicht gestillt ist, nutzen wir den Rest dieses Kapitels für ein Thema, das ich relativ frühzeitig ansprechen möchte, damit Sie im Laufe der folgenden Tage davon profitieren können. Es geht um die Suche nach Fehlern in unseren Skripten und um den Perl-Debugger, ein Hilfsprogramm, das uns gute Dienste bei der Fehlersuche leisten kann.

Unsere Skripte werden zunehmend komplizierter und bieten Fehlern immer raffiniertere Verstecke an. Nicht selten nimmt die Jagd auf schwer zu findende Fehler ähnlich viel Zeit in Anspruch wie das Schreiben an sich. Da kann man ein paar Tipps für eine effektivere Fehlersuche ganz gut gebrauchen.

Was tun, wenn das Skript nicht läuft und man den Fehler entweder nicht findet oder nicht versteht? Prinzipiell bieten sich zwei unterschiedliche Strategien an. Entweder man baut kleine Hilfskonstruktionen ein, um das Problem einzugrenzen, oder man startet das Skript im Perl-Debugger.

Einfache Hilfen

Es ist nicht immer gleich nötig, den Debugger zu starten. Oft helfen Kleinigkeiten, um den Fehler zu isolieren oder zu beleuchten. Die bekannteste besteht sicherlich in dem vorübergehenden Einbau eines print-Befehls, um den Inhalt einer Variablen während der Testphase auszugeben.

```
print $var ;       # <-- nur zum Testen
```

Eine weitere ist das Auskommentieren von Zeilen, in denen man einen Fehler vermutet, einfach um zu sehen, ob es ohne diese Zeile funktioniert.

```
# $n = length ($new =~ s/$line/$engl{$line}/);  # auskommentiert
$n=10 ;                                          # <-- vereinfachte Test-Version
```

Auch das Einfügen von exit, welches dazu führt, dass das Programm sofort verlassen wird, kann dabei helfen, effektiv Probleme einzugrenzen.

```
exit ;
```

Möchte man das Programm anhalten, um sich die Bildschirmausgabe in Ruhe ansehen zu können, baut man eine Tastaturabfrage ein. Sie sorgt dafür, dass eine Art Pause eingelegt wird.

```
<STDIN> ;
```

Eigentlich ist es völlig egal, was man da per Tastatur eingibt. Wichtig ist nur die Tatsache, dass Perl etwas von uns wissen will, denn dadurch entsteht der gewünschte Haltepunkt.

Eine Art intelligenten Breakpunkt können wir uns basteln, indem wir einen Befehl über <STDIN> vom Benutzer einlesen und anschließend über das Kommando eval ausführen.

```
eval <STDIN> ;
```

Das ist schon raffinierter! Um eval() besser zu verstehen, testen wir es an einem kleinen Demoskript.

```
#!/usr/bin/perl
# test04.pl

$a = 5 ;
eval <STDIN> ;        # Mini-Debugging
$a += 6 ;

print "$a \n" ;
```

Nicht besonders spannend, zugegeben, aber es erfüllt seinen Zweck. Was kommt normalerweise raus? 11.

```
$ test04.pl
Enter
11
$
```

Gleich nach dem Aufruf des Skripts werden wir zur Eingabe aufgefordert. Wir haben einfach nur Enter eingegeben, wodurch nichts Dramatisches geschehen ist. Das wird sich nun ändern.

```
$ test04.pl
print "$a \n" ;
5
11
$
```

Sehen Sie, wohin der Hase läuft? Was wir eingeben, wird ausgeführt! Treiben wir das Spiel noch etwas weiter.

```
$ test04.pl
$a=1 ;
7
$
```

Über eval() verändern wir aktiv den Ablauf des Skripts, wo ursprünglich eine 5 stand, haben wir eine 1 eingesetzt. Wie Sie sehen, klappt das ganz gut. Ein intelligenter Haltepunkt, bestehend aus zwei Worten, in fünf Sekunden getippt. Macht alles, was man will: eval <STDIN> ;

114

Fassen wir die wichtigsten – einfachen – Hilfsmittel zur Fehlersuche noch einmal zusammen:

- ■ `print $var ;`
- ■ `# auskommentieren`
- ■ `exit ;`
- ■ `<STDIN> ;`
- ■ `eval <STDIN> ;`

Der Perl-Debugger

Ist das Programm groß und nur noch schwierig zu überblicken, hat sich der Fehler in einem kleinen Winkel versteckt oder sind einfach zu viele Variablen an einem fehlerhaften Ausdruck beteiligt, lohnt es sich, den Perl-Debugger anzuwerfen, ein speziell für die Fehlersuche zuständiges Hilfsprogramm.

```
$ perl -d myscript.pl
```

Die Option `-d` sorgt dafür, dass das Skript im Debugger ausgeführt wird. Der Debugger bietet uns folgende Möglichkeiten:

- ■ Ausführung im Single-Stepp-Modus (Haltepunkt nach jeder Zeile)
- ■ Setzen individueller Breakpunkte (ansonsten läuft das Skript durch)
- ■ Ausgabe beliebiger Variablen zu jedem Zeitpunkt
- ■ Verändern beliebiger Variablen zu jedem Zeitpunkt

Na dann los! Basteln wir uns wieder ein kleines Demoskript.

Listing 4.1: dbg.pl – Debugging-Demo

```
$a=3 ;
$b=4 ;
$c = $a + $b ;
print "Ergebnis: $c \n\n" ;
```

Einfach, dafür aber gut geeignet, die wichtigsten Debugging-Funktionen zu demonstrieren! Rufen wir den Debugger also auf.

```
f:\myperl>perl -d dbg.pl

Default die handler restored.

Loading DB routines from perl5db.pl version 1.07
Editor support available.

Enter h or `h h' for help, or `perldoc perldebug' for more help.

main::(dbg.pl:1):        $a=3 ;
  DB<1>
```

Enttäuscht? Keine Grafik, kein Firlefanz, okay. Aber es funktioniert! Nach einigen Startmeldungen wird uns mitgeteilt, wie wir weitere Hilfe über den Debugger erhalten können: indem wir h h eingeben. Dann wird die erste Zeile des Skripts angezeigt, erkennbar an der Formulierung dbg.pl:1. Schließlich landen wir auf dem Prompt DB<1> und werden aufgefordert, eine Anweisung zu geben.

Die wichtigste Anwendung des Debuggers ist sicherlich, ein Skript im Single-Stepp-Modus durchzugehen. Hierzu dient der Befehl s. Hat man einmal einen Befehl eingegeben, kann man ihn mit der [Enter]-Taste beliebig oft wiederholen lassen. Wandern wir also einmal step by step durch unser Programm.

```
.......
main::(dbg.pl:1):        $a=3 ;
  DB<1> s
main::(dbg.pl:2):        $b=4 ;
  DB<1> [Enter]
main::(dbg.pl:3):        $c = $a + $b ;
  DB<1> [Enter]
main::(dbg.pl:4):        print "Ergebnis: $c \n\n" ;
  DB<1> [Enter]
Ergebnis: 7

Debugged program terminated.  Use q to quit or R to restart,
  use O inhibit_exit to avoid stopping after program termination,
  h q, h R or h O to get additional info.
  DB<1> q
```

Mithilfe des Befehls s können wir uns also schrittweise durch ein Programm tasten. Möchten wir zu einem bestimmten Zeitpunkt den Inhalt einer Variablen $var wissen, verwenden wir p $var.

```
.......
main::(dbg.pl:1):        $a=3 ;
  DB<1> s
main::(dbg.pl:2):        $b=4 ;
  DB<1> [Enter]
main::(dbg.pl:3):        $c = $a + $b ;
  DB<1> p $a
3
  DB<2> p $b
4
  DB<3>
```

Auch hier können wir wieder Variablen im laufenden Programm verändern.

```
.......
  DB<1> p $a
3
  DB<2> p $b
4
```

```
  DB<3> $b=22

  DB<4> p $b
22
  DB<5> Enter
main::(dbg.pl:4):         print "Ergebnis: $c \n\n" ;
  DB<5> Enter
Ergebnis: 25

Debugged program terminated.  Use q to quit or R to restart,
  use O inhibit_exit to avoid stopping after program termination,
  h q, h R or h O to get additional info.
  DB<5> q

$
```

Selbstverständlich kann man nur kleinere Skripte von der ersten bis zur letzten Zeile im Single-Stepp-Modus durchlaufen. Für größere Programme ist das zu langwierig; hier untersucht man höchstens ausgesuchte Stellen auf diese Art. Den Weg zwischen den Brennpunkten möchte man hingegen möglichst schnell passieren. Um das zu erreichen, setzt man vor die interessanten Stellen einen *Breakpunkt*.

Einen Breakpunkt in Zeile *line* setzen Sie durch

b *line*

Gelöscht wird er mit

d *line*

Um das Skript bis zum nächsten Haltepunkt laufen zu lassen, geben Sie dann einfach den Befehl c für *continue* ein.

Hat man die Zeilennummer, wo angehalten werden soll, im Kopf, kann man diese auch direkt über *continue* angeben.

c *line*

```
$ perl -d dbg.pl
Default die handler restored.

Loading DB routines from perl5db.pl version 1.07
Editor support available.

Enter h or `h h' for help, or `perldoc perldebug' for more help.

main::(dbg.pl:1):         $a=3 ;
  DB<1> b 4
  DB<2> c
main::(dbg.pl:4):         print "Ergebnis: $c \n\n" ;
  DB<2> p "$a $b $c"
```

```
3 4 7
  DB<3> c
Ergebnis: 7

Debugged program terminated.  Use q to quit or R to restart,
  use O inhibit_exit to avoid stopping after program termination,
  h q, h R or h O to get additional info.
  DB<3> q
```

bzw. mit c *line*

```
$ perl -d dbg.pl
Default die handler restored.
.....

.....
  main::(dbg.pl:1):        $a=3 ;
  DB<1> c 4
main::(dbg.pl:4):          print "Ergebnis: $c \n\n" ;
  DB<2> q
```

Wenn Sie sich eine Zeile Ihres Skripts nochmals als Listing ansehen möchten, geben Sie ein l (list) ein, um auch noch ein paar Zeilen drum herum zu bekommen, ein **w** (window).

Dies sollte genügen, um die Funktionsweise des Debuggers zu verstehen. Er bietet noch eine Menge weiteren Komfort. Die restlichen Funktionen erfahren Sie, wenn Sie h h eingeben.

Listing 4.2: Befehle des Perl-Debuggers

```
  DB<1> h h

List/search source lines:
  l [ln|sub]    List source code
  - or .        List previous/current line
  w [line]      List around line
  f filename    View source in file
  /pattern/ ?patt?   Search forw/backw
  v             Show versions of modules

Debugger controls:
  O [...]        Set debugger options
  <[<]|{[{]|>[>]} [cmd]   Do pre/post-prompt
  ! [N|pat]      Redo a previous command
  H [-num]       Display last num commands
  = [a val]      Define/list an alias
  h [db_cmd]     Get help on command
  |[|]db_cmd     Send output to pager
  q or ^D        Quit
```

```
Control script execution:
  T             Stack trace
  s [expr]      Single step [in expr]
  n [expr]      Next, steps over subs
  <CR/Enter>    Repeat last n or s
  r             Return from subroutine
  c [ln|sub]    Continue until
  L             List break/watch/actions
  t [expr]      Toggle trace [trace expr]
  b [ln|event|sub] [cnd]   Set breakpoint
  d [ln] or D   Delete a/all breakpoints
  a [ln] cmd    Do cmd before line
  W expr        Add a watch expression
  A or W        Delete all actions/watch
  ![!] syscmd   Run cmd in a subprocess
  R             Attempt a restart

Data Examination:
  expr          Execute perl code, also see: s,n,t expr
  x|m expr      Evals expr in list context, dumps the result or
                lists methods.
  p expr        Print expression (uses script's current package)
  S [[!]pat]    List subroutine names [not] matching pattern
  V [Pk [Vars]] List Variables in Package.  Vars can be ~pattern
                or !pattern.
  X [Vars]      Same as "V current_package [Vars]".

For more help, type h cmd_letter, or run perldoc perldebug for
all docs.
```

> MacOS 8/9: Hier starten Sie den Debugger über den Punkt PERL DEBUGGER im
> Menü SCRIPT.

▶ **Manpages:** perldoc perldebug ; perldoc perldebtut

4.11 Zusammenfassung

▪ if (*bedingung*) { *befehl*; *befehl*; ... }

▪ if (*bed.*) {*befehle*} elsif (*bed.*) {*befehle*} ... else {*befehle*}

▪ unless (*bedingung*) { *befehl*; *befehl*; ... }

- `unless ( ` *bedingung* ` ) { ` *befehle* ` } else { ` *befehle* ` }`

- *befehl* `if` *bedingung* `;` (Statement Modifier)

- *befehl* `unless` *bedingung* `;` (Statement Modifier)

- `do {` *befehl*`;` *befehl*`; ...}` `if` *bedingung* `;` (Erweiterter Statement Modifier)

- Perl kann jeden Ausdruck im booleschen Kontext auf wahr oder *falsch* auswerten.

- *Falsch* sind die Zahl 0, der String "0" und der leere String "" sowie der Wert `undef` und eine leere Liste ( ). Alles andere ist wahr. Alle Operatoren und Funktionen geben einen dieser Werte zurück.

- Logische Operatoren: `and or not xor && || !` Unterschied: Die symbolischen Varianten besitzen eine größere Präzedenz.

- *bedingung* `&&` *befehl* `;`   (`if`)(Short Circuit Test)

- *bedingung* `||` *befehl* `;`   (`if not`) (Short Circuit Test)

- `$var1 =` `$var2 || $var3 ;`   Default-Wert

- `$var1 =` *bedingung* `? $var2 : $var3`   Bedingungsoperator

- `$max = $a > $b ? $a : $b ;`   Maximum zweier Werte

- Bei der Fehlersuche helfen einfache Tricks wie das vorübergehende Einfügen zusätzlicher Ausgaben, das Auskommentieren komplizierter Zeilen, das vorzeitige Verlassen des Skripts über `exit`, Haltepunkte schaffen durch `<STDIN>` oder intelligente Haltepunkte über `eval` `<STDIN>`.

- Außerdem kann man das Skript im Perl-Debugger starten. Über den Befehl `s` gelangt man in den Single-Step-Modus, in welchem über die *Newline*-Taste das gesamte Skript zeilenweise durchlaufen wird.

4.12 Workshop

Fragen und Antworten

F *Muss man die geschweiften Klammern in der Grundversion von* `if` *oder* `unless` *immer schreiben? Manche Sprachen erlauben es, sie wegzulassen, falls nur ein einziger Befehl folgt.*

A Die Klammern müssen auch bei einem einzigen Befehl stehen. Wer es kürzer mag, kann auf Statement Modifier oder Short Circuit Tests ausweichen.

F   *Sie sprechen davon, dass jede Funktion oder sogar jeder Operator etwas zurückgibt, damit es z.B. auf wahr oder falsch überprüft werden kann. Wie kann ich mir diese Rückgabe ansehen? Auf dem Bildschirm erscheint ja nichts.*

A   Auf dem Bildschirm landet nicht die *Rückgabe* einer Funktion, sondern ihre *Ausgabe*. Eine Rückgabe kann entweder einer Variablen zugewiesen oder über *print* ausgegeben werden. `$var = $x < $y ; print $var ;` oder `print $x < $y ;`

F   *Ich versuche, die `index`-Funktion direkt in if einzusetzen, um festzustellen, ob eine Zeichenfolge in meiner Zeile vorhanden ist: `if (index (...)) {...}`. Ich erhalte zwar keinen Syntaxfehler, aber die Ergebnisse stimmen manchmal nicht.*

A   Achtung! `index()` und `rindex()` geben 0 zurück, wenn der gesuchte String an Position 0 beginnt. Eine erfolglose Suche wird durch -1 angezeigt. Sie müssen die Rückgabe also auf -1 hin testen.

F   *Einige Funktionen geben angeblich einen leeren String zurück, wenn sie erfolglos verliefen, andere `undef`. Das kann man doch gar nicht unterscheiden, oder?*

A   Nehmen wir an, `$x="";` `$y=undef;`. Auf dem Bildschirm sehen Sie bei einer Ausgabe von `$x` und `$y` beide Male nichts. Über die Funktion `defined()` können Sie aber einen Unterschied feststellen: `print "definiert\n" if defined $x`. Für `$x` erhalten Sie die Ausgabe `definiert`, bei `$y` nicht und bei `$z`, dem Sie niemals etwas zugewiesen haben, auch nicht.

F   *Darf man in Short Circuit Tests mehrere &&- oder ||-Operatoren kombinieren?*

A   Darf man, allerdings wird es schnell unübersichtlich.

A   `$zahl <= 0 && print "Zahl zu klein. " && $zahl = <STDIN> ;`

F   *Ist der Bedingungsoperator nur für die alternative Zuweisung zweier Werte an eine Variable gedacht oder kann er auch als normales `if-else` verwendet werden, also mit Befehlen?*

A   Geht auch, sieht man aber eher selten.

`$stunde <12 ? print "Vormittag" : print "Nachmittag" ;`

Typischer wäre:

`print $stunde <12 ? "Vormittag" : "Nachmittag" ;`

F   *Wie kann ich denn feststellen, ob ein externer Befehl auch wirklich funktioniert hat?*

A   Wir gehen in späteren Kapiteln noch intensiver auf den Kontakt mit dem Betriebssystem ein. Prinzipiell können Sie aber die Rückgabe von `system()` auf wahr oder *falsch* auswerten. `unless (system(...)) {...}`. Nicht if, sondern `unless`, weil die Befehle in der Regel 0 zurückgeben, wenn sie erfolgreich waren, Perl diese 0 aber als *falsch* interpretiert.

F   *Sie erklärten, dass man bei der Fehlersuche entweder einfache Hilfskonstruktionen wie `print` einbauen oder den Debugger verwenden kann. Welche Methode bevorzugen Sie selbst?*

A   Kommt auf die Komplexität des Skripts und die Gemeinheit des Fehlers an. Ich beginne in aller Regel mit den kleinen Hilfen, da ich als Optimist stets vermute, ich werde den Fehler nach einer Minute gefunden haben. Den Aufwand mit dem Debugger scheue ich gewöhnlich. Stehe ich aber auf der Leitung und hänge zu lange an der gleichen Stelle, rufe ich den Debugger auf. Übrigens las ich vor kurzem eine Antwort von Larry Wall zu einer ähnlichen Frage, in welcher auch er meinte, er könne leider spontan nicht allzu viel Ratschläge über Debugging-Techniken geben, da er selbst zwar den Debugger geschrieben habe, aber – um ehrlich zu sein – ihn kaum benütze. ;-)

Quiz

1. Unter welchen Bedingungen darf ein Semikolon hinter den geschweiften Klammern einer if-Anweisung stehen?

2. Worin liegen die Beschränkungen von Statement Modifiern?

3. Wie kann man sie aufweichen?

4. Warum kann man mit xor (exklusives ODER) kein Short Circuit Testing betreiben?

5. Wie startet man ein Skript im Debugger?

Übungen

1. Bestimmen Sie das Maximum aus drei eingelesenen Zahlen $a, $b und $c. Ein Skript-Fragment mit den entscheidenden Zeilen genügt. Verwenden Sie entweder den Bedingungsoperator (zwei Zeilen) oder Statement Modifier (drei Zeilen, beginnen Sie mit $max=$a;) oder Short Circuit (wieder zwei Zeilen, wieder mit $max=$a; beginnen).

2. Lesen Sie Vor- und Nachname eines neuen Benutzers ein. Ihr Skript soll einen entsprechenden Benutzernamen vorschlagen, der den klein geschriebenen Nachnamen benutzt und diesen auf die ersten acht Buchstaben kürzt, falls er zu lang ist.

3. Sie planen ein Backup-Konzept. An jedem Freitag möchten Sie ein komplettes Backup durchführen, Montag bis Donnerstag ein differentielles (nur das sichern, was sich seit letztem Freitag geändert hat) und Samstag/Sonntag überhaupt keines. Das aktuelle Datum erfahren Sie über $date=localtime; (z.B. Sat Nov 12 16:56:28 2003). Ermitteln Sie nun aus dem ersten Wort dieser Ausgabe den Wochentag und geben Sie in Abhängigkeit davon den Typ des Backups für den heutigen Tag aus (full/diff/no).

4. Programmieren Sie einen simplen Taschenrechner (+ – * /). Der Benutzer soll die gewünschte Operation nach dem Muster zahl1 operator zahl2 eingeben, also z.B. 13 * 46, wobei er auf Leerzeichen zwischen den Wörtern achten muss. Zerlegen Sie in Ihrem Skript die eingelesene Zeile in ihre drei Teile und führen Sie je nach Operator die gewünschte Aktion aus. Das Ergebnis soll anschließend ausgegeben werden.

Schleifen

Schleifen bilden den Schlüssel zur Verarbeitung größerer Datenmengen. Im Gegensatz zur Eingabe per Tastatur müssen wir beim Einlesen von Dateien normalerweise Tausende von Zeilen verarbeiten. Und selbst da, wo sich die Datenmenge in Grenzen hält, wissen wir meist nicht, um *wie viele* Zeilen es sich handelt. Es hat also keinen Zweck, eine bestimmte Anzahl einzelner Einlese-Befehle in unserem Skript zu formulieren. Statt dessen benötigen wir Konstruktionen, die uns einen Vorgang – hier das Einlesen einer Datenzeile – so lange wiederholen lassen, wie wir es für nötig halten. Hier: bis zum Ende der Datei.

Solche Konstruktionen nennt man Schleifen, englisch Loops. Prinzipiell führen sie einen Block von Befehlen immer wieder von neuem aus, solange eine vorgegebene Bedingung erfüllt ist. Wir benötigen Schleifen in fast allen unseren Skripten, nicht nur wenn es um das Einlesen von Dateien geht. Perl bietet uns deshalb eine ganze Palette verschiedener Schleifentypen an, die prinzipiell zwar alle das Gleiche tun, in ihrer Syntax jedoch für unterschiedliche Problemfälle maßgeschneidert sind.

Im Einzelnen beschäftigen wir uns heute mit

- while-Schleifen
- until-Schleifen
- do-while- und do-until-Schleifen
- Schleifen als Statement Modifier
- for-Schleifen
- foreach-Schleifen
- Endlosschleifen
- Sprungbefehlen und Labels
- Benutzereingaben

In einem Exkurs gehen wir schließlich noch auf das

- Einlesen von Dateien

ein.

5.1 Die while-Schleife

Wir beginnen unsere Betrachtungen mit `while`, der Grundform aller Schleifen. Sie greift die Idee einer `if`-Anweisung auf. Dort heißt es:

Tue etwas, *wenn* eine vorgegebene Bedingung erfüllt ist.

`if ( bedingung ) { befehle }`

Die `while`-Schleife verhält sich wie eine `if`-Anweisung, die im Kreis läuft. Wieder und wieder überprüft sie die vorgegebene Bedingung und führt die zugehörigen Befehle aus. Das Ganze läuft so lange, wie die Bedingung erfüllt ist.

Tue etwas, *solange* eine Bedingung erfüllt ist.

```
while ( bedingung ) { befehle }
```

In mehrzeiliger Schreibweise:

```
while ( bedingung ) {
    befehl ;
    befehl ;
    ...
}
```

Die syntaktische Form, Bedingungen in runde Klammern und auszuführende Befehle in geschweifte Klammern zu setzen, wird bei allen Schleifentypen beibehalten.

Die Bedingung wird *vor* dem Ausführen der Befehle getestet. Ist sie von vornherein nicht erfüllt, werden die Befehle kein einziges Mal ausgeführt. Das ist wichtig! Auf der anderen Seite kann es passieren, dass die Bedingung immer wahr ist, wodurch eine *Endlosschleife* entsteht. Auf solche Sonderfälle gehen wir später ein.

Benutzereingaben

Wozu braucht man eine while-Schleife? Zum Beispiel für Benutzereingaben. Bisher hatte der Benutzer in unseren Skripten immer nur ein einziges Mal die Möglichkeit, etwas einzugeben. Wollte er den Vorgang wiederholen, musste er das Programm neu starten. Viel schöner wäre es, den gesamten Block zu wiederholen, bis z. B. quit eingegeben wird.

```
$eingabe = "" ;

while ( $eingabe ne "quit" ) {
    $eingabe = <STDIN> ;
    chomp $eingabe ;

    befehle ;
    befehle ;
    ...
}
```

Mit einem Schönheitsfehler hat man bei solchen Schleifen aber stets zu kämpfen. Erkennen Sie ihn? Obwohl der Benutzer quit eingegeben hat, wird die Schleife noch ein letztes Mal durchlaufen. Die Überprüfung findet ja erst zu Beginn des nächsten Durchgangs statt. Um dies zu vermeiden, stellt man üblicherweise den Einlesebefehl nach hinten, direkt vor die schließende Klammer, so dass gleich nach der Eingabe die Überprüfung (im nächsten Durchgang) erfolgen kann.

Sie haben es sicher bemerkt: Jetzt hat man ein Problem mit dem ersten Durchgang. Das erste Mal wird die Schleife durchlaufen, ohne dass man weiß, was der Benutzer eingibt. Deshalb setzt man eine zusätzliche Abfrage *vor* die Schleife. Jetzt funktioniert es so, wie es eigentlich gedacht ist.

```
$eingabe = <STDIN> ;
chomp $eingabe ;

while ( $eingabe ne "quit" ) {
    befehle ;
    befehle ;
    ...
    $eingabe = <STDIN> ;
    chomp $eingabe ;
}
```

Eine zweite Lösungsmöglichkeit besteht in der Verwendung einer Endlosschleife mit Abbruch über den Sprungbefehl `last`. Wie das genau funktioniert, werden wir in einem späteren Abschnitt sehen.

Oft möchte man dem Benutzer mehr Flexibilität beim Abbruch der Schleife zugestehen. Soll er die Schleife auch durch ein groß geschriebenes `Quit` verlassen können, wandelt man die Eingabe vor der Überprüfung in Kleinbuchstaben um.

```
while ( lc($eingabe) ne "quit" ) ...
```

Soll auch ein simples q oder Q genügen, muss man die verschiedenen Möglichkeiten logisch kombinieren.

```
while ( lc($eingabe) ne "quit" and lc($eingabe) ne "q" ) ...
```

Beispiel: Mehrwertsteuer

Es wird Zeit für ein konkretes Beispiel. Als Übung zu Kapitel 2 hatten Sie ein kleines Skript zur Ermittlung der in einem Preis enthaltenen Mehrwertsteuer geschrieben. Wäre doch nett, wenn der Benutzer mehr als nur einen einzigen Preis angeben dürfte. Bauen wir also eine Schleife zur Benutzereingabe um das Ganze herum. Mit q oder Q kann die Schleife abgebrochen werden.[1]

Listing 5.1: mwst2.pl – berechnet die enthaltene Mehrwertsteuer

```
#!/usr/bin/perl -w
#
# mwst2.pl
# Berechnet die in einem Preis enthaltene Mehrwertsteuer.
# Mit while-Schleife. Abbruch durch q oder Q.

$preis = 0 ;            # Beliebige Initialisierung fuer -w.

print "Geben Sie bitte Ihren Preis ein: " ;
$preis = <STDIN> ; chomp $preis ;
```

---

1 Sie erinnern sich? Alle Beispiel-Skripte gibt's auch auf der Buch-CD.

```perl
while ( lc($preis) ne "q" ) {
    # Preis = Netto + Mwst. (100% + 16% = 116%)
    $netto = sprintf "%.2f", $preis / 1.16 ;
    $mwst  = sprintf "%.2f", $preis / 1.16 * 0.16 ;

    print "\n" ;
    print "Nettopreis: $netto \n" ;
    print "Mehrwertsteuer: $mwst \n\n" ;

    print "Geben Sie bitte Ihren Preis ein: " ;
    $preis = <STDIN> ; chomp $preis ;
}
```

Falls Sie die Rechnung irritiert: Man darf nicht einfach 16% vom fertigen Preis nehmen. 16% Mehrwertsteuer werden auf den ursprünglichen Nettopreis berechnet, so dass das, was später auf dem Etikett steht, 116% des Nettopreises entspricht.

Ausprobieren:

```
$ mwst2.pl
Geben Sie bitte Ihren Preis ein: 1.16

Nettopreis: 1.00
Mehrwertsteuer: 0.16

Geben Sie bitte Ihren Preis ein: 3.99

Nettopreis: 3.44
Mehrwertsteuer: 0.55

Geben Sie bitte Ihren Preis ein: q
$
```

Perfekt! Wir könnten nun stundenlang Bruttopreise eingeben und unser Programm würde nicht müde werden, uns die enthaltene Mehrwertsteuer zu berechnen.

Eingabe abbrechen durch Ctrl-D

Übrigens kann auch der Rückgabewert des Einleseoperators <> direkt auf *wahr* oder *falsch* ausgewertet werden.

```perl
while ($line=<STDIN>) { .... }
```

Das ist witzig und funktioniert deshalb, weil der <>-Operator undef zurückgibt, wenn das Ende des Einlesens erreicht ist und undef ja bekanntlich als *falsch* evaluiert wird. In allen anderen Fällen, auch bei leeren Zeilen, wo ja immerhin das *Newline*-Zeichen übergeben wird, bewertet Perl die Eingabe als wahr.

Aber woher weiß der Einleseoperator, dass Schluss ist mit Einlesen? Der Benutzer muss es ihm signalisieren! Unter UNIX und MacOS, indem er ein $\boxed{\text{Strg}}$ $\boxed{\text{D}}$, unter Windows, indem er $\boxed{\text{Strg}}$ $\boxed{\text{Z}}$ eingibt.

Numerische while-Schleifen

Die while-Schleife ist der Allrounder unter den Schleifentypen. Man verwendet sie für Benutzereingaben, das Einlesen von Dateien (siehe Exkurs am Ende des Kapitels), zur Prüfung von Zeichenketten oder von numerischen Bedingungen.

```
# Breche die Zeile bei 60 Zeichen um, solange
# sie mehr als 60 Zeichen enthaelt.

while ( length($zeile) > 60 ) {
    ....
    }
```

Auch Zahlenreihen können mithilfe von while durchlaufen werden.

Listing 5.2: hoch3.pl – Zahlenbereiche und while

```
#!/usr/bin/perl
#
# hoch3.pl
# Durchlaufen einer Zahlenreihe mittels while.

$i = 1 ;

while ( $i <= 5 ) {
  print $i , " -> " , $i**3 , "\n" ;
  $i ++ ;
  }
```

Hier wird jeweils die dritte Potenz der Zahlen 1 bis 10 ausgegeben. In einer separaten Anweisung zählen wir die Variable $i in jedem Durchgang um 1 hoch.

Ausgabe:

```
$ hoch3.pl
1 -> 1
2 -> 8
3 -> 27
4 -> 64
5 -> 125
$
```

In der Praxis würde man allerdings eher eine for-Schleife für das Hochzählen einer Variablen verwenden (siehe unten).

Warteschleifen und sleep()

Typisch ist der Einsatz von while-Schleifen auch in Überwachungsskripten. In regelmäßigen Abständen sollen bestimmte Bedingungen, wie das Vorhandensein eines Datenbankprozesses, die Größe einer Logdatei oder die Belegung einer Festplatte kontrolliert werden. Im Fehlerfall versendet man eine Mail an den Administrator oder reagiert auf irgendeine andere Weise.

Die eigentliche Kontrolle dauert oft nur Sekunden. Um das System nicht zu überlasten, müssen daher Pausen eingelegt werden; das Skript soll einige Minuten warten, bis es seine Arbeit erneut ausführt. Solche Wartezeiten erzeugt man durch den Befehl sleep(), welches die angegebene Anzahl von Sekunden pausiert, z.B. sleep 60;.

```
# Kontrolliere alle 5 Minuten die Belegung der
# Datenbank-Partition. Handele, falls sie 90% uebersteigt. ²

while ( $belegung < 90 ) {
    befehle ;       # zur Ermittlung der Belegung;
    .....
    sleep 300 ;
    }

print "Partition: $belegung voll \n" ;
```

Endlosschleifen

Eine Endlosschleife entsteht dann, wenn die abzuprüfende Bedingung immer wahr ist. Dieser Fall kann zwar durch einen Fehler entstehen, oft ist er aber durchaus erwünscht. Endlosschleifen können aus jedem Schleifentyp erstellt werden, am häufigsten sind sie aber als while-Schleife zu sehen. Wie genau die immer wahre Bedingung formuliert wird, spielt keine Rolle, meistens wird überhaupt nichts verwendet oder eine 1.

```
while () { ... }
```

```
while ( 1 ) { ... }
```

Um trotz wahrer Bedingung aus der Schleife wieder herauszukommen, benötigt man wieder einmal den Befehl last(), der weiter unten besprochen wird. Bei einigen Programmen ist der Endloseffekt aber durchaus ernst gemeint, denken Sie nur an Dämon-Programme, die immer und ewig im Hintergrund laufen und ihre Dienste tun. Sie müssen von außen gestoppt werden, will man sie beenden. Überwachungsskripte sind typische Vertreter dieser Klasse.

---

2   Wie man an Systeminformationen wie etwa die Belegung einer Partition herankommt, erfahren wir in Kapitel 11.

Beliebige Bedingungen testen

Erinnern Sie sich? Jeder beliebige Ausdruck darf in Perl als Bedingung für eine `if`-Schleife verwendet werden. Perl kann von jedem Ausdruck entscheiden, ob er wahr oder falsch ist. Dies gilt natürlich nicht nur im Rahmen einer `if`-Anweisung, sondern auch für die `while`-Schleife, oder besser: für jede Schleife.

```
while ( $eingabe ) { ... }
```

Diese Schleife liefe z.B. so lange, wie `$eingabe` nicht leer oder `"0"` würde. Die folgende tut praktisch das Gleiche. Solange die Länge der untersuchten Zeile nicht Null wird, läuft die Schleife weiter.

```
while ( length $zeile ) { ... }
```

▶ **Manpages:** perldoc perlsyn ... Compound Statements

5.2 Die until-Schleife

Die `until`-Schleife ist nichts anderes als ein elegant formuliertes `while-not`. Überall da, wo die Bedingung einer `while`-Schleife negiert werden muss und Ihnen diese Formulierung etwas hölzern erscheint, können Sie statt dessen `until` einsetzen.

```
while ( not bedingung ) { ... }
```

entspricht

```
until ( bedingung ) { ... }
```

oder mehrzeilig geschrieben

```
until ( bedingung ) {
    befehl ;
    befehl ;
    ...
    }
```

Die `until`-Schleife führt also einen Block von Befehlen so lange aus, *bis* die Bedingung wahr ist.

Hier einige Formulierungen mit `while` und die entsprechenden Varianten für `until`.

```
while ( $eingabe ne "quit" ) ...
until ( $eingabe eq "quit" ) ...

while ( $size <= 1000 ) ...
until ( $size > 1000 ) ...

while ( ! -f "db.pid" ) ...
until ( -f "db.pid" ) ...
```

Manchmal ist es natürlicher zu sagen, »tue etwas so lange bis ...« als »tue etwas so lange wie nicht ...«. Gerade im ersten Beispiel wird dies deutlich: Durchlaufe diese Schleife so lange, *bis* der Benutzer `quit` eingibt. Das letzte Beispiel testet die Existenz einer Datei `db.pid`. Eine Aktion – z.B. der Versuch, die Datenbank zu starten – soll nur so lange durchgeführt werden, bis diese Datei gefunden wird.

5.3 Schleifen als Statement Modifier

Ebenso wie `if` und `unless` können auch `while` und `until` als Statement Modifier verwendet werden. Dadurch entsteht eine äußerst knappe und elegante Schreibweise einer Schleife. Allerdings ist sie wieder auf einen einzigen Befehl beschränkt.

```
befehl while bedingung ;
befehl until bedingung ;
```

Zum Beispiel könnte eine äußerst prägnante Formulierung unseres Skripts `hoch3.pl` folgendermaßen aussehen.

```
print ($i++ ** 3, "\n") while $i <= 5 ;
```

So schön kann Perl sein!

```
0
1
8
27
64
125
```

Gib alles, was du von Tastatur einliest, klein geschrieben wieder aus.

```
print lc($line) while $line=<STDIN> ;
```

Traumhaft, nicht wahr? Der Benutzer muss hier wieder über $\boxed{\text{Strg}}$ $\boxed{\text{D}}$ (UNIX und Mac) bzw. $\boxed{\text{Strg}}$ $\boxed{\text{Z}}$ (Windows) signalisieren, wann die Eingabe beendet ist.

Ein Zahlen-Ratespiel in einer Zeile:

```
print "falsch \n" until <STDIN> == int(rand(5)) ;
```

Ausführung:

```
$ perl -e "print "falsch \n" until <STDIN> == int(rand(5))"
1
falsch
2
falsch
1
falsch
3
falsch
1
```

```
falsch
2
$
```

 Auch wenn bei Statement Modifiern die Bedingung *nach* dem auszuführenden Befehl geschrieben wird: Sie wird *vor* der Ausführung überprüft! Ist sie von Anfang an nicht erfüllt, wird der Befehl kein einziges Mal ausgeführt.

▶ **Manpages:** perldoc perlsyn ... Simple Statements

5.4 Post-Checking mit do ...

Die gewöhnlichen while- und until-Schleifen prüfen ihre Bedingungen *vor* dem Ausführen der Befehle. Ist die Bedingung von Anfang an nicht erfüllt, wird überhaupt nichts getan. Manchmal wäre es jedoch wünschenswert, die Befehle auf jeden Fall einmal auszuführen und erst *hinterher* zu checken, wie es mit dem nächsten Durchgang aussieht (post-checking).

```
do {
    befehl ;
    befehl ;
    ...
    } while bedingung ;

do {
    befehl ;
    befehl ;
    ...
    } until bedingung ;
```

Die Bedingung kann, muss aber nicht in runden Klammern stehen. Ein Semikolon am Ende der gesamten Konstruktion ist natürlich notwendig, da sie ja nicht durch eine geschweifte Klammer abgeschlossen wird. Es gibt keine zwingende Notwendigkeit für solche Schleifen, man kann den gleichen Effekt immer auch auf anderen Wegen erzielen. Dennoch findet man sie in vielen Skripten, weil sie bei bestimmten Problemen manchmal der eigenen Denkweise eher entspricht als die alternative Konstruktion.

5.5 Die for-Schleife

Die for-Schleife ist für Situationen gedacht, in denen von vornherein feststeht, wie oft eine Aktion wiederholt werden soll. Über einen Zähler, der von einem Start- bis zu einem Zielwert läuft, wird die Anzahl der Durchläufe gesteuert. Die abstrakte Formulierung sieht so aus:

```
for ( initialisierung ; bedingung ; inkrement ) { befehle ... }
```

bzw. mehrzeilig geschrieben:

```
for ( initialisierung ; bedingung ; inkrement ) {
    befehl ;
    befehl ;
    ...
}
```

Das sieht doch etwas *zu* abstrakt aus, um auf Anhieb daraus schlau werden zu können. Betrachten wir lieber eine typische Anwendung: das Durchlaufen eines Zahlenbereichs.

```
for ( $i=1 ; $i <= 10 ; $i ++ ) {
    print $i , " -> " , $i**3 , "\n" ;
}
```

Gibt wieder die dritte Potenz der Zahlen 1 bis 10 aus, wie bereits weiter oben gesehen:

```
1 -> 1
2 -> 8
3 -> 27
4 -> 64
5 -> 125
6 -> 216
7 -> 343
8 -> 512
9 -> 729
10 -> 1000
```

Was geschieht hier im Einzelnen? Zu Beginn der Schleife wird die Zählvariable $i auf 1 gesetzt: $i=1. Die Bedingung für den Schleifenabbruch lautet $i <= 10. Die Schleife wird also durchlaufen, solange $i kleiner oder gleich 10 ist. Das Hochzählen der Variablen ist durch den Term $i++ geregelt. Es entstehen zehn Durchläufe, bevor die Schleife abbricht.

Alles, was hier in runden Klammern steht, bezeichnet man als *Schleifensteuerung*. Die drei darin enthaltenen Teile werden durch Strichpunkte getrennt. Der erste Teil legt etwas fest, was vor dem eigentlichen Start der Schleife geschieht, und trägt deshalb den Namen *Initialisierung*. Der zweite Teil bildet die Abbruchbedingung, der dritte Teil regelt das Hochzählen und wird normalerweise als *Inkrementierung* bezeichnet.

Wie wir gleich sehen werden, ist nicht festgelegt, was diese Teile im Detail enthalten. Entscheidend ist folgende Regelung:

- Der erste Ausdruck wird *einmalig* ausgeführt, *vor* Eintritt in die Schleife.

- Der zweite Teil wird *vor* jedem Durchlauf ausgeführt und im booleschen Kontext ausgewertet. Nur wenn er wahr ist, wird der Befehlsblock ausgeführt. Ist er falsch, bricht die for-Schleife ab.

- Der dritte Ausdruck wird *nach* jedem Durchgang ausgeführt.

Werfen wir einen Blick auf die Variabilität, die uns Perl hier erlaubt.

Bei dem letzten Ausdruck muss es sich keineswegs um eine wirkliche Inkrementierung handeln. Ebenso gut kann man eine Variable herunterzählen:

```
for ( $i=10 ; $i >= 0 ; $i -- ) { ... }
```

Oder man bewegt sich in Zweier-Schritten vorwärts:

```
for ( $i=0 ; $i <= 10 ; $i += 2 ) { ... }
```

Oder ganz anders, z.B. gesteuert durch eine weitere Variable:

```
for ( $i=0 ; $i <= 10 ; $i += $step ) { ... }
```

Auch die eigentliche Bedingung kann auf beliebige Art formuliert werden. Wir wissen ja: Perl kann von allem und jedem entscheiden, ob es wahr oder falsch ist. Der einfache Ausdruck $i wird ja bekanntermaßen falsch, wenn er eine Null enthält.

```
for ( $i=10 ; $i ; $i -- ) { ... }
```

Jeder Teil der Schleifensteuerung darf aus mehreren Ausdrücken bestehen, die dann durch Kommata voneinander getrennt werden. Man benutzt Kommata, da der Strichpunkt bereits für die syntaktische Aufteilung der Steuerung vorgesehen ist.

```
for ( $i=1, $j=5 ; $i <= 5 ; $i ++, $j-- ) { ... }
```

 Auch außerhalb der for-Schleife darf man Befehle durch Kommata trennen. Allerdings läuft man Gefahr, Perl zu verwirren, da das Komma auch zur Trennung von Funktionsargumenten und Listenelementen dient.

Jeder Steuerungsteil darf auch weggelassen werden. Die Strichpunkte müssen jedoch stehen.

```
for ( ;; ) { ... }          # Endlosschleife
```

Beispiel: Vermögensentwicklung

Wir möchten den Wert eines Vermögens nach *n* Jahren berechnen, wenn wir einerseits ein Wachstum durch Zinsen von *p* Prozent und andererseits die Entnahme eines bestimmten Betrags pro Jahr annehmen. Anders formuliert: Wie lange lässt es sich mit einer Günther-Jauch-Million eigentlich leben? Die for-Schleife erlaubt es uns, die Entwicklung des Vermögens Jahr für Jahr durchzuspielen. Da wir nicht übertreiben wollen, gehen wir von einem Startguthaben von 500_000 Euro aus.

Listing 5.3: vermoegen.pl – Vermögensentwicklung bei Zins und Entnahme

```
#!/usr/bin/perl -w
#
# vermoegen.pl
# Vermoegen nach n Jahren bei konstanten Zinsen
# und konstanter, kontinuierlicher Geldentnahme
```

```
$vermoegen = 500_000 ;                    # Startwert in Euro
$zins = 0.05 ;                            # 5 Prozent
$entnahme = 40000 ;                       # incl 3 Urlaube
$guthaben = $vermoegen ;                  # aktuelles Guthaben

print "\nStartguthaben: $vermoegen EU \n" ;

for ( $n=1 ; $guthaben > $entnahme; $n ++ ) {
    $guthaben -= $entnahme ;              # Verbrauch
    $guthaben += $guthaben * $zins ;      # Zins
    $guthaben = sprintf "%.0f" , $guthaben ;   # Runden
    print "Nach $n Jahr(en):\t $guthaben Eu\n" ;
    }
```

Funktioniert das auch?

$ **vermoegen.pl**

```
Startguthaben: 500000 EU
Nach 1 Jahr(en):        483000 Eu
Nach 2 Jahr(en):        465150 Eu
Nach 3 Jahr(en):        446408 Eu
Nach 4 Jahr(en):        426728 Eu
Nach 5 Jahr(en):        406064 Eu
Nach 6 Jahr(en):        384367 Eu
Nach 7 Jahr(en):        361585 Eu
Nach 8 Jahr(en):        337664 Eu
Nach 9 Jahr(en):        312547 Eu
Nach 10 Jahr(en):       286174 Eu
Nach 11 Jahr(en):       258483 Eu
Nach 12 Jahr(en):       229407 Eu
Nach 13 Jahr(en):       198877 Eu
Nach 14 Jahr(en):       166821 Eu
Nach 15 Jahr(en):       133162 Eu
Nach 16 Jahr(en):       97820 Eu
Nach 17 Jahr(en):       60711 Eu
Nach 18 Jahr(en):       21747 Eu
$
```

Ja!

▶ **Manpages:** perldoc perlsyn ... For loops

5.6 Die foreach-Schleife

Die foreach-Schleife unterscheidet sich vielleicht am meisten von allen anderen Schleifentypen. Bei ihr wird keine Bedingung im eigentlichen Sinne geprüft, sondern eine Liste von Elementen abgearbeitet.

```
foreach $loop ( liste ) {
    befehl ;
    befehl ;
    ...
    }
```

Als Liste gilt eine Abfolge von Werten oder Variablen, die durch Kommata voneinander getrennt sind.

```
foreach $loop ( "meier", "schulz", "schmidt" ) { ... }
```

Oder ein Array (siehe nächstes Kapitel):

```
foreach $loop ( @array ) { ... }
```

Oder irgendein Perl-Ausdruck, der ausgewertet eine Liste von Werten ergibt (siehe übernächstes Kapitel):

```
foreach $wort (split " ", $line) { ... }
```

Eine einfache Zählschleife kann man mit dem ..-Operator erzeugen, der eine fortlaufende Reihe von ganzen Zahlen erzeugt:

```
foreach $i (1..10) { ... }
```

Der Name der Laufvariablen, $loop, $wort, $i, ist frei wählbar. Bei jedem Durchgang landet ein Element der Liste in dieser Laufvariablen. In den auszuführenden Befehlen kann dann über $loop auf das gerade herausgegriffene Element zugegriffen werden. Wenn das letzte Element verarbeitet ist, beendet sich die Schleife.

```
foreach $name ( "meier", "schulz", "schmidt" ) {
    print "Name : $name \n"
    }
```

ergibt:

```
Name : meier
Name : schulz
Name : schmidt
```

Ein Miniaturbeispiel, aber man sieht wunderbar, wie nacheinander jedes einzelne Element nach $name wandert.

 Die Laufvariable ist nicht etwa eine Kopie des herausgegriffenen Elements, sondern eine zweite Variable, die auf denselben Inhalt zeigt. Wenn man die Laufvariable verändert, verändert man das Original!

Nehmen wir die Aussage des obigen Hinweises einmal unter die Lupe. Lässt sich das Original wirklich verändern?

```perl
$name = "Meier" ;
$vorname ="Markus" ;
$ort = "Muenchen" ;

foreach $var ( $name, $vorname, $ort) {
    $var = uc $var ;
    }

print "$name \n$vorname \n$ort \n" ;
```

ergibt:

```
MEIER
MARKUS
MUENCHEN
```

Tatsächlich, die ursprünglichen Variablen wurden verändert.

Übrigens ist diese Laufvariable nur von temporärer oder besser gesagt von lokaler Natur. Sie existiert nur lokal innerhalb der foreach-Schleife. Eine andere Variable gleichen Namens, die Sie in Ihrem Skript verwenden, wird von ihr nicht überschrieben.

Häufig wird die foreach-Schleife ohne Laufvariable geschrieben. Das ist erlaubt! In diesem Fall wird die Default-Variable $_ als Laufvariable verwendet.

```perl
foreach ( "meier", "schulz", "schmidt" ) {
    print "$_ \n" ;
    }
```

Ein letzter Hinweis: Es ist sogar möglich, das Schlüsselwort foreach durch for zu ersetzen; Perl weiß aufgrund der Syntax, dass es sich dennoch um eine foreach-Schleife handelt. Was halten Sie davon? Bleiben Sie lieber bei foreach! Sie sollten aber wissen, worum es geht, wenn Sie einmal auf ein als for verkleidetes foreach treffen.

Beispiel: Dateigrößen

Schließen wir wieder mit einem Beispiel ab. Eine Liste der Dateien im aktuellen Verzeichnis mitsamt ihrer Größe soll ausgegeben werden. Hierfür müssen wir zwei Techniken vorwegnehmen:

Verzeichnisse auflisten

Die Dateien eines Verzeichnisses erhält man durch den Glob-Operator <*>. Der sieht leider genauso aus wie der Einleseoperator, hat aber irgendein Muster für Dateinamen zwischen den spitzen Klammern stehen, etwa <*.txt>, </data/db1/*.ora>, <file??.log> etc.

```
$ perl -e 'print <*.pl>'
hoch3.plminirate.plmwst2.pltest_for1.pltest_foreach1.pltest_fore
ach2.plvermoegen.pl
$
```

Na ja, die Formatierung ist noch verbesserungsfähig, auf jeden Fall erkennt man aber die Wirkungsweise des Glob-Operators. Mehr zum Thema File-Globbing gibt es in Kapitel 11.

Die Größe einer Datei

Die Größe einer Datei in Byte liefert uns der Filetest-Operator -s. Um die Größe von /data/ file.log zu bekommen, schreibt man z.B.:

```
$size = -s "/data/file.log" ;
```

Sieht komisch aus, ist aber richtig!

Dateien mit ihrer Größe auflisten

Nun können wir unsere Aufgabe endlich anpacken. Wir erzeugen eine Liste durch <*> und greifen über eine foreach-Schleife auf jedes Element einzeln zu. Mittels -s lassen wir uns die Größe für jede Datei ausgeben.

Listing 5.4: filesize.pl – Größe von Dateien

```
#!/usr/bin/perl
#
# filesize.pl
# Gibt eine Liste der Dateien im aktuellen Verzeichnis
# mitsamt ihrer Groesse aus.

foreach $file ( <*> ) {
   $size = -s $file ;
   print "$file \t $size \n" ;
   }
```

Ist vielleicht etwas kurz geraten, unser Beispiel, gemessen an der ausgiebigen Vorrede; aber so ist eben Perl! Eine optimale Formulierung für jedes Problem. Selbstverständlich ist dies noch nicht das Ende der Fahnenstange. Es geht immer noch etwas kürzer:

```
foreach $file ( <*> ) { print "$file \t" , -s $file , "\n" }
```

Und die Laufvariable $file können wir uns natürlich auch noch sparen. Übrigens arbeiten auch die Filetest-Operatoren mit $_ als Default-Variable.

```
foreach ( <*> ) { print "$_ \t" , -s , "\n" }
```

Verstehen Sie nun, warum böse Zungen Perl nicht als Programmier-, sondern als Geheimsprache bezeichnen? Allerdings ärgern Sie mit solchen Konstruktionen bloß Ihren Chef und Ihre Kollegen bzw. Ihren Nachfolger. Lassen Sie besser die Finger davon!

Alle drei Varianten produzieren folgenden Output:

```
$ filesize.pl
filesize.pl    210
hoch3.pl       170
minirate.pl    86
mwst2.pl       522
```

```
mydir1  1024
mydir2  1024
test_for1.pl      116

test_foreach1.pl        104
test_foreach2.pl        223
vermoegen.pl    649
```

▶ **Manpages:** perldoc perlsyn ... Foreach loops

5.7   Sprungbefehle

last

Manchmal möchten wir vorzeitig aus einer Schleife herausspringen, also noch bevor die vorgesehene Bedingung zum Abbruch führen würde. Ein solcher Sprung wird, wie wir gleich sehen werden, meistens aus ästhetischen Gründen eingebaut, um eine elegantere Schreibweise zu erzielen. Manchmal ist er aber auch wirklich notwendig, wenn beispielsweise innerhalb des Schleifenblocks eine Ausnahmesituation entsteht, wie etwa das Fehlen einer Datei, die Verschiebung eines Wertes unter eine sinnvolle Grenze oder ein Abbruch durch den Benutzer.

Für den Sprung aus einer Schleife heraus besitzt Perl den Befehl last.[3] Der noch unbearbeitete Rest des aktuellen Durchgangs sowie alle ausstehenden Iterationen (Durchgänge) werden übersprungen und das Programm wird beim ersten Befehl nach der Schleife fortgesetzt. Da man die Schleife nur unter ganz bestimmten Bedingungen abbrechen möchte, findet man last praktisch immer in eine if-Anweisung eingebaut.

```
if ( bedingung ) { last }
last if bedingung ;
```

Mithilfe von last in Verbindung mit einer Endlosschleife erzielt man die vielleicht eleganteste Schreibweise für Benutzereingaben. Die Problematik des doppelten Einleseblocks (vor und innerhalb der Schleife) fällt hier weg. Das gilt auch für alle ähnlich gelagerten Fälle: Immer wenn mehrere Befehle sowohl innerhalb der Schleife als auch – um überhaupt erst in die Schleife zu gelangen – vor derselben geschrieben werden müssen, empfiehlt sich eine Endlosschleife mit Abbruch durch last.

Endlosschleifen

Unser Programm zur Berechnung der Mehrwertsteuer sieht bei Verwendung einer Endlosschleife wie folgt aus.

---

3   Vorsicht C- und Shell-Skript-Programmierer: Dort heißt es an dieser Stelle break.

Listing 5.5: mwst3.pl – berechnet die enthaltene Mehrwertsteuer – elegant

```perl
#!/usr/bin/perl -w
#
# mwst3.pl
# Berechnet die in einem Preis enthaltene Mehrwertsteuer.
# Mit while-Schleife. Abbruch durch q. Endlosschleife.

$preis = 0 ;              # Beliebige Initialisierung fuer -w.

while () {
    print "Geben Sie bitte Ihren Preis ein: " ;
    $preis = <STDIN> ; chomp $preis ;

    last if lc($preis) eq "q" ;

    # Preis = Netto + Mwst. (100% + 16% = 116%)
    $netto = sprintf "%.2f", $preis / 1.16 ;
    $mwst  = sprintf "%.2f", $preis / 1.16 * 0.16 ;

    print "\n" ;
    print "Nettopreis: $netto \n" ;
    print "Mehrwertsteuer: $mwst \n\n" ;
    }
```

Besser geht's nicht! Gleich zu Beginn jeder Iteration wird der Benutzer um eine neue Eingabe gebeten. Gibt er q ein, bricht die Schleife ab, ansonsten wird die enthaltene Mehrwertsteuer berechnet. Das ist nicht nur elegant, sondern auch intuitiv.

Wie man bei ineinander geschachtelten Schleifen angibt, aus welcher man eigentlich herausspringen möchte, erfahren wir in Abschnitt 5.8 (Labels).

next

Der zweite Sprungbefehl, den Perl kennt, heißt next.[4] Im Gegensatz zu last wird die Schleife hier nicht verlassen. Gesprungen wird lediglich aus dem *aktuellen* Durchlauf. Perl übergeht die restlichen Befehle der gerade laufenden Iteration und setzt seine Arbeit mit dem nächsten Durchgang fort. Auch next findet man normalerweise wieder in eine if-Anweisung integriert.

```perl
if ( bedingung ) { next }
next if bedingung ;
```

Der Befehl next wird ausschließlich aus optischen Gründen eingesetzt. Er könnte immer auch durch eine if-else-Anweisung ersetzt werden, wirkt innerhalb von Schleifen aber häufig eleganter als diese.

---

4   Vorsicht C- und Shell-Skript-Programmierer: Dort heißt es an dieser Stelle continue.

Werfen wir noch einmal einen Blick auf unser Skript zur Ausgabe aller Dateinamen mitsamt ihrer Größe (Listing 5.4). Ist Ihnen aufgefallen, dass wir auch Verzeichnisse auflisten? Das macht wenig Sinn. Über next können wir Verzeichnisse auf einfache Weise übergehen. Den Test auf ein Verzeichnis führt man mithilfe des Operators -d durch.

```
next if -d $file ;        # Naechster Durchgang wenn Verzeichnis
```

Und so sieht unser verbessertes Skript aus:

Listing 5.6: filesize2.pl – Größe von Dateien (ohne Verzeichnisse)

```
#!/usr/bin/perl
#
# filesize2.pl
# Gibt eine Liste der Dateien im aktuellen Verzeichnis
# mitsamt ihrer Groesse aus. Ueberspringt Verzeichnisse.

foreach $file ( <*> ) {
    next if -d $file ;
    $size = -s $file ;
    print "$file \t $size \n" ;
    }
```

Ausführung:

```
$ filesize2.pl
filesize.pl        210
filesize2.pl       234
hoch3.pl           170
minirate.pl        86
mwst2.pl           522
mwst3.pl           649
test_for1.pl       116
test_foreach1.pl        104
test_foreach2.pl        223
test_foreach3.pl        192
vermoegen.pl       649
```

continue

Relativ selten zu sehen, aber syntaktisch möglich ist das Anfügen eines continue-Blocks an eine Schleife.

```
while ( bedingung ) {
    befehle ;
    }
```

```
continue {
    befehle ;
}
```

Die Befehle innerhalb des continue-Blocks werden in jedem Durchgang nach den Befehlen des eigentlichen Schleifenblocks ausgeführt, verhalten sich also normalerweise so, als befänden sie sich innerhalb der Schleife. Mit einer Ausnahme: Wenn mit dem next-Kommando der Rest einer Iteration übersprungen wird, übergeht Perl nur die noch ausstehenden Befehle des eigentlichen Schleifenblocks. Diejenigen des continue-Blocks werden ausgeführt. Dort fährt Perl also mit der Abarbeitung fort – daher der Name.

redo

Mit redo schicken Sie Perl zurück an den Anfang der *aktuellen* Iteration. Alles, was im bisherigen Durchgang geschehen ist, wird noch einmal durchgeführt. Seien Sie also vorsichtig, da ist schnell eine ungewollte Endlosschleife konstruiert. Auch redo kann immer auch durch andere Anweisungen ersetzt werden (if, if-else).

```
if ( bedingung ) { redo }
redo if bedingung ;
```

redo wird eher selten verwendet. Sie können es beispielsweise benutzen, um einen Benutzer in einer Eingabeschleife zu *fesseln*, bis die eingegebenen Daten – etwa ein Name oder ein Alter – das richtige Format besitzen.

 Die Sprungbefehle last, next und redo funktionieren nur bei echten Schleifen, also while, until, for und foreach, nicht aber bei Konstruktionen mit do (und auch nicht bei if). Sie funktionieren jedoch wieder innerhalb ganz normaler Blöcke (einfach mehrere Befehle, die durch { } begrenzt sind).

exit

Mit exit springen Sie aus dem gesamten Skript heraus, nicht nur aus einer Schleife. Alle weiteren Befehle werden ausgelassen, das Programm wird beendet.

Genau genommen werden noch die Befehle eines eventuell vorhandenen END-Blocks ausgeführt, doch damit befassen wir uns erst in Kapitel 13.

exit akzeptiert eine ganze Zahl zwischen 0 und 255 als Argument. Mit diesem Parameter können Sie signalisieren, in welchem Zustand Ihr Skript verlassen wurde. Üblicherweise – den UNIX-Konventionen folgend – bedeutet eine Null, dass alles in Ordnung ist, alle anderen Zahlen, dass es Probleme gab. Was genau eine 1, 2 etc. anzeigt, bleibt Ihnen überlassen.

```
#!/usr/bin/perl
# script1.pl
.....
exit 5 ;
```

Den Wert, den Sie exit übergeben, erhält ein anderes Programm, von dem aus Ihr Skript aufgerufen wurde, als Rückgabewert. Anhand dieses Wertes könnte dann getestet werden, ob Ihr Skript einwandfrei gelaufen ist.

Wurde Ihr Perl-Programm von einem UNIX-Shell-Skript aus gestartet, finden Sie den Exit-Status dort anschließend in der Variablen $?. Unter Windows steckt sie in %errorlevel%

```
$ script1.pl
$ echo $?
5
```

▶ **Manpages:** perldoc perlsyn ... Loop control

5.8 Labels

Sprünge aus geschachtelten Schleifen

Unter einem Label versteht man die Kennzeichnung einer Stelle im Code. Sie kann anschließend von einem Sprungbefehl als Ziel verwendet werden. Labels werden benötigt, wenn das Ziel der Kommandos last, next und redo nicht eindeutig feststeht, weil mehrere Schleifen oder Blöcke ineinander geschachtelt sind. In solchen Fällen muss geklärt werden, ob sich der Sprung auf die innerste oder eine äußere Schleife bezieht.

Labels dürfen zwar beliebig benannt werden, man schreibt sie aber gewöhnlich in Großbuchstaben, um eine Verwechslung mit Perls Schlüsselwörtern zu vermeiden. Sie stehen – durch einen Doppelpunkt getrennt – direkt vor der anvisierten Schleife.

```
LABEL: while (...) {...}
```

oder

```
LABEL:
while (...) {...}
```

Um aus einer gekennzeichneten Schleife zu springen, schreibt man

```
last Label ;
```

Ohne die Angabe eines Labels beziehen sich die Sprungbefehle immer auf die innerste Schleife.

```
L1:
while ( $eingabe ne "q" ) {
   L2:
   foreach $file ( <*> ) {
      .....
      next L2 if bedingung ;     # A
      last L2 if bedingung ;     # B
      .....
```

```
    next L1 if bedingung ;    # C
    last L1 if bedingung ;    # D
    .....
    .....   # <- hier landet A (letzte Zeile innere Schleife)
    }
    .....   # <- hier landet B (nach der inneren Schleife)
    .....
    .....   # <- hier landet C (letzte Zeile aeussere Schleife)
    }
    .....   # <- hier landet D (nach der aeusseren Schleife)
```

Simulation von switch- oder case-Anweisungen

Die Sprungbefehle funktionieren auch bei Blöcken, die nichts mit Schleifen zu tun haben. Dadurch ergibt sich die Möglichkeit, einen case-Befehl nachzuahmen, wie ihn die meisten anderen Programmiersprachen anbieten.

```
SWITCH: {
    $group = 0 , last SWITCH if $user eq "root" ;
    $group = 1 , last SWITCH if $user eq "chef" ;
    $group = 2 , last SWITCH if $user eq "tina" ;
    $gruop = 3 ;
    }
```

Der goto-Befehl

Wenn Sie unbedingt darauf bestehen, können Sie über den goto-Befehl zu einer beliebigen Stelle im Code springen, wenn Sie diese Stelle über ein Label markieren.

```
LABEL:
befehl ;
    .....
    .....
goto LABEL if bedingung ;
```

Tun Sie das besser nicht! Verwenden Sie kein goto! Alle werden über Sie lachen, man wird Sie verschmähen und meiden. Sie werden Ihre Freunde verlieren. In der Welt des Programmierens gilt goto als Todsünde, weil es jegliche Struktur aufhebt und die Fehlersuche enorm verkompliziert. :-(

▶ **Manpages:** perldoc perlsyn (verstreut)

Exkurs: Dateien einlesen

Bisher konnten unsere Skripte ihre Daten ausschließlich über die Tastatur einlesen. In der Praxis interessiert man sich aber vor allem für *Dateien* als Datenquelle. Mit Schleifen verfügen wir nun über die Grundvoraussetzung dafür, Dateien Zeile für Zeile einlesen zu können.

Die Details zum Umgang mit Dateien werden wir erst am 10. Tag im Kapitel über Ein- und Ausgaben besprechen. Heute geht es uns einfach darum, die Technik des Dateizugriffs an sich kennen zu lernen, um unsere Skripte mit Daten von der Festplatte versorgen zu können.

Perl bietet uns zwei unterschiedliche Möglichkeiten an, Dateien einzulesen. Bei der ersten Technik legen wir den Namen der Datei im Skript fest. Die zweite ist flexibler und erlaubt es dem Benutzer, die Datei als Argument auf der Kommandozeile anzugeben. Sehen wir uns beide Herangehensweisen einmal an.

open und <FH>

Wenn wir Daten aus einer festgelegten Datei einlesen möchten, müssen wir Perl über den open-Befehl auffordern, diese Datei zu öffnen.

```
open (FH, "dateiname") ;
```

Das zweite Argument ist einfach der Name der zu öffnenden Datei. Das erste Argument wird als *Filehandle* bezeichnet. Es stellt eine Art Alias, eine Abkürzung für den eigentlichen Dateinamen dar. Bei allen nachfolgenden Operationen, die mit der geöffneten Datei zu tun haben, werden wir dieses Filehandle angeben. Sein Name darf frei gewählt werden, es ist aber üblich, nur Großbuchstaben zu verwenden, um Verwechslungen mit Perl-Schlüsselwörtern zu vermeiden. In der Regel benutzt man Kürzel wie FH, IN, FILE1, CONFIG etc.

Nachdem die Datei geöffnet ist, können wir aus ihr lesen. Hierzu verwenden wir den altbekannten Einleseoperator <>, allerdings nicht mit STDIN zwischen den spitzen Klammern, sondern dem gerade besprochenen Filehandle.

```
$line = <FH> ;
```

Jeder Aufruf des Einleseoperators führt dazu, dass genau eine Zeile eingelesen wird. Um mehrere, oder besser gesagt, alle Zeilen einer Datei zu erhalten, verwenden wir eine Schleife.

```
while ( $line = <FH> ) {
    befehle ;
    .....
    }
```

Wie bereits in Zusammenhang mit der while-Schleife erwähnt, kann der Rückgabewert des Einleseoperators direkt als Abbruchbedingung eingesetzt werden. Wenn <...> an das Ende einer Datei gelangt, gibt er undef (falsch) zurück, ansonsten die eingelesenen Daten (wahr). Etwas intuitiver wäre vielleicht folgende Formulierung, in der das Dateiende mittels eof()(end of file) explizit abgeprüft wird.

```
while ( ! eof (FH) ) {
    $line = <FH> ;
    befehle ;
    .....
    }
```

Geht auch, sieht man aber selten, da es aufwendiger zu schreiben ist und Perl einen zusätzlichen Befehl pro Durchlauf abzuarbeiten hat. Ist der Einlesevorgang beendet, wird die Datei durch `close()` geschlossen.

```
close FH ;
```

Hier der gesamte Ablauf noch einmal kompakt in einem Beispiel, das die eingelesenen Zeilen einfach großgeschrieben wieder ausgibt.

```
open FH, "/var/log/file.log" ;

while ( $line = <FH> ) {
    print uc( $line ) ;
    }


close FH ;
```

Pfade in Dateinamen können in der für das Betriebssystem typischen Syntax geschrieben werden (`/dir/dir/file` (UNIX), `c:\dir\dir\file` (Windows), `vol:dir:dir:file` (MacOS)). Man darf sie aber auch für alle Betriebssysteme generell in der UNIX-Schreibweise (`/dir/dir/file`) formulieren, falls keine Partitionsgrenzen überschritten werden.

Der Diamant-Operator

Perl verfügt über eine zweite Technik zum Einlesen von Dateien. Hierbei wird der Dateiname nicht im Skript festgelegt, sondern erst beim Aufruf als Argument angegeben.

```
$ myscript.pl data.txt
```

Das Öffnen und Schließen der Datei erledigt Perl für uns, wir benötigen weder `open()` noch `close()`. Um aus der angegebenen Datei eine Zeile zu lesen, schreibt man

```
$line = <> ;
```

Zwischen den spitzen Klammern steht also überhaupt nichts. `<>` wird wegen seiner Form Rombus- oder Diamant-Operator genannt. Um alle Zeilen einer Datei zu erhalten, legen wir wieder eine Schleife um den Einlesebefehl. Unser Skriptfragment von oben sieht bei der Verwendung des Diamant-Operators dann folgendermaßen aus.

```
while ( $line = <> ) {
    print uc ( $line ) ;
    }
```

Das ist sehr viel einfacher zu schreiben als die explizite Form. Allerdings hat nun der Benutzer beim Aufruf etwas mehr Arbeit. Andererseits ist die zweite Methode flexibler, da sie mit unterschiedlichen Dateien arbeiten kann.

Übrigens dürfen Sie auch mehrere Dateien auf der Befehlszeile angeben. Perl öffnet dann eine nach der anderen und liest sie jeweils komplett ein, gerade so, als handle es sich um eine einzige große Datei. Komfortabel, nicht wahr?

Wenn Sie beim Aufruf vergessen, eine Datei anzugeben, erwartet Perl die Eingabe von der Tastatur. Deshalb »hängt« das Programm. Wenn es sich um ein Versehen handelt, müssen Sie Ihr Skript an dieser Stelle abbrechen. Andererseits können Sie dieses Feature wunderbar zu Testzwecken verwenden. Sie simulieren eine kleine Datei einfach durch die manuelle Eingabe einer Zeile.

Und beim Mac? Wie soll man da Dateien auf der Befehlszeile übergeben, wo hier doch nur geklickt und gezogen wird?

Um auf einem Macintosh eine Datei beim Aufruf Ihres Skripts zu übergeben, ziehen Sie das Icon der Datei auf das Icon des Skripts. Allerdings muss das Skript darauf vorbereitet werden, indem es als Droplet gespeichert wird (SPEICHERN ALS ... TYPE: DROPLET).

Beispiel: Statistik

Wenden wir unser neu erworbenes Wissen nun im Rahmen eines kleinen Statistikprogramms an, das für eine eingelesene Datenreihe Mittelwert, Minimum und Maximum berechnet. Folgende Werte sollen die monatlichen Verkaufszahlen eines Produkts im Laufe eines Jahres darstellen. Die Werte seien in einer Datei `verkauf1.dat` gespeichert.

```
Verkaufszahlen
--------------
276
234
325
356
389
367
363
412
356
314
296
321
```

Unser Statistik-Skript:

Listing 5.7: statistik1.pl – **Mittelwert, Minimum und Maximum einer Datenreihe**

```
#!/usr/bin/perl
#
# statistik1.pl
# Mittelwert, Minimum und Maximum einer Datenreihe

$file = "verkauf1.dat" ;
```

```
$summe = 0 ; $count = 0 ;
$max = 0 ; $min = 9999999 ;                  # Geeigneter Startwert

open "IN", $file ;
<IN> ; <IN> ;                   # Zeile 1 und 2 wegwerfen.

while ( $zahl = <IN> ) {
    chomp $zahl ;
    $summe += $zahl ;                        # Alles zusammenzaehlen
    $max = $zahl > $max ? $zahl : $max ;     # Maximum
    $min = $zahl < $min ? $zahl : $min ;     # Minimum
    $count ++ ;                              # Zaehler mitfuehren
}

$mittel = int ( $summe / $count ) ;          # Mittelwert

print "
Mittelwert: $mittel
Minimum:    $min
Maximum:    $max \n\n" ;

close IN ;
```

Und so sieht es aus, wenn wir unser Skript ausführen:

$ statistik1.pl

```
Mittelwert: 334
Minimum:    234
Maximum:    412
```

▶ **Manpages:** perldoc perlop ... I/O-Operators ; perldoc perlopentut

5.9   Zusammenfassung

while-Schleife

■   while (*bedingung*) { *befehle* }
     Wiederholt die Befehle, *solange* die Bedingung wahr ist.

■   Benutzereingaben:
     while ($eingabe ne "q") {*befehle* ... ; $eingabe=<STDIN>}

- `while ($line=<STDIN>) {....}`
  Einlesen bis Abbruch durch `Strg` `D`
- `while (bedingung) {befehle ... ; sleep 90}`
  Warteschleife
- `while () {...} ; while (1) {...}`
  Endlosschleifen

until-Schleife

- `until ( bedingung ) { befehle }`
- Wiederholt die Befehle, *bis* die Bedingung wahr ist.

Statement Modifier

- Elegante Schreibweise, aber auf *einen* Befehl beschränkt.
- `befehl while bedingung;`
- `befehl until bedingung;`

Post-Checking mit do

- Bedingung erst *nach* Ausführung prüfen.
- `do { befehle } while bedingung ;`
- `do { befehle } until bedingung ;`

for-Schleife

- `for ( initialisierung ; bedingung ; inkrement ) { befehle ... }`
- Durchläuft meistens einen Zahlenbereich von einem Start- bis zu einem Zielwert. Erzeugt dadurch eine festgelegte Anzahl von Iterationen.
- Der erste Teil der Steuerung wird ein einziges Mal ausgeführt, bevor die Schleife anläuft, der zweite Teil wird *vor* jedem Durchgang geprüft, der dritte *nach* jeder Iteration ausgeführt.
- Jeder Teil darf aus mehreren Befehlen bestehen, die durch Kommata getrennt werden. Jeder Teil darf aber auch leer bleiben.

foreach-Schleife

- `foreach $loop ( ` *liste* ` ) { ` *befehle* ` }`
- Durchläuft die angegebene Liste. Die Elemente der Liste wandern nach und nach in die Laufvariable `$loop`.
- `$loop` ist ein Verweis auf die Originalvariable, keine Kopie. Das Original kann daher verändert werden.
- Wird `$loop` weggelassen, wandern die Elemente sukzessive nach `$_`.

Verzeichnisse

- Verzeichnisse kann man über den Fileglob-Operator `<*>` auslesen. Zwischen den spitzen Klammern darf ein Muster für Dateinamen enthalten sein.

Sprungbefehle

- `last if ` *bedingung* Springt aus der Schleife heraus.
- `next if ` *bedingung* Springt an das Ende der aktuellen Iteration.
- `continue {...}` Existiert ein `continue`-Block, springt `next` in diesen.
- `redo if ` *bedingung* Springt an den Anfang der aktuellen Iteration zurück.
- Nur aus echten Schleifen kann man springen, nicht aus do-Blöcken.
- `exit ` *zahl* Beendet das Skript und gibt *zahl* zurück.

Labels

- `LABEL: ...` Markierung einer Zeile oder einer Schleife.
- `last LABEL;` Sprünge aus äußeren, gekennzeichneten Schleifen.

Dateien einlesen

- `open FH, "` *dateiname* `";` Öffnet Datei und weist ihr einen Filehandle zu.
- `$line = <FH>;` Liest eine Zeile aus der Datei.
- `close FH ;` Schließt die Datei wieder.
- `while ( $line = <FH> ) { ... }` Komplette Datei einlesen.
- `while ( $line = <> ) { ... }` Auf der Befehlszeile übergebene Dateien einlesen. Erspart das explizite Öffnen und Schließen.

5.10   Workshop

Fragen und Antworten

F   *Übertreibt es Perl nicht ein wenig mit den vielen verschiedenen Schleifentypen? Ich habe den Eindruck, dass man beinahe mit jeder einzelnen alle anderen nachbilden kann.*

   A   Ja, das mag sein. Andererseits ist es gerade eine Grundidee von Perl, dass wir beim Schreiben eines Skripts unser Denken nicht an die vorhandenen Konstruktionen anpassen müssen. Vielmehr soll für jede gängige Denkweise ein entsprechendes Konstrukt zur Verfügung stehen. while und until zeigen das am deutlichsten. Wenn ich auf natürliche Art denke: »so lange wie«, benutze ich while, denke ich »so lange bis«, wähle ich until. Technisch gesehen würde es *ein* Typ auch tun.

F   *Sie haben gezeigt, dass die Laufvariable bei foreach nur innerhalb der Schleife gültig ist und danach wieder verschwindet. Ist das bei allen Schleifen so, insbesondere bei for?*

   A   Oh, nein! Das ist *ausschließlich* bei foreach der Fall. Wenn Sie in der Steuerung einer for-Schleife die Variable $i von 1 bis 10 hoch zählen, oder innerhalb einer while-Schleife, so ist dieses $i überall im Skript sichtbar. Wenn Sie nach der Schleife auf $i zugreifen, hat es den Wert 10 oder 11.

F   *Sie sprachen davon, dass in einer foreach-Schleife die Laufvariable keine Kopie des ausgewählten Werts ist, sondern eine Art Zeiger, so dass man die Originale verändern kann. Wie kann ich mir die Sache denn bildlich vorstellen?*

   A   Sehen Sie, Perl führt eine Tabelle aller gerade verwendeten Variablen. Dort ist für jede Variable eingetragen, wie sie heißt und an welcher Stelle ihr Inhalt im Memory gespeichert ist. Beim Eintritt in eine foreach-Schleife legt Perl die Laufvariable neu an, sagen wir $loop. Es sieht beim ersten Element der Liste nach, wo dessen Inhalt gespeichert ist, und trägt genau diese Adresse auch bei $loop ein. Wenn wir nun auf $loop zugreifen, erwischen wir den Inhalt des ersten Elements. Das Gleiche passiert dann für das zweite Element usw.

F   *Einerseits behaupten Sie, Sprünge funktionierten nicht mit der Pseudo-Schleife do; andererseits sagen Sie, jede Zeile könne über ein Label für einen Sprung markiert werden. Was denn nun?*

   A   Der Sprung aus einer Schleife *heraus* geht wirklich nur mit while, until etc. Wenn Sie aus do *heraus* springen wollen, denkt sich Perl, »ich bin doch überhaupt nirgends drinnen«, und weigert sich. Die Sache mit dem Labeln eines *Befehls* ist etwas anderes. Da geht es darum, *wohin* man springt. Sie können gerne eine do-Schleife labeln und per goto dorthin springen, aber mit last kommen Sie halt nicht heraus.

F *Kann man Statement Modifier für* if *und für* while *kombinieren?*

befehl if bedingung while bedingung ;?

A Nein, funktioniert nicht. Entweder man verwendet eine do-Konstruktion oder man arbeitet mit Short Circuit:

do { befehl if bedingung } while bedingung;
bedingung && befehl while bedingung

Quiz

1. Was ist der Vorteil einer Endlosschleife mit last gegenüber einer normalen while-Schleife, wenn es darum geht, Benutzereingaben einzulesen?

2. Wie formuliert man eine Endlosschleife?

3. Nehmen wir an, Sie möchten von der Tastatur eingelesene Zeilen nicht mit chomp() bearbeiten, weil Sie das abschließende *Newline* später noch gut gebrauchen können. Der Benutzer soll quit eingeben, um die Eingabe zu beenden. Wie muss dann Ihre Abbruchbedingung in while aussehen?

4. Auf welchem Wert steht $i, nachdem folgende Schleife durchlaufen wurde?

for ($i=0; $i<=5 ; $i++) { ... }

5. Was tut folgende Zeile?

foreach (<*>) {print lc(), "\n" }

6. Schreiben Sie einen Perl-Einzeiler, der eine komplette Datei einliest und auf dem Bildschirm ausgibt. Der Dateiname soll auf der Befehlszeile übergeben werden.

Übungen

1. Schreiben Sie ein Spiel, bei dem sich Ihr Skript eine ganze Zahl zwischen Null und einem festgesetzten Maximum ausdenkt. Der Benutzer muss die Zahl raten. Er wird immer wieder zur Eingabe aufgefordert und jedes Mal darüber informiert, ob die eingegebene Zahl zu niedrig oder zu hoch war, damit er sich langsam herantasten kann.

2. Durchsuchen Sie eine oder mehrere vom Benutzer gewünschte Dateien auf eine bestimmte Zeichenfolge hin und geben Sie alle Zeilen aus, die den Suchstring enthalten. Die Dateien sollen auf der Befehlszeile übergeben werden, die Zeichenfolge wird per Tastatur abgefragt (<STDIN>). Verwenden Sie zum Einlesen den Rombus-Operator <> und zur Suche die Funktion index().

3. Verbessern Sie Ihr Programm, indem Sie den Namen der Datei mit ausgeben, in der eine Zeile gefunden wurde (z.B. datei:zeile). Die aktuelle von <> geöffnete Datei steht in der Spezialvariablen $ARGV.

4. Schreiben Sie ein Statistikprogramm, das Dateien von der gleichen Form wie verkauf1.dat aus Listing 5.7 auswertet (zwei Titel- und zwölf Datenzeilen). Die auszuwertende Datei soll auf der Kommandozeile übergeben werden. Berechnen Sie die Summe der Verkaufszahlen für die vier Quartale. Das Skript soll also vier Werte ausgeben. Verwenden Sie hierzu am besten zwei ineinander geschachtelte for-Schleifen: eine für die Quartale und eine für die drei Monate des jeweiligen Quartals. Sie finden verkauf1.dat auf der beigefügten CD.

Tag
6

Listen und Arrays

Heute beschäftigen wir uns mit dem zweiten der drei Variablentypen in Perl. *Arrays* – auch Feldvariablen genannt – sind Variablen, die nicht nur einen einzigen, sondern gleich eine ganze Liste von Werten speichern können. Alle Werte dieser Liste sind dann unter dem gleichen Variablennamen, z.B. @arr, ansprechbar. Um ein bestimmtes Element von den anderen unterscheiden zu können, werden die gespeicherten Werte durchnummeriert. Über diese Nummer, den so genannten *Index*, greift man auf das jeweilige Element zu: $arr[3].

Arrays sind allgegenwärtig in der Programmierung, da sie es erlauben, große Datenmengen effektiv zu bearbeiten. Durch die Einführung von Schleifen war es uns zum ersten Mal möglich, ganze Datenreihen einzulesen und zu bearbeiten. Die Möglichkeit, solche Datenreihen zu speichern, fehlte uns bisher jedoch. Wenn wir die gleichen Daten zweimal durchlaufen mussten, z.B. um zunächst den Mittelwert zu bestimmen und anschließend die prozentualen Abweichungen vom Mittelwert, mussten wir sie auch zweimal einlesen. Bisher konnten wir ja bisher nur einzelne Werte in Variablen speichern.

In diesem Kapitel lernen Sie, wie Arrays aufgebaut sind, wie man mit ihnen umgeht und wie man sie verändert. Mit ausgefeilteren Techniken wie dem Durchsuchen oder Sortieren von Arrays befassen wir uns dann im nächsten Kapitel. Im Einzelnen geht es heute um folgende Themen.

- Was versteht Perl unter einer Liste?

- Was ist genau ein Array?

- Wie initialisiert man ein Array?

- Wie greift man auf einzelne Elemente zu, das erste, das letzte?

- Wie ermittelt man die Länge eines Arrays?

- Wie bearbeitet man alle Elemente eines Arrays?

- Was hat es mit dem Array-Kontext auf sich?

- Wie entfernt man Elemente, wie fügt man welche hinzu?

- Wie arbeitet man mit Array-Slices?

- Mehrdimensionale Arrays

- Die Kommandozeile und das Array @ARGV

6.1 Listen

Arrays sind Variablen, die eine ganze Liste von Werten aufnehmen können. Bei der Initialisierung kann man dies deutlich erkennen.

```
@array = ( 12, 45, 6, 4, 56 ) ;
```

Auf der linken Seite sehen wir die Array-Variable, auf der rechten Seite die Liste, die gespeichert werden soll. Werfen wir zunächst einen Blick auf die rechte Seite. Was ist eigentlich genau eine Liste? Was darf sie alles enthalten und was kann man alles mit ihr anstellen? Wie wir gleich sehen werden, handelt es sich bei Listen um ein eigenes Konstrukt, das auch unabhängig von Arrays raffiniert eingesetzt werden kann.

■ Eine Liste ist eine Reihe einfacher skalarer Werte, die in einer bestimmten Reihenfolge angeordnet ist.

Ein ganz wichtiger Punkt: Die Reihenfolge wird beachtet. Es handelt sich nicht einfach um eine *Menge* von Daten, sondern um eine geordnete Reihe. Daraus lässt sich Kapital schlagen!

■ Listen werden in runden Klammern geschrieben, die einzelnen Elemente durch Kommata getrennt.

```
( 1, 4, 9, 16, 25 )                    # Liste von Zahlen

( 'meier', 'mueller', 'schmidt' )      # Liste von Zeichenketten
```

Das Komma hat also zwei verschiedene Bedeutungen: Es trennt Listenelemente voneinander oder aber Befehle.

■ Listen dürfen heterogen sein, sie dürfen gleichzeitig unterschiedliche Datentypen enthalten.

```
( 15, "meier", 2.456, "Tel: 232478" )
```

■ Listen dürfen auch Variablen oder Perl-Ausdrücke enthalten.

```
( 15, $y, $x+$y, 'meier', length($name) )
```

Perl wertet die Ausdrücke in dem Moment aus, in dem die Liste verwendet wird, also z.B. einem Array zugewiesen wird.

■ Listen dürfen auch auf der linken Seite des Gleichheitszeichens stehen.

Dieser Punkt macht die Liste zu einem eigenständigen Konstrukt, das auch ohne Arrays einsetzbar ist. Das hilft uns, eine Menge Schreibarbeit zu sparen.

```
( $x, $y, $z ) = ( 2, 45, 13 ) ;
```

Eine Zeile geschrieben statt drei! Da bei Listen auf die Reihenfolge geachtet wird, erhält $x garantiert die 2, $y die 45 und $z die 13. Und was passiert hier?

```
( $x, $y ) = ($y, $x ) ;
```

$x und $y werden vertauscht, in einer einzigen Anweisung. Wenn Perl nicht Ihre erste Programmiersprache ist, wissen Sie, dass uns dies einen Dreizeiler erspart:

```
$v = $x ;
$x = $y ;
$y = $v ;
```

Und noch besser: Funktionen, die uns mehrere Daten liefern, können direkt in einer Liste von Variablen gespeichert werden. Solche Funktionen haben wir bisher ausgespart, weil wir noch nicht mit ihnen umgehen konnten, deshalb muss ich für ein Beispiel kurz vorgreifen. Die Funktion split() trennt eine Zeichenkette in einzelne Wörter auf und liefert diese als Liste zurück. Um sie aufzufangen, können wir sie direkt einer Liste von Variablen zuweisen.

```
$string = '24 Dez 2002' ;
($tag, $monat, $jahr) = split ( " ", $string ) ;
print "$monat \n" ;
```

Der erste Parameter von split() gibt das Trennzeichen an, anhand dessen aufgesplittet werden soll. Ausgabe:

```
Dez
```

Um die Uhrzeit aufzusplitten:

```
$string = "13:25:01" ;
($stunde, $minute, $sekunde) = split ":", $string ;
print "$minute \n" ;
```

Ausgabe:

```
25
```

Traumhaft, was? Möglich macht das nicht nur die Zauberfunktion split(), sondern auch die Eigenart von Listen, links vom Gleichheitszeichen stehen zu dürfen.

Das Wichtigste über Listen ist eigentlich gesagt. Vielleicht noch einige Besonderheiten:

- Unbesetzte Werte (»Löcher«) können durch undef gekennzeichnet werden.

  ```
  ( $a, $b, $c, $d ) = ( 15, "meier", undef, 26 )
  ```

- Eine Liste ohne Werte wird als leere Liste bezeichnet.

  ```
  ()      # leer
  ```

- Eine leere Liste wird im booleschen Kontext als *falsch* interpretiert, ansonsten sind Listen immer *wahr*.

  ```
  if ( () ) { ... }   # -> falsch
  ```

Das macht hier noch nicht viel Sinn, da wir ja sehen, dass sie leer ist. Wenn wir jedoch zu Arrays kommen und diesen über bestimmte Funktionen ihre Werte zuweisen, weiß man nicht mehr im Voraus, ob sie wirklich etwas enthalten.

- Hat eine Liste zu wenige Variablen, um alle zugewiesenen Werte aufzunehmen, bleiben die überzähligen Werte unberücksichtigt. Hat sie hingegen zu viele Variablen, erhalten die überzähligen Variablen keine Werte.

  ```
  ( $x, $y, $z ) = ( 1, 2, 3, 4 ) ;     # Die 4 wird verworfen.
  ( $x, $y, $z ) = ( 1, 2 ) ;           # $z bleibt leer.
  ```

- Listen von Zeichenketten, die keine Leer- oder Sonderzeichen enthalten, können mithilfe des qw()-Operators geschrieben werden (*quoted words*). Er wirkt genauso wie Single-Quotes um jedes Wort. Die Werte werden hier durch Leerzeichen getrennt.

  ```
  # statt ( 'meier', 'mueller', 'schmidt' ):
  qw( meier mueller schmidt )

  # statt ( 'jan', 'feb', 'mar', ... )
  qw( jan feb mar apr mai jun jul aug sep okt nov dez )
  ```

Besonders am letzten Beispiel sieht man, wie viel Schreibarbeit man sich durch die Verwendung des qw-Operators sparen kann. Er ist deshalb sehr beliebt und häufig zu sehen.

> Der qw-Operator legt *einfache* Anführungszeichen um die Elemente der Liste, keine doppelten! Es werden daher keine Variablen aufgelöst.

- Flache Listen: Listen innerhalb von Listen führen nicht etwa zu mehrdimensionalen Strukturen, sondern bleiben flach. Die Elemente der inneren Liste werden nahtlos in die äußere integriert.

    ```
    ( "a", "b", (1,2,3), "c" )    # entspricht:
    ( "a", "b", 1, 2, 3, "c" )
    ```

- Nicht besetzte Stellen (zwei Kommas hintereinander) werden zusammengezogen. Will man sie erhalten, muss man sie mit undef belegen.

    ```
    ( $x, $y, $z ) = ( 1,,2 ) ;     # $y erhaelt die 2 ! wie (1,2)
    ( $x, $y, $z ) = ( 1,undef,2 ) ; # $z erhaelt die 2 !
    ```

- Fortlaufende Listen von ganzen Zahlen oder Buchstaben können mithilfe des Bereichsoperators .. geschrieben werden.

    ```
    ( 3 .. 7 )              # wie ( 3, 4, 5, 6, 7 )
    ( a .. z )              # wie (a, b, c, ... )
    ```

- Listen mit Wiederholungen des gleichen Werts kann man über den Wiederholungsoperator erzeugen.

    ```
    ($a,$b,$c,$d) = ('off') x 4 ;     # ('off','off','off','off')
    ```

Tja. Mehr fällt mir zu Listen nicht ein. Sie sollten sich diese Dinge gut einprägen – lesen Sie sich die markierten Punkte ruhig noch einmal durch. Denn Listen bilden das Futter für Arrays und Arrays werden uns von nun an nie wieder loslassen. ;-)

▶ **Manpages:** perldoc perldata ... List value constructors

6.2 Arrays

Arrays sind, wie schon mehrfach erwähnt, Variablen zum Speichern von Listen. Unter einem einzigen Namen sind alle Werte der Liste ansprechbar. Die gespeicherte Liste wird durchnummeriert, so dass über die entsprechende Nummer – den *Index* – einzeln auf ein gewünschtes Element zugegriffen werden kann.

Indizes →	0	1	2	3	4
Elemente →	"meier"	"mueller"	"schulz"	145	23.76

Abbildung 6.1: Aufbau eines Arrays

■ Array-Variablen wird ein @ vorangestellt, um sie von Skalaren und Hashes unterscheiden zu können.

```
@arr  @monat  @daten  @users
```

■ Der Name der Variablen darf wieder bis zu 255 Zeichen lang werden und aus den Zeichen `a-zA-Z0-9_` bestehen, wobei das erste Zeichen keine Zahl sein darf. Umlaute und ß sind keine zulässigen Buchstaben für Variablennamen.

```
@monat01  @monat_jan  @Monats_Log_03
```

■ Arrays besitzen ebenso wie skalare Variablen und Hashes einen eigenen Namensraum (namespace). Damit ist gemeint, dass Perl zwischen einem Skalar `$ort` und einem Array `@ort` unterscheidet – eben durch das Präfix. Die beiden Variablen werden nicht vermischt oder verwechselt.

6.3   Deklaration und Initialisierung

Arrays müssen ebenso wenig deklariert werden wie skalare Variablen. Bei ihrem ersten Auftauchen im Skript legt Perl die neue Variable an.

Das Initialisieren eines Arrays, also die Belegung mit Anfangswerten, ist optional. Wenn wir uns nicht darum kümmern, belegt Perl das neue Array vorsorglich mit einer leeren Liste. Anderseits ist es guter Stil, am Anfang eines Skripts alle Variablen – also auch Arrays – mit Startwerten zu versehen, um auf einen Blick erkennen zu können, mit welchen Daten das Programm arbeitet. Außerdem erfordert natürlich häufig die gestellte Aufgabe das Initialisieren von Arrays.

Die Initialisierung erfolgt dadurch, dass man dem Array eine Liste von Werten zuweist. Was da alles auf der rechten Seite des Gleichheitszeichens stehen darf, haben wir ja im letzten Abschnitt gesehen.

```
@arr = ( 1, 2, 3, 4 ) ;
@xyz = ( 1, "a", 3, "b" ) ;
@holes = (1, 5, undef, 13, 267, undef, 9 ) ;
@users = ( "meier", "mueller", "schulz" ) ;
@monat = qw( jan feb mar apr mai jun jul aug sept okt nov dez );
@fehler = ( "Datei wurde nicht gefunden.", "Division durch 0.",
            "Berechtigung fehlt.", ..... ) ;
@liste = ( 1 .. 10 ) ;
@results = () ;
@schalter = ("off") x 7 ;
```

■ Arrays wachsen dynamisch.

Es ist egal, ob Sie einem Array 5 oder 5 Millionen Elemente zuweisen. Das klappt immer, solange Sie über genügend Arbeitsspeicher verfügen. Ohne Vorankündigung oder Reservierung. Perl belegt nicht etwa unnötig viel Speicherplatz aus lauter Angst, Sie könnten eine große Liste übergeben. Nein, Arrays wachsen dynamisch. Erst dann, wenn Sie mit Ihrer Megaliste aufwarten, wird der Speicherplatz belegt.

6.4 Zugriff auf einzelne Elemente

Um auf ein einzelnes Element zuzugreifen, gibt man seinen Index in eckigen Klammern an.

`$array[idx]` z.B. `$hosts[3]` `$users[0]` `$fehler[1]`

Halt, halt, halt! Da stimmt doch was nicht, oder? Da tummeln sich Dollar-Zeichen, wo @'s hingehören!?

Mitnichten. Ein *Array* ist eine Variable, die eine ganze Liste speichert; sie erhält demnach ein @ als Präfix. Ein einzelnes *Element* dieser Liste ist jedoch kein Array, sondern ein skalarer Wert. Deshalb schreibt man es mit einem $-Zeichen. Keine Angst, Sie werden sich daran gewöhnen. ;-)

Sie können ein einzelnes Element entweder passiv verwenden oder es aktiv verändern.

```
print $arr[2] ;            # verwenden
$z = $x + $arr[2] ;        # verwenden
$arr[2] = 347 ;            # veraendern
$users[1] = "schmidt" ;    # veraendern
```

Was gilt es sonst noch über Array-Elemente und Indizes zu wissen?

- Die Indizes beginnen mit 0.[1]

- Den letzten Index erhält man über `$#array`

In der Konstruktion `$#array` für den höchsten Index ersetzen Sie `array` durch den wirklichen Namen Ihres Arrays.

```
@hosts = ( 'miro', 'matisse', 'picasso', 'dali' ) ;

print $hosts[2] ;          # -> picasso
print $hosts[0] ;          # -> miro
print $#hosts ;            # -> 3
print $hosts[$#hosts] ;    # -> dali
```

Bei einem leeren Array liefert `$#array` die Zahl -1 zurück.

Verwechseln Sie den letzten Index nicht mit dem letzten Element. `$#array` gibt Ihnen nur die letzte besetzte Nummer zurück, eben den Index. Um auf das letzte Element zugreifen zu können, müssen Sie diesen Index einsetzen: `$array[$#array]`.

---

1   Über die Spezialvariable `$[` könnten Sie einen anderen Start-Index einstellen. Macht aber Gott sei Dank niemand.

■ Indizes dürfen auch Perl-Ausdrücke sein, die zu einer ganzen Zahl ausgewertet werden.

```
$host[$#host-1]        # vorletztes Element
$users[$n+1]           # irgendwie der naechste
$users[int(rand 10)]   # zufaelliger zw. 0 und 10
```

■ Beim Zugriff auf nicht existierende Indizes liefert Perl undef.

Es wird also nicht etwa ein Fehler gemeldet. Vorsicht!

```
print $hosts[5] ;        # ->      (nichts, undef)
```

■ Negative Indizes werden von hinten gezählt.

Witzig, aber wahr! Über den Index -1 gelangen Sie ebenfalls an das letzte Element, über -2 an das vorletzte usw. Allerdings können Sie nur so viele Schritte in den negativen Bereich zurückgehen, wie das Array Elemente hat. Danach erhalten Sie wieder undef zurück.

```
@hosts = ( 'miro', 'matisse', 'picasso', 'dali' ) ;

print $hosts[-1] ;      # -> dali
print $hosts[-2] ;      # -> picasso
print $hosts[-4] ;      # -> miro
print $hosts[-7] ;      # -> (nichts, undef)
```

■ Array-Elemente werden innerhalb von Double-Quotes interpoliert.

```
print "$hosts[1] \n" ;  # -> matisse
```

Dies funktioniert sogar dann noch, wenn der Index in einem Ausdruck besteht, den Perl noch berechnen muss. Ansonsten wird in Quotes nie gerechnet.

```
print "$hosts[$x+1] \n" ;
```

■ Ganze Arrays können über print ausgegeben werden.

Das Format der Ausgabe hängt davon ab, ob man sie in Double-Quotes setzt (ja, sie werden dort erkannt) oder nicht.

```
print @hosts , "\n" ;   # -> miromatissepicassodali
print "@hosts \n" ;     # -> miro matisse picasso dali
```

Außerhalb von Double-Quotes betrachtet Perl das Array einfach als eine Liste von (komma-separierten) Werten, die nacheinander ausgegeben werden sollen. Zwischen die Werte einer solchen Liste wird normalerweise bei der Ausgabe kein Trenner gesetzt, wodurch sie aneinander kleben. Wird ein Array hingegen innerhalb von Double-Quotes geschrieben, trennt Perl seine Elemente bei der Ausgabe durch Leerzeichen.

Das Trennzeichen ist in beiden Fällen über Spezialvariablen konfigurierbar. Außerhalb von "" wirkt der Inhalt der Variablen $, als Trenner, welcher in der Grundeinstellung leer ist. Innerhalb von "" ist $" der Trenner, welcher normalerweise auf ein Leerzeichen gesetzt ist.

```
$, = "--" ;
$" = "++" ;
print @hosts , "\n" ;          # -> miro--matisse--picasso--dali--
print "@hosts \n" ;            # -> miro++matisse++picasso++dali
```

Das letzte "--" rührt daher, dass auch »\n« noch mit einem Komma angehängt ist.

■ Der Zugriff auf Elemente über eckige Klammern funktioniert auch für Listen.

```
('a', 'b', 'c')[1]             # -> b
print (('a', 'b', 'c')[1])     # -> b
```

Im zweiten Beispiel sind Klammern für print() nötig, damit Perl den Ausdruck versteht. Interessant ist die Sache vor allem dann, wenn die Liste gerade erst durch eine Funktion erzeugt wird und man nur an einem bestimmten Element interessiert ist.

```
$zeit = "12:34:01" ;

($h,$m,$s) = split ":", $zeit ;     # Splittet $zeit auf.
print $m ;                          # -> 34

# Kuerzer:
print ( (split ":",$zeit)[1] ) ;    # -> 34
```

Aufblähen eines Arrays

Die dynamische Anpassung der Größe eines Arrays an seinen Inhalt bietet interessante Seiteneffekte. So können Sie beispielsweise über das Setzen von *$#array* ein Array verkürzen oder aufblähen. Auch die Zuweisung an ein Element mit viel zu hohem Index erweitert das Array bis auf diesen Index. Die fehlenden Plätze werden jeweils mit undef belegt.

```
@hosts = ( 'miro', 'matisse', 'picasso', 'dali' ) ;

print $hosts[3] ;          # -> dali
$#hosts = 2 ;              # Array verkürzen
print $hosts[3] ;          # ->      (nichts)
$#hosts = 3 ;              # reversibel ??
print $hosts[3] ;          # ->      (nein, weg ist weg.)
```

Sehen wir uns auch den Effekt des Aufblähens an.

```
@hosts = ( 'miro', 'matisse', 'picasso', 'dali' ) ;

print $hosts[3] ;          # -> dali
$#hosts = 100 ;            # Array vergroessern
$hosts[-1] = 'gauguin' ;   # das letzte Element
print $hosts[100] ;        # -> gauguin
```

▶ **Manpages:** perldoc perldata ... List value constructors

6.5 Die Länge eines Arrays

Die Länge eines Arrays (Anzahl der Elemente) können Sie über zwei unterschiedliche Wege ermitteln. Zum einen steht Ihnen der höchste Index in Form von *$#array* zur Verfügung. Läuft das Array z. B. von 0 bis 9, enthält es zehn Elemente. Sie müssen also lediglich 1 zum höchsten Index hinzuzählen.

```
$laenge = $#array + 1 ;
```

Alternativ können Sie Folgendes schreiben:

```
$laenge = @array ;
```

Jetzt möchten Sie am liebsten weglaufen, nicht wahr? Ich kann sicherlich ein Array einem anderen Array zuweisen, um es zu kopieren. Aber wieso kann ich ein Array einer skalaren Variablen zuweisen? Das macht einfach keinen Sinn.

»Stimmt«, sagte sich Larry Wall. »Das ist Unsinn und wird deshalb von niemandem leichtsinnig falsch geschrieben. Nutzen wir doch diesen Freiraum und hinterlegen eine spezielle Funktion. Immer dann, wenn ein Array einer skalaren Variablen zugewiesen wird, übergeben wir nicht die Elemente, sondern ihre Anzahl.«

Hier werden also zwei Funktionen implementiert, die nicht anhand verschiedener Schlüsselwörter, sondern anhand des Ziels der Operation unterschieden werden. Steht auf der linken Seite ein Array, wird kopiert, steht dort ein Skalar, wird die Länge geliefert.

```
$laenge = @array ;        # Anzahl der Elemente
@array2 = @array ;        # Array kopiern
```

Wie wir im nächsten Abschnitt sehen werden, ist diese Doppelbelegung in Perl weit verbreitet.

6.6 Array-Kontext

Die technische Formulierung dieser seltsamen Geschichte um die Länge eines Arrays lautet folgendermaßen: Im Array-Kontext liefert die Zuweisung eines Arrays die *Liste der Elemente*, im skalaren Kontext liefert sie hingegen die *Anzahl der Elemente*.

Es wird also zwischen skalarem und Array-Zusammenhang unterschieden, wobei die Differenzierung anhand des *Ziels* der Operation gemacht wird. Ist man einmal diesen Weg gegangen, bieten sich natürlich enorme Möglichkeiten. Für jede Funktion, bei der es irgendeinen Sinn ergibt, können nun zwei unterschiedliche Rückgaben erfolgen, einerseits eine Liste, anderseits ein einzelner Wert. Und genau dies ist für viele Perl-Funktionen realisiert.

Zu der Fülle von Funktionen, die Perl uns bietet, kommt nun noch eine Variabilität in der Rückgabe vieler Befehle hinzu. Im skalaren Kontext liefern sie mitunter etwas ganz anderes zurück als im Array-Kontext. Sehen wir uns dieses Phänomen anhand eines weiteren Beispiels an:

Die Funktion `localtime()` gibt im skalaren Kontext Datum und Uhrzeit als Zeichenkette aus (siehe nachfolgendes Beispiel). Im Array-Kontext liefert sie die gleiche Information hingegen als Liste von neun separaten Werten, so dass man gezielt auf den gewünschten Teil zugreifen kann.

```
$date = localtime ;
@time = localtime ;

print "$date \n" ;              # Wed Nov  6 20:09:40 2002
print "Tag: $time[3] \n" ;      # Tag: 6

$" = "-" ;
print "@time" ;                 # 40-9-20-6-10-102-3-309-0
```

Wir werden noch viele Funktionen kennen lernen, die in Abhängigkeit vom Kontext Unterschiedliches zurückgeben.

Kontext erzwingen: scalar()

Manchmal möchte man den skalaren Kontext erzwingen, ohne das Ergebnis einer skalaren Variablen zuweisen zu müssen. Ein typischer Fall ist die Ausgabe durch den `print`-Befehl. `print` akzeptiert mehrere Argumente und interpretiert daher das, was ihm übergeben wird, als Liste. Was aber, wenn wir den skalaren Wert wünschen, etwa von `localtime()`? In diesem Fall können wir die Funktion `scalar()` vorschalten. Sie erzwingt einen skalaren Kontext.

```
$, = "-" ;
print localtime , "\n" ;            # 40-9-20-6-10-102-3-309-0-
print scalar(localtime), "\n" ;     # Wed Nov  6 20:09:40 2002
```

Um die Länge eine Arrays mittels `print` auszugeben, verfährt man genauso.

```
print scalar(@array), "\n" ;        # 4
```

Ein *Array*-Kontext muss hingegen nie erzwungen werden. Wenn man eine Funktion in eine skalare Operation integriert, z.B. eine mathematische Berechnung, benötigt man immer auch den *skalaren* Wert der Funktion. Und den liefert Perl automatisch in diesem Kontext. Eine Liste in einer skalaren Operation macht keinen Sinn. (Sehr wohl aber, wie oben geschildert, ein skalarer Wert in einer Listenoperation.) Es gibt daher keine Gegenfunktion zu `scalar()`.

▶ **Manpages:** perldoc perldata ... Context

6.7   Zugriff auf alle Elemente

Über eine Schleife lassen sich alle Elemente eines Arrays nacheinander ansprechen. So können Sie an alle Rechnernamen, die Sie in einem Array gespeichert haben, den Domänennamen anhängen, von allen Benutzernamen die Länge kontrollieren, alle Rechner anpingen, alle Börsenkurse auf ihre Tendenz kontrollieren oder alle Daten einer Statistik unterziehen.

Prinzipiell kann man mit jedem Schleifentyp durch Arrays iterieren, am besten eignen sich dazu aber die for- und die foreach-Schleife.

Arrays in for-Schleifen

Um mithilfe einer for-Schleife ein Array zu durchlaufen, lässt man eine Zählvariable von 0 bis zum höchsten Index $\$\#array$ wandern. Diese Zählvariable wird dann im Schleifenkörper als Index zum Zugriff auf das einzelne Element verwendet.

```
@hosts = ( 'miro', 'matisse', 'picasso', 'dali' ) ;

for ( $i=0 ; $i<=$#hosts ; $i++ ) {
    print $hosts[$i], "\n" ;
    }
```

Ausgabe:

```
miro
matisse
picasso
dali
```

Folgendes Programm würde an alle Rechner den Domänennamen hängen.

```
#!/usr/bin/perl
#
# add_domain.pl
# Haengt die Domaene an alle Rechnernamen.

@hosts = ( 'miro', 'matisse', 'picasso', 'dali' ) ;

for ( $i=0 ; $i<=$#hosts ; $i++ ) {
    $hosts[$i] .= ".saruman.de" ;
    }

print "\n" ;
for ( $i=0 ; $i<=$#hosts ; $i++ ) {
    print $hosts[$i], "\n" ;
    }
```

Wenn wir das Programm ausführen, erhalten wir:

```
$ add_domain.pl

miro.saruman.de
matisse.saruman.de
picasso.saruman.de
dali.saruman.de
$
```

Arrays in foreach-Schleifen

Auch mit `foreach`-Schleifen kann man hervorragend durch ein Array iterieren. Dabei wirkt sie eleganter, da man den Index nicht mitführen muss.

```
@hosts = ( 'miro', 'matisse', 'picasso', 'dali' ) ;

foreach $host ( @hosts ) {
   print "$host \n" ;
   }
```

Ausgabe:

```
miro
matisse
picasso
dali
```

Wenn Sie dieses Beispiel mit dem dazu passenden der `for`-Schleife vergleichen, sehen Sie, wie knapp und effektiv eine `foreach`-Schleife funktioniert. Da die Laufvariable ja keine Kopie, sondern ein Verweis auf die Originaldaten ist, kann man auch über `foreach` ein Array verändern.

```
foreach $host ( @hosts ) {
   $host = ucfirst($host) ;
   }                          # -> Miro Matisse Picasso Dali
```

`foreach`-Schleifen eignen sich allerdings nur für Verarbeitungen, bei denen auch wirklich auf *jedes* Element zugegriffen werden muss. Soll es nur die ersten zehn oder die letzten zehn treffen oder jedes zweite, arbeitet man besser mit einer `for`-Schleife, da man bei dieser den Index direkt im Griff hat.

6.8   Dateien in Arrays einlesen

- `@array = <FH>` ;

Wir kennen inzwischen zwei Methoden, über die man Dateien einlesen kann: das explizite Öffnen per `open()` und das implizite Einlesen über den Diamant-Operator `<>`. In beiden Fällen legten wir die Einlese-Operation in eine `while`-Schleife, um an den gesamten Dateiinhalt zu gelangen.

Anstatt die eingelesenen Zeilen in einer skalaren Variablen zu speichern, die dann immer wieder überschrieben wird, können wir sie auch einem Array übergeben – vorausgesetzt, die Datei passt in unseren Arbeitsspeicher. Das macht die nachfolgende Verarbeitung sehr viel flexibler und bequemer. Jede Zeile wir dann als *ein* Element des Arrays abgelegt.

Im Prinzip könnten wir den Einlesevorgang wieder mit einer `while`-Schleife erledigen. Die Zeilen wandern nach und nach in das Array `@datei`.

```
while ( $line = <> ) { $datei[$i] = $line ; $i ++ ; ... }
```

Es gibt jedoch einen viel bequemeren Weg, um das Gleiche zu erreichen:

■   @datei = <> ;

Fertig! Ein einziger Befehl liest eine komplette Datei ein – oder mehrere, je nachdem, was Sie auf der Kommandozeile[2] übergeben. Die Datei wird in *einem* Zug in das Array »geschlürft«. Aber wie gesagt, das geht nur, solange die Datei in den Arbeitsspeicher passt.

Wenn Sie nicht den Rombus-Operator verwenden, sondern eine Datei im Skript festlegen möchten, kommt natürlich noch das Öffnen und Schließen der Datei hinzu.

```
open IN, "file.log" ;
@datei = <IN> ;
close IN ;
```

Somit verhält sich auch der Einleseoperator kontextabhängig. Im skalaren Kontext liefert er *eine* Zeile, im Array-Kontext gleich *alle*.

```
$line  = <IN> ;          # eine Zeile
@datei = <IN> ;          # die ganze Datei³
```

Übrigens wurde auch an den chomp-Operator gedacht. Denn was nutzt uns das schlanke Einlesen, wenn wir anschließend für jede Zeile extra das *Newline*-Zeichen entfernen müssen? Nein, auch das geht in einem Schwung.

```
chomp @array ;
```

6.9   Beispiel: Textumbruch

Die Kombination von Arrays und Schleifen ermöglicht uns eine effektive Verarbeitung von Dateien. Zur Illustration nehmen wir uns eine Aufgabe aus dem Gebiet der Textverarbeitung vor und versuchen, einen eingelesenen Text auf eine beliebige Zeilenbreite neu umzubrechen. Ein Wort soll also nur dann in der aktuellen Zeile ausgegeben werden, wenn die vorgeschriebene Zeilenlänge dadurch nicht überschritten wird. Ansonsten erfolgt ein Zeilenumbruch.

Wie gehen wir vor? Zunächst lesen wir den zu bearbeitenden Text aus einer Datei ein und speichern ihn in einem Array. Hier die ersten paar Zeilen unseres Demotextes:

```
In einer Höhle in der Erde, da lebte ein Hobbit. Nicht
in einem schmutzigen, nassen Loch, in das die Enden
von irgendwelchen Würmern herabbaumelten und das
nach Schlamm und Moder roch. Auch nicht etwa in
einer trockenen Kieshöhle, die so kahl war, daß
```

---

2   Die Begriffe Kommandozeile und Befehlszeile (engl. command line) werden in diesem Buch synonym verwendet.

3   Wenn Sie aus der gleichen Datei bereits einzelne Zeilen im skalaren Kontext eingelesen haben, erhalten Sie im Array-Kontext nur noch den Rest der Datei.

man sich nicht einmal niedersetzen oder gemütlich
frühstücken konnte. Es war eine Hobbithöhle, und das
bedeutete Behaglichkeit.

.....

Wenn wir den Dateinamen beim Aufruf auf der Befehlszeile angeben, lautet der Befehl zum
Einlesen des Textes:

```
@datei = <> ;
```

Die bestehenden Zeilenenden müssen natürlich entfernt werden.

```
chomp @datei ;
```

Nun hängen wir alle Elemente zu einer einzigen großen Zeile zusammen. Keine Angst, auch
skalare Variablen dürfen beliebig große Daten aufnehmen.

```
foreach ( @datei ) { $zeile .= $_ }
```

An den früheren Umbruchstellen müssen wir Leerzeichen einbauen, jedoch nur dann, wenn
nicht bereits eines vorhanden ist. Dadurch erweitert sich unsere foreach-Schleife.

```
foreach ( @datei ) {
    $zeile .= $_ ;
    $zeile .= " " if substr ($zeile,-1) ne " " ;
}
```

Nun wird die so entstandene Megazeile stückweise abgearbeitet. Wir suchen ab der Stelle, die
der neuen Zeilenbreite entspricht ($maxbreite) rückwärts nach dem letzten Leerzeichen. Soll
beispielsweise auf 60 Zeichen umgebrochen werden, starten wir mit der Suche ab Position 60
und suchen rückwärts mittels rindex().

```
$bruch = rindex $zeile, " ", $maxbreite ;
```

Finden wir dieses z.B. bei Position 57, geben wir die Zeile bis zu dieser Stelle aus und löschen
das ausgegebene Stück.

```
print substr ($zeile,0,$bruch), "\n" ;
$zeile = substr ($zeile,$bruch+1) ;
```

Diese Verarbeitung führen wir so lange aus, wie noch etwas in unserer Zeile vorhanden ist, wir
packen sie also in eine while-Schleife.

```
while ( $zeile ) {
    $bruch = rindex ($zeile," ",$maxbreite) ;    # Umbruchstelle
    print substr ($zeile,0,$bruch), "\n" ;       # Fertige Zeile
    $zeile = substr ($zeile,$bruch+1) ;          # Bleibt uebrig
}
```

Hier das fertige Programm.

Listing 6.1: umbruch2.pl – bricht einen Text auf die gewünschte Breite um.

```
#!/usr/bin/perl -w
#
# umbruch2.pl
```

```
# Bricht einen Text auf die gewuenschte Breite um

# Textdatei auf Befehlszeile angeben
# Breite wird erfragt

$dflt_breite = 60 ;        # Default-Breite

print "Zeilenbreite fuer den Umbruch [60]? " ;
chomp ($maxbreite = <STDIN>) ;
print "\n" ;

# Default bei leerer Eingabe
$maxbreite = $maxbreite || $dflt_breite ;

# Datei Einlesen
@datei = <> ;
chomp @datei ;

# Alles aneinander haengen
foreach ( @datei ) {
   $zeile .= $_ ;
   $zeile .= " " if substr ($zeile,-1) ne " " ;
   }

# Text neu umbrechen
while ( $zeile ) {
   $bruch = rindex ($zeile," ",$maxbreite) ;    # Umbruchstelle
   print substr ($zeile,0,$bruch), "\n" ;       # Fertige Zeile
   $zeile = substr ($zeile,$bruch+1) ;          # Bleibt uebrig
   }
```

Sehen wir uns das Ergebnis einmal an.

```
$ umbruch2.pl demo.txt
Zeilenbreite fuer den Umbruch [60]? [Enter]

In einer Höhle in der Erde, da lebte ein Hobbit. Nicht in
einem schmutzigen, nassen Loch, in das die Enden von
irgendwelchen Würmern herabbaumelten und das nach Schlamm
und Moder roch. Auch nicht etwa in einer trockenen
Kieshöhle, die so kahl war, daß man sich nicht einmal
niedersetzen oder gemütlich frühstücken konnte. Es war eine
Hobbithöhle, und das bedeutete Behaglichkeit.
$
```

Funktioniert!

6.10 Arrays kopieren, erweitern oder kürzen

Wie Sie gesehen haben, erhalten wir durch Array-Variablen ein mächtiges Programmierwerkzeug; plötzlich sind wir in der Lage, realistische Aufgabenstellungen anzugehen und komplexe Probleme zu lösen. Da lohnt es sich, mehr über Arrays zu erfahren, wie man sie manipuliert, wie man mit ihnen jongliert. Was hat Perl an Funktionen zu bieten, die den Umgang mit Arrays unterstützen? Im folgenden Abschnitt lernen wir, wie man ganze Arrays kopiert, wie man sie löscht, wie man Elemente aus Arrays entfernt und neue hinzufügt.

Kopieren und Löschen

- `@brr = @arr ;`

Das Kopieren eines Arrays geschieht einfach durch Zuweisung an ein anderes Array. Dabei wird die komplette Liste der Werte kopiert.

- `undef @arr ;`

Mit `undef()` wird ein Array wieder gelöscht. Perl kann den frei werdenden Platz dann für neue Daten nutzen. Die Varianten `@arr=()` und `$#arr=0` sind auch nicht schlecht, sie geben aber den ursprünglichen Platz bei weitem nicht so vollständig zurück wie `undef()`.

Elemente entfernen und hinzufügen

Abbildung 6.2:
Funktionen zur
Array-Manipulation

Nehmen wir als Grundlage für die folgenden Beispiele das »Toy Story«-Array `@toys`:

`@toys = qw( woody buzz rex slinky specki ) ;`

- `shift @arr ;`

Über die Funktion `shift()`wird das *erste* Element eines Arrays herausgeschnitten. Alle anderen Elemente verschieben sich um eine Position nach links. Das ursprünglich zweite wird nun also das erste usw. Die Länge des Arrays verkürzt sich um 1. `shift()`liefert das abgeschnittene Element zurück, so dass man es in einer neuen Variablen speichern kann.

```
shift @toys ;          # @toys:(buzz,rex,slinky,specki)
$space = shift @toys ; # @toys:(rex,slinky,specki) $space:buzz
```

■   pop @arr ;

Mithilfe von pop() wird das *letzte* Element eines Arrays entfernt. Das Array verkürzt sich entsprechend. Das entfernte Element wird wieder zurückgeliefert.

```
pop @toys ;              # @toys: (rex,slinky)
$dog = pop @toys ;       # @toys: (rex)  $dog: slinky
```

■   push @arr, $var ;   push @arr, *Liste* ;

Um neue Elemente an ein Array anzuhängen, verwendet man die Funktion push(). Sie ermittelt den bisher höchsten Index, zählt eins dazu und weist dem nun höchsten Element den neuen Wert zu. Das funktioniert sowohl mit einem einzigen neuen Wert als auch mit einer ganzen Liste. Zurückgegeben wird die neue Anzahl der Elemente.

```
push @toys, "buzz", "woody" ;        # -> (rex,buzz,woody)
```

Vielleicht kommen Sie auf die folgende Idee, um das Gleiche zu erreichen:

```
@arr = (@arr,$var)     # NICHT gut.
```

Das funktioniert sehr wohl. Dabei muss jedoch das komplette Array umkopiert werden und das kostet natürlich Zeit, was vor allem bei großen Arrays zu Buche schlägt! Die Funktion push()arbeitet da sehr viel effektiver.

Um zwei Arrays aneinander zu hängen, verwenden Sie ebenfalls push().

```
push @arr, @brr ;
```

Dabei wird der Inhalt von @brr, hinten an @arr drangehängt, kopiert. @arr verlängert sich entsprechend, @brr verändert sich bei der Aktion nicht.

■   unshift @arr, $var ;   unshift @arr, *Liste* ;

Um nicht hinten, sondern vorne neue Elemente in das Array einzufügen, verwendet man die Funktion unshift(). Alle Elemente werden um entsprechend viele Stellen nach rechts verschoben. Zurückgegeben wird wieder die neue Anzahl der Elemente.

```
unshift @toys, "slinky" ;        # @toys:(slinky,rex,buzz,woody)
$n = unshift @toys, "specki" ;   # @toys:(specki,slinky,...) $n:5
```

▶ **Manpages:** perldoc -f shift usw.

Flache Listen

Es soll nochmals darauf hingewiesen werden, dass Listen in Listen zu einer einzigen großen Liste expandiert werden, es entsteht keine mehrdimensionale Struktur. Dies gilt auch für Arrays.

```
@arr = (77,88,99) ;
@brr = (1,2,3,@arr,4,5,6) ;      # (1,2,3,77,88,99,4,5,6)
```

6.11 Arrays manipulieren mit splice()

Perl kennt noch eine weitere Funktion zur Manipulation von Arrays: `splice()`. Mit ihr kann man *beliebige* Teilstücke aus einem Array entfernen, sie durch neue ersetzen oder neue Elemente an *beliebiger* Stelle in das Array einfügen. Obwohl weitaus mächtiger als die vier Spezialfunktionen `shift`, `unshift`, `pop` und `push`, wird sie doch wesentlich seltener benötigt, was wohl damit zusammenhängt, dass die meisten Änderungen naturgemäß eher am Ende oder am Anfang eines Arrays erforderlich sind.

- `splice @arr, start [,len] ;`

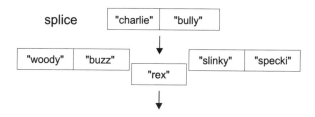

Abbildung 6.3:
Array-Manipulation mit splice()

In dieser Form schneidet `splice()` ein Teilstück der Länge *len* ab der Position *start* aus dem Array heraus. Positionen werden ab 0 gezählt. Wird die Länge weggelassen, schneidet es den kompletten rechten Teil ab der Startposition ab. `splice()` arbeitet so ähnlich wie die String-Funktion `substr()`. Allerdings kopiert `substr()` das Teilstück nur, `splice()` schneidet es weg. Das ursprüngliche Array wird dadurch verändert. Es schrumpft entsprechend, die weiter rechts liegenden Elemente rücken auf, so dass keine Lücke entsteht. `splice()` liefert das abgeschnittene Teilstück zurück.

```
@toys = qw( woody buzz rex slinky specki ) ;

splice @toys, 2,1 ;              # Position: 2, Laenge: 1
print "@toys" ;                 # (woody,buzz,slinky,specki)

splice @toys, 2 ;               # Position: 2, Laenge: -
print "@toys" ;                 # (woody,buzz)

@new = splice @toys, 0, 2 ;     # Position: 0, Laenge: 2
print "@toys" ;                 # ()
print "@new" ;                  # (woody,buzz)
```

Manchmal ist man an dem abgeschnittenen Teil interessiert, dann fängt man es in einem Array oder einer Liste auf. Manchmal geht es einem nur um die Wirkung auf das ursprüngliche Array, dann ignoriert man einfach die Rückgabe.

- `splice @arr, start, len, Liste ;`

In seiner zweiten Form schneidet `splice()` zwar ebenfalls einen Teil des Arrays heraus, ersetzt den entfernten Teil aber gleichzeitig durch etwas Neues. Dabei kann es sich um ein einzelnes

Element, eine Liste oder wieder um ein Array handeln. Die Längen des alten und des neuen Teilstücks müssen nicht übereinstimmen. Das Array wächst oder schrumpft eben entsprechend. Die Länge des zu entfernenden Bereichs (*len*) muss hier angegeben werden. Zurückgeliefert wird wieder das entfernte Stück.

```
@toys = qw( woody buzz rex slinky specki ) ;
@others = qw( charlie bully) ;

splice @toys, 1, 3, @others ;        # Position: 1, Laenge: 3
print "@toys" ;                      # (woody,charlie,bully,specki)

@new = splice @toys, 2, 2, "pete" ;  # Position: 2, Laenge: 2
print "@toys" ;                      # (woody,charlie,pete)
print "@new" ;                       # (bully,specki)
```

■ splice @arr, *start*, 0, *Liste* ;

Indem die Länge des entfernten Teils auf 0 gesetzt wird, fügt man vor der gewünschten Position etwas Neues ein, ohne bestehende Elemente zu löschen.

```
splice @toys, 2, 0, "buzz" ;         # Position: 2, Laenge: 0
print "@toys" ;                      # (woody,charlie,buzz,pete)
```

Übrigens können auch Slices mit negativen Angaben für Startpunkt und Länge umgehen. Die Bedeutung entspricht derjenigen von substr(): Bei negativem Startpunkt wird dieser von hinten gezählt, -3 legt den Startpunkt beispielsweise auf das drittletzte Zeichen fest. Bei negativer Länge wird alles entfernt bis auf die (negativ) angegebene Zahl von Elementen. Bei -2 wird z.B. alles ab der Startposition entfernt, mit Ausnahme der letzten beiden Zeichen.

▶ **Manpages:** perldoc -f splice

6.12 Array-Slices

Nicht zu verwechseln mit der Funktion splice() sind *Array-Slices*. Auch bei ihnen geht es um den Zugriff auf Teile eines Arrays, im Unterschied zu splice() wird aber wirklich nur zugegriffen und nicht gleich herausgeschnitten.

Array-Slices (Scheiben, Stücke) dienen dem gleichzeitigen Zugriff auf mehrere Elemente. Während die Syntax $arr[3] auf ein *einzelnes* Element zugreift und eine Schleife in der Regel auf *alle* Felder, kann man über Slices einige bestimmte herausgreifen – auf einen Schwung. Dazu gibt man einfach mehrere Indizes innerhalb der eckigen Klammern an. Alles andere funktioniert wie beim Zugriff auf ein einzelnes Element.

```
@arr[2,3,5]
```

Was? Ein @ steht vor der Variablen? Nun, haben wir es mit *einem* Wert zu tun, den wir hier ansprechen, oder mit einer Liste? OK?

Slices dürfen bei einer Zuweisung sowohl links als auch rechts vom Gleichheitszeichen stehen.

```
@hosts = ( 'miro', 'matisse', 'picasso', 'dali' ) ;

print "@hosts[1,3,0]" ;          # matisse dali miro

($fr,$sp) = @hosts[1,3] ;        # $fr: matisse, $sp:dali

@hosts[1,3] = ('gauguin','klee') ;
print "@hosts" ;                 # miro gauguin picasso klee
```

Slices sparen uns vor allem Schreibarbeit. Anstatt auf jedes Element in einer eigenen Anweisung zugreifen zu müssen, können wir beliebig viele in einem einzigen Befehl ansprechen.

Slices eignen sich auch hervorragend zum Vertauschen oder Umlagern von Elementen innerhalb eines Arrays. Im nachfolgenden Beispiel wird das ursprüngliche Element Nr. 3 an Position 0 verschoben, Feld Nr. 0 an Position 2 und Element 2 an die dritte Position. Stellen Sie sich einmal vor, wie viele Zeilen nötig wären, diese Umschichtung ohne Slices zu schreiben.

```
@hosts[0,2,3] = @hosts[3,0,2] ;
print "@hosts" ;                 # miro gauguin picasso klee
```

Sie müssen die Indizes von Slices nicht unbedingt einzeln notieren. Wo ganze Bereiche angegeben werden können, darf man den Bereichsoperator benutzen. Das erste der beiden Beispiele gibt die Elemente 5 bis 10 aus, das zweite 3 bis 9, 12 und 15.

```
print "@arr[5..10]" ;
print "@arr[3..9,12,15]" ;
```

Slices lassen sich auch raffiniert in foreach-Schleifen verwenden. So können Sie kompliziertere Manipulationen an mehreren herausgegriffenen Elementen vornehmen. Braucht man nicht oft, sieht aber gut aus.

```
foreach (@arr[3..9,12,15]){
    $_ += 20 ;                   # addiert 20
    }
```

Slices von Listen

Die Slice-Schreibweise darf sogar auf normale Listen angewandt werden.

```
("meier", "mueller", "schulz","schmidt")[1,3]
```

liefert beispielsweise eine Liste mit den beiden Elementen mueller und schmidt.

▶ **Manpages:** perldoc perldata ... Slices

6.13 Mehrdimensionale Arrays

Sie können in Perl Arrays beliebiger Dimension erzeugen, es hört nicht mit zweidimensionalen Arrays auf. Die notwendigen Techniken werden wir aber an zwei Dimensionen zeigen, weil sie dort am deutlichsten zu sehen sind.

Zweidimensionale Arrays

Wir beginnen mit der Initialisierung eines zweidimensionalen Arrays. Unser Demo-Array besteht aus einem Zahlenfeld.

```
@marray = ( [2,4,6,8], [1,3,7,5], [6,6,9,2] ) ;
```

	Syntax	Spalte 0	Spalte 1	Spalte 2	Spalte 3
Zeile 0	[2,4,6,8]	2	4	6	8
Zeile 1	[1,3,7,5]	1	3	7	5
Zeile 2	[6,6,9,2]	6	6	9	2

Tabelle 6.1: Zweidimensionale Anordnung eines zweidimensionalen Arrays.

Hier würde man von einem 3x4-Array sprechen, drei Elemente in der äußeren, vier in der inneren Dimension. Die Elemente der inneren Dimension schreibt man in eckige Klammern, das ist der entscheidende Punkt. Anders formuliert: Das Array besteht eigentlich aus drei Elementen. Jedes dieser Elemente ist selbst wieder ein Array. Diese inneren Arrays besitzen jeweils vier Zahlen.

Um an die einzelnen Felder eines zweidimensionalen Arrays heranzukommen, muss man zwei Indizes angeben, den ersten für die äußere Dimension (Zeilen), den zweiten für die innere (Spalten).

```
$marray[1][2]              # Zeile 1, Spalte 2 -> 7
$marray[0][3]              # Zeile 0, Spalte 3 -> 8
$marray[2][0]              # Zeile 2, Spalte 0 -> 6
```

Die Indizes werden einfach in eckigen Klammern direkt hintereinander geschrieben. Wenn Sie auf diese Weise ein einzelnes Element herausgegriffen haben, können Sie mit ihm umgehen, wie mit jedem normalen Array-Element auch.

```
print "Verbrauch im Mai: $verbrauch[2][5] KWh \n" ;
$matrix[3][14] = 267 ;
```

Um durch ein zweidimensionales Array zu iterieren, legt man zwei for-Schleifen ineinander. Die äußere lässt den äußeren Index laufen, die innere den inneren Index.

```
for ( $i=0; $i<=2; $i++ ) {
   for ( $j=0; $j<=3; $j++ ) {
        $marray[$i][$j] = .....
   }
}
```

Der äußere Index endet in unserem Fall bei 2. Allgemein gesprochen ist es einfach der höchste Index des äußeren Arrays:

```
$#marray
```

Der innere Index endet hier bei 3. Im allgemeinen Fall ist es der höchste Index des jeweiligen inneren Arrays. Dieses innere Array ist ja das i-te Element des äußeren Arrays: $marray[$i].[4] Sein höchster Index somit:

```
$#{$marray[$i]}
```

Etwas verwirrend sieht das schon aus, zugegeben. Merken Sie sich einfach: Den letzten Index erhält man über die Konstruktion $#... Das Array hat hier aber keinen Namen, sondern steht in $marray[$i]. Da dieser Teil erst von Perl ausgewertet werden muss, wird er in geschweifte Klammern geschrieben. Somit erhält man $#{$marray[$i]}.

Mit diesen beiden allgemein formulierten Grenzen können wir nun jedes beliebige zweidimensionale Array durchlaufen. Geben wir uns zum Beispiel unser Array als zweidimensionale Struktur aus.

Listing 6.2: print2dim.pl – gibt ein zweidimensionales Array aus.

```
#!/usr/bin/perl
#
# print2dim.pl
# Gibt ein zweidimensionales Array aus.

@marray = ( [2,4,6,8], [1,3,7,5], [6,6,9,2] ) ;

for ( $i=0; $i<= $#marray; $i++ ) {
   for ( $j=0; $j <= $#{$marray[$i]}; $j++ ) {
        print "$marray[$i][$j] \t" ;
   }
   print "\n" ;
}
```

Ausführung:

```
$ print2dim.pl
2       4       6       8
1       3       7       5
6       6       9       2
$
```

---

4   Dass da ein $ steht, wird erst dann verständlich, wenn man weiß, dass multidimensionale Arrays über Referenzen gebildet werden. Zu Referenzen kommen wir in Kapitel 15.

Dreidimensionale Arrays

Drei- und mehrdimensionale Arrays konstruiert man auf genau die gleiche Weise wie zweidimensionale. Was man wissen muss: Alle inneren Dimensionen werden in eckige Klammern gesetzt.

```
@dreidim = ( [ [3,5,3,8] , [9,2,5,7] , [4,2,7,4] ] ,
             [ [6,8,8,3] , [9,2,6,1] , [1,5,8,2] ] ) ;
```

Dies wäre so etwas wie ein 2x3x4-Array. Die äußerste Dimension hat zwei Elemente, die nächste drei und die letzte vier. Die Elemente der ersten Dimension sind selbst wieder zweidimensionale Arrays. Hier zum Beispiel das erste:

```
[ [3,5,3,8] , [9,2,5,7] , [4,2,7,4] ]
```

Die Elemente der zweiten Dimension sind selbst wieder eindimensionale Arrays aus Zahlen. Hier ist das erste:

```
[3,5,3,8]
```

Dreidimensionale Arrays kann man sich vorstellen als ein Stapel von Karten oder Blättern, die jeweils zweidimensionale Arrays in Zeilen und Spalten enthalten.

Um auf Blatt Nr.0, dessen Zeile Nr.2 und dessen Spalte Nr.1 zuzugreifen, schreibt man:

```
$dreidim[0][2][1]
```

allgemein:

```
$dreidim[$h][$i]$[j]
```

Für eine Iteration durch alle Elemente benötigt man drei ineinander geschachtelte Schleifen, die die einzelnen Indizes durchlaufen.

Nach dem gleichen Schema geht es immer weiter. Perl kennt keine Grenze in der Tiefe mehrdimensionaler Arrays.

Ungleichmäßige Arrays

Multidimensionale Arrays dürfen genauso heterogen sein wie einfache. Es dürfen also alle Datentypen bunt gemischt werden.

Außerdem dürfen mehrdimensionale Arrays »zerfranst« sein. Das bedeutet, dass nicht alle Elemente einer Dimension die gleiche Länge besitzen müssen. Dadurch kann man variable Datenstrukturen konstruieren (siehe Kapitel 16).

```
@zweidim = ( [1,3,6] , [2,8] , [3,9,5,3] ) ;
```

▶ **Manpages:** perldoc perllol (~ list of lists)

6.14 Die Befehlszeile und @ARGV

Ebenso wie es skalare Spezialvariablen gibt ($\_$ $, $"), verwaltet Perl auch einige Spezial-Arrays voll- oder halbautomatisch. Das bekannteste ist @ARGV (man achte auf die Großschreibung).

■   @ARGV enthält die Argumente der Befehlszeile.

Wenn wir unser Skript mit Argumenten aufrufen wie

```
$ script.pl file1 file2
$ script.pl meier
$ script.pl -u httpd 30
```

so finden wir in dem Array @ARGV diese Parameter wieder. Um innerhalb des Skripts zu erfahren, welche Argumente dem Programm mitgegeben wurden, müssen wir @ARGV auswerten. In $ARGV[0] befindet sich der erste Parameter, in $ARGV[1] der zweite usw. Ob es sich dabei um Dateien, Benutzernamen oder Optionen handelt, spielt dabei keine Rolle.

Sie wundern sich vielleicht, dass @ARGV nicht auch den Namen des aufgerufenen Skripts enthält, wodurch die Befehlszeile ja erst komplett wäre. In Perl findet man den Namen des Skripts jedoch in der Variablen $0.

Man kann entweder direkt auf die Elemente von @ARGV zugreifen

```
$file = $ARGV[0]; $maxsize = $ARGV[1] ;
```

oder man verarbeitet sie in einer Schleife. Für gleichartige Parameter eignet sich meistens eine foreach-Schleife ganz gut.

```
foreach $user ( @ARGV ) { ..... }
foreach $host ( @ARGV ) { ..... }
```

Zum Herausschneiden einzelner Argumente verwendet man gerne den shift()-Befehl. Nehmen wir z.B. an, ein Skript solle mit einer Option, gefolgt von einer Reihe von Benutzernamen aufgerufen werden, etwa so:

```
$ script.pl -n meier schmidt schulz
```

Dann müsste die Verarbeitung der Befehlszeile wie folgt lauten:

```
$opt = shift @ARGV ;
foreach $user ( @ARGV ) { ... }
```

Häufig sieht man auch die komplette Abarbeitung von @ARGV durch shift. Solange noch Elemente in dem Array stehen, wird mittels shift eines herausgeschnitten und verarbeitet.

```
while ( @ARGV ) {
    $host = shift @ARGV ;
    befehle ...
    }
```

179

Wenn Sie die Anzahl der übergebenen Parameter benötigen, verwenden Sie

```
$#ARGV + 1   oder   $n=@ARGV
```

Übrigens haben wir bereits hinter den Kulissen mit @ARGV gearbeitet. Immer dann wenn wir über <> Daten einlesen, wertet Perl die Kommandozeile aus und öffnet alle darin angegebenen Dateien. Perl schaut dabei in dem Array @ARGV nach.

 Sie dürfen @ARGV auch selbst in Ihrem Skript setzen. Manchmal geht man diesen Weg und schreibt Dateinamen hinein, um anschließend die Dateien bequem über <> einlesen zu können.

Mit @ARGV haben wir nun eine weitere Möglichkeit kennen gelernt, Daten oder Informationen in unser Skript zu bekommen. Wir verfügen nun über folgende Techniken:

- <STDIN> liest Daten von der Tastatur ein.

- <IN> liest Daten aus einer Datei ein.

- <> liest Daten aus allen auf der Befehlszeile übergebenen Dateien ein.

- @ARGV liefert die Argumente der Kommandozeile.

Nicht schlecht. Werfen wir zum Abschluss noch einmal einen Blick auf unser Programm zum Umbruch eines eingelesenen Textes (siehe Listing 6.1). Bisher haben wir die gewünschte Zeilenbreite über die Tastatur abgefragt.

```
print "Zeilenbreite fuer den Umbruch [60]? " ;
chomp ($maxbreite = <STDIN>) ;
print "\n" ;
```

Für einen Befehlszeilenparameter würden wir statt dessen schreiben:

```
$maxbreite = shift @ARGV ;
```

Hier ist es wichtig, den Parameter über shift aus @ARGV zu entfernen, da anschließend über <> gelesen wird und dann ja nur noch Dateinamen auf der Kommandozeile stehen dürfen.

 Macintosh-Benutzer bis MacOS 9 verfügen normalerweise nicht über eine Befehlszeile. Sie können daher auch nicht mit @ARGV arbeiten, außer Sie verwenden die MPW[5] (denn diese stellt wieder eine Befehlszeile zur Verfügung). Auf MacOS umgeht man dieses Problem, indem man nach dem Start des Skripts über <STDIN> den Benutzer nach Schaltern fragt. Oder man verwendet ein MacPerl-Modul, das Optionsschalter in einer grafischen Box anbietet. Dateien können übrigens dennoch übergeben werden, wenn man sie auf das Skript-Icon zieht (vorausgesetzt, man hat das Skript als Droplet gespeichert).

---

5   Macintosh Programmer Workbench (Entwicklungsumgebung)

Eingabefehler abfangen

Da wir dem Benutzer fortan erlauben werden, Argumente zu übergeben, wird die Wahrscheinlichkeit größer, dass er unser Skript falsch aufruft. Es gehört zum guten Ton, ihn in einem solchen Fall auf seinen Fehler hinzuweisen. In der Regel müssen wir unser Skript anschließend beenden.

```
$USAGE = "myscript.pl datei1 datei2 \n" ;
.....
if ($#@ARGV != 1) {
    print "Falsche Anzahl von Parametern. \n", $USAGE" ;
    exit 1 ;
    }
```

▶ **Manpages:** perldoc perlvar ... @ARGV

6.15 Zusammenfassung

- ■ `(2,"alf",$x+$y)`
  Eine Liste ist eine geordnete Reihe von Werten. Die Werte werden in runden Klammern geschrieben, ihre Elemente durch Kommata getrennt. Listen dürfen heterogen sein und Perl-Ausdrücke enthalten.

- ■ `($x,$y)=(4,6)  ; $h=(localtime)[2]`
  Einer Liste von Variablen kann man eine Liste von Werten zuweisen. Über eckige Klammern kann man aus der Listenausgabe von Funktionen direkt ein bestimmtes Element herausgreifen.

- ■ `qw(rom paris london)`
  Mithilfe des `qw`-Operators kann man sich die Single-Quotes und Kommata innerhalb der Liste sparen.

- ■ `@arr=(5,2,9,3)`
  Arrays sind Variablen, die Listen speichern. Arrays müssen nicht initialisiert werden. Sie wachsen dynamisch. Dem ganzen Array wird ein @ vorangestellt. Arrays können mithilfe von `print()` ausgegeben werden.

- ■ `$arr[3]`
  Ein einzelnes Element wird über seinen Index angesprochen. Indizes starten bei 0 und enden mit $#arr.

- ■ `$#arr+1` bzw. `$n=@arr;`   Länge eines Arrays

- ■ `@time=localtime; $time=localtime;`
  Viele Funktionen liefern unterschiedliche Daten, je nachdem, ob sie im skalaren oder im Array-Kontext ausgeführt werden.

- Mithilfe von Schleifen kann man durch alle Elemente eines Arrays iterieren.
  ```
  for ($i=0; $i<=$#arr; $i++) { print "$arr[$i] \n" }
  foreach $feld ( @arr ) { print "$feld \n" }
  ```

- `@arr=<>; @arr=<FH>;`   Ganze Dateien mit einem einzigen Befehl in ein Array einlesen.

- `shift @arr` und `pop @arr`
  schneiden das erste bzw. das letzte Feld eines Arrays ab und liefern es zurück.

- `unshift @arr,$new` und `push @arr,$new`
  fügen vorne oder hinten neue Elemente in das Array ein.

- `splice @arr,`*start[,len]*
  schneidet einen Teilbereich, festgelegt durch Startpunkt und Länge, aus dem Array heraus und gibt ihn zurück.

- `splice @arr,`*start, len,*
  Liste schneidet ebenfalls einen Teil heraus, ersetzt ihn aber durch eine neue Liste.

- `@arr[2,3,5]`
  Array-Slices dienen dazu, mehrere Elemente eines Arrays in einem einzigen Befehl anzusprechen.

- `@arr[2,5]=@arr[5,2]`   Zwei Elemente vertauschen

- `@marray = ( [.....] , [.....] , [.....] ) ;`
  Mehrdimensionale Arrays werden initialisiert, indem die Elemente der inneren Dimensionen in eckige Klammern gesetzt werden.

- `$marray[$i][$j]`   Einzelnes Element eines mehrdimensionalen Arrays

- Um durch zweidimensionale Arrays zu iterieren, schachtelt man zwei `for`-Schleifen ineinander. Die erste läuft bis `$#marray`, die zweite bis `$#{$marray[$i]}`.

- `@ARGV`
  Enthält die Argumente, die dem Programm beim Aufruf auf der Kommandozeile übergeben wurden.

- `$ARGV[0]; shift @ARGV;`
  Die Elemente von @ARGV werden entweder direkt abgefragt oder per `shift()` nach und nach abgeschnitten oder über eine `foreach`-Schleife abgearbeitet.

6.16 Workshop

Fragen und Antworten

F *Ist die Länge eines Arrays wirklich 1001, wenn es zuvor leer war und dann lediglich das Element 1000 gesetzt wird:* `$arr[1000]="";`*?*

A Ja. Perl belegt die dazwischen liegenden Elemente alle mit `undef`. Selbst wenn Sie das Array kopieren, bleiben diese Löcher bestehen.

F *Wie kann ich beim Durchlaufen eines Arrays feststellen, ob ein Wert überhaupt definiert ist, oder ob dort ein Loch besteht?*

A `if (defined $arr[$i]){...}`
Der Befehl `defined()` gibt *wahr* zurück, wenn ein Wert definiert ist, und falsch, wenn er nicht existiert oder auf `undef` steht. Auf diese Art könnten Sie auch feststellen, wie viele Elemente wirklich belegt sind:
`$n++ if defined $arr[$i];`

F *Wie sieht ein Array eigentlich intern aus?*

A Arrays sind Listen von Pointern (Perl ist in C geschrieben). Jeder Pointer zeigt auf einen skalaren Wert (das jeweilige Element), der völlig unabhängig von ihm gespeichert wird. Dadurch kann ein Wert in der Mitte des Arrays beliebig wachsen, ohne dass die nachfolgenden Elemente verschoben werden müssen.

F *Wenn nun aber neue Elemente mittels* `unshift` *vorne eingefügt werden, müssen doch zwangsläufig alle Pointer nach rechts verschoben werden.*

A Perl ist sehr raffiniert programmiert. Wenn ein neues Array gebildet wird, fordert Perl mehr Speicherplatz vom Betriebssystem für die Pointerliste an, als eigentlich nötig wäre. Die eigentliche Liste wird dann mitten hinein in den reservierten Platz gelegt, so dass links und rechts Raum für Erweiterungen ist. Erst wenn sehr viele Elemente hinzugefügt werden, muss Perl umorganisieren.

Quiz

1. Werden in `qw( $ $y $z )` die Variablen durch ihre Werte ersetzt oder nicht?

2. Welche der folgenden Konstrukte werden in Double-Quotes von Perl aufgelöst?
`$a @a $a[1] $a[$i] $a[$i+1] $a[1]+$b[1] $a[int($zahl)]`

3. Welche Argumente sprechen für das Einlesen von Dateien über eine `while`-Schleife im Vergleich zur Zuweisung an ein Array `@arr=<...>`?

4. Nennen Sie die fünf Spezialfunktionen zum Entfernen und Einfügen neuer Array-Elemente.

5. Was geben diese Funktionen zurück?

6. Dürfen in zweidimensionalen Arrays Zahlen und Strings gemischt werden?

7. Dürfen in den einzelnen Spalten unterschiedlich viele Elemente stehen?

8. Das wievielte Element der Befehlszeile erhält man über $ARGV[2]?

Übungen

1. Schreiben Sie ein Skript, das zu einer Monatszahl den passenden Monatsnamen ausgibt. Speichern Sie hierzu die Monatsnamen in einem Array. Die Monatszahl soll als Argument beim Aufruf übergeben werden. Geben Sie eine Meldung aus, wenn das Skript falsch aufgerufen wurde.

2. Schreiben Sie ein Skript, das genau das Gegenteil tut. Zu einem Monatsnamen wird die passende Zahl ausgegeben. Dieses Mal müssen Sie das Array in einer Schleife durchsuchen.

3. Ihr Skript soll aus einem Array die Löcher entfernen und die restlichen Elemente »zusammenziehen«. Über den Befehl defined() können Sie testen, ob ein Element undef oder einen richtigen Wert enthält. Es geht hier nur ums Prinzip, nehmen Sie daher das folgende Array zum Testen fest in Ihr Skript auf.

    ```
    @old = ( 2, 5, 13, undef, 6, 8, undef, 3 ) ;
    ```

4. Schreiben Sie ein Skript, das eine eingelesene Datei rückwärts ausgibt, die ursprünglich letzte Zeile zuerst und die ursprünglich erste zuletzt. Der Dateiname soll auf der Kommandozeile übergeben werden.

Mit Arrays arbeiten

Sie glauben, Sie wüssten bereits alles über Arrays und ihre Verarbeitung? Weit gefehlt! Perl bietet uns eine Reihe interessanter Funktionen, die auf den Umgang mit Arrays maßgeschneidert sind. Dabei geht es nicht, wie im letzten Kapitel, um die Manipulation des Arrays an sich. Heute beschäftigen wir uns vielmehr mit Techniken rund um die Verarbeitung der Daten, die in einem Array gespeichert sind. Wir lernen,

■ den Inhalt von Arrays raffiniert zu manipulieren,

■ elegant und schnell zu durchsuchen,

■ und nach beliebigen Kriterien zu sortieren,

■ wie man Zeichenketten in einzelne Felder aufsplittet, um sie in einem Array abzuspeichern und

■ wie man im Gegenzug Array-Felder wieder zu einer einzigen Zeile zusammenfügt.

In einem Exkurs geht es darum,

■ wie man Daten in einer Datei abspeichert.

7.1   Array-Funktionen

Unter dem Oberbegriff »Array-Funktionen« fasst man alle Funktionen zusammen, die Listen und Arrays bearbeiten oder erzeugen. Die meisten von ihnen kennen Sie bereits aus dem vorherigen Kapitel, um die restlichen geht es in diesem Kapitel. Werfen wir zunächst einen Blick auf die gesamte Liste.

Funktion	Syntax/Beispiel	Beschreibung
chomp	chomp @arr ;	Entfernt Newlines.
chop	chop @arr ;	Entfernt jeweils das letzte Zeichen.
shift	$first = shift @arr ;	Entfernt das erste Element und liefert es zurück.
unshift	unshift @arr, $first ;	Fügt vorne neue Elemente ein. Liefert die neue Länge des Arrays zurück.
pop	$last = pop @arr ;	Entfernt das letzte Element und liefert es zurück.
push	push @arr, $last ;	Hängt hinten neue Elemente an. Liefert die neue Länge des Arrays zurück.
splice	splice @arr, 2, 5 ; splice @arr, 2, 5, $middle ;	Entfernt einen Bereich von Elementen aus dem Array und ersetzt ihn eventuell durch neue Felder. Liefert den abgeschnittenen Teil zurück.

Tabelle 7.1: Array-Befehle

Funktion	Syntax/Beispiel	Beschreibung
reverse	`@new = reverse @arr ;`	Dreht die Reihenfolge der Elemente um.
join	`$line = join "::", @arr ;`	Verkettet die Felder eines Arrays mithilfe eines Trennzeichens und liefert den entstehenden String zurück.

split	`@arr = split ;`
	`@arr =`
	`    split "::", $line ;`
		Splittet einen String anhand eines Trennzeichens auf und speichert die einzelnen Wörter als Elemente eines Arrays. Liefert die Anzahl der Felder zurück.

map	`@new =` `    map {lc} @arr ;`	Führt einen Befehl für alle Elemente des Arrays aus (implizite Schleife). Liefert das Ergebnis-Array zurück.

grep	`@found =`
	`    grep /http/, @arr ;`
	`@found =`
	`    grep {$_>100} @arr ;`
		Führt eine Suche über alle Elemente des Arrays durch. Liefert die Liste der gefundenen Felder zurück, im skalaren Kontext deren Anzahl.

sort	`@new = sort @arr ;`
	`@new =`
	`    sort {$a <=> $b} @arr ;`
		Sortiert ein Array nach beliebigen Kriterien. Liefert das sortierte Array zurück.

Tabelle 7.1: Array-Befehle (Forts.)

chomp und chop

Diese beiden Funktionen kennen wir bereits aus der String-Verarbeitung. Genauso wie dort entfernt chomp ein eventuell angehängtes *Zeilenende* und chop prinzipiell das letzte Zeichen. Werden sie auf Arrays losgelassen, verrichten sie ihre Arbeit an allen Elementen. chomp gibt anschließend die Anzahl der insgesamt entfernten Zeichen zurück; chop liefert nur das zuletzt entfernte Zeichen.

shift, unshift, pop, push und splice

Mit diesen Funktionen haben wir uns ausgiebig im letzten Kapitel beschäftigt.

shift, unshift, pop, push und splice funktionieren nur bei echten Arrays. Alle anderen hier behandelten Befehle kann man auch auf normale Listen anwenden.

7.2   Mit reverse ein Array umdrehen

```
reverse Liste ;
```

Die einfachste der neu hinzugekommenen Array-Funktionen ist sicherlich reverse(). Auf ein Array angewandt, gibt es dessen Elemente in umgekehrter Reihenfolge zurück, das letzte Feld zuerst, das erste zuletzt. Das ursprüngliche Array bleibt unangetastet!

```
@planets = qw( saturn uranus neptun pluto quaoar ) ;

@rev = reverse @planets ;

print "@rev \n" ;           # (quaoar pluto neptun uranus saturn)
print "@planets \n" ;       # (saturn uranus neptun pluto quaoar)
```

Die Elemente an sich werden natürlich nicht umgedreht, zumindest im Array-Kontext. Ruft man reverse() aber im skalaren Kontext auf – weist man das Ergebnis also einer skalaren Variablen zu –, hängt Perl alle Elemente nahtlos aneinander und dreht den resultierenden String um.

```
$rev = reverse @planets ;
print "$rev \n" ;           # raoauqotulpnutpensunarunrutas
```

Aus diesem Grund funktioniert reverse() auch mit einem einzelnen String so, wie wir es kennen. Der einzelne String wirkt wie ein Array mit einem einzigen Element, das dann einfach umgedreht wird.

reverse() eignet sich hervorragend dazu, eine Datei rückwärts auszugeben. Sie erinnern sich an die letzte Übung? Hier die wohl kürzeste denkbare Version:

```
$ cat demo.txt
aaa
bbb
ccc
$ perl -e 'print reverse <>' demo.txt
ccc
bbb
aaa
```

▸ **Manpages:** perlfunc reverse

7.3   Mit join Array-Elemente verketten

```
join expr, Liste ;
```

join() verkettet alle Elemente eines Arrays zu einem einzigen String und gibt diesen anschließend zurück. Zwischen die Elemente wird jeweils ein beliebiges Zeichen oder eine längere Zeichenfolge gesetzt (expr).

```
@planets = qw( saturn uranus neptun pluto quaoar ) ;

$string = join ":", @planets ;
print $string, "\n" ;          # saturn:uranus:neptun:pluto:quaoar

$string = join " - ", @planets[0..3] ;
print $string, "\n";           # saturn - uranus - neptun - pluto

$string = join "\n", @planets[0,1,2] ;
print $string,"\n" ;           # saturn
                               # uranus
                               # neptun
```

Arrays ausgeben

join() wird gerne verwendet, wenn es darum geht, den Inhalt eines Arrays auszugeben. Über print @arr erhält man ja alle Elemente aneinander gepackt. Über print "@arr" werden zwar Leerzeichen zwischen die Felder geschoben, was jedoch wenig bringt, wenn bereits die Elemente selbst Leerzeichen enthalten. join() ist hier weitaus flexibler, da man das Trennzeichen selbst definieren kann.

In die gleiche Richtung zielen die Spezialvariablen $, (wirkt außerhalb der Quotes) und $" (innerhalb von Double-Quotes). Allerdings funktionieren sie nur im Rahmen des print-Befehls. Mittels join kann man den resultierenden String nicht nur mittels print ausgeben, sondern auch einer Variablen zuweisen.

```
@names = ( "Hans Vogt", "Peter Mai" ) ;
print @names, "\n" ;           # HansVogtPeterMai
print "@names", "\n" ;         # Hans Vogt Peter Mai

$, = " - " ;
$" = " + " ;

print @names, "\n" ;           # Hans Vogt - Peter Mai -
print "@names", "\n" ;         # Hans Vogt + Peter Mai -

$, = "" ;
$string = join " : ", @names ;
print $string, "\n" ;          # Hans Vogt : Peter Mai
```

Häufig wird join() bei der Ausgabe einer Liste auch on the fly verwendet:

```
print join(" : ", @names) , "\n" ;     # Hans Vogt : Peter Mai
```

Zusammengesetzte Datensätze

join() wird auch überall da gebraucht, wo Datensätze aus mehreren einzelnen Teilen zusammengesetzt sind. Die Teile werden über eindeutige Trennzeichen durch join() miteinander verbunden. Es spielt den Gegenpart zu split(), mit dessen Hilfe man die Daten anschließend bei Bedarf wieder auftrennt.

Stellen Sie sich vor, Sie hätten eine Adressdatenbank mithilfe eines Arrays realisiert. Jedes Element enthalte die Daten für eine Person, z.B. Name, Vorname, PLZ, Ort, Straße und Hausnummer. Als Trenner zwischen den einzelnen Informationen verwenden wir etwas, was nicht in den Daten selbst enthalten ist, zum Beispiel "HHH".

```
Gerda#HH#Kramer#HH#50679#HH#Koeln#HH#Feldstr.#HH#5
Markus#HH#Meiwe#HH#80424#HH#Muenchen#HH#Kreisstr.#HH#12
Monika#HH#Kraus#HH#10315#HH#Berlin#HH#Beerenstr.#HH#4a
```

Die Daten müssen irgendwann einmal per Tastatur eingegeben werden. Man speichert sie anschließend ab, um sie in Zukunft, z.B. zur Adresssuche, immer wieder aus der Datei einlesen zu können. Bei der Eingabe per Tastatur handelt es sich üblicherweise um einen Dialog mit dem Benutzer:

```
Vorname:       Gerda
Nachname:      Kramer
Postleitzahl:  506709
Ort:           Koeln
.....
```

Diesen können Sie über die folgenden Zeilen realisieren:

```
print "Vorname:     "; chomp ($vname = <STDIN>) ;
print "Nachname:    "; chomp ($nname = <STDIN>) ;
print "Postleitzahl: "; chomp ($plz = <STDIN>) ;
.....
```

Haben Sie die Informationen für eine Person eingelesen, müssen diese zu einem einzigen Datensatz zusammengefügt werden. Hier kommt join ins Spiel.

```
$adresse = join "#HH#",$vname,$nname,$plz,$ort,$strasse,$nr ;
```

```
-> Gerda#HH#Kramer#HH#50679#HH#Koeln#HH#Feldstr.#HH#5
```

In der Regel speichert man den so gewonnenen String zusätzlich in einem Array ab, um ihn sofort für eine anschließende Suche verfügbar zu machen.

```
push @adress_arr, $adresse ;
```

Natürlich muss das erweiterte Array, oder zumindest die neuen Elemente, in einer Datei gespeichert werden, bevor man das Skript beendet. Sonst sind die eingegebenen Daten wieder weg. Leider wissen wir noch nicht, wie das Abspeichern in Perl funktioniert. Da man die Arbeitsweise von join() und split() aber am besten anhand einer kleinen Datenbank zeigen kann, greifen wir etwas vor und sehen uns den Speicher-Befehl in einem kleinen Exkurs an.

▶ **Manpages:** perlfunc reverse

7.4   Exkurs: Daten speichern

```
open FH, ">dateiname" ;
print FH, daten ;
close FH ;
```

Prinzipiell müssen wir eine Datei, in die wir Daten ausgeben wollen, zunächst über open() öffnen. Eine verkürzte Form, wie den Diamant-Operator für das Einlesen, gibt es hier nicht. Um Perl zu signalisieren, dass wir schreiben und nicht lesen möchten, setzen wir ein Größer-Zeichen vor den Dateinamen.

```
open FH, ">dateiname" ;
```

FH ist wieder das Filehandle[1], also ein Alias, über den wir fortan auf die Datei zugreifen. Das Filehandle erhält einen beliebigen Namen, Großbuchstaben sind jedoch üblich, um Verwechslungen mit Schlüsselwörtern zu vermeiden.

```
open OUT, ">file.log" ;
open FILE, ">/data/db/file.dat"
```

Die Ausgabe der Daten erfolgt über den print-Befehl. Irgendwie muss angezeigt werden, dass man nicht auf den Bildschirm, sondern in eine Datei schreiben will. Dies geschieht über die Angabe des Filehandle *vor* den eigentlichen Daten. Wichtig ist dabei, dass nach dem Dateihandle kein Komma stehen darf. Nur so kann Perl erkennen, dass es sich um ein Filehandle und nicht bereits um Daten handelt.

```
print FH daten ;
```

zum Beispiel

```
print OUT $error, "\n" ;
print FILE $zeile, "\n" ;
```

Um *alle* Elemente eines Arrays in einer Datei abzuspeichern, legt man eine Schleife um den print-Befehl.

```
foreach $zeile ( @arr ) {
    print FILE $zeile, "\n" ;
    }
```

Oder man verbindet die Elemente über join() gleich mit *Newline*-Zeichen und gibt den resultierenden String aus.

```
print FH join( "\n", @arr ), "\n" ;
```

Ist die Ausgabe beendet, wird die Datei über close() wieder geschlossen.

```
close FH ;
```

Ein einfaches System, wie ich finde!

---

1   Die Begriffe *Filehandle* und *Dateihandle* werden synonym verwendet.

Speichern von Datensätzen

Nun zurück zu unserer kleinen Adressdatenbank. Sie hatten die per Tastatur eingelesenen Datensätze über join() aneinander gefügt und in ein Array gespeichert.

```
$adresse = join "###",$vname,$nname,$plz,$ort,$strasse,$nr ;
push @adress_arr, $adresse ;
```

Bevor Sie das Skript beenden, müssen die Datensätze in einer Datei gespeichert werden.

```
open OUT, ">adress.dat" ;
```

```
foreach $feld ( @adress_arr ) {
   print OUT $feld, "\n" ;
   }
```

```
close FH ;
```

Das war's!

▶ **Manpages:** perlfunc open

7.5   Mit split Daten zerlegen

```
split /expr/, String ;   split 'expr', String
split /expr/ ;
split // ;
split ;
split " " ;
split /expr/, String, max ;
```

```
$n = split (...) ;
```

split() ist ein wunderbarer Befehl, wir hatten ihn schon am 6. Tag in seiner einfachsten Form verwendet. Aber split kann mehr, wie Sie an der obigen Aufstellung sehen. split() ist *der* Schlüsselbefehl, wenn es darum geht, Daten in ihre einzelnen Bestandteile zu zerlegen. Er ist das Gegenstück zu join().

■   split /expr/, String ;   split 'expr', String ;

Prinzipiell nimmt split eine Zeichenkette entgegen und zerlegt sie anhand des gewünschten Trennzeichens bzw. Trennstrings in einzelne Felder. Die Trennzeichen werden in Anführungszeichen oder Schrägstriche eingeschlossen. Die resultierenden Felder werden als Liste zurückgegeben und von uns meistens in einem Array gespeichert. Das Array ist jedoch nicht zwingend; oft genügt es auch, das Ergebnis in einer Liste von skalaren Variablen aufzufangen. Oder man greift sofort nur ein bestimmtes Element heraus.

```
$string = "root:x:0:0:Administrator:/:/sbin/sh" ;

# Array
@passwd = split ":", $string ;
        # ('root','x','0','0','Administrator','/','/sbin/sh')

# Liste
($login,$pwd,$uid,$gid,$cmt,$home,$shell) = split ":", $string ;

# Element
$home = ( split ":", $string )[5] ;          # /
```

Das Trennzeichen selbst wird nicht mehr mit ausgegeben.

Beachten Sie bitte, dass im Normalfall *jedes* Trennzeichen ausgewertet wird. Folgen zwei Trennzeichen aufeinander, wird zwischen ihnen ein leeres Feld angenommen, das *nicht* ignoriert wird. Nur am Ende des Strings gelten andere Regeln: Trennzeichen am Ende werden normalerweise ignoriert, im folgenden Beispiel alles nach dem f:.

```
$string = ":a:b:::f::" ;
@arr = split ":", $string ;    # ('','a','b','','','f')
```

So viel zur grundsätzlichen Funktionalität von split(). Erweitert wird diese nun in zwei Richtungen. Zum einen darf als Trenner anstelle eines normalen Strings auch ein regulärer Ausdruck stehen. Regular Expressions[2] werden wir am 12. Tag besprechen. Dabei handelt es sich um eine abstrakte Sprache zur Beschreibung von Mustern. Statt eines konkreten Leerzeichens kann man beispielsweise »beliebig viele Leerzeichen oder Tabs« als Trenner angeben (/\s+/) oder beliebige Sonderzeichen (/\W+/). Wenn Sie erst einmal mit Regular Expressions zu jonglieren gelernt haben, werden Sie das gewaltige Potenzial zu schätzen wissen, das diese Erweiterung split() verleiht.

```
@arr = split /\W+/ $zeile ;
```

Perl interpretiert *jeden* Trennstring als regulären Ausdruck, egal ob wir ihn in Schrägstriche oder Quotes setzen. Solange wir lediglich Buchstaben und Zahlen als Trenner verwenden, kann uns das egal sein, da diese ihre Bedeutung behalten. Bei anderen Zeichen müssen wir allerdings darauf achten, dass viele von ihnen in Regular Expressions eine Sonderbedeutung besitzen. Dazu gehören:

```
. * ? + ^ $ [ ] ( ) \ / |
```

Wann immer Sie ein solches Zeichen als Trenner benutzen, müssen Sie es mit einem Backslash versehen, um ihm die Sonderbedeutung zu nehmen: \. * \? etc. Insbesondere der Punkt dient recht häufig als Trennzeichen. Achten Sie unbedingt darauf, ihn zu entschärfen, sonst erhalten Sie ein völlig falsches Ergebnis.

```
split '\.' $string ;
```

Die zweite Erweiterung von split() besteht in einer Reihe von Kurz- und Sonderformen für häufig auftauchende Fragestellungen.

---

2   Die Begriffe *Regular Expression* und *Regulärer Ausdruck* werden synonym verwendet.

- `split /expr/ ;`

Fehlt die Angabe einer Zeichenkette, wird die Default-Variable `$_` zerlegt.

```
$_ = "aa--bb--cc" ;
@arr = split /--/ ;              # ('aa','bb','cc')
```

- `split //, string`

Gibt man eine leere Zeichenkette als Trenner an, splittet Perl eine Zeichenkette in die einzelnen Zeichen auf.

```
$flags = "ouixv" ;
@arr = split //, $flags ;       # ('o','u','i','x','v')
```

- `split " ", string ;`

Wird ein einzelnes Leerzeichen *in Quotes* (nicht in Schrägstrichen) als Trenner gewählt, splittet Perl die Zeichenkette nach »beliebig vielen Leerzeichen, Tabulatoren und *Newlines*« auf, ignoriert jedoch führende Trennzeichen. *Beliebig viele* soll heißen, dass z.B. mehrere aufeinander folgende Leerzeichen als ein einziger Trenner gewertet werden. Das Wort, das diesem Gummi-Trenner folgt, wird gleich als nächstes Feld gewertet, ohne dass Lücken entstünden. Es handelt sich um den einzigen Fall, bei dem es einen Unterschied macht, ob Sie Quotes oder Schrägstriche um den Trenner herum setzen.

```
$line = "  aa bb    cc
      dd    ee" ;
@arr = split " ", $line;        # ('aa','bb','cc','dd','ee')
```

- `split ;`

Ruft man `split()` ohne Argumente auf, wird der Inhalt der Variablen `$_` zerlegt. Als Trenner werden wieder beliebig viele Leerzeichen, Tabulatoren und *Newlines* benutzt. Führende Trennzeichen werden auch hier ignoriert. Es wirkt also wie `split(" ", $_)`. In dieser Form trennt `split()` eine Zeile in der gleichen Weise auf wie das UNIX-Tool `awk`.

```
$_ = "  aa bb    cc
      dd    ee" ;
@arr = split ;                  # ('aa','bb','cc','dd','ee')
```

- `split /expr/, String, max ;`

Optional können Sie die maximale Anzahl aufzusplittender Wörter festlegen. `split` beendet seine Arbeit dann nach der entsprechenden Zahl. Das letzte Feld enthält den restlichen, nicht weiter zerlegten Teil des Strings.

```
$string = "aa:bb:cc:dd:ee" ;
@arr = split ":", $string, 3 ;  # ('aa','bb','cc:dd:ee')
```

Entstehen weniger als *max* Felder, bleibt die entstehende Liste, wie sie ist; sie wird nicht etwa künstlich aufgebläht.

- `$n = split (...)`

Im skalaren Kontext gibt split die *Anzahl* entstandener Felder zurück. Dabei ist es egal, in welcher der beschriebenen Formen Sie split aufrufen. Die einzelnen aufgesplitteten Wörter landen in dem Spezial-Array @_. Allerdings kollidiert diese Verwendung von @_ mit der Bedeutung, die es in Subroutinen besitzt (Kapitel 13). Aus diesem Grund wird davon abgeraten, split im skalaren Kontext zu verwenden. Wenn Sie an der Anzahl der Elemente interessiert sind, können Sie genauso gut das entstehende Array abzählen.

```
$string = "aa:bb:cc:dd:ee" ;
$n = @arr = split ":", $string ;        # 5
```

Zusammenfassung

split() ist enorm leistungsfähig und flexibel. Doch leider kann man sich die vielen Sonderformen kaum merken. Hier gelangt man wieder einmal an einen Punkt, wo der erfahrene Perl-Programmierer ins Schwärmen gerät, der Anfänger hingegen stöhnt. Tatsache ist, dass wir mit split() einen Schlüsselbefehl zur Aufbereitung von Datensätzen vor uns haben, der auch kompliziert zusammengesetzte Daten in ihre einzelnen Bestandteile zerlegen kann.

Um Ihnen den Überblick zu erleichtern, sind hier noch einmal die wichtigsten Formen von split() zusammengefasst.

- split /*expr*/, *String* ;   split "*expr*", *String* ;

  Zerlegt *String* in eine Liste von Wörtern. Berücksichtigt *alle* Trennzeichen am Anfang oder mittendrin, ignoriert aber Trennzeichen am Ende des Strings. Der Trenner wird als regulärer Ausdruck interpretiert.

- split /*expr*/ ;

  Fehlt die Angabe einer Zeichenkette, wird $_ zerlegt.

- split //, *string*

  Wird ein leerer Trenner angegeben, zerlegt Perl den String in seine einzelnen Zeichen.

- split " ", *string* ;

  Ist der Trenner ein Leerzeichen in Quotes, gelten beliebig viele Leerzeichen, Tabs und Newlines als ein einziger Trenner. Führende Trenner werden ignoriert.

- split ;

  Wie split " ", $_ ;, also beliebig viele Leerzeichen, Tabs und Newlines als Trenner, führende Trenner werden ignoriert.

- split /*expr*/, *String*, *max* ;

  Splittet höchstens in *max* Felder auf. Das letzte Feld enthält den Reststring. Trennzeichen am Ende des Strings werden nur in dieser Form berücksichtigt. Eine -1 für *max* bedeutet: beliebige Anzahl (unter Berücksichtigung angehängter Trenner).

Systemdateien aufsplitten

Bei der Verwaltung von UNIX-Servern steht man häufig vor dem Problem, Daten aus Systemdateien isolieren zu müssen. Dabei geht es meistens um die /etc/passwd, in der User-IDs und Login-Namen gespeichert sind, um /etc/group, welche Gruppen-IDs und Gruppennamen enthält, sowie um die Datei /etc/hosts mit Rechnernamen und IP-Adressen.

Wie erhält man nun beispielsweise eine Liste aller User-IDs? Man liest die entsprechende Datei zeilenweise ein, splittet jede Zeile in ihre Bestandteile auf und speichert die gewünschten Felder in einem Array. Mit den Informationen dieses Arrays können anschließend die anvisierten Aktionen ausgeführt werden.

Die Liste aller UIDs

Eine typische Zeile der /etc/passwd sieht folgendermaßen aus:

```
meier:x:1023:10:Hans Meier:/home/meier:/bin/ksh"
```

Der Login-Name steht in Feld Nr. 0, die UID in Feld Nr. 2 (1023).

```
open PW, "/etc/passwd" ;
while ($zeile = <PW>) {                # zeilenweise einlesen
    @zeile = split /:/, $zeile  ;      # in temp. Array zerlegen
    push @uid, $zeile[2] ;             # Feld Nr. 2 speichern
    }
```

▶ **Manpages:** perlfunc split

7.6 Eine kleine Adressdatenbank

Wir sind nun in der Lage, ein Skript zur Verwaltung einer kleinen Adressdatenbank zu schreiben, wie wir sie in Abschnitt 7.3 begonnen hatten. Wir haben bereits Daten per Tastatur eingelesen, sie über join zu einem einzigen Satz zusammengefügt und anschließend in einer Datei gespeichert. Mithilfe von split() können wir den Datensatz nun wieder in seine einzelnen Teile zerlegen, wenn der Benutzer eine bestimmte Adresse angezeigt bekommen möchte.

Tragen wir zunächst die einzelnen Teile zusammen, die wir bisher entwickelt haben.

Der Dialog zur Eingabe neuer Adressen:

```
print "Vorname:     "; chomp ($vname = <STDIN>) ;
print "Nachname:    "; chomp ($nname = <STDIN>) ;
print "Postleitzahl: "; chomp ($plz = <STDIN>) ;
.....
```

Zusammenfügen des Datensatzes und Einfügen in ein Array:

```
$adresse = join "#H#",$vname,$nname,$plz,$ort,$strasse,$nr ;
push @adress_arr, $adresse ;
```

Abspeichern aller Daten in einer Datei:

```
open OUT, ">adress.dat" ;
foreach $feld ( @adress_arr ) {
   print OUT $feld, "\n" ;
   }
close FH ;
```

Was wir noch benötigen, ist einerseits das Einlesen der Datensätze aus einer Datei, wenn das Skript gestartet wird.

```
open IN, "adress.dat" ;
@adress_arr = <IN> ;
chomp @adress_arr ;
```

Sowie die Möglichkeit, das Array nach einer bestimmten Adresse zu durchsuchen. Zunächst der Dialog:

```
print "Adress-Bestandteil: " ;
$suche = <STDIN> ; chomp $suche ;
```

Und schließlich die Suche:

```
@funde = () ;

foreach $zeile ( @adress_arr  ) {
   if index ( $zeile, $suche ) > -1 {
      push @funde, $zeile ;
      }
   }
```

Wir ermitteln also über index(), ob der Suchstring in der aktuellen Zeile enthalten ist. Wenn ja, wird die Zeile in das Array @funde aufgenommen.

Nun kommt split() ins Spiel. Die Adresse will in gut lesbarer Form ausgegeben werden, sie besteht bisher aber noch aus dem zusammengesetzten Datensatz.

```
foreach ( @funde ) {
   ($vname,$nname,$plz,$ort,$strasse,$nr) = split "###" ;
   print "$vname $nname \n" ;
   print "$strasse $nr \n" ;
   print "$plz $ort \n\n" ;
   }
```

Perfekt.

Bevor das komplette Listing unserer Datenbank folgt, sollten wir uns allerdings noch eine geeignete Steuerung ausdenken. Am angenehmsten wird die Bedienung des Programms, wenn wir den Benutzer in einer Endlosschleife nach seinen Wünschen fragen. Über q kann er das Programm verlassen. Mit einem s oder einem einfachen *Newline* wird gesucht, über ein n eine neue Adresse eingegeben.

```
while () {
    print "\ns:suchen(dflt) n:neue Adresse eingeben  q:quit\n ;
    print "Auswahl: " ; chomp ($eingabe = <STDIN>) ;

    if ( $eingabe eq "s" or $eingabe eq "" ) {
        ..... # Adresse suchen
        }
    elsif ( $eingabe eq "n" ) {
        ..... # neue Adresse eingeben und speichern
        }
    elsif ( $eingabe eq "q" ) { exit }
```

Sehen wir uns nun endlich unser fertiges Programm an.

Listing 7.1: adress.pl – kleine Adressdatenbank

```
#!/usr/bin/perl -w
#
# adress.pl
# Kleine Adress-Datenbank

# Daten einlesen
# --------------
open IN, "adress.dat" ;
@adress_arr = <IN> ;
chomp @adress_arr ;


# Eingabeschleife
# ---------------
while () {
    print "\ns:suchen(dflt) n:neue Adresse eingeben  q:quit\n" ;
    print "Auswahl: " ; chomp ($eingabe = <STDIN>) ;


# Datenbank durchsuchen
# ---------------------
if ( $eingabe eq "s" or $eingabe eq "" ) {

    # Dialog
    print "Adress-Bestandteil: " ;
    $suche = <STDIN> ; chomp $suche ;

    # Suche
    @funde = () ;
    foreach $zeile ( @adress_arr  ) {
        if ( index ($zeile, $suche) > -1 ) {
```

```
                push @funde, $zeile ;
                }
            }

        # Ausgabe
        foreach ( @funde ) {
            ($vname,$nname,$plz,$ort,$strasse,$nr) = split "#HH#" ;
            print "$vname $nname \n" ;
            print "$strasse $nr \n" ;
            print "$plz $ort \n\n" ;
            }
        }


# Neuer Datensatz
# ---------------
elsif ( $eingabe eq "n" ) {

    # Dialog
    print "Vorname:      "; chomp ($vname = <STDIN>) ;
    print "Nachname:     "; chomp ($nname = <STDIN>) ;
    print "Postleitzahl: "; chomp ($plz = <STDIN>) ;
    print "Ort:          "; chomp ($ort = <STDIN>) ;
    print "Strasse:      "; chomp ($strasse = <STDIN>) ;
    print "Hausnummer:   "; chomp ($nr = <STDIN>) ;

    # Datensatz basteln
    $adresse = join "#HH#",$vname,$nname,$plz,$ort,$strasse,$nr ;
    push @adress_arr, $adresse ;

    # Speichern
    open OUT, ">adress.dat" ;
    foreach $feld ( @adress_arr ) {
        print OUT $feld, "\n" ;
        }
    close OUT ;
    }

# Programm verlassen
elsif ( $eingabe eq "q" ) { exit }

}
```

Ist doch ein beachtliches Programm geworden! Probieren wir es aus:

```
$ adress.pl

s:suchen(dflt) n:neue Adresse eingeben   q:quit
Auswahl: n
Vorname:      Hans
Nachname:     Kunz
Postleitzahl: 80443
Ort:          Muenchen
Strasse:      Ringstr.
Hausnummer:   13

s:suchen(dflt) n:neue Adresse eingeben   q:quit
Auswahl: n
Vorname:      Helga
Nachname:     Abt
Postleitzahl: 50334
Ort:          Koeln
Strasse:      Turmstr.
Hausnummer:   54

s:suchen(dflt) n:neue Adresse eingeben   q:quit
Auswahl: s
Adress-Bestandteil: Kunz
Hans Kunz
Ringstr. 13
80443 Muenchen

s:suchen(dflt) n:neue Adresse eingeben   q:quit
Auswahl: s
Adress-Bestandteil: Koeln
Helga Abt
Turmstr. 54
50334 Koeln

s:suchen(dflt) n:neue Adresse eingeben   q:quit
Auswahl: q
$
```

Fantastisch! Aber – wird auch richtig gespeichert? Geht uns auch wirklich nichts verloren? Wir rufen das Programm einfach noch mal auf.

```
$ adress.pl

s:suchen(dflt) n:neue Adresse eingeben   q:quit
Auswahl: s
Adress-Bestandteil: Hans
Hans Kunz
```

```
Ringstr. 13
80443 Muenchen

s:suchen(dflt) n:neue Adresse eingeben  q:quit
Auswahl: q
$
```

Das klappt wunderbar! Zum Abschluss werfen wir noch einen Blick in die entstandene Datei:

```
$ more adress.dat
Hans⌐⌐Kunz⌐⌐80443⌐⌐Muenchen⌐⌐Ringstr.⌐⌐13
Helga⌐⌐Abt⌐⌐50334⌐⌐Koeln⌐⌐Turmstr.⌐⌐54
$
```

Was wir da geschaffen haben, ist weitaus mehr als nur eine Adressdatenbank. Es ist ein Prototyp für kleinere Datenbanken aller Art! Natürlich werden Sie große und wichtige Datenbanken nicht eigenhändig anlegen und verwalten; dafür gibt es professionelle Management-Systeme wie Oracle, Informix oder MySql. Aber kleinere, einfache Datenbestände können Sie auf die gezeigte Art verwalten.

Das Durchsuchen der Datensätze kann eleganter über grep() (siehe Abschnitt 7.8) gelöst werden. Für die Speicherung der Daten im Skript nimmt man häufiger einen Hash als ein Array, an der prinzipiellen Herangehensweise ändert sich dadurch aber nichts.

7.7   Arrays verarbeiten mit map

Immer wieder muss man in Skripten Arrays durchlaufen, um mit jedem Element die gleiche Aktion durchzuführen. Deshalb bietet uns Perl eine Kurzform für diesen Vorgang an, den Befehl map(). Typisch ist der Einsatz von map für Kleinigkeiten, die zwar eine eigene Schleife benötigen, wegen ihrer nebensächlichen Bedeutung aber nicht den Blick auf das Wesentliche verstellen sollen.

■   map { *befehle* } *Liste* ;

map *expr*, *Liste* ;

$n = map ...

Mithilfe von map() iteriert man durch ein Array auf äußerst elegante Art. Der Befehl, den Sie map übergeben, wird auf *alle* Elemente des Arrays oder der Liste angewandt. map() wirkt wie eine foreach-Schleife. Die Laufvariable ist festgelegt auf $_. Das bei einer einzelnen Iteration herausgegriffene Element ist also über $_ ansprechbar. Als Ergebnis liefert map() eine Liste mit den Resultaten für die einzelnen Elementen zurück.

```
@arr = (1,2,3,4,5) ;

@new = map { $_ + 10 } @arr ;          # Die unsichtbare Schleife
print "@new" ;                         # (11,12,13,14,15)
```

Unglaublich, nicht wahr? Auf einen Schwung werden alle Elemente bearbeitet und das Ergebnis zurückgeliefert. Man könnte die Anweisung lesen als:

»Wende den Befehl +10 auf das Array @arr an.«

Je nachdem, ob man $_ nur passiv verwendet oder ob man ihm aktiv etwas zuweist, wird das ursprüngliche Array verändert oder nicht. Achten Sie auf die genaue Formulierung des Befehls! $_+3 liefert lediglich den um 3 erhöhten Wert, während $_=$_+3 oder $_+=3 den Wert von $_ und damit des Originalelements verändert.

```
@arr = (1,2,3,4,5) ;

@new = map { $_ + 10 } @arr ;          # passiv
print "@arr" ;                          # (1,2,3,4,5)
print "@new" ;                          # (11,12,13,14,15)

@new = map { $_ += 10 } @arr ;          # veraendert @arr
print "@arr" ;                          # (11,12,13,14,15)
print "@new" ;                          # (11,12,13,14,15)
```

Im zweiten Fall hätte man die Rückgabe normalerweise ignoriert, da man den Effekt ja direkt im Original-Array erhält.

```
map { $_ += 10 } @arr ;
```

Erinnern Sie sich an die Diskussion über reverse() in Abschnitt 7.2? Im Array-Kontext wird die Reihenfolge der Elemente umgekehrt, im skalaren Kontext der konkatenierte String. Nicht so einfach möglich war jedoch die Umkehrung der einzelnen Elemente unter Beibehaltung ihrer Reihenfolge. So etwas klappt wunderbar über map.

```
@arr = qw (merkur venus erde) ;
map {$_ = reverse} @arr ;
print "@arr \n" ;              # rukrem sunev edre
```

■   map expr, *Liste* ;

Ist der Befehl als einfacher Ausdruck schreibbar – handelt es sich also nur um einen einzigen Befehl – kann man auch diese, noch etwas schlankere Formulierung wählen. Achten Sie auf das Komma vor der Liste! Alle bisherigen Beispiele hätten wir auch auf diese Art schreiben können.

```
map $_ = 0, @arr ;
```

■ $n = map ...

Im skalaren Kontext liefert map die Anzahl der Elemente in der zurückgegebenen Liste. Die Länge muss nicht unbedingt derjenigen der Originalliste entsprechen. Der oder die Befehle von map werden im Array-Kontext ausgewertet, was bedeutet, dass sie eventuell mehrere Felder pro Iteration liefern können.

Statt des Befehlsblocks nimmt map übrigens auch den Namen einer Funktion an, die dann die auszuführenden Befehle enthält. Zu Funktionen kommen wir am 13. Tag.

```
map &func, @arr ;
```

map() erzeugt *immer* eine Liste mit den Ergebnissen der durchgeführten Operationen, selbst dann, wenn man diese Liste nicht auffängt. Man erkauft sich die elegantere Syntax gegenüber einer for- oder foreach-Schleife daher eventuell mit einem leichten Verlust bei der Performance und einem Mehrverbrauch an Arbeitsspeicher.

▶ **Manpages:** perlfunc map

7.8 Mit grep Arrays durchsuchen

■ grep */regexp/, Liste* ;

grep *expr, Liste* ;

grep { *befehle* } *Liste* ;

$n = grep ...

if (grep ...) { ... }

grep() wird zum Durchsuchen von Arrays nach beliebig komplexen Kriterien verwendet. Bevor wir uns konkreten Beispielen zuwenden, wollen wir versuchen, die Arbeitsweise von grep zu verstehen.

grep() funktioniert zunächst genauso wie map(). Auch hier wird eine implizite Schleife um das Array gelegt und die Befehle werden für jedes Element ausgeführt. Auch hier spricht man ein einzelnes Element wieder über $_ an. Im Gegensatz zu map wertet grep() die gesamte Operation für ein Element zum Schluss jedoch im booleschen Kontext aus, bestimmt also, ob sie *wahr* oder *falsch* ergibt. Nur wenn sie *wahr* ergibt, liefert grep das Element zurück. Das Element!

Zwei Unterschiede gibt es also im Vergleich zu map:

1. Es werden nur die wahren Fälle geliefert.

2. Es werden die Elemente des bearbeiteten Arrays zurückgegeben, nicht das Ergebnis der Operation.

■ grep */regexp/, Liste* ;

Am häufigsten verwendet man grep() dazu, Elemente aus einem Array herauszusuchen, die eine bestimmte Zeichenkette enthalten.

@arr = qw (abcd bcde cdef defg) ;

@found = grep /bc/,@arr ;
print "@found \n" ;   # abcd bcde

Diese gebräuchlichste Form von grep

grep */regexp/, Liste* ;

ist eine Kurzschreibweise für

```
grep { $_ =~ m/regexp/ } Liste ;
```

Es wird also für jedes Element kontrolliert, ob es *regexp* enthält. Wie man an der Namensgebung sieht, kann nicht nur nach festen Zeichenfolgen gesucht werden, sondern auch nach regulären Ausdrücken (siehe Kapitel 12).

Nehmen wir an, eine Logdatei sei nicht zu groß, um noch in den Arbeitsspeicher zu passen. Dann können wir sie in ein Array laden und mit grep die interessanten Zeilen isolieren.

```
open IN, "file.log" ;
@log = <IN> ;

@http = /http/, @log ;
@ftp = /ftp/, @log ;
@mail = /sendmail/, @log ;
```

Perl ist unglaublich effektiv! Mit ein paar Zeilen haben wir ein Array mit Protokollmeldungen für den Webserver erstellt, eines für den FTP- und eines für den Mailserver. Und den zeitlich aufwendigen Vorgang, das Einlesen der Logdatei, mussten wir nur ein einziges Mal durchführen.

- `grep expr, Liste ;   grep { befehle } Liste ;`

Aber Perl kann noch mehr. Das Suchkriterium darf beliebig sein, denn Perl kann von allem beurteilen, ob es wahr oder falsch ist. So könnten wir beispielsweise nur an Elementen interessiert sein, die größer als 100 sind.

```
@arr = (34, 89, 292, 11, 104, 78) ;

@big = grep $_ > 100, @arr ;
print "@big \n" ;                      # 292 104
```

Oder an Elementen, die länger als acht Zeichen sind:

```
@arr = qw( aaa bbbbbbbbb ccc ddd ) ;

@big = grep length > 8, @arr ;
print "@big \n" ;                      # bbbbbbbbb
```

- `$n = grep ...`

Im skalaren Kontext liefert grep die Anzahl der gefundenen Elemente zurück.

Statt des Befehlsblocks nimmt grep auch den Namen einer Funktion an, die dann die auszuführenden Befehle enthält. Zu Funktionen kommen wir am 13. Tag.

```
grep &func, @arr ;
```

▶ **Manpages:** perlfunc grep

7.9   Mit sort eine Liste sortieren

■ `sort Liste ;`

`sort { $a cmp $b } Liste ;`

`sort { $a <=> $b } Liste ;`

`sort { befehle } Liste ;`

`sort &func Liste ;`

`sort()` liefert die sortierte Version einer Liste zurück. Das Original-Array bleibt unverändert.

`@arr = qw ( c d a b e ) ;`

```
@sarr = sort @arr ;
print "@sarr \n" ;          # a b c d e
print "@arr \n" ;           # c d a b e
```

■ `sort Liste ;`

So weit hört sich die Geschichte ja schrecklich einfach an. Die Frage ist nur: *Wonach* wird sortiert? Per Default, also ohne weitere Angaben, sortiert Perl *alphabetisch in aufsteigender Reihenfolge.* Wir können jedoch beliebige andere Kriterien angeben, nach denen sortiert werden soll.

■ `sort { $a cmp $b } Liste ;`

Dies ist die ausgeschriebene Form der alphabetisch aufsteigenden Sortierung, wie wir sie gerade in der Kurzschreibweise gesehen haben. Aber hier sehen wir, wie sort funktioniert.

`sort()` möchte, dass wir eine Aussage darüber machen, wie zwei herausgegriffene Werte – symbolisiert durch $a und $b – im Vergleich zueinander anzuordnen sind. Hierzu wertet es den Befehlsblock in geschweiften Klammern aus und bewertet das resultierende Ergebnis wie folgt.

Negative Zahl:Die Reihenfolge der beiden Zahlen stimmt.

Positive Zahl: Die Reihenfolge der beiden Zahlen muss geändert werden.

Null:Die beiden Zahlen sind gleich.

Was genau wir in den Befehlsblock schreiben, bleibt uns überlassen. Wichtig ist nur, dass wir uns nach der beschriebenen Interpretation richten. Für einige häufig vorkommende Vergleiche kennt Perl spezielle Operatoren, die die gewünschten Ergebnisse zurückliefern, so zum Beispiel cmp.

Der Operator cmp führt einen alphabetischen Vergleich zwischen zwei Werten durch und gibt -1, 0 oder 1 zurück, je nachdem, welcher der beiden Werte größer ist. Über den Befehl return() wird ein Wert an eine aufrufende Funktion zurückgegeben. Damit entspricht cmp folgender Konstruktion:

```
if    ( $a lt $b ) { return -1 }
elsif ( $a gt $b ) { return 1  }
else               { return 0  }
```

Perl will nur wissen, mit welchen Befehlen es *zwei* herausgegriffene Werte miteinander vergleichen soll. Um die Reihenfolge, in der es die Werte herausgreift und miteinander vergleicht, den so genannten Sortier-*Algorithmus*, müssen wir uns nicht kümmern. (Perl verwendet den Quicksort-Algorithmus.)

■ `sort { $b cmp $a } Liste ;`

Vertauscht man $a und $b, vertauscht man gleichzeitig die beiden Rückgabewerte -1 und +1, wodurch man die Reihenfolge der Sortierung umdreht. `$b cmp $a` sortiert also *absteigend alphabetisch*.

■ `sort { $a <=> $b } Liste ;`

Diese Konstruktion sortiert eine Liste *numerisch in aufsteigender Reihenfolge*. <=>, wegen seiner Form auch »spaceship operator« oder »Raumschiff-Operator« genannt, vergleicht zwei Werte miteinander und gibt -1, 0 und +1 zurück, je nachdem, welcher Wert numerisch größer ist. Er entspricht der Konstruktion

```
if    ( $a < $b ) { return -1 }
elsif ( $a > $b ) { return 1  }
else             { return 0  }
```

■ `sort { $b <=> $a } Liste ;`

Entsprechend haben wir es hier wieder mit einer *numerisch absteigenden* Sortierung zu tun.

■ `sort { befehle } Liste ;`

Damit wären Perls Vergleichsoperatoren erschöpft. 90 Prozent aller Sortiervorgänge dürfte man damit erschlagen. Doch was ist mit dem Rest? In komplizierteren Fällen müssen wir die Sortierkriterien von Hand angeben. Dabei müssen wir dafür sorgen, dass -1, 0 oder +1 unter den richtigen Bedingungen zurückgegeben wird.

Nehmen wir zum Beispiel eine Sortierung nach der Länge der Elemente, aufsteigend.

```
@arr = qw ( aaa bb ccccc dddd ) ;

@sarr = sort {  if ( length $a < length $b ) { return -1 }
                if ( length $a > length $b ) { return 1  }
                else { return 0  }
             } @ arr ;

print "@sarr \n" ;                    # bb aaa dddd ccccc
```

Natürlich geht es auch kürzer. Mit dem Spaceship-Operator:

```
@sarr = sort { length $a <=> length $b } @arr ;
```

Durch Vertauschen von $a und $b erhält man wieder die absteigende Reihenfolge.

Sehen wir uns eine zweistufige Sortierung an. Das folgende Beispiel macht an sich wenig Sinn, steht aber für alle Probleme, bei denen man nach zwei unterschiedlichen Spalten oder nach unterschiedlichen Kriterien sortieren muss. Die Strings bestünden aus zwei Wörtern, wir sortieren alphabetisch nach dem ersten Wort und, bei Gleichheit, numerisch nach dem zweiten.

```perl
@arr = ( 'cc 12', 'bb 8', 'cc 9', 'aa 45', 'bb 31' ) ;

@sarr =
   sort { ($a1,$a2) = split ' ', $a ;
          ($b1,$b2) = split ' ', $b ;
          if ( $a1 lt $b1 ) { return -1 }
          if ( $a1 gt $b1 ) { return  1 }
          else {
               if ( $a2 < $b2 ) { return -1 }
               if ( $a2 > $b2 ) { return  1 }
               else { return 0 }
               }
        } @ arr ;

$" = " - " ;
print "@sarr \n" ;
```

Ausgabe:

```
aa 45 - bb 8 - bb 31 - cc 9 - cc 12
```

Im else-Zweig hätten wir auch gleich den numerischen Vergleichsoperator verwenden können:

```perl
     .....
     else { $a2 <=> $b2 }
   } @arr
```

Noch kürzer kann eine solche zweistufige Sortierung folgendermaßen geschrieben werden:

```perl
@sarr =
   sort { ($a1, $a2) = split ' ', $a ;
          ($b1, $b2) = split ' ', $b ;
          $a1 cmp $b1  or  $a2 <=> $b2;
        } @ arr ;
```

Hier wird mit einer Short-Circuit-Konstruktion gearbeitet. Nur wenn der alphabetische Vergleich durch cmp eine 0 zurückliefert (Gleichheit), wird die zweite Spalte über <=> verglichen.

■   sort &*func* Liste ;

Ist das Sortierkriterium recht kompliziert, droht der entstehende Sortierbefehl unübersichtlich zu werden. In solchen Fällen lohnt es sich, alles, was eigentlich zwischen die geschweiften Klammern gehört, in eine Funktion auszulagern und sort nur den Namen der Funktion zu übergeben. Wie man Funktionen schreibt, lernen wir am 12. Tag.

▶ **Manpages:** perlfunc sort

7.10 Zusammenfassung

■ reverse *Liste* ; Liefert die Liste in umgekehrter Reihenfolge zurück.

■ join *expr, Liste* ;
Verkettet die Elemente der Liste mithilfe des Trenners *expr* und liefert den entstandenen String zurück.

■ print join("\n",@arr),"\n" ; Gibt die Elemente eines Arrays zeilenweise aus.

■ open *FH*, ">*dateiname*" ; Öffnet eine Datei zum Schreiben.

■ print *FH daten* ; Schreibt Daten in eine Datei.

■ split /*expr*/, *String* ;
Zerlegt den String anhand des Trenners *expr* in einzelne Felder und liefert diese als Liste zurück. Im skalaren Kontext erhält man die Anzahl der Felder. Leere Felder am Anfang und innerhalb des Strings werden berücksichtigt, solche am Ende werden ignoriert. *expr* ist ein regulärer Ausdruck. Achtung bei Sonderzeichen wie dem Punkt!

■ split //, *string* ; Splittet in einzelne Zeichen auf.

■ split " ", *string* ;
Verwendet beliebigen Leerraum als einen einzigen Trenner und ignoriert ein führendes leeres Feld (wie awk).

■ split ;
Kurzform für split " ", $_ ;.

■ split /*expr*/, *String, max* ; Zerlegt in maximal *max* Felder.

■ map { *befehle* } *Liste* ;
Führt *befehle* mit jedem Element der Liste aus und liefert die entstehenden Werte als Liste zurück.

■ grep /*regexp*/, *Liste* ;
Sucht in der Liste nach Zeilen, die den regulären Ausdruck (oder String) *regexp* enthalten, und liefert diese Elemente als Liste zurück.

■ grep { *befehle* } *Liste* ;
Führt *befehle* mit jedem Element der Liste aus und liefert diejenigen Elemente zurück, bei denen der resultierende Ausdruck wahr wird.

■ $n = grep ...
Im skalaren Kontext wird die Anzahl der gefundenen Elemente zurückgegeben.

■ if (grep ...) { ... } Wird wahr, wenn wenigstens ein Element gefunden wurde.

■ sort *Liste* ; Liefert die alphabetisch aufsteigend sortierte Liste zurück.

■ sort {$a cmp $b} *Liste*; sort {$b cmp $a} *Liste*; Alphabetisch auf- bzw. absteigend.

■ sort {$a <=> $b} *Liste*; sort {$b <=> $a} *Liste*; Numerisch auf- bzw. absteigend.

■ `sort ( befehle ) Liste ;`
Komplexere Sortierung über selbst definierte Befehle, die durch `return()`schließlich -1, 0 oder +1 zurückgeben.

7.11 Workshop

Fragen und Antworten

F *Wozu in aller Welt braucht man* `reverse`, *abgesehen vom Umkehren der Datei?*

A `reverse` kann uns eine Menge Arbeit sparen. Nehmen wir z.B. an, Sie hätten eine recht aufwendige Sortierfunktion geschrieben. Wenn Sie nun auch die Sortierung in umgekehrter Reihenfolge benötigen, brauchen Sie keine zweite Funktion zu schreiben, sondern drehen das sortierte Array einfach um: `reverse sort (...) @arr`.

F *Die kleine Datenbank, die wir entwickelt haben, muss bei jedem Neustart komplett geladen werden. Das geht aus Zeitgründen doch nur für recht kleine Datenmengen. Würde man nicht besser immer nur den Datensatz laden, der gerade gesucht wurde?*

A Einige MB darf die Datenbank ruhig enthalten, denn 2, 3 Sekunden Ladezeit findet man normalerweise noch in Ordnung. Richtig große Datenbestände sind viel aufwendiger zu verwalten. In der Tat lässt man die Daten dann auf Festplatte und lädt nur den gewünschten Satz. Doch wie soll man suchen, ohne die Festplatte wieder zu durchwühlen? Man benötigt Indexdateien und vieles mehr! So etwas überlässt man dann besser einem Datenbank-Management-System wie Oracle oder MySql. Perl bietet hierfür wunderbare Schnittstellen an (DBI-Modul).

F *Etwas seltsam finde ich die Speicherung aller Werte zu einer Person in einem einzigen zusammengeklebten String allerdings schon. Für so was gibt es doch Datenstrukturen, so dass man zum Beispiel direkt auf die Straße für Müller zugreifen kann?*

A Ja, gibt es. Datenstrukturen sind in Perl sehr einfach zu erstellen. Nur brauchen wir dazu Hashes, die wir erst im nächsten Kapitel behandeln. Aber verachten Sie die hier gezeigte Technik nicht. Für kleinere Datenbestände fährt man sehr gut mit ihr.

F *Warum legt Perl so viel Wert auf Kurzformen? Alles was* `map` *und* `grep` *tun, könnte man doch auch mithilfe normaler Schleifen erledigen.*

A Könnte man schon, stimmt. Andererseits ist es gerade eine Stärke von Perl, für jede Fragestellung eine optimale Antwort parat zu haben. Am Anfang tut man sich etwas schwer, die vielen Varianten auseinander zu halten, aber schon bald lernt man den Vorteil schätzen, aus einem riesigen Tool-Set schöpfen zu können. Die Entwicklungszeit eines Perl-Programms reduziert sich dadurch erheblich.

Quiz

1. Mit welchem Befehl zerlegt man einen String, dessen Wörter durch Kommata voneinander getrennt sind?

2. Wie erhält man über split das letzte Feld einer IP-Adresse?

3. Wie erhält man alle Array-Elemente, die das Wort *sendmail* enthalten?

4. Wie rundet man mithilfe von map alle Zahlen eines Arrays auf einen Schlag auf zwei Stellen?

5. Wie sortiert man eine Liste von Zahlen so, dass mit der höchsten begonnen und mit der niedrigsten geendet wird?

Übungen

1. Zerlegen Sie einen vollen Pfadnamen (z.B. /usr/bin/perl oder c:\programme\perl) in seine Verzeichnisteile und den Dateinamen. Geben Sie die einzelnen Teile in separaten Zeilen aus. Der Pfadname soll auf der Kommandozeile übergeben werden.

2. Geben Sie die Anzahl der Zeilen, Wörter und Zeichen einer Datei aus. Lesen Sie hierzu die Datei in ein Array ein. Die Länge des Arrays entspricht der Anzahl der Zeilen. Über split kann man die Anzahl der Wörter für eine bestimmte Zeile ermitteln. Die Länge der Zeile entspricht der Anzahl von Zeichen in dieser Zeile. Diese beiden Werte müssen nun noch über alle Zeilen aufsummiert werden.

3. Gegeben sei eine Datei mit einer Liste von Zahlen (zahlen.dat auf der CD). Lesen Sie sie ein und suchen Sie über grep() alle Zahlen heraus, die über einer Schwelle liegen, die vom Benutzer auf der Kommandozeile festgelegt werden kann. Der Default-Wert für die Schwelle soll bei 10 liegen. Geben Sie die gefundenen Zahlen sortiert aus.

4. Lassen Sie den Benutzer eine Zahlenreihe per Tastatur eingeben, in einer einzigen langen Zeile, durch Leerzeichen getrennt. Lesen Sie die Zahlen in ein Array ein und bestimmen Sie über sort() und map() auf möglichst einfache Art Minimum, Maximum und Mittelwert.

5. Schreiben Sie ein Skript, das die Mails eines Benutzers zählt, den man auf der Kommandozeile angibt. Die Maildatei befindet sich im UNIX-Verzeichnis /var/mail und trägt den Namen des Benutzers. Lesen Sie diese Datei ein und zählen Sie wieder mithilfe des Befehls grep die Anzahl der Zeilen, die »From:« enthalten.

WOCHE 1

WOCHE 2

WOCHE 3

Hashes

In den letzten beiden Kapiteln haben wir ganze Dateien eingelesen und anschließend zeilenweise verarbeitet, wir haben Listen von Benutzer- oder Rechnernamen behandelt und Adressdatenbanken durchforstet.

Perl kennt neben Arrays einen zweiten Variablentyp, in dem man Listen von Daten speichern kann: *Hashes*. Im Gegensatz zu Arrays greift man bei Hashes nicht über einen ganzzahligen Index auf die Daten zu, sondern über Zeichenketten, die so genannten *Schlüssel*. Jeder Wert wird zusammen mit seinem Schlüssel in dem Hash gespeichert.

Wir nehmen uns wieder zwei Tage Zeit, um den Umgang mit dem neuen Variablentyp zu erlernen. Während es uns in diesem Kapitel um die grundlegenden Konzepte und Techniken geht, wenden wir uns im nächsten Kapitel einigen typischen Anwendungen zu. Heute erwarten Sie folgende Themen:

- Idee und Aufbau von Hashes

- Initialisierung und Zugriff auf ein Element

- Hinzufügen, Testen und Löschen von Elementen

- Die Hash-Funktionen `keys()` und `values()`

- Iterationen durch den Hash

- Sortieren von Hashes

- Hash-Slices

- Mehrdimensionale Hashes

8.1 Idee und Aufbau von Hashes

Erfahrungsgemäß tut man sich anfänglich etwas schwer, die Idee und die Organisation von Hashes zu verstehen. Am besten, wir sehen uns zunächst an, wie Daten in einem Hash gespeichert werden. Anschließend werden wir uns fragen, wozu so etwas taugt.

Hashes im Vergleich zu Arrays

Am deutlichsten wird der Aufbau eines Hash, wenn man ihn einem Array gegenüberstellt. In Arrays sind alle Werte quasi hintereinander gespeichert, in einer Reihe angeordnet. Über die Angabe des Index, also der Position, greift man einzelne Werte heraus.

Abbildung 8.1: Aufbau eines Array

```
Array-Zugriff: $array[3]
```

In Hashes greift man nicht über den Index, sondern den so genannten Schlüssel auf einen gespeicherten Wert zu. Dieser Schlüssel darf eine beliebige Zeichenkette sein, also etwa `'mueller'`, `'meier'`, `'strasse'` oder `'4711'`.

Schlüssel →	"meier"	"mueller"	"schulz"	"kabel"	"kraus"
Elemente →	"2454663"	"667445"	"453887"	"9844766"	"233259"

Abbildung 8.2:
Aufbau eines Hash

```
Hash-Zugriff: $hash{'schulz'}
```

Wir geben also den Schlüssel anstelle eines ganzzahligen Index an. In unserem Beispiel-Hash, der Telefonnummern speichern soll, erhielten wir für den Schlüssel schulz den Wert 453887. In Analogie zu Arrays könnte man auch sagen, bei Hashes darf man eine Zeichenkette als Index benutzen. Wie Sie sehen, verwendet man für den Zugriff geschweifte statt eckiger Klammern, um syntaktisch zwischen Arrays und Hashes zu unterscheiden.

Primär geht es uns um die *Werte*, hier also um die Telefonnummern. Die *Werte* wollen wir in einer Variablen speichern. Die Schlüssel, hier die Benutzernamen, dienen eigentlich nur als Hilfe, um die Werte später wieder aufzufinden. Selbstverständlich speichert Perl die Schlüssel aber zusammen mit den Werten, um eine eindeutige Zuordnung herstellen zu können.

Der direkte Zugriff

Worin liegt nun der Nutzen eines solchen Hash? Im einfachen, direkten Zugriff auf ein bestimmtes Element! Um dies zu verstehen, überlegen wir uns, wie man die Telefonnummern statt dessen in einem Array speichern könnte. Einfach die Liste der Nummern zu speichern, wäre sinnlos, da die Zuordnung zu den Namen verloren ginge. Wahrscheinlich würde man zusammengesetzte Elemente bilden, wie wir es bei unserer Adressdatenbank getan haben.

```
@arr = ( 'meier#2454663', 'mueller#667445', ...).
```

Um nun eine bestimmte Telefonnummer herauszusuchen, müsste man mit grep() das Array durchsuchen und anschließend den zweiten Teil des gefundenen Elements ausgeben.

```
( $ergebnis ) = grep /schulz/, @arr ;    # () fuer Array-Kontext
$telefon = ( split /#/, $ergebnis )[1] ;
```

Dank grep lässt sich so etwas elegant formulieren. Aber dennoch, welch ein Unterschied zu der Einfachheit eines Hash-Zugriffs:

```
$telefon = $hash{'schulz'} ;
```

Sehen Sie, wie der Hase läuft? Wir sparen uns die Schleife! Das sieht nicht nur gut aus, es erspart unserem Skript eventuell auch eine Menge Arbeit und Zeit. Je größer die zu durchsuchende Liste ist, desto gewaltiger ist der Performance-Gewinn bei Verwendung eines Hash.

Jaaaa, werden Sie nun einwerfen, aber Perl muss intern sicherlich genauso suchen, wie *wir* es bei einem Array tun würden. Der Arbeitsspeicher ist linear und *wo* die Telefonnummer für Schulz gespeichert ist, kann Perl nun auch nicht einfach so wissen.

Stimmt – teilweise. Denn Perl sucht nicht, es rechnet! Die Werte werden in Listen gespeichert, fast wie Arrays, und die Position eines Wertes in dieser Liste wird über den Schlüssel berechnet. Aus `'schulz'` wird auf diese Weise eine Position 13 oder 21. Das geht zwar nicht eineindeutig, so dass manche Positionen mehrfach besetzt werden, andere gar nicht. Wirklich gesucht wird dann aber nur noch innerhalb der Elemente an der berechneten Position, was man fast schon vernachlässigen kann. Genial nicht wahr? Das Ermitteln einer Position aus einem Schlüssel nennt man *Hashing*, eine Methode, die nicht nur in Perl Verwendung findet.

Wozu braucht man Hashes?

Viele Fragestellungen können Sie sowohl mit Hashes als auch mit Arrays erledigen; mit Hashes arbeiten Sie in der Regel jedoch schneller und einfacher. Für Arrays – um zunächst eine Abgrenzung in dieser Richtung zu schaffen – eignen sich vor allem Daten, die keiner weiteren Zuordnung bedürfen und einfach nur eine gleichförmige Liste darstellen. Also etwa Datenzeilen, die man in ein neues Format bringt, Rechner, die nacheinander angepingt werden sollen, Benutzer, die man anlegt, usw.

Hashes sind hingegen maßgeschneidert für Daten, die *einzeln* eindeutig zugeordnet werden müssen. Es geht nicht darum, die Liste aller Telefonnummern anzurufen; man benötigt vielmehr genau die richtige Nummer für `schulz`. Man braucht den Straßennamen für `meier`, die Festplattengröße des Rechners `mars`. Immer wenn solche Dubletts von Schlüssel und Wert auftauchen, verwenden wir Hashes.

Allerdings muss man einschränkend hinzufügen, dass die Schlüssel *eindeutig* sein müssen. Die Konstruktion eines Hash ermöglicht es an sich nicht, Telefonnummern für mehrere Benutzer mit dem Namen `schulz` zu speichern. Andererseits lässt sich dieses Problem durch zusammengesetzte Daten leicht lösen (siehe Abschnitt 8.13).

Auf Hashes basieren komplexe Datenstrukturen. Mit Hashes realisiert man Wörterbücher und Datenbanken. Hashes erlauben Statistiken für Benutzer, Rechner oder Gruppen, selbst wenn im Voraus nicht feststeht, für *welche* Benutzer/Rechner/Gruppen überhaupt Daten vorliegen. Und nicht zuletzt bestehen die zentralen Bausteine der objektorientierten Perl-Programmierung, die *Objekte*, aus Hashes.

▶ **Manpages:** perldoc perldata ... List value constructors

8.2 Initialisierung und Zugriff

Hashes werden nach den gleichen Regeln benannt wie Skalare und Arrays; ihre Namen bestehen aus Buchstaben, Ziffern und _ (aber keinen Umlauten oder ß), dürfen jedoch nicht mit einer Ziffer beginnen. Als Präfix erhalten sie ein Prozent-Zeichen.

```
%hash %telefon %hosts1 %new_users
```

Hashes besitzen wie Skalare und Arrays einen eigenen Namensraum. Eine Variable %hosts wird also nicht verwechselt mit @hosts oder $hosts.

Initialisierung

Um Hashes zu initialisieren, d.h., ihnen Anfangswerte zuzuweisen, übergibt man ihnen die Liste der zu speichernden Werte. Dabei muss jedem Wert (*Value*) der entsprechende Schlüssel (*Key*) vorangehen.

```
%telefon = ( 'meier', '2454663', 'mueller', '667445',
             'schulz', '453887', 'kabel', '9844766' ) ;
```

Um die Gefahr zu verringern, dass versehentlich ein Element vergessen wird und der Rest der Elemente dadurch in Unordnung gerät (Schlüssel würden zu Werten und umgekehrt), kann man statt des Kommas einen Pfeil als Trenner zwischen Key und Value setzen.

```
%telefon = ( 'meier' => '2454663', 'mueller', => '667445',
             'schulz' => '453887', 'kabel' => '9844766' ) ;
```

Achten Sie darauf, wirklich => und nicht versehentlich -> zu verwenden, da Letzteres eine andere Bedeutung besitzt. Übrigens sind die Pfeile alles andere als magisch. Sie werden von Perl in Listen einfach als alternative Schreibweise für ein Komma angesehen. Sie könnten auch *alle* Kommas durch => ersetzen oder gerade diejenigen, die wir oben ausgespart haben. Perl ist das egal. Üblich ist aber die oben gezeigte Anordnung. Diese Schreibweise findet man wegen ihrer Übersichtlichkeit häufiger als die ausschließliche Formulierung mit Kommas.

Vorsicht bei unbekannten Werten! Lassen Sie den Platz für den Wert nicht einfach frei, da die resultierende Liste bei der Übergabe an den Hash das leere Feld einfach ignorieren würde und alle nachfolgenden Elemente falsch interpretiert würden.

```
( a=>1, b=> , c=>3, d=>4 ) wird zu ( a=>1, b=>c, 3=>d, 4=> )
```

Verwenden Sie statt dessen undef an der entsprechenden Position.

```
( a=>1, b=>undef , c=>3, d=>4 )
```

Die interne Reihenfolge der Werte, wie sie im Arbeitsspeicher abgelegt werden, entspricht übrigens nicht derjenigen, die wir bei der Initialisierung angegeben haben. Es folgt also nicht etwa die Telefonnummer von 'kabel' auf diejenige von 'schulz'. Perl greift sich aus der übergebenen Liste lediglich die Information heraus, welcher Wert zu welchem Schlüssel gehört. Die Reihenfolge, besser gesagt, die jeweilige Position der Werte wird anhand der Schlüssel neu berechnet.

Die Initialisierung ist auch bei Hashes nicht zwingend erforderlich. Sobald in Ihrem Skript einem Hash zum ersten Mal ein Wert zugewiesen wird, legt Perl ihn automatisch an.

Um einen Hash vorläufig nur anzulegen, ohne ihn mit Elementen zu belegen, weist man ihm eine leere Liste zu.

```
%hosts = () ;
```

Wenn Sie einen Hash auf einen anderen kopieren möchten, schreiben Sie:

```
%hash2 = %hash1 ;
```

Hashes dürfen selbstverständlich heterogen sein. Die gespeicherten Werte, aber auch die Schlüssel, dürfen eine bunte Mischung aus Zahlen und Zeichenketten darstellen.

Zugriff auf einzelne Elemente

Beim Zugriff auf ein einzelnes Element wird der Schlüssel, der zu dem gewünschten Wert gehört, in geschweifte Klammern geschrieben. Da es sich um nur *einen* Wert handelt, den man anspricht, wird – wie bei Arrays – wieder ein $ vor den Variablennamen gesetzt.

```
$hash{key}
```

Wenn man auf ein bereits bestehendes Element zugreift, gibt uns Perl den gewünschten *Wert* zurück. Der Schlüssel wird nicht mitgeliefert.

```
$tel = $telefon{'schulz'} ;          # 453887
print $telefon{'schulz'} ;           # 453887
```

Auf die gleiche Art kann man den Wert eines bestehenden Schlüssels überschreiben. Etwa, wenn schulz umgezogen ist.

```
$telefon{'schulz'} = 9383998 ;       # 'schulz' => '9383998'
```

8.3   Hinzufügen und Entfernen von Elementen

Wie fügen wir neue Elemente zu einem bestehenden Hash hinzu und wie löschen wir Elemente, die wir nicht mehr benötigen?

Ein neues Element wird durch eine einfache Zuweisung angelegt.

```
$telefon{'schmidt'} = 445533 ;       # 'schmidt' => '445533'
```

Der Hash wächst dabei dynamisch. Ebenso wie bei Arrays, müssen wir uns auch bei Hashes nicht um die Größe kümmern. Sie wachsen und sie schrumpfen automatisch. An welcher Stelle das neue Schlüssel-Wert-Paar eingefügt wird, bleibt uns auch hier wieder verborgen.

Wenn Sie einen Hash um einen anderen Hash erweitern möchten, sozusagen zwei Hashes aneinander hängen, müssen Sie »zu Fuß« vorgehen. Eine push-Funktion wie bei Arrays gibt es für Hashes nicht.

```
%hash2 = ( %hash2, %hash1 ) ;
        # Fuegt den Inhalt von %hash1 in den Hash %hash2 ein)
```

Möchte man ein Element aus dem Hash entfernen, stellt sich zunächst die Frage, was man genau löschen will: nur den Wert oder das komplette Key-Value-Paar? Im ersten Fall bleibt die Position für diesen Schlüssel bestehen, nur der darin gespeicherte Wert verschwindet. Die Anzahl der Elemente bleibt unverändert. Im zweiten Fall wird das komplette Element gelöscht; deren Anzahl erniedrigt sich um eins.

Mithilfe des Befehls `undef()` wird lediglich der *Wert* eines Schlüssels gelöscht oder genauer gesagt auf den Wert `undef` gesetzt.

```
undef $hash{key} ;
```

Über `delete()` wird ein komplettes Key-Value-Paar aus dem Hash entfernt.

```
delete $hash{key} ;
```

Wenn wir von unserem ursprünglichen Telefon-Hash ausgehen, wirken sich beide Befehle wie folgt aus:

```
%telefon = ( 'meier' => '2454663', 'mueller', => '667445',
             'schulz' => '453887', 'kabel' => '9844766' ) ;

undef $telefon{'mueller'} ;
delete $telefon{'schulz'} ;

# Neuer Zustand des Hashs %telefon:
# ( 'meier' => '2454663', 'mueller', => undef,
#   'kabel' => '9844766' )
```

`schulz` hat offensichtlich gekündigt oder ist zum Einsiedler geworden, während `mueller` in dem Vertrauen auf einen »nahtlosen« Übergang zu einer neuen Telefongesellschaft gewechselt ist.

Über den Befehl `undef()` können Sie auch ganze Hashes löschen. Der belegte Arbeitsspeicher wird dann freigegeben und kann von Perl erneut benutzt werden. Es erscheint Ihnen vielleicht etwas inkonsequent, dass gerade `undef` den kompletten Hash löscht, wo es doch bei einem einzelnen Element nur »halb« wirkt. Aber so ist es nun mal; mit `undef` löschen Sie eine beliebige Variable, egal ob skalar, Array oder Hash.

Wie sieht der Wert `undef` als Wert eines Hash-Elements, Array-Feldes oder einer skalaren Variablen intern eigentlich aus? Handelt es sich um einen String `'undef'` oder eine Zahl, die diesen Pseudo-Wert repräsentiert? Weder noch. `undef` wird nicht über den Inhalt, sondern durch ein Flag dargestellt, einen Bit-Wert. Für jede Variable speichert Perl neben dem Namen und der Speicherposition ihres Inhalts auch eine Anzahl von Flags, die spezielle Eigenschaften repräsentieren. `undef` ist eines davon. Bei der Ausgabe solcher Werte erhalten Sie dementsprechend nicht etwa den String `'undef'`, sondern einfach nichts.

▶ **Manpages:** perlfunc undef ; perlfunc delete

8.4 Elemente testen, Hashes durchsuchen

Wenn wir Hash-Elemente oder ihren Wert löschen können, muss es auch eine Möglichkeit geben, zu testen, ob sie noch existieren. Haben wir `baecker` eigentlich schon aufgenommen? Ist `meiers` Telefonnummer gespeichert? Die Gegenstücke zu `undef()` und `delete()` heißen `defined()` und `exists()`.

■ `if ( defined $hash{key}) { ... }`

Mithilfe des Befehls `defined()` überprüft man, ob für einen bestimmten Schlüssel ein Wert gespeichert ist. `defined` liefert eine 1 zurück, wenn es einen Wert findet, ansonsten eine leere Zeichenkette.

```
%telefon = ( 'meier' => '2454663', 'mueller', => '667445',
             'schulz' => '453887', 'kabel' => '9844766' ) ;

print defined ( $telefon{'meier'} ) ;        # -> 1
print defined ( $telefon{'baecker'} ) ;      # ->

undef $telefon{'meier'} ;
print defined ( $telefon{'meier'} ) ;        # ->
```

Um nun zu testen, ob ein Wert vorhanden ist, verwendet man `defined()` in einer if-Anweisung.

```
$user = 'schulz' ;
if ( defined $telefon{$user} ) {
   print "Benutzer: $user \t Telefon: $telefon{$user}"
   }
```

`# ->` Benutzer: schulz   Telefon: 453887

Übrigens können Sie mittels `defined()` auch skalare Variablen oder Hash-Elemente daraufhin überprüfen, ob sie einen Wert enthalten. Zwar könnte man dies auch über eine einfache Auswertung im booleschen Kontext tun, `if ( $var ) ...`, jedoch wird in diesem Fall nicht zwischen undef, 0 und `""` unterschieden. `defined()` liefert hingegen nur für undef *falsch*, ansonsten immer *wahr*.

`defined()` liefert auch dann *falsch* zurück, wenn das komplette Hash-Element, also auch der Schlüssel, nicht existiert. Man kann durch `defined` nicht unterscheiden, ob nur der Wert oder das komplette Paar nicht vorhanden ist. Hierzu benötigt man die Funktion `exists()`.

■ `if ( exists $hash{key}) { ... }`

Im Gegensatz zu `defined()` testet die Funktion `exists()`, ob ein Hash-Element überhaupt angelegt ist, ob der Hash den Schlüssel kennt. Wenn ja, gibt sie eine 1 zurück, ansonsten eine leere Zeichenkette.

```
%telefon = ( 'meier' => '2454663', 'mueller', => '667445',
            'schulz' => '453887', 'kabel' => '9844766' ) ;

print exists ( $telefon{'meier'} ) ;            # -> 1
print exists ( $telefon{'baecker'} ) ;          # ->

undef $telefon{'meier'} ;
print exists ( $telefon{'meier'} ) ;            # -> 1 !!!

delete $telefon{'meier'} ;
print exists ( $telefon{'meier'} ) ;            # ->
```

Wie Sie sehen, liefert exists nur *falsch*, wenn das Element überhaupt nicht existiert. Den Wert nur auf undef zu setzen, genügt nicht.

Um in der Praxis zu testen, ob ein Element existiert, verwendet man exists() wieder in einer if-Anweisung.

```
$user = 'schulz' ;
if ( exists $telefon{$user} ) {
    print "Benutzer: $user \t Telefon: $telefon{$user}" ;
    }
```

```
# -> Benutzer: schulz        Telefon: 453887
```

Hashes durchsuchen

Mithilfe von defined() bzw. exists() können Sie durch einen einzigen Befehl testen, ob ein Wert bzw. Element vorhanden ist. Damit entfällt die eigentliche Suche nach einem Feld, wie es bei Arrays nötig wäre. Man spart sich eine foreach-Schleife oder den grep-Befehl. An diesem Punkt sind wir ursprünglich gestartet, als wir uns gefragt haben, worin der Vorteil von Hashes gegenüber Arrays liegt.

```
$user = 'baecker' ;

if ( defined $telefon{$user} ) {
    print "Telefon-Nr. von $user bereits gespeichert: " ;
    }
else {
    print "Geben Sie bitte die Telefon-Nr. fuer $user ein: " ;
    chomp ( $tel = <STDIN> ) ;
    $telefon{$user} = $tel ;
    }
print $telefon{$user}, "\n" ;
```

▶ **Manpages:** perlfunc defined ; perlfunc exists

8.5 Hashes einlesen

Irgendwie müssen Hashes im Laufe des Skripts gefüllt werden. Meistens sind nicht alle Daten gleich zu Beginn des Skripts bekannt, sondern werden auf irgendeine Art von außen eingelesen. Wie liest man die Daten für einen Hash ein, etwa von Tastatur oder aus einer Datei? Wie baut man den Hash aus diesen Daten sukzessive auf?

Einlesen von Tastatur

Bleiben wir bei unserem Telefon-Hash. Nehmen wir an, er soll über die Eingabe per Tastatur erstellt werden. In einem solchen Fall können wir eine einfache Einleseschleife verwenden.

Listing 8.1: telefon1.pl – liest Telefonnummern von Tastatur in einen Hash ein.

```perl
#!/usr/bin/perl -w
#
# telefon1.pl
# Liest Telefonnummern von Tastatur in einen Hash ein.

%telefon=() ;

while ( 1 ) {
    print "Benutzer:    " ;            # Schluessel einlesen
    $benutzer = <STDIN> ;
    chomp $benutzer ;
    last if $benutzer eq "q" ;

    print "Telefon-Nr.: " ;            # Wert einlesen
    $tel = <STDIN> ;
    chomp $tel ;

    $telefon{$benutzer} = $tel ;       # Hash aufbauen
    }

print "\n", join (',', %telefon), "\n" ; # provisorische Ausgabe
$ telefon1.pl
Benutzer:    gabi
Telefon-Nr.: 2344
Benutzer:    hans
Telefon-Nr.: 2727
Benutzer:    rainer
Telefon-Nr.: 22655
Benutzer:    q

gabi,2344,rainer,22655,hans,2727,
$
```

Einlesen aus einer Datei

In einer Datei sind die Paare normalerweise jeweils in einer eigenen Zeile gespeichert, Schlüssel und Wert durch einen eindeutigen Trenner voneinander separiert. Etwa wie hier:

```
$ cat telefon.dat
meier#H#2454663
mueller#H#667445
schulz#H#453887
kabel#H#9844766
kraus#H#233259
$
```

Wir lesen die Datei Zeile für Zeile ein, trennen jeweils Key von Value und fügen das neue Paar dem Hash hinzu.

Listing 8.2: telefon2.pl – liest Telefonnummern aus einer Datei in einen Hash ein.

```
#!/usr/bin/perl -w
#
# telefon2.pl
# Liest Telefonnummern aus einer Datei in einen Hash ein.

%telefon=() ;
$file = "telefon.dat" ;

open IN, $file ;

while ( $line = <IN> ) {
    chomp $line ;
    ($benutzer,$tel) = split /#H#/, $line ;

    $telefon{$benutzer} = $tel ;
    }

print join (',', %telefon), "\n" ;     # Mini-Ausgabe
```

Ausführung:

```
$ telefon2.pl
kraus,233259,mueller,667445,meier,2454663,kabel,9844766,schu
lz,453887
$
```

Sie können die Datei auch zunächst in ein Array einlesen und dieses dann anschließend abarbeiten. Vielleicht gefällt Ihnen diese Variante besser. Beachten Sie jedoch, dass Sie dabei den doppelten Arbeitsspeicher verbrauchen.

Listing 8.3: telefon2.pl – liest Telefonnummern aus einer Datei in einen Hash ein.

```perl
#!/usr/bin/perl -w
#
# telefon2a.pl
# Liest Telefonnummern aus einer Datei in einen Hash ein.

%telefon=() ;
$file = "telefon.dat" ;

open IN, $file ;

@datei = <IN> ;
chomp @datei ;

foreach $line ( @datei ) {
    ($benutzer,$tel) = split /###/, $line  ;
    $telefon{$benutzer} = $tel ;
    }

print join (',', %telefon), "\n" ;      # Mini-Ausgabe
```

8.6   Die Funktionen keys() und values()

Hashes bestehen aus zwei unterschiedlichen Arten von Daten, den Schlüsseln und den zugehörigen Werten, die gemeinsam im Hash gespeichert werden. Es gibt zwei Funktionen, die uns jeweils nur *einen* dieser Datentypen liefern. keys() gibt uns alle Schlüssel eines Hash zurück, values() alle Werte.

```perl
keys %hash ;
values %hash ;
```

Da eine Liste gleichartiger Daten zurückgegeben wird (nur Keys oder nur Values), hat es keinen Zweck, diese wieder einem Hash zuweisen zu wollen. Wenn überhaupt, werden sie in einem Array gespeichert. Oder man gibt sie gleich aus.

```perl
@k_arr = keys %hash ;
@v_arr = values %hash ;

$,='-' ;                        # Trenner zwischen Ausgabe-Feldern
print keys %hash ;
print values %hash ;

print join ("," , keys %hash), "\n" ;      # Sieht man
print join ("," , values %hash), "\n" ;    # ebenfalls häufig
```

Auf unseren Telefon-Hash angewandt:

```
%telefon = ( 'meier' => '2454663', 'mueller', => '667445',
             'schulz' => '453887', 'kabel' => '9844766' ) ;

@users = keys %telefon ;
@numbers = values %telefon ;

print "Benutzer: @users \n" ;
print "Nummern:  @numbers \n" ;
```

Ausgabe:

```
Benutzer: mueller meier kabel schulz
Nummern:  667445 2454663 9844766 453887
```

An dieser Ausgabe sieht man deutlich, dass man auf die Reihenfolge, in der die Daten im Hash gespeichert sind, keinen Einfluss hat. Andererseits darf man sich darauf verlassen, dass die Reihenfolge der ausgegebenen Schlüssel die gleiche ist wie die der Werte, da Perl den Hash immer auf dem gleichen Weg durchläuft. Der Wert $numbers[2] gehört also definitiv zu dem Schlüssel $users[2].

Eine Einschränkung gibt es hier allerdings: Sie dürfen zwischen den Aufrufen von keys() und values() weder etwas an dem Hash verändern noch die each()-Funktion (folgt weiter unten) ausgeführt haben. Denn im ersten Fall würde der Hash eventuell umorganisiert werden, im zweiten Fall wird der interne Zeiger verschoben, den Perl zur Iteration verwendet.

Im nächsten Abschnitt werden wir sehen, wie man die Ausgabelisten von keys() und values() dazu verwenden kann, eine Schleife über alle Elemente eines Hash zu legen.

Werfen wir zuvor aber noch einen kurzen Blick darauf, was die beiden Funktionen liefern, wenn sie im *skalaren* Kontext ausgewertet werden.

Anzahl der Elemente

Im skalaren Kontext liefern keys und values die Anzahl der Elemente im Hash. Dabei spielt es bei beiden Funktionen (auch bei values) keine Rolle, ob die Werte definiert oder leer sind.

```
$n = keys %hash ;                        # Anzahl der Elemente
$n = values %hash ;                      # Das Gleiche
```

Um zu erfahren, wie viele Elemente einen *definierten* Wert besitzen, können Sie zum Beispiel mittels grep die Liste der Werte durchsuchen.

```
$n_def = grep { defined } values %hash ;     # Anzahl definierter Werte
```

▶ **Manpages:** perlfunc keys ; perlfunc values

8.7 Durch Hashes iterieren

Wenn Sie alle Hash-Elemente in einem ansprechenden Format ausgeben oder alle Werte über den gleichen Befehl verändern möchten, benötigen Sie eine Schleifenkonstruktion, die durch den Hash iteriert. Wir werden zwei unterschiedliche Herangehensweisen kennen lernen: die Verarbeitung über eine `foreach`- und die über eine `while`-Schleife.

foreach (keys %hash)

Die Liste der Schlüssel, die `keys()` liefert, kann als Ausgangspunkt für eine Schleife über alle Elemente des Hash dienen. Halten Sie sich vor Augen, dass Sie einen bestimmten Wert immer nur über seinen Schlüssel ansprechen können: `$hash{key}`. Wenn Sie sich nun sukzessive jeden einzelnen Schlüssel schnappen, erwischen Sie nacheinander alle Elemente des Hash. Um alle Key-Value-Paare untereinander auszugeben, schreiben Sie beispielsweise:

```
foreach $key ( keys %hash ) {
    print "Schluessel: $key \t Wert: $hash{$key} \n" ;
}
```

Nehmen wir wieder unseren Telefon-Hash zur Illustration. Wir möchten alle Paare hübsch formatiert ausgeben.

```
%telefon = ( 'meier' => '2454663', 'mueller', => '667445',
            'schulz' => '453887', 'kabel' => '9844766' ) ;
```

Die Liste der Schlüssel erhalten wir über

```
keys %telefon ;      # -> mueller meier kabel schulz
```

Eingebaut in eine `foreach`-Schleife sieht das folgendermaßen aus.

```
foreach $user ( keys %telefon ) {
    print "Benutzer: $user \t Tel-Nr.: $telefon{$user} \n" ;
}
```

Ausgabe:

```
Benutzer: mueller      Tel-Nr.: 667445
Benutzer: meier        Tel-Nr.: 2454663
Benutzer: kabel        Tel-Nr.: 9844766
Benutzer: schulz       Tel-Nr.: 453887
```

Schöner ist es in solchen Fällen allerdings, wenn Sie Beschreibungen nur als Kopfzeile ausgeben.

```
print "Benutzer \t Tel-Nr. \n" ;
print "-------- \t ------- \n" ;

foreach $user ( keys %telefon ) {
    print "$user \t\t $telefon{$user} \n" ;
}
```

Ausgabe:

```
Benutzer        Tel-Nr.
--------        -------
mueller         667445
meier           2454663
kabel           9844766
schulz          453887
```

 Sie können einen Hash auch einfach über print %hash ausgeben. Dabei werden jedoch alle Schlüssel-Wert-Paare aneinander gehängt. Über $, oder join() können Sie einen Trenner definieren, der dann aber sowohl zwischen den Paaren als auch zwischen Key und Value steht. In Double-Quotes werden Hashes übrigens nicht erkannt.

Sie können über die Konstruktion foreach keys nicht nur alle Elemente in einem beliebigen Format ausgeben, Sie können auch alle Elemente bearbeiten. Nehmen wir an, wir wollten allen Telefonnummern die gleiche Vorwahl hinzufügen. Die erste der beiden folgenden Schleifen kümmert sich um diese Aufgaben, die zweite gibt den resultierenden Hash wieder aus.

```perl
foreach $user ( keys %telefon ) {
    $telefon{$user} = "089/" . $telefon{$user} ;
    }
foreach $user ( keys %telefon ) {
    print "$user \t $telefon{$user} \n" ;
    }
```

Ausgabe:

```
mueller   089/667445
meier     089/2454663
kabel     089/9844766
schulz    089/453887
```

Soll nicht jedem Wert die gleiche Vorwahl vorgesetzt werden, sondern genau die richtige für den Ort, in dem der jeweilige Benutzer wohnt, muss über den Schlüssel $user die entsprechende Vorwahl aus anderen Quellen, z.B. einer Datei oder einem weiteren Hash, geholt werden. Die Befehle innerhalb unserer foreach-Schleife werden dadurch zwar etwas komplizierter, prinzipiell steht dem aber nichts im Weg.

foreach values %hash

Auch die Liste aller Werte kann zur Bildung einer Schleife um den Hash verwendet werden. Jedoch sieht man diese Konstruktion nicht besonders häufig, da bei values() die Bindung zu den Werten verloren geht. Die individuelle Suche nach der richtigen Vorwahl, wie soeben beschrieben, wäre nicht mehr möglich. Zu welchem Benutzer die Telefonnummer 667445 gehört, ist nicht mehr ohne weiteres zu ermitteln. Auch ist die Ausgabe der Werte meistens uninteressant, wenn man nicht sieht, zu welchem Schlüssel sie gehören.

foreach `values %hash` eignet sich demnach nur für gleichartige Manipulationen an allen Elementen, wo die Bindung zum Schlüssel keine Rolle spielt. Diese Bedingung erfüllt unser Beispiel mit der Münchner Vorwahl, die wir allen Werten verpasst hatten. Das Gleiche lässt sich daher auch über `values` erledigen.

```
foreach $tel ( values %telefon ) {
    $tel = "089/" . $tel ;
    }
foreach $user ( keys %telefon ) {
    print "$user \t $telefon{$user} \n" ;
    }
```

Ausgabe:

```
mueller   089/667445
meier     089/2454663
kabel     089/9844766
schulz    089/453887
```

Das sieht sogar wesentlich eleganter aus. Den Zugriff auf ein einzelnes Hash-Element erkennt man kaum noch. Er steckt in der Laufvariablen `$tel`, die, wie wir am 5. Tag gelernt haben, ein Verweis auf die Werte der Liste ist, nicht etwa eine Kopie. Die Daten, die `values()` liefert, sind ebenfalls Verweise auf die Originalwerte des Hash und keine Kopien. Somit greift die Laufvariable der Schleife direkt auf die ursprünglichen Hash-Werte zu und kann diese verändern.

 Während die Funktion `values()` *Verweise* auf die Originalwerte des Hash liefert, gibt `keys()` *Kopien* der Schlüssel zurück.

map { ... } keys %hash

Da `keys` und `values` *Listen* von Schlüsseln bzw. Werten zurückgeben, können wir auch die kürzeste Form einer Schleife, `map()`, verwenden, um durch diese Liste zu iterieren.

Die hübsch formatierte Ausgabe von Benutzern und Telefonnummern erhielten wir dann durch folgende Konstruktion:

```
print "Benutzer \t Tel-Nr. \n" ;
print "-------- \t ------- \n" ;

map { print "$_ \t\t $telefon{$_} \n" } keys %telefon ;
```

Ausgabe:

```
Benutzer        Tel-Nr.
--------        -------
mueller         667445
```

```
meier           2454663
kabel           9844766
schulz          453887
```

while ... each

Alle bisher behandelten Konstrukte zur Iteration durch einen Hash legen eine Schleife um die Liste aller Schlüssel oder Werte. keys() und values() können bei sehr großen Hashes aber Probleme bekommen, da zusätzlich zu dem eigentlichen Hash nun temporär auch noch die halbe Anzahl von Daten als Liste gespeichert werden muss. Zudem gibt es in Perl die Möglichkeit, Hashes auf der Festplatte zu belassen und nur auf diejenigen Daten zuzugreifen, die man gerade anspricht. Solche Hashes können naturgemäß ein Vielfaches der Größe des Arbeitsspeichers erreichen. Auch hier würden keys und values scheitern.

Für solche Fälle stellt Perl einen zusätzlichen Iterationsbefehl zur Verfügung: each(). Diese Funktion liefert immer nur ein einziges Key-Value-Paar. Bei jedem Aufruf schreitet es innerhalb des Hash zum nächsten Element. Perl verwendet intern einen Zeiger, in dem es sich merkt, welches Element als Nächstes geliefert werden soll.

```perl
( $key, $val ) = each %hash ;
```

Betrachten wir den Effekt von each wieder anhand des Telefon-Hash.

```perl
%telefon = ( 'meier' => '2454663', 'mueller', => '667445',
             'schulz' => '453887', 'kabel' => '9844766' ) ;

($user, $tel) = each %telefon ;
print "$user - $tel \n" ;                # -> mueller - 667445

($user, $tel) = each %telefon ;
print "$user - $tel \n" ;                # -> meier - 2454663

($user, $tel) = each %telefon ;
print "$user - $tel \n" ;                # -> kabel - 9844766
```

Wie Sie sehen, ist die Reihenfolge der Elemente die gleiche wie bei keys und values, es wird aber immer nur ein einzelnes Element geliefert. Die skizzierten Speicherprobleme gibt es bei each() nicht, selbst dann nicht, wenn der Hash eine Größe von einigen Gigabyte besitzt. Um nun durch den Hash zu iterieren, legt man eine while-Schleife um each.

```perl
while ( ($key, $val) = each %hash ) { ..... }
```

Die Rückgabe von each wird sofort auf Wahrheit getestet. Das funktioniert deshalb, weil each eine leere Liste zurückgibt, wenn es an das Ende des Hash gelangt. Dann wird die while-Bedingung falsch und die Schleife bricht ab.

Wenden wir uns wieder unseren Telefonnummern zu und erzeugen die hübsch formatierte Ausgabe über each.

```
%telefon = ( 'meier' => '2454663', 'mueller', => '667445',
             'schulz' => '453887', 'kabel' => '9844766' ) ;

print "Benutzer \t Tel-Nr. \n" ;
print "-------- \t ------- \n" ;

while ( ($user, $tel) = each %telefon ) {
    print "$user \t\t $tel \n" ;
    }
```

Ausgabe:

```
Benutzer        Tel-Nr.
--------        -------
mueller         667445
meier           2454663
kabel           9844766
schulz          453887
```

Hat man nur einen einzigen Befehl innerhalb der while-Schleife zu verarbeiten, kann man while auch als Statement-Modifier verwenden.

```
print "$user \t\t $tel \n"  while ($user, $tel) = each %telefon;
```

Selbstverständlich können wir auf diese Weise auch Hash-Werte verändern, z.B. eine Vorwahl hinzufügen.

```
while ( ($user,$tel) = each %telefon ) {
    $telefon{$user} = "089/" . $telefon{$user}
    }
```

Wir müssen den neuen Wert über $telefon{$user} setzen. Es hat keinen Zweck, $tel zu verändern, da $tel wie $user nur Kopien sind, keine Verweise.

Im obigen Beispiel verwenden wir den Value $tel überhaupt nicht, schon bemerkt? Da diese Situation typisch ist für Fälle, in denen man den Hash nicht lesen, sondern verändern möchte, bietet uns Perl die Möglichkeit, each nur den Key suchen zu lassen. Das geht einfacher und spart Zeit. Hierzu wird each skalar ausgelesen.

```
while ( $user = each %telefon ) {
    $telefon{$user} = "089/" . $telefon{$user}
    }
```

Die Notwendigkeit von each() ergibt sich zwar anhand der Speicherplatzproblematik, es wird aber nicht nur für große Hashes eingesetzt. Man findet each-Konstruktionen genauso häufig wie solche mit foreach.

Vorsicht bei falscher Verwendung von Hash-Schleifen! Sie kennen nicht die interne Reihenfolge im Hash. Fügen Sie deshalb keine neuen Elemente ein, während Sie in einer Schleife durch den Hash marschieren, Sie wissen nicht, ob Sie an der Stelle bereits vorbei sind oder nicht. Löschen Sie aus demselben Grund auch keine Elemente, außer vielleicht dasjenige, das sie gerade auslesen.

Verwenden Sie innerhalb von each() nicht keys() oder values(). Jeder Hash besitzt nur einen einzigen Iterationszeiger, der von each schrittweise hochgesetzt wird. keys und values lassen ihn hingegen in einem Schwung vom ersten bis zum letzten Element laufen. Danach zeigt er wieder auf das erste. keys und values innerhalb von each führen daher zu einer Endlosschleife.

▶ **Manpages:** perlfunc keys ; perlfunc values ; perlfunc map ; perlfunc each

8.8 Hashes in Dateien speichern

Um einen kompletten Hash in einer Datei zu speichern, gibt man seine Elemente über eine Schleife in diese Datei aus. Je ein Key-Value-Paar wird üblicherweise in einer Zeile gespeichert. Key und Value trennt man durch eine eindeutige Zeichenfolge. Gewissermaßen durchläuft man den Prozess des Einlesens dabei in umgekehrter Richtung.

Listing 8.4: telefon3.p l – speichert Telefonnummern aus einem Hash in einer Datei

```perl
#!/usr/bin/perl -w
#
# telefon3.pl
# Speichert Telefonnummern aus einem Hash in einer Datei

$file = "telefon3.dat" ;
open OUT, ">$file" ;

%telefon = ( 'meier' => '2454663', 'mueller', => '667445',
             'schulz' => '453887', 'kabel' => '9844766' ) ;

while ( ($user, $tel) = each %telefon ) {
    $line=$user . "####" . $tel ;
    print OUT "$line \n" ;
    }
```

Morgen werden wir eine weitere Technik kennen lernen, mit der man Hashes in Dateien speichern kann. Dabei bleiben die Daten definitiv auf Festplatte. Bei unserer bisherigen Methode müssen sie komplett in einen Hash eingelesen werden, um mit ihnen arbeiten zu können. Wie das geht, haben wir bereits in Abschnitt 8.5 gesehen. In manchen Situationen ist die bisherige Technik die bessere, in anderen diejenige, bei der die Daten in der Datei bleiben.

8.9   Hashes sortiert ausgeben

Bei der Ausgabe eines Hash möchte man sie oft in einer bestimmten Reihenfolge sehen, meistens alphabetisch nach den Schlüsseln sortiert. So sollen etwa Telefonnummern nach den Namen der Benutzer sortiert ausgegeben werden, IP-Adressen nach den Namen der Rechner. Manchmal ist es aber auch erforderlich, nach den Werten zu sortieren. Hat man in einem Hash beispielsweise die Umsätze von Filialen eines Unternehmens gespeichert – als Schlüssel dienen dann vielleicht die Standortbezeichnungen –, möchte man die Elemente möglicherweise nach der Höhe des Umsatzes sortiert ausgeben.

Nehmen wir beide Arten einmal unter die Lupe. Zunächst aber eine kleine Vorüberlegung zum Zusammenspiel von Hashes und Listen, immerhin arbeitet sort eigentlich mit Listen.

Hashes und Arrays

Was geschieht eigentlich, wenn wir einem Hash ein Array zuweisen und umgekehrt?

```
%hash = ( a,b,c,d,e ) ;
%hash = @array ;
```

Kein Problem. Das Gleiche tun wir bei jeder Initialisierung eines Hash. Die Werte der Liste oder des Arrays werden abwechselnd als Schlüssel bzw. Wert interpretiert und entsprechend im Hash angelegt.

```
@array = %hash ;
```

Schon etwas seltsamer. Hier muss sozusagen der Hash im Listenkontext ausgewertet werden. Perl erfüllt diese Anforderung derart, dass es alle Paare nacheinander in der internen Reihenfolge liefert, jeweils zunächst den Schlüssel, dann den dazugehörigen Wert. Aus diesem Grund können wir uns einen Hash auch auf die Schnelle über print join(',', %hash) ausgeben lassen. So viel zu unseren Vorabüberlegungen.

Nach Schlüsseln sortieren

■   sort keys %hash

Versuchen wir nun, die Key-Value-Paare eines Hash sortiert nach Schlüssel auszugeben. Es ist naheliegend, so etwas wie sort %hash zu versuchen. Das kann aber nicht funktionieren! Warum? sort erwartet eine Liste von Werten, wie z. B. ein Array, aber keinen Hash. Der Hash wird im Array-Kontext ausgewertet und liefert daher, wie gerade besprochen, abwechselnd Schlüssel und Werte. Wir erhielten im Endeffekt einen sortierten Mischmasch aus Keys und Values.

Nein, man geht anders vor. Man durchläuft fein säuberlich in einer Schleife ein Element nach dem anderen und gibt die Paare nacheinander aus. Allerdings akzeptiert man nicht die interne Reihenfolge der Elemente, sondern spricht die *Schlüssel* in einer sortierten Reihenfolge an.

Die Liste der Schlüssel erhält man über

```
keys %hash
```

Die Liste der sortierten Schlüssel über

```
sort ( keys %hash )
```

oder einfach

```
sort keys %hash
```

Hier gibt es keinen Mischmasch, da wir es ausschließlich mit Schlüsseln zu tun haben. Aus dieser sortierten Liste sprechen wir nun einen Schlüssel nach dem anderen an.

```
foreach $key ( sort keys %hash ) {
    print "$key \t $hash{$key} \n" ;
    }
```

Zu unserem Beispiel: Für den Telefon-Hash

```
%telefon = ( 'meier' => '2454663', 'mueller', => '667445',
            'schulz' => '453887', 'kabel' => '9844766' ) ;
```

wäre die Liste der Schlüssel

```
keys %telefon     # -> mueller meier kabel schulz
```

die Liste der sortierten Schlüssel

```
sort keys %telefon     # -> kabel meier mueller schulz
```

und entsprechend die gesamte Schleife

```
foreach $user ( sort keys %telefon ) {
    print "$user \t $telefon{$user} \n"
    }
```

wodurch folgende Ausgabe entstünde:

```
kabel     9844766
meier     2454663
mueller   667445
schulz    453887
```

Wer es kürzer mag, kann map() verwenden:

```
map { print "$_ \t $telefon{$_} \n" } sort keys %telefon ;
```

Nach Werten sortieren

- `sort { $hash{$a} <=> $hash{$b} } keys %hash`

Jetzt wird es schwieriger. Wir werden einen Hash nach Werten sortiert ausgeben, in unserem Beispiel-Hash also nach Telefonnummern. Wir greifen wieder über eine foreach-Schleife nacheinander auf jeden einzelnen Schlüssel zu. Dieses Mal sortieren wir jedoch anders.

Aufgepasst: Wir sortieren die Schlüssel, nicht etwa die Werte! Nur wenn wir im Endeffekt eine Liste von Schlüsseln von der sort-Funktion erhalten, können wir diese Liste abarbeiten und die entsprechenden Paare ausgeben. Würden wir die Werte sortieren, kämen wir an die dazugehörigen Schlüssel nicht mehr heran.

Also: Wir sortieren die Schlüssel! Nur die *Reihenfolge*, in der wir die Schlüssel sortieren, wird von ihren *Werten* bestimmt.

Die Liste der Schlüssel bekommen wir wieder über

```
keys %hash
```

Diese wird sortiert. Wie das Sortierkriterium aussieht, erfahren wir gleich. Bisher haben wir also

```
sort { ..... } keys %hash
```

sort benötigt eine Anweisung, wie zwei herausgegriffene Elemente $a und $b miteinander verglichen werden sollen. Der Wert für $a ist $hash{$a}, derjenige für $b ist $hash{$b}. Möchten wir die beiden nun alphabetisch vergleichen, kommen wir zu

```
sort { $hash{$a} cmp $hasch{$b} } keys %hash
```

oder für eine numerische Sortierung:

```
sort { $hash{$a} <=> $hasch{$b} } keys %hash
```

Die komplette Ausgabeschleife lautet dann:

```
foreach $key ( sort { $hash{$a} <=> $hasch{$b} } keys %hash ) {
    print "$key \t $hash{$key} \n" ;
    }
```

Für den Telefon-Hash erhalten wir folgende Fassung:

```
%telefon = ( 'meier' => '2454663', 'mueller', => '667445',
             'schulz' => '453887', 'kabel' => '9844766' ) ;

foreach $user
    ( sort { $telefon{$a} cmp $telefon{$b} } keys %telefon )
    { print "$user \t $telefon{$user} \n"    }
```

Mit der Ausgabe:

```
meier     2454663
schulz    453887
mueller   667445
kabel     9844766
```

Ließen wir das Raumschiff <=> statt cmp vergleichen, erhielten wir folgende Ausgabe (numerisch sortiert):

```
schulz    453887
mueller   667445
meier     2454663
kabel     9844766
```

Alle lohnenswerten Beispiele sind auf der CD-ROM in Dateien zusammengefasst, die mit `test_` beginnen, hier z.B. `test_hashsort.pl`. Sie können sie also selbst ausprobieren.

 Eventuell kann man Hashes auch nach Werten sortieren, indem man sie über `reverse` umdreht. Werte werden dadurch zu Schlüsseln und umgekehrt. Nun kann man wieder einfach nach Schlüsseln sortieren. Dies funktioniert aber nur, wenn die ursprünglichen Werte eindeutig sind. Zwei gleiche Werte sprengen dieses Konzept, weil bei der Umkehrung ein Paar verloren geht.

▶ **Manpages:** perlfunc sort

8.10 Hash-Slices

Ebenso wie bei Arrays dürfen Sie auch bei Hashes auf mehrere Elemente im gleichen Befehl zugreifen. Erinnern Sie sich? Einen Array-Slice schrieb man z.B.

```
@array[2,5,9]
```

In Analogie hierzu schreibt man einen Hash-Slice

```
@hash{'key1', 'key2', 'key3'}
```

Am Beispiel eines Hash, der die Umsätze der Filialen eines Unternehmens enthält, sieht das folgendermaßen aus.

```
%ums = ( 'Frankfurt' => 23.6, 'Hamburg' => 17.3,
         'Muenchen' => 20.1, 'Dortmund' => 26.5 ) ;

print "@ums{'Hamburg','Dortmund'} \n" ;          # -> 17.3 26.5
```

Das @ als Präfix macht Sinn, wenn es auch nicht besonders intuitiv ist. Immerhin haben wir es hier nicht mit einem Hash, sondern mit mehreren herausgegriffenen Werten zu tun, einer Liste.

Mithilfe von Slices kann man auch mehrere Zuweisungen zu einem einzigen Befehl zusammenfassen. Das spart Arbeit.

```
@ums{'Hamburg','Dortmund'} = ( 19.9, 18.8 ) ;
    # weist Hamburg 19.9 und Dortmund 18.8 zu
```

Möchte man für zwei Schlüssel die Werte vertauschen, schreibt man:

```
@ums{'Hamburg','Dortmund'} = @ums{'Dortmund', 'Hamburg'} ;
```

▶ **Manpages:** perldoc perldata ... Slices

8.11 Mehrdimensionale Hashes

Hashes dürfen mehrdimensional aufgebaut werden.

```
%mhash = (key1 => {key,val,key,val}, key2 => {key,val,key,val},
          key3 => {key,val,key,val}, key4 => {key,val,key,val},
          key5 => {key,val,key,val}, key6 => {key,val,key,val});
```

Beachten Sie, dass die inneren Hashes in geschweiften Klammern stehen müssen (in Analogie zu den eckigen Klammern bei mehrdimensionalen Arrays). Ob und wo Sie Pfeile statt Kommas einsetzen, spielt keine Rolle.

In der äußeren Dimension haben wir einen Hash mit verschiedenen Schlüsseln key1, key2, key3 etc. Dabei könnte es sich etwa um die Namen von Kunden handeln. Als Werte hat man es hier aber nicht mit skalaren Daten zu tun, wie einer Telefonnummer, sondern wiederum mit kompletten Hashes. Für jeden Kunden wird also ein kompletter Hash gespeichert. In diesem könnten nun der volle Name, Ort, PLZ, Straße und Telefon für diesen einen Kunden gespeichert sein.

Hier ein konkretes, aber kurzes Beispiel:

```
%adresse = (
'meier' => {'Name','Hans Meier', 'Ort','Muenchen', 'PLZ',80804},
'schulz' => {'Name','Ulla Schulz', 'Ort','Berlin', 'PLZ',10178},
'Kunz' => {'Name','Gerd Kunz', 'Ort','Koeln', 'PLZ', 50877}
            ) ;
```

Mehrdimensionale Hashes müssen in keiner Weise gleichförmig sein. Während für den Kunden meier vielleicht nur die Adresse gespeichert ist, können für mueller auch Bankleitzahl und Kontonummer vorhanden sein.

Um auf ein einzelnes Element zuzugreifen, gibt man nacheinander den Schlüssel für die äußere und für die innere Dimension an.

```
print $hash{key1}{key} ;
```

Um den vollen Namen des Benutzers schulz zu erhalten, schreibt man beispielsweise

```
print $adresse{'schulz'}{'Name'} ;          # -> Ulla Schulz
```

Auf die gleiche Art weist man einem Element seinen Wert zu.

```
$adresse{'schulz'}{'Name'} = 'Ulrike Schulz' ;
```

Über eine geschachtelte Schleife kann man durch einen mehrdimensionalen Hash iterieren. Diese Techniken werden wir in Zusammenhang mit komplexen Datenstrukturen noch ausgiebig erörtern (siehe Tag 16).

▶ **Manpages:** perldoc perldsc ..... Hashes of Hashes

8.12   Der spezielle Hash %ENV

Perl besitzt nicht nur skalare Spezialvariablen und Spezial-Arrays, sondern auch Spezial-Hashes. Einer davon ist %ENV. In %ENV finden Sie die Umgebungsvariablen Ihres Betriebssystems, also diejenigen Variablen, die das OS setzt, wenn Ihr Skript gestartet wird. Unter UNIX und Windows wird davon ausgiebig Gebrauch gemacht, unter MacOS 8 und 9 kaum. Wichtig sind Umgebungsvariablen auch bei CGI-Programmen, also Programmen, die auf einem Webserver laufen (siehe Tag 18 und 19).

Die *Namen* der Umgebungsvariablen dienen jeweils als Schlüssel, etwa PATH, LOGNAME oder HOME. Die *Variablenwerte* bilden die Werte des Hash. Über eine Schleife können wir uns den Inhalt dieses Spezial-Hash ausgeben.

Listing 8.5: *print_env.pl – gibt die Umgebungsvariablen aus.*

```
#!/usr/bin/perl
#
# print_env.pl
# Gibt die Umgebungsvariablen aus

foreach $var ( sort keys %ENV ) {
    print "$var \t $ENV{$var} \n" ;
    }
```

```
$ printenv.pl
COLORTERM       1
HISTCONTROL     ignoredups
HOME    /root
HOSTNAME        louis
HOSTTYPE        i586
HUSHLOGIN       FALSE
HZ      100
INFODIR /usr/local/info:/usr/info
INFOPATH        /usr/local/info:/usr/info
KDEDIR  /opt/kde
LC_CTYPE        de_DE
LESS    -M
LESSCHARSET     latin1
LESSKEY /etc/lesskey.bin
LESSOPEN        |lesspipe.sh %s
LOGNAME root
.....
```

Sie können die Variablen nicht nur ausgeben, sondern auch verändern. Allerdings gelten diese Änderungen nur, solange Ihr Skript läuft. Danach werden sie wieder verworfen. Wie wir später im Kapitel über CGI-Skripte erfahren werden, läuft in der Webprogrammierung der Datenaustausch zwischen Webserver und Perl-CGI-Skript teilweise über solche Umgebungsvariablen. Wichtig wird die Umgebung auch dann, wenn Sie über Perl-Skripte Prozesssteuerungen durchführen, also eine Reihe einzelner Skripte oder Programme starten und koordinieren.

▶ **Manpages:** perldoc perlvar ..... %ENV

8.13 Mehrfachwerte

Wenn Sie mehrere Benutzer mit Namen »Meier« verwalten müssen oder ein Benutzer mehrere Telefonnummern besitzt, gibt es Probleme wegen der Eindeutigkeit des Schlüssels. Es gibt mehrere Möglichkeiten, mit dieser Situation umzugehen. Widmen wir uns zunächst dem Fall mehrerer Werte zu *einem* Schlüssel, etwa mehrerer Telefonnummern. Hier liegt es auf der Hand, dass Sie alle Nummern zu einem einzigen String verbinden, mit eindeutigen Trennern dazwischen.

```
meier###2454663***0175733771
mueller###667445
schulz###453887***0172623984
kabel###9844766
kraus###233259
```

Wenn Sie solche Daten einlesen, bilden Sie nur einen einzigen Schlüssel `'meier'`, der dann einen zusammengesetzten Wert enthält. Erst wenn der Benutzer die Telefonnummern sehen möchte, splitten Sie den Wert in die einzelnen Nummern auf.

Wie aber, wenn es zwei Benutzer namens Meier gibt? Am einfachsten wäre es, Sie vergeben für jeden Benutzer einen eindeutigen Schlüssel, z.B. einmal `'meier'` und einmal `'meier1'`. Bei Computerbenutzern ist dieses Vorgehen sicherlich möglich, bei den meisten anderen Personen wahrscheinlich aber nicht. Wenn Sie später nach den Daten dieses Kunden suchen, vergessen Sie eventuell, dass er bei Ihnen `meier1` heißt.

Eine zweite Möglichkeit besteht darin, das Problem genauso anzugehen wie bei zwei Telefonnummern für dieselbe Person. Erlauben Sie mehrere Datensätze als Wert des Schlüssels `meier`, die sich über einen eindeutigen Trenner zu einem einzigen String zusammensetzen. Bei der Ausgabe der Daten, etwa nach einer Suche durch den Benutzer, splitten Sie dann den Gesamtwert in die Informationen für die verschiedenen Meiers auf.

Die letzte und flexibelste Technik erzeugt einen mehrdimensionalen Hash. Unter dem Schlüssel `meier` speichert man einen kompletten Hash, der beliebig viele Elemente enthalten kann. Jeder Schlüssel in diesem inneren Hash steht für *einen bestimmten* Kunden Meier, die Werte zu diesem Schlüssel entsprechen dann z.B. den Adressdaten nur für diesen einen Kunden.

```
%adress = ( meier => { 'meier1' => 'Gerda##56773'
                       'meier2' => 'Peter##2454663***0175733771'
                       'meier3' => 'Rudi##599856' }
```

```
mueller => { 'mueller1' => 'Robert#667445' }
.....
)
```

Wie Sie die inneren Schlüssel benennen, spielt eigentlich keine Rolle. In der Praxis würden Sie als innere Struktur nicht einmal Hashes benötigen. Arrays würden es auch tun. Doch damit wären wir bereits bei den komplexen Datenstrukturen angelangt, womit wir doch lieber noch bis zum 16. Tag warten.

Bei der Ausgabe müssten Sie nun eine Schleife um alle inneren Hashes legen, die für den Schlüssel des gesuchten Benutzers, etwa `meier`, gespeichert sind.

8.14 Zusammenfassung

- `%hash`   Hashes speichern Listen von Werten. Sie erhalten ein % als Präfix.

- Im Gegensatz zu Arrays werden die Werte nicht in einer bestimmten Reihenfolge gespeichert, sondern immer in Verbindung mit einem String, dem Schlüssel.

- `%hash = ( key => value, key => value, ... );`   Initialisierung

- `$hash{'key'}`
  Beim Zugriff auf ein bestimmtes Element schreibt man den Schlüssel in geschweifte Klammern.

- `$hash{'key'} = 'value';`
  Um ein neues Element hinzuzufügen, weist man dem neuen Schlüssel einfach einen Wert zu. Das Array wächst dynamisch.

- `undef $hash{'key'};`   Einen Wert entfernen.

- `delete $hash{'key'};`   Ein komplettes Element (Schlüssel und Wert) entfernen.

- `if ( defined $hash{'key'}) { ... }`
  Testen, ob ein Wert im Hash definiert ist.

- `if ( exists $hash{'key'}) { ... }`
  Testen, ob ein Element angelegt ist, also wenigstens ein Schlüssel existiert.

- `keys %hash`   Die Liste aller Schlüssel des Hash

- `values %hash`   Die Liste aller Werte

- `$n = keys %hash`   Anzahl der Elemente

- `foreach $key ( keys %hash ) { ... }`
  `foreach $val ( values %hash ) { ... }`
  `map { ... } keys %hash`
  Mit der `foreach`-Schleife kann man durch die Liste der Schlüssel iterieren. In einigen Fällen ist die Iteration über die Werte besser geeignet. Mit `map` kommt man ebenfalls ans Ziel.

239

■ `( $key, $val ) = each %hash ;`
Die Funktion each( ) liefert bei jedem Aufruf ein Key-Value-Paar.

■ `while ( ($key, $val) = each %hash ) { ..... }`
Über each in einer while-Schleife kann man ebenfalls durch einen Hash iterieren.

■ `foreach $key ( sort keys %hash ) { ... }`
Einen Hash nach Schlüsseln sortieren.

■ `foreach $key`
`( sort { $hash{$a} <=> $hash{$b} } keys %hash ) { ... }`
Einen Hash nach Werten sortieren.

■ `@hash {'key1', 'key2', 'key3'}`
Über einen Hash-Slice kann man mehrere Werte gleichzeitig ansprechen.

■ `print $hash{key1}{key2} ;`
Mehrdimensionale Hashes bildet man, indem man ganze Hashes als *Werte* speichert. Bei der Initialisierung müssen diese inneren Hashes in geschweiften Klammern stehen. Um auf einzelne Elemente zuzugreifen, schreibt man die Schlüssel der einzelnen Dimensionen hintereinander.

■ `print $ENV{'PATH'} ;`
Der spezielle Hash %ENV enthält die Umgebungsvariablen des Betriebssystems.

8.15 Workshop

Fragen und Antworten

F *Muss ich um jeden Schlüssel einfache Quotes setzen, so wie Sie es immer getan haben?*

A Nicht unbedingt. Wenn Sie wissen, dass es keine Funktion schulz gibt, können Sie den Schlüssel schulz auch ohne Quotes einsetzen. Allerdings beschwert sich Perl in diesem Fall, wenn Sie den Schalter -w verwenden. Es meint, in der nächsten Perl-Version gäbe es vielleicht eine schulz-Funktion, was man ja noch nicht wissen könne, Sie sollten also bitte Quotes benutzen. Der Pfeil => wirkt übrigens wie ein Anführungs-zeichen für das Wort links davon. Wenn Sie also schulz => 1 schreiben, behandelt es Perl wie 'schulz', 1.

F *Sie haben betont, dass ein Hash dynamisch wachsen kann, gleichzeitig aber verschwiegen, ob er auch wieder schrumpft, wenn Elemente gelöscht werden.*

A Zugegeben, das tut er nicht. Er bleibt aufgebläht, wenn er einmal groß war. Wenn Sie den Speicherplatz zurückhaben möchten, müssen Sie den Hash löschen – über undef %hash.

F *Hab ich probiert! Wenn ich das tue, nachdem ich zuvor einen großen Hash angelegt hatte, verbraucht mein Perl-Prozess dennoch genauso viel Speicher wie zuvor.*

A Ja, es gewinnt den frei werdenden Platz, aber es gibt ihn nicht an das Betriebssystem zurück. Sobald es wieder Arbeitsspeicher benötigt, verwendet es den gewonnenen Speicher erneut.

F *Sie haben sehr viele Varianten erläutert, wie man einen Hash durchlaufen kann. Ich möchte mir nicht alle merken; welche ist die übliche?*

A Sie werden in Skripten anderer Personen alle aufgelisteten Varianten finden. Was in Perl *möglich* ist, wird auch verwendet. Am häufigsten sieht man aber `foreach keys` und `each`. Vielleicht sollten Sie sich vor allem diese beiden Varianten merken.

F *Gibt es irgendwo Informationen darüber, wie Hashes intern aufgebaut sind und funktionieren?*

A Wenn Sie C-Experte sind, können Sie sich den Source-Code ansehen. Eine Menge interne Infos gibt es zudem in der Manpage `perlguts`, allerdings für Normalsterbliche – mich inklusive – nur schwer verständlich. Gott sei Dank geht das vielen so, weshalb im Internet kräftig darüber diskutiert wird. Und genau da findet man dann die interpretierten und aufbereiteten Informationen, die man sucht. Geben Sie in den Newsgroups-Archiven (*www.google.de*) »perlguts« oder »perl internal« oder etwas Ähnliches ein.

Quiz

1. An welcher Stelle muss/darf ein => statt eines Kommas stehen?

2. Kann man über `$var = 'undef'` einen Wert löschen?

3. Wie verfährt man mit Key und Value, wenn man ein Hash-Element in einer Datei speichern will?

4. Wie liest man das Element dort wieder heraus?

5. Wieso wird ein bestimmtes Element in einem Hash viel schneller gefunden als in einem Array?

Übungen

1. Belegen Sie die Schlüssel eines Hash mit voll ausgeschriebenen Monatsnamen und die Werte mit den entsprechenden Monatszahlen (1 bis 12). Ihr Skript soll nun unter Angabe eines Monatsnamens aufgerufen werden, damit es die zugehörige Monatszahl ausgibt.

```
$ monat1.pl Juli
7
$
```

2. Erweitern Sie Ihr Programm derart, dass es keine Rolle spielt, ob der Monatsname klein oder groß geschrieben wurde. Wenden Sie hierzu lc() auf den übergebenen Namen und auf den Hash-Key an. Erweitern Sie es außerdem dahingehend, dass der Monatsname in abgekürzter Form übergeben werden darf (Jan oder jan statt Januar). Verwenden Sie hierzu die Funktion index()in einer Schleife, um alle Elemente des Hash.

    ```
    $ monat2.pl dez
    12
    $
    ```

3. Nun erweitern wir unser Programm ein letztes Mal. Wenn Sie die letzte Aufgabe zu schwer fanden, starten Sie einfach wieder bei Ihrer Version aus Übung 1. Das Skript soll ermitteln, ob der Benutzer einen String oder eine Zahl übergeben hat. Bei einem String bleibt alles beim Alten. Hat man aber eine Zahl angegeben, soll der zugehörige Monatsname ausgegeben werden. Den Test auf eine Zahl führt man über folgenden Ausdruck durch: if ($eingabe =~ /[0-9]/) { ... } Verwenden Sie für die Umwandlung in die neue Richtung am besten einen zweiten Hash.

    ```
    $ monat.pl dez
    12
    $ monat.pl 7
    Juli
    ```

4. Gegeben sei folgender Hash, der die Umsätze der Filialen eines Unternehmens in Millionen Euro enthalte.

    ```
    %ums = ( 'Frankfurt' => 23.6, 'Hamburg'  => 17.3,
             'Muenchen' => 20.1, 'Dortmund' => 26.5 ) ;
    ```

    Erstellen Sie eine Liste der Filialen mit ihrem Umsatz, die nach Umsätzen sortiert ist (abfallend).

Hash-Anwendungen

Hashes sind ein Segen für den Programmierer. Viele Aufgaben, die über Arrays nur mit viel Mühe in den Griff zu bekommen sind, lassen sich mithilfe von Hashes einfach und elegant lösen. Das gilt für Datenbanken und komplexe Datenstrukturen genauso wie für viele Abrechnungs- und Statistikfragen. Bei statistischen Auswertungen geht es darum, eine Daten- oder Protokolldatei zu durchforsten und für jede/n einzelne/n Kunden/Rechner/Filiale/Artikel zu ermitteln, wie viele Einträge oder welche Summe eines bestimmten Wertes auf sie/ihn entfällt. Mit solchen Fragestellungen werden wir uns heute beschäftigen, aber auch mit einigen anderen typischen Hash-Anwendungen:

■ Wörterbücher (z.B. Englisch-Deutsch, Fachbegriffe-Erklärung, Rechnername-IP etc.)

■ Hashes aus Systemdateien

■ Einfache Datenbanken (Kunden-/Backup-/Support-Datenbanken)

■ Statistiken über flexible Werte (Abrechnung, Accounting)

■ Hashes auf Festplatte auslagern

9.1 Wörterbücher und Übersetzungstabellen

Die Organisationsform eines Hash, nämlich Werte in Verbindung mit einem String-Schlüssel zu speichern, ist hervorragend geeignet, um einfache Wörterbücher oder Übersetzungstabellen zu konstruieren. Wir werden uns gleich an ein Englisch-Wörterbuch wagen, das die englische Übersetzung eines deutschen Wortes liefert. Auf die gleiche Art erstellt man Tabellen für Abkürzungen oder Fachbegriffe oder Umsetzungen von Rechnernamen zu IP-Adressen. Postleitzahlen- und Telefonverzeichnisse sind ebenfalls nichts anderes.

Deutsch-Englisch-Wörterbuch

Unser Wörterbuch soll zunächst recht einfach funktionieren.

■ Die Daten werden aus einer Datei geladen.

■ Das deutsche Wort kann auf der Befehlszeile übergeben werden.

■ Gibt man kein Argument mit, soll in einer Schleife nach deutschen Wörtern gefragt werden.

■ Die zugehörigen englischen Begriffe werden aus einer Datenbank herausgesucht ...

■ ... und auf dem Bildschirm ausgegeben.

Also ran an die Arbeit. Wo bekommen wir die Übersetzungstabelle her, ohne eine Menge Geld zu zahlen? Aus dem Internet! Eine wunderbare kostenlose Wortliste mit etwa 130.000 Einträgen stellt Frank Richter von der TU Chemnitz zur Verfügung (*http://dict.tu-chemnitz.de/*). Auf ihr basiert unser Skript. Sie finden sie auf der CD im Verzeichnis tag09 unter ger-eng.txt. Hier einige Zeilen, anhand derer wir den Aufbau erkennen.

```
meditierend :: meditating
meditiert :: meditates
meditierte :: meditated
medizinal; heilend {adj} :: medicinal
medizinal {adv} :: medicinally
medizinisch {adj} :: medical; med
medizinisch behandeln | medizinisch behandelnd | medizinisch beh
andelt :: to medicate | medicating | medicated
medizinisch {adv} :: medically
```

Die Datei ist etwa 5 MB groß. Wie gehen wir mit ihr um? Wie Sie sehen, sind noch weitere Informationen enthalten als das reine Wort (Geschlecht, Plural-Form etc.). Außerdem gibt es häufig mehrere Eintragungen zur gleichen Vokabel. Wir brauchen einen eindeutigen Schlüssel und das ist in unserem Fall das deutsche Wort. Der Einfachheit halber nehmen wir das erste Wort einer Zeile bis zum ersten Leerzeichen oder dem ersten Semikolon als Schlüssel. Wenn Sie das gesamte Potenzial dieser Liste ausnutzen möchten, können Sie das Skript dahingehend erweitern, dass alle Wörter vor dem :: als Schlüssel aufgenommen werden. Hier genügt uns jedoch

```
( $german ) = split ( /[ ;]/, $line, 2 ) ;
```

Wir sind nur an dem ersten Wort interessiert, deshalb benötigen wir auch nur eine einzige Variable $german. Diese setzen wir in Klammern, damit split im Listenkontext arbeitet. Die Beschränkung auf maximal zwei zu liefernde Wörter spart Verarbeitungszeit. Der Regular Expression /[;]/ besagt, dass sowohl ein Leerzeichen als auch ein Semikolon als Trenner fungieren darf. Der Hash-Wert zu unserem deutschen Wort ist die komplette Zeile, das vereinfacht die spätere Ausgabe. Den Hash nennen wir %dict.

```
$dict{$german} = $line ;
```

Das funktioniert aber nur, wenn das deutsche Wort zum ersten Mal auftaucht. Beim zweiten, dritten Mal etc. müssen wir die Zeile an den bereits bestehenden Wert anfügen. Normalerweise benötigt man hierzu einen eindeutigen Trenner. In unserem Fall genügt hingegen das *Newline*, das eh noch an jeder Zeile hängt.

```
$dict{$german} .= $line ;
```

Die komplette Einleseschleife sieht dann wie folgt aus.

```
# Woerterbuch einlesen
# -------------------
open IN, $file ;
while ( $line = <IN> ) {
    # Erstes Wort geht bis ' ' oder ';'
    ( $german ) = split ( /[ ;]/, $line, 2 ) ;

    # Hash-Element neu anlegen oder erweitern
    if ( ! exists $dict{$german} ) {
        $dict{$german} = $line ;
    }
```

```
    else {
       $dict{$german} .= $line ;
       }
    }
close IN ;
```

Nun ist der Hash aufgebaut. Das dauert 2 bis 3 Sekunden, wie Sie feststellen werden, da wir es mit einer ernstzunehmenden Datenmenge zu tun haben. Die eigentliche Suche besteht in einem simplen Zugriff auf das richtige Element. Um keine Warnung zu erhalten, falls es den gesuchten Schlüssel nicht gibt, geben wir nur etwas aus, falls der Schlüssel existiert.

```
print $dict{$suchwort}, "\n" if exists $dict{$suchwort} ;
```

Wurde ein Befehlszeilenargument übergeben, soll dieses Argument als Suchwort dienen.

```
# Aufruf mit Argument
# -------------------
$suchwort = shift @ARGV ;
if ( defined $suchwort ) {
   print $dict{$suchwort}, "\n" if exists $dict{$suchwort} ;
   exit ;
   }
```

Wurde kein Argument übergeben, kann man in einer Endlosschleife so lange deutsche Wörter übersetzen lassen, bis man ein 'q' eingibt.

```
# Endlosschleife
# --------------
while ( 1 ) {
   print "Eingabe: " ;
   chomp ($suchwort = <STDIN> ) ;
   exit if $suchwort eq "q" ;

   print $dict{$suchwort}, "\n" if exists $dict{$suchwort} ;
   }
```

Irgendwie simpel, nicht wahr? Hier die erste fertige Version unseres Übersetzungsskripts.

Listing 9.1: de-en1.pl – deutsch-englisches Wörterbuch, erste Version

```
#!/usr/bin/perl -w
#
# de-en1.pl
# Deutsch-englisches Wörterbuch

%dict = () ;
$file = "ger-eng.txt" ;

# Woerterbuch einlesen
# --------------------
```

```perl
open IN, $file ;
while ( $line = <IN> ) {
    # Erstes Wort geht bis ' ' oder ';'
    ( $german ) = split ( /[ ;]/, $line, 2 ) ;

    # Hash-Element neu anlegen oder erweitern
    if ( ! exists $dict{$german} ) {
        $dict{$german} = $line ;
        }
    else {
        $dict{$german} .= $line ;
        }
    }
close IN ;


# Aufruf mit Argument
# -------------------
$suchwort = shift @ARGV ;
if ( defined $suchwort ) {
    print $dict{$suchwort}, "\n" if exists $dict{$suchwort} ;
    exit ;
    }

# Endlosschleife
# --------------
while ( 1 ) {
    print "Eingabe: " ;
    chomp ($suchwort = <STDIN> ) ;
    exit if $suchwort eq "q" ;

    print $dict{$suchwort}, "\n" if exists $dict{$suchwort} ;
    }
```

Mal sehen, wie es sich macht.

```
$ de-en.pl   Hund
Hund {m} [zool.] | Hunde {pl} :: dog | dogs
Hund {m} [zool.] | Hunde {pl} :: hound | hounds
$
$
$ de-en.pl
Eingabe: Hund
Hund {m} [zool.] | Hunde {pl} :: dog | dogs
Hund {m} [zool.] | Hunde {pl} :: hound | hounds
```

```
Eingabe: Wagen
Wagen {m} :: trolly
Wagen {m}; Planwagen {m} :: wagon; covered wagon
Wagen {m} :: wain
Wagen {m} mit einer Musikkapelle :: bandwagon
Wagen {m}; Schreibmaschinenwagen {m}; Wagenvorschub {m} :: carriage
Wagen {m}; Personenwagen {m} :: coach

Eingabe: mehr
mehr Nachdruck verleihen :: to reinforce
mehr; weiter :: more
mehr :: times
mehr als genug :: more than enough
mehr als genug :: enough and to spare
mehr oder weniger :: more or less

Eingabe: q
$
```

Hui, ist das mächtig! Das liegt an der riesigen Wortliste von Frank Richter. Vielen Dank nochmals an seine Adresse! Beim Aufruf mit Argument bekommt man die Zeit für das Laden der Datei und den Aufbau des Hash zu spüren. Arbeitet man hingegen in der Schleife, werden nach einer einmaligen Ladezeit die Ergebnisse sofort, ohne Verzögerung angezeigt.

Wie könnten wir unser Skript sinnvoll erweitern? Natürlich soll es auch englische Begriffe ins Deutsche übersetzen können. Die Realisierung bleibt Ihnen überlassen (en-de.pl auf der CD). Sie müssen einen zweiten Hash aufbauen, der die englischen Begriffe als Schlüssel enthält. Da die Wortliste aber andersherum organisiert ist, bereitet das Isolieren der Schlüssel etwas mehr Mühe – viel Spaß! Ob Sie ein zweites Skript schreiben oder die zweite Übersetzungsrichtung in das erste Skript integrieren, können Sie selbst entscheiden.

Was wir hier noch hinzufügen wollen, ist die Suche nach Wortbestandteilen.

Suche nach Wortbestandteilen

Manchmal möchte man nicht nur nach einem bestimmten Wort suchen, sondern nach einer Wortgruppe oder nach verwandten Wörtern. Eventuell weiß man auch nicht genau, wie das Wort geschrieben wird. In diesen Fällen würde es helfen, wenn das Suchwort nicht exakt einem Schlüssel entsprechen müsste, sondern lediglich ein Bestandteil von ihm sein muss. Um passende Wörter zu finden, werden wir den Hash mit foreach...keys durchlaufen und testen, ob das Suchwort im Schlüssel enthalten ist. Erinnern Sie sich noch an den match-Operator, der in Kapitel 3 kurz erwähnt wurde? Über $line =~ /error/ würde man beispielsweise testen, ob $line den String error enthält. In unserem Fall verändert sich der Ausgabebefehl dadurch zu:

```
foreach $key ( keys %dict ) {
    print $dict{$key}, "\n" if $key =~ /$suchwort/ ;
    }
```

Aber wollen wir das in jedem Fall? Denken Sie z.B. daran, in wie vielen Wörter »pub« enthalten ist. Das eigentliche »pub« würden wir kaum noch finden in der Flut der Ausgabezeilen. Besser also, wir legen eine syntaktische Regel fest, die anzeigt, dass wir nach Bestandteilen suchen. Sagen wir etwa, dem Suchwort soll in diesem Fall ein Pluszeichen vorangestellt werden: +pub. Wir erhalten einen zweiteiligen Ausgabeblock, der unterscheidet, wie gesucht werden soll. Integrieren wir diesen in die Suchschleife, erhalten wir folgenden Block:

```perl
# Endlosschleife
# --------------
while ( 1 ) {
    print "Eingabe: " ;
    chomp ($suchwort = <STDIN> ) ;
    exit if $suchwort eq "q" ;

    if ( substr($suchwort, 0, 1) eq '+' ) {
        $suchwort = substr($suchwort, 1) ;
        foreach $key ( keys %dict ) {
            print $dict{$key}, "\n" if $key =~ /$suchwort/ ;
            }
        }
    else {
        print $dict{$suchwort}, "\n" if exists $dict{$suchwort} ;
        }
    }
```

Fertig. Wir haben unser Programm sehr viel leistungsfähiger gemacht. Wenn Sie am 14. Tag lernen, wie flexibel Regular Expressions sind, werden Sie erst die volle Stärke unseres Skripts erkennen. Wenn wir den alten Einleseblock durch den neuen ersetzen, erhalten wir die fertige Version unseres Skripts de-en.pl, wie Sie es auf der Buch-CD finden.

Ich möchte zum Abschluss noch einmal darauf hinweisen, dass man mit der gleichen Methode, wie wir sie hier gesehen haben, auch viele andere Umsetzungstabellen und Verzeichnisse basteln kann, wie Postleitzahlen-, Telefon-, IP-Adressen-Verzeichnisse oder Fachbegriffslexika.

Wo stoßen einfache Hash-Tabellen an ihre Grenzen? Sie sind immer dann angebracht, wenn es im Wesentlichen um den direkten Zugriff auf die Datensätze über *einen* festgelegten Schlüssel geht. Sie bekommen aber dort Probleme, wo die Daten über *mehrere* Schlüssel greifbar sein sollen, wie Kundennummer und Name und Adresse, und es sich gleichzeitig um sehr große Datenmengen handelt. Bei kleinen Datenbanken (bis zu einigen MB) ist das noch kein Problem. Bei großen benötigen Sie hingegen Index-Dateien, die die Suche beschleunigen, Sortierungsmechanismen und einen gewaltigen Apparat zur Pflege dieser Daten. Das sollten Sie sich aber lieber nicht antun und statt dessen auf Datenbank-Management-Systeme wie Oracle, Informix, MySql oder Microsofts SQL-Server zurückgreifen.

▶ **Manpages:** perldoc perldata ... List value constructors ; perldoc -f keys/values/undef/defined/ delete/exists/each

9.2 Hashes aus Systemdateien

Wie erstellt man Hashes aus Systemdateien, um User-IDs in Login-Namen und richtige Namen umzuwandeln, IP-Adressen in Rechnernamen oder Service-Nummern in die entsprechenden Bezeichnungen?

Nehmen wir zum Beispiel die Datei /etc/hosts (UNIX, MacOS X) bzw. \windows\hosts (Win 95, 98, ME) oder \winnt\system32\drivers\etc\hosts (Windows NT, 2000, XP). Sie enthält die Zuordnung von Rechnernamen zu IP-Adressen, so dass wir aus ihren Daten einen entsprechenden Umwandlungs-Hash konstruieren können. Sie können zum Üben auch die Datei hosts von der CD nehmen. Hier ein Auszug, der das Format dieser Datei zeigt.

```
#
# IP-Address   Full-Qualified-Hostname   Short-Hostname
#
127.0.0.1      localhost
172.17.17.1    louis.saruman.de          louis
172.17.17.11   balu.saruman.de balu
172.17.17.17   jupiter.saruman.de        jupiter
```

Wir müssen die Datei einlesen und jede Zeile aufsplitten. Als Schlüssel soll der Name ohne Domäne dienen, also etwa jupiter (drittes Wort, außer bei localhost). Als Wert die IP-Adressen. Wenn wir das Skript getip.pl nennen, kann der Benutzer nun über getip.pl jupiter die IP-Adresse von Jupiter erhalten.

Das Einlesen der Datei erledigen wir wieder mithilfe einer while-Schleife.

```
$file = "/etc/hosts" ;
open IN, $file ;

while ( $line = <IN> ) {
    chomp $line;
.......
```

Kommentarzeilen werden übersprungen. Wir testen, ob das Kommentarzeichen am Anfang einer Zeile steht.

```
next if index($line, "#") == 0 ;
```

Nun wird aufgesplittet.

```
($ip, $lang, $kurz) = split " ", $line ;
```

In der Regel interessieren wir uns für $kurz als Schlüssel und $lang als Wert. Die Zeile für localhost muss jedoch extra behandelt werden. Sie enthält den kurzen Namen in der zweiten statt in der dritten Zeile.

```
$kurz = 'localhost' if $lang eq 'localhost' ;
```

Jetzt stimmt es auch hier und wir können für jede Zeile einen Eintrag zu unserem Hash %ips hinzufügen.

```
$ips{$kurz} = $ip ;
```

Eigentlich war's das schon. Wenn in $host der übergebene Rechnername steht, erhalten wir über

```
print $ips{$host}, "\n" if defined $ips{$host} ;
```

die dazugehörige IP-Adresse. Hier das fertige Skript:

Listing 9.2: getip.pl – liefert die IP-Adresse zu einem Rechnernamen

```perl
#!/usr/bin/perl -w
#
# getip.pl
# Liefert die IP-Adresse zu einem Rechnernamen

$file = "/etc/hosts" ;
%ips = () ;
$USAGE = "getip.pl host \n" ;

# Befehlszeilen
# -------------
if ( $#ARGV < 0 ) {
    print "Falscher Aufruf \n", $USAGE ;
    exit 1 ;
    }
$host = shift @ARGV ;

# Datei einlesen und Hash aufbauen
# -------------------------------
open IN, $file ;

while ( $line = <IN> ) {
    chomp $line;

    # Kommentarzeilen ueberspringen
    next if index($line, "#") == 0 ;

    # Aufsplitten
    ($ip, $lang, $kurz) = split " ", $line ;

    # Leere Zeilen ueberspringen
    next if ! defined $ip ;

    # Localhost hat keinen langen Namen
    $kurz = 'localhost' if $lang eq 'localhost' ;
```

```
# In Hash aufnehmen
$ips{$kurz} = $ip ;
}
close IN ;

# Ausgabe der IP-Adresse
# ----------------------
print $ips{$host}, "\n" if defined $ips{$host} ;
```

Einmal ausprobieren ...

```
$ getip.pl  mars
172.17.17.21
```

```
$ getip.pl  jupiter
172.17.17.17
```

Klappt!

Wenn Sie möchten, dass Ihr Skript mehr als einen Rechnernamen verarbeiten kann, etwa

```
$ getip.pl mars jupiter balu
```

können Sie den einfachen Ausgabebefehl zu einer Ausgabeschleife um alle Elemente von @ARGV erweitern.

```
foreach $host ( @ARGV ) {
    print "$host \t $ips{$host} \n" if defined $ips{$host} ;
    }
```

Soll nicht nur nach IP-Adressen, sondern auch umgekehrt nach Rechnernamen gesucht werden, baut man entweder einen zweiten Hash auf, der genau umgekehrt organisiert ist, also IP-Adressen als Schlüssel und Rechnernamen als Werte enthält. Oder man durchsucht die Werte des ursprünglichen Hash in einer Schleife.

▶ **Manpages:** perldoc perlop ... Quote and Quote-like Operators

9.3 Hash-Datenbanken

Kleinere Datenbanken werden in Perl meistens über Hashes realisiert. Ich habe ganz bewusst bereits im letzten Kapitel eine solche Datenbank auf Array-Basis entwickelt, um Sie mit den grundlegenden Gedanken bei der Entwicklung solcher Adress-, Kunden- oder auch Support-Datenbanken vertraut zu machen. Der Aufbau dieser Karteien taucht so häufig als Teil größerer Projekte auf, dass man ihn im Schlaf beherrschen sollte. Ob man Arrays oder Hashes benutzt, ist oft Geschmackssache, Hashes sind allerdings flexibler und meistens schneller in der Ausführung.

Wir bauen nun sukzessive ein einfaches Verwaltungssystem für eine kleine Adressdatenbank auf. Dazu gehört

■ Das Einlesen der bestehenden Daten aus einer Datei.

■ Der direkte Zugriff auf einen bestimmten Datensatz.

■ Die Volltextsuche in der Datenbank.

■ Die Möglichkeit, neue Datensätze einzugeben und zu speichern.

■ Die Möglichkeit, Datensätze zu löschen.

Am besten, Sie beginnen solche Aufgaben mit dem Skript-*Gerüst*. In einer Endlosschleife soll der Benutzer immer wieder wählen können, ob er neue Daten eingeben (n – new), Datensätze anzeigen (s – show), die Datenbank durchsuchen (f – find), einen Datensatz löschen (d – delete) oder das Programm verlassen möchte (q – quit). Je nach Eingabe wird ein bestimmter Zweig einer elsif-Anweisung ausgeführt.

```
while ( 1 ) {

    # Bildschirm loeschen
    system ('clear') ;        # Windows: system ('cls')

    print "
    Adress-Datenbank
    ----------------

    s       Datensatz anzeigen
    f       Datenbank durchsuchen
    n       Neuen Datensatz eingeben
    d       Datensatz loeschen
    q       Programm verlassen

    Eingabe: " ;

    chomp ( $eingabe = <STDIN> );

    # Show
    if ( $eingabe eq "s" ) { ... }

    # Find
    elsif ( $eingabe eq "f" ) { ... }


    .....
```

Erwähnenswert ist eigentlich nur das Löschen des Fensterinhalts durch system('clear') für UNIX oder system('cls') für Windows vor jedem Durchlauf. Es sieht einfach besser aus, das Mini-Menü auf sauberem Hintergrund dargestellt zu bekommen. Der system()-Befehl wird ausführlich in Kapitel 11 behandelt.

Nun fügen Sie einen Block ein, der die bereits vorhandenen Daten aus einer Datei in einen Hash einliest. Dieser Teil muss noch vor der Endlosschleife stehen, damit die Daten nur einmal geladen werden. Die Werte seien in der Form

```
1003#H#Hans Meier#H#Ringstr. 13#H#80744 Muenchen#H#089/274562
```

gespeichert. Wir verwenden eine laufende Nummer als Schlüssel, eine Art Kundennummer, damit *eindeutige* Schlüssel entstehen. Den Namen des Kunden als Schlüssel zu verwenden, würde zu Problemen bei mehrfach auftauchenden Namen führen. Sinnvoll wäre vielleicht noch eine Kombination aus Namen und Adresse, aber eine Nummer tut es eben auch. Da Kundennummern häufig kodierte Informationen beinhalten (verschiedene Nummernbereiche für unterschiedliche Städte, Geburtsdatum etc.), besitzen sie meistens viele Stellen und sind als Gesamtzahl betrachtet nicht fortlaufend, sondern »löchrig«. Als Index für einen Array eignen sie sich daher weniger, sehr wohl aber als Schlüssel für einen Hash.[1]

Sie splitten die Zeile zunächst über den Trenner #H# nur in Key und Value auf, also in Kundennummer und den Rest; der Wert bleibt noch zusammengesetzt. Mit den erhaltenen Paaren füllen Sie schrittweise den Hash.

```
$file = "adress.db" ;
%adress = () ;

# Daten einlesen und Hash aufbauen
# -----------------------------
open IN, $file ;

while ( $line = <IN> ) {
    chomp $line ;
    ($key, $val) = split /#H#/, $line ;
    $adress{$key} = $val ;
    }


close IN ;
```

Nun erlauben Sie dem Benutzer, einen bestimmten Datensatz anzeigen zu lassen (s). Hierzu fordern Sie ihn auf, die eindeutige Benutzernummer einzugeben. Ist die Nummer als Key vorhanden, zeigen Sie den entsprechenden Datensatz an. Erst jetzt wird der Value in Name, Straße, Ort und Telefon zerlegt.

```
# Show
# ----
if ( $eingabe eq "s" ) {
    print "  Benutzer-Nummer: " ;
    $nummer = <STDIN> ;
    chomp $nummer ;
```

---

1 Unsere Nummern sind hier allerdings sehr schlicht aufgebaut und könnten genauso gut als Array-Index verwendet werden.

```
# Datensatz vorhanden?
if ( ! defined $adress{$nummer} ) {
    print "    Nicht bekannt.\n" ;
    print "    Weiter mit bel. Taste." ; <STDIN> ;
    next ;
    }


# Value zerlegen und anzeigen
@ausgabe = split /##/, $adress{$nummer} ;
print "\n$nummer\n", join ("\n", @ausgabe) , "\n\n" ;
print "    Weiter mit bel. Taste." ; <STDIN> ;
    }
```

Die gewünschte Kundennummer wird in $nummer eingelesen. $adress{$nummer} enthält somit die Werte, die angezeigt werden sollen. Falls dort nichts drin steht, überspringen wir die restliche Verarbeitung. In zwei Schritten ersetzen wir nun in dem Value die Trenner ## durch \n und geben das Resultat aus. Damit die Ausgabe nicht sofort von unserem system('clear') hinweggefegt wird, legen wir durch <STDIN> eine Pause ein.

Jetzt kommt die Kür. Sie erlauben die Volltext-Suche im Hash (f). Fragen Sie den Benutzer nach einem String. Dann durchlaufen Sie den Hash und geben alle Elemente aus, deren Werte den String enthalten. Testen Sie hierzu in einer foreach-keys-Schleife jedes einzelne Element mithilfe des Match-Operators.

```
# Find
# ----
elsif ( $eingabe eq "f" ) {
    print "    Such-String: " ;
    $string = <STDIN> ;
    chomp $string ;

    foreach $key ( keys %adress ) {
        # Ist der String enthalten?
        if ( $adress{$key} =~ /$string/ ) {
            # Ausgabe wie oben
            @ausgabe = split /##/, $adress{$key} ;
            print "\n$key\n", join ("\n", @ausgabe) , "\n\n" ;
            }
        }
    print "    Weiter mit bel. Taste." ; <STDIN> ;
    }
```

Wir verwenden wieder das Pattern-Matching $adress{$key} =~ /$string/, weil es mehr Variationen erlaubt als eine Überprüfung mit index().

Bald sind Sie am Ziel. Der Benutzer soll die Möglichkeit erhalten, neue Daten aufzunehmen (n). Über einen Dialog erfragen Sie Name, Straße, Ort und Telefonnummer.

```
print "Name:          " ;chomp ($name = <STDIN>) ;
print "Strasse, Nr.: " ;chomp ($strasse = <STDIN>) ;
.....
```

Die Daten werden mittels *###* zusammengefügt und in den aktuellen Hash aufgenommen.

```
$val = join "###", $name, $strasse, $ort, $tel ;
$adress{$newnum} = $val ;
```

Huch, woher bekommen wir die neue Kundennummer $newnum? Es bleibt uns nichts anderes übrig, als die höchste der bisher vergebenen Nummern herauszusuchen und eins draufzuzählen.

```
# Benutzer-Nummer
@nummern = sort { $a <=> $b } keys %adress ;
$lastnum = $nummern[-1] ;
$newnum  = $lastnum + 1 ;
```

Nun ist der neue Wert für weitere Suchen verfügbar. Damit dies auch nach dem Neustart des Skripts noch der Fall ist, müssen Sie ihn in der Datei speichern, ihn an die bestehende Datei anhängen. Dieses Anfügen gelingt, wenn man im open-Befehl ein >> vor den Dateinamen setzt:

```
open OUT, ">>$file" ;
print OUT $newnum . "###" . $val . "\n" ;
```

Hier der komplette Block zum Aufnehmen eines neuen Datensatzes.

```
# New
# ---
elsif ( $eingabe eq "n" ) {
   # Dateneingabe
   print "Name:          " ;chomp ($name = <STDIN>) ;
   print "Strasse, Nr.: " ;chomp ($strasse = <STDIN>) ;
   print "PLZ, Ort:      " ;chomp ($ort = <STDIN>) ;
   print "Tel.-Nr:       " ;chomp ($tel = <STDIN>) ;

   # Zusammenfuegen
   $val = join "###", $name, $strasse, $ort, $tel ;

   # Benutzernummer
   @nummern = sort { $a <=> $b } keys %adress ;
   $lastnum = $nummern[-1] ;
   $newnum  = $lastnum + 1 ;

   # In Hash aufnehmen
   $adress{$newnum} = $val ;

   # In Datei speichern
   open OUT, ">>$file" ;
   print OUT $newnum . "###" . $val . "\n" ;
   }
```

Als Letztes sollten Sie noch das Löschen eines Datensatzes erlauben. Der Benutzer soll die eindeutige Nummer des entsprechenden Benutzers angeben.

```
print "   Benutzernummer: " ;
$nummer = <STDIN> ;
chomp $nummer ;
```

Über delete() löschen Sie ihn aus dem aktuellen Hash, falls eine Sicherheitsabfrage positiv beantwortet wurde.

```
# Value zerlegen und anzeigen
@ausgabe = split /##/, $adress{$nummer} ;
print "\n", join ("\n", @ausgabe) , "\n\n" ;


# Sicherheitsabfrage
print "   Wirklich loeschen (j/n)?" ;
chomp( $del_frage = <STDIN> ) ;
next if $del_frage ne 'j' ;


# Loeschen
delete $adress{$nummer} ;
```

Ein Löschen aus der Datei im eigentlichen Sinn ist nicht möglich. Sie können lediglich die ganze Datei neu schreiben.

```
open OUT, ">$file" ;
foreach $key ( keys %adress ) {
    print OUT $key . "##" . $adress{$key} . "\n" ;
    }
close OUT ;
```

Fertig! Den kompletten Lösch-Block sehen Sie im fertigen Skript, das gleich folgt. Wenn es sich um größere Datenmengen handelt, scheut man oft den Aufwand, die Datei neu zu schreiben. Dann fügt man einfach einen neuen Datensatz mit dem alten Schlüssel und leerem Wert hinzu. Beim Einlesen der Datei löscht dieser dann den zuvor eingelesenen alten Wert.

Nach dem hier gezeigten Schema können Sie sich in vielen ähnlichen Fällen richten. Sie werden sehen, dass Ihnen das Schreiben der Einlese-, Abfrage-, Erweiterungs- und Lösch-Blöcke mit jedem Mal leichter von der Hand geht. Sie können die soeben erstellte Datenbank auch als Vorlage nehmen, es anpassen und weiterentwickeln. Zum Abschluss das fertige Skript:

Listing 9.3: adress2.pl – Adressdatenbank mit Hashes

```
#!/usr/bin/perl -w
#
# adress2.pl
# Adressdatenbank mit Hashes

$file = "adress.db" ;
%adress = () ;
```

```perl
# Daten einlesen und Hash aufbauen
# -------------------------------
open IN, $file ;

while ( $line = <IN> ) {
   chomp $line ;
   ($key, $val) = split /#HH#/, $line ;
   $adress{$key} = $val ;
   }

close IN ;


# Endlosschleife
# --------------

while ( 1 ) {

   system ('clear') ;           # Bildschirm loeschen (Windows:cls)

   print "
Adressdatenbank
----------------

s     Datensatz anzeigen
f     Datenbank durchsuchen
n     Neuen Datensatz eingeben
d     Datensatz loeschen
q     Programm verlassen

Eingabe: " ;

   chomp ( $eingabe = <STDIN> );


   # Show
   # ----
   if ( $eingabe eq "s" ) {
      print "   Benutzer-Nummer: " ;
      $nummer = <STDIN> ;
      chomp $nummer ;


      # Datensatz vorhanden?
      if ( ! defined $adress{$nummer} ) {
         print "   Nicht bekannt.\n" ;
         print "   Weiter mit bel. Taste." ; <STDIN> ;
```

```
            next ;
            }

      # Value zerlegen und anzeigen
      @ausgabe = split /##/, $adress{$nummer} ;
      print "\n$nummer\n", join ("\n", @ausgabe) , "\n\n" ;
      print "  Weiter mit bel. Taste." ; <STDIN> ;
      }


# Find
# ----
elsif ( $eingabe eq "f" ) {
   print "  Such-String: " ;
   $string = <STDIN> ;
   chomp $string ;

   foreach $key ( keys %adress ) {
      # Ist der String enthalten?
      if ( $adress{$key} =~ /$string/ ) {
         # Ausgabe wie oben
         @ausgabe = split /##/, $adress{$key} ;
         print "\n$key\n", join ("\n", @ausgabe) , "\n\n" ;
         }
      }
         print "  Weiter mit bel. Taste." ; <STDIN> ;
   }

# New
# ---
elsif ( $eingabe eq "n" ) {
   # Daten-Eingabe
   print "Name:         " ;chomp ($name = <STDIN>) ;
   print "Strasse, Nr.: " ;chomp ($strasse = <STDIN>) ;
   print "PLZ, Ort:     " ;chomp ($ort = <STDIN>) ;
   print "Tel.-Nr:      " ;chomp ($tel = <STDIN>) ;

   # Zusammenfuegen
   $val = join "##", $name, $strasse, $ort, $tel ;



   # Benutzernummer
   @nummern = sort { $a <=> $b } keys %adress ;
   $lastnum = $nummern[-1] ;
   $newnum  = $lastnum + 1 ;
```

259

```perl
# In Hash aufnehmen
$adress{$newnum} = $val ;

# In Datei speichern
open OUT, ">>$file" ;
print OUT $newnum . "###" . $val . "\n" ;
}

# Delete
# ------
elsif ( $eingabe eq "d" ) {
    print "    Benutzer-Nummer: " ;
    $nummer = <STDIN> ;
    chomp $nummer ;

    # Datensatz vorhanden?
    if ( ! defined $adress{$nummer} ) {
        print "    Nicht bekannt.\n" ;
        print "    Weiter mit bel. Taste." ; <STDIN> ;
        next ;
        }

    # Value zerlegen und anzeigen
    @ausgabe = split /###/, $adress{$nummer} ;
    print "\n$nummer\n", join ("\n", @ausgabe) , "\n\n" ;

    # Sicherheitsabfrage
    print "    Wirklich loeschen (j/n)?" ;
    chomp( $del_frage = <STDIN> ) ;
    next if $del_frage ne 'j' ;

    # Loeschen
    delete $adress{$nummer} ;

    open OUT, ">$file" ;
    foreach $key ( keys %adress ) {
        print OUT $key . "###" . $adress{$key} . "\n" ;
        }
    close OUT ;
    }

# Quit
# ----
elsif ( $eingabe eq "q" ) {
    last ;
    }
}
```

Ein Blick auf die Ausführung:

$ `adress2.pl`

Neues Bild:

```
Adress-Datenbank
----------------


s       Datensatz anzeigen
f       Datenbank durchsuchen
n       Neuen Datensatz eingeben
d       Datensatz loeschen
q       Programm verlassen


Eingabe: s
Benutzer-Nummer: 1005


1005
Reiner Apel
Flurweg 10
60554 Frankfurt
069/334466


Weiter mit bel. Taste.
```

Nächstes Bild:

```
Adress-Datenbank
----------------


s       Datensatz anzeigen
f       Datenbank durchsuchen
n       Neuen Datensatz eingeben
d       Datensatz loeschen
q       Programm verlassen


Eingabe: f
Such-String: Rosen


1004
Anja Kunz
Rosenstr. 24
5423 Koeln
0221/672399


Weiter mit bel. Taste.
```

usw.

▶ **Manpages:** perldoc perldata ... List value constructors ; perldoc -f keys/values/undef/defined/
delete/exists/each

9.4 Statistiken und Accounting

Eines der wichtigsten Anwendungsgebiete von Hashes ist das Erstellen von Statistiken und
Abrechnungen über Verkaufszahlen, Umsätze, Zugriffe, Ressourcenverbrauch etc. Für das ein-
fache Zusammenzählen von Werten braucht man natürlich noch keinen Hash, hier genügt
eine *skalare* Zählvariable. Wenn es sich aber um zu viele unterschiedliche Artikel, Filialen,
Webseiten, ... handelt, für die die Abrechnung erstellt werden soll, geht man von separaten
Zählvariablen zu Hashes über. Die Bezeichnung für den einzelnen Artikel bildet den Hash-
Schlüssel, die ermittelte Verkaufszahl für diesen Artikel den zugehörigen Wert. Noch spannender wird es, wenn vorher nicht feststeht, welche Artikel etc. der Datenbestand überhaupt enthält. In solchen Fällen haben Sie mit Hashes einen absoluten Trumpf in der Hand.

Folgende Datei soll Informationen über Zugriffe auf Webseiten enthalten.

```
15.01.2003 13:42 www.saruman.de/index.html osip.gandalf.de 3526
15.01.2003 13:42 www.saruman.de/perl.html osip.gandalf.de 1992
15.01.2003 13:43 www.saruman.de/index.html 234.albatti.com 3526
15.01.2003 13:43 www.saruman.de/kurse.html 234.albatti.com 5812
15.01.2003 13:43 www.saruman.de/index.html 215.213.199.48 3526
15.01.2003 13:43 www.saruman.de/anmeld.html osip.gandalf.de 4669
15.01.2003 13:44 www.saruman.de/kurse2.html 234.alba.com 6056
.......
```

Offensichtlich besteht jede Zeile aus fünf Feldern, die durch Leerraum voneinander getrennt
sind: Datum, Uhrzeit und Webseite, Rechnername bzw. IP-Adresse des Client-Rechners, von
dem aus die Seite aufgerufen wurde, sowie das übertragene Datenvolumen in Byte.

Um einfach nur zu zählen, wie viele Zugriffe insgesamt erfolgt sind, genügt eine skalare Variable.

```
open IN, "webstat.dat" ;

while ($line = <IN>) {
    $zugriffe ++ if $line =~ /www.saruman.de/ ;
    }
```

Wir verwenden den match-Operator, um sicherzustellen, dass wir nur vernünftige Zeilen zählen; es könnten ja auch Zeilen ganz anderer Art in der Datei enthalten sein.

Spannender wird es, wenn wir wissen möchten, wie viele Zugriffe auf welche Webseite entfallen. Wenn wir eine Zeile aufsplitten, finden wir die Webseite in Element Nr. 2.

```
while ($line = <IN>) {
    @zeile = split ' ', $line ;
```

```
$webseite = $zeile[2] ;
.....
}
```

Aus jeder Zeile wird der Name der Webseite extrahiert. Fortan dient er als Schlüssel für unseren Hash %zugriffe, der die Zugriffe pro Seite zählt.

```
$zugriffe{$webseite} ...
```

Wie gehen wir mit diesem Hash nun um? Taucht eine Seite zum ersten Mal auf, soll der Zähler auf 1 gesetzt werden: $zugriffe{$webseite}=1. Taucht sie später erneut auf, wird der Zähler um 1 erhöht: $zugriffe{$webseite}++. Es geht sogar noch einfacher: Bereits wenn die Seite zum ersten Mal auftaucht, kann man den Zähler über ++ erhöhen, da Hash-Elemente ja automatisch erstellt werden, wenn man sie zum ersten Mal verwendet. Weil ++ eine mathematische Operation ist, wird der bisher noch nicht definierte Wert als 0 gewertet und erhöht sich folglich auf 1. Es genügt somit ein einziger Befehl, um die Zugriffe zu zählen:

```
$zugriffe{$webseite} ++ ;
```

Das war's! Eingebaut in die obige Schleife, werden alle Webseiten getrennt gezählt.

```
while ($line = <IN>) {
   @zeile = split ' ', $line ;
   $webseite = $zeile[2] ;
   $zugriffe{$webseite} ++ ;
   }
```

Genial, nicht wahr?

Erkennen Sie, wie flexibel diese Lösung ist? Wir müssen überhaupt nicht wissen, welche Webseiten in unserer Datei überhaupt erwähnt werden. Sobald eine neue auftaucht, wird ihr Zähler in Form eines Hash-Elements angelegt. Kommt sie später erneut vor, wird der Zähler um 1 erhöht.

Auf diese Weise erschlagen Sie alle ähnlich gelagerten Probleme. Häufig ist das Isolieren des Hash-Schlüssels aus der Datenzeile komplizierter als in unserem Fall; an der prinzipiellen Vorgehensweise ändert sich dadurch aber nichts: Das, was gezählt werden soll, dient als Hash-Schlüssel, der zugehörige Wert ist der jeweilige Zähler. Egal, ob Sie Webseiten zählen, E-Mails, Bestellungen oder Verkäufe.

Nicht immer wird gezählt, oft muss statt dessen etwas aufsummiert werden. Stellen Sie sich vor, es ginge um eine Statistik über verkaufte Artikel und hinter jedem Artikel steht die Stückzahl, die verkauft wurde. Jeder Artikel taucht öfter auf, vielleicht, weil es sich um Tages- oder Monatsdaten handelt. Dann bringt es nichts, zu zählen, wie oft der Artikel erscheint, wir müssen die Stückzahlen *aufsummieren*. Ähnlich verhält es sich, wenn man die Jahresumsätze von Filialen bestimmt (siehe Übung) und der Datenbestand aus Monatsumsätzen besteht. Auch hier müssen die Umsätze der einzelnen Monate zusammengerechnet werden – für jede Filiale einzeln.

Mit dem gleichen Problem haben wir es in unserem obigen Beispiel zu tun, wenn wir das Datenvolumen berechnen wollen, das auf die verschiedenen Client-Rechner entfällt.

Das durch den Zugriff auf eine einzelne Seite entstehende Volumen wird im letzten Feld der Zeile angezeigt. Dieses Volumen muss für jeden Rechner getrennt aufsummiert werden.

Der Rechner steht in Feld Nummer 3.

```perl
@zeile = split ' ', $line ;
$client = $zeile[3] ;
```

Er dient als Schlüssel für den Hash %transfer, der das Transfervolumen aufsummieren soll.

```perl
transfer{$client} ...
```

Das übertragene Datenvolumen findet man im letzten Feld.

```perl
$bytes = $zeile[-1] ;
```

Dieses muss als Wert für den entsprechenden Client gespeichert werden, falls dieser zum ersten Mal auftaucht. Stoßen wir zum wiederholten Mal auf den Client, addieren wir das Volumen zu dem bereits gespeicherten Wert. Wie bereits oben in Zusammenhang mit dem Zählen erläutert, werden beide Fälle durch den gleichen Befehl abgedeckt:

```perl
transfer{$client} += $bytes ;
```

Eingebaut in die Schleife:

```perl
while ($line = <IN>) {
    @zeile = split ' ', $line ;
    $client = $zeile[3] ;
    transfer{$client} += $bytes ;
    }
```

»Gewusst wie«, kann man da nur sagen. Kleiner Aufwand, große Wirkung! Eine Abrechnung oder Statistik in fünf Zeilen.

Das folgende Programm vereint beide soeben entwickelten Statistiken und gibt anschließend beide Hashes als Tabelle aus.

Listing 9.4: webstat.pl – Statistik für Webzugriffe

```perl
#!/usr/bin/perl -w
#
# webstat.pl
# Statistik fuer Webzugriffe

open IN, "webstat.dat" ;

# Statistik erstellen
while ($line = <IN>) {
    @zeile = split ' ', $line ;

    $webseite = $zeile[2] ;
    $zugriffe{$webseite} ++ ;                    # Zugriffe zaehlen
```

```
    $client = $zeile[3] ;
    $bytes = $zeile[-1] ;
    $transfer{$client} += $bytes ;        # Volumen berechnen
    }

# Ausgabe
print "\nZugriffe: \n---------\n" ;
foreach $seite ( keys %zugriffe ) {
    print "$seite: \t $zugriffe{$seite} \n" ;
    }
print "\nVolumen: \n--------\n" ;
foreach $client ( keys %transfer ) {
    print "$client: \t $transfer{$client} \n" ;
    }
```

Mal ausprobieren:

```
$ webstat.pl

Zugriffe:
---------

www.saruman.de/kurse2.html:    3
www.saruman.de/kurse.html:     7
www.saruman.de/anmeld.html:    5
www.saruman.de/perl.html:      4
www.saruman.de/index.html:     13

Volumen:
--------

osip.gandalf.de:       45417
215.213.199.48:        17630
234.albatti.com:       72956
```

Toll!

Wortstatistiken

Auf genau die gleiche Weise funktionieren Wortstatistiken über einen Text. Sie gehen den zu analysierenden Text durch, zerlegen ihn in Wörter und nehmen jedes Wort als Schlüssel. Immer wenn Sie auf ein Wort treffen, erhöhen Sie seinen Value um eins, um zu zählen, wie oft dieses Wort vorkommt.

Listing 9.5: word_stat.pl – Wortstatistik über einen beliebigen Text

```
#!/usr/bin/perl -w
#
# word_stat.pl
```

```
# Wortstatistik ueber einen beliebigen Text

# Aufruf: word_stat.pl datei

# Einlesen und Zaehlen
while ( $line = <> ) {
    @linewords = split ' ', $line ;
    map { $count{$_}++ } @linewords ;
    }

# Sortierte Ausgabe
foreach ( sort { $count{$b} <=> $count {$a} } keys %count ) {
    print "$_: $count{$_} \n" ;
    }
```

Wie Sie vielleicht bemerkt haben, wird hier rückwärts über die Values des Hash sortiert, was bedeutet, dass die häufigsten Wörter zuerst genannt werden.

```
$ word_stat.pl demo.txt
in: 4
und: 3
das: 3
einer: 2
die: 2
nicht: 2
Höhle: 1
gemütlich: 1
sich: 1
Nicht: 1
.....
```

▶ **Manpages:** perldoc perldata ... List value constructors ; perldoc -f keys/values/undef/defined/ delete/exists/each

9.5 Hashes auf Festplatte

Hashes und DBM-Dateien

Bisher mussten wir auf Festplatte gespeicherte Hash-Daten zu Beginn des Programms komplett einlesen, wenn wir mit ihnen arbeiten wollten. Das kann einige Sekunden dauern, wie wir bei unserem Englisch-Wörterbuch gesehen haben. Ein weiterer Nachteil dieser Vorgehensweise wird beim Verändern oder Löschen von Datensätzen offensichtlich. Beides erfordert das Speichern des *gesamten* Hash, was ebenfalls wieder viel Zeit in Anspruch nimmt.

Perl bietet eine Möglichkeit an, Hashes in einem speziellen Format auf Festplatte zu speichern und dort während der gesamten Laufzeit des Programms zu belassen. Erst beim Zugriff wird das gewünschte Element – und nur dieses – aus der Datei geladen und angezeigt oder verarbeitet. Wird ein Hash-Element verändert oder neu angelegt, wird das betroffene Element – und nur dieses – mit seinem neuen Inhalt sofort wieder in der Datei gespeichert. Man spricht von einem *persistenten* Hash. Der Zugriff auf die Datei beim Lesen, Verändern, Neuanlegen oder Löschen eines Elements erfolgt *transparent*. Das bedeutet, dass es hinter den Kulissen geschieht, wir merken nichts davon und brauchen uns nicht darum zu kümmern. Wir benutzen die gleichen Befehle wie bei der Arbeit mit gewöhnlichen Hashes.

Die Hashes werden als *DBM-Datei* gespeichert. Dabei handelt es sich um ein einfaches Datenbankformat, das aus einer einzigen zweispaltigen Tabelle besteht, die für den schnellen Zugriff mit einem Index versehen ist. DBM-Dateien werden auf UNIX-Systemen zu Administrationszwecken eingesetzt. Es gibt mehrere DBM-Varianten, mit denen Perl zurechtkommt. Eine wird direkt mit Perl mitgeliefert und nennt sich SDBM. Andere, DB, NDBM, GDBM und ODBM, können aus dem Internet heruntergeladen werden; auf UNIX-Systemen sind sie teilweise bereits vorhanden. Perl liefert die Schnittstelle für diese Datenbanken. Einen Vergleich der verschiedenen Varianten finden Sie in der Manpage zu dem Modul AnyDBM_File (perldoc AnyDBM_File).

SDBM können Sie ohne weitere Installationen verwenden. Seine Datensatzgröße (Key + Value) ist allerdings auf 1 Kbyte begrenzt. Leider entstehen riesige Dateien im Vergleich zu den wirklich gespeicherten Daten. Die Dateigröße hält sich nur so lange in Grenzen, wie die Values etwa 500 Byte nicht überschreiten. Danach wird es kritisch. Bei 1008 Byte für Key + Value ist definitiv Schluss.

Hashes mit tie() an eine Datei binden

Die Schnittstellen zur Anbindung von Hashes an DBM-Dateien befinden sich in Perl-Modulen (Funktionsbibliotheken), die man über den Befehl use() einbinden muss. Wir verwenden das SDBM-Format; das zugehörige Modul heißt SDBM_File.

```
use SDBM_File ;
```

 Mit Modulen werden wir uns ausführlich am 14. Tag beschäftigen.

Die Anbindung des Hash an die DBM-Datei erfolgt über den Befehl tie(). tie dient ganz allgemein dazu, so genannte *magische* Aktionen an den Zugriff von Variablen zu binden. Magisch deshalb, weil beim bloßen Zugriff auf die Variable ($var=... oder ...$var) komplexe Aktionen im Hintergrund ausgelöst werden, ohne dass der Benutzer sie bewusst angestoßen hätte.

In unserem Fall heißt das: Lese automatisch den entsprechenden Datensatz aus der DBM-Datei bzw. schreibe ihn, wenn wir auf ein bestimmtes Hash-Element lesend bzw. schreibend zugreifen. Mit »Zugriff« ist gemeint, dass die Formulierung $hash{$key} irgendwo in einem Befehl auftaucht. tie() ist eigentlich kein Thema für ein Perl-Grundlagen-Buch. Wir können es hier verwenden, ohne es im Detail zu verstehen.

```
tie(%hash, 'SDBM_File', $hash_file, O_RDWR|O_CREAT, 0666) ;
```

Das erste Argument gibt den Namen des betroffenen Hash an, das zweite Argument das Modul, das als Schnittstelle benutzt wird. Der dritte Parameter beinhaltet den Namen der DBM-Datei (ohne Endung .pag oder .dir), der vierte beschreibt, ob der Zugriff lesend, schreibend oder lesend und schreibend erfolgt (O_RDONLY, O_WRONLY, O_RDWR) und ob die Datei neu erstellt werden soll, wenn sie noch nicht existiert (O_CREAT). Das letzte Argument gibt an, mit welchen Rechten die neue Datei gegebenenfalls erstellt werden soll.

Lassen Sie sich nicht von diesen Details entmutigen! Einfach abschreiben, wenn Sie tie verwenden wollen. ;-) Die Mühe kann sich lohnen, wie Sie gleich sehen werden.

Damit man die Argumente O_RDRW etc. verwenden darf, statt undurchsichtiger Zahlen, muss außerdem das Modul Fcntl geladen werden. Somit benötigt man folgende drei Zeilen, um mit einem persistenten (dauerhaften) Hash arbeiten zu können.

```
use Fcntl ;
use SDBM_File ;
tie(%hash, 'SDBM_File', $hash_file, O_RDWR|O_CREAT, 0666) ;
```

Die Arbeit ist getan. Der Rest geht nun kinderleicht.

Beispiel: Abkürzungslexikon

Nehmen wir zur Demonstration einen Hash für Abkürzungen im EDV-Bereich, der zu einem eingegebenen Kürzel den ausformulierten Begriff liefert. Wir verzichten auf jeglichen Komfort und konzentrieren uns auf die DBM-Anbindung.

Der zu suchende Begriff soll auf der Kommandozeile übergeben werden. Groß-/Kleinschreibung spielt keine Rolle. Besteht er aus dem Schlüsselwort new, möchte der Benutzer einen *neuen* Begriff in die Datenbank einfügen. Das Ganze soll in etwa so funktionieren:

```
$ explain.pl www
World Wide Web
$
$ explain.pl new
Kuerzel:   cgi
Erklaerung: Common Gateway Interface
Begriff wurde erfolgreich gespeichert.
$
```

Wir beginnen mit dem Programmgerüst.

```
use Fcntl ;
use SDBM_File ;
tie(%explain, 'SDBM_File', 'explain', O_RDWR|O_CREAT, 0666) ;

$arg = lc(shift @ARGV) ;      # Uebergebenes Argument
```

```
if ( $arg eq "new" ) {
    .....    # Neuer Eintrag
    }
else {
    .....    # Suchen
    }
```

Wenn der Benutzer einen bestehenden Begriff sucht, greifen wir das entsprechende Hash-Element heraus und zeigen es an:

```
# Suchen
else {
    if ( defined $explain{$arg} ) { print "$explain{$arg} \n" }
    else { print "Kein Eintrag gefunden. \n" }
    }
```

Das ist alles! Kein Öffnen einer Datei, kein Einlesen, kein Aufbauen des Hash. Alles geschieht im Hintergrund. *Magisch ;-)*

Und das Einfügen eines neuen Eintrags?

```
# Neuer Eintrag
if ( $arg eq "new" ) {
    print "Kuerzel:    " ; chomp ( $kurz = <STDIN> ) ;
    print "Erklaerung: " ; chomp ( $lang = <STDIN> ) ;
    $explain{$kurz} = $lang ;
    print "Begriff wurde erfolgreich gespeichert.\n" ;
    }
```

Fertig! Der neue Eintrag ist gespeichert! Kein Öffnen der Datei, kein Schreiben, nichts. Hier das fertige Skript:

Listing 9.6: explain.pl – Lexikon für EDV-Abkürzungen

```
#!/usr/bin/perl -w
#
# explain.pl
# Lexikon fuer EDV-Abkuerzungen

$usage = "Usage: explain.pl begriff|new" ;

# DBM-Datei anbinden
use Fcntl ;
use SDBM_File ;
tie(%explain, 'SDBM_File', 'explain', O_RDWR|O_CREAT, 0666) ;


# Uebergebenes Argument
$arg = lc(shift @ARGV) ;
```

```
print $usage and exit unless $arg ;

# Neuer Eintrag
if ( $arg eq "new" ) {
    print "Kuerzel:    " ; chomp ( $kurz = <STDIN> ) ;
    print "Erklaerung: " ; chomp ( $lang = <STDIN> ) ;
    $explain{$kurz} = $lang ;
    print "Begriff wurde erfolgreich gespeichert.\n" ;
    }

# Suchen
else {
    if ( defined $explain{$arg} ) { print "$explain{$arg} \n" }
    else { print "Kein Eintrag gefunden. \n" }
    }
```

Auch für unsere Kundendatenbank aus Abschnitt 9.3 finden Sie eine fertige DBM-Version unter dem Namen adress3.pl auf der beigelegten CD. Außerdem gibt es dort das Skript txt2dbm.pl zur Konvertierung einer flachen Textdatei in eine DBM-Datenbank.

 Über SDBM_File oder andere DBM-Varianten lassen sich nur eindimensionale Hashes auf Festplatte bannen. Für mehrdimensionale Hashes muss man sie mit dem MLDBM-Modul aus der CPAN-Sammlung kombinieren (siehe Tag 16).

▶ **Manpages:** perldoc AnyDBM_File/SDBM_File ; perldoc -f tie

9.6 Zusammenfassung

- Wörterbücher oder Übersetzungstabellen lassen sich hervorragend als Hash realisieren. Die Suchbegriffe werden als Schlüssel, die gesuchten Wörter oder Texte als Werte gespeichert.

- Um Hashes in Dateien zu speichern, fügt man jeweils einen Schlüssel und seinen Wert über einen Trenner zusammen und speichert den fertigen String als Zeile ab.

- Beim Einlesen zerlegt man Schlüssel und Wert anhand des Trenners und baut den Hash schrittweise auf.

- Wird der Schlüssel als Suchbegriff eingegeben, kann man direkt auf den Wert zugreifen. Für alle anderen Suchstrategien müssen die Werte des Hash in einer Schleife durchforstet werden.

- Die Informationen aus Systemdateien lassen sich ebenfalls gut als Hash organisieren. Man muss sich lediglich entscheiden, in welcher Richtung gesucht werden soll, also welche der Informationen den Schlüssel bilden soll. Eventuell bildet man zwei Hashes, um die Suche in beiden Richtungen zu erlauben.

■ Um Adress-, Support- oder andere einfache Datenbanken aufzubauen, muss man mehrere funktionale Teile zusammenfügen. Der Hash wird wieder zeilenweise in Form von Schlüssel-Wert-Paaren in einer Datei gespeichert. Die Werte bestehen meistens aus mehreren zusammengesetzten Informationen. Beim Programmstart wird die Datei eingelesen und der Hash aufgebaut. Der Benutzer erhält die Möglichkeit, den Hash zu durchsuchen, neue Elemente anzulegen oder alte zu löschen.

■ Über Hashes kann man auf einfache Art und Weise Statistiken erstellen. Die zu zählenden Einheiten (Benutzer, Rechner, Filialen, ...) dienen als Schlüssel.

Die dazugehörigen Werte werden in den Hash-Values gezählt (`$hash{$key}++`) oder aufsummiert (`$hash{$key}+=$wert`).

■ Hashes können auch als DBM-Dateien auf Festplatte gespeichert werden. In diesem Fall wird nicht der ganze Hash geladen, sondern immer nur das Element, auf das gerade zugegriffen wird. Der Dateizugriff wird von Perl transparent im Hintergrund durchgeführt; man arbeitet so, als läge der Hash im Memory.

9.7 Workshop

Fragen und Antworten

F *Kann man einem Hash auch zwei Schlüssel geben, so dass z.B. eine Suche nach Namen und nach Telefonnummer möglich ist?*

    A Nein, an sich ist immer nur *ein* Schlüssel möglich. Allerdings gibt es einige Tricks, wie man dennoch nach mehreren Arten von Daten suchen kann. Zum Beispiel wäre es möglich, den gleichen Wert unter zwei verschiedenen Schlüsseln zu speichern, etwa dem Namen und der Telefonnummer. Oder man erzeugt zwei separate Hashes, einen für jede Schlüsselart. Oder man durchsucht die Werte eines Hash in einer Schleife, wie wir es mehrfach gesehen haben.

F *Um einen Hash auf Festplatte zu speichern, hat man also zwei Methoden zur Auswahl: zeilenweise den gesamten Hash in eine Textdatei schreiben oder ihn als DBM-File speichern. Wann ist welche Methode besser geeignet?*

    A In den meisten Fällen können Sie beide Methoden verwenden. Der Vorteil der DBM-Datenbanken besteht darin, dass man sich um die Formatierung keine Gedanken machen muss. Außerdem entfällt das Einlesen zu Beginn sowie das Erstellen des Hash. Relativ kleine Datenbanken kann man so mit weniger Aufwand realisieren. Bei zu großem Datenbestand werden die DBM-Dateien einfach zu riesig, da fährt man auf jeden Fall mit linearen Textdateien besser. Allerdings dauert es dann ein wenig, bis sie komplett eingelesen sind.

F *Wenn die Datenbank allzu groß ist, bleibt mir offensichtlich überhaupt keine Lösung. Sie passt nicht mehr in den Arbeitsspeicher und als DBM-Datei auch nicht mehr auf Festplatte.*

A »Geht nicht«, gibt's nicht in Perl. In solchen Fällen bleiben Ihnen zwei andere Möglichkeiten. Entweder Sie erzeugen sich eine Direct-Access-Datenbank, bei der Sie direkt auf einzelne auf der Festplatte gespeicherte Datensätze zugreifen können (siehe Kapitel 10), oder Sie verwenden ein professionelles Datenbank-Management-System (Oracle, MySql etc.), für das Perl gute Schnittstellen zur Verfügung stellt. Beide Datenbankarten nutzen den Festplattenplatz sehr viel effektiver als DBM-Dateien.

Quiz

1. Wie gehen Sie damit um, wenn die Schlüssel, wie z. B. die Kundennamen, nicht eindeutig sind?

2. Mit welchem Befehl suchen Sie nach allen Hash-Elementen, deren Schlüssel einen bestimmten Suchstring enthalten? Sie würden diesen Befehl innerhalb einer `foreach`-Schleife verwenden.

3. Wie sieht dieser Suchbefehl aus, wenn der String statt dessen in den Werten enthalten sein soll?

4. Und wie, wenn er nur in einem Teil des Wertes gesucht werden soll, etwa in der Straße oder dem Ort?

5. Wie können Sie in großen Datenbanken einen Wert löschen, ohne den kompletten Hash erneut auf Festplatte schreiben zu müssen?

Übungen

1. Auf der beiliegenden CD finden Sie zu diesem Kapitel eine Datei `umsatz.dat` mit den zwölf Monatsumsätzen von fünf Filialen eines Unternehmens. Die Zeilen sehen aus wie folgt:

```
Frankfurt   Nov   33655
Frankfurt   Dez   37123
Hamburg     Jan   16637
```

Erstellen Sie eine Statistik, die für jede Filiale den Gesamtumsatz ausgibt. Verwenden Sie hierzu einen Hash, dessen Schlüssel den Filialen entsprechen. Das Ergebnis sollte etwa wie folgt aussehen:

```
Umsatz nach Filialen
--------------------
Berlin   386601
Muenchen        261646
.....
```

2. Erweitern Sie das soeben geschriebene Programm so, dass eine weitere Statistik über die Monate erstellt wird. Für jeden Monat müssen die Werte aller Filialen zusammengezählt werden. Bei der Ausgabe werden Sie feststellen, dass die Monate in der falschen Reihenfolge erscheinen. Hier liegt die Schwierigkeit dieser Aufgabe. Versuchen Sie die Schlüssel des Umsatz-Hash zu sortieren, indem Sie einen Hilfs-Hash erstellen, der die Monatskürzel als Schlüssel und die Monatszahlen als Werte enthält (%monat= ('Jan', 1, 'Feb',2, ...)).

3. Schreiben Sie einen einfachen Zugriffszähler. Das Skript soll bei jedem Aufruf mitteilen, wie häufig es bereits gestartet wurde. Sonst tut es nichts. Der Zähler wird jeweils um 1 hochgezählt und in einer DBM-Datei gespeichert. Als einzigen Schlüssel können Sie so etwas wie 'nr' oder 'aufruf' wählen. Solche Counter benötigt man z.B. in CGI-Skripten, wenn man anzeigen möchte, wie viele Besucher eine Webseite bereits betrachtet haben.

4. Erweitern Sie Ihren Zähler derart, dass er auch zählt, *wer* das Skript wie oft aufgerufen hat. Nun benötigen Sie mehrere Schlüssel, nämlich den jeweiligen Benutzernamen des Aufrufenden. Auf UNIX finden Sie ihn durch $ENV{'LOGNAME'}, auf Windows 2000 durch $ENV{'USERNAME'}.

Tag

10

Ein- und Ausgabe-
operationen

Perl verfügt über eine ganze Palette von Befehlen zur Ein- und Ausgabe von Daten. Mit den meisten von ihnen haben Sie bereits gearbeitet. Sie wissen, wie man Dateien einliest und wie man etwas in Dateien ausgibt. Sie beherrschen die Analyse der Befehlszeile, die Eingabe per Tastatur und natürlich auch die Ausgabe auf dem Bildschirm. Heute geht es darum, alle I/O-Operationen noch einmal systematisch zu betrachten. Welche Varianten gibt es bei den einzelnen Techniken, welche Details können von Nutzen sein und welche Operationen kennt Perl über die uns bisher bekannten hinaus?

Hier die Themen im Überblick:

- Die Befehlszeile

- Tastatureingabe und Bildschirmausgabe

- Formatierte Ausgabe mit `printf`

- Dateieingabe und Dateiausgabe

- Direct-Access-Dateien

- SQL-Datenbanken

10.1 Die Befehlszeile

Mit der Befehlszeile haben wir uns bereits in Kapitel 6 auseinander gesetzt, wo es im Rahmen von Arrays auch um das Spezial-Array @ARGV ging. Wir fassen noch einmal zusammen, was wir über den Umgang mit der Befehlszeile bereits wissen. Anschließend wenden wir unsere Aufmerksamkeit der Verarbeitung von Optionen zu.

```
$ myscript.pl arg1 arg2 arg3 ...
```

- Alle beim Aufruf übergebenen Argumente stehen uns über das Array `@ARGV` zur Verfügung.

- Das erste Element erhält man durch `$ARGV[0]`, das zweite durch `$ARGV[1]` etc. Das letzte Element ist in `$ARGV[-1]` enthalten. Den Programmnamen erhält man übrigens nicht über `@ARGV`, sondern über `$0`.

- Die Anzahl übergebener Parameter bekommt man durch `$#ARGV+1` oder `scalar @ARGV`. Wurden keine Argumente übergeben, steht `$#ARGV` auf `-1`.

- Der korrekte Aufruf des Skripts wird meist gleich zu Beginn überprüft. Wurde das Skript mit falschen Optionen gestartet, wird eine Fehlermeldung ausgegeben und das Skript beendet.

```perl
$USAGE = "myscript.pl -opts file1 file2 \n" ;

if ( $#ARGV < 1 ) {
    print "Fehlende Parameter.\n" , $USAGE ;
    exit 1 ;
    }
```

- Mit `shift @ARGV` wird häufig das erste Element entfernt und verarbeitet. Diese Technik ist besonders gut geeignet, wenn es darum geht, Optionen zu analysieren.

```
while ( @ARGV ) {
    $arg = shift @ARGV ;
    last if substr ($arg, 0, 1) ne '-' ;
    $opt_read  = 'yes' if $arg eq '-read' ;
    $opt_write = 'yes' if $arg eq '-write' ;
}
```

Was geschieht hier? In einer Endlosschleife wird ein Argument nach dem anderen aus `@ARGV` entfernt und analysiert. Sind alle Argumente entfernt oder beginnt ein Argument nicht mehr mit einem Minus, wird die Schleife verlassen. Für jedes Argument wird überprüft, ob es sich um eine der bekannten Optionen handelt. Wenn ja, wird ein entsprechendes Flag (einfach eine Variable) gesetzt, das man im späteren Verlauf des Skripts jederzeit abfragen kann.

- Gleichartige Argumente (Dateinamen, Rechner, ...) werden am besten über eine `foreach`-Schleife verarbeitet.

Wenn die Kommandozeile[1] zunächst einige Optionen enthält und erst anschließend eine Reihe gleichartiger Daten, kümmern Sie sich am besten zuerst mittels `shift` um die Optionen und legen anschließend eine `foreach`-Schleife um die verbleibenden Argumente. Wenn der Aufruf des Skripts z. B. so aussieht

```
$ check.pl -read dat1.txt dat2.txt dat3.txt gestern.txt
```

könnte die Verarbeitung folgendermaßen aussehen:

```
while ( @ARGV ) {
    $arg = shift @ARGV ;
    last if substr ($arg, 0, 1) ne '-' ;
    $opt_read  = 'yes' if $arg eq '-read' ;
    $opt_write = 'yes' if $arg eq '-write' ;
}

unshift @ARGV, $arg ;

foreach $file ( @ARGV ) { ..... }
```

Das zuletzt herausgeschnittene Element müssen wir vor dem Eintritt in die `foreach`-Schleife mittels `unshift` wieder in das Array einfügen.

Zusammengezogene Optionen

Möchten Sie dem Benutzer zusammengezogene Optionen erlauben, wie es bei UNIX-Tools üblich ist, etwa `-ivd` statt `-i` `-v` `-d`? Die Schwierigkeit liegt darin, dass die Reihenfolge der Optionen nicht vorgegeben ist und daher jedes Zeichen an einer beliebigen Position einer

---

1 Die Begriffe *Kommandozeile* und *Befehlszeile* werden synonym verwendet.

Option stehen darf. So etwas lässt sich hervorragend über Regular Expressions lösen. Wir müssen hierzu etwas vorgreifen.

```
while ( @ARGV ) {
    $arg = shift @ARGV ;
    last if substr ($arg, 0, 1) ne '-' ;
    $opt_debug = 'yes'    if $arg =~ /^-.*d/ ;
    $opt_info = 'yes'     if $arg =~ /^-.*i/ ;
    $opt_verbose = 'yes' if $arg =~ /^-.*v/ ;
    }
.....
```

Die Formulierung /^-.*d/ besagt, dass der untersuchte String ein Minuszeichen direkt zu Beginn enthalten muss (^-). Dann folgen irgendwelche Zeichen, eventuell aber auch keine (.*), und schließlich ein d. Regular Expressions werden wir ausführlich im 12. Kapitel behandeln.[2]

Optionsargumente

Manche Optionen benötigen Argumente, etwa wenn es darum geht, einem Skript eine alternative Konfigurationsdatei mitzugeben: -c file.cfg . Wie geht man mit solchen Fällen um? Man entfernt das nachfolgende Argument ebenfalls aus @ARGV und speichert es in einer eigenen Variablen.

```
while ( @ARGV ) {
    $arg = shift @ARGV ;
    last if substr ($arg, 0, 1) ne '-' ;
    $opt_debug = 'yes'    if $arg =~ /^-.*d/ ;
    $opt_info = 'yes'     if $arg =~ /^-.*i/ ;
    $opt_verbose = 'yes' if $arg =~ /^-.*v/ ;
    if ( $arg =~ /^-.*c/ ) {
        $opt_config = yes ;
        $config_file = shift @ARGV ;
        }
    }
.....
```

▶ **Manpages:** perldoc perlvar ... @ARGV

---

2 Perl stellt zwei Module zur Verfügung, mit deren Hilfe zusammengezogene Optionen noch einfacher erfasst werden können: Getopt::Std und Getopt::Long. Sie werden in den Übungen zu Kapitel 14 (Module) verwendet.

10.2 Tastatureingabe

Auch die Eingabe per Tastatur beherrschen Sie bereits aus dem Effeff. Da gibt es kaum etwas Neues zu lernen.

■ Der Eingabeoperator `<STDIN>` liest genau eine Zeile von der Tastatur ein.

```
$eingabe = <STDIN> ;
```

Wir haben ihn bereits in vielen Skripten verwendet. Allerdings gilt diese Aussage nur, wenn der Einleseoperator im skalaren Kontext ausgewertet wird.

■ Im Listenkontext liest der Eingabeoperator so lange Zeilen ein, bis ein [Strg][D] (UNIX) bzw. ein [Strg][Z] (Windows) eingegeben wird.

```
@eingabe = <STDIN> ;
```

Über eine Schleife kann man auch im skalaren Kontext so lange Zeilen einlesen, bis [Strg][D] oder [Strg][Z] gedrückt wird.

```
while ( $line = <STDIN> ) { ... }
```

■ In den meisten Fällen wird das über die [Enter]-Taste mitgegebene *Newline* anschließend entfernt.

```
$eingabe = <STDIN> ; chomp $eingabe ;
chomp ( $eingabe = <STDIN> ) ;
@eingabe = <STDIN> ; chomp @eingabe ;
chomp ( @eingabe = <STDIN> ) ;
```

■ Bei Eingabeumlenkungen liest `<STDIN>` aus einer Datei.

Die Gleichsetzung von `STDIN` und Tastatur ist nicht immer richtig. Wenn Sie Ihr Skript mit einer Eingabeumlenkung (<) aufrufen, wird nicht mehr von Tastatur gelesen, sondern aus der angegebenen Datei.

```
$ myscript.pl < datei
```

Über eine Pipe (|) kann man die Eingabe auch aus der Ausgabe eines anderen Programms beziehen.

```
$ othercmd | myscript.pl
```

Dabei wird der Output des Befehls `othercmd`, der normalerweise auf dem Bildschirm erscheinen würde, vom Betriebssystem abgefangen und in die Eingabe des Perl-Skripts umgeleitet.

■ STDIN ist ein standardmäßig geöffnetes Filehandle.

Perl öffnet automatisch bei jedem Programmstart drei Dateihandles: `STDIN`, `STDOUT` und `STDERR`. Diese entsprechen den gleichnamigen Kanälen unter UNIX und Windows. Sie verhalten sich im Prinzip wie jedes andere Filehandle auch, nur dass wir sie nicht explizit öffnen müssen. Übrigens können wir sie schließen (`close STDIN;`) oder auf eine andere Datei lenken (open

STDIN, `$file;`). Dann werden Daten, die über <STDIN> eingelesen werden, in der entsprechenden Datei gesucht oder das Einlesen funktioniert überhaupt nicht mehr. Beides macht nur selten Sinn.

▶ **Manpages:** perldoc perlop ... I/O operators

10.3 Einlesen aus Datei

Meistens lesen Sie Ihre Daten nicht von Tastatur, sondern aus Dateien ein. Auch mit dieser Methode haben wir bereits häufig gearbeitet. Unsere Beispiele und Übungen wären todlangweilig geblieben, hätten wir die notwendigen Techniken bis zum jetzigen Zeitpunkt zurückgehalten. Aber es gibt noch einiges zu lernen, was den Umgang mit Dateihandles betrifft.

Im Prinzip besteht die Dateieingabe aus drei Schritten:

1. Öffnen der Datei.

   ```
   open FH, "filename" ;
   ```

2. Lesen einzelner Zeilen oder der gesamten Datei.

   ```
   $line = <FH> ;        oder

   while ( $line = <FH> ) { ... }       oder

   @lines = <FH> ;
   ```

3. Schließen der Datei.

   ```
   close FH ;
   ```

Die Abkürzung `FH, das Filehandle`, sorgt dafür, dass der eigentliche Dateiname nur ein einziges Mal in unserem Skript auftaucht, selbst wenn in mehreren Programmzeilen aus dieser Datei gelesen wird. Ändert sich der Name der Datei, müssen wir lediglich diese eine Zeile korrigieren. Filehandles sind ein Konzept, das über die Grenzen von Perl hinausgeht. Das Betriebssystem erhält den Auftrag, die Datei zum Lesen zu öffnen und einen Dateizeiger zu verwalten, der die Information enthält, wo Sie in dieser Datei gerade stehen.

Das Filehandle wird per Konvention in Großbuchstaben geschrieben, damit es nicht mit Perl-Schlüsselwörtern oder mit Funktionsnamen verwechselt werden kann (beide werden klein geschrieben). Den Namen dürfen Sie frei wählen. Das zweite Argument von open ist eine Zeichenkette, die den Dateinamen enthält. Ob Sie diese Zeichenkette konkret in Anführungszeichen angeben (`"file.dat"`), in Form einer Variablen (`$file`), oder erst durch einen Ausdruck erzeugen (`$name . ".dat"`), ist egal. Es ist möglich, in Analogie zum schreibenden Öffnen ein <-Zeichen vor den Dateinamen zu setzen, wenn man lesend zugreifen möchte: `"<$file"`. Allerdings findet man dies eher selten.

Wenn Sie das gleiche Filehandle ein zweites Mal öffnen, wird das ursprüngliche automatisch geschlossen. Sie können eine Datei jedoch über zwei verschiedene Filehandles öffnen. Sie haben dann zwei voneinander unabhängige Zugriffe auf diese Datei mit zwei verschiedenen Dateizeigern. Keine Ahnung, wofür man so etwas brauchen könnte.

Sie können auch die Standardeingabe über ein Filehandle öffnen. An die Stelle, wo sonst der Dateiname steht, schreibt man in diesem Fall ein Minuszeichen "-".

```
open FH, "-" ;
```

Braucht man selten. Eventuell haben Sie einen Code geschrieben, der eigentlich seine Daten aus einer Datei beziehen soll, im Ausnahmefall aber von Tastatur liest. In diesem Fall könnten Sie ohne syntaktische Klimmzüge einfach die Datei "-" öffnen.

Beim Einlesen in ein Array (@lines = <FH> ;) sollten Sie sich immer vor Augen halten, dass die komplette Datei in den Arbeitsspeicher passen muss.

Die Verwendung des Eingabeoperators als Bedingung einer Schleife (while ($line=<STDIN>)) funktioniert deshalb, weil Perl den eingelesenen Wert darauf hin überprüft, ob er definiert ist. Genau genommen handelt es sich um eine Abkürzung für

```
while ( defined( $line = <FH> )) { ... }
```

Solange der Einleseoperator eine Zeile aus der Datei lesen kann, bleibt die Bedingung *wahr*. (Jeder denkbare Inhalt, auch eine leere Zeile (\n), entspricht einem definierten Wert.) Kommt er aber am Ende der Datei an, gibt <FH> den Wert undef zurück, die Schleifenbedingung wird *falsch* und die Schleife bricht ab.

Man findet die ausgeschriebene Konstruktion while (defined ...) in vielen Skripten, weil die Leute es entweder von anderen Programmiersprachen her so kennen, oder weil sie Angst haben, eine ganz besonders leere Zeile könnte das Einlesen beenden. Ist aber nicht so.

Das Schließen des Dateihandle ist guter Stil, bei Leseaktionen aber nicht unbedingt erforderlich. Beim nächsten Öffnen des gleichen Handle würde Perl es automatisch zuvor schließen, am Ende des Programms sowieso. Bei Schreibzugriffen ist das Schließen der Datei wichtiger, wie wir später erfahren werden.

Zugriffsfehler abfangen

Was geschieht eigentlich, wenn die anvisierte Datei nicht vorhanden ist oder wir keine Rechte besitzen, sie zu öffnen? Bricht Perl das Skript dann ab? Nein! Es arbeitet klaglos weiter und wir wundern uns, warum es seltsame Ergebnisse produziert. Das kann der Weisheit letzter Schluss nicht sein. In jedem Fall ist es sinnvoll, solche Fehler zu erkennen, und in der Regel ist es dann ratsam, das Programm zu beenden.

Perl überlässt *uns* die Fehlerbehandlung. Als Ansatzpunkt dient der Rückgabewert der open-Funktion. open() liefert eine 1 zurück, wenn es die Datei öffnen konnte, und undef, wenn nicht. Eine solche Rückgabe lässt sich im booleschen Kontext sehr einfach auswerten. Meistens wird dazu eine Short-Circuit-Konstruktion verwendet, da sie die open-Funktion nicht hinter allzu viel syntaktischem Beiwerk versteckt.

```
open FH, $file or ..... ;
```

Der Befehl hinter or wird nur ausgeführt, wenn open() undef zurückgegeben hat.

Achten Sie darauf, die ausgeschriebene Form von or zu nehmen. Falls Sie lieber mit dem Symbol || arbeiten, benötigen Sie Klammern um die Argumente von open, da || sonst das letzte Argument an den nachfolgenden Befehl bindet.

```
open FH, $file or exit 1 ;
```

Na ja, nicht besonders informativ ...

die()

```
open FH, $file or die ;
```

Schon besser. Der Befehl die() gibt eine Fehlermeldung aus und beendet anschließend das Programm. Die Meldung sieht folgendermaßen aus:

```
Died at /var/perl/myscript.pl line 8.
```

Wenn Sie mit dieser Standardmeldung nicht zufrieden sind, stehen Ihnen zwei Variationsmöglichkeiten zur Verfügung. Zum einen können Sie einen eigenen Text *ohne* abschließendes *Newline* hinzufügen.

```
open FH, $file or die "Datei $file nicht gefunden" ;
```

Ausgabe:

```
Datei daten.txt nicht gefunden at /var/perl/myscript.pl line 8.
```

Sie können auch ganz auf die automatische Angabe von Dateinamen und Zeilennummer verzichten, so dass ausschließlich Ihr eigener Text als letzter Lebenshauch angezeigt wird. Hierzu schließen Sie den Text *mit* einem *Newline* ab.

```
open FH, $file or die "Datei $file nicht gefunden.\n" ;
```

Ausgabe:

```
Datei daten.txt nicht gefunden.
```

die() sowie das nun folgende warn() geben ihre Fehler nicht auf die Standardausgabe, sondern auf die Standardfehlerausgabe aus (siehe Abschnitt 10.7).

warn()

Statt die() kann man auch warn() verwenden. Im Gegensatz zu die beendet dieser Befehl das Programm nicht, sondern schreibt lediglich folgende Meldung auf den Fehlerkanal:

```
Warning: something's wrong at /var/perl/myscript.pl line 8.
```

Auch hier haben Sie die Möglichkeit, einen Text hinzuzufügen (ohne \n) oder die Warnung durch den eigenen Text zu ersetzen (mit \n). Das Skript läuft, wie gesagt, anschließend weiter.

$!

Die Fehlermeldung, die durch ein fehlgeschlagenes open() auf Betriebssystemebene erzeugt wurde, kann ebenfalls angezeigt werden. Die Spezialvariable $! enthält die eigentliche *Fehlermeldung*, wenn sie im String-Kontext ausgewertet wird (Normalfall), hingegen den *Fehlercode* (1-255), wenn sie im numerischen Kontext steht ($!+0). Es ist guter Stil, $! in die die-Meldung zu integrieren.

```
open FH, $file or die "$file: $!" ;
```

Ausgabe:

```
daten.txt: No such file or directory at F:\myperl\test_die.pl line 10.
```

oder:

```
daten.txt: Permission denied at F:\myperl\test_die.pl line 10.
```

In $_ einlesen

Wer es prägnant mag, spart sich beim zeilenweisen Einlesen die Variable und weist die aktuelle Zeile direkt $_ zu.

```
while ( <FH> ) { ...$_... }
```

$_ wird nur gefüllt, wenn Sie den Einleseoperator <...> als einzigen Operator in der Bedingung einer Schleife verwenden (while (<FH>) ... ; foreach (<FH>) ... ; map ... (<FH>)). Stehen noch weitere Zeichen innerhalb der Bedingung, wird die aktuelle Zeile zwar eingelesen, jedoch anschließend gleich wieder verworfen.

Die Zeilennummer $.

Die aktuelle Zeilennummer finden Sie in der Spezialvariablen $.. Wenn Sie mehrere Dateien gleichzeitig geöffnet haben, enthält $. immer die Zeilennummer derjenigen Datei, aus der *zuletzt* gelesen wurde.

Das Dateiende: eof()

Es ist möglich, mithilfe von eof() zu kontrollieren, ob das Ende einer Datei erreicht ist. Dies wird selten benötigt, da man gewöhnlich den Eingabeoperator direkt als Bedingung einer Schleife einsetzt. Warum also zwei Befehle aufrufen, wenn das Gleiche mit einem einzigen zu erreichen ist? Dennoch gibt es diese separate Abfrage nach dem Dateiende. Sie variiert in ihrer genauen Bedeutung, je nachdem, ob man ein Argument mitgibt und ob runde Klammern verwendet werden.

```
if ( eof FH ) ... ;    oder    if ( eof (FH) ) ... ;
```

Hier wird gefragt, ob der Zeiger der Datei, die über FH angesprochen wird, am Dateiende steht.

```
if ( eof ) ...
```

Hier erfährt man, ob die Datei, aus der *zuletzt gelesen* wurde, am Ende angekommen ist.

```
if ( eof() ) ...
```

Und hier wird überprüft, ob der Diamant-Operator <> an das Ende seiner Eingabedateien gelangt ist, also an das Ende der letzten einzulesenden Datei.

Der Record-Trenner $/

Haben Sie es mit Daten zu tun, die nicht zeilenweise gespeichert sind, sondern ein anderes Trennzeichen zwischen den Datensätzen (Records) besitzen? Kein Problem! In Perl können Sie den Record-Trenner über $/ selbst festlegen und die gleichen Techniken zum Einlesen verwenden, wie bei zeilenorientiert geschriebenen Daten.

```
$/ = ":::";
while ( $satz = <FH> ) {
    chomp( $satz ) ;        # $satz enthaelt einen Datensatz
}
```

Was bedeutet es eigentlich zeilenweise einzulesen? Wir haben oft eine zweidimensionale Darstellung von Dateien vor Augen, wie sie uns von Texteditoren geboten wird. Aber in Wirklichkeit stehen die Daten ja linear hintereinander. Zeilen werden durch ein einziges oder ein Dublett von Zeichen voneinander getrennt (UNIX: ASCII dezimal 10, MAC: 13 und Windows 10 und 13). Der Einleseoperator liest immer so lange Daten ein, bis er auf das nächste Trennzeichen stößt, und liefert uns diese Daten. Wie Sie sich leicht vorstellen können, ist es egal, nach welchen Trennzeichen er suchen muss; die Arbeit bleibt immer die gleiche. Daher ist es möglich, beliebige Trenner zu definieren.

Sind Ihre Records durch Doppelpunkte getrennt, schreiben Sie einfach

```
$/ = ':' ;
```

Es spielt keine Rolle, ob Sie nur ein oder mehrere Zeichen als Trenner definieren. Der Einleseoperator sucht immer nach der angegebenen Zeichenfolge.

```
$/ = '::-::' ;
```

Auch chomp() orientiert sich an $/. Es entfernt nicht etwa stur *Newline*-Zeichen vom Ende eines Werts, sondern immer das, was in $/ steht.

$/ kennt zwei Sondereinstellungen. Wenn Sie einen leeren String darin speichern ($/ = "" ;), wird angenommen, dass Records durch beliebig viele leere Zeilen voneinander getrennt sind. Also egal, ob eine, zwei oder drei leere Zeilen folgen, der nächste Datensatz beginnt mit der ersten nicht leeren Zeile. Man könnte sagen, die Datei wird nicht zeilenweise, sondern absatzweise gelesen.

Ist $/ auf `undef` gesetzt ($/ = `undef` ;), ist überhaupt kein Trenner definiert, was bewirkt, dass der gesamte Dateiinhalt in eine einzige *skalare* Variable hineingezogen wird. Dies entspricht dem Schlürfen im Array-Kontext, nur dass hier ein Skalar den Inhalt erhält.

```
$/ = undef ;
$derganzetext = <FH>
```

$/ muss eine feste Zeichenfolge enthalten. Sie können keine Regular Expressions angeben.

▶ **Manpages:** perldoc perlop ... I/O operators ; perldoc perlopentut ; perldoc -f die/warn/eof; perldoc perlvar ... $! $/ $.

10.4   Der Diamant-Operator

Der Diamant- oder Rombus-Operator <> interpretiert alle Elemente von @ARGV, also alle Argumente der Befehlszeile, als Dateien. Er öffnet sie nacheinander und liest sie zeilenweise ein.

Aufruf:

```
$ myscript.pl file1 file2 file2
```

Im Skript:

```
while ( $line = <> ) { ... } ;
```

oder

```
@lines = <> ;
```

Die Dateien werden im Hintergrund geöffnet, sukzessive zeilenweise eingelesen, als handele es sich um eine einzige große Datei, und zum Schluss wieder geschlossen. Sie dürfen statt <> auch <ARGV> schreiben, um deutlicher zu zeigen, was da vor sich geht. Tut aber niemand.

Der Befehl eof() mit leeren runden Klammern bezieht sich bei <> auf den gesamten Datenstrom. Es liefert erst *wahr* zurück, wenn die letzte Datei am Ende angelangt ist. eof ohne Klammern bezieht sich auf die *aktuelle* Datei, so dass man auch das Ende einer individuellen Datei überprüfen kann, wie wir gleich sehen werden.

Die Zeilennummer

Die Zeilennummer $. wird über die Dateigrenzen hinweg gezählt; sie wird beim Öffnen der nächsten Datei nicht zurückgesetzt. Um dies dennoch zu erreichen, können Sie die einzelne Datei explizit schließen, wenn sie am Ende angelangt ist.

```
while (<>) { ... ; close ARGV if eof ; ... }
```

`close ARGV` schließt lediglich die gerade aktive Datei, ein allein stehendes `close` würde den gesamten Datenstrom schließen.

Sie können die Zeilennummer zum entsprechenden Zeitpunkt auch von Hand auf 0 zurücksetzen.

```
while (<>) { ... ; $. = 0 if eof ; ... }
```

Der aktuelle Dateiname

Möchten Sie wissen, wie die Datei heißt, aus der Sie gerade lesen? Die skalare Spezialvariable `$ARGV` enthält die gewünschte Information. Verwechseln Sie `$ARGV` nicht mit dem Kommandozeilen-Array `@ARGV` und dem Spezial-Filehandle `ARGV`!

```
while (<>) { print $ARGV if $. == 1 ; $. = 0 if eof }
```

Dieses Mini-Programm gibt die Dateinamen aus, sobald aus der jeweiligen Datei die erste Zeile gelesen wurde.

<> und STDIN

Wurden keine Argumente auf der Befehlszeile übergeben, liest der Rombus-Operator von der Standardeingabe, im Normalfall also von Tastatur. Sie können dieses Feature bewusst nutzen, um Ihr Programm automatisch auf Tastatureingabe umschalten zu lassen. Andererseits kann man auch darüber stolpern, wenn man das Programm versehentlich ohne Argumente aufruft. Es »hängt« dann, da es erwartet, dass man etwas per Tastatur eingibt.

Gemischte Befehlszeilen

Der Diamant-Operator kann nur zuschlagen, wenn die Befehlszeile ausschließlich aus Dateinamen besteht. Müssen Sie auch Optionen oder andere Argumente verarbeiten, kommen Sie nicht umhin, diese zunächst über `shift` »wegzuräumen«. Bei dem folgenden Aufruf

```
$ check.pl -x saruman dat1.txt dat2.txt dat3.txt gestern.txt
```

könnte die Verarbeitung so aussehen:

```
$opt = shift @ARGV ;
$user = shift @ARGV ;

@lines = <> ;
```

◇ ohne Befehlszeile

Gelegentlich sieht man, dass @ARGV innerhalb eines Skripts gesetzt wird, das ohne Argumente aufgerufen wird. Das ist zwar geschummelt, man kann aber auf diese Weise die Bequemlichkeiten von <> nutzen, selbst wenn man im Skript festgelegte Dateien öffnen muss.

```
@ARGV = qw ( file1.log file2.log file3.log ) ;
while ( $line = <> ) { ... }
```

Man spart sich das explizite Öffnen und Schließen der Dateien.

▶ **Manpages:** perldoc perlop ... I/O operators ; perldoc perlvar ... $. $ARGV

10.5 Here-Dokumente und DATA

Beim Einlesen aus Dateien geht es nicht immer um große Datenmengen und auch nicht immer um unbekannte Daten. Bei der Neuinstallation von Rechnern möchte man beispielsweise Systemdateien erstellen, deren Inhalt vorher festgelegt ist. In der CGI-Programmierung werden oft fertige HTML-Dateien ausgegeben und manchmal geht es einem nur um eine Hand voll Konfigurationszeilen.

In solchen Fällen scheut man oft das Mitführen externer Dateien. Geht eine davon beim Kopieren von Kollege zu Kollege verloren, wird einmal eine übersehen, funktioniert das Skript nicht mehr. Ist der Umfang der Daten überschaubar, weicht man gerne darauf aus, die Daten in das Skript zu integrieren, aber nach wie vor als Datenbereich zu kennzeichnen. Perl kennt zwei Methoden, über die man das erreichen kann.

■ Reine Datenbereiche können mitten im Programmcode eingelagert sein. Man bezeichnet sie dann als *Here-Dokumente*.

■ Datenbereiche können auch an das Ende eines Skripts angehängt werden. Gelesen werden sie über das DATA-Filehandle.

Here-Dokumente

Zunächst zu den Here-Dokumenten. Die eingelagerten Daten werden zwischen zwei Markierungen gesetzt. Durch << MARKE wird der Start des Here-Dokuments ab der nächsten Zeile festgelegt. Es reicht bis zum erneuten Auftauchen von MARKE.

```
$hosts = <<END_HOSTS ;
172.18.24.11    mars.saruman.de     mars
172.18.24.12    luna.saruman.de     luna
172.18.24.13    pluto.saruman.de    pluto
172.18.24.15    uranus.saruman.de   uranus
END_HOSTS
```

Der ganze Text ab `172.18.24.11` bis zu `uranus` wird in der Variable `$hosts` gespeichert.

Den Namen der Markierung dürfen Sie frei wählen, üblicherweise nimmt man aber wieder Großbuchstaben, um nicht in Konflikt mit Perl-Schlüsselwörtern oder Funktionsnamen zu kommen. Auf der einführenden Zeile (die mit dem <<) dürfen ruhig noch weitere Ausdrücke folgen, der eigentliche Text wird erst ab der nächsten Zeile gelesen. Wichtig ist es, diese Zeile mit einem Strichpunkt abzuschließen. Zwischen << und der Marke darf kein Leerraum stehen. Die Ende-Marke muss exakt mit derjenigen in der ersten Zeile übereinstimmen, es darf weder ein Semikolon folgen noch darf Leerraum vorausgehen oder folgen. Wenn Sie auf Leerraum bestehen, müssen Sie die erste Markierung selbst entsprechend in Quotes setzen.

```
$hosts = <<"    END_HOSTS" ;
.....
        END_HOSTS
```

Das gesamte Here-Dokument wird wie in Double-Quotes behandelt, solange die Anfangs-markierung ohne Quotes oder selbst in Double-Quotes steht. Steht diese Marke hingegen in Single-Quotes, wird das ganze Here-Dokument in Single-Quotes gesehen. Mit Backquotes verhält es sich entsprechend.

Es gibt übrigens keine Möglichkeit, die Daten des Here-Dokuments einzurücken. Das kann ziemlich hässlich aussehen; stellen Sie sich nur vor, Sie befinden sich innerhalb einer `if`-Anweisung. Die Daten müssen definitiv vorne beginnen.

Sie können statt eines Here-Dokuments immer auch eine simple mehrzeilige Zuweisung schreiben. Es ist einfach Geschmackssache, was Sie bevorzugen.

```
$host =
"172.18.24.11    mars.saruman.de    mars
172.18.24.12    luna.saruman.de    luna
....." ;
```

Auch hier sieht es hässlich aus, wenn man sich mit seinem Programmcode nicht ganz links befindet, der Text aber linksbündig ausgegeben werden soll. In solchen Fällen definieren Sie den Text am besten entweder ganz weit oben im Skript (da liegt der Code noch ganz links) oder Sie lösen das Problem über `DATA`.

Das Filehandle DATA

Anstatt die Daten mitten in Ihr Skript einzufügen, können Sie sie auch an das Ende anhängen. Sie werden durch die Markierung `__DATA__`[3] vom Programmcode getrennt. Über das Filehandle `DATA` lesen Sie die Daten ein wie aus einer Datei.

---

3   In vielen Skripten findet man statt der Marke `__DATA__` die ältere Version `__END__`, die aber nur innerhalb des eigentlichen Programms funktioniert. Mithilfe von `__DATA__` können hingegen auch Datenbereiche am Ende von Modulen abgetrennt werden (zu Modulen siehe Kapitel 14).

```
@lines = <DATA> ;
.....
.....
__DATA__
172.18.24.11    mars.saruman.de    mars
172.18.24.12    luna.saruman.de    luna
172.18.24.13    pluto.saruman.de   pluto
172.18.24.15    uranus.saruman.de  uranus
```

Wenn Sie die gesamten Daten lieber in einer skalaren Variablen aufnehmen möchten, setzen Sie vorher einfach $/ auf undef (siehe Abschnitt 10.3).

```
undef $/ ;
$text = <DATA> ;
.....
```

Die Lösung über DATA ist sicherlich eleganter als ein Here-Dokument, allerdings auch weniger flexibel. Man kann nur einen einzigen Datenbereich anschließen und die Daten werden immer wie in Single-Quotes behandelt.

▶ **Manpages:** perldoc perldata ... Scalar value constructors ... DATA ... << ; perldoc -q Here

10.6 Bildschirmausgabe

Wechseln wir nun zur Ausgabeseite. Am einfachsten gestaltet sich hier die Ausgabe auf dem Bildschirm.

■ Über print gibt man Daten auf der Standardausgabe aus.

Das tun wir seit dem ersten Kapitel. Interessant sind wieder einige Zusatzinformationen.

■ STDOUT wird von Perl automatisch geöffnet.

Genauso wie STDIN, so wird auch STDOUT, die Standardausgabe, zu Beginn unseres Skripts von Perl automatisch geöffnet. Wir benötigen daher keinen open-Befehl. Wie Sie wissen, akzeptiert der print-Befehl ein Filehandle als erstes Argument. Das Filehandle für die Standardausgabe heißt STDOUT. Somit könnte man auch schreiben

```
print STDOUT $x, $y ;
```

was aber normalerweise niemand tut, da es genau das Gleiche bewirkt wie ein gewöhnliches
```
print $x, $y;
```

■ Bei Ausgabeumlenkungen schreibt print in eine Datei.

Die Standardausgabe muss nicht unbedingt mit dem Bildschirm identisch sein. Wenn Ihr Skript mit einer Ausgabeumlenkung aufgerufen wird, etwa

```
$ myscript.pl > datei
```

so landen die Daten, die über print ausgegeben werden, in der angegebenen Datei. Genauso kann die Ausgabe Ihres Skripts auch mit der Eingabe eines anderen Programms über eine Pipe verbunden werden.

```
$ myscript.pl | othercmd
```

■ $\ $, und $" enthalten die unterschiedlichen Trennzeichen für das Ausgabeformat.

In der Grundeinstellung wird nach einem print-Befehl kein zusätzliches Zeichen ausgegeben, insbesondere kein *Newline*. Über die Spezialvariable $\ können Sie dies aber einstellen, $\="\ n";. Zwischen den Elementen ein und desselben print-Kommandos wird ebenfalls nichts ausgegeben. Hier sind über $, Trennzeichen einstellbar. Zwischen Array-Elemente setzt print in Double-Quotes normalerweise ein Leerzeichen. Dieser Trenner wird über $" gesetzt.

Listing 10.1: print_demo.pl – demonstriert die Spezialvariablen für print.

```
#!/usr/bin/perl
#
# print_demo.pl
# Demonstriert die Spezialvariablen für print.

@arr = ( 1,2,3,4 ) ;
$x = "aa" ; $y = "bb" ;

# Ausgabe mit Default-Trennern
print $x , $y ;
print @arr ;
print "@arr" ;

# Ausgabe mit individuellen Trennern
print "\n--------------\n" ;

$\ = "\n" ;
$, = '--' ;
$" = '++' ;

print $x , $y ;
print @arr ;
print "@arr" ;
```

Ausgabe:

```
$ print_demo.pl
aabb12341 2 3 4
--------------
aa--bb
1--2--3--4
1++2++3++4
```

▶ **Manpages:** perldoc -f print ; perldoc perlvar ... $\ $, $«

10.7 Fehlerausgabe

Unter UNIX und Windows kennt Perl einen zweiten bereits geöffneten Ausgabekanal, der für die Ausgabe von Fehlermeldungen gedacht ist: die Standard-Fehlerausgabe STDERR. Auf ihm kann man Fehlermeldungen ausgeben. Da er per Default ebenfalls auf den Bildschirm gelenkt ist, laufen Datenausgaben und Fehlermeldungen normalerweise zusammen. Wird Ihr Skript aber mit einer entsprechenden Umlenkung aufgerufen, kann der Benutzer Fehler, die auf STDERR geschrieben werden, von den gewöhnlichen Ausgabedaten trennen.

```
$ myscript.pl              # STDOUT und STDERR auf Bildschirm
$
$ myscript.pl > datei      # Nur STDOUT in datei umgelenkt
$
$ myscript.pl 2> file.log  # Nur STDERR in file.log umgelenkt
$
$ myscript.pl > datei 2> file.log  # STDOUT in datei, STDERR in
$                                    file.log umgelenkt
$ myscript.pl > datei 2>&1  # Beides nach datei umgelenkt
```

Um nun in einem Perl-Skript Fehlermeldungen zu erzeugen, die sich von den gewöhnlichen Ausgaben trennen lassen, gibt man print das Fehler-Filehandle als erstes Argument mit.

```
print STDERR $fehler, "\n" ;
```

Zwischen dem Filehandle und den nachfolgenden Daten darf kein Komma stehen. Die Befehle die() und warn() schreiben ihre Meldungen immer auf STDERR.

▸ **Manpages:** perldoc perlop ... I/O operators

10.8 Formatierte Ausgabe mit printf()

Gar hässliche Ergebnisse liefert print zuweilen, wenn die Einträge einer Zeile durch Tabulator getrennt werden und mehrere solcher Zeilen aufeinander folgen.

```
foreach ( keys %names) { print "$_ \t $names{$_} \n" }
```

Ausgabe:

```
mueller          Julia Mueller
meier     Karl Meier
schulze          Gabi Schulze
kunz      Rudolf Kunz
```

Schuld an diesem »Flattersatz« ist das Tabstopp-Konzept. Wird ein \t angegeben, springt der Cursor zur nächsten vorgesehenen Tabstopp-Position. Wo er schließlich landet, hängt davon ab, von wo er startet, also von der Länge der vorherigen Wörter. Für tabellarische Ausgaben, wie man sie bei Statistiken und Reports so oft benötigt, ist dieses Konzept völlig unzulänglich.

In solchen Fällen verwendet man statt dessen den Befehl `printf()`. Dieses Kommando gibt es nicht nur in Perl, sondern auch in C, `awk` oder der UNIX-Shell; er funktioniert überall gleich. Über `printf` können wir eine Maske festlegen, eine Art Bauanleitung, auf deren Grundlage die Zeile ausgegeben wird. Der Clou besteht darin, für jede Variable, die in der Ausgabe erscheint, einen bestimmten Platz zu reservieren.

■   `printf` *format*, *arg1*, *arg2*, *arg3* ...

Der Format-String

Das erste Argument, das wir `printf` übergeben, definiert das Zeilenformat, alle weiteren Argumente werden in dieses Format, die Maske, eingesetzt. Am besten, wir beginnen mit ein paar einfachen Beispielen, um die Funktionsweise zu verstehen. Stellen Sie sich jeweils eine Schleife um die folgenden Befehle vor, die jeweils mehrere Zeilen gleicher Art erzeugt.

```
printf "%8s %20s \n" , $user , $names{$user} ;
```

Ausgabe:

```
mueller        Julia Mueller
  meier          Karl Meier
schulze        Gabi Schulze
   kunz         Rudolf Kunz
```

Maske:

```
<Feld 1> <----- Feld 2 -----> \n
```

Das Zeilenformat besagt, dass einem Feld von 8 Zeichen (`%8s`) eines von 20 Zeichen folgen soll (`%20s`). Die Elemente `$user` und `$fullname{$user}` werden dann rechtsbündig in diese Felder eingesetzt.

```
printf "Host: %10s   IP: %15s \n" , $host, $ip{$host} ;
```

Ausgabe:

```
Host:    jupiter   IP:  198.234.156.83
Host:       luna   IP: 198.234.156.219
Host:     uranus   IP:   198.234.156.9
```

Maske:

```
Host: <-Feld 1->   IP: <-- Feld 2 ---> \n
```

Es wird ein Feld mit 10 Zeichen Länge definiert (`%10s`) sowie eines mit einer Länge von 15 Zeichen (`%15s`). Außerdem noch eine Menge fester Text, der so, wie er da steht, in jeder Zeile ausgegeben wird. Hostname und IP-Adresse werden wieder in die Felder eingesetzt, auch hier wieder rechtsbündig (kann man aber ändern).

Die Feldvariablen

Der Format-String legt das Aussehen der Zeile fest. Normaler Text im Format-String wird unverändert ausgegeben. Das *Newline* am Zeilenende muss explizit angegeben werden. Die interessanten Teile sind die Platzhalter, auch Feldvariablen genannt.

Feldvariablen beginnen stets mit einem %-Zeichen, können eine oder zwei Längenangaben enthalten und schließen mit einem Typensymbol ab. Eventuell ist den Längenangaben noch ein Justierungszeichen vorangestellt.

- `%ms  %m.ns  %s  %-ms`

Sehen wir uns zunächst in Tabelle 10.1 an, welche Feldtypen es gibt. Sie richten sich nach der Art der Daten, die in ihnen ausgegeben werden sollen. Die ersten drei bis fünf Typen der Tabelle sind mit Abstand die am häufigsten verwendeten, alle anderen sieht man kaum jemals.

Platzhalter	Datenart
`%s`	String
`%d`	Dezimalzahl, Integer (wie `%i`)
`%f`	Fließkommazahl, z.B. 3.142
`%e`	Fließkommazahl in e-Notation, z.B. 1.32e+04
`%g`	Automatische Wahl von `%f` oder `%e`, je nach Größe der Zahl. Liegt die Zehnerpotenz n der darzustellenden Zahl zwischen $-4<=n<=+5$, wird `%f` verwendet, ansonsten `%e`.
`%c`	ASCII-Zeichen (Wert wird als Integer-Zahl geliefert)
`%i`	Integer (wie `%d`)
`%u`	unsigned integer, Integer ohne Vorzeichen
`%o`	unsigned octal, Oktalzahl ohne Vorzeichen
`%x`	unsigned hex, Hexadezimalzahl ohne Vorzeichen
`%b`	unsigned binary, Binärzahl ohne Vorzeichen
`%X`	wie `%x`, nur dass ABCDEF statt abcdef verwendet werden
`%E`	wie `%e`, nur mit großem E
`%G`	wie `%g`, nur mit großem E
`%p`	pointer, Adresse eines referenzierten Werts als Hex
`%D`	long integer (wie `%ld`)
`%U`	long unsigned integer (wie `%lu`)

Tabelle 10.1: Feldtypen für printf

Platzhalter	Datenart
%O	long unsigned octal (wie %lo)
%n	speichert die Länge der bisherigen Felder in der zugehörigen Variablen
%F	Fließkommazahl (wie %f)

Tabelle 10.1: Feldtypen für printf *(Forts.)*

```
printf "%d \n", 193 ;          # -> 193
printf "%o \n", 20 ;           # -> 24
printf "%x \n", 20 ;           # -> 14
printf "%b \n", 20 ;           # -> 10100
```

Nun zu den Längenangaben. Im Folgenden steht das Typenkürzel z für einen beliebigen Feldtyp.

- *%mz*   minimale Feldbreite

Im einfachsten Fall wird eine einzige Zahl für die Gesamtbreite des Feldes festgelegt. Reicht der so reservierte Platz für ein auszugebendes Element aber nicht aus, wird das Format für diese Zeile gesprengt, das Feld erweitert. Der Inhalt ist wichtiger als das Format. Man bezeichnet m daher besser als minimale Breite.

```
printf ":%5s: \n", 'abc' ;        # -> :  abc:
printf ":%5s: \n", 'abcde' ;      # -> :abcde:
printf ":%5s: \n", 'abcdefgh' ;   # -> :abcdefgh:
```

- *%m.nz*   maximale Feldbreite bzw. Präzision

Das Sprengen des Formats kann für Zeichenketten verhindert werden, indem man einen Punkt und eine zweite Zahl angibt. Diese zweite Zahl legt die maximale Breite fest, falls der auszugebende String breiter als das vorgesehene Feld ist. Der String wird dann einfach rechts abgeschnitten. In der Regel setzt man die gleiche Zahl für m und n ein.

```
printf ":%5.5s: \n", 'abcdefgh' ;     # -> :abcde:
```

Bei *ganzen* Zahlen kann das Sprengen des Formats nicht verhindert werden. Besser, die Ausgabe wird hässlich, als man gibt eine falsche Zahl aus.

```
printf ":%5.5d: \n", 2000454 ;        # -> :2000454:
```

Bei Fließkommazahlen (%f, %e, %g, %E, %G) legt die zweite Längenangabe die Zahl der Nachkommastellen fest. Die erste Zahl steht wieder für die Gesamtbreite. Für Vorkommastellen bleiben somit m-n-1 Stellen übrig, da ja auch der Dezimalpunkt Platz braucht.

```
printf ":%5.3f: \n", 1/6 ;           # -> :0.167:
```

Wie Sie sehen, rundet printf auf die letzte ausgegebene Stelle. Dieser Mechanismus wird in Perl ganz allgemein zum Runden von Zahlen verwendet. Möchte man die gerundete Zahl nicht ausgeben, sondern in einer neuen Variablen speichern, verwendet man nicht printf, sondern sprintf, wie wir es bereits in Kapitel 2 gesehen haben.

Ohne die Angabe von *n* werden bei Fließkommazahlen sechs Nachkommastellen ausgegeben. Passen die nicht in die vorgesehene Gesamtbreite, wird das Format wieder gesprengt.

```
printf ":%5f: \n", 1/6 ;               # -> :0.166667:
```

Man kann auch die Anzahl der Nachkommastellen festlegen, ohne etwas über die Gesamtbreite auszusagen.

```
printf ":%.4f: \n", 1/6 ;               # -> :0.1667:
printf ":%.2f: \n", 1/6 ;               # -> :0.17:
```

- %-m.nz   Linksbündigkeit

Ohne zusätzliche Maßnahmen werden die Werte rechtsbündig in ihre Felder geschrieben. Das ist in Ordnung für Zahlen; bei Zeichenketten sieht es jedoch meistens nicht so gut aus. Durch ein Minuszeichen direkt nach dem einleitenden % wird Linksbündigkeit festgelegt.

```
printf "%-8s %-20s \n" , $user , $names{$user} ;
```

Ausgabe:

```
mueller  Julia Mueller
meier    Karl Meier
schulze  Gabi Schulze
kunz     Rudolf Kunz
```

Das sieht doch richtig gut aus! Perl kennt noch mehr solcher modifizierenden Flags.

Modifizierer	Bedeutung
%-m.nz	Linksbündigkeit
%+m.nz	Positiven Zahlen wird ein Pluszeichen vorangestellt.
% m.nz	Positiven Zahlen wird ein Leerzeichen vorangestellt.
%0m.nz	Bei Rechtsbündigkeit wird mit Nullen statt mit Leerzeichen aufgefüllt.
%#m.nz	Oktal- und Hexadezimalzahlen erhalten ein führendes 0 bzw. 0x .
%m.nlz	Integer-Typ wird als *long* angesehen (doppelte Breite).
%m.nhz	Integer-Typ wird als *short* angesehen (halbe Breite).

Tabelle 10.2: Modifizierer für printf

Wichtig ist natürlich das Minuszeichen für die Linksbündigkeit; die anderen Flags findet man wieder eher selten.

Das war's. Jede Menge Variabilität bei der Formatierung einer Zeile. Was Sie sich unbedingt merken sollten, ist die Syntax von printf, die Feldtypen %s, %d und %f, die Bedeutung der beiden Längenangaben sowie das Minus wegen der Linksbündigkeit.

sprintf()

sprintf() funktioniert genauso wie `printf`, nur dass es die formatierten Daten nicht aus-, sondern zurückgibt, so dass sie in einer Variablen gespeichert werden können. `sprintf` wird verwendet, um Zahlen zu runden oder Zeichenketten in ein bestimmtes Format zu bringen.

```
$zahl = sprintf "%.3f", $zahl ;        # rundet auf 3 Stellen
```

▶ **Manpages:** perldoc -f sprintf   (printf-Formate werden bei sprintf erläutert!)

10.9 Seitenformate

Perl stellt auch eine Seitenformatierung zur Verfügung, um lange Texte auf Seiten umzubrechen und mit Kopf- und Fußzeilen zu versehen. Da der Output dabei immer reiner ASCII-Text ist, entspricht das nicht ganz den heutigen Anforderungen an eine ansprechende Formatierung. Statt dessen schreibt man die Ausgabe in eine Datei und lädt sie anschließend in ein Textverarbeitungsprogramm, wo sie weiter formatiert wird.

Eine Beschreibung der Seitenformate von Perl finden Sie in der Manpage `perlform`.

▶ **Manpages:** perldoc perlform

10.10 Dateiausgabe

Auch die Ausgabe in Dateien kennen Sie bereits. Es geht hier wieder um eine Zusammenfassung des Bekannten sowie um einige Details, über die wir bisher noch nicht gesprochen haben. Die Dateiausgabe besteht aus drei Schritten:

1. Öffnen der Datei:

   ```
   open FH, ">filename" ; oder  open FH, ">>filename" ;
   ```

2. Ausgabe von Daten:

   ```
   print FH $line ;
   ```

3. Schließen der Datei:

   ```
   close FH ;
   ```

Bereits beim Öffnen durch `open()` müssen Sie entscheiden, ob die bestehende Datei überschrieben wird (`">filename"`) oder die neuen Daten an die bestehende Datei angehängt werden sollen (`">>filename"`). Im späteren `print`-Befehl können Sie eine solche Unterscheidung nicht mehr treffen.

`open()` kennt auch den gleichzeitig lesenden und schreibenden Zugriff.

```
open FH, "+<filename" ;
```

So etwas macht in der Regel nur für Datenbanken mit direktem Zugriff einen Sinn (siehe Kapitel 10.11), wo Daten an einer bestimmten Stelle innerhalb der Datei gelesen oder geschrieben werden müssen. Bei seriellen Zugriffen, also zeilenweisen Lese- oder Schreibaktionen, wie wir sie bisher behandelt haben, braucht man diese Variante nicht.

Wenn Sie die Standardausgabe über ein separates oder zusätzliches Filehandle öffnen möchten, können Sie das Kürzel >- als Dateinamen verwenden. Auf diese Art kann man gelegentlich den gleichen Programmcode für eine Ausgabe in Dateien und auf STDOUT verwenden.

```
open FH, '>-' ;
```

Der Name für das Filehandle darf wieder frei gewählt werden, sollte aber aus Großbuchstaben bestehen wegen der Verwechslungsgefahr mit Schlüsselwörtern und Funktionen. Anstelle des fertigen Dateinamens darf natürlich auch eine Variable stehen, die einen Dateinamen erhält, oder irgendein anderer Perl-Ausdruck, der einen Dateinamen liefert.

Die eigentliche Schreib-Operation erfolgt über ein simples print oder printf, wobei das Filehandle als erstes Argument übergeben wird. Ihm darf kein Komma folgen.

```
print FH "$host \t $ip{$host} \n" ;
printf FH "%-10s %-15s \n", $host, $ip{$host} ;
```

Das Schließen der Datei durch close() ist beim schreibenden Zugriff wichtiger als beim Lesen, was vor allem an den Folgen der Pufferung beim Schreiben liegt (siehe nächsten Abschnitt). Erst bei einem expliziten close() wird der Rest der Daten wirklich auf Festplatte geschrieben. Unter Windows 98 (und ältere Versionen) darf zudem immer nur ein einziges Programm schreibend auf eine Datei zugreifen. Die Datei ist also gesperrt, während Sie sie offen halten. Sie müssen sie schließen, um anderen Programmen den Zugriff zu ermöglichen. Und nicht zuletzt ist auch der Rückgabestatus von close interessant. Er zeigt an, ob der letzte Schreibvorgang erfolgreich war (1) oder nicht (undef).

Der Schreibpuffer

Wie Sie sich denken können, wird nicht jedes Byte einzeln übertragen. Statt dessen sammelt Perl die Daten in einem Puffer (4 KB unter UNIX und Windows, 8 KB unter MacPerl) und schreibt sie erst dann, wenn der Puffer voll ist oder ein close() erfolgt. Hinsichtlich der Schreib-Performance sicherlich eine gute Idee. Stürzt Ihr Programm aber ab oder wird es mit Strg c abgebrochen, ist ein Teil der Daten jedoch verloren. Lassen Sie Dateien daher nicht unnötig lange geöffnet. Schließen Sie sie mit close(), sobald dies möglich ist.

Sie können die Pufferung beim Schreiben auch komplett abschalten. Über die Spezialvariable $| kann man einstellen, ob gepuffert (Default, $|=0) oder ungepuffert ($|=1) geschrieben wird. Aber Achtung, ganz so einfach geht es nicht! Da es sich nur um eine einzige Variable handelt, andererseits die Pufferung aber *individuell* für jedes Filehandle einstellbar ist, muss man irgendwie festlegen können, welches Filehandle man meint.

Unter allen Ausgabe-Filehandles ist immer eines als so genanntes *Standard-Filehandle* gekennzeichnet. Auf dieses beziehen sich normale print-Anweisungen, also solche, denen kein Filehandle als Argument mitgegeben wird. Üblicherweise ist das STDOUT, muss aber nicht, da es gewechselt werden kann. Eine Änderung von $| wirkt sich ausschließlich auf das Standard-Handle aus. Wenn Sie die Pufferung nicht für STDOUT, sondern ein anderes Filehandle FH abschalten möchten, müssen Sie dieses zunächst als Standard-Filehandle auswählen. Die Auswahl eines Standard-Handle erfolgt über den Befehl select().

```
select FH ;
$| = 1 ;
select STDOUT ;
```

Da kurzfristig FH als Standard selektiert wird, bezieht sich die Änderung an $| nur auf dieses Filehandle. Wir schalten danach sofort wieder auf STDOUT zurück, damit einfache prints auch wieder auf dem Bildschirm landen.

Nachdem die Pufferung abgeschaltet wurde, wird die Ausgabe jedes print-Befehls sofort auf Festplatte geschrieben.

▶ **Manpages:** perldoc perlvar -> $|

binmode()

Die Funktion binmode() legt auf DOS/Windows-Systemen fest, dass eine Datei im Binär- und nicht im Textformat gelesen wird. Auf UNIX-Systemen und MacOS hat der Befehl keine Bedeutung, er darf aber aus Portabilitätsgründen ruhig verwendet werden. Was bedeutet nun Binärformat?

Die interne Darstellung einer Datei im Arbeitsspeicher, also während der Laufzeit eines Programms, muss unter Windows nicht hundertprozentig mit derjenigen im Dateisystem übereinstimmen. Es geht wieder einmal um die Darstellung des *Newline*. Im Arbeitsspeicher wird es durch ein einziges, auf Festplatte durch zwei Zeichen dargestellt. Wird eine Datei im normalen, sprich Textmodus geschrieben oder gelesen, werden automatisch alle Zeilentrenner angepasst. Die Datei wird dadurch im Arbeitsspeicher kleiner als auf Festplatte.

Ein kleines Beispiel:

```
open FH, '>test.dat' ;
print FH "aaa\nbbb\nccc\nddd\n" ;
```

Der ausgegebene Inhalt hat eine Länge von 16 Byte. Auf Festplatte sind es jedoch 20 Byte.

```
C:\perl> dir test.dat
03.12.2002  18:14                20 test.dat
```

Wenn wir die Datei anschließend erneut einlesen, schrumpft sie wieder auf 16 Byte.

```
open FH, 'test.dat' ;
while ($line=<FH>){$len += length($line)}
print $len ;

C:\perl> test_binmode.pl
16
```

Verrückt, nicht wahr? Nun hat man es in der Regel wirklich mit Textdateien zu tun und interessiert sich für den Inhalt der Zeilen und nicht so sehr für die Darstellung der Trenner. Also alles halb so wild. Schlimm wird es nur, wenn Sie Daten einlesen, die keine Zeilenstruktur besitzen. Dann wird jede zufällige Kombination, die dem Trennzeichen entspricht, gnadenlos umgewandelt und Sie erhalten eine andere Repräsentation Ihrer Daten im Arbeitsspeicher als auf Festplatte.

Hier setzt `binmode()` an. Es wird gleich nach dem `open`-Befehl aufgerufen und legt fest, dass die geschilderte Umwandlung nicht stattfindet.

```
open FH, 'test.dat' ;
binmode FH ;
```

Ein zweiter, vielleicht noch gefährlicherer Effekt wird ebenfalls durch `binmode` aufgehoben. Das ASCII-Zeichen 26 steht auf Windows-Rechnern für das Dateiende. Wird eine Datei im normalen Modus geöffnet, endet das Einlesen bei diesem Zeichen.

```
print FH "123", chr(26), "aaa\nbbb\nccc\nddd\n" ;
.....
while ($line=<FH>){$len += length($line)}
print $len ;

C:\perl> test_binmode.pl
3
```

Mit `binmode()` wäre Ihnen das nicht passiert. ;-)

Auch wenn Sie mit Dateien arbeiten, die Bilder oder Grafiken enthalten, sollten Sie immer `binmode` verwenden.

▶ **Manpages:** perldoc perlop ... I/O operators ; perldoc perlopentut ; perldoc perlvar ... $\ $, $«
$| ; perldoc -f select

10.11 Dateizugriff bei fester Datensatzlänge

Bisher haben wir unsere Daten seriell gelesen und geschrieben. Die einzelnen Datensätze wurden durch eindeutige Trennzeichen, wie z.B. *Newlines*, voneinander getrennt. Die Länge eines einzelnen Datensatzes spielte keine Rolle. Von Vorteil ist dabei, dass die Datensätze unterschiedlich lang sein dürfen, von Nachteil, dass man dadurch nicht gezielt auf einen bestimmten Datensatz zugreifen kann; man weiß ja nicht, wo er in der Datei steht. Statt dessen muss immer die gesamte Datei eingelesen werden.

Eine solche Organisation der Daten ist bequem. Ohne viel Aufwand kann man Daten speichern oder einlesen, Arrays oder Hashes aufbauen. Auf diese Art werden Sie auch in aller Regel Ihre Dateien aufbauen. Professionelle Datenbanken arbeiten anders. Die müssen mit großen Datenmengen umgehen können, die nie und nimmer in den Arbeitsspeicher passen. Und selbst wenn, der Einleseprozess und das Abspeichern würden viel zu lange dauern. Hier wird eine andere Organisationsform gewählt: der Direktzugriff mit fester Datensatzlänge. Die Anbindung professioneller Datenbanken wird im nächsten Abschnitt behandelt. Hier sehen wir uns an, wie man selbst solche Datenbanken erzeugt. Da Sie so etwas aber selten benötigen werden, beschränken wir uns auf einen kurzen Überblick.

In *Direct-Access-Datenbanken* besitzt jeder Datensatz die gleiche Länge (`len`). Die Startposition des *n*-ten Datensatzes berechnet sich daher einfach aus *n* * `len`. Um diesen Datensatz von Festplatte einzulesen, setzt man den Dateizeiger an die entsprechende Position und liest `len` Byte ein. Alle anderen Datensätze werden nicht tangiert, das ist der Witz dabei. Sie lesen wirklich nur diesen einen ein. Beim Schreiben geht es ähnlich. Sie setzen den Dateizeiger an die richtige Stelle und schreiben `len` Byte. Hier sind die Befehle, mit denen man diese Operationen durchführen kann.

Befehl	Bedeutung
`open FH, '+<filename' ;`	Öffnen der Datei zum Lesen und Schreiben
`seek FH, position, start ;`	Dateizeiger an Stelle `position` setzen, relativ zum Dateianfang (`start=0`), der aktuellen Position (`start=1`) oder dem Dateiende(`start=2`)
`read FH, $var, len, [,offset];`	Lesen von `len` Byte aus `FH`. Speichern in der Variablen `$var` (eventuell in dieser ab Position `offset` beginnend)
`print FH $var ;`	Schreiben der Variablen `$var` nach `FH`. Der Inhalt von `$var` muss `len` Byte lang sein
`tell FH ;`	Liefert die aktuelle Position des Dateizeigers
`close FH ;`	Datei schließen

Tabelle 10.3: Direct-Access-I/O-Befehle

Eigentlich nicht schwierig. `open()`, `close()` und `print()` kennen wir bereits. Achten Sie beim Öffnen darauf, dass Sie `+<` und nicht `+>` schreiben, da Letzteres den bisherigen Inhalt Ihrer Datei sofort zerstören würde.

`seek()` ist der eigentliche Schlüsselbefehl. Er positioniert den Dateizeiger an der richtigen Stelle, ab der anschließend gelesen oder geschrieben wird. Die Position berechnet sich aus der Nummer, multipliziert mit der Länge eines Datensatzes. Der dritte Parameter gibt den Startpunkt an, auf den sich `position` bezieht. Meist steht hier 0, was bedeutet, dass man ab dem Anfang der Datei zählt.

`read()` liest einen Datensatz ein. Es liest die gewünschte Anzahl von Bytes und speichert sie in einer Variablen `$var`. Der letzte Parameter wird kaum benützt. Er bezieht sich wirklich auf die Zielvariable, nicht etwa auf die gelesene Datei.

Nehmen wir die folgende Mini-Datei `adress.dat` als Beispiel. Die Datensatzlänge beträgt 30 Byte. Die Datei selbst enthält keine *Newlines*, damit die Zeile aber ins Buch passt, erfolgt ein Zeilenumbruch. ;-)

```
mueller  Julia Mueller        meier    Karl Meier            schulz
e  Gabi Schulze         kunz    Rudolf Kunz
```

Um auf Datensatz Nr. 2 zugreifen zu können (Nummern beginnen bei 0), benötigen wir folgendes Skriptfragment.

```
$nr = 2 ;                    # Gewuenschte Datensatznummer
$reclen = 30 ;               # Datensatzlaenge

open FH, '+<adress.dat' ;    # Das + ist hier gar nicht noetig
seek FH, $nr * $reclen, 0 ;  # Setze Zeiger an Position 60
read FH, $data, $reclen ;    # 30 Byte nach $data einlesen
close FH ;                   # Datei schliessen

print "$data \n" ;           # Der Beweis
```

Ausgabe:

```
schulze  Gabi Schulze
```

Die gewünschte Datensatznummer wird normalerweise natürlich nicht im Skript festgelegt, sondern interaktiv eingegeben oder anderweitig ermittelt. Aber Sie sehen, dass nur 30 Byte gelesen wurden. Diese Datei darf ruhig 1 GB groß werden. Wir gelangen dennoch in wenigen Millisekunden an jeden beliebigen Datensatz.

Allerdings stellt sich die Frage, woher man überhaupt weiß, welchen Datensatz man lesen muss. Wenn ein Benutzer an den Daten für Schulze interessiert ist, woher weiß ich dann, dass es sich dabei um Satz Nr. 2 handelt? Hierzu braucht man zusätzliche Index-Dateien. Sie enthalten die Zuordnung von einem bestimmten Feld wie Login-Name, Vorname oder Nachname zu der Datensatznummer. Index-Dateien können ihrerseits seriell oder mit fester Satzlänge organisiert sein. Sucht ein Benutzer in der Datenbank nach einem bestimmten Nachnamen, muss zunächst aus der Index-Datei die richtige Satznummer herausgesucht werden. Da der Index sortiert ist, benötigt diese Suche nicht viel Zeit. Erst dann kann man den richtigen Datensatz lesen.

Um aus den eigentlichen Daten alle gewünschten Index-Dateien zu erstellen und auch noch up-to-date zu halten, wenn sich etwas an den Daten ändert, bedarf es großen Aufwands. Dies ist der Grund dafür, dass man bei großen Datenbeständen lieber auf fertige Datenbank-Management-Systeme zurückgreift.

▶ **Manpages:** perldoc perlopentut ; perldoc -f seek/read/tell

10.12 SQL-Datenbanken

Professionelle Datenbank-Management-Systeme (häufig salopp als »Datenbanken« bezeichnet) nehmen Ihnen die Organisation der Daten und ihrer Index-Dateien, wie Sie im letzten Abschnitt erläutert wurde, ab. Sie stellen eine Palette von Befehlen zur Verfügung, die es uns erlauben, die Daten zu manipulieren und nach unterschiedlichen Kriterien zu durchsuchen. Meistens bieten sie darüber hinaus noch eine Menge zusätzlichen Komforts wie Zugriffskontrolle, Logging-Mechanismen, Backup-Tools und Reorganisationsmöglichkeiten. Der größte

Teil der gängigen Datenbanken wird kommerziell vertrieben, so z.B. Oracle, Sybase, Informix oder der Microsoft SQL-Server. Einige gibt es aber auch gratis; die bekannteste unter ihnen ist sicherlich MySql. Sie verrichtet ihre Arbeit im Hintergrund unzähliger Webserver.

Wenn Sie Ihre Daten nicht in selbst organisierten Dateien speichern, sondern den Komfort einer fertigen Datenbank nutzen möchten, müssen Sie sich zunächst eine solche beschaffen und installieren. MySql finden Sie beispielsweise unter *http://www.mysql.com*.

Jedes Datenbanksystem organisiert und verwaltet seine Daten auf eine andere Art. Für die Befehle, mit deren Hilfe man auf die Daten zugreift, hat sich jedoch ein Standard durchgesetzt, den man SQL nennt, *Structured Query Language*. Wenn Sie sich die Mühe machen, SQL zu lernen, können Sie mit den Daten jeder beliebigen SQL-Datenbank jonglieren. Die standardisierten SQL-Befehle werden von dem jeweiligen Datenbankprogramm, dem so genannten Datenbank-Server, interpretiert und umgesetzt.

Damit wir unsere SQL-Befehle dem Datenbank-Server mitteilen können, besitzt jede Datenbank ein individuelles grafisches und/oder ein befehlszeilenorientiertes Interface. Grafisch wird eine Maske mit jeder Menge Eingabefeldern und Schaltflächen geboten, befehlszeilenorientierte Interfaces weisen eine Eingabeaufforderung auf, die die SQL-Befehle entgegennimmt.

Perl besitzt ein eigenes Interface für die Eingabe von SQL-Befehlen, das mit allen gängigen SQL-Datenbanken funktioniert. Es befindet sich in dem Modul DBI. Die Benutzerseite ist standardisiert, so dass wir mit den verschiedenen Datenbanken über ein und dieselbe Syntax kommunizieren können. Die Datenbankseite ist hingegen auf das jeweilige Produkt abgestimmt und wird automatisch in Form eines zusätzlichen Moduls hinzugeladen (z.B. DBD::mysql).

Das DBI-Modul öffnet uns den Zugang zur Welt der professionellen Datenbanken. Es würde den Rahmen unseres Buches sprengen, in angemessenem Umfang auf dieses Modul einzugehen; dafür gibt es eigene Bücher und spezielle Kurse. In Kapitel 20 werden wir aber immerhin einen ersten Blick darauf werfen.

▶ **Manpages:** perldoc DBI (nachdem es von CPAN herunter geladen wurde)

10.13 Zusammenfassung

■ `@ARGV` enthält die Argumente, die auf der Befehlszeile übergeben worden sind.

■ Optionen trennt man durch `shift @ARGV` von nachfolgenden freien Argumenten.

■ `<STDIN>`
  liest im skalaren Kontext *eine* Zeile, im Array-Kontext *alle* Zeilen von der Standardeingabe.

■ `<STDIN>`
  ist normalerweise zwar mit der Tastatur verbunden, liest bei Eingabeumlenkungen aber aus einer Datei oder der Ausgabe eines anderen Programms.

- `open FH, 'filename'`
  öffnet eine Datei zum Lesen. Schreibt man `'>filename'` wird sie zum Überschreiben, bei `'>>filename'` zum Anhängen geöffnet.

- `<FH>`   liest im skalaren Kontext *eine* Zeile, im Array-Kontext *alle* Zeilen aus einer Datei.

- `while(<FH>)...`
  Steht kein anderer Operator als der Eingabeoperator in der Bedingung einer Schleife, wird der eingelesene Inhalt der Default-Variablen `$_` zugewiesen.

- `$.`   enthält beim Einlesen die aktuelle Zeilennummer.

- In `$/` kann ein alternativer Datensatztrenner für die Eingabe definiert werden (statt *Newline*).

- `close()`
  schließt eine Datei. Dies ist vor allem bei Ausgabeoperationen sinnvoll, da erst beim Schließen der restliche Inhalt des Puffers geschrieben wird.

- `eof(FH)`   prüft explizit, ob das Filehandle FH am Ende der Datei angelangt ist.

- `open FH, 'filename' or die ;`
  bricht das Programm mit Fehlermeldung ab, wenn die Datei nicht wie gewünscht geöffnet werden konnte.

- `die()` und `warn()` geben ihre Meldungen auf den Fehlerkanal STDERR aus.

- `$!`
  Über die Spezialvariable `$!` fügt man den aktuellen Fehlertext, den das Betriebssystem geliefert hat, in die `die`- oder `warn`-Meldung ein.

- `<>`
  wird als Diamant- oder Rombus-Operator bezeichnet. Er liest alle Zeilen aller Dateien ein, die auf der Befehlszeile übergeben werden. Wurde keine Datei angegeben, liest er von Tastatur.

- Bei `<>` wird die Zeilennummer `$.` über die Dateien hinweg weitergezählt, außer man setzt sie jeweils explizit zurück, wenn man an das Ende einer Datei gelangt. Der Name der aktuellen Datei steht in `$ARGV`.

- `$hosts = <<END_HOSTS;`
  Über Here-Dokumente kann man einzulesende Daten direkt in den Programmcode einfügen.

- `@lines = <DATA>;`
  Über das Filehandle DATA kann man Daten einlesen, die nach einer Marke `__DATA__` an das Ende des Programms angehängt sind.

- `STDOUT`
  ist das implizit geöffnete Filehandle für die Standardausgabe. Normalerweise ist es mit dem Bildschirm verbunden, bei Ausgabeumlenkung jedoch mit einer Datei oder einem anderen Programm.

■ Über `$\ `, `$,` und `$"` lassen sich die unterschiedlichen Trennzeichen bei der Ausgabe einstellen.

■ Fehlermeldungen sollte man auf STDERR ausgeben. Auf diese Weise gelangen Sie normalerweise auf den Bildschirm, der Benutzer kann sie aber bei Bedarf von den gewöhnlichen Ausgaben trennen.

■ `printf()` gibt Zeilen in einer streng formatierten Form aus.

■ `printf format,arg,arg,...;`
Das erste Argument enthält den Formatstring mit Platzhaltern, danach folgen die Inhalte, die in die Platzhalter eingesetzt werden.

■ `%m.ns`
Platzhalter beginnen mit %. Danach folgt eine Angabe über die vorgesehene Feldbreite. Eine zweite Zahl kann die maximale Breite oder die Anzahl der Nachkommastellen festlegen. Abschließend folgt das Typensymbol. Die wichtigsten Typen sind s (String), d (Integer) und f (Fließkomma).

■ `$var = sprintf()`
funktioniert wie `printf()`, gibt seine Daten aber nicht aus, sondern liefert sie an eine Variable zurück.

■ `$| = 1;`
schaltet die Ausgabepufferung für das selektierte Filehandle ab. Über `select FH` wird ein Filehandle selektiert.

■ `binmode FH;`
sorgt unter Windows dafür, dass *Newline-* und *Dateiende-*Zeichen nicht umgewandelt bzw. interpretiert werden. Unter UNIX und MacOS hat es keine Bedeutung.

■ Perl versteht es auch, eine vorgegebene Menge von Daten direkt ab einer bestimmten Dateiposition zu lesen. Die Befehle für solche Direktzugriffe sind `open()`, `seek()`, `read()`, `print()`, `tell()` und `close()`.

■ Perl besitzt für alle gängigen professionellen Datenbanksysteme eine einheitliche Schnittstelle (DBI). Sie erlaubt es, mit einheitlichen Befehlen in all diesen unterschiedlichen Datenbanken zu operieren.

10.14 Workshop

Fragen und Antworten

F *Wird die Dateiausgabe im Normalfall wirklich immer gepuffert? Selbst wenn ich mit einem Newline abschließe?*

A Ja. Sie können mit zehn Newlines abschließen, solange Sie nicht über 4 Kbyte kommen, wird nicht geschrieben. Außer Sie rufen close() auf.

F *Gibt es nicht wenigstens einen Timeout, nach dem der Puffer geleert wird?*

A Nein, Perl wartet bis zum Sankt-Nimmerleins-Tag. Ohne close() kein Schreiben.

F *Wie gehe ich vor, wenn ich unter Windows binmode() brauche und unter UNIX nicht, das Skript aber unter beiden Systemen laufen soll?*

A Sie rufen es immer auf! Unter UNIX verhält es sich neutral. Tut nichts, tut aber auch nicht Böses, ein so genannter *noop*. Wenn Sie trotzdem im Perl-Programm überprüfen wollen, auf welchem Betriebssystem das Programm läuft, lesen Sie die Spezialvariable $^O aus.

F *Angenommen, ich möchte eine eigene Datenbank auf Festplatte halten, scheue aber den Aufwand eines richtigen Datenbank-Management-Systems wie Oracle. Empfiehlt es sich da eher, alles seriell zu speichern, über tie() eine DBM-Datei zu erzeugen oder direkt mit read() und seek() zu arbeiten?*

A Schwer zu sagen. Technisch am wenigsten aufwendig ist immer der serielle Aufbau. Diese Art stößt erst an ihre Grenzen, wenn das Einlesen der Datei zu lange dauert. In solchen Fällen werden DBM-Dateien dann oft schon wieder zu groß, das hängt allerdings entscheidend mit der Größe der Values zusammen. Eigene Direct-Access-Datenbanken sind schlank und performant, eignen sich hervorragend für kleine und große Datenmengen. Macht irgendwie auch Spaß, so etwas zu programmieren. Aber es bedeutet Arbeit! Sie müssen immer zusätzliche Indexdateien verwalten, was wirklich aufwendig werden kann.

Quiz

1. Was ist der Unterschied zwischen die(), warn() und einem gewöhnlichen print-Befehl?

2. Wie sollte ein print-Befehl aussehen, der die Meldung 'Achtung: 90% belegt.' als echte Fehlermeldung ausgibt?

3. Wie kann ein Benutzer beim Aufruf des Skripts solche Meldungen in eine Log-Datei umlenken?

4. Wie erhält man die aktuelle Nummer einer Eingabezeile?

5. Für welche Syntax ist while ($line=<FH>) eine Abkürzung?

6. Welche Bedeutung hat bei printf("%5.5s", $text) die zweite Zahl für String-Platzhalter?

Übungen

1. Eine Datei (z.B. data1.dat auf CD) enthalte eine Reihe von Hunderten von Zahlen, die nicht durch Newlines, sondern durch Doppelpunkte voneinander getrennt sind. Lesen Sie die Zahlen ein und geben Sie ihren Mittelwert aus. Legen Sie hierzu ein neues Trennzeichen für die Eingabedatensätze fest. Anschließend können Sie entweder in einer Schleife arbeiten oder in ein Array einlesen.

2. Schreiben Sie ein an sich leeres Programm, das sich lediglich um die Kommandozeile kümmert. Es soll mit einer Reihe von Rechnernamen als Argumenten aufgerufen werden, von denen wir uns vorstellen, dass sie überwacht werden sollten. Wir geben diese Namen einfach nur untereinander aus (foreach). Vor den Rechnernamen dürfen die Optionen -i (info) und -s (silent) stehen. Geben Sie aus, welche Option angegeben wurde. *Eine* Option darf ein zusätzliches Argument enthalten, eine optionale Log-Datei (-f file). Erkennen Sie auch diese und geben Sie sie aus. Unser Skript dürfte also maximal folgendermaßen gestartet werden:

$ testargs.pl -i -s -f file mars luna jupiter saturn

3. Stellen Sie sich vor, Sie hätten ein komplexes Skript geschrieben, das eine mehrzeilige Anleitung benötigt. Um den Hauptteil nicht zu verdecken, setzen Sie diese Usage-Message an das Ende Ihres Skripts. Schreiben Sie ein Skript-Gerüst, das die Gebrauchsanleitung von <DATA> einliest und ausgibt, wenn es mit der Option -h aufgerufen wird.

4. Testen Sie die Ausgabepufferung. Öffnen Sie eine Datei und schreiben Sie einen String von 100 Zeichen (x-Operator benutzen) immer wieder in eine Datei, ohne close() aufzurufen. Lassen Sie sich nach jeder Schreibaktion die bereits ausgegebene Datenmenge sowie die Größe der Datei ausgeben. (Die Größe der Datei test.dat erhält man über $size = -s test.dat.) Warten Sie anschließend eine Sekunde (sleep 1). Wenn das Skript mit der Option -nobuf aufgerufen wird, soll es ungepuffert schreiben.

Betriebs- und Dateisystemoperationen

Heute beschäftigen wir uns mit der Frage, wie Perl mit Betriebs- und Dateisystem zusammenarbeitet. Wir werden sehen, wie man aus einem Perl-Skript heraus andere Programme startet und wie man an deren Ausgabe herankommt. Wir werden uns fragen, wie man mit Verzeichnissen umgeht, sie auflistet, Dateien umbenennt, verschiebt oder entfernt. Hier die wichtigsten Eckpunkte:

■ Prozesse starten mit `system()` und `` `...` ``

■ Über Pipes mit Prozessen kommunizieren

■ Verzeichnisse auflisten

■ Dateien kopieren, umbenennen, löschen, linken, ...

■ Dateien und ihre Attribute testen

11.1 Unterschiede zwischen UNIX, Windows und MacOS

Wenn man die Schnittstelle zwischen einer Programmiersprache und dem Betriebs- oder Dateisystem unter die Lupe nimmt, wird man automatisch mit Unterschieden zwischen den verschiedenen Betriebssystemen konfrontiert. Eine Schnittstelle zum Betriebssystem orientiert sich natürlich an den Möglichkeiten und Eigenarten des jeweiligen Systems. Unter UNIX ist es beispielsweise wichtig, an Inode-Informationen heranzukommen, unter Windows gibt es so etwas überhaupt nicht.

Sie werden heute häufig zu hören bekommen, dass die gezeigten Techniken auf dem einen System funktionieren und auf dem anderen nicht. Dabei ist unübersehbar, dass Perl ursprünglich für UNIX entwickelt wurde. Vor allem an dessen Features orientiert sich die Schnittstelle. Unter Windows geht einiges nicht mehr, auf MacOS 8/9 noch viel weniger.

Beachten Sie immer nur den für Sie relevanten Teil der Beschreibungen in diesem Kapitel. Was auf den anderen Plattformen geht und was nicht, kann Ihnen egal sein.

Webprogrammierer sollten allerdings berücksichtigen, dass die Server in der Regel unter UNIX laufen. Sie sollten sich daher diese Variante ansehen, selbst wenn Sie normalerweise unter einem anderen Betriebssystem arbeiten.

Es sei nochmals darauf hingewiesen, dass MacOS ab Version 10 (MacOS X) auf einem waschechten UNIX-System läuft. Benutzer dieses Betriebssystems sollten sich im Folgenden daher immer an den Hinweisen zu UNIX orientieren.

Viele Fragestellungen in Zusammenhang mit OS und Filesystem sind andererseits universeller Natur. Egal, auf welchem System man arbeitet, möchte man früher oder später wissen, welche

Dateien sich in einem Verzeichnis befinden, ob eine Datei existiert und wie groß sie ist, wie man eine Datei löscht und wie man sie kopiert. Für solche Aufgaben hält Perl eine Reihe von eigenständigen Befehlen parat, die es uns erlauben, auf die betriebssystemspezifischen Varianten wie ls, dir, cp, copy, rm oder del zu verzichten. Also nicht alles, was wir heute besprechen, ist inkompatibel zwischen den Systemen.

 Hinweise zu den Unterschieden zwischen den Betriebssystemen erhalten Sie vor allem in der **Manpage** perlport.

▶ **Manpage**: perldoc perlport

11.2 Prozesse starten mit system()

Der wichtigste Befehl in Zusammenhang mit dem Betriebssystem ist system(). Ein beliebiges Kommando, das Sie auf der Befehlszeile Ihres Systems aufrufen können, ein beliebiges Programm oder Skript, das sie über den Aufruf seines Namens starten können, kann über system() auch aus Perl heraus lanciert werden. Dabei spielt es keine Rolle, ob es sich um ein kommandozeilenorientiertes oder ein grafisches Programm handelt. Das Programm wird schlichtweg gestartet. Die übergebene Befehlzeile darf komplex aufgebaut sein, also Optionen und Argumente enthalten oder aus mehreren zusammengesetzten Befehlen bestehen.

```
system("start_database -c /etc/db.cfg") ;

system ("xclock") ;    # UNIX
system ("notepad") ;   # Windows
```

Wenn ein aufgerufenes Programm grafisch arbeitet, dienen Buttons und Dialogfenster als Eingabekanal, die Ausgabe erscheint in Text- oder anderen Fenstern. Arbeitet ein Programm textorientiert, dient die Befehlszeile als Ein- und Ausgabekanal.[1] Unter UNIX ist das Ihr Terminal-Fenster, unter Windows das, was man gemeinhin als DOS-Box oder Eingabeaufforderung kennt. Aber selbstverständlich können Sie ein Programm in beiden Systemen auch mit Ein- und Ausgabeumleitung aufrufen, so dass aus Dateien gelesen oder in Dateien ausgegeben wird.

```
system("find /var -size +2000 > find_results.tmp")   # UNIX
system("dir /s /-c > all_files.tmp")                 # Windows
```

 Auf MacPerl, also Perl unter MacOS 8/9 – sind weder system() noch Backquotes (siehe Abschnitt 11.3) noch Prozess-Handles (siehe Abschnitt 11.4) richtig implementiert. Es werden lediglich folgende Aufrufe akzeptiert:

pwd oder Directory liefern den aktuellen Pfad, hostname gibt den Namen des Rechners zurück, falls TCP/IP installiert ist, und stty raw bzw. stty sane setzen das Eingabe/Ausgabe-Fenster in den ungepufferten Zustand bzw. wieder in den nor-

---

1 Genaugenommen erbt es die Kanäle Ihres Perl-Skripts. Wurde dieses bereits umgelenkt, verwendet auch das aufgerufene Programm die veränderten Kanäle.

malen Zustand zurück. Alles andere geht nicht. Dabei ist es egal, welche Perl-Technik Sie verwenden, system("pwd"), `pwd` oder open PH, "pwd|". Wenn Sie hier ein externes Programm starten möchten, müssen Sie statt dessen ein AppleScript-Skript ausführen. Wie so etwas geht, erfahren Sie zusammen mit anderen MacPerl-Spezialitäten aber erst am 21. Tag. Also Geduld!

Mit $? den Erfolg überprüfen

system() gibt den Wert der Spezialvariablen $? zurück. $? enthält Informationen über den Erfolg des aufgerufenen Befehls, den so genannten Rückgabe- oder Exit-Status. Hätten Sie den Befehl ohne Perl direkt auf der Kommandozeile unter UNIX aufgerufen, würden Sie den Exit-Status in der UNIX-Umgebungsvariablen $? finden, unter Windows in der Variablen %ERROR-LEVEL%.

Der Rückgabestatus besteht aus einer ganzen Zahl zwischen 0 und 255. Eine Null bedeutet, dass der Befehl erfolgreich war, 1 bis 255, dass es Probleme gab. Welcher Fehler genau durch welche Zahl symbolisiert wird, ist nicht standardisiert.

$? enthält den Exit-Status nicht in Reinkultur, sondern ist mit einem zusätzlichen Byte für Informationen versehen, die uns hier nicht interessieren. Der Exit-Status selbst steckt im höherwertigen Byte. Um an ihn heranzukommen, teilen wir $? deshalb ganzzahlig durch 256.

```
system ("df -k >> df.dat") ; [2]
$rueckg = int ($? / 256) ;
warn "$rueckg: Probleme mit df" if $rueckg != 0 ;
```

Mal testen. Wir schreiben die drei Zeilen in ein Skript test_system.pl, fügen einen Schreibfehler ein (dfx statt df) und rufen es auf.

```
$ test_system.pl
sh: dfx: command not found
127: Probleme mit df at ./test_system.pl line 7.
```

Aha. Eine 127 wird also zurückgegeben, wenn ein Befehl nicht gefunden wird (Linux). Mal sehen, wie es aussieht, nachdem wir die Zieldatei vor dem Schreiben geschützt haben.

```
$ test_system.pl
sh: df.dat: Permission denied
1: Probleme mit df at ./test_system.pl line 7.
```

Ok. Hier gibt es also eine 1. Wie Sie sehen, kann man über die Variable $? zuverlässig feststellen, ob der aufgerufene Befehl erfolgreich war oder nicht. Unter Windows sieht es praktisch genauso aus. Da system() die Variable $? zurückgibt, können Sie auch Folgendes schreiben:

```
$ret = system ("df -k >> df.dat") ;
warn $ret/256, ": Probleme mit df" if $ret != 0 ;
```

---

2   df-k: UNIX-Befehl zur Anzeige der Partitionsbelegung. >>: Ausgabe an eine Datei anhängen.

Serielle oder parallele Verarbeitung

Normalerweise wartet system(), bis das gestartete Programm beendet wurde. Dadurch »hängt« unser Perl-Skript. Unter UNIX können Sie einen Befehl über das Anfügen eines &-Zeichens aber auch im Hintergrund starten. Wenn Sie so etwas über system() tun, kehrt dieses sofort nach dem Start des Programms wieder zurück. Ihr Skript läuft dann parallel zu dem externen Programm weiter. $? können Sie dann vergessen, da system() ja noch nicht weiß, ob das Kommando erfolgreich war.

```
system ('find / > alfiles.dat &') ;   # UNIX³
```

Der gezeigte UNIX-Befehl benötigt einige Minuten. Da lohnt es sich, ihn parallel auszuführen.

Unter Windows starten Sie einen Befehl über start *befehl* im Hintergrund. Normalerweise wird ein neues Fenster geöffnet. Möchten Sie dies verhindern, geben Sie start die Option /b mit. Hier die Windows-Variante des obigen Kommandos:

```
system ('start /b dir /s \ > alfiles.dat') ;   # Windows
```

Verschwindende Ausgabefenster

Wenn Ihr Perl-Skript nicht von einer Eingabeaufforderung aus gestartet wurde, sondern über einen Doppelklick aus der grafischen Oberfläche heraus oder von einem Planungs-Utility (cron), kann es Schwierigkeiten mit der Ausgabe geben. Für die Ausgabe wird zwar ein eigenes Fenster geöffnet, es wird aber gleich nach der Ausgabe wieder geschlossen, was zur Folge hat, dass es nur kurz aufblitzt, ohne dass Sie etwas lesen könnten. Von diesem Problem sind auch die Programme betroffen, die Sie mit system() starten.

Was kann man tun? Sie haben mehrere Möglichkeiten. Entweder, Sie leiten die Ausgabe des externen Kommandos gleich in eine Datei um:

```
system ("befehl > datei") ;
```

Oder Sie bauen vor dem Skript-Ende eine Verzögerung ein, um sich einige Sekunden Zeit zu geben, die Ausgabe zu studieren:

```
system ("befehl") ;
.....
sleep 30 ;
```

Oder Sie setzen einen Haltepunkt vor das Ende des Skripts:

```
system ("befehl") ;
.....
print "Fenster schliessen mit RETURN.\n" ;
<STDIN> ;
```

---

3   find: sucht nach Dateien in einem Verzeichnisbaum

Der Benutzer muss das Programm mit Enter beenden. Die Eingabe wird verworfen, das Skript setzt sich fort und gelangt an sein Ende.

Programme, Skripte und Betriebssystembefehle

Was startet man eigentlich so alles über system()? Da gibt es zuerst einmal andere Perl-Skripte, die von einem übergeordneten Perl-Skript aufgerufen und koordiniert werden. Das kann wunderbar funktionieren und ist in aller Regel voll portierbar.

Häufig geht es nicht darum, Perl-Skripte zu koordinieren, sondern eigenständige Programme aufzurufen, die auf dem entsprechenden System installiert sind. Das ist absolut in Ordnung, nur muss Ihnen bewusst sein, dass es diese Programme auf einem anderen System wahrscheinlich nicht gibt.

Und dann gibt es natürlich noch die vielfältigen Funktionen und Tools, die jedes Betriebssystem individuell anbietet. UNIX ls heißt unter Windows dir, find ist dort ebenfalls dir, grep heißt find und UNIX date ist aufgesplittet in date und time. Seien Sie sich immer im Klaren darüber, dass Ihr Skript ausschließlich auf Ihrer jetzigen Plattform läuft, wenn Sie solche Befehle verwenden.

In Abgrenzung zu den nun folgenden Backquotes verwendet man system() immer dann, wenn man die Ausgabe des gestarteten Befehls *nicht* weiter verarbeiten möchte.

▸ **Manpages:** perldoc -f system ; perldoc perlvar ... $? ; perldoc perlport

11.3 Prozesse starten über `...`

Eine zweite Möglichkeit, externe Programme zu starten, besteht darin, den entsprechenden Befehl in `...`, so genannte Backquotes (auch Backticks genannt), zu schreiben. Der Befehl wird von Perl genauso gestartet wie über system(), allerdings fängt es dessen Standardausgabe ab. Die Ausgabe des Kommandos date erscheint dann beispielsweise nicht mehr auf dem Bildschirm; statt dessen kann sie in eine Variable umgeleitet werden.

```
system ("date") ;      # Ausgabe auf den Bildschirm
$datum = `date` ;      # Ausgabe landet in der Variablen $datum
```

Auch Backquotes funktionieren nur unter UNIX, MacOS X und Windows.

Backquotes sind besonders interessant, wenn es darum geht, an Informationen zu gelangen, die von Systembefehlen ausgegeben werden. Vor allem unter UNIX macht man hiervon regen Gebrauch, da hier eine enorme Vielfalt an Systembefehlen existiert. Einige Beispiele:

```
`ps -ef` ;             # laufende Prozesse
`df -k` ;              # Belegung von Partitionen
`du -sk dir` ;         # Belegung eines Verzeichnisses
```

```
`finger` ;                   # eingeloggte Benutzer
`last`;                      # die letzten Logins
```

Selbstverständlich können Sie auch beliebige andere Programme, an deren Ausgabe Sie interessiert sind, über `...` starten. So könnte man etwa mehrere Perl-Skripte aus einem übergeordneten Skript heraus aufrufen und die Ausgaben der einzelnen Skripte in dem übergeordneten Programm sammeln und auswerten.

`...` und Arrays

Was man über Backquotes geliefert bekommt, besteht meistens aus mehreren Zeilen. Wir können diese Ausgabe des Befehls gerne in einer skalaren Variablen speichern, geschickter ist es meistens jedoch, sie einem Array zuzuweisen. Jedes Array-Element enthält dann genau eine Ausgabezeile, was sich hervorragend für eine anschließende zeilenweise Abarbeitung eignet.

Zählen wir beispielsweise, welcher Benutzer wie viele Prozesse laufen hat (UNIX). Der Schlüsselbefehl lautet einfach: @procs = `ps -ef`;. Der Inhalt des Arrays wird dann zeilenweise verarbeitet. Wir zerlegen jede Zeile in ihre Wörter, nehmen das erste Wort (Benutzername) als Schlüssel eines Hash und zählen den Value zu diesem Schlüssel jeweils um eins hoch.

Hier zunächst das Format einer Ausgabe von ps:

```
USER  PID %CPU %MEM SIZE RSS TTY STAT START TIME COMMAND
root  193 0.0  1.7   996 540  ?  S   17:18 0:00 /usr/sbin/cron
root  194 0.0  9.1  4396 2792 ?  S   17:18 0:00 /usr/sbin/httpd
```

Und hier das dazugehörige Programm.

Listing 11.1: ps_count.pl – zählt die Prozesse je User

```
#!/usr/bin/perl -w
#
# ps_count.pl
# Zaehlt die Prozesse je User.

# Daten erfassen
@procs = `ps -ef` ;
shift @procs ;                # Titelzeile rauswerfen

# Daten zerlegen und Hash aufbauen
foreach ( @procs ) {
    ($user) = split ;
    $p_count{$user} ++ ;
    $p_all ++ ;               # gesamte Anzahl
    }

# Ausgabe des Zaehlers
```

```
printf "Prozesse:    %4d \n", $p_all ;
foreach (keys %p_count) {
   printf "%-12s %3d \n", $_, $p_count{$_} ;
   }
```

Mal sehen ...

$ ps_count.pl
```
Prozesse:    38
wwwrun        5
at            1
root         31
bin           1
```

Funktioniert! Hätte vielleicht noch sortiert werden sollen, klappt aber ansonsten tadellos.

Dieses Beispiel funktioniert zunächst nur unter UNIX, da es nur dort das Kommando ps gibt. Für Windows existiert kein vergleichbarer Befehl. Ganz allgemein ist das Fehlen von Kommandozeilen-Tools (also nicht-grafischen Programmen) unter Windows ein großes Problem, wenn es um das Automatisieren der Systemüberwachung geht. Zum Teil sind solche Befehle aber in den Microsoft Ressource-Kits enthalten, zum Teil finden Sie sie als Public-Domain-Software oder Shareware. Einen Ersatz für ps, nämlich das Kommando pslist, kann man sich beispielsweise von der Website *www.sysinternals.com/ntw2k/freeware/pstools.shtml* herunterladen. Mit pslist können Sie dann das obige Beispiel auch unter Windows nachvollziehen.

Übrigens lässt sich die Ausgabe von ` ... ` auch direkt im Listenkontext auswerten, Sie müssen sie nicht in einem Array speichern.

```
foreach ( `...` )
```

Mit $? den Erfolg überprüfen

Den Erfolg eines Befehls, den Sie in Backquotes aufgerufen haben, können Sie wieder über die Variable $? prüfen.

```
$du = `du - sk /var/log` ;
$return = $? / 256 ;
warn "Fehler $return" if $return != 0 ;
```

Hier ist die Auswertung von $? die einzige Methode, wie man an den Exit-Status herankommt. Bei system() konnten wir ja alternativ auch die Rückgabe von system() selbst auswerten.

Variablen-Interpolation in `` `...` ``

`` `...` `` verhalten sich bezüglich eingebundener Variablen genauso wie Double-Quotes. Das heißt, es werden skalare Variablen erkannt und durch ihre Werte ersetzt, ebenso Elemente von Arrays und Hashes sowie ganze Arrays. Den Sonderzeichen $, @ und \ muss ein \ vorgesetzt werden, falls ein solches Zeichen ohne Sonderbedeutung gebraucht wird. Escapesequenzen wie \n werden ebenfalls erkannt.

Alternative Quote-Zeichen

Statt der Backquotes können Sie auch irgendein anderes Zeichen als Begrenzer für den aufzurufenden Befehl verwenden. Der allgemeine Quote-Operator für das Ausführen von externen Kommandos heißt qx. Das auf ihn folgende Zeichen dient als Trenner. Es legt den Beginn und das Ende des externen Befehls fest. Nimmt man aber Klammern als Trenner, muss man den Befehl in das entsprechende Klammerpaar einschließen.

```
@ps = `ps -ef ` ;
@ps = qx/ps -ef/ ;
@ps = qx:ps -ef: ;
@ps = qx(ps -ef) ;
```

Serielle oder parallele Ausführung

Backquotes werden immer seriell ausgeführt. Man kann den externen Prozess gerne im Hintergrund starten; Perl macht dennoch erst weiter, wenn er sich beendet hat und seine Ausgabe aufgefangen werden kann.

▶ **Manpages:** perldoc perlop ... Regexp Quote-like Operators ... qx// ; perldoc perlvar ... $? ; perldoc perlport

11.4 Prozesskommunikation über Handles

Im Großen und Ganzen erfüllen system() und Backquotes hervorragend ihren Zweck: Sie starten andere Prozesse. Backquotes kümmern sich sogar um das, was das gestartete Kommando ausgegeben hat – eine Minimalform der Kommunikation.

Perl kennt eine dritte Form, externe Prozesse auszuführen: über das Öffnen von so genannten Prozess-Handles. Sie erlauben den Datenfluss zwischen Perl und dem anderen Programm in beiden Richtungen. Auf Betriebssystemebene würden wir einen Prozess-Handle eine Pipe nennen.[4]

---

4 Pipes sind Puffer, über die das Betriebssystem die Ausgabe (STDOUT) eines Prozesses in die Eingabe (STDIN) eines anderen umleitet.

Für MacOS 8/9 User steht auch diese Schnittstelle nicht zur Verfügung.

Prozess-Handles haben zwei Vorteile gegenüber system() und `...`: Erstens erlauben sie es, Daten an einen Prozess zu senden. Zweitens ermöglichen sie den Datenaustausch, während der Prozess *parallel* zu Perl läuft, Perl muss also nicht warten. Dafür ist die Syntax etwas aufwendiger.

Prozess-Handles werden zwar über Pipes realisiert, syntaktisch geht man mit ihnen in Perl aber genauso um wie mit Filehandles. Man öffnet sie mit open(), liest aus ihnen mithilfe des Eingabeoperators <...>, schreibt auf sie per print() und schließt sie über close(). Wir verschaffen uns zunächst einen Blick über die Syntax:

```
open PH, "befehl |" ;      # STDOUT des Befehls in Perl einlesen.
$line = <PH> ;             # Eine Zeile vom Prozess lesen.
close PH ;                 # Verbindung schließen.
```

```
open PH, "| befehl" ;      # Ausgabe von Perl in STDIN des Befehls.
print PH $line ;           # Eine Zeile zum Prozess schreiben.
close PH ;                 # Verbindung schließen.
```

Sehen wir uns ein Beispiel an.

Der UNIX-Befehl find bzw. der Windows-Befehl dir /s /b kann eine Menge Zeit in Anspruch nehmen, wenn er rekursiv Verzeichnisse durchläuft. Wäre doch schön, wenn wir die Zeilen sofort weiterverarbeiten könnten, so wie sie eintreffen, und nicht warten müssten, bis find zum Ende gekommen ist.

```
open IN, "find / |" ;            # Unix-Variante
while ( $file = <IN> ) { print $file }
close IN ;
```

Wie Sie sehen, arbeiten wir mit den gleichen Techniken wie beim Umgang mit Dateien. Wir öffnen eine Art Filehandle, geben aber statt des Dateinamens einen Befehl an, gefolgt von einer Pipe. <IN> liest eine einzige Zeile, in einer while-Schleife hingegen *alle* Zeilen aus der Datenquelle. Im Unterschied zu Backquotes erhält unser Perl-Programm aber die erste Zeile bereits direkt, nachdem sie von find ausgegeben wurde, nicht erst, wenn find sich beendet. Das kann ein gewaltiger Unterschied sein.

Wie sieht es aus, wenn wir Daten nicht von einem Prozess *lesen*, sondern zu ihm *schreiben* möchten? Das UNIX-Mail-Programm mailx erwartet den zu sendenden Text auf der Standardeingabe. Kein Problem.

```
open MH, "| mailx -s 'Festplatte voll' root@saruman.de" ;
print MH $fehler ;
print MH $partitionen ;
close MH ;
```

Hier nehmen wir an, ein sinnvoller Fehlertext und ein Überblick über die Belegung der Partitionen befänden sich in den beiden benutzten Variablen. Wieder gehen wir mit dem Prozess genauso um wie mit einer Datei. Beim Öffnen setzen wir die Pipe *vor* den Befehl. Mit print FH wird einfach hineingeschrieben. Im Gegensatz zum Lesen aus einem Prozess, wird beim Schreiben aber nicht automatisch jede Zeile sofort zu dem Prozess geleitet. Der Ausgabepuffer spielt uns hier einen Streich. Erst beim abschließenden close() erhält der Prozess seine Daten. Sollte Sie das stören, können sie wieder, wie in Kapitel 10 gezeigt, die Pufferung abschalten.

Wie geht man vor, wenn Daten über gzip[5] komprimiert werden sollen? Liegen die Daten bereits in Form einer Datei vor, verwendet man natürlich system(), ruft darin gzip auf und erzeugt eine neue, komprimierte Datei. Werden die Daten jedoch erst im Perl-Skript erzeugt, lohnt es sich, sie direkt an gzip zu übergeben, ohne sie als temporäre Datei zwischenzuspeichern. Das folgende Programm liest eine Logdatei ein, sucht alle Zeilen heraus, die das Wort error enthalten, und schreibt sie in komprimierter Form wieder heraus.

Listing 11.2: error_zip.pl – gibt error-Zeilen in komprimierter Form aus.

```perl
#!/usr/bin/perl -w
#
# error_zip.pl
# Sucht error-Zeilen aus einer Datei heraus und
# gibt sie in gezippter Form aus.

$in_file = 'file.log' ;
$out_file = 'errors.gz' ;

open IN, $in_file ;
open ZIP, "| gzip > $out_file" ;

while ( $line = <IN> ) {
    print $line ZIP if $line =~ /error/ ;
    }

close IN ;
close ZIP ;
```

Eine weitere beliebte Anwendung unter UNIX ist die Ausgabe von Daten auf einen Drucker:

```perl
open PR, "| lp -d $printer" ;   # UNIX
.....
print PR $line ;
```

▶ **Manpages:** perldoc -f open ; perldoc perlopentut

---

5 Tool zur Kompression von Dateien. Da gzip für alle Systeme frei verfügbar ist, funktioniert das Beispiel für alle Plattformen.

11.5 Umgebungsvariablen

Wenn man über die Schnittstellen zwischen Perl und dem Betriebssystem redet, darf man die Umgebungsvariablen nicht vergessen. Wir haben sie bereits in Abschnitt 8.12 behandelt, wo es um Hashes ging.

Umgebungsvariablen werden vom Betriebssystem gesetzt und stehen unserem Skript sofort nach dem Start zur Verfügung. Außerdem können wir sie erweitern und an weitere Skripte, die wir aus dem ersten heraus aufrufen, übergeben.

Umgebungsvariablen werden in dem Spezial-Hash %ENV verwaltet, wobei die Variablennamen als Schlüssel und die Werte als Values dienen. Über

$ENV{var}

gelangt man an den Wert einer bestimmten Variablen.

Auf MacOS 8/9 wird kein großer Gebrauch von Umgebungsvariablen gemacht. Standardmäßig beschränken sie sich auf die vier Variablen MACPERL, PERL5LIB, TMPDIR und USER.

▶ **Manpages:** perldoc perlvar ... %ENV

11.6 Verzeichnisse

In den meisten Fällen kennen wir die Dateien, mit denen wir arbeiten müssen, beim Namen. Manchmal müssen wir sie aber auch inkognito verarbeiten, etwa wenn es darum geht, alle Dateien eines Verzeichnisses zu durchsuchen, zu kopieren oder zu entfernen. Wie gehen wir dann vor? Entweder wir verwenden die Befehle des jeweiligen Betriebssystems (ls, find, dir) oder Perl-eigene Funktionen. Mit Perl-Befehlen arbeiten Sie schneller und halbwegs portabel, Betriebssystembefehle sind aber gelegentlich einfacher zu benutzen. Wenn Ihr Skript also sowohl unter Windows als auch unter UNIX laufen soll, bleibt Ihnen nur die Perl-Variante; muss es ausschließlich unter *einem* System laufen, haben Sie die freie Wahl.

Für MacPerl steht Ihnen ausschließlich die Perl-Syntax zur Verfügung.

Pfadnamen

Bevor wir Verzeichnisse auflisten, sollten wir kurz klären, wie man Verzeichnispfade auf den verschiedenen Betriebssystemen schreibt.

Unter UNIX sieht ein Dateiname mit Pfad so aus: /var/log/messages, und genau so sollten Sie ihn auch schreiben.

Unter Windows sieht er eigentlich so aus: c:\var\log\messages. Wenn Perl das liest, interpretiert es den Backslash aber als Sonderzeichen, wodurch c:varlogmessages entsteht. Wenn Sie auf den Backslash bestehen, müssen Sie ihn verdoppeln: c:\\var\\log\\messages. Sie dürfen aber auch den UNIX-Slash verwenden c:/var/log/messages, solange Sie *innerhalb* von Perl bleiben, also bei open(), aber nicht in `...` und system().

MacOS 8/9 trennt Verzeichnisse in einem Pfad durch Doppelpunkte. voll:var:log:messages. Genau so werden sie dann auch in Perl verwendet.

Verzeichnisse auflisten durch Filename-Globbing

Um alle Textdateien eines Verzeichnisses /var/log aufzulisten und in ein Array einzulesen, könnten Sie unter UNIX und Windows folgendermaßen vorgehen:

```
@files = `ls /var/log/*.txt` ;        # UNIX
@files = `dir c:\\var\\log\\*.txt` ;  # Windows
```

Eleganter ist es allerdings, die Perl-eigene Syntax zu verwenden. Man spricht von Filename-Globbing, was so viel bedeutet wie das Auswerten von Jokern für Dateinamen.[6] Die Muster, mit denen die Dateinamen beschrieben werden, schreibt man hierzu in spitze Klammern.

```
@files = <*> ;
@files = </var/log/*> ;
```

So wie Dateien ausgelesen werden, wenn ein Dateiname in den spitzen Klammern steht, werden hier Verzeichnisinhalte ausgelesen. Daher macht die Klammer-Schreibweise an dieser Stelle durchaus Sinn. Wir werden gleich sehen, dass die Analogie noch weiter geht. Wir müssen uns merken: Steht ein Dateinamensmuster in spitzen Klammern, werden alle Dateinamen geliefert, die auf dieses Muster passen. Die spitzen Klammern werden in diesem Fall *Glob-Operator* genannt.

 Während das Filename-Globbing auf UNIX und Windows gleich funktioniert, benötigt man auf MacPerl den Doppelpunkt statt eines Slash: <:voll:log:file.log>.

Im Array-Kontext liefert der Glob-Operator alle Dateien als Liste. Im skalaren Kontext liefert er jeweils nur eine Datei, so dass man wieder mit einer while-Schleife arbeiten muss.

```
@files = <*> ;                   # alle Dateien
$file = <*> ;                    # die naechste Datei
while ( $file = <*> ) { ... }    # alle Dateien
```

Achten Sie bitte unter UNIX darauf, dass ein einzelnes Sternchen keine versteckten Dateien anzeigt. Sind Sie auch an diesen interessiert, müssen Sie <* .*> schreiben.

---

6 Das Sternchen *, auch als *Glob* bezeichnet, gibt der Technik ihren Namen.

Der Glob-Operator besitzt auch eine ausgeschriebene Form, die genauso funktioniert wie die symbolische.

```
@files = glob '*' ;
@files = glob '/var/log/*.log' ;
```

 Die Metazeichen werden von Perl ausgewertet, nicht von der Shell des jeweiligen Systems. Daher existieren auf allen Shells zunächst die gleichen Joker: * (beliebiger String, eventuell auch nichts), ? (genau ein Zeichen) und [] (genau ein Zeichen aus der angegebenen Gruppe). MacPerl wertet die eckigen Klammern jedoch nicht aus.

Das aktuelle Verzeichnis

In jedem Betriebssystem wird der Befehl zur Ermittlung des Verzeichnisses, in dem man sich gerade befindet, anders geschrieben. Unter UNIX heißt er pwd, unter Windows cd. Perl stellt deshalb eine Funktion zur Verfügung, die für alle Betriebssysteme in der gleichen Art und Weise das aktuelle Verzeichnis liefert. Sie heißt cwd() und befindet sich in einem Modul namens Cwd. Module müssen zunächst mit use() geladen werden, bevor man ihre Funktionen benutzen kann.

```
use Cwd ;
$dir = cwd ;        # -> aktuelles Verzeichnis
```

Das war's schon. Auf diese Weise erhalten Sie immer die gewünschte Information, egal auf welchem System Ihr Skript läuft.

▶ **Manpages:** perldoc perlop ... I/O-Operators ; perldoc -f glob ; perldoc perlport ; perldoc Cwd

11.7 Verzeichnisbäume, Directory-Handles und find()

Der Glob-Operator liefert zwar die Dateien eines bestimmten Verzeichnisses, er kann Verzeichnisbäume jedoch nicht rekursiv durchlaufen. Hierzu stehen einem drei Alternativen zur Verfügung. Entweder man verwendet Betriebssystembefehle wie dir /s/b (Win) oder find (UNIX).

```
@files = `dir /s/b c:\\var\\log` ;
```

Wenn Sie aber portabel arbeiten möchten, müssen Sie statt dessen die Funktion find aus dem Modul File::Find verwenden. find besprechen wir in Kapitel 14 im Rahmen von Modulen.

Perl verfügt über eine weitere Technik für den Umgang mit Verzeichnissen: *Directory-Handles*. Die Arbeit mit ihnen, vor allem was das rekursive Durchlaufen von Verzeichnisbäumen angeht, ist aber ziemlich komplex. Aus diesem Grunde und weil sie eher selten verwendet werden, sollen hier lediglich die zugehörigen Befehle aufgelistet werden. Wer Directory-Handles benötigt, findet die Details über perldoc -f opendir.

Befehl	Bedeutung
opendir *DH*, *dirname* ;	Directory Handle öffnen.
readdir *DH* ;	Nächsten/alle Einträge lesen.
telldir *DH* ;	Liefert die aktuelle Position im Directory.
seekdir *DH*, *pos* ;	Sprint an die Stelle *pos*. (*pos* aus telldir.)
rewinddir *DH* ;	Directory-Pointer zurücksetzen.
closedir *DH*;	Directory Handle schließen.

Tabelle 11.1: Befehle zum Umgang mit Directory-Handles

Auf der Buch-CD finden Sie unter dem Verzeichnis für Kapitel 13 (Funktionen) ein Skript listdir.pl, das mit Directory-Handles arbeitet.

▶ **Manpages:** perldoc File::Find ; perldoc -f opendir ;

11.8   Filesystem-Operationen

Dateien oder Verzeichnisse löschen, umbenennen oder verschieben, Links erstellen und auslesen, Dateirechte verändern. Um solche Operationen geht es im folgenden Abschnitt. Es handelt sich dabei um Aktionen, die nicht die Datei selbst, sprich ihren Inhalt betreffen, sondern ihre Organisation im Verzeichnis. Deshalb spricht man auch nicht von Datei- sondern von Directory- oder Filesystem-Operationen. Das Kopieren von Dateien gehört eigentlich nicht dazu, deshalb werden wir uns im nächsten Abschnitt gesondert damit beschäftigen.

Zunächst erfolgt ein Überblick. Wir werden die Befehle anschließend einzeln unter die Lupe nehmen und diskutieren.

Befehl und Syntax	Bedeutung
unlink *filename, filename,* ... ;	Datei löschen.
rename *oldname, newname* ;	Datei umbenennen oder verschieben.
link *origfile, newname* ;	Hardlink einrichten.
symlink *origfile, newname* ;	Symbolischen Link einrichten.
readlink *linkfile* ;	Inhalt eines symbolischen Links lesen.
mkdir *dirname* [, *permissions*] ;	Neues Verzeichnis erstellen.

Tabelle 11.2: Filesystem-Operationen

Befehl und Syntax	Bedeutung
`rmdir` *dirname* ;	Leeres Verzeichnis entfernen.
`chdir` *dirname* ;	In ein Verzeichnis wechseln.
`chown` *uid*, *gid*, *filename*, ... ;	Benutzer oder Gruppe ändern.
`chmod` *perm*, *filename*, ... ;	Rechte ändern (vierstellig).
`utime` *atime*, *mtime*, *filename*, ... ;	Zeitstempel ändern.

Tabelle 11.2: Filesystem-Operationen (Forts.)

Dateien löschen

```
unlink filename, filename, ... ;
unlink 'file.log' ;
unlink <*.log> ;
```
Gibt die Anzahl der erfolgreich gelöschten Dateien zurück.

Sie können eine oder mehrere Dateien angeben, die gelöscht werden sollen. Selbstverständlich gelingt die Aktion nur, wenn Sie auch die dafür nötigen Rechte besitzen. Warum heißt es `unlink` und nicht `delete` oder `remove`? Das Löschen einer Datei entspricht unter UNIX dem Entfernen des Verzeichniseintrags. Der Link wird entfernt. Nur wenn kein anderer Link mehr auf diese Datei zeigt, wird sie wirklich gelöscht. Und weil Larry unter UNIX arbeitet und sich mit so etwas auskennt, hat er den Befehl gleich korrekt benannt. ;-)

Dateien umbenennen oder verschieben

```
rename oldname, newname ;
rename 'file.log', 'file.old' ;          # Dateien umbenennen
rename 'file.log', '/data/old/file.log' ; # verschieben
rename 'dir1', 'dir2' ;                    # Verz. umbenennen
```
Gibt wahr zurück, wenn es gelingt, und falsch, wenn nicht.

Bestand die Zieldatei bereits, wird sie ohne Warnung überschrieben. Liegt die Zieldatei in einem anderen Verzeichnis, wird die Datei dorthin verschoben. Das funktioniert aber nur, wenn das Zielverzeichnis bereits existiert.

Auch Verzeichnisse können umbenannt oder verschoben werden. Hier werden Verzeichnisse, die bereits bestehen, aber nicht überschrieben. Die Aktion schlägt dann einfach fehl. Wieder muss beim Verschieben das Zielverzeichnis, in das verschoben werden soll, bereits existieren.

Achten Sie darauf, dass die beiden Parameter immer vom gleichen Typ sind. Sie dürfen nicht etwa eine Datei und ein Verzeichnis angeben, wie es die OS-Befehle mv und move beherrschen. Der entstehende Fehler ist betriebssystemabhängig.

 Das Verschieben einer Datei über rename() funktioniert nur, solange man die Partitionsgrenze nicht überschreitet, denn nur so lange handelt es sich um eine reine Verwaltungsaktion. Über Filesystem-Grenzen hinweg muss hingegen der Inhalt kopiert werden. Die OS-Befehle mv und move machen das automatisch, Perls rename jedoch nicht. Hier müssen wir auf die move-Funktion des Moduls File::Copy zurückgreifen (siehe Abschnitt 11.9).

Der Umgang mit Links

```
link origfile, newname ;
symlink origfile, newname ;
readlink linkfile ;

link '/var/log/file.log', './logfile' ;        # Hardlink
symlink 'var/log/file.log', './logfile' ;       # Symbol. Link
readlink './logfile' ;                          # Link-Inhalt
```

Unter UNIX sind alle drei Befehle implementiert, unter Windows lediglich link(), unter MacOS 8/9 symlink() und readlink(). Unter Windows funktioniert link() nur mit NTFS, dem Filesystem, das ursprünglich mit Windows NT eingeführt wurde.

link() erstellt einen Hardlink von einer bestehenden Datei. Damit existieren anschließend zwei Verzeichniseinträge (Dateien) für dieselben Daten. Die Daten selbst gibt es nur ein einziges Mal auf Festplatte! Änderungen sind sofort über beide Dateinamen zu sehen. Der Befehl gelingt nur, wenn die Zieldatei noch nicht existiert. link() gibt *wahr* zurück bei Erfolg und *falsch* bei Misserfolg.

Hardlinks können sowohl unter UNIX als auch unter Windows (mit NTFS) gebildet werden. MacPerl kennt den Befehl nicht.

symlink() erstellt einen symbolischen Link einer bestehenden Datei. Dabei wird eine Textdatei angelegt, in die der volle Pfad der Originaldatei geschrieben wird. Wieder funktioniert der Befehl nur, falls die Zieldatei noch nicht existiert. symlink() gibt *wahr* zurück bei Erfolg und *falsch* bei Misserfolg.

Symbolische Links können unter UNIX und MacOS erstellt werden. Unter MacOS nennt man sie Aliase. Perl für Windows kennt den Befehl symlink() nicht. Die dort üblichen Verknüpfungen kann man damit nicht realisieren.

readlink() gibt den Inhalt einer symbolischen Linkdatei zurück, also den Namen der Originaldatei. Sie ist logischerweise nur dort implementiert, wo auch symbolische Links funktionieren: auf UNIX und MacOS.

Verzeichnisse erstellen und löschen oder in sie wechseln

```
mkdir dirname [,permissions] ;
rmdir dirname ;
chdir dirname ;
```

```
mkdir '/data/old' ;              # Verzeichnis erstellen
mkdir '/data/old', 0644 ;        # Mit Rechten 0644
rmdir '/data/old' ;              # Verzeichnis entfernen
chdir '/data/old' ;              # In Verzeichnis wechseln
```

mkdir() erstellt ein neues Verzeichnis. Das Verzeichnis, in dem es erstellt werden soll, muss bereits existieren. mkdir gibt *wahr* zurück, wenn es geklappt hat, und *falsch*, wenn nicht.

Sie können die Rechte, mit denen das Directory erzeugt wird, unter UNIX gleich als zweiten Parameter mitgeben. Vor Perl 5.4 war die Angabe von Rechten sogar obligatorisch, heute nicht mehr. Zum Format der Berechtigungen sehen Sie bitte unter chmod() nach. Windows und MacOS 8/9 können hier, wo es um Verzeichnisse geht, nichts mit den übergebenen Rechten anfangen.

rmdir() entfernt ein Verzeichnis wieder. Es muss leer sein. Leider akzeptiert rmdir nur ein einziges Argument. Ohne die Angabe eines Arguments wird der Inhalt von $_ als Verzeichnisname hergenommen. rmdir() gibt wieder *wahr* oder *falsch* zurück, je nachdem, ob es funktioniert hat oder nicht.

chdir() wechselt das Arbeitsverzeichnis, also das Verzeichnis, in dem man gerade steht und von dem aus relative Pfadnamen interpretiert werden.

chown()

```
chown uid, gid, filename, ... ;
```

```
chown 1023, -1, mydata ;          # UID=1023, GID bleibt
```

chown() ist nur für UNIX implementiert, nicht aber für Windows oder MacOS 8/9. Es ändert die Benutzer- (uid) und Gruppenzugehörigkeit (gid) einer Datei. Sie müssen UID und GID numerisch angeben, Namen funktionieren nicht. In der Regel wollen Sie nicht beides gleichzeitig ändern. Was bleiben soll, erhält eine -1.

chmod()

```
chmod perm, filename, ... ;
```

```
chmod 0444, mydata ;
```

chmod() ist für UNIX komplett, für Windows und MacOS 8/9 aber nur rudimentär implementiert. Es ändert die Berechtigung einer Datei oder eines Verzeichnisses.

Rechte müssen Sie unbedingt mit einer führenden Null angeben, also etwa 0644 statt 644, da Perl die Rechte in oktaler Schreibweise erwartet. (Oktalzahlen werden durch eine führende Null gekennzeichnet, siehe Tag 2.) Wenn Sie die Rechte ohne führende Null schreiben, erhalten Sie keine Fehlermeldung, sondern chaotische Berechtigungen.

Windows und MacOS 8/9 können nur wenig mit den Rechten anfangen. Lediglich die zweite Zahl wird registriert, sie regelt ursprünglich die Rechte für den Besitzer. 0600 lässt Lesen und Schreiben zu (dies ist der Normalfall), 0400 oder 0000 nur noch das Lesen. So kann also ein Schreibschutz implementiert werden.[7]

```
chmod 0400, $file ;     # Schreibschutz setzen
                        # unter Windows und MacOS 8/9
```

utime()

```
utime atime, mtime, filename, ... ;
```

utime() ändert die beiden Zeitstempel für den letzten Lese- (atime) und den letzten Schreibzugriff (mtime) einer Datei. Sie können auch gleich mehrere Dateien angeben. Unter UNIX gibt es einen dritten Zeitstempel (Inode-Change-Time); dieser wird automatisch auf die aktuelle Zeit gesetzt. MacOS 8/9 kennt nur einen Zeitstempel (Schreibzugriff), der erste Parameter hat deshalb dort keine Bedeutung.

Und jetzt der Scherz des Tages: Die Zeitangabe erfolgt auf UNIX und Windows in Sekunden seit dem 1.1.1970, auf MacPerl in Sekunden seit dem 1.1.1904!!!

Wenn Sie also den Zeitstempel einen Tag zurückverlegen möchten, greifen Sie einfach zu Ihrem Taschenrechner und mit ein bisschen Glück haben Sie nach 20 Minuten die richtige Zeit eingestellt. ;-) Nein, im Ernst, gar nicht so einfach, mit diesem Zeitstempel umzugehen. Wenn Sie einen *beliebigen* Zeitpunkt einstellen möchten, benötigen Sie wirklich einen Taschenrechner. Wenn Sie sich aber am Hier und Jetzt orientieren, hilft die Funktion time(). Sie gibt die aktuelle Zeit im erforderlichen Format aus.

```
$ perl -e 'print time, "\n" '
1039279407
```

Setzen wir das Ergebnis von time() in die Funktion utime() ein, erhalten wir einen aktuellen Zeitstempel.

```
$zeit = time ;
utime $zeit, $zeit, $datei ;
```

Den Zeitstempel einen Tag vorverlegen, um alle Spuren einer Manipulation zu verwischen:

```
$zeit = time - 3600*24 ;
utime $zeit, $zeit, $datei ;
```

▶ **Manpages:** perldoc -f unlink/rename/link/..... ; perldoc perlport

---

7   Um die andere Dateiattribute unter Windows zu verändern (z.B. »hidden«), verwendet man das Modul Win32::File.

11.9 Dateien kopieren

Das Kopieren von Dateien geht über das Ändern von Verzeichniseinträgen hinaus. Hier müssen Dateiinhalte kopiert werden. Perl bietet zunächst einmal keinen eigenen Kopierbefehl an. Entweder wir machen die Arbeit manuell oder wir verwenden den copy-Befehl aus dem Modul File::Copy.

Manuelles Kopieren

Da gibt es eigentlich nicht viel zu sagen, Sie kennen bereits alles, was man dazu braucht. Wir öffnen die Quell- und die Zieldatei, lesen die eine Datei ein, schreiben in die andere und schließen wieder.

Listing 11.3: copy.pl – kopiert eine Datei.

```perl
#!/usr/bin/perl -w
#
# copy.pl
# Kopiert eine Datei

$USAGE = "copy.pl file1 file2" ;
print $USAGE, "\n" and exit 1 if @ARGV != 2 ;

open IN, $ARGV[0] ;
open OUT, ">$ARGV[1]" ;
binmode IN; binmode OUT ;      # Nur wichtig fuer Windows

# Die Riesen-Lese- und Schreib-Schleife
print OUT while <IN> ;

close IN ;
close OUT ;
```

File::Copy

Was ist so anders an einem Perl-Befehl copy, den es ja nicht gibt, und der copy-Funktion eines Moduls? Eine Funktion ist selbst wieder in Perl geschrieben! Da hat sich jemand die Mühe gemacht, ein ähnliches Programm zu schreiben, wie wir es gerade getan haben. Was Perl also nicht von Hause aus kann, findet man oft als Perl-Skript, oder genauer gesagt, als Funktion innerhalb eines Moduls. Wir hatten heute ja bereits mit dem Modul Cwd Bekanntschaft gemacht.

Um die Funktion verwenden zu können, müssen Sie das Modul zunächst laden. Das geht wieder mit use.

```
use File::Copy ;
copy 'file1', 'file2' ;
```

Zugegeben, das ist schon sehr viel komfortabler. copy() versteht auch Verzeichnisse als zweiten Parameter. Die Datei wird dann unter gleichem Namen in das entsprechende Verzeichnis kopiert.

```
use File::Copy ;
copy 'file1', 'dir' ;
```

File::Copy enthält auch eine move-Funktion, die über Partitionsgrenzen hinweg funktioniert. Liegt das Ziel im gleichen Filesystem wie die Quelle, führt sie ein rename() aus, werden die Grenzen hingegen überschritten, kopiert sie.

```
use File::Copy ;
move 'file1', '/data/backup/dir1/file1' ;
```

oder

```
use File::Copy ;
move 'file1', '/data/backup/dir1' ;
```

▶ **Manpages:** perldoc File::Copy

11.10 Dateitests

Ist die Datei, in die wir schreiben müssen, überhaupt vorhanden? Ist sie für uns schreibbar? Wie alt ist sie und wie groß? Existiert das Verzeichnis, in das die anvisierten Dateien verschoben werden sollen? Solche Fragen werden mit Hilfe so genannter *Dateitests* beantwortet, meist im Rahmen einer if-Bedingung. Ist der Test erfolgreich, wird mit dem Programm fortgefahren, schlägt er fehl, geben wir normalerweise eine Fehlermeldung aus und verlassen das Programm.

Dateitests werden mithilfe von *Dateitestoperatoren* durchgeführt, die sich aus einem Minuszeichen gefolgt von einem einzigen Buchstaben zusammensetzen, etwa -e, -d oder -w. Der Operator -d prüft beispielsweise, ob ein Directory existiert.

```
if ( ! -d $config_dir ) {
    print "Fehler: Config-Verzeichnis existiert nicht.\n" ;
    exit 1 ;
    }
```

Perl kennt eine ganze Menge von Dateitestoperatoren. Zunächst gibt es wieder alle Operatoren im Überblick. Anschließend werden sie ausführlich besprochen. Soweit nicht ausdrücklich anders beschrieben, geben alle Operatoren eine 1 zurück, wenn der Test erfolgreich verlaufen ist, ansonsten einen leeren String.

Operator	Was wird getestet?
-e	exists – Objekt (egal ob File, Directory, Link, ...) existiert.
-z	zero – Objekt existiert, ist aber leer.
-s	size – Objekt existiert und ist nicht leer. Gibt die Größe in Byte zurück.
-f	file – Objekt ist eine normale Datei (kein Directory, ...).
-d	directory – Objekt ist ein Verzeichnis.
-l	link – Objekt ist ein symbolischer Link.
-p	pipe – Objekt ist eine Named Pipe (FIFO).
-S	socket – Objekt ist ein Socket (aus der Netzwerkprogrammierung).
-b	block – Objekt ist ein Block Special Device (Partition mit Filesystem).
-c	character – Objekt ist ein Character Special Device (Partition ohne File-system).
-t	tty – Filehandle ist eine Terminal-Verbindung.
-r	readable – Objekt ist lesbar (unter UNIX: von effektiver uid/gid).
-w	writable – Objekt ist schreibbar (unter UNIX: von effektiver uid/gid).
-x	executable – Objekt ist ausführbar (unter UNIX: von effektiver uid/gid).
-o	owned – aktueller Benutzer ist Besitzer des Objekts (unter UNIX: effektive uid).
-R	readable – Objekt ist lesbar (unter UNIX: von realer uid/gid).
-W	writable – Objekt ist schreibbar (unter UNIX: von realer uid/gid).
-X	executable – Objekt ist ausführbar (unter UNIX: von realer uid/gid).
-O	owned – aktueller Benutzer ist Besitzer des Objekts (unter UNIX: real uid).
-u	user-id – Set-UID-Bit ist gesetzt. (nur UNIX)
-g	group-id – Set-GID-Bit ist gesetzt. (nur UNIX)
-k	sticky – Sticky-Bit ist gesetzt. (nur UNIX)

Tabelle 11.3: Dateitestoperatoren

Operator	Was wird getestet?
-T	text – Objekt ist eine Textdatei.
-B	binary – Objekt ist keine Textdatei.
-M	modification time – Zeitpunkt der letzten Änderung.
-A	access time – Zeitpunkt des letzten Zugriffs.
-C	inode change time – Zeitpunkt der letzten Änderung am Inode.

Tabelle 11.3: Dateitestoperatoren (Forts.)

Tja, da wartet eine Menge Arbeit auf uns.

-e -z -s

Drei Operatoren beziehen sich auf die *Existenz* von Dateien oder Verzeichnissen. -e gibt *wahr* zurück, wenn ein entsprechender Eintrag im Verzeichnis existiert, gleich ob es sich um eine Datei, einen symbolischen Link oder ein Verzeichnis handelt. -z gibt nur dann *wahr* zurück, wenn der Eintrag existiert und das Objekt leer ist. -s tut es genau umgekehrt: Nur wenn das Objekt *nicht* leer ist, liefert es *wahr*. Ein Beispiel auf UNIX:

```
$ touch test.dat
$ ls -l test.dat
-rw-r--r-- 1 root       root       0   Dec 8 16:08  test.dat
$
$ perl -e 'if ( -e "test.dat" ) { print "jaaaa\n" }'
jaaaa
$ perl -e 'if ( -z "test.dat" ) { print "jaaaa\n" }'
jaaaa
$ perl -e 'if ( -z "testxyz.dat" ) { print "jaaaa\n" }'

$ perl -e 'if ( -s "test.dat" ) { print "jaaaa\n" }'

$ echo abc > test.dat
$ perl -e 'if ( -s "test.dat" ) { print "jaaaa\n" }'
jaaaa
```

Hier wurde eine leere Datei angelegt (0 Byte) und anschließend mit den drei Operatoren getestet. Erst als sie mit einigen Zeichen gefüllt wurde (abc), lieferte -s wahr zurück.

Übrigens darf bei den Dateitestoperatoren überall da, wo ein Dateiname erforderlich ist, statt dessen auch ein bereits geöffnetes Filehandle angegeben werden.

Die Größe einer Datei

Der Operator -s kann nicht nur auf Wahrheit getestet werden, er liefert auch eine quantitative Zahl zurück, nämlich die Größe einer Datei in Byte. Immer wenn Sie in Perl an die Dateigröße herankommen möchten, verwenden Sie -s.

```
$size = -s $file ;
```

-f -d -l ...

Eine ganze Palette von Operatoren steht zum Testen des *Dateityps* zur Verfügung. Handelt es sich um eine Datei, ein Verzeichnis, einen symbolischen Link? Dabei geht es weniger darum, dass man nicht wüsste, ob beispielsweise data.cfg eine Datei oder ein Directory ist. Vielmehr möchte man die Abfrage nach der Existenz etwas schärfer fassen. Man fragt nicht lapidar: Existiert das Objekt? Sondern: Existiert die Datei? -f, -d und -l sind die gängigsten Operatoren dieser Klasse, die anderen benötigen Sie nur selten. Achten Sie darauf, dass -f keinen Unterschied zwischen Dateien und symbolischen Links macht. Die sind schließlich auch Dateien. -l gibt hingegen nur wahr zurück, wenn es sich wirklich um einen symbolischen Link handelt.

Wie könnte ein zusätzlicher Test für unser Kopierskript aus dem letzten Abschnitt aussehen, der prüft, ob es sich auch wirklich um eine Datei handelt? Bei Verzeichnissen soll abgebrochen werden.

```
$fehler = "Es koennen nur Dateien kopiert werden." ;
print $fehler, "\n" and exit 2 if ! -f $ARGV[0] ;
```

Hardlinks können nicht gesondert getestet werden, da sie ganz normale Dateien darstellen.

Unter Windows sind -l, -p und -S nicht implementiert, unter MacOS 8/9 -p, -b und -c nicht.

-r -w -x ...

Dann gibt es einige Operatoren, die sich mit den Dateiberechtigungen befassen. Die beiden am häufigsten verwendeten sind -w und -x. Diese testen, ob eine Datei schreibbar bzw. ausführbar ist.

Aber was heißt eigentlich »man darf«? Wer ist *man*? Das ist derjenige, der das Skript gerade ausführt. Unter UNIX ist diese subjektive Betrachtungsweise ungewöhnlich, da jede Datei einen objektiven Rechte-Stempel besitzt. Perl wertet diesen Stempel aus und erkennt, welche Rechte für den ausführenden Benutzer und somit für das Skript an sich gelten. Sie sollten sich vor Augen halten, dass das Skript unterschiedliche Rechte besitzt, je nachdem, wer es ausführt.[8]

---

8   Die groß geschriebenen Varianten -W, -X ... beziehen sich auf die *real UIDs*. Sie sind nur unter UNIX interessant und unterscheiden sich nur dann von den normalen UIDs, wenn der Benutzer seine Identität mittels su gewechselt hat.

Auf Windows können Sie über -w feststellen, ob die Datei schreibbar oder schreibgeschützt ist. Erweiterte NT-Sicherheitseinstellungen (wer genau darf schreiben, etc.) werden von den Dateitestoperatoren nicht erkannt. -x kontrolliert unter Windows, ob die Datei eine Endung .exe oder .com besitzt. Auf MacOS 8/9 haben die hier besprochenen Operatoren kaum eine Bedeutung. -x gibt hier bei Verzeichnissen und ausführbaren Applikationen *wahr* zurück. -w zeigt den Schreibschutz leider *nicht* an, -o gibt es ebenfalls nicht.

-u -g -k

Diese Operatoren sind nur unter UNIX implementiert. Sie kontrollieren, ob das Set-UID-Bit, das Set-GID-Bit oder das Sticky-Bit gesetzt sind. Solche Bits spielen bei ausführbaren Programmen und Verzeichnissen eine Rolle.

-T und -B

Hmmm. Wie kann Perl herausfinden, ob es sich um eine Text- oder eine Binärdatei handelt? Kann es gar nicht, es rät nur! Es untersucht die ersten zig Zeichen und zählt den Anteil von Sonderzeichen. Ist er größer als 30%, ist sich Perl sicher: eine Binärdatei. Ansonsten muss es sich um Text handeln. Na ja.

-M -A -C

Diese drei Operatoren kümmern sich um den Zeitstempel einer Datei oder eines Verzeichnisses. Sie geben quantitative Werte zurück, die man in Variablen speichern oder gegen Grenzwerte abchecken kann. -M liefert die Zeit der letzten Änderung, -A diejenige des letzten lesenden Zugriffs und -C den für die letzte Änderung des Inode. Interessant ist in der Regel nur der erste Wert. Unter Windows und MacOS 8/9 liefert -C die Entstehungszeit der Datei. Unter MacOS 8/9 geben -M und -A den gleichen Wert zurück, die Zeit der letzten Änderung.

Mal sehen, in welchem Format die Zeiten geliefert werden. Ich erstelle eine Datei, zeige kurz, wie viel Uhr es ist, warte eine Minute und teste dann auf -M.

```
$ perl -e 'open OUT, "mtest.dat"; print scalar localtime, "\n"'
Sun Dec  8 18:21:00 MET 2002
$

......
$ perl -e 'print scalar localtime, "\n"'
Sun Dec  8 18:22:00 MET 2002
$ perl -e '$zeit = -M "mtest.dat"; print "$zeit \n" '
0.000694444444444444
```

Oh Gott! Buch zuklappen und ein Bad nehmen! Was ist denn das für eine Zeitangabe? Das ist kein Datum, das sind keine Sekunden seit 1970, das ist überhaupt nichts Vernünftiges. Was Sie hier sehen, ist die Zeitdifferenz zwischen dem letzten Änderungsdatum der Datei und dem Aufruf unseres Skripts! In Tagen!!!

1 Minute sind 1/60 Stunde oder 1/(60*24) Tage. Nachrechnen: 0.00069444... Und wie redet sich Larry Wall aus diesem Desaster heraus? Er meint, das sei genau die richtige Einheit für den täglichen Gebrauch. Wenn man z.B. alle Dateien sichern oder verschieben möchte, die älter als ein Jahr sind, lautet der Test für jede einzelne von ihnen lapidar:

```
if ( -M $file > 365 ) ...
```

Und das soll mal jemand mit einem richtigen Zeit- und Datumsstempel lösen. Wo er Recht hat, hat er Recht. Ungewöhnlich, dieses Zeitformat, aber absolut praxistauglich. Wenn Sie statt dessen einmal den unveränderten Zeitstempel der Datei benötigen, können Sie die Funktion stat() verwenden, die im nächsten Abschnitt besprochen wird.

Nun haben Sie alle Dateitestoperatoren kennen gelernt. Hoffentlich haben Sie sich von der Menge der Details nicht erschlagen lassen. Papier ist geduldig, Sie können jederzeit wieder nachschlagen. Merken Sie sich vorerst nur die wichtigsten, als da wären: -e, -s, -f, -d, -w, -x und -M.

Wiederholte Tests mit _

Jeder Test verursacht einen Zugriff auf das Dateisystem. Wenn Sie nun mehrere Tests nacheinander für die gleiche Datei durchführen möchten, müssen die Dateiinformationen nicht immer wieder von neuem geholt werden. Perl hat sich bereits beim ersten Zugriff alle erhältlichen Informationen für die untersuchte Datei gemerkt. Sie können auf diese Struktur bei allen weiteren Tests zurückgreifen, indem Sie statt des Dateinamens einfach einen Unterstrich _ schreiben.

```
if ( -f $file ) ...
$size = -s _ ;
```

▶ **Manpages:** perldoc -f -X ; perldoc perlport

11.11 Dateiinformationen durch stat()

```
stat filename ;
```

Genügen Ihnen die Informationen der Testoperatoren noch nicht? Perl hat noch mehr auf Lager.[9] Während die Dateitestoperatoren jeweils gezielt eine einzelne Dateieigenschaft überprüfen, liefert der Befehl stat() die komplette Liste von Informationen, die im Dateisystem über die betroffene Datei gespeichert sind. Wir erhalten eine Liste von 13 Elementen, mit der folgenden Bedeutung:

---

9   Einfach überfliegen oder überspringen, wenn es Ihnen zu viel wird.

Feld-Nr.	Abkürzung	Bedeutung
0	dev	Device-Nummer des Filesystems
1	ino	Inode-Nummer
2	mode	Berechtigungen
3	nlink	Anzahl der Hardlinks
4	uid	UserID des Besitzers
5	gid	GroupID des Besitzers
6	rdev	Character-Device-Nummer
7	size	Größe in Byte
8	atime	Zeitpunkt des letzten Lesezugriffs
9	mtime	Zeitpunkt des letzten Schreibzugriffs
10	ctime	Zeitpunkt der letzten Inode-Änderung
11	blksize	Blockgröße
12	blocks	Anzahl belegter Blöcke

Tabelle 11.4: Ausgabefelder von stat()

Unter UNIX sind alle Felder belegt, da sich stat() an dessen Dateisystem orientiert. Auf Windows haben die Felder dev, ino, rdev, blksize und blocks, auf MacOS 8/9 dev und rdev keine Bedeutung.

Die drei Zeitstempel sind in Sekunden seit dem 1.1.1970 (bzw. 1.1.1904 für MacPerl) angegeben. Auf Windows und MacOS 8/9 gibt ctime den Entstehungszeitpunkt an. Unter MacOS 8/9 wird kein Zeitstempel für den Lesezugriff mitgeführt, daher wird hier die gleiche Zeit wie für mtime geliefert.

lstat()

Wenn Sie stat() auf einen symbolischen Link anwenden, wird die Originaldatei ausgewertet, auf die der Link zeigt. Sind Sie wirklich an dem symbolischen Link selbst interessiert, müssen Sie statt dessen lstat() verwenden.

▶ **Manpages:** perldoc -f stat/lstat ; man stat(2)

11.12 Zusammenfassung

- `system("befehl");`
  startet ein externes Programm und liefert dessen Exit-Status zurück.

- `$?`
  Den Exit-Status eines externen Befehls findet man immer auch in $?. Allerdings sind darin auch Signal-Flags enthalten, die man über eine ganzzahlige Division durch 256 entfernen kann. Ein Exit-Status von 0 bedeutet Erfolg, einer über 0 steht für irgendwelche Fehler.

- `` `befehl` ``
  startet ebenfalls ein externes Programm. Hier wird jedoch dessen Ausgabe abgefangen und in einer Variablen gespeichert.

- `open PH, "befehl |";`
  startet ein externes Programm und hängt sich an dessen Ausgabe. Über $line=<PH> kann man anschließend zeilenweise einlesen.

- `open PH, "| befehl";`
  startet ein externes Programm und hängt sich an dessen Eingabe. Über print PH $line kann man dem Programm anschließend zeilenweise Daten übergeben. Diese Übergabe erfolgt allerdings gepuffert. Erst durch close() werden die restlichen Daten wirklich geschrieben.

- `%ENV`   Umgebungsvariablen. Die Variablennamen dienen als Schlüssel.

- `<*.txt>`
  Filename-Globbing: Wenn ein Dateinamensmuster zwischen spitzen Klammern steht, wird keine Datei, sondern das Verzeichnis geöffnet und alle Dateinamen geliefert, die auf das angegebene Muster passen.

- `find`
  Perl verfügt über zwei Techniken für das rekursive Durchkämmen eines Verzeichnisbaums: die Funktion find() im Modul File::Find und Directory-Handles. Sie werden jedoch erst in den Kapiteln 13 und 14 besprochen.

- `unlink()` löscht eine oder mehrere Dateien.

- `rename()`
  benennt eine Datei um oder verschiebt sie, solange sie auf der gleichen Partition liegt. Über Partitionsgrenzen hinweg funktioniert nur die Funktion move() aus dem Modul File::Copy.

- `link()` erstellt einen Hardlink einer Datei, symlink() einen symbolischen Link. readlink() liest den Inhalt eines symbolischen Links, also den Pfadnamen der Originaldatei.

- `mkdir()` erstellt ein neues Verzeichnis, rmdir() entfernt eines. chdir() wechselt in ein neues aktuelles Verzeichnis hinein.

- chown() ändert UID und/oder GID einer Datei. chmod() ändert die Dateiberechtigungen.

- utime() stellt den Zeitstempel einer Datei neu ein.

- Über copy() aus dem Modul File::Copy kann man Dateien kopieren.

- Eine ganze Reihe von Dateitests können einzelne Eigenschaften von Dateien oder Verzeichnissen überprüfen. Die wichtigsten sind -e (exists), -s (size), -f (file), -d (directory), -w (writable), -x (executable) und -M (modification time).

- -s liefert die Größe einer Datei zurück. Über -M erhält man ihr Alter in Tagen, seit das Skript gestartet wurde.

- stat() gibt eine Liste von 13 Elementen mit Dateiinformationen zurück, die auch den Besitzer, die Gruppe, die Rechte, den Dateityp, die Inode-Nummer und die Größe beinhalten.

11.13 Workshop

Fragen und Antworten

F   *Gibt es für jeden gestarteten Prozess ein eigenes $?? Oder anders gefragt: Wie kann man die Exit-Stati mehrerer Programme unterscheiden?*

A   Es gibt nur ein $?. Es enthält immer den Rückgabecode des *zuletzt* ausgeführten externen Befehls, egal mit welcher Technik er gestartet wurde. Man muss $? also auswerten, bevor das nächste externe Programm ausgeführt wird.

F   *Bei externen Befehlen unterscheidet man einen Exit-Code (0-255) und eine Ausgabe. Ersterer wird in $? aufgefangen, Letzterer durch Backquotes. Stimmt das so weit?*

A   Jepp.

F   *Wie ist das bei Perl-internen Befehlen? Ich sehe hier diese Unterscheidung nicht.*

A   Stimmt. Die gibt es hier nicht. Perl-Befehle und auch selbst geschriebene Perl-Funktionen (Kapitel 13) geben *eine* Sache zurück. Der Befehl localtime() liefert beispielsweise Datum und Uhrzeit. Wenn man solche Befehle auf Erfolg oder Misserfolg überprüfen möchte, verwendet man die Rückgabe im booleschen Kontext. Man legt einen Rückgabewert fest, der im booleschen Sinne *falsch* ergibt, meistens ist das undef oder ein leerer String.

F   *Wird die Ausgabe eines Programms, das man über Backquotes gestartet hatte, immer zeilenweise zerlegt, wenn man sie in einem Array auffängt, oder ist der Trenner auch hier einstellbar?*

A   Ist einstellbar über den Input-Record-Separator $/.

F *Kann man sich über ein Prozess-Handle auch an beide Kanäle eines Prozesses hängen? Etwa* open PH, "| befehl |"; ?

A Syntaktisch ist das korrekt. Meistens funktioniert es aber nicht so, wie Sie es sich vorstellen. Erstens ist die Ausgabe gepuffert. Der Befehl erhält also Ihre Ausgabe zu einem anderen Zeitpunkt, als Sie es annehmen. Aber selbst wenn Sie die Pufferung abschalten, ist die Koordination schwierig, da Ein- und Ausgabe durch den Befehl zunächst einmal asynchron verarbeitet werden.

F *Dateitests und die Funktion* stat() *machen doch praktisch das Gleiche. Wann verwendet man welche Technik?*

A Wenn Sie an einer bestimmten Eigenschaft interessiert sind, überprüfen Sie diese mittels Dateitests. Auch wenn es darum geht, ob Sie etwas dürfen (schreiben, ausführen, ...), sind Dateitests meistens einfacher. Die Inode-Nummer erhalten Sie hingegen nur über stat(). Oder wenn Sie wissen möchten, *wer* eigentlich der Besitzer ist oder *welche* Rechte der Besitzer objektiv besitzt.

Quiz

1. Wie erhält man aus $? den reinen Exit-Status eines externen Kommandos?

2. Welche beiden Befehle aus dem Modul File::Copy haben wir kennen gelernt?

3. Wie erhält man die Größe einer Datei?

4. In welchem Format liefern Dateitestoperatoren den Zeitstempel einer Datei?

Übungen

1. Erstellen Sie eine Statistik, die anzeigt, wie viele Prozesse einer Art jeweils laufen, also etwa wie viele http-, ftp- oder tty-Prozesse. Tipp: Die Prozessart steht in Feld Nr. 10 der Ausgabe von ps -ef. Wenn Sie Lust haben, können Sie sie nach Häufigkeit sortiert ausgeben. Unter Windows und MacOS 8/9 gibt es keinen ps-Befehl. Hier können Sie sich ein Ersatzskript schreiben, das die Datei ps.out ausgibt, die sich auf der CD befindet. Sie enthält eine Ausgabe des ps-Kommandos.

2. Geben Sie das Listing eines gewünschten Verzeichnisses nach Dateigröße sortiert aus. Lesen Sie hierfür zunächst die Dateinamen über einen Filename-Glob in ein Array ein. Sortieren Sie dieses Array anschließend nach der Größe (-s) seiner Dateien und geben Sie schließlich die Dateinamen (mit Größe) aus.

3. Erweitern Sie das Skript von Übung 2 derart, dass vor dem Dateinamen ein Hinweis auf den Dateityp angezeigt wird, etwa ein f für file, d für directory und l für symbolic link. Andere Typen können Sie vergessen. Ermitteln Sie den Dateityp anhand einer Abfolge von Dateitests.

4. Innerhalb eines Verzeichnisses sollen alle Dateien in ein Directory /old verschoben werden, die älter als 6 Monate sind. (Verwenden Sie -M.) Unterhalb von /old soll die ursprüngliche Verzeichnisstruktur erhalten bleiben. Sie müssen also gegebenenfalls neue Verzeichnisse anlegen (mkdir). Wenn Sie möchten, können Sie ein Art Mini-Versionskontrolle hinzufügen: Existiert bereits eine Datei gleichen Namens in /old, fügen Sie an den Namen der neueren Datei die Endung ».1« an.

Mustererkennung
mit Regular
Expressions

Perl hat unter den gängigen Programmiersprachen den mächtigsten Apparat zur Verarbeitung von Regular Expressions. Reguläre Ausdrücke beschreiben Zeichenketten-*Muster*. Man benötigt sie, um Zeilen aus einem Datenstrom herauszufiltern, die einem bestimmten *Muster* entsprechen. Anstatt konkret nach den Zahlen 2003, 2004, 2005 etc. zu suchen, bieten uns Regular Expressions die Möglichkeit, abstraktere Kriterien zu formulieren, wie etwa eine *vierstellige* Zahl oder eine Zahl, die *mit 200 beginnt* und anschließend *eine Ziffer zwischen 3 und 9* enthält.

Aufgrund dieser Mächtigkeit werden Regular Expressions zur Analyse von Logfiles verwendet, zur Extraktion von bestimmten Teilen aus großen Dateien und Datenströmen oder zur Transformation von Daten von einem Format in ein anderes.[1] Hier ein kurzer Überblick über das, was uns heute erwartet:

- Der match- und der Bindungsoperator

- Der Aufbau von Mustern

- Daten finden, die das gesuchte Muster enthalten

- Daten ersetzen und neu formatieren

- Daten aus einer Datei oder einem Datenstrom extrahieren

12.1 Der Match- und der Bindungsoperator

Wir werden uns sehr behutsam in die Welt der Regular Expressions vortasten. Bevor wir uns im Detail damit beschäftigen, wie man reguläre Ausdrücke *aufbaut*, sollte uns klar sein, wie man sie überhaupt *verwendet*.

Die grundsätzliche Anweisung an Perl lautet bei regulären Ausdrücken stets:

- Prüfe, ob das angegebene Muster in der zu untersuchenden Zeichenkette enthalten ist.

Dieser Vorgang wird »Pattern-Matching« genannt. Mit der Zeichenkette ist meistens eine Datenzeile gemeint, das muss aber nicht so sein. Unter dem Muster versteht man einen regulären Ausdruck. Und wie schreibt man diese Anweisung?

```
$line =~ m/regexp/ ;
```

Hier wird nach dem Muster `regexp` in der Zeichenkette `$line` gesucht. Die Suche an sich wird durch den so genannten *Match-Operator* ausgelöst:

```
m/.../
```

Wenn man die üblichen Schrägstriche als Trennzeichen verwendet, kann man das `m` auch weglassen:

```
/.../
```

---

[1] Regular Expressions findet man auch in einer ganzen Reihe von UNIX-Tools, wie `grep`, `sed`, `awk`, `vi` und `more`.

So sieht es in aller Regel auch aus. Ist einem nach anderen Trennzeichen zumute, muss das m stehen: m:...: oder m(...). Andere Trennzeichen empfehlen sich vor allem dann, wenn das Muster selbst Schrägstriche enthält.

Der Match-Operator gibt im skalaren Kontext eine 1 zurück, wenn das Muster in dem String enthalten ist und "", wenn nicht. Das lässt sich hervorragend als if-Bedingung verwenden. Tue etwas (gebe beispielsweise die Zeile aus), wenn das Muster enthalten ist, ansonsten tue nichts (und untersuche die nächste Zeile).

```
if ( $line =~ /regexp/ ) { ... }
```

Der Operator =~, der stärker ins Auge fällt als das m, wird als *Bindungsoperator* bezeichnet. Er bindet in unserem Fall $line an die Suchaktion; der Inhalt von $line wird durchforstet. Ohne diese Bindung würde der Inhalt von $_ durchsucht werden.

```
if ( /regexp/ ) { ... }          # wie  if ( $_ =~ /regexp/ )
```

Es gibt auch eine Abwandlung von =~, den Operator !~, der ebenfalls eine Zeichenkette an die Match-Aktion bindet, aber den zurückgegebenen Wahrheitswert *umkehrt*. Ist das Muster in der Zeile enthalten, erhält man *falsch*, wenn nicht, dann *wahr*.

```
if ( $line !~ /regexp/ ) { ... }
```

Sehen wir uns das Ganze einmal an einem kleinen Beispiel an. Wir lesen eine fiktive Datei zeilenweise ein und geben nur die Zeilen auf dem Bildschirm aus, die das Wort error enthalten.

Listing 12.1: test_match.pl – sucht error-Zeilen aus einer Datei heraus

```
#!/usr/bin/perl
#
# test_match.pl

open IN, 'file1.log' ;

while ( $line = <IN> ) {
    if ( $line =~ /error/ ) {        # Matching
        print $line ;                # Ausgabe
        $n ++ ;                      # Zaehlen
        }
    }
print "Anzahl gefundener Stellen: $n \n" ;
close IN ;
```

Testen wir unser Skript an einem Demo-Logfile.

```
$ test_match.pl
error
xxx error yyy
xxx yyy zzz error
Anzahl gefundener Stellen: 3
```

Klappt! Es findet alle Zeilen, die `error` enthalten.

Sie sollten sich die Konstruktion

```
if ( $line =~ /error/ ) ...
```

immer vor Augen halten, wenn wir im nächsten Abschnitt erklären, wie man *Muster* aufbaut.

12.2   Der Aufbau von Mustern

```
if ( $line =~ /error/ ) ...
```

Wenn es nur darum ginge, feste Strings in einer Zeile zu suchen, müssten wir uns keine Gedanken um Regular Expressions machen. Das ginge auch mit dem Befehl `index()`. Die Stärke von regulären Ausdrücken liegt darin, statt des konkreten Worts `error` ein *Muster* zwischen die Schrägstriche zu setzen, also Ausdrücke, die mehr Flexibilität in der Suche erlauben. Wir werden uns diese Syntax zum Aufbau von Mustern nun Schritt für Schritt zu Gemüte führen.

Joker für ein einzelnes Zeichen

Ein Muster zu bilden, bedeutet im Wesentlichen, Joker anstelle von konkreten Zeichen zu verwenden.

Muster-Zeichen	Bedeutung
`.`	Genau ein beliebiges Zeichen.
`[abc] [0-9] ...`	Genau ein Zeichen aus der angegebenen Gruppe.
`[^a-z]`	Genau ein Zeichen, das nicht aus der angegebenen Gruppe stammt.
`\d`	Genau eine Ziffer, `[0-9]`.
`\D`	Genau ein Zeichen, aber keine Ziffer (Gegenteil zu `\d`).
`\w`	Genau ein Wortzeichen, `[0-9A-z_]`.
`\W`	Genau ein Zeichen, das nicht aus `\w` kommt.
`\s`	Genau ein Space-Zeichen, `[ \t\n\r\f]`.
`\S`	Genau ein Zeichen, das nicht aus `\s` kommt.
`\`	Backslash vor Sonderzeichen.

Tabelle 12.1: Muster-Zeichen für ein einzelnes Zeichen

■   `.`   Genau ein beliebiges Zeichen

Wenn Sie ein einzelnes Zeichen nicht konkret beschreiben, sondern offen lassen möchten, setzen Sie einen Punkt an seine Stelle.

/h.rry/ passt beispielsweise auf harry, aber auch auf hurry und horry. Es passt jedoch weder auf hrry noch auf hairry, da der Punkt für genau *ein* Zeichen steht, nicht für null und nicht für zwei.

Mehrere beliebige Zeichen beschreibt man einfach über entsprechend viele Punkte.

In Log-Dateien sind Uhrzeiten meist in der Form hh:mm:ss beschrieben, z. B. 13:28:59. Wenn Sie nun an allen Einträgen des 12. Juli zwischen 15 und 16 Uhr interessiert sind, könnten Sie – vorausgesetzt, es handelt sich um das gezeigte Format – Folgendes schreiben:

/Jul 12 15:..:.. MET 2002/

■ [ ]   Genau ein Zeichen aus einer Klasse

Für manche Situationen ist die Formulierung »ein beliebiges Zeichen« zu schwammig. Dann haben Sie die Möglichkeit, eine *Gruppe* (man sagt: Klasse) von Zeichen anzugeben, aus der das gesuchte Zeichen stammen muss.

/p[oue]tter/ passt auf potter, putter oder petter, aber z.B. nicht auf pitter. Übrigens auch nicht auf poutter, da *exakt eines* der Zeichen an der entsprechenden Stelle stehen muss.

Die Zeichen werden direkt nebeneinander gesetzt, ohne ein Komma oder dergleichen dazwischen. Sie haben aber die Möglichkeit, Bereiche von Zeichen durch ein Minus anzugeben:

[3-6] [0-9] [m-p] [a-z] [A-z] [0-9A-z] [adfm-p]

Aber Achtung: Gemeint ist immer noch exakt *eines* der Zeichen aus dieser Gruppe. Die Bereiche orientieren sich an der ASCII-Tabelle. [0-9] bezeichnet beispielsweise alle Ziffern, [a-z] alle Klein- und [A-Z] alle Großbuchstaben. [A-z] enthält alle Buchstaben (jeweils mit Ausnahme von ä, ö, ü, Ä, Ö, Ü und ß).

Wenn Sie bei unserem Beispiel mit der Log-Datei an Einträgen interessiert sind, die zwischen 15 Uhr und 18 Uhr liegen, schreiben Sie:

/Jul 12 1[5-7]:..:.. MET 2002/

■ [^]   Genau ein Zeichen, das nicht aus der Klasse stammt (negierte Klasse)

Gelegentlich ist es einfacher zu formulieren, welche Zeichen an einer bestimmten Stelle *nicht* stehen dürfen. Eine solche Konstruktion nennt man negierte Zeichenklasse.

/m[^u]ggle/ passt auf ziemlich vieles, aber eben nicht auf muggle.

■ \d \D   Eine Ziffer [0-9]/keine Ziffer

Für die Klasse [0-9] stellt Perl uns die Abkürzung \d zur Verfügung. Wie auch in den beiden noch folgenden Abkürzungen, gibt es zusätzlich zur eigentlichen Klasse immer auch eine Abkürzung für die negierte Klasse, hier [^0-9], ausgedrückt durch den entsprechenden Großbuchstaben.

Wenn Sie bei der Auswahl der Zeilen die Angabe der Uhrzeit etwas genauer beschreiben möchten, könnten Sie folgendermaßen vorgehen.

/Jul 12 15:\d\d:\d\d MET 2002/

Die Entscheidung, ob Sie nun besser . oder \d nehmen, orientiert sich an der Frage, ob Sie befürchten müssen, dass an entsprechender Stelle auch etwas anderes auftauchen könnte als eine Ziffer. Sie müssen Ihren Regular Expression immer gerade so konkret halten, dass Sie keine unerwünschten Zeilen erwischen. Alles, was über dieses Kriterium hinausgeht, ist Luxus.

■   \w \W   Ein Wortzeichen [0-9A-z_]/kein Wortzeichen

Als Wortzeichen werden Buchstaben, Ziffern und der Unterstrich bezeichnet. Das sind diejenigen Zeichen, aus denen man Variablennamen konstruiert. So etwas benötigt man ebenfalls recht häufig, daher darf man diese Klasse durch \w abkürzen. Der Rest, \W, ist dann sozusagen ein Sonderzeichen.

/4\W5/ würde auf 4+5 oder 4*5 oder 4:5 passen, aber nicht auf 475 oder 4a5.

Mit der Anweisung use locale; können Sie Perl mitteilen, dass Sie Deutsch sprechen.[2] Danach gelten auch Umlaute und ß als Wortzeichen.

■   \s \S   Space [\t\n\r\f]/kein Space

Wenn Sie beschreiben möchten, dass an einer bestimmten Stelle Leerraum steht, Sie aber nicht wissen, ob es sich um ein Leerzeichen oder einen Tabulator handelt, können Sie statt dessen allgemeiner \s schreiben. Vor allem in Systemdateien und in der Ausgabe von Systembefehlen wechseln sich Leerzeichen und Tabulatoren munter ab. Dass zu dieser Klasse auch noch das *Carriage Return* (\r) und das Form-Feed-Zeichen (\f) gehören, interessiert normalerweise nicht.

Über die Abfolge \s\S wird gerne Leerraum gegen irgendwelche Zeichen abgegrenzt. Das macht hier noch keinen Sinn. Wie wir später sehen werden, kann man damit aber hervorragend einzelne Zeichen extrahieren: /\s(\S+)\s/.

Ist Ihnen aufgefallen, dass oben Escapesequenzen benutzt wurden?

■   Sie dürfen Escapesequenzen überall in Regular Expressions verwenden, egal ob in eckigen Klammern oder außerhalb.

■   \   Backslash vor Sonderzeichen

In Regular Expressions wimmelt es nur so von Sonderzeichen. Da bleibt es nicht aus, dass Sie eines davon als ganz normales Zeichen benötigen, etwa einen Punkt oder eckige Klammern. In solchen Fällen müssen Sie einen Backslash vor das Zeichen setzen und schon ist die Sonderbedeutung weg.

/file\.txt/ ein richtiger Punkt

/[\[\(\{\]\)\}]/ eine beliebige Klammer (stimmt so, hab's ausprobiert!)

Quantifier

Nun haben wir eine ganze Reihe von Variationen über einzelne Zeichen kennen gelernt. Doch damit alleine lässt sich noch nicht viel erreichen. Wie steht es mit Formulierungen wie: eine

---

2   Das bringt aber nur etwas, wenn auch Ihr Computer deutsch spricht ;-) Wie Sie Ihm das beibringen und was es genau mit länderspezifischen Zeichentabellen auf sich hat, erfahren Sie in Kapitel 20.

beliebige Zeichenkette oder eine beliebige Zahl? Hierzu genügt es nicht, Flexibilität in ein einzelnes Zeichen zu bringen, man benötigt auch eine Aussage über die Anzahl der Zeichen. Genau dies wird über Quantifizierer erreicht.

Muster-Zeichen	Bedeutung
*	Vorangehendes Zeichen oder Muster beliebig oft
+	Vorangehendes Zeichen oder Muster mindestens einmal
?	Vorangehendes Zeichen einmal oder überhaupt nicht
{n}	Vorangehendes Zeichen oder Muster genau n Mal
{m,n}	Vorangehendes Zeichen oder Muster m bis n Mal
{m,}	Vorangehendes Zeichen oder Muster mindestens m Mal

Tabelle 12.2: Muster-Zeichen für Quantifizierer

■ * beliebig oft

Das Sternchen steht für die Angabe »beliebig oft«. Doch *was* darf beliebig oft vorkommen? Das vorangehende Zeichen!!! Folgende Beispiele machen das deutlich.

/fluf*y/ matcht flufy, fluffy, flufffy und so weiter und sogar fluy, das Sternchen bezieht sich ausschließlich auf das vorangehende f. Wie Sie an der letzten Variante sehen, kann *beliebig oft* auch *null Mal* bedeuten.

Macht nicht besonders viel Sinn, werden Sie denken. Stimmt. Interessant wird die Sache aber, wenn Sie kein *festes* Zeichen mit einem Quantifier versehen, sondern ein Musterzeichen.

[0-9]* besagt »beliebige Ziffern«, also einfach: eine Zahl.

Fast, da * ja auch *null Mal* bedeuten kann. Wir kommen gleich noch einmal zu dieser Problematik zurück. Zunächst noch einige weitere Beispiele für das Sternchen.

[a-z]* beliebig viele Kleinbuchstaben. \w*, beliebig viele Wortzeichen. \s*, beliebig viele Space-Zeichen, also beliebiger Leerraum.

■ .* beliebige Zeichenkette

Nun wird die Bedeutung des Sternchens in Regular Expressions leicht mit derjenigen des Sternchens in Dateinamensmustern verwechselt. Dort steht es für eine beliebige Zeichenkette. Hier, in regulären Ausdrücken, muss es für eine solche Bedeutung hinter einen Punkt gesetzt werden. .* ist sozusagen der allgemeinste Platzhalter. Wenn Ihnen gar nichts mehr einfällt, schreiben Sie .*, das passt immer ;-) Ein Politiker-Zeichen sozusagen.

Sie verwenden .* immer dann, wenn Sie zwei konkrete Bezugspunkte innerhalb des untersuchten Strings haben und dazwischen *irgendetwas* stehen darf.

/Jul 12 15:\d\d:\d\d MET 2002 .* mars.saruman.de/

Hier suchen wir nach Meldungen zwischen 15 und 16 Uhr, die den Rechner mars betreffen. Was vor mars steht, interessiert uns nicht, daher .* als Platzhalter. Aber Vorsicht: Wenn Sie drum herum Leerzeichen schreiben, *meinen* Sie auch Leerzeichen!

■ + mindestens ein Mal

Dass das Zeichen vor dem Sternchen eventuell überhaupt nicht auftreten muss, ist in aller Regel nicht das, was man ausdrücken möchte. Einmal sollte es mindestens auftauchen. Dafür gibt es dann einen eigenen Quantifier, das Pluszeichen.

[0-9]+ oder \s+, eine Zahl. [A-z]+, Buchstaben. \w+, ein Wort. \s+, Leerraum.

 Sie sollten immer dann, wenn Sie ein Sternchen verwenden, kurz innehalten und sich fragen, ob Sie wirklich ein Sternchen oder doch ein Pluszeichen benötigen. Viele Fehler gehen auf die falsche Verwendung von * zurück. Es führt zu weitaus mehr Treffern, als man glaubt.

■ ? ein oder kein Mal

Optionale Zeichen, wie etwa die führende Null bei Datums- oder Zeitwerten können über das Fragezeichen als Quantifier beschrieben werden. Sie dürfen, müssen aber nicht stehen.

/Dec 0?[1-7]/ erwischt alle Einträge vom 1. bis zum 7. Dezember, egal ob das Datum mit oder ohne führende Null geschrieben wird.

■ {*n*} genau *n* mal

Manchmal wissen Sie im Voraus genau, wie oft ein Zeichen oder ein Muster vorkommt. Dann schreiben Sie die Anzahl in geschweifte Klammern. Manche Administratoren verwenden User-IDs ab der 10000. Wenn es sich nicht gerade um einen Weltkonzern handelt, sollten alle User-IDs mittels \d{5} zu beschreiben sein. Übrigens ist eine solche Aussage nur exakt, wenn vor und nach dem gezeigten Muster noch andere Zeichen beschrieben werden, z.B. /UID:\d{5} /. Ohne das Drumherum würden auch sechs- oder siebenstellige Zahlen etc. gefunden, da in jeder siebenstelligen Zahl ja eine fünfstellige Zahl vorhanden ist. Mit dem Doppelpunkt vor und dem Leerzeichen nach der Zahl ist sie hingegen auf genau fünf Stellen festgelegt.

 Wenn Sie zu viele Treffer haben, sollten Sie immer nachschauen, ob Sie das beschriebene Teilstück auch sinnvoll links und/oder rechts abgegrenzt haben.

■ {*m,n*} zwischen *m* und *n* mal

Das Muster muss mindestens *m* mal, darf aber höchstens *n* mal auftauchen. Auch hier erhalten Sie nur dann sinnvolle Ergebnisse, wenn Sie links und rechts Abgrenzungen schaffen.

■ {*m,*} mindestens *m* mal

Und wieder funktioniert das Ganze nur mit guten Abgrenzungen.

Gruppierung, Alternativen und Variablen

Muster-Zeichen	Bedeutung
error|warn	Alternativen
( )	Zeichen gruppieren
$var ${var}	Variablen innerhalb von Regular Expressions

Tabelle 12.3: Muster-Zeichen für Gruppierung und Alternativen

■   `regexp1|regexp2`   Alternativen

Unser Wissen mehrt sich. Sammeln wir also fleißig weiter.

Wenn Sie alternative Teilstücke beschreiben möchten, setzen Sie ein Pipe-Zeichen dazwischen.

`/mars|luna/` sucht nach Zeilen, die die Rechnernamen `mars` oder `luna` enthalten. Es spielt dabei keine Rolle, ob beide alternativen Ausdrücke in der Zeile vorkommen oder nur einer. Sobald einer der Ausdrücke gefunden wird, bricht Perl die Suche ab und meldet den Erfolg.

Wenn sich die Beschreibung einer Alternative auf einen bestimmten Bereich des Musters beschränken soll, muss dieser in runde Klammern gesetzt werden.

`/Jun 12 15:..:.. .* (mars|luna).saruman.de/`

Ohne Klammern würde die Alternative bis zu den begrenzenden Schrägstrichen interpretiert.

Sie können beliebig viele Alternativen bilden: `/mars|luna|uranus|pluto/`

■   `(gegexp)`   Gruppierung/Klammerung

Klammern dienen nicht nur zum Abgrenzen von Bereichen für Alternativen. Sie fassen auch Zeichen oder Muster zu einer *Gruppe* zusammen. Ein Quantifier bezieht sich dann auf die gesamte Gruppe.

`(\d+\.\d+ ){5}`   beschreibt fünf aufeinander folgende, durch Leerzeichen getrennte Kommazahlen.

■   `/$var/` `/abc${var}def/`   Variablen

Sie dürfen auch Variablen in Regular Expressions einsetzen. Bevor nach dem angegebenen Muster gesucht wird, ersetzt Perl die Variable durch ihren Inhalt. Da zwischen den Schrägstrichen die Zeichen direkt aufeinander folgen, ist für Perl nicht immer eindeutig zu erkennen, wo der Variablennamen endet. Oft muss man ihn durch geschweifte Klammern abgrenzen. Als Variablennamen erkennt Perl auch ein Element eines Array oder Hash.

`/abc$arr[2]def/`

Backreferencing

▪ (...)...\1   Klammerung und Backreferencing

Sie können Teile der Zeile durch runde Klammern zusammenfassen und später fordern, dass der *konkrete Inhalt* der Klammer erneut auftauchen muss. Auf den Inhalt der ersten runden Klammer beziehen Sie sich über \1, auf den der zweiten durch \2 usw. Sollten Sie Klammern verschachteln müssen, bezieht sich \1 auf die erste *öffnende* Klammer.

/(\d)\1/   passt auf 11, 22, 33, 44 ..., aber nicht auf 23. Es muss wirklich der gleiche Inhalt erneut auftauchen.

/(\w)(\w)\2\1/   passt auf abba und auf ABBA, aber nicht auf ABAB.

Verankerung

Muster-Zeichen	Bedeutung
^	Anfang der untersuchten Zeichenkette
$	Ende der untersuchten Zeichenkette
\b	Wortgrenze (Anfang oder Ende eines Worts)
\B	Keine Wortgrenze (mittendrin im Wort)

Tabelle 12.4: Muster-Zeichen für Verankerungen

Perl hält einige Sonderzeichen parat, mit deren Hilfe man eine Aussage über die *Lage* des Regular Expression im String tätigen kann.

▪ /^abc/   am Anfang

Um festzulegen, dass der beschriebene reguläre Ausdruck direkt am Anfang der untersuchten Zeichenkette stehen muss, symbolisiert man den Anfang durch ein Caret-Zeichen. Dieses hat somit außerhalb von eckigen Klammern eine ganz andere Bedeutung als innerhalb (negierte Klasse).

Wenn Sie sich nur für Logzeilen interessieren, in denen die Datumsangabe am *Anfang* der Zeile steht, formulieren Sie:

/^Jun 12 15:..:.. /

▪ /abc$/   am Ende

Ein Dollar-Zeichen am Ende des Regexp[3] symbolisiert das Zeilenende. Beachten Sie, dass das $-Zeichen wirklich ganz hinten stehen muss. Wenn ihm noch ein Zeichen folgt, wird es als Beginn einer skalaren Variablen angesehen.

---

3   Regular Expressions für kurz angebundene Leute

/http$/ würde nur auf Zeilen zutreffen, die http am Ende stehen haben, nicht einmal gefolgt von einem Punkt.

- $ ignoriert angehängtes *Newline*

In aller Regel liest man die zu untersuchenden Zeilen aus einer Datei oder einem Datenstrom ein. Alle Zeilen besitzen daher ein *Newline* an ihrem Ende. Genau genommen dürfte dann kein Zeichen auf das Ende des Strings passen, außer eben *Newline*. Perl fängt diese potenzielle Fehlerquelle aber ab und ignoriert bei der Mustersuche ein einzelnes angehängtes *Newline*, wenn man mit dem $-Zeichen das Zeilenende beschreibt.

- /^abc$/   die ganze Zeichenkette beschreiben

Ohne die Konstruktion, die wir nun betrachten, muss ein Regular Expression nicht die gesamte Zeile beschreiben. Pattern-Matching bedeutet, dass Perl prüft, ob das Muster in der zu untersuchenden Zeichenkette *enthalten* ist. Unsere Muster für die Datumssuche in der Log-Datei haben das deutlich gemacht. Selbstverständlich besteht die Zeile aus mehr als nur dem Datum.

Konstruktionen wie /.*error/ oder /error.*/ oder sogar /.*error.*/ sind daher unnötig und irreführend. Dass da links und rechts noch etwas stehen darf, ist eh klar. Das Muster .* macht nur Sinn, wenn vorher und nachher noch etwas Konkretes folgt, wie /Jun 13 .* error/.

Nun gibt es aber auch viele Fälle, in denen gerade das Gegenteil gefordert ist, nämlich dass der untersuchte String exakt aus dem beschriebenen Muster bestehen muss, dass links und rechts davon *nichts* mehr stehen darf. Um dies auszudrücken, schreibt man an den Anfang des Musters ein Caret und an das Ende ein Dollar-Zeichen.

Wenn Sie den Benutzer nach seinem Alter fragen und anschließend prüfen möchten, ob er auch wirklich eine saubere Zahl eingegeben hat, schreiben Sie:

$alter =~ /^\d+$/

Ohne die Anker vorn und hinten könnte der Benutzer auch so etwas wie »34 Jahre« eingeben, womit sich schlecht rechnen ließe. So aber klappt es nur mit einer richtigen Zahl.

- \b \B   Wortgrenze/keine Wortgrenze

Eventuell können Wörter, nach denen man suchen möchte, auch innerhalb von anderen Wörtern vorkommen. Dies trifft besonders auf kurze Wörter zu (ftp in Giftpilz und Haftpflicht oder Mac in Macht) und auf Benutzernamen (schmidt, messerschmidt, schmidtbauer).

Um nun zu signalisieren, dass es sich um ein eigenes Wort handeln muss, kann man die Wortgrenzen über \b symbolisieren. Meistens verwendet man \b sowohl vor als auch nach dem Ausdruck, je nach Situation macht vielleicht aber auch nur *eine* Wortgrenze Sinn.

/schmidt/   passt auf schmidt, messerschmidt und schmidtbauer

/\bschmidt\b/   passt nur noch auf schmidt

/\bschmidt/   passt auf schmidt und schmidtbauer

Möchte man das Gegenteil ausdrücken, also dass keine Wortgrenze besteht, verwendet man statt dessen \B.

Aber was ist genau eine Wortgrenze? Perl versteht darunter den Übergang zwischen Zeichen aus der Klasse \w, also [0-9A-z_][4], und den anderen Zeichen \W.

Quotierung

Zeichen, die in Regular Expressions eine Sonderbedeutung besitzen, müssen mit einem Backslash versehen werden, falls man sie als ganz normale Zeichen benötigt. Das ist uns nicht neu. Wenn man es nun mit vielen Sonderzeichen zu tun hat, ist das Entkräften jedes einzelnen Zeichens allerdings ziemlich zeitraubend und fehleranfällig. Perl bietet deshalb zwei Möglichkeiten, gleich einen ganzen Bereich innerhalb eines Regular Expression oder sogar einen kompletten String zu quotieren.

Wir können zum Beispiel mit den Escapesequenzen \Q und \E arbeiten.

```
/...\Qabc()[]{}\E.../          # wie /...abc\(\)\[\]\{\}.../
```

Ab \Q werden alle Sonderzeichen (\W) mit einem Backslash versehen. Die Quotierung endet mit \E. Normale Zeichen (\w) sind von dieser Maßnahme nicht betroffen.

Die zweite Möglichkeit, große Teile einer Zeichenkette derart zu quotieren, besteht in dem direkten Aufruf der Funktion quotemeta(), die übrigens auch bei der gerade gezeigten Methode im Hintergrund am Werk ist.

```
$string = quotemeta 'abc()[]{}' ;
/...${string}.../
```

▶ **Manpages:** perldoc perlop ... Regexp Quote-Like Operators ; perldoc perlre

12.3   Nach Mustern suchen

Die wichtigsten Elemente zur Bildung von Regular Expressions kennen Sie nun! Sehen wir uns einmal an, was man in der Praxis damit anstellen kann.

Log-Dateien analysieren

Die wichtigste Anwendung von Regular Expressions besteht darin, in Datenbeständen oder -strömen nach bestimmten Mustern zu suchen und die passenden Zeilen herauszufiltern. Hierzu wird der reguläre Ausdruck als Bedingung einer if-Anweisung verwendet.

```
open LOG, 'file.log' ;

while ( <LOG> ) {
```

---

4   Bei Verwendung von use local; aus [0-9A-zäüöÄÜÖß]

```
if ( /Jun 12 15:..:.. .* (mars|luna).saruman.de/ ) {
.....
}
```

Auf diese Art geht man praktisch immer vor. Man versucht, die interessanten Zeilen so mit einem Muster zu beschreiben, dass man sie von den uninteressanten Zeilen trennen kann. Sie müssen nicht unnötig konkret werden. Anschließend kann man die erhaltenen Zeilen je nach Bedarf verarbeiten. Entweder man speichert sie in einer eigenen Datei oder man zählt sie oder man extrahiert aus ihnen wichtige Informationen.

Benutzereingaben analysieren

Eine zweite wichtige Anwendung von Regular Expressions besteht darin, Eingaben, die von Benutzern oder anderen unzuverlässigen Datenquellen stammen, auf ein vorgegebenes Format hin zu überprüfen. Das Muster muss hierzu in der Regel vorn und hinten verankert werden, /^...$/.

Wenn Sie eine Zahl eingelesen haben und überprüfen möchten, ob das auch wirklich die Zahl und nichts als die Zahl ist, schreiben Sie:

```
$alter =~ /^\d+$/
```

Wenn Sie die Eingabe eines Vornamens überprüfen möchten:

```
$vorname =~ /^[A-Z][a-z]+$/[5]
```

Einen Nachnamen, Doppelnamen erlaubt aber keine Zusätze wie Dr. oder von:

```
$nachname =~ /^[A-Z][a-z]+(\-[A-Z][a-z]+)?$/
```

Ein Monatsname:

```
$monatsname =~ /^Jan|Feb|Mar|Apr|Mai|Jun|Jul|Aug|Sep|Oct|Nov|Dec$/
```

Eine Monatszahl:

```
$monatszahl =~ /^(0?[1-9]|1[012])$/    # 01-09 oder 1-9 , 10-12
```

0?[1-9] erlaubt 01-09 oder 1-9, 1[012] erlaubt 10 bis 12. Beide Bereiche sind alternativ möglich, daher die Pipe. Um das Ganze kommen dann Anfangs- und Ende-Zeichen.

Eine Tageszahl:

```
$tag =~ /^([012]?[1-9]|3[01])$/    # 01-29 oder 1-29 oder 30-31
```

Eine Jahreszahl (1900-2999):

```
$jahr =~ /^(19[0-9][0-9]|2[0-9]{3})$/ ;
```

---

5   Und wieder der Hinweis: Sollen auch Umlaute erkannt werden, weist man Perl zunächst über `use locale;` auf die deutsche Zeichentabelle hin und verwendet anschließend: `/^[A-ZÄÖÜ][a-zäöü]+$/` oder einfacher, aber ungenauer (da auch Ziffern enthalten sein dürfen): `/^\w+$/`

Ein komplettes Datum (z.B. 24.9.2002)

```
$d = '([012]?[1-9]|3[01])' ;
$m = '(0?[1-9]|1[012])' ;
$y = '(19[0-9][0-9]|2[0-9]{3})' ;

$datum =~ /^$d\.$m\.$y$/ ;
```

Sie können dieses Spielchen noch weiter treiben, um zu gewährleisten, dass im April, Juni, September und November die Tageszahl nicht über 30 und im Februar nicht über 28 liegt. Das wäre über weitere Alternativen machbar. Eine andere Herangehensweise bestünde darin, den eingegebenen String zu zerlegen und die Tageszahl gegen ein Array abzugleichen, das beinhaltet, wie viele Tage der jeweilige Monat hat. Spätestens bei der Schaltjahrproblematik wählen Sie besser diesen zweiten Weg. Sie müssen nicht alles in einem einzigen Regular Expression lösen. Isolieren Sie statt dessen das eingegebene Jahr, testen Sie, ob es sich um ein Schaltjahr handelt, und prüfen Sie, ob die Tageszahl dazu passt.

Eine Uhrzeit (hh:mm):

```
$zeit = /^([01]?[0-9]|2[0-3]):[0-5]?[0-9]$/
```

Regular Expressions in split() und grep()

Auch in den beiden Perl-Befehlen split (siehe Abschnitt 7.5) und grep (siehe Abschnitt 7.8) dürfen reguläre Ausdrücke benutzt werden. Wenn Sie eine Zeichenkette nicht nach einem *bestimmten* Zeichen aufsplitten möchten, sondern nach irgendwelchen Sonderzeichen, schreiben Sie:

```
split /\W+/, $line ;
```

Wenn der Inhalt von eckigen Klammern interessant ist, könnte man etwa anhand dieser Klammern trennen:

```
split /[\[\]]/, $line ;
```

Regular Expressions erweitern die Möglichkeiten von split ganz erheblich.

Mit dem Befehl grep() kann man ganze Arrays durchsuchen. Sie suchen nach Array-Elementen, die dreistellige Zahlen enthalten?

```
@new = grep /\d{3}/, @array ;
```

Nach Elementen, die ein Datum enthalten, wobei dieses zwischen dem 3. und dem 8. August liegen soll?

```
@new = grep /Aug 0?[3-8] /, @array ;
```

Auch hier gilt: Regular Expressions tragen wesentlich zur Mächtigkeit von grep() bei.

Befehlszeilenschalter

Natürlich kann man mit Regular Expressions hervorragend komplexe Befehlszeilen analysieren. Wurde beim Aufruf die Option -v gesetzt? Wurde eine neue Config-Datei mitgegeben? Solche Fragen lassen sich mit den gezeigten Mitteln sehr elegant lösen. Haben wir aber alles schon gezeigt! In Kapitel 10.1, wo es generell um die Kommandozeile und speziell um zusammen-gezogene Optionen ging. Vielleicht blättern Sie einmal kurz dorthin zurück.

▶ **Manpages:** perldoc perlop ... Regexp Quote-Like Operators ; perldoc perlre

12.4   Daten ersetzen und umformatieren

Daten ersetzen

Mithilfe des Substitute-Operators s können Sie Teile von Zeichenketten ersetzen oder umfor-men. s führt wie m zunächst ein Pattern-Matching durch, ersetzt dann aber den gefundenen Teil durch einen neuen String.

```
$line = 'harry' ;
$line =~ s/r+/pp/ ;             # $line enthaelt: happy
```

Die Ersetzung findet direkt im betroffenen String, hier in $line, statt! Wie sieht die allgemeine Syntax aus?

```
$line =~ s/oldregexp/newstring/
```

```
s/oldregexp/newstring/
s:oldregexp:newstring:
s/oldregexp/newstring/g
```

Der Substitute-Operator braucht also zwei Parameter, die in Schrägstriche geschrieben werden: den regulären Ausdruck, nach dem gesucht werden soll, sowie den einzusetzenden String. Hier kann wirklich nur ein fester String stehen, ein Regexp macht keinen Sinn. Wieder dürfen belie-bige Trenner gewählt werden. Das erste Zeichen nach dem s dient als Trenner. Wenn Sie Klammern verwenden, brauchen Sie zwei vollständige Paare: s(...)(...). Das s darf nicht weggelassen werden.

Der Bindungsoperator legt wieder fest, mit welcher Zeichenkette die Operation durchgeführt wird. Ohne eine Bindung trifft es wieder $_.

Hinter den letzten Trenner wird meistens ein g (global) geschrieben. Dieses g ist einer aus einer ganzen Reihe von so genannten Modifizierern (Modifier). Sie beeinflussen das Verhalten von Regular Expressions und werden in Abschnitt 12.7 besprochen. Der Modifier g veranlasst, dass in einer Zeichenkette wirklich *alle* Vorkommen des gesuchten Musters ersetzt werden. Ohne g bricht Perl ab, nachdem es das *erste* Muster gefunden und ersetzt hat.

Der Substitute-Operator gibt immer die Anzahl der ersetzten Strings zurück. Wurde das Muster nicht gefunden, liefert es einen leeren String. Meistens ist man weniger an der Rückgabe interessiert als an der Wirkung, die eine Ersetzung auf die betroffene Zeichenkette hat.

Möchten Sie beliebigen Leerraum zu einem einzigen Leerzeichen zusammenziehen?

```
s/\s+/ /g
```

Wollen Sie Leerraum entfernen, der zwischen dem letzten Wort einer Zeile und dem Zeilenende steht?

```
s/ +$//
```

Oder bei E-Mail-Adressen (ditchen@saruman.de) den Benutzernamen löschen? Wir nehmen an, die Mail-Adresse sei Teil einer längeren Zeile und folge nach einem Leerzeichen.

```
s/ \w+\@saruman.de/ ---\@saruman.de/
```

■ **$& enthält den gefundenen Teil**

Den konkreten Teil der untersuchten Zeile, der auf das Suchmuster passt, speichert Perl automatisch in der Variablen $&. Wenn man dessen Inhalt im Ersetzungsteil wieder einsetzt, kann man über s/.../.../ auch Daten vor oder nach dem gesuchten Teil *einfügen*. Man muss das gefundene Teilstück also nicht unbedingt zerstören.

Wenn wir es mit Speicherangaben zu tun haben und hinter die entsprechende Zahl ein »MB« anhängen möchten, sähe das bei solchen Zeilen ...

```
mars IP: 172.17.745 Speicher: 256 User: otto
```

... so aus:

```
s/Speicher: \d+/$& MB/          # ...Speicher: 256 MB User...
```

Vorkommen zählen

Sie können den Substitute-Operator auch dazu verwenden, einfach nur zu zählen, wie oft das gesuchte Muster in einer Zeichenkette enthalten ist. Dazu müssen Sie das gefundene Teilstück über $& durch sich selbst ersetzen, es soll in diesem Fall ja nichts verändert werden.

```
$anzahl = s/(\d+)/$&/g ;        # Zaehlt die enthaltenen Zahlen
```

Daten umformatieren

■ **$1 $2 $3 ... bzw. \1 \2 \3 ...**

Über diese Variablen können Sie im Ersetzungsausdruck auf konkrete Teile des Musters zurückgreifen, die vorher geklammert wurden. Das ist eine feine Sache, wenn es darum geht, Teile des untersuchten Strings in begrenztem Maße neu zu formatieren.

Ein Datumseintrag besitze die Form

```
$datum = '2002 Dec 14' ;
```

Wie bringt man ihn in die folgende Form: 14. Dec 2002?

```
$datum =~ s/(\d{4}) ([A-z]{3}) (\d{2})/$3. $2 $1/ ;
print $datum ;
# --> 14. Dec 2002
```

Klasse, nicht wahr? Sie halten gerade den Schlüssel für Datenumwandlungen aller Art in Händen. Aber es kommt noch besser. Sollen wir aus Dec eine 12 zaubern? Wir brauchen nur einen Hash, der die Monatsnamen in Zahlen verwandelt.

```
%monat = qw ( Jan 1 Feb 2 Mar 3 Apr 4 Mai 5 Jun 6 Jul 7
              Aug 8 Sep 9 Oct 10 Nov 11 Dec 12) ;

$datum =~ s/(\d{4}) ([A-z]{3}) (\d{2})/\3.$monat{$2}.\1/ ;
print $datum ;
# --> 14.12.2002
```

Ich hoffe, Sie erkennen, wie gewaltig die Möglichkeiten sind, die sich uns hier bieten. Wir werden gleich noch mehr Flexibilität in die Sache bringen, aber bereits jetzt verfügen wir über einen mächtigen Apparat zum Umformen von Daten.

 Transponieren Sie das Datumsbeispiel in Ihre eigene Welt. Vielleicht müssen Sie Datenkolonnen umformen oder Sonderzeichen austauschen, Uhrzeiten im Format angleichen oder Bit-Vektoren verändern. Egal – die Technik bleibt immer die gleiche.

Statt $1, $2 etc. kann man im Prinzip auch die vom Backreferencing her bekannten Variablen \1, \2 etc. verwenden. Allerdings müssen diese alleine stehen, können also nicht etwa als Hash-Schlüssel dienen. Außerdem sind sie nur während des Pattern-Matching gesetzt. Nach der Operation, quasi in der nächsten Zeile, stehen sie nicht mehr zur Verfügung. Ganz anders $1, $2 etc. Sie behalten ihren Inhalt auch im Laufe des restlichen Programms, bis zur nächsten Match- oder Substitute-Aktion. Zum reinen Backreferencing (siehe Abschnitt 12.2) kann man im Gegenzug wieder nur \1, \2 etc. benutzen, weil $1, $2, ... erst *nach* dem eigentlichen Matching gesetzt werden.

▶ **Manpages:** perldoc perlop ... Regexp Quote-Like Operators ; perldoc perlre

12.5 Daten extrahieren und umformatieren

Noch flexibler als die Arbeit mit dem Substitute-Operator ist eine völlige Neugestaltung der eingelesenen Zeile. Wir extrahieren die interessanten Teile der gelieferten Zeichenkette und stellen sie zu einer komplett neuen Zeile wieder zusammen.

Extraktion mittels $1, $2 etc.

Es gibt zwei Techniken, mit denen man Daten extrahieren kann. Die erste arbeitet mit den gerade besprochenen Spezialvariablen $1, $2 ... Wie bereits erwähnt, speichern sie den Inhalt der geklammerten Ausdrücke – nicht nur bei der Substitution, sondern auch bei einem einfachen Pattern-Matching. Außerdem überleben sie die eigentliche Match-Operation. Man kann also im darauf folgenden Befehl auf sie zurückgreifen.

Nehmen wir Datenzeilen des folgenden Formats als Grundlage für unsere weiteren Überlegungen:

```
Laenge: 34.5    Breite: 23.12
Laenge: 36.34   Breite: 18.6
Laenge: 33.95   Breite: 22.19
.....
```

Um an die einzelnen Zahlen heranzukommen, könnten wir split() benutzen. Bei kompliziertem Zeilenaufbau geht split aber langsam die Luft aus. Dann weicht man auf Regular Expressions aus. Im Gegensatz zu split müssen wir hier keinen einheitlichen Trenner definieren, der zwischen allen Feldern steht. Regular Expressions sind viel flexibler.

Die Kapselung der einzelnen Teile geschieht wieder über runde Klammern.

```
$line =~ /Laenge: (\d+\.\d+) \s* Breite: (\d+\.\d+)/ ;
```

Da wird also einfach ein Pattern-Matching durchgeführt, ohne das Ergebnis in einem if auszuwerten. Der Witz sind die Klammern. Wegen ihnen wandern die beiden Zahlen in die Variablen $1 und $2. Wir können die Zeile nun komplett neu aufbauen. Nehmen wir an, ein anderes Programm, das die Daten statistisch auswerten soll, benötige folgendes Format:

```
laenge – breite – flaeche
```

Kein Problem:

```
$line = "$1 - $2 - " . $1*$2 ;
print $line, "\n" ;
```

Mal sehen, wie es läuft, wenn wir diese beiden Zeilen in eine Schleife packen und über alle eingelesenen Zeilen laufen lassen.

```
$ test_extract.pl
34.5 - 23.12 - 797.64
36.34 - 18.6 - 675.924
33.95 - 22.19 - 753.3505
```

Sieht gut aus. Wir können die Daten in einem beliebigen Format neu zusammenstellen. Es ist also möglich, praktisch jeden erdenklichen Filter zu erstellen, der die Ausgabe *eines* Programms für die Eingabe eines *anderen* Tools aufbereitet.

Extraktion über den Listenkontext

Es gibt eine zweite Technik, um Daten über einen regulären Ausdruck zu extrahieren: Sie werten das Pattern-Matching einfach im *Listenkontext* aus. Während der Match-Operator im skalaren Kontext *wahr* oder *falsch* zurückgibt, liefert er im Array-Kontext die Liste der Werte in Klammern. Die Reihenfolge richtet sich wieder nach der Reihenfolge der öffnenden Klammern.

```
@arr = /...(\d+)...(\d+).../ ;
( $preis, $anzahl ) = /...(\d+)...(\d+).../ ;
```

Wie jede Liste, so können Sie auch diese hier entweder in einem Array oder einer Liste von einzelnen Variablen auffangen. In den obigen Fällen wird $_ ausgewertet. Steht der zu untersuchende String in $line, heißt es:

```
@arr = $line =~ /...(\d+)...(\d+).../ ;
```

Greifen Sie sich die Technik heraus, die Ihnen besser gefällt. Die Auswertung im Listenkontext sieht man häufiger, weil man den Auffangvariablen sprechende Namen geben kann. Das macht das Skript etwas leichter lesbar.

Übrigens bekommen Sie nur das *erste* Vorkommen Ihres Suchmusters geliefert. Bei den meisten Fragestellungen passt das Muster innerhalb einer Zeile auch nur einmal, so dass diese Einstellung Sinn macht. Wenn Sie aber zum Beispiel alle Zahlen aus einer Zeile isolieren möchten, brauchen Sie den Modifier g hinter Ihrem Regexp.

```
@arr = /(\d+)/g ;
```

Ganz egal, was um die Zahlen herum steht, Sie erhalten Ihre Zahlen in Reinkultur als Liste geliefert. Mächtig!

Wie sieht es aus, wenn wir die Zeilen der /etc/passwd, der Benutzerdatei unter UNIX, in ein neues Format bringen sollen, welches die UID, den Login-Namen und das Kommentarfeld auflistet? Eine passwd-Zeile sieht folgendermaßen aus:

```
otto:x:1003:10:Otto Kluge:/home/otto:/bin/ksh
```

Wir benötigen das erste, dritte und fünfte Feld.

Listing 12.2: passwd_trans.pl – *gibt die /etc/passwd in verändertem Format aus*

```
#!/usr/bin/perl -w
#
# passwd_trans.pl
# Gibt die /etc/passwd in veraendertem Format aus.

open PW, '/etc/passwd' or die "$!" ;

while ($line = <PW>) {
    ($login,$uid,$cmt) = $line =~ /(.*):.*:(.*):.*:(.*):.*:.*/ ;
```

```
printf "%-6d %-10s %-20s \n", $uid, $login, $cmt ;
}
```

Ausführen:

```
$ passwd_trans.pl
0      root       root
1      bin        bin
2      daemon     daemon
.......

1002   hans       Hans Luchter
1003   otto       Otto Kluge
1004   gerda      Gerda Freitag
```

Mit diesem Beispiel schließen wir die wichtigsten Konzepte in Zusammenhang mit regulären Ausdrücken ab. Was nun folgt, sind Variationen, Spezialitäten und interessante Details. Nicht dass sie unwichtig wären, im Gegenteil. Einiges von dem, was wir erfahren werden, macht gerade die Überlegenheit von Perls Apparat für Regular Expressions gegenüber dem anderer Sprachen aus. Aber als Einsteiger hat man mit den meisten Spezialitäten eher selten zu tun. Wie dem auch sei, schauen wir uns einmal an, was es sonst noch gibt.

▶ **Manpages:** perldoc perlop ... Regexp Quote-Like Operators ; perldoc perlre ; perldoc perlvar ... $<digits>, $& etc.

12.6 Spezialvariablen für Regular Expressions

Mit den wichtigsten Spezialvariablen im Bereich der Mustererkennung haben wir bereits gearbeitet. Es gibt noch einige weitere, die Perl automatisch nach jeder Mustererkennung belegt. Diese Variablen behalten ihren Inhalt bis zur nächsten Pattern-Matching-Operation oder bis zum Ende des umgebenden Blocks (Schleife, Funktion).

Variable	Bedeutung
$1, $1, $3, ...	Inhalt des ersten, zweiten, dritten ... geklammerten Ausdrucks
$&	Inhalt des auf den Regexp passenden Bereichs
$` (Backquote)	Teil des untersuchten Strings *vor* dem passenden Bereich
$' (Single Quote)	Teil des untersuchten Strings *nach* dem passenden Bereich
$+	Inhalt des letzten geklammerten Ausdrucks

Tabelle 12.5: Spezialvariablen für Regular Expressions

Hört sich wieder einmal alles recht abstrakt an. Ein Beispiel, bitte.

Der zu untersuchende String:

```
$string = "Laenge: 34.5    Breite: 23.12    Ser-Nr.: 5676" ;
```

Und das angewandte Muster:

```
$string =~ /(\d+.\d+) \s* Breite: (\d+.\d+)/ ;
```

Dann erhalten wir folgende Belegungen der Spezialvariablen:

```
$1:    '34.5'
$2:    '23.12'
$3, $4 ...: leer
$&:    '34.5    Breite: 23.12'
$`:    'Laenge: '
$':    '    Ser-Nr.: 5676'
$+:    '23.12'
```

Die Variablen $` und $' leisten Ihnen gute Dienste, wenn es darum geht, eine positiv und eine negativ formulierte Mustererkennung zu kombinieren. Wenn Sie beschreiben möchten, dass *vor* dem beschriebenen Muster (*muster_ok*) etwas Bestimmtes *nicht* auftauchen darf (*muster_falsch*), formulieren Sie das so:

```
$line =~ /muster_ok/ and $` !~ /muster_falsch/ ;
```

Darf statt dessen *nach* dem beschriebenen Muster etwas Bestimmtes nicht auftauchen, schreiben Sie:

```
$line =~ /muster_ok/ and $' !~ /muster_falsch/ ;
```

Diese beiden Variablen machen also durchaus Sinn. Wie Sie aber sehen, bewegen wir uns bereits in Gefilden, die man nicht tagtäglich besucht.

Noch seltener braucht man $+. Es geht hier nicht darum, dass Sie sich nicht mehr merken könnten, ob Sie nun zwei oder drei Ausdrücke geklammert haben, sondern um solche Situationen, in denen Modifier für eine unbekannte Anzahl von Klammern sorgen.

```
$line = 'abacadae' ;
$line =~ /(a.)*/ ;
print "$& - $+ \n" ;              # --> abacadae - ae
```

Perl interpretiert diesen regulären Ausdruck wie folgt: /(a.)(a.)(a.)..../ mit unbekannter Anzahl von Klammern. Deshalb hat so etwas wie $+ sicherlich seine Berechtigung.

▶ **Manpages:** perldoc perlvar ... $<digits>, $& etc.

12.7 Modifizierer

Perl kennt eine Reihe von so genannten *Modifizierern* (Modifier), die das Verhalten des Pattern-Matching-Apparats beeinflussen. Modifizierer werden hinter das letzte Trennzeichen gestellt, also normalerweise hinter den letzten Schrägstrich.

```
s/regexp/new/g
```

Modifier können sowohl bei Match- als auch bei Substitute-Operationen eingesetzt werden. Allerdings nicht immer mit der gleichen Bedeutung. Mehrere Modifier werden einfach hintereinander geschrieben.

```
/regexp/gi
```

Modifier	Bedeutung
g	global – suche/ersetze *alle* Vorkommen des Musters.
i	ignore case – ignoriere Groß-/Kleinschreibung im untersuchten String.
m	multiline – bei Mehrzeilern sollen ^ und $ auf alle Zeilenränder passen.
s	single line – bei Mehrzeilern soll der Punkt . auch auf \n passen.
e	eval – nur bei s///. Der rechte Teil ist ein Perl-Ausdruck und muss ausgewertet werden, damit der Ersatz-String entsteht.
o	once – das Muster wird nur einmal übersetzt.
c	counter – setzt den internen Positionszähler nicht auf 0 zurück, bei m//g.
x	extended – verwendet die Syntax für erweiterte Regular Expressions.

Tabelle 12.6: Modifizierer für Regular Expressions

Die Modifier g und i braucht man dauernd, m, s und e vielleicht noch ab und an und den Rest ganz, ganz selten.

Der Modifier g

Den Modifier g kennen wir bereits. Beim Substitute-Operator sorgt er dafür, dass auch wirklich jedes Vorkommen des Musters durch den neuen String ersetzt wird. Für den Match-Operator besitzt er ebenfalls eine Bedeutung, wenn man diesen im Array-Kontext auswertet, um die Inhalte der Klammern zu erhalten. Ohne g erhält man nur die erste Füllung der Klammern, also die des ersten Match, mit g hingegen alle Füllungen, falls das Muster öfter passt.

Der Modifier i

i sorgt dafür, dass das Pattern-Matching ohne Berücksichtigung von Groß-/Kleinschreibung durchgeführt wird. Sie erhalten also eventuell mehr Treffer als ohne i.

```
if ( /error/i ) { ... }    # findet error, Error oder ERROR
```

Mehrzeiler: die Modifier m und s

Bei der untersuchten Zeichenkette muss es sich nicht immer um eine einzige Zeile handeln. Skalare Variablen können problemlos auch mehrere Zeilen enthalten. Außerdem können Sie Dateizeilen mit einem geeigneten Input-Record-Separator $/ (z.B. \n\n) auch in mehrzeiligen Paketen einlesen. Denken Sie an mehrzeilige Adressdaten, Kundenkarteien oder andere mehrschichtig organisierte Datenbestände.

Auch ohne Modifizierer bewältigt Perl beim Pattern-Matching solche Mehrzeiler. Mit den Modifiern m und s können wir aber einige Feineinstellungen vornehmen. Normalerweise stehen die Anker ^ und $ für den Anfang der gesamten untersuchten Zeichenkette (Beginn der ersten Zeile, Ende der letzten Zeile), sie kümmern sich nicht um die Zeilenstruktur. Nun haben aber bei mehrzeiligen Strings gerade Anfang und Ende der einzelnen Zeilen besondere Bedeutung. Man kann daher über den Modifier m fordern, dass ^ und $ auf Anfang und Ende *aller* Zeilen passen. Da stellt sich im Gegenzug die Frage, wie man in diesem Fall Anfang und Ende des gesamten Strings beschreibt. Die Antwort: durch \A (Beginn) sowie durch \Z oder \z (Ende). Ohne den Modifier m haben diese Anker übrigens die gleiche Bedeutung wie ^ und $. Es gibt einen kleinen Unterschied zwischen \Z und \z. Während \Z ein angehängtes *Newline* am String-Ende ignoriert, sich also wie $ verhält, passt \z nur *exakt* auf das String-Ende.

Anker	Bedeutung
^ und $	ohne /m: Anfang und Ende des gesamten Strings, auch bei Mehrzeilern. mit /m: Anfang und Ende jeder Zeile.
\A	Anfang des gesamten Strings, auch bei /m.
\Z	Ende des gesamten Strings, auch bei /m. Ein angehängtes *Newline* wird ignoriert (wie $).
\z	Ende des gesamten Strings, auch bei /m. Es darf kein *Newline* angehängt sein.

Tabelle 12.7: Anker mit und ohne Modifizierer m

Der Modifier s sorgt dafür, dass ein Punkt . auch für ein *Newline* stehen darf. Das tut es normalerweise nämlich nicht. Über s können Sie nun also festlegen, dass sich das beschriebene Suchmuster über mehrere Zeilen erstrecken kann, selbst wenn Sie kein \n explizit angegeben haben.

Der Modifier e

In Regular Expressions werden normalerweise zwar Variablen erkannt und ersetzt, aber keine Funktionen oder Operationen ausgeführt. Für den rechten Teil einer Substitute-Operation, also den neuen String, kann man eine Ausnahme fordern. Über den Modifizierer e teilen Sie Perl mit, dass es diesen Ausdruck zunächst einmal auswerten soll, bevor es ihn als neuen String verwendet.

```
$a = 4 ; $b =5 ;
s/\d+/$a+$b/ge ;          # Ersetzt Zahlen durch eine 9.
s/(\d+)/$1*10/ge ;        # Ersetzt Zahlen durch ihr Zehnfaches.
```

Der Modifier o

Wenn Sie den Modifier o setzen, erklären Sie Perl, dass sich der Inhalt der im Muster verwendeten Variablen zwischen den Aufrufen des Matching nicht ändert. Perl ersetzt dann die Variablen nur ein einziges Mal (once) durch ihren Inhalt und spart bei den weiteren Durchgängen etwas Zeit.

Die aktuelle Matching-Position pos() und der Modifier c

Der Modifizierer c setzt an einer Stelle an, die wir noch nicht besprochen haben: zu jedem String, der einem Pattern-Matching unterzogen wird, gibt es eine Suchmarke. Sie können über die Funktion pos($string) feststellen, wo Perl im untersuchten String gerade steht (worauf die Suchmarke zeigt), nachdem es ein Muster gefunden hat. Hierfür müssen Sie allerdings den Modifier g verwenden und den Match-Operator *skalar* auswerten.

```
$str = 'abbaccabbadd' ;
$str =~ /a./g;
print pos($str);          # --> 2  (String startet bei 0)
$str =~ /a./g;
print pos($str);          # --> 5
```

Sie dürfen pos() auch eine Zahl zuweisen, um die Startposition des Matching festzulegen.

Wenn das letzte Vorkommen des Musters gefunden ist, scheitert der Match-Operator beim nächsten Aufruf. Die Marke pos() wird dann auf 0 zurückgesetzt. Wenn Sie dann erneut suchen, geht das Spiel wieder von vorne los. Über den Modifizierer /c könnten Sie nun festlegen, dass die Marke nicht zurückgesetzt wird.

Der Modifier x

Mit einem *x* hinter dem letzten Schrägstrich zeigen Sie an, dass Sie eine extra-large-Version der Syntax für reguläre Ausdrücke verwenden. Das ist nicht das Gleiche wie die Erweiterungen, die im nächsten Abschnitt besprochen werden. Beim Modifier *x* geht es darum, Regular Expressions lesbarer zu machen. Dazu dient einerseits die Möglichkeit, beliebige Leerzeichen einzustreuen, so dass zusammengehörige Gruppen innerhalb des Regexp auch optisch zusammenstehen, und andererseits das Einfügen eines Kommentars durch ein #-Zeichen. Alles nach dem # bis zum Schrägstrich wird dann ignoriert.

```
$_ = 'CDROM-16.99-9' ;
/(\w+) - (\d+.\d+) - (\d+) # Artikel,Preis,Anzahl/x ;
print "$1,$2,$3\n" ;                    # --> CDROM,16.99,9
```

Sowohl die Leerzeichen als auch das #-Zeichen und alles, was dahinter folgt, werden ignoriert. Wenn Sie echte Leer- oder #-Zeichen im Regexp verwenden möchten, müssen Sie diese mit einem \ versehen. In eckigen Klammern gelten die neuen Regeln übrigens nicht.

▶ **Manpages:** perldoc perlop ... Regexp Quote-Like Operators ; perldoc perlre

12.8   Greediness oder die Gier der Quantifier

Quantifier, also +, *, ? und {...}, machen Reguläre Ausdrücke gierig! Wenn sie die Wahl haben, auf unterschiedlich große Teile des untersuchten Strings zu passen, nehmen sie immer den größtmöglichen Teil ein, vorausgesetzt natürlich, das gesamte Muster passt noch.

```
$_ = 'aaaaabcde' ;
/(a*)/ ;
print $1 ;                    # --> aaaaa
```

Übrigens gewinnt immer der Quantifier weiter links, wenn zwei Quantifier um die Wette gieren.

```
$_ = 'aaaaabcde' ;
/(a+)(a+)/ ;
print "$1 -- $2" ;          # --> aaaa -- a
```

Wenn Sie etwas auf gute Erziehung halten und Sie solche Gier stört, haben Sie natürlich die Möglichkeit, dagegen vorzugehen. Stellen Sie den Quantifier einfach in Frage: *? +? oder {...}?. Sie werden sehen, das wirkt Wunder. Plötzlich wird nur noch das kleinste aller möglichen Teilstücke belegt.

```
$_ = 'aaaaabcde' ;
/(a+?)(a+)/ ;
print "$1 -- $2" ;          # --> a -- aaaa
```

12.9 Erweiterte reguläre Ausdrücke

Extended Regular Expressions definieren einige Spezialitäten, die über die normale Syntax des Pattern-Matching hinaus gehen. Sie benötigen sie eher selten. Andererseits mag es Situationen geben, in denen man ohne sie nicht auskommt.

Die Syntax der Extended Regular Expressions

Das Fragezeichen zur Steuerung von Quantifiern ist die erste Erweiterung. Aber es gibt noch mehr davon. Wir zeigen hier nur die wichtigsten; wenn Sie auch an den restlichen Interesse haben, finden Sie deren Erläuterung in der Manpage perlre unter der Überschrift *Extended Patterns*.

Da das Repertoire an Sonderzeichen langsam ausgeht, hat man eine raffinierte syntaktische Variante für diese selten benötigten Möglichkeiten gewählt: Der Bereich im Regular Expression, für den sie gelten, wird in runde Klammern eingeschlossen, wobei der öffnenden Klammer sofort ein Fragezeichen folgt: (?...). Hier zunächst ein Überblick:

Erweiterter Ausdruck	Bedeutung
(?#text)	Eingeschobener Kommentar
(?i).....(?-i)	Modifier i temporär ein- und später wieder ausschalten
(?msx).....(?-msx)	Wie oben, aber mit Modifiern m, s und x
(?:...)	Geklammerter Ausdruck, der $1, $2, ... nicht setzt

Tabelle 12.8: Extended Regular Expressions

(?#text)

Über (?#text) können Sie Kommentare (text) in den regulären Ausdruck einfügen. Mit der schließenden Klammer wird der Kommentar beendet.

```
/(\d+.\d+)(?#Preis in Eu) (\d+)(?#Stueckzahl)/
```

Diese Möglichkeit ist flexibler als der einzelne Kommentar über den Modifier /x.

(?i), (?m), ...

Über (?i), (?m), (?s) und (?x) können Sie die Wirkung des entsprechenden Modifier auf einen bestimmten Bereich im Regular Expression beschränken. Über (?i) schalten Sie zum Beispiel die Ignoranz gegenüber Groß-/Kleinschreibung ein. Diese Wirkung hält an, bis entweder der Regular Expression zu Ende ist oder bis sie über (?-i) wieder abgeschaltet wird oder bis eine umgebende Klammer geschlossen wird.

```
/(?ix)error .* mail (?-ix)meier \d+/
```

Im obigen Ausdruck werden -i und -x zunächst aktiviert, aber für den Benutzernamen wieder deaktiviert. Die mit einem Minus versehenen Ausdrücke schalten übrigens nicht nur die Wirkung der temporären Modifier (?i), (?m) etc. ab, sondern auch die Wirkung der Haupt-Modifizierer /i /m ...

(?:...)

Wenn Sie einen Teil eines regulären Ausdrucks klammern möchten, ohne dass der Inhalt der Klammer für das Backreferencing zur Verfügung stehen soll (also auch nicht $1, $2 etc. füllt und auch nicht im Array-Kontext geliefert wird), schreiben Sie ein ?: direkt hinter die öffnende Klammer.

▶ **Manpages:** perldoc perlre ... Extended Patterns

12.10 Der Transliterationsoperator

Zeichen ersetzen

Perl kennt einen dritten Operator auf dem Gebiet der Regular Expressions, der aber – ich höre Sie aufatmen – wesentlich einfacher funktioniert als m// oder s///. Er wird *Transliterationsoperator* genannt, wobei viele auch *Translation-Operator* sagen.

```
$string =~ tr /liste1/liste2/ ;
tr /liste1/liste2/ ;
```

Statt tr darf man auch y schreiben. Der Transliterationsoperator wandelt immer genau *ein* Zeichen in ein anderes um. Welches Zeichen in welches, legt man über zwei Listen fest. Das erste Zeichen der ersten Liste wird ersetzt durch das erste Zeichen der zweiten Liste, das zweite Zeichen der ersten Liste durch das zweite der zweiten und so weiter. Die Listen können entweder explizit oder mit Bereichsangaben formuliert werden.

```
$string = 'abcdefabcdef' ;
$string =~ tr/cd/XY/ ;
print $string ;              # --> abXYefabXYef
```

Über den Bindungsoperator wird wieder festgelegt, mit welchem String die Operation durchgeführt wird. Ohne eine Bindung trifft es $_. tr gibt die Anzahl der ersetzten Zeichen zurück.

Bekannt ist die Umwandlung von Groß- in Kleinbuchstaben (die allerdings eleganter durch lc() zu erledigen ist).

```
tr/A-Z/a-z/ ;
```

Oder die rot-13-Kodierung, bei der die erste Hälfte des Alphabets in die zweite Hälfte umgesetzt wird und umgekehrt. Das erweckt den Anschein, als wäre der Text verschlüsselt. Erneute Anwendung stellt wieder den Originaltext her.

***Listing 12.3:** rot13.pl – tut so, als ob es verschlüsseln könnte*

```
#!/usr/bin/perl -w
#
# rot13.pl
# Tut so, als ob es verschluesseln koennte

while (<>) {
    y/A-Za-z/N-ZA-Mn-za-n/ ;
    print ;
    }
```

Ausprobieren:

```
$ echo "Harry Potter" | rot13.pl
Uneel Cbggre
$ echo "Uneel Cbggre" | rot13.pl
Harry Potter
$
$
$ echo "Harry Potter" | rot13.pl | rot13.pl
Harry Potter
```

Eventuell stimmen die beiden Listen in ihren Längen nicht überein, was passiert dann? Ist die erste Liste zu kurz, werden die überzähligen Zeichen der zweiten einfach ignoriert. Ist die zweite Liste aber zu kurz, werden alle überzähligen Zeichen der ersten durch das letzte Zeichen der zweiten ersetzt.

```
$_ = 'abcdefghijk' ;
tr/abcdef/ABC/ ;
print ;                      # --> ABCCCCghijk
```

Zeichen zählen

Da die Anzahl der ersetzten Zeichen zurückgegeben wird, liegt der Gedanke nahe, Zeichen einfach nur zu zählen, ohne sie zu ersetzen. Hierzu verwendet man die Ersetzung durch nichts. Das führt nicht etwa zu einem Löschen der Zeichen – dazu kommen wir gleich – sondern bezweckt einfach, dass am String selbst nichts verändert wird. Aber es wird gezählt.

Nehmen wir an, wir möchten wissen, wie viele <-Zeichen sich in einem HTML-Text befinden.

```
$text = "<html><body><h3>Hallo Welt</h3></body></html>" ;
$anz = $text =~ tr/<// ;
print $anz, "\n" ;
print $text, "\n" ;
```

Ausgabe:

```
6
<html><body><h3>Hallo Welt</h3></body></html>
```

Funktioniert! Es wurde gezählt und nichts ging kaputt.

Zeichen löschen

```
tr/liste1//d
```

Über den Modifizierer d lassen sich die gewünschten Zeichen löschen. Liste 2 bleibt leer.

```
$text = "<html><body><h3>Hallo Welt</h3></body></html>" ;
$text =~ tr/A-z 0-9//d ;
print $text ;                    # --> <><><></></></>
```

/c und /s und Variablen

tr kennt noch zwei weitere Modifizierer. /c bewirkt, dass Liste 1 als das Komplement (complement) dessen angesehen wird, was angegeben ist. Es werden also alle Zeichen gesucht, die nicht in der Liste vorkommen.

```
tr/A-z//cd ;
```

Dies würde beispielsweise alle Zeichen löschen, die *keine* Buchstaben sind.

/s zieht im Ergebnis-String alle aufeinander folgenden gleichen Zeichen zu einem einzigen zusammen (squash oder squeeze = quetschen).

```
$_ = 'aabcdef' ;
tr/acd/XZZ/s ;
print ;                          # --> XbZef
```

Eine Variablenersetzung wird bei tr *nicht* durchgeführt!

▶ **Manpages:** perldoc perlop ... Regexp Quote-Like Operators

12.11 Zusammenfassung

- ▪ . genau ein beliebiges Zeichen

- ▪ [abc] [0-9] genau ein Zeichen aus der Zeichenklasse

- ▪ [^abc] negierte Zeichenklasse

- ▪ \d \D Ziffer [0-9]/Nicht-Ziffer

- ▪ \w \W Wortzeichen [A-z0-9_] / Nicht-Wortzeichen. use locale; für Umlaute

- ▪ \s \S Space-Zeichen [\t\n\r\f] / Nicht-Space-Zeichen

- ▪ \. Backslash entkräftet Sonderzeichen

- ▪ * vorangehendes Zeichen beliebig oft

- ▪ + vorangehendes Zeichen mindestens ein Mal

- ▪ ? vorangehendes Zeichen optional (0 oder 1 Mal)

- ▪ {n} vorangehendes Zeichen genau n Mal

- ▪ {m,} vorangehendes Zeichen mindestens m Mal bzw. zwischen m und n Mal

- ▪ {m,n} vorangehendes Zeichen m bis n Mal

- ▪ .* beliebige Zeichenkette

- ▪ aa|bb Alternativen

- ▪ ( ) Gruppierung für Quantifier, Alternativen, Backreferencing oder Extraktion

- ▪ $var ${var} Variablen werden aufgelöst

- ▪ (...)...\1 Klammerung und Backreferencing

- ▪ ^ Anfang der Zeichenkette

- ▪ $ Ende der Zeichenkette

- ▪ \A Anfang der Zeichenkette, auch bei Modifier /m

- ▪ \Z Ende der Zeichenkette, auch bei Modifier /m

- ▪ \z Wie \Z, ein angehängtes \n wird aber nicht ignoriert

- ▪ \b \B Wortgrenze (\w-\W und umgekehrt)/keine Wortgrenze

- ▪ ^...$ kompletten String beschreiben

- ▪ \Q...\E
  Quotierung der zwischen \Q und \E liegenden Zeichen, so dass Sonderzeichen ihre spezielle Bedeutung verlieren

- ▪ if ($line =~ /.../) { ... } nach Mustern suchen

- ▪ if ($eingabe =~ /^\w+$/ Benutzereingaben prüfen

- Regular Expressions dürfen auch in `split` und `grep` verwendet werden.

- `$line =~ s/regexp/new/` Ersetzen von Teilen einer Zeichenkette

- `s/.../.../g` Ersetzen *aller* Vorkommen des Suchausdrucks

- `$&` enthält den konkreten gefundenen Teil, der auf das Muster passt

- ``$` `` und `$'` enthalten den Teil *vor* bzw. *nach* dem passenden Stück

- `$1, $2, ...` enthalten die Inhalte der geklammerten Ausdrücke

- `$+` Inhalt der letzten Klammer

- `$anz = s/.../$&/g` Vorkommen zählen

- `s/(..)...(..)/..\1..$hash{$2}/` Daten umformen

- `@arr = /...(\d+)...(\d+).../` Daten extrahieren

- `@arr = /(\d+)/g` Gleichartige, sich wiederholende Daten extrahieren

- `/g /i` Modifier: Suche nach allen Vorkommen/Suche case-insensitiv

- `/m` ^ und $ passen auf Anfang und Ende sämtlicher *Zeilen*

- `/s` . passt auch auf `\n`

- `/e /o /x /c` weitere Modifier, die das Verhalten beim Matching steuern

- `*? +? ?? {n,m}?` Gierigkeit abschalten. Quantifier wählen *kleinstes* Stück

- `(?...)` erweiterte Syntax für Regular Expressions

- `tr/liste1/liste2/` Transliteration, einzelne Zeichen umwandeln

- `$n = tr/liste1//` Vorkommen zählen

- `tr/liste1//d` Zeichen löschen

- `tr/.../.../cs` komplementäre Liste/Wiederholungen zusammenziehen

12.12 Workshop

Fragen und Antworten

F *Es gibt besondere Musterzeichen für Ziffern (\d) und Wortzeichen (\w), welche aus Ziffern und Buchstaben bestehen. Gibt es auch etwas für Buchstaben selbst?*

A Nein, leider nicht. Für Buchstaben muss man immer `[A-z]` schreiben bzw. `[A-zäüöÄÜÖß]`, wenn man auch Umlaute und ß berücksichtigen will.

F *Wann darf man \1, \2 ... für Rückgriffe auf geklammerte Ausdrücke benutzen und wann $1, $2 etc.?*

A \1 etc. werden sofort gesetzt, nachdem eine Klammer ausgewertet wurde. Sie verlieren ihre Bedeutung aber nach dem Ende der Operation. Deshalb stehen sie bereits im Suchausdruck zur Verfügung und auch noch im Ersetzungsteil von s///, später aber nicht mehr. $1 etc. werden erst nach der Match-Operation gesetzt. Auf sie kann man daher erst im Ersetzungsteil von s/// zugreifen. Darüber hinaus aber auch noch im weiteren Verlauf des Skripts.

F *Bis wann genau?*

A Entweder bis zur nächsten Match-Operation. Oder bis der umschließende Block beendet wird, wenn sich also die geschweifte Klammer einer Schleife oder einer selbst definierten Funktion schließt.

F *Ich möchte einem Benutzer eine Frage stellen und vier verschiedene Alternativen erlauben, sagen wir A, X, V und Q. Wie stellt man typischerweise fest, ob er sich an die Vorgabe hält?*

A `if ( $eingabe !~ /^[AXVQ]$/ )` ... Oder, wenn es sich nicht um einzelne Zeichen, sondern um Wörter handelt: `if ( $eingabe !~ /^(wort1|wort2|wort3)$/ )` ...

Quiz

1. Mit welchem Regular Expression prüfen Sie einen Vornamen ab?

2. Eine ganze Zahl?

3. Eine Kommazahl?

4. Einen abgekürzten Wochentag (Mo, Di, ...)?

5. Eine zwei- oder vierstellige Jahreszahl zwischen 2000 und 2099?

6. Wie erkennen Sie mithilfe eines Regular Expression leere Datenzeilen?

7. Datenzeilen, die nichts als einen Kommentar (#...) enthalten?

8. Zeilen, die genau drei Wörter enthalten?

Übungen

1. Wandeln Sie die aktuelle Datums- und Zeitangabe (`scalar localtime`), die ja dieses Format besitzt: `Thu Dec 13 14:24:26 2002`, in folgendes Format um: `13.12.2002, 14:24`?

2. Fragen Sie den Benutzer nach Postleitzahl und Ort, die er in *einer* Zeile eingeben soll. Identifizieren Sie beide Teile. Der Ort darf aus mehreren Wörtern bestehen und Bindestriche enthalten. Der Benutzer kann PLZ und Ort durch ein Komma oder ein Leerzeichen trennen. Geben Sie anschließend zur Kontrolle beides in eigenen Zeilen wieder aus.

3. Sie müssen eine Protokolldatei über Telefongespräche derart bearbeiten, dass immer nur die Vorwahl und die erste Stelle einer Telefonnummer erhalten bleiben. Der Rest der Telefonnummer soll durch ... ersetzt werden. Gehen Sie davon aus, dass die Zeilen das folgende Format besitzen:

```
14.12.2002 13:05:06 App. 2435  Ziel 0221/2323458    245s  0.36 Eu
```

Sie können die Datei telefon.log von der CD nehmen.

4. Ergänzen Sie Ihr gerade geschriebenes Programm dahingehend, dass die Nummern der Apparate, von denen aus telefoniert wurde, durch die Namen der Arbeitsgruppen ersetzt werden. Führen Sie dazu eine zweite separate Substitute-Operation durch. Die Zuordnung zwischen Apparat und AG-Name sollte durch einen Hash erfolgen, etwa:

```
%agtel = (2435,'AG-Bloch', 3171, 'AG-Franz', ...) ;
```

Eine Datei mit entsprechenden Zuordnungen können Sie wieder von der CD laden (agtel.dat) oder Sie konstruieren den Hash einfach schnell selbst.

Funktionen und
Subroutinen

Allmählich werden unsere Skripte größer und komplexer und gleichzeitig – das ist nun einmal nicht zu vermeiden – auch schwieriger zu lesen. Da hält man Ausschau nach Möglichkeiten, das Skript besser strukturieren und das Wichtige vom Beiwerk trennen zu können. Wie alle Programmiersprachen, so bietet auch Perl benutzerdefinierte Funktionen an. Man fasst eine Gruppe von Befehlen in geschweiften Klammern {} zusammen und gibt dem so gebildeten Block einen Namen. Unter diesem Namen kann man das gesamte Bündel von Befehlen aufrufen, wann immer man es benötigt. Das Ganze wird Funktion, Routine, Subroutine oder Unterprogramm genannt, je nach Geschmack. Gemeint ist immer das Gleiche.

Eine solche Kapselung von Befehlen zu einer Funktion spart zum einen Schreibarbeit, da man eine Funktion mehrfach aufrufen kann, aber nur ein einziges Mal schreiben muss. Zum anderen wird das Skript auch pflegeleichter, da Änderungen in der Funktion nur *einmal* vorgenommen werden müssen, obwohl der Code eventuell öfter aufgerufen wird. Und nicht zuletzt wird es eben lesbarer. Die Funktionsdefinition (der Befehlsblock) kann an das Ende des Skripts gestellt werden. So bleibt der Hauptteil des Programms übersichtlich, die Details stecken in den Funktionen.

Noch wichtiger werden Funktionen, wenn mehrere Kollegen an ein und demselben Projekt arbeiten. Dann kann es sogar nötig werden, Funktionen aus dem eigentlichen Skript herauszunehmen und in einer eigenen Datei abzuspeichern, in so genannten Modulen. Doch dazu kommen wir erst im nächsten Kapitel. Heute bleiben die Funktionen noch innerhalb des Skripts. Und dies sind unsere Themen:

- Definition und Aufruf von Funktionen

- Parameter übergeben und in der Funktion entgegennehmen

- Globale und lokale Variablen

- Werte zurückgeben

- Und einige weitere Spezialitäten

13.1 Definition und Aufruf

Es ist üblich, Funktionen zu verwenden, wo immer es möglich ist. Dadurch wird Ihr Skript, wie bereits erwähnt, besser lesbar und leichter zu pflegen. Das Erste, was man hierzu wissen muss, ist, wie man Funktionen definiert und wie man sie anschließend aufruft.

Eine Funktion definieren

Funktionen sind nichts anderes als die Zusammenfassung einer Reihe von Befehlen zu einem Block. Damit man diese Blöcke voneinander unterscheiden kann, erhalten Sie einen Namen. Die Definition einer Funktion beginnt mit dem Schlüsselwort sub. Es folgen der Funktionsname und anschließend die Befehle in geschweiften Klammern.

```
sub funcname {
    befehl ;
    befehl ;
    .....
    }
```

Ob Sie die geschweifte Klammer noch in der ersten Zeile beginnen, wie hier zu sehen, oder erst eine Zeile darunter, ist reine Formatierungssache und somit natürlich egal. Sie können eine solche Definition an eine beliebige Stelle Ihres Skripts stellen; üblich ist aber das Programmende, damit das eigentlich wichtige – der Hauptteil – vorne steht.

Sie sollten sich unbedingt darüber im Klaren sein, dass Perl beim Lesen einer Funktionsdefinition noch keinen Befehl aktiv ausführt. Es nimmt lediglich zur Kenntnis, dass es eine Routine dieses Namens gibt, und merkt sich, wo es den dazugehörigen Code findet. Ausgeführt werden die Befehle erst, wenn man die Funktion aufruft.

Der Funktionsname ist frei wählbar. Es ist aber üblich, Kleinbuchstaben zu verwenden. Wenn Sie versehentlich den Namen einer in Perl eingebauten Funktion erwischen, wird beim Aufruf nach wie vor die eingebaute Funktion gefunden und Ihre eigene einfach ignoriert. Doch dieses Problem ist eher theoretischer Natur. Sie kennen bereits die allermeisten Perl-Befehle und werden kaum Gefahr laufen, einen bereits vergebenen Namen zu wählen.

Unsere erste Funktion:

```
sub day {
    $day = ( localtime )[3] ;
    print $day, "\n" ;
    }
```

Na ja, noch etwas mickrig, aber wir stehen ja erst am Anfang.

Eine Funktion aufrufen

Im Hauptteil unseres Programms darf die selbst definierte Routine nun beliebig oft aufgerufen werden. Dazu wird in aller Regel der Funktionsname anschließend mit runden Klammern geschrieben.

```
funcname() ;
```

In unserem Mini-Beispiel:

```
day() ;
```

Später werden wir sehen, dass in den runden Klammern Argumente an die Funktion übergeben werden können. Bei uns bleiben sie zunächst noch leer. Noch einmal der Hinweis: Erst jetzt, beim Aufruf der Funktion, wird aktiv etwas ausgeführt.

In Perl 4 sah der Aufruf einer benutzerdefinierten Funktion noch folgendermaßen aus:

```
&funcname ;              # oder &funcname() ;
```

Das geht auch heute noch. Das Ampersand & ist, ähnlich wie $, @ und % für die entsprechenden Variablentypen, nach wie vor das Kennzeichen für Funktionen. Allerdings erkennt Perl seit den 5er Versionen eine Funktion auch an den runden Klammern, weswegen man normalerweise auf das & verzichtet. Bei Referenzen (Kapitel 15) werden wir allerdings auf Situationen stoßen, in denen das &-Zeichen noch benötigt wird.

Deklaration

Sie wissen, dass man Perl-eigene Funktionen wahlweise mit oder ohne runde Klammern aufrufen darf, etwa localtime() und localtime. Sollte das für *unsere* Funktionen etwa *nicht* möglich sein? Doch, ist es! Allerdings müssen wir dem Interpreter etwas auf die Sprünge helfen, denn ohne runde Klammern hat er ja überhaupt nichts, woran er erkennen kann, dass eine Funktion aufgerufen wird. Wir müssen ihn über eine zusätzliche *Deklaration* (Bekanntgabe) von der Funktion in Kenntnis setzen.

Eine solche Deklaration (oder Prä-Deklaration) muss *vor* dem ersten Aufruf stehen. Sie wird wieder mit dem Schlüsselwort sub eingeleitet, gefolgt von dem Namen der Routine. Das war's. Die Definition folgt wie gehabt erst am Ende des Programms.

```
sub day ;                        # Deklaration

day ;                            # Aufruf

sub day {                        # Definiton
    $day = ( localtime )[3] ;
    print $day, "\n" ;
    }
```

Es hätte übrigens nicht unbedingt einer zusätzlichen Deklaration bedurft, um die Funktion ohne Klammern aufrufen zu können. Den gleichen Effekt hätten wir erzielt, wenn wir die *Definition* vor den ersten Aufruf verlagert hätten. Die meisten Programmierer bevorzugen aber Funktionsdefinitionen eher am Skriptende als am Anfang. Überhaupt ist die Deklaration nicht besonders verbreitet. In der Regel werden Unterprogramme mit Klammern aufgerufen.

▶ **Manpages:** perldoc perlsub

13.2 Parameter übergeben

Bisher ist der Umgang mit Funktionen ein Kinderspiel. Definition über sub und Aufruf mit runden Klammern. Mehr nicht. Doch nun wird es spannend. Wie können wir einer Subroutine Parameter übergeben? Durch Parameter werden Funktionen erst so richtig interessant, weil flexibler. Sie arbeiten dann nicht mehr stur vor sich hin, sondern beziehen Daten mit ein, die wir ihnen mitgeben.

374

Nun, wie bereits erwähnt, übergibt man die Argumente in runden Klammern, als komma-separierte Liste.

```perl
funcname ( arg1, arg2, arg3, ...) ;
```

Die Formatierung ist wieder egal. Sie können Leerzeichen einstreuen oder weglassen, wie es Ihnen lieb ist.

Auf diese Weise kann man skalare Variablen, Arrays oder Hashes übergeben.

```perl
funcname ( $x, $y, 34.7 ) ;
funcname ( @arr ) ;
funcname ( %hash ) ;
```

Heikel wird es allerdings, wenn Sie Skalare, Arrays und Hashes mischen oder mehrere Arrays übergeben wollen. Dazu gleich mehr.

Das Spezial-Array @_

Es stellt sich die Frage, wie die Übergabe auf der anderen Seite aussieht, aus Sicht der Funktion. Und nun wird es wieder richtig Perl-spezifisch. So wie Perl macht das keine andere Sprache: Alle übergebenen Argumente landen in einem Spezial-Array mit dem Namen @_. Egal, was man übergeben hat, es landet als eine einzige flache Liste in diesem Array.

```perl
funcname ( $x, $y, 34.7 ) ;       # @_ = ( $x, $y, 34.7 )
funcname ( @arr ) ;               # @_ = ( @arr )
funcname ( %hash ) ;              # @_ = ( %hash )
funcname ( @arr, @brr ) ;         # @_ = ( @arr, @brr ) FALSCH!
```

Sofort wird klar, warum es Probleme bei mehreren übergebenen Listenvariablen, etwa Arrays, gibt. Die Zugehörigkeit der Elemente zu den ursprünglichen Arrays geht verloren. @_ enthält alle Elemente in einer einzigen großen Liste. Es ist nicht mehr zu erkennen, wo das erste Array endet und das zweite beginnt. Dies ist aber kein Grund zur Sorge. Wir werden in Kapitel 15 sehen, wie man Array-Referenzen benützt, um solche Probleme zu lösen.

Auf jeden Fall kann man sich innerhalb der Funktion aus diesem Array @_ bedienen. Den ersten Parameter erhält man über $_[0], den zweiten über $_[1] usw. Die Anzahl der Argumente steht in $#_.

 Verwechseln Sie auf keinen Fall das Spezial-Array @_ mit der Default-Variablen $_. Bis auf den Namen haben die beiden nichts gemeinsam. Skalare, Arrays und Hashes besitzen getrennte Namensräume, $x, @x und %x haben nichts miteinander zu tun.

Listing 13.1: test_param.pl – Parameterübergabe testen

```perl
#!/usr/bin/perl -w
#
# test_param.pl
```

```
$x = 77 ;
@arr = qw (a b c) ;
demo_func( 3, @arr, $x ) ;                        # Aufruf

sub demo_func {                                   # Definition
    # Einfach alle Parameter ausgeben
    for ( $i=0; $i<=$#_; $i++ ) {
        print "Argument Nr. $i: $_[$i] \n" ;
        }
    }
```

Was da wohl rauskommt?

```
$ test_param.pl
Argument Nr. 0: 3
Argument Nr. 1: a
Argument Nr. 2: b
Argument Nr. 3: c
Argument Nr. 4: 77
```

Gut. Wie wir noch sehen werden, arbeitet man gewöhnlich nicht direkt mit @_, sondern legt noch ein oder zwei Zwischenschritte ein. Tatsache ist aber, dass @_ die übergebenen Parameter in Form einer einzigen Liste enthält.

Deklarierte Funktionen

Wenn Sie Ihre Funktion vorher deklariert haben, benötigen Sie keine runden Klammern beim Aufruf. In diesem Fall können Sie die Parameter einfach als kommaseparierte Liste hinter dem Funktionsnamen übergeben, so wie bei einem eingebauten Perl-Befehl.

```
sub funcname ;
funcname $x, $y, 34.7 ;
```

Originalvariablen in @_

@_ hat so seine Tücken. Natürlich denkt man, es enthielte Kopien der übergebenen Werte. Tut es aber nicht. Über die Elemente von @_ greift man *direkt* auf die ursprünglichen Daten zu. Man sieht es deutlich, wenn man ein Element von @_ verändert und sich den Inhalt der Originalvariablen ansieht.

```
#!/usr/bin/perl -w
#
# test_param2.pl

$a = 47 ;
func1($a) ;
```

```
print $a, "\n" ;

sub func1 { $_[0] = 11 }
```

Ausführung:

```
$ test_param2.pl
11
$
```

Die Originalvariable wurde verändert!

Es ist gar nicht dumm von Perl, die übergebenen Daten *direkt* zugänglich zu machen. Manchmal möchte man sie ja auch wirklich verändern, was auf diese Weise sehr einfach geht. In anderen Sprachen bedarf es da einiger Kapriolen.

Parameter kopieren

Die mit diesem System verbundene Gefahr ist, dass man versehentlich etwas an den Originaldaten verändert. Dieser Gefahr lässt sich leicht begegnen, indem man die Variablen umkopiert. Dies ist die übliche Vorgehensweise. Man kopiert gleich zu Beginn einer Subroutine die erhaltenen Daten auf neue, sprechende Variablennamen um.

```
sub func2 {
    $kunde = $_[0] ;
    $aktie = $_[1] ;
    .....
    }
```

Oder, etwas eleganter.

```
sub func2 {
    ( $kunde, $aktie ) = @_ ;
    }
```

Wenn Sie nun etwas an $kunde oder $aktie verändern, hat dies nichts mehr mit den Originalvariablen zu tun.

▶ **Manpages:** perldoc perlsub

13.3   Globale und lokale Variablen

Per Default sind alle Perl-Variablen *global*. Man sagt auch: Ihr *Gültigkeitsbereich (Scope)* ist global. Das bedeutet, dass es keine Rolle spielt, ob sie im Hauptprogramm oder in einer Funktion zum ersten Mal auftauchen. In jedem Fall sind sie überall sichtbar, man kann überall auf sie zugreifen.

Dieses Konzept macht das Programmieren von kleinen Skripten einfacher. Für professionelle Skripte sind globale Variablen aber ein einziges Minenfeld. Dauernd läuft man Gefahr, einen Variablennamen in einer neuen Funktion zu benutzen, der bereits anderweitig vergeben ist. Besonders gefährlich wird es, wenn mehrere Leute an einem Projekt zusammenarbeiten. Man hat kaum eine Chance, die ganzen globalen Variablen zuverlässig auseinander zu halten!

Deshalb verwendet man üblicherweise in Funktionen nicht globale, sondern *lokale* Variablen. Sie können über die Befehle `my()` oder `local()`eingerichtet werden. Lokale Variablen behalten ihre Gültigkeit nur während der Laufzeit der Funktion, in der sie deklariert wurden. Danach sind sie wieder verschwunden. Eine Variable gleichen Namens aus dem Hauptprogramm wird zeitweise überdeckt. Nach Beendigung der Funktion ist sie dann wieder zugänglich.

Private Variablen mit my()

Der übliche Befehl zur Deklaration von lokalen Variablen in Funktionen heißt `my()`.

```
my $var ;
my @arr ;
```

`my()` erzeugt Variablen, die ausschließlich in dem Block gültig sind, in dem sie erstellt wurden. Für eine Funktion bedeutet das, dass die Variable wieder verworfen wird, wenn die Funktion beendet ist. Man nennt diese Variablen oft auch *private* Variablen zur Unterscheidung von denen, die mit `local()` eingerichtet werden.

In dem folgenden Demo-Beispiel begleiten wir eine mit `my()` deklarierte Variable durch zwei Funktionen hindurch.

```perl
#!/usr/bin/perl
#
# test_my.pl

$host = 'mars' ;

print "Haupt: $host \n" ;
func1() ;
print "Haupt: $host \n" ;
func2() ;
print "Haupt: $host \n" ;

sub func1 {
    my $host ;
    $host = 'luna' ;
    print "func1: $host \n" ;
    }

sub func2 {
    my $host ;
```

```
$host = 'pluto' ;
print "func2: $host \n" ;
}
```

Ausführung:

```
$ test_my.pl
Haupt: mars
func1: luna
Haupt: mars
func2: pluto
Haupt: mars
$
```

Sehen Sie, wie die Host-Variable im Hauptprogramm immer wieder zu ihrem ursprünglichen Wert zurückkehrt? Die Wirkung der gleichnamigen Variablen in den Funktionen bleibt auf den Bereich innerhalb der Funktionen beschränkt.

Noch zwei Bemerkungen zu my(). Sie können einer Variablen bei der Deklaration durch my() auch gleich einen Wert zuweisen. Außerdem dürfen Sie mehrere Variablen gleichzeitig als lokal deklarieren. Allerdings müssen Sie dann Klammern um die Variablenliste setzen, da sonst durch die starke Bindung von my() eine falsche Interpretation entstünde.

```
my $var=$_[0] ;
my ($x, y, $z) ;
my ($x, $y, $z) = @_ ;
```

Parameterübergabe zum zweiten

Nun sind wir am Ziel in Sachen Parameterübergabe. Noch einmal von vorne: Die übergebenen Parameter landen in dem Spezial-Array @_. Um nicht versehentlich die Originaldaten zu ändern, legt man sich üblicherweise eine Kopie der Elemente von @_ an. Um den Überblick zu bewahren, verwendet man hierzu mit my() deklarierte private Variablen. Damit erhalten wir folgendes Schema:

```
sub funcname {
    my ( $var1, $var2, ...) = @_ ;
    .....
}
```

Beispiel: Schaltjahre

Es wird Zeit für ein konkretes Beispiel. Bei der Kontrolle von Datumseingaben im letzten Kapitel haben wir darauf hingewiesen, dass die Sache mit den Schaltjahren schlecht über Regular Expressions zu erschlagen ist. Viel schöner ist da eine Funktion, die uns sagt, ob es sich bei einer Jahreszahl um ein Schaltjahr handelt oder nicht. Wir wissen noch nicht, wie man Daten aus einer Funktion zurückgibt, deshalb wird unsere Subroutine das Ergebnis auf den Bildschirm ausgeben. Vorläufig! Weiter unten geben wir ihr dann den letzten Schliff.

Zur Erinnerung: Ein Schaltjahr liegt vor, wenn es durch 4 teilbar ist und nicht durch 100, oder wenn es durch 400 teilbar ist. Wir benötigen die Übergabe des Jahres als einzigen Parameter.

Listing 13.2: schaltjahr1.pl – gibt die Anzahl der Tage für das gewünschte Jahr aus

```
#!/usr/bin/perl -w
#
# schaltjahr1.pl
# Gibt die Anzahl der Tage fuer das gewuenschte Jahr aus.

# Jahr von Befehlszeile oder aktuelles Jahr
# Seltsame Jahreszahl von localtime():102 = 2002
$jahr = $ARGV[0] || ((localtime)[5])+1900;

schaltjahr ($jahr) ;              # Aufruf

sub schaltjahr {                  # Definition
    my $jahr = shift @_ ;
    my $tage ;

    if ( ($jahr%4 == 0 and $jahr%100 != 0) or $jahr%400 == 0 ) {
        $tage = 366
        }
    else {
        $tage = 365
        }

    print $tage, "\n" ;
    }
```

Hübsch. Mal ausprobieren (im Jahr 2003):

```
$ schaltjahr1.pl
365
$ schaltjahr1.pl 2001
365
$ schaltjahr1.pl 2004
366
$
```

Klappt!

my() in Blöcken und Schleifen

Man kann Variablen mit my()nicht nur in Bezug auf Funktionen lokal machen, sondern zu einem beliebigen Block, der durch geschweifte Klammern umschlossen wird. Wenn Sie möchten, können Sie beliebig viele Blöcke in Ihr Skript einbauen. Eine darin mit my() definierte Variable ist nur in diesem Block gültig.

```
{
my $x = 7 ;
.....
}
```

Die am häufigsten verwendeten Blöcke sind Schleifen. Auch hier können Sie den Gültigkeitsbereich der Variablen lokal begrenzen.

```
for ( my $i=0; $i<=$#arr; $i++) { ... }
```

my() im Hauptprogramm: use strict

Sie können sich selbst zur Disziplin zwingen und sich die Regel auferlegen, immer nur private Variablen zu benutzen. Hierzu laden Sie das Pragma strict. Pragmas sind Module, die das Verhalten von Perl zur Kompilierzeit verändern. strict untersucht Ihre Variablen und steigt bereits beim Kompilieren aus, sobald eine nicht über my deklariert ist.

Selbst im Hauptprogramm dürfen dann nur lokale Variablen verwendet werden. Sie sind allerdings auch in Subroutinen sichtbar, die im Hauptprogramm definiert werden. Das hängt an einer Feinheit von my(), die in Funktionen keine Rolle spielt: my-Variablen sind genaugenommen nicht nur in ihrem Block sichtbar, sondern auch in allen Funktionen, die in ihrem Block definiert werden.[1]

Lokale Variablen mit local()

Perl kennt einen zweiten Befehl zur Erzeugung lokaler Variablen: local(). Mit local() eingerichtete Variablen sind nicht nur in der eigenen Funktion sichtbar, sondern auch in all denjenigen, die von der eigenen aus aufgerufen werden. Selbst dann, wenn diese Funktionen wie üblich im Hauptprogramm definiert wurden. Man könnte auch sagen, sie behalten ihre Gültigkeit in dem gesamten Zweig *aufgerufener* Subroutinen.

```
local $var = shift @_ ;
```

Ansonsten gilt für local() all das, was bereits über my() gesagt wurde. local() wird seltener verwendet; my() ist meistens das, was man braucht.

▶ **Manpages:** perldoc perlsub ; perldoc -f my/local ; perldoc strict

---

1   Innerhalb von Funktionen definiert man üblicherweise keine neuen Funktionen.

13.4 Werte zurückgeben

Sie wissen nun, wie man Funktionen definiert und wie man sie aufruft. Sie haben erfahren, wie Variablen übergeben werden und wie sie in der Funktion ankommen. Und Sie wissen über den Gültigkeitsbereich von Variablen Bescheid. Das einzig Wichtige, was uns noch fehlt, ist die Rückgabe von Werten aus der Funktion heraus an den aufrufenden Befehl.

Unser Beispiel mit den Schaltjahren gab die Tageszahl auf den Bildschirm aus. Das ist sehr unflexibel. Vielleicht möchten wir diesen Test in eine Datumsüberprüfung einbauen. Was nützt es uns da, wenn etwas auf dem Bildschirm erscheint? Wir brauchen die Tageszahl als Rückgabewert.

Perl veranlasst eine Rückgabe immer durch den Befehl return().

```
sub funcname {
    .....
    return $x, $y ;
    }
```

Die Argumente von return() werden an den Aufrufer zurückgegeben. Mehrere Rückgabewerte, Arrays oder Hashes werden in Form einer einzigen flachen Liste übergeben. Ohne Parameter gibt return() den Wert undef oder eine leere Liste zurück, je nach Kontext. Nach return() wird die Funktion sofort verlassen, eventuell noch folgende Befehle werden ignoriert!

```
return $x ;
return $x, $y ;
return @arr ;
return %hash ;
return @arr, @brr ;            # Achtung: EINE flache Liste!
```

Ohne return() gibt eine Funktion immer den Wert des letzten Befehls zurück. Lautet der letzte Befehl beispielsweise

```
1;
```

so erhält der Aufrufer die 1 zurück.

Im Hauptprogramm kann die Rückgabe der Funktion dann in einer Variablen aufgefangen oder in einem Ausdruck verwendet werden.

```
$var = func() ;
$var = func1() + func2() * 13 ;
$line = lc (func()) ;
($x,$y) = func() ;
@arr = func() ;
%hash = func();
```

Das Auffangen des Rückgabewerts ist nicht zwingend. Sie können eine Funktion immer auch einfach so aufrufen, ohne sich um die Rückgabe zu kümmern.

```
func() ;
```

Was hat es mit den *flachen* Listen auf sich? Genauso wie bei der Übergabe der Parameter über @_, so werden auch die Rückgabewerte als eine einzige Liste zurückgegeben. Zwei Arrays oder Hashes verschmelzen miteinander. Versuchen Sie auf keinen Fall, beide getrennt aufzufangen: (@arr,@brr) = ... Das erste Array würde alle Werte aufsaugen, dem zweiten bliebe nichts. Statt dessen muss man mit Array- oder Hash-Referenzen arbeiten. Wie das geht, lernen wir aber erst in Kapitel 15.

Wir können unsere Schaltjahrfunktion nun derart umbauen, dass die Tageszahl an den Aufrufenden zurückgegeben wird.

Statt

```
print $tage, "\n" ;
```

muss es heißen:

```
return $tage ;
```

Und im Hauptprogramm weist man den Rückgabewert einer Variablen zu, welche anschließend ausgegeben wird.

```
$tage = schaltjahr ($jahr) ;
print "$tage \n" ;
```

Zugegeben, in diesem Fall geben wir das Ergebnis schließlich doch wieder aus. Aber nur, um überhaupt irgendetwas zu sehen. Die Funktion ist aber weitaus flexibler einsetzbar als vorher. Sie kann in beliebige Konstruktionen eingesetzt werden, die wissen müssen, ob es sich um ein Schaltjahr handelt oder nicht.

wahr oder falsch zurückgeben

Möchten Sie Ihre Funktion etwas zurückgeben lassen, was problemlos auf *wahr* oder *falsch* ausgewertet werden kann, gehen Sie in etwa so vor:

```
return $wert if bedingung ;
return undef ;
```

Unter gewissen Umständen wird also ein bestimmter Wert zurückgegeben. Das kann im einfachsten Fall eine 1 sein, wenn es wirklich nur um *wahr* oder *falsch* geht, oder auch ein wirklich quantitativer Wert. Nur wenn die Bedingung falsch ist, trifft Perl noch auf die nächste Zeile und gibt etwas zurück, was als *falsch* ausgewertet wird. Hier ist es das undef, man hätte aber auch eine 0 oder einen leeren String liefern können.

Beispiel: Datumsüberprüfung

Wir werden eine Funktion entwickeln, die ein übergebenes Datum auf sein Format überprüft. Wann immer wir ein Datum einlesen, sei es über Tastatur oder aus einer Datei, können wir über diese Funktion testen, ob es sich wirklich um ein gültiges Datum handelt. Für die Ermittlung der Februar-Tage rufen wir unsere frühere Funktion `schaltjahr()` auf (Listing 13.2). Später werden wir die neue Funktion in eine separate Datei auslagern und können sie von einem beliebigen Programm aus nutzen.

Die Regular Expression zur Überprüfung des Datums sieht folgendermaßen aus.[2]

```
$d = '([012]?[1-9]|3[01])' ;
$m = '(0?[1-9]|1[012])' ;
$y = '(19[0-9][0-9]|2[0-9]{3})' ;

$datum =~ /^$d\.$m\.$y$/ ;
```

Wir erlauben Angaben in der Form 24.12.2002. Falls das Datum anders formatiert ist, muss es zunächst durch eine Substitute-Operation in das obige Format überführt werden. Zunächst testen wir, ob das Datum dem oben gezeigten Muster entspricht. Ist bereits das Format falsch, geben wir undef zurück, also *falsch*.

```
if ( $datum !~ /^$d\.$m\.$y$/ ) { return undef }
```

Die einzelnen Daten werden noch benötigt, daher werden sie extrahiert. $d, $m und $y enthalten selbst bereits Klammern, so dass sie keine zusätzlichen benötigen.

```
($tag,$monat,$jahr) = ($1,$2,$3) ;
```

Dann überprüfen wir, um welchen Monat es sich handelt und ob die maximale Tageszahl für den Monat überschritten ist. Hierzu verwenden wir ein Monats-Array. Die Tageszahl für den Februar ermitteln wir über die Schaltjahrfunktion.

```
@monatstage = (0,31,28,31,30,31,30,31,31,30,31,30,31) ;
$monatstage[2] = 29 if schaltjahr($jahr) == 366 ;

if ( $tag > $monatstage[$monat] ) { return undef }
```

Das war's eigentlich. Wir haben einen nullten Monat in das Array aufgenommen, damit z.B. Monat 5 (Mai) auch wirklich dem Array-Element 5 entspricht.

Hier das komplette Programm:

Listing 13.3: *datum_check.pl – testet, ob es sich um ein gültiges Datum handelt*

```
#!/usr/bin/perl -w
#
# datum_check.pl
# Testet, ob es sich um ein gueltiges Datum handelt.

# Hauptprogramm uninteressant
if ( datumscheck ($ARGV[0]) ) {
   print "Datum OK" ;
   }
else {
   print "Falsches Format. \nRichtig: dd.mm.jjjj\n" ;
```

2   siehe Kap. 13.3

```
    }

sub datumscheck {
    # Datum ueberpruefen
    my $datum = shift @_ ;
    my ($d,$m,$y,$tag,$monat,$jahr) ;

    # Format OK?
    $d = '([012]?[1-9]|3[01])' ;
    $m = '(0?[1-9]|1[012])' ;
    $y = '(19[0-9][0-9]|2[0-9]{3})' ;
    if ( $datum !~ /^$d\.$m\.$y$/ ) { return undef }
    ($tag,$monat,$jahr) = ($1,$2,$3) ;

    # Maximaler Tag fuer den Monat ueberschritten?
    @monatstage = (0,31,28,31,30,31,30,31,31,30,31,30,31) ;
    $monatstage[2] = 29 if schaltjahr($jahr) == 366 ;
    if ( $tag > $monatstage[$monat] ) { return undef }

    # Hierher gelangt man nur, wenn das Datum korrekt ist.
    return 1 ;
    }

sub schaltjahr {
    # Handelt es sich um ein Schaltjahr?
    my $jahr = shift @_ ;
    my $tage ;

    if ( ($jahr%4 == 0 and $jahr%100 != 0) or $jahr%400 == 0 ) {
        $tage = 366
        }
    else {
        $tage = 365
        }
    return $tage ;
    }
```

Ob *das* funktioniert? Mal sehen.

```
$ datum_check.pl 13.12.2002
Datum OK
$
$ datum_check.pl 32.12.2002
Falsches Format.
Richtig: dd.mm.jjjj
$
$ datum_check.pl 30.11.2002
Datum OK
```

```
$
$ datum_check.pl 31.11.2002
Falsches Format.
Richtig: dd.mm.jjjj
$
$ datum_check.pl 29.2.2002
Falsches Format.
Richtig: dd.mm.jjjj
$
$ datum_check.pl 29.2.2004
Datum OK
$
```

Perfekt!

Das Hauptprogramm dient hier nur zur Kontrolle, ob unsere Funktionen auch funktionieren. Später werden wir die Funktionen in eine externe Datei auslagern, damit wir sie aus *beliebigen* Programmen heraus aufrufen können.

Hätten Sie gedacht, dass es eines solchen Aufwands bedarf, um ein Datum zu überprüfen?

Halten wir noch einmal fest, was wir hier neu gelernt und angewendet haben. Eine Funktion kann Werte mit return() zurückgeben. Diese kann man im Hauptprogramm in Variablen speichern, in einen größeren Ausdruck einbauen oder auf *wahr* oder *falsch* überprüfen. Durch die Rückgabe von Werten können Funktionen praktisch überall eingesetzt werden.

▶ **Manpages:** perldoc perlsub

13.5 Für Profis: Kontextsensitivität

Oh, wie mussten wir kämpfen, um uns an die Kontextabhängigkeit von Perl-Befehlen zu gewöhnen. Also die Fähigkeit, unterschiedliche Werte zurückzugeben, je nachdem, ob sie im skalaren oder Array-Kontext ausgewertet werden. Jetzt kehren wir den Spieß um und fordern, dass auch unsere eigenen Funktionen kontextabhängig agieren können.

Gar nicht so einfach, was wir da fordern. Benötigen wir doch Informationen von der Außenwelt, während wir uns innerhalb einer Funktion befinden. Doch Perl ist gut gerüstet. Es verfügt über die Funktion wantarray(). Sie schaut nach, wie unsere Funktion aufgerufen wurde. Geschah dies im Listenkontext (Arrays, Hashes, explizite Listen, print etc.), gibt sie *wahr* zurück, geschah es im skalaren Kontext, liefert sie *falsch*.

```
sub func {
    .....
    return liste if wantarray ;    # Rueckgabe im Listenkontext
    return scalar ;                # Rueckgabe im skalaren Kontext
    }
```

Hier werden unterschiedliche Werte durch return() geliefert, je nachdem, in welchem Kontext man sich befindet.

Wir schreiben eine kleine Funktion, die im skalaren Kontext die Länge eines Strings zurückgibt und im Array-Kontext die einzelnen Zeichen als Liste.

Listing 13.4: *parse_word.pl – gibt kontextabhängig Länge oder Zeichenliste zurück*

```perl
#!/usr/bin/perl -w
#
# parse_word.pl³
# Gibt kontextabhaengig Laenge oder Zeichenliste zurueck.

$string = 'abcdefg' ;

$laenge  = parse ($string) ;
@zeichen = parse ($string) ;

print "Laenge: $laenge \n" ;
print "Zeichen: ", join (' - ', @zeichen), "\n" ;

sub parse {
    my ($word, $len, @chars) ;
    $word = shift @_ ;

    if ( wantarray ) {
        @chars = split //, $word ;
        return @chars ;
        }
    else {
        return length $word ;
        }
    }
```

Ausgabe:

```
$ parse_word.pl
Laenge: 7
Zeichen: a - b - c - d - e - f - g
```

▶ **Manpages:** perldoc perlsub ; perldoc -f wantarray

13.6 BEGIN und END

Perl kennt einige Funktionen, die es automatisch aufruft, wenn bestimmte Situationen eintreten. Diese Funktionen werden komplett in Großbuchstaben geschrieben. Die bekanntesten sind BEGIN und END.

---

3 to parse (engl.): zerlegen

BEGIN wird automatisch zur *Kompilierzeit* aufgerufen. Es wird ausgeführt, *bevor* die erste Zeile des eigentlichen Codes aktiv wird. Normalerweise verwendet man BEGIN, um Systemvariablen zu setzen oder Bibliotheksfunktionen zu laden. Wir werden es in Kapitel 14 noch brauchen. Wenn wir es nicht ausdrücklich definieren, ist BEGIN leer. Im folgenden Beispiel wird das Spezial-Array für die Modulverzeichnisse (Kapitel 14) um ein zusätzliches Directory erweitert.

```
BEGIN {
    unshift @INC, "$HOME/mymodules" ;
    }
```

END wird automatisch ausgeführt, wenn das Programm beendet wird. Es ist egal, ob das Skript die letzte Zeile ausgeführt hat, ob es mit exit verlassen wurde oder mit die().[4] In jedem Fall wird vor dem endgültigen Ende noch der Inhalt von END ausgeführt. Auch END ist im Normalfall nicht gesetzt. Nur wenn Sie es selbst definieren, passiert wirklich etwas. Im folgenden Beispiel werden zum Schluss noch angelegte temporäre Dateien entfernt.

```
END {
    unlink <*.tmp> ;
    }
```

Sie dürfen mehrere BEGIN- und END-Blöcke in einem Skript verwenden. Die BEGIN-Blöcke werden dann in der Reihenfolge ihrer Definition, die END-Blöcke in umgekehrter Reihenfolge ausgeführt.

▶ **Manpages:** perldoc perlsub

13.7   Rekursive Funktionen

Angenommen, Sie haben eine Funktion geschrieben, die eine bestimmte Arbeit in *einem* Verzeichnis erledigt. Wenn Sie jetzt nicht nur ein Verzeichnis, sondern *mehrere* behandeln wollen, liegt es nahe, die Funktion in einer Schleife aufzurufen.

```
foreach $dir ( '/data1', '/data2', '/data3' ) {
    .....
    dir_func($dir) ;
    .....
    }
```

Genau auf diese Art tut man es auch. Was aber, wenn Sie von vornherein gar nicht wissen, wie viele und vor allem *welche* Verzeichnisse Sie bearbeiten müssen? Vor diesem Problem stehen Sie beispielsweise, wenn Sie einen Verzeichnisbaum *rekursiv* auflisten möchten, also nicht nur *ein* Verzeichnis, sondern auch alle seine Unterverzeichnisse und Unter-Unterverzeichnisse.[5]

---

4   Was allerdings nicht abgefangen werden kann, ist ein harter Abbruch von außen (kill) oder ein Abbruch durch [Strg][C].

5   So, wie es der Windows-Befehl dir /s oder das UNIX-Kommando ls -R tut.

Was im nächsten Schritt aufgelistet werden soll, kommt erst beim Listing des übergeordneten Verzeichnisses zutage.

Wenn Sie ein solches rekursives Listing mit gewöhnlichen Schleifen durchführen wollten, bräuchten Sie eine Schleife für die oberste Ebene von Directories, eine darin liegende für die zweite Ebene, eine für die dritte, ... Kurz, Sie hätten das Problem, nicht zu wissen, wie viele Schleifen ineinander geschachtelt werden müssen. So geht es also nicht.

Die Lösung besteht darin, eine Funktion zum Auflisten eines einzigen Verzeichnisses zu schaffen und diese Funktion sich selbst aufrufen zu lassen, wann immer sie auf ein neues Verzeichnis trifft! Genau das ist eine *rekursive* Funktion! Wir haben vorher keine Ahnung, wie oft sich die Funktion aufruft. Macht auch nichts, Hauptsache sie tut's, bis kein Verzeichnis mehr auftaucht.

```
sub myfunc {
    $dir = shift @ARGV ;
    .....
    .....
    myfunc ($newdir) if -d $newdir ;
}
```

Geht so etwas auch nicht ins Auge? Nein, denn Perl erlaubt praktisch eine beliebige Anzahl von Rekursionen. Praktisch, weil sie sehr wohl irgendwann Memory- und Schachtelungsprobleme bekommen, aber erst im Bereich von einigen Millionen Rekursionen.

Das Durchlaufen von Baumstrukturen ist eine typische Anwendung für Rekursionen. Nicht nur Dateiverzeichnisse sondern auch Datenbanken, die in Verzeichnis- oder Baumstrukturen organisiert sind, können auf diese Weise durchstöbert werden. Ein Beispiel aus einem ganz anderem Gebiet ist der Quicksort-Algorithmus, der interne Sortieralgorithmus von Perl. Auch hier ruft sich eine Vergleichs- und Umordnungsfunktion immer wieder selbst auf.

Immer dann, wenn Sie ein Problem in mehrere Ebenen zerlegen können und Sie auf jeder Ebene wieder die gleiche Herangehensweise benötigen wie auf der vorhergehenden, bietet sich der rekursive Aufruf einer Funktion an.

Auf der Buch-CD finden Sie ein Skript listdir.pl, das über eine rekursive Funktion mithilfe von Directory-Handles einen Verzeichnisbaum rekursiv durchläuft.

13.8 Zusammenfassung

- Definition: sub funcname { *befehle* ; ... }

- Aufruf: funcname() ;

- Deklaration: sub funcname ;
  deklarierte Funktionen dürfen ohne Klammern aufgerufen werden, so wie Perl-Befehle.

- Parameter übergeben: funcname ($x,$y,$z) ;

■ Die Parameter landen in dem Spezial-Array @_.

■ Die Elemente von @_ sind Verweise auf die Originalvariablen, keine Kopien. Man kann daher die Originale über @_ verändern. Damit dies nicht versehentlich geschieht, stellt man beim Eintritt in die Funktion Kopien der Parameter her.

■ Perl-Variablen sind per Default global.

■ `my $x; my($y, $z);`
Mit `my()` erzeugt man lokale (private) Variablen. Mehrere Variablen müssen in Klammern stehen.

■ `my`-Variablen sind nur in der Funktion sichtbar, in der sie deklariert wurden.

■ `my`-Variablen des Hauptprogramms sind auch in den Funktionen sichtbar, die im Hauptprogramm *definiert* wurden. `my`-Variablen können auch lokal in anderen Blöcken wie z.B. Schleifen definiert werden.

■ `use strict ;`
erzwingt, dass alle Variablen, auch die des Hautprogramms, durch `my` lokalisiert werden.

■ `local $var ;`
Über `local()` definierte Variablen sind ebenfalls lokal. Allerdings sind sie auch in jeder Funktion sichtbar, die von ihrer eigenen Funktion aus *aufgerufen* wird.

■ `return $x; return @arr;` Funktionen geben Werte über `return()` zurück.

■ `$x = func1() ;`
Der Aufrufer kann den zurückgegebenen Wert speichern oder weiterverarbeiten.

■ `return undef ;`
Um die Rückgabe auf *wahr* oder *falsch* überprüfen zu können, gibt man den eigentlichen Wert bzw. `undef`, `0` oder `""` zurück.

■ `return` *liste* `if wantarray(); return` *scalar* `unless wantarray();`
Kontextsensitivität herstellen.

■ `BEGIN`-Blöcke werden vor Skriptbeginn beim Kompilieren ausgeführt.

■ `END`-Blöcke werden direkt vor dem Ende des Programms ausgeführt.

■ `sub func { ... ; func() ; ... }` Rekursive Funktionen

13.9 Workshop

Fragen und Antworten

F *Manchmal sprechen Sie von Definition, manchmal von Deklaration einer Funktion. Worin liegt der Unterschied?*

A Definition bedeutet, dass Sie festlegen, welche Befehle ausgeführt werden sollen, wenn eine Funktion aufgerufen wird. Sie schreiben bei der Definition also etwas in die geschweiften Klammern hinter dem Funktionsnamen. Deklaration heißt einfach nur, dass Sie etwas bekannt geben. In diesem Fall, sagen Sie Perl, dass es eine Funktion namens `funcname` gibt. Die Definition ihres Inhalts kann dann später erfolgen.

F *Sie sagen, die Übergabe von Parametern an eine Funktion erfolgt von Funktionsseite her ausschließlich über @_. Ich habe aber schon Skripte gesehen, in denen die Funktionsdefinition etwas in den Klammern stehen hatte, etwa* `sub func($@){...}.`

A Hierbei handelt es sich nicht um eine Parameterübergabe, sondern um so genanntes *Prototyping*. Dabei legt man bei der Definition einer Funktion fest, welcher Art die Argumente sind, die sie erwartet. In Ihrem Beispiel wird ein Skalar und eine Liste akzeptiert. Das hilft bei der Vermeidung von Fehlern. Mehr darüber erfahren Sie in der Manpage `perlsub`.

F *Gibt es noch andere Befehle, die ebenfalls das Array @_ füllen oder dient es wirklich nur der Übergabe von Argumenten an eine selbst definierte Funktion?*

A `split()` belegt @_, wenn sein Ergebnis keiner konkreten Liste zugewiesen wird. Allerdings wird von diesem Gebrauch von `split()` dringend abgeraten. Ansonsten ist @_ nur für die Parameterübergabe zuständig.

F *Können Sie noch einmal erklären, warum eine* my*-Variable einer Funktion nur in dieser Funktion zu sehen ist und nicht einmal in Funktionen, die von dieser aus aufgerufen werden, während* my*-Variablen des Hauptprogramms auch in Funktionen zu sehen sind.*

A Private Variablen sind in allen Funktionen sichtbar, die in dem Block definiert werden, in dem auch die Variable erzeugt wird. Nun werden in der Regel alle Funktionen im Hauptprogramm erzeugt. my-Variablen des Hauptprogramms sind daher in all diesen Funktionen gültig. Wird eine Variable aber in einer *Funktion* durch my angelegt, ist sie nur dort sichtbar und in allen Funktionen, die dort definiert werden. Allerdings definiert man dort gewöhnlich keine Subroutinen.

F *BEGIN wird bereits zur Kompilierzeit ausgeführt. Was heißt das? Perl ist doch eine Interpreter-Sprache.*

A Der Perl-Code wird letztendlich zwar interpretiert, also Zeile für Zeile zur Laufzeit ausgewertet, in einem vorgeschalteten Durchgang wird er aber auf korrekte Syntax gecheckt und vorübersetzt. Bei diesem so genannten Kompiliervorgang werden Funktionen aus fremden Dateien eingebunden, Konstanten durch ihre Werte ersetzt, Systemvariablen ausgewertet, alles in den Opcode übersetzt und eben auch der `BEGIN`-Block ausgeführt.

F *Wenn ich ein* print() *in einen* BEGIN-*Block schreibe, würde diese Ausgabe vor allen anderen Operationen meines Skripts erfolgen, egal wo der* BEGIN-*Block steht?*

A Ja. Selbst wenn Ihr Skript noch Syntaxfehler an einer späteren Stelle enthält, sehen Sie die Ausgabe des print-Befehls, bevor wegen des Syntaxfehlers abgebrochen wird.

F *Kann man auch Perl-Funktionen neu definieren, etwa ein neues* split *oder ein neues* rand?

A Ja, das geht auch, allerdings sollte man damit sehr zurückhaltend umgehen. Sie müssen Ihr Vorhaben gleich zu Beginn des Skripts mit use subs "*befehl*"; ankündigen. Dann definieren Sie irgendwann Ihre eigene Funktion *befehl*. Wenn Sie darin auf die eingebaute Version zurückgreifen möchten, schreiben Sie CORE::*befehl*. Immer wenn Sie in Ihrem Skript nun *befehl* aufrufen, wird Ihre Funktion anstelle des eingebauten Befehls gestartet.

Quiz

1. Kann man eine Funktion auch über &func oder &func() aufrufen?

2. Wie bekommt man innerhalb einer Funktion heraus, wie viele Argumente übergeben wurden?

3. Was geschieht, wenn man schreibt: $_[0] = 3 ;?

4. Wenn Sie in einer Funktion eine gewöhnliche Variable $x = 5 anlegen, können Sie dann im Hauptprogramm auf sie zugreifen?

5. Wie gehen Sie in den ersten Zeilen einer Funktion typischerweise mit den übergebenen Parametern um?

6. Wie geben Sie aus einer Funktion heraus einen skalaren Wert und ein Array zurück?

7. Worin besteht der Vorteil einer Rückgabe von Werten gegenüber der Ausgabe auf dem Bildschirm?

Übungen

1. Schreiben Sie ein kleines Statistikprogramm, das Minimum, Maximum und Mittelwert einer Zahlenreihe ausgibt. Alle drei Werte sollen jeweils in einer eigenen Funktion ermittelt werden (nicht effektiv, aber gut zum Üben). Die Zahlen können per Tastatur oder in einer Datei mitgegeben werden, so dass man am besten mit <> arbeitet.

2. Viele größere Skripte lassen sich mit unterschiedlichen Optionen starten und bieten je nach Option verschiedene Funktionalitäten an. Dabei enthält das Hauptprogramm nur noch die grobe Steuerung, die abhängig von der gewählten Option die eine oder andere Funktion startet. Die eigentliche Arbeit wird von den Befehlen in den Funktionen verrichtet. Schreiben Sie ein Skriptgerüst mit einer solchen Steuerung für die Befehlszeilenoptionen -c, -i und -v, für die die Funktionen control(), info() und verify() aufgerufen

werden. Wie man die Befehlszeile durchsucht, hatten wir in Kapitel 10.1 gezeigt. Die Funktionen an sich sollen hier nur ausgeben, dass sie aufgerufen worden sind.

3. Erinnern Sie sich, wie man mithilfe von Regular Expressions zählt, wie oft ein String in einer Zeile enthalten ist? Schreiben Sie eine Funktion, die dies tut.

```
$anzahl = subcount ($zeile, $string) ;
```

soll zurückgeben, wie oft $string in $zeile enthalten ist. Es geht uns wieder vor allem um die Funktion, nicht um das Testprogramm drum herum. Legen Sie beide Zeichenketten daher einfach innerhalb des Skripts fest oder lesen Sie sie ein. Wie Sie möchten. Achten Sie auf lokale Variablen.

4. Schreiben Sie eine Funktion uniq(), die ein Array annimmt, alle doppelten Elemente auf ein einziges reduziert und das Ergebnis sortiert wieder zurückgibt. Der Trick besteht darin, das Array derart einem Hash zuzuweisen, dass alle doppelten Zuweisungen verloren gehen, und anschließend den Hash wieder zurück an das Array zu liefern. Das Array qw(y z y x z y) sollte beispielsweise als qw(x y z) zurückgeliefert werden.

Tag

14

Module

Module sind *Funktionsbibliotheken*. Was heißt das? Man lagert eine Funktion aus einem konkreten Skript aus, weil man annimmt, dass sie nicht nur in *diesem*, sondern auch in anderen Skripten gebraucht wird. Unsere Funktion zur Überprüfung eines korrekten Datumsformats ist ein wunderbares Beispiel dafür. So etwas kann man in jedem zweiten Programm gebrauchen. Man nimmt sie also aus dem Skript heraus und speichert sie in einer eigenen Datei. Da man in einer solchen Datei normalerweise mehrere Funktionen sammelt, spricht man von einer Funktionsbibliothek. In Perl nennt man sie *Modul*. Die unterschiedlichsten Skripte können das Modul nun laden und mit den darin enthaltenen Funktionen arbeiten, als befänden sie sich im Skript selbst.

Heute werden wir lernen, wie man Module nutzt und wie man selbst welche schreibt. Im Einzelnen erfahren wir

- wie ein Modul aufgebaut ist,

- wie man es lädt und seine Funktionen verwendet,

- über welche Module Perl standardmäßig verfügt,

- wie man Module im CPAN findet,

- wie man eigene Module schreibt,

- was es mit Packages auf sich hat,

- wie man den Import/Export-Mechanismus in Module integriert

- und wie man eine Dokumentation zu seinem Modul hinzufügt.

14.1 Aufbau eines Moduls

Das Modulkonzept ist so gestaltet, dass ein Modul für den Anwender – also derjenige, der es in seinem Skript benutzt – möglichst einfach zu handhaben ist. Sämtliche Komplexität liegt bei demjenigen, der das Modul *schreibt*. Das Schreiben ist nicht wirklich schwierig, aber auch nicht trivial. Wir werden uns erst in der zweiten Hälfte dieses Kapitels damit beschäftigen. Zunächst soll die *Verwendung* des Moduls im Vordergrund stehen. Zuvor werfen wir aber noch einen flüchtigen Blick auf seinen prinzipiellen Aufbau.

Im Wesentlichen besteht ein Modul aus einer Aneinanderreihung von Funktionsdefinitionen. Zusammengefasst in einer Datei mit der Endung .pm (**Perl Module**). Ihr Name ist frei wählbar, beginnt per Konvention aber mit einem Großbuchstaben. Etwa so:

```
Mymod.pm:

package Mymod ;

sub func1 {
    .....
    }
```

```
sub func2 {
  .....
  }
.....
```

```
1 ;
```

Es reiht sich eine Definition an die andere: Es gibt praktisch keine aktiven Befehle, die eine direkte Wirkung hervorriefen. Sie erinnern sich: Wenn Perl auf eine Funktionsdefinition trifft, passiert noch nichts, erst beim Aufruf werden die darin enthaltenen Befehle ausgeführt.

Die Definitionen werden von zwei Befehlen umrahmt, von einem `package`-Befehl und von `1;`. Der `package`-Befehl legt den Namen des Moduls fest. Er muss mit dem Dateinamen (ohne `.pm`) übereinstimmen. Wie wir später sehen werden, sorgt `package()`dafür, dass Variablen- und Funktionsnamen des Moduls nicht mit denen des Skripts und denen anderer Module verwechselt werden.

Die `1;` bezweckt, dass der Code der Datei bei Ausführung (wenn die Funktionsdefinitionen gelesen werden) auf jeden Fall einen wahren Wert zurückliefert. Perl fordert beim Einlesen von Modulen, dass sie mit einem wahren Wert enden, um auf der anderen Seite registrieren zu können, wenn Fehler aufgetaucht sind.

So viel zum prinzipiellen Aufbau von Modulen. Im nächsten Abschnitt erfahren wir, wie man mit ihnen umgeht.

▶ **Manpages:** perldoc perlmod

14.2   Module laden und ihre Funktionen benutzen

use Modulname

Ein Modul muss immer erst über den Befehl `use()` geladen werden, bevor man seine Funktionen verwenden kann. Der Modulname muss als nacktes Wort (*bareword*), ohne Quotes, ohne Endung und ohne Verzeichnis angegeben werden. In welchen Verzeichnissen Perl das Modul sucht, werden wir in Abschnitt 14.4 erfahren. Wurde ein Modul auf diese Art eingebunden, kann man die darin enthaltenen Funktionen verwenden, als wären sie im eigenen Skript definiert worden.

```
use Modulname ;
```

```
func1() ;                    # func1() aus dem Modul
$ergebnis = func2(@arr) ;    # func2() aus dem Modul
```

Um der Gefahr zu begegnen, dass Funktionen aus dem eigenen Skript mit solchen gleichen Namens aus Modulen kollidieren, bietet uns `use()` die Möglichkeit, *selbst* festzulegen, welche Funktion aus einem Modul importiert werden soll.

```
use Mymodule ( 'func1', 'func2') ;
```
oder
```
use Mymodule qw (func1 func2) ;
```

Hier wird nichts anderes importiert als die beiden genannten Funktionen.

use *Modulname*; ohne die explizite Angabe von Funktionen importiert alle Funktionen, die der Programmierer des Moduls dazu vorgesehen hat.

Wenn Sie sich komplett gegen den Import wehren möchten, benutzen Sie use mit leeren Klammern.

```
use Mymodule () ;
```

Laden und Importieren

Die beiden Begriffe *Laden* und *Importieren* darf man nicht verwechseln! *Laden* heißt, den Code in das eigene Skript einzufügen. *Importieren* bedeutet hingegen, dass man die Funktionen so aufrufen kann, als wären sie direkt im Skript definiert. Perl erstellt dazu eine Verbindung zwischen der Variablentabelle (Symboltabelle) des Moduls und derjenigen des Skripts. Wie wir später noch sehen werden, können auch geladene Funktionen eines Moduls, die *nicht* importiert wurden, aufgerufen werden. Allerdings etwas komplizierter, nämlich mit der kompletten Angabe des Modulnamens: Mymodule::func1().

Geladen werden durch use immer *alle* Funktionen eines Moduls. Welche Funktionen *importiert* werden sollen, damit man sie bequemer aufrufen kann, entscheiden wir hingegen über die genaue Syntax von use.

Export-Tags

Es gibt viele Module, die zig Funktionen besitzen; zu viele, um sie guten Gewissens einfach zu importieren. Andererseits wäre es auch zu mühsam, unter den fünfzig Funktionen die zwanzig benötigten einzeln auszuwählen. Für solche Fälle gibt es einen Mittelweg. Der Modulschreiber fasst Gruppen von Funktionen unter einem gemeinsamen Namen, einem so genannten *tag*, zusammen. Der Anwender besitzt dann die Möglichkeit, die komplette Gruppe zu importieren, indem er use() den tag mit einem führenden Doppelpunkt übergibt.

```
use Module qw(:default) ;
```

Hier wurden einige Funktionen unter dem tag default zusammengefasst. Meistens sind solche Module derart konstruiert, dass ohne Angabe eines tag oder konkreter Funktionsnamen überhaupt nichts importiert wird.

Verschachtelte Modulnamen

Warum wird das schon mehrfach verwendete Modul `File::Copy` mit zwei Doppelpunkten geschrieben? Perl bietet die Möglichkeit, Module in Gruppen zusammenzufassen, oder besser gesagt, eine Hierarchie von Modulen aufzubauen. Die einzelnen Ebenen der Modulhierarchie werden im Modulnamen durch `::` getrennt. Hier haben wir es also genaugenommen mit dem Modul `Copy` aus der Gruppe `File` zu tun.

Der Modulname muss immer vollständig angegeben werden, mit der kompletten Hierarchie:

```
use File::Copy ;
```

In der gleichen Gruppe gibt es noch weitere Module, z.B.:

```
File::Basename
File::Compare
File::Find
```

Aber keine Angst: Der schwierigste Teil besteht darin, den richtigen Modulnamen zu finden. Das Einbinden und Benutzen der Funktionen funktioniert genauso einfach wie bei nicht verschachtelten Modulen.

Hilfe zu einem Modul finden

Module – zumindest die mit Perl ausgelieferten und im CPAN erhältlichen – besitzen stets eine eingebaute Dokumentation. Sie ist im POD-Format[1] geschrieben und vor, hinter oder mitten im Programmcode untergebracht. Über den Befehl `perldoc` können Sie sich diese Dokumentation ansehen. Geben Sie `perldoc` einfach den Modulnamen mit.

```
$ perldoc Module
```

Ein Beispiel:

```
$ perldoc File::Copy
NAME
    File::Copy - Copy files or filehandles

SYNOPSIS
        use File::Copy;

        copy("file1","file2");
        copy("Copy.pm",\*STDOUT);'
        move("/dev1/fileA","/dev2/fileB");
        .......
```

---

1   Plain Old Documentation

Zusammenfassung

Fassen wir noch einmal zusammen, wie man Module einbindet, um die darin befindlichen Funktionen verwenden zu können.

■   use Module ;

lädt das Modul, führt es aus und importiert alle vorgesehenen Funktionen.

■   use Module qw(func1 func2) ;

importiert hingegen nur die ausdrücklich genannten Funktionen.

■   use Module qw(:default) ;

importiert eine Gruppe von Funktionen, die unter dem tag default zusammengefasst werden.

■   use Module () ;

lädt das Modul und führt es aus, importiert jedoch überhaupt nichts. Die Funktionen können zwar immer noch, aber nicht mehr so komfortabel aufgerufen werden (Module::func()).

■   use File::Copy ;

lädt das Modul Copy aus der Modulgruppe File.

■   **$ perldoc Module**

liefert die zu dem Modul gehörige Dokumentation.

▶ **Manpages:** perldoc -f use

14.3   Beispiele

Es wird Zeit, dass wir endlich ein paar Module *benutzen*, statt nur über sie zu reden.

File::Copy

Das Modul File::Copy haben wir schon mehrmals benutzt. Es enthält die Befehle copy() und move(), mit deren Hilfe Dateien an eine andere Stelle kopiert bzw. verschoben werden können. Hier ein Skriptfragment, das alle Dateien eines Verzeichnisses $olddir in ein Verzeichnis $newdir verschiebt.

```
use File::Copy ;

mkdir $newdir unless -d $newdir ;

foreach $file ( <$olddir/*> ) {
   move $file, $newdir if -f $file ;
   }
```

An diesem Modul lässt sich auch wunderbar das explizite Importieren von Funktionen zeigen. `File::Copy` verfügt über zwei weitere Befehle `cp()` und `mv()`, die genau das Gleiche tun wie `copy()` und `move()`, deren Namen sich jedoch an den UNIX-Befehlen orientieren. Um Sie zu importieren, ruft man `use()` mit der Liste der beiden Funktionsnamen auf.

```
use File::Copy qw(cp mv) ;

mkdir $newdir unless -d $newdir ;

foreach $file ( <$olddir/*> ) {
   mv $file, $newdir if -f $file ;
   }
```

In unserem Beispiel hätte natürlich der Import von `mv` genügt. Die beiden ursprünglichen Befehle `copy()` und `move()` funktionieren jetzt nicht mehr, da wir ja ausdrücklich verlangt haben, nur `cp` und `mv` zu importieren. Wären wir an beiden Varianten beider Befehle interessiert, hieße es

```
use File::Copy qw(copy move cp mv) ;
```

Cwd

Wir hatten bereits in Kapitel 13 das Modul `Cwd` verwendet, um das aktuelle Verzeichnis über die Funktion `cwd()` zu ermitteln. Das geht so:

```
use Cwd ;
$workdir = cwd ;
```

Module sind ein Segen! Unglaublich, wie einfach das funktioniert. Noch beeindruckender ist die Leistungsfähigkeit des folgenden Moduls.

File::Find

Das Modul `File::Find` besitzt die Funktion `find()`, die ein Directory rekursiv durchläuft. Aber aufgepasst, sie liefert nicht einfach alle Dateinamen zurück, sondern verlangt explizit eine Funktion von Ihnen, die besagt, was mit den Dateinamen getan werden soll.

```
use File::Find ;
find sub { print "$File::Find::name \n"}, $startdir ;
```

Dieser Aufruf von `find()` listet uns alle Dateinamen des Verzeichniszweigs untereinander auf.

Die Laufvariable `$name`, erreichbar über den vollen Namen[2] `$File::Find::name`, beinhaltet den Namen der gerade herausgegriffenen Datei mit absoluter Pfadangabe. Wenn Sie an dem Ver-

---

2 Weil sie nicht importiert wird – was bei *Variablen* auch nicht üblich ist –, muss man den Modulnamen davor schreiben, so wie es in *Laden und Importieren* aus Abschnitt Module laden und ihre Funktionen benutzen für Funktionen kurz gezeigt wurde. Mehr zu diesem Mechanismus gibt es in **Der Package-Mechanismus**.

zeichnis ohne Dateinamen interessiert sind, verwenden Sie `$File::Find::dir`, für den Dateinamen ohne Verzeichnisanteil einfach `$_`.

Über `sub { ... }` wird eine so genannte *anonyme Funktion* eingebunden. Anonym, weil sie
keinen Namen hat. Unsere Variante dieser Funktion ist die denkbar einfachste. An dieser Stelle
können Sie mächtig variieren und jede beliebige Bedingung oder Verarbeitung einsetzen. Die
einzeilige Schreibweise ist dann allerdings kaum noch lesbar. Deshalb gibt es auch eine Form,
in der die Zusatzfunktion vom eigentlichen Aufruf getrennt ist.

```
find \&wanted $startdir ;
```

Weiter unten können Sie dann Ihre Funktion `wanted()` (Name beliebig) in Ruhe definieren.
Die Kombination `\&` stellt eine Referenz auf die Funktion `wanted` her. Morgen werden wir
erfahren, was es damit auf sich hat.

Interessiert an allen Dateien des Verzeichnisbaums, die in den letzten sieben Tagen verändert
worden sind?

```
sub wanted {
    $file = $File::Find::name;
    print " $file \n" if -M $file <= 7 ;
    }
```

An allen Dateien, die größer als 1 MB sind?

```
sub wanted {
    $file = $File::Find::name;
    print " $file \n" if -s $file > 1_000_000 ;
    }
```

Oder allen Dateien, die der User-ID 10013 gehören?

```
sub wanted {
    $file = $File::Find::name;
    print " $file \n" if (stat $file)[4] == 10013 ;
    }
```

Wir müssen nicht immer etwas ausgeben. Wir können auch gleich kopieren. Etwa alle Dateien,
die in den letzten sieben Tagen verändert wurden.

```
use File::Copy ;
use File::Find ;
find \&wanted $startdir ;

sub wanted {
    $file = $File::Find::name;
    mkdir "$backupdir$file" if -d $file ;
    copy $file, "$backupdir$file" if -M $file <= 7 ;
    }
```

▶ **Manpages:** perldoc Cwd/File::Copy::File:Find

14.4 Modulverzeichnisse

Wo sucht Perl eigentlich nach Modulen, die wir über use() einbinden wollen? Es verwaltet ein Spezial-Array @INC, welches die in Frage kommenden Verzeichnisse enthält. Mal sehen, was da drin steht.

```
$ perl -e 'print join ("\n",@INC), "\n"'
/usr/lib/perl5/5.00502/i586-linux
/usr/lib/perl5/5.00502
/usr/lib/perl5/site_perl/5.005/i586-linux
/usr/lib/perl5/site_perl/5.005
.
```

Unschwer zu erkennen, auf welchem System hier gerade gearbeitet wird. Die Ausgabe sieht auf jedem System anders aus. Hier zum Vergleich die Windows-Version:

```
C:\Perl> $ perl -e "print join (qq(\n),@INC), qq(\n)"
C:/Perl/lib
C:/Perl/site/lib
.
```

Beachten Sie bitte bei beiden Ausgaben den Punkt in der letzten Zeile. Er steht für das aktuelle Verzeichnis. Wird ein Modul also nicht in den festgelegten Verzeichnissen gefunden, sucht Perl immer auch in dem Verzeichnis, in dem Sie gerade stehen.

Die Verzeichnisse werden rekursiv durchsucht, eines nach dem anderen jeweils in seiner ganzen Tiefe, bis das gewünschte Modul gefunden ist.

Module mit einfachem Namen finden sich als Modulename.pm in einem der durchsuchten Verzeichnisse. Module mit zusammengesetzten Namen wie File::Copy befinden sich in einem Unterverzeichnis, das dem Gruppenteil des Modulnamens entspricht. File::Copy befindet sich demnach im Verzeichnis File als Datei Copy.pm. Die Modulhierarchie wird als Verzeichnishierarchie abgebildet.

Wenn Sie nun ein eigenes Verzeichnis mit Modulen zu der Liste hinzufügen möchten, können Sie es über unshift() vorn oder über push() hinten zu @INC hinzufügen. Vorn, wenn Perl *zuerst* in Ihrem Verzeichnis suchen soll – das dürfte wohl der Normalfall sein – und hinten, wenn Perl *zuletzt* dort nachsehen soll. Allerdings muss dieser Vorgang bereits zur Kompilierzeit stattfinden, da ja use(), welches @INC benötigt, ebenfalls schon so früh ausgeführt wird.

```
BEGIN { unshift @INC, 'module_dir' }
```

Sperrig. Das muss eleganter gehen. Stimmt, und zwar so:

```
use lib 'moduledir' ;
```

Oder allgemeiner:

```
use lib Dir-Liste ;
```

▶ **Manpages:** perldoc lib; perldoc -f use ; perldoc perlvar ... @INC

14.5 Die Standardmodule

Module stellen eine enorme Erweiterung zu den Perl-Funktionen dar. Wie Sie inzwischen wissen, gibt es eh schon eine große Menge an fertigen Perl-Befehlen. Diese besitzen häufig sogar zwei Varianten (je nach Kontext). Und nun kommt noch eine Fülle von externen Funktionen hinzu, die in Module verpackt sind. Verstehen Sie nun, wieso Sie mit Perl die Entwicklungszeit eines Programms minimieren? Das Repertoire angebotener Funktionen ist riesig!

Ein Teil der Module – die, von denen man annimmt, dass sie häufiger gebraucht werden – werden zusammen mit der Perl-Distribution installiert. Man nennt sie deshalb auch Standardmodule. Darüber hinaus stehen Ihnen gewaltige Mengen an Modulen im Internet zur Verfügung, organisiert im so genannten CPAN. In diesem Abschnitt sehen wir uns die interessantesten Standardmodule an, im nächsten werfen wir einen Blick ins CPAN.

Die folgende Liste zeigt einen Querschnitt durch die Standardmodule. Es wurden vor allem solche Module ausgewählt, die für die Mehrzahl der Perl-Programmierer interessant sind. Spezielle Module für Entwickler oder selten auftauchende Fragestellungen wurden ausgelassen. Eine komplette Liste der Standardmodule finden Sie in der Manpage `perlmodlib` sowie in Anhang C dieses Buchs.

Sie werden eventuell nicht alle Erläuterungen zu den Modulen verstehen, da sich die Module häufig auf Programmier- und Administrationskonzepte beziehen, von denen man keine Ahnung hat. Dies gilt insbesondere, wenn Sie einen Blick auf die komplette Liste im Anhang werfen. Ich habe selbst noch nie etwas von einem SOAP-Protokoll gehört und kann gut damit leben. Lassen Sie sich also bitte nicht verunsichern.

Zu jedem Modul finden Sie die vollständige Dokumentation, wenn Sie

`perldoc Modulname`

aufrufen.

Und nun die Liste:

- `AnyDBM_File`
  Gemeinsame Schnittstelle für unterschiedliche DBM-Varianten.

- `Archive::Tar,Archive::Zip`
  Module zum Komprimieren von Dateien im `tar`- bzw. im `zip`-Format.

- `Benchmark`
  Modul zum Erstellen von Benchmark-Tests für Perl-Code (Laufzeitanalyse).

- `Carp`
  Erweiterte Fehlermeldungen, die auch den Aufrufer der fehlerhaften Funktion nennen.

- `CGI`
  Wichtigstes Perl-Modul zum Programmieren von CGI-Skripten (Web-Skripten).

- `Cwd`
  Abfrage des aktuellen Verzeichnisses.

- English
  Modul zur Verwendung ausgeschriebener Variablennamen für die Spezialvariablen.

- Exporter
  Enthält die Importfunktion für Module, welche dafür sorgt, dass Modulfunktionen im Skript sichtbar sind.

- Fcntl
  Bequemere Notation zum systemnahen Öffnen, Schließen und Sperren von Dateien.

- File::Basename
  Liefert Verzeichnis- und Dateianteil eines Pfadnamens.

- File::Compare
  Den Inhalt zweier Dateien vergleichen.

- File::Copy
  Dateien kopieren oder verschieben.

- File::Find
  Ein Verzeichnis rekursiv durchlaufen und beliebige Aktionen mit den gefundenen Dateien durchführen.

- File::Path
  Verzeichnisbäume anlegen oder löschen.

- Getopt::Std,Getopt::Long
  Modul zur Erkennung von Befehlszeilenoptionen.

- HTTP::.....
  Eine Reihe von Modulen zur Implementierung eines HTTP-Servers.

- LWP::.....
  Lib WWW Perl. Eine Reihe von Modulen zur Implementierung eines Web-Client und zur automatischen Ausführung von HTTP-Requests, z.B. zum automatischen Download von Webseiten.

- Mac::.....
  Module für spezielle Macintosh-Funktionen.

- Math::BigFloat,Math::BigInt,Math::Complex,Math::Trig
  Mathematische Module für Zahlen beliebiger Größe und Genauigkeit, komplexe Zahlen und trigonometrische Funktionen.

- Net::FTP,Net::HTTP,Net::NNTP,Net::Ping,Net::.....
  Funktionen für einen FTP-Client, einen Web-Client, einen Newsreader-Client, einen Mail-Client, zum Senden von Mail und Anpingen von Rechnern.

- POSIX
  Perl-Schnittstelle für den POSIX-Standard. Ein riesiges Modul, das die für POSIX geforderten Funktionen implementiert. Es handelt sich um etwa 200 Funktionen aller Kategorien, die man vor allem im UNIX- und C-Umfeld kennt.

- `SDBM_File`
  Hashes als DBM-Dateien auf Festplatte halten.

- `Storable`
  Komplexe Datenstrukturen auf Festplatte speichern.

- `Time::....`
  Bequemerer Zugang zu den Feldern von `localtime()` und Funktionen zur Konvertierung zwischen Sekundenwerten und echten Datumswerten.

- `Tk::.....`
  Perl/Tk. Modulpaket mit etwa 100 (!!!) Modulen zur Erstellung grafischer Oberflächen unter Perl. Enorm vielfältig.

- `Unicode::CharName,Unicode::String`
  Zwei Module zur Konvertierung von ASCII- in Unicode-Text. (Mehr als ein Byte je Zeichen, länderspezifische Zeichen wie z. B. Umlaute werden einheitlich dargestellt.)

- `Win32::.....`
  Eine Reihe von Modulen mit einer großen Anzahl von Windows-spezifischen Funktionen.

Hoffentlich war etwas für Sie dabei. ;-)

▶ **Manpages:** perldoc perlmodlib

14.6 Module aus dem CPAN

Aaaaber – das war noch nicht alles. Im Gegenteil, das war der kleinste Teil. Die Standardbibliothek enthält etwa 100 Module und Modulgruppen. Im Internet stehen über 4000 (!!!) weitere Module für Sie bereit, zentral und wirklich gut organisiert. In Kategorien, alphabetisch oder nach Autor sortiert. Durchsuchbar. Anständig formatiert. Mit Dokumentation.

Es ist kaum zu fassen, dass so etwas funktioniert. Wildfremde Menschen auf der ganzen Welt schicken ihre selbst gestrickten Funktionen in einem einheitlichen Format an eine zentrale Stelle. Dort wird das Ganze kontrolliert, katalogisiert und öffentlich zur Verfügung gestellt. Kein Mensch bekommt Geld dafür. Der zentrale Server ist seit 1995 erreichbar; inzwischen gibt es auf der ganzen Welt mehr als 200 Mirror-Server. Sie spiegeln jeweils etwa 1,5 Gigabyte Material.

Die Organisation, die sich dieser Aufgabe verschrieben hat, nennt sich CPAN, Comprehensive Perl Archive Network (Umfassendes Perl-Archiv-Netz). Sie erreichen die Module entweder direkt über *www.cpan.org* oder über einen Link auf *www.perl.com*.

Wann immer Sie ein größeres Projekt in Angriff nehmen oder nicht viel Zeit für ein kleineres haben, sollten Sie einen Blick ins CPAN werfen. Wetten, dass sich bereits jemand über ähnliche Probleme Gedanken gemacht hat? Dann können Sie dessen Arbeit entweder gleich nutzen und in Ihr Projekt einbauen. Oder Sie schreiben die gefundenen Funktionen in die für Sie notwendige Form um und starten nicht bei Null. Oder Sie profitieren wenigstens von den Anregungen, die Sie sich bei der Lektüre ähnlicher Lösungsansätze holen konnten.

Wenn Sie sich auf CPAN einklicken, sehen Sie die in Abbildung 14.1 gezeigte Seite.

Abbildung 14.1:
Hauptseite des
CPAN-Servers

Um sich einen Überblick über die Module zu verschaffen, klicken Sie auf den Link `Perl modules`. Was Sie dort erwartet, ist in Abbildung 14.2 dargestellt.

Gehen Sie an dieser Stelle NICHT über den Link »modules by ... category« ganz unten. Der ist dafür gedacht, möglichst schnell ein bestimmtes Modul herunterladen zu können. Einfache Erläuterungen zu den einzelnen Modulen erhalten Sie nur, wenn Sie den Link »The Module List ... The Modules« auswählen.

Nun erhalten Sie eine Webseite, die ausgedruckt etwa 100 Blätter Papier verschlingt. Unter Punkt 2) finden Sie eine Übersicht über die Modulkategorien. (Listing 14.1)

Listing 14.1: CPAN-Modulkategorien

```
Part 2 - The Perl 5 Module List

1) Module Listing Format
2) Perl Core Modules, Perl Language Extensions and Docu. Tools
3) Development Support
4) Operating System Interfaces, Hardware Drivers
5) Networking, Device Control and InterProcess Communication
6) Data Types and Data Type Utilities
7) Database Interfaces
8) User Interfaces
```

9) Interfaces to or Emulations of Other Programming Languages
10) File Names, File Systems and File Locking
11) String Processing, Language Text Processing and Parsing
12) Option, Argument, Parameter and Config File Processing
13) Internationalization and Locale
14) Authentication, Security and Encryption
15) World Wide Web, HTML, HTTP, CGI, MIME
16) Server and Daemon Utilities
17) Archiving, Compression and Conversion
18) Images, Pixmap and Bitmap Manipulation, Drawing and Graphing
19) Mail and Usenet News
20) Control Flow Utilities (callbacks and exceptions etc)
21) File Handle, Dir. Handle and Input/Output Stream Utilities
22) Microsoft Windows Modules
23) Miscellaneous Modules
24) Interface Modules to Commercial Software
25) Bundles

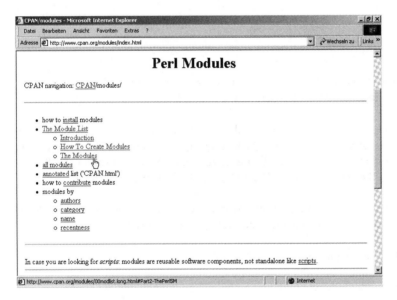

Abbildung 14.2:
Perl-Module des
CPAN

Wenn Sie auf eine der Kategorien klicken, gelangen Sie zu einer Liste aller Module in dieser Gruppe mitsamt Erläuterungen.[3] Listing 14.2 enthält einen kleinen Ausschnitt aus Kategorie 6.

---

3   Der Text der beiden Listings wurde zur besseren Lesbarkeit leicht editiert.

Listing 14.2: **Ausschnitt aus der Kategorie: Data Types**

```
6) Data Types and Data Type Utilities
Name          DSLIP Description                             Info
-----------   ----- ------------------------------------- ------
Math::
::Amoeba      Rdpr? Multidimensional Function Minimisation  JARW
::Approx      adpO? Approximate x,y-values by a function    ULPFR
::BaseCalc    RdpOp Convert numbers betw. various bases KWILLIAMS
::BigFloat    SupO? Arbitrary size floating point math pkg.  TELS
::BigInt      SupO? Arbitrary size integer math package     TELS
::BigInteger  adc ? Arbitrary size integer as XS extension  GARY
::BigRat      RdpOp Arbitrary size rational numbers (fracts.)TELS
::Brent       Rdpr? One-dimensional Function Minimisation   JARW
::CDF         bdch? Cumulative Distribution Functions    CALLAHAN
::Cephes      adcf? Interface to St. Moshier's Cephes lib RKOBES
::Complex     SdpOp Complex number data type                RAM
.................
```

Die Bedeutung der Flags unter der Überschrift DSLIP wird weiter oben im gleichen Dokument erklärt.

 Das CPAN enthält auch einige Standardmodule. Allerdings nur diejenigen, die nicht auf jeder Plattform mitgeliefert werden oder für die es zusätzliche Unter-Module gibt.

Durch einen Klick auf den Modulnamen gelangen Sie zu dessen individueller Webseite, welche die komplette Dokumentation für das Modul enthält. Über den Link »Source« können Sie den Code des Moduls einsehen.

 Um das Modul herunterzuladen, mitsamt allen Hilfsdateien und Installations-skripten, gehen Sie am besten zurück zur Hauptseite der CPAN-Module (Abbildung 14.2) und folgen dem Link »modules by category«. Über die Kategorie und den Namen des Autors gelangen Sie anschließend an dessen Module, die es oft in unterschiedlichen Versionen gibt. Unter Windows steht Ihnen der Perl Package Manager, ppm, zur Verfügung, der die Installation von komplexen Modulen erleichtert (siehe Abschnitt 21.1).

Nachdem Sie das Modul heruntergeladen haben, können Sie es über

```
use modulname ;
```

in Ihr Skript einfügen und seine Funktionen wie Ihre eigenen benutzen.

▶ **Manpages:** perldoc perlmodinstall

409

14.7 Objektorientierte Module

Wenn Sie ein Modul aus dem CPAN laden, stehen Sie häufig vor der Situation, dass es nur eine objektorientierte Schnittstelle bietet. Das bedeutet, dass Sie die darin enthaltenen Funktionen nicht einfach so aufrufen können, sondern immer nur in Verbindung mit einem Objekt. Das sieht dann etwa so aus: `$obj -> func()`.

Das dazu notwendige Objekt existiert aber nicht per se, sondern muss immer erst über eine Funktion `new()` erzeugt werden. Die Verwendung von OO-Modulen läuft daher immer in etwa nach dem folgenden Schema ab:

```
use module ;
$obj = new module ;      # oder $obj = module -> new ;
$obj -> func1() ;
$obj -> func2() ;
.....
```

Alles wird aus der Perspektive des Objekts getan. *Objekt*, das klingt so, als müsse es viele davon geben; ist aber meistens nicht der Fall. Die Funktionen werden hier übrigens *Methoden* genannt und Variablen heißen Eigenschaften. Statt Modul sagt man häufig auch Klasse. Seltsam, nicht wahr?

Vielleicht hilft Ihnen diese kurze Einführung, wenn Sie stirnrunzelnd und mit zusammengekniffenen Augen vor der Dokumentation eines solchen Moduls sitzen. Wenn nicht, dann müssen Sie sich noch bis zu Tag 17 gedulden, wo wir uns in aller Ausführlichkeit mit der objektorientierten Schreibweise in Perl auseinander setzen werden.

14.8 Pragma-Module

Pragmatic Modules, so genannte Pragmas, sind Module, die nicht einfach Funktionen hinzufügen, sondern bestimmte Eigenschaften von Perl beeinflussen, vergleichbar mit Kommandozeilenschaltern.

Pragmas befinden sich wie gewöhnliche Module in einer Datei gleichen Namens mit der Endung `.pm` im Haupt-Modulverzeichnis. Ihr Name beginnt jedoch zur besseren Unterscheidung mit einem Kleinbuchstaben. Pragmas gehören zu den Standardmodulen.

Viele Pragmas können wieder abgeschaltet werden, indem man den no- statt des use-Befehls verwendet.

```
use integer ;
.....
no integer ;
```

Wir stellen nur die wichtigsten Pragma-Module vor. Die komplette Liste finden Sie in Anhang C oder über `perldoc perlmodlib`.

- constant
  Konstanten, also unveränderliche Werte deklarieren.

  `use constant BUFFER => 4096 ;`

  Später wird die Konstante dann ohne Präfix verwendet: `print BUFFER ;`. Arrays und Hashes können über Referenzen als Konstanten angelegt werden.

- diagnostics
  Erweiterte Fehler- und Warnmeldungen aktivieren. Schaltet automatisch auch den Schalter `-w` an.

- integer
  Verwendung von Integer- statt Fließkommaarithmetik.

  `use integer ; print 10 / 8 ;     # --> 1`

- lib
  Fügt zur Kompilierzeit Modulverzeichnisse zu dem Array `@INC` hinzu. Entspricht: `BEGIN{unshift(@INC, LIST)}`

  `use lib dirlist ;`

  Durch `no lib dirlist;` können Verzeichnisse entfernt werden.

- strict
  Erfordert einen restriktiven Umgang mit Variablen. Verhindert Fehler, die durch die unüberlegte Verwendung von globalen Variablen entstehen. Erzeugt eine Fehlermeldung zur Kompilierzeit, wenn Variablen nicht mit `my` oder `our` deklariert oder mit vollständigem Package-Namen angegeben werden.

- subs
  Deklariert die genannten Funktionen (wie `sub func1;`), so dass sie ohne Klammern verwendet werden können.

  `use subs fun1, func2, ... ;`

- warnings
  Schaltet den Schalter `-w` an und ermöglicht weitergehende und differenzierte Warnungen.

▶ **Manpages:** perldoc perlmodlib

14.9 Extension Modules

Extension Modules sind in C oder in einer Mischung von C und Perl geschriebene Perl-Erweiterungen. Normalerweise sind die Funktionen von Perl-Modulen natürlich in Perl geschrieben, das macht ja den eigentlichen Unterschied zwischen eingebauten Perl-Befehlen und benutzerdefinierten Funktionen oder Modulen aus. Extension Modules liegen irgendwo zwischen diesen beiden Polen.

Manchmal werden sie automatisch von anderen Modulen geladen, manchmal lädt man sie ganz normal über use(). POSIX, Fcntl und Socket sind Beispiele für solche Extension Modules. Die Moduldateien POSIX.pm, Fcntl.pm usw., die durch use() geladen werden, enthalten zwar ausschließlich Perl-Code; dieser bildet aber nur eine Art Rahmen zum Laden entsprechender C-Bibliotheken über die Funktion XSLoader::load() oder etwas Ähnliches.

14.10 Module selbst schreiben

Wir haben uns sehr, sehr viel Zeit dafür genommen, zu lernen, wie man Module verwendet. Jetzt gehen wir einen Schritt weiter und schreiben sie selbst. Sie werden zwar nicht so häufig Module schreiben, wie Sie welche benutzen, aber Sie werden! Erinnern Sie sich an unsere Testfunktion für eine korrekte Datumseingabe? So etwas braucht man dauernd in den verschiedensten Skripten. Also lagern wir sie in ein Modul aus.

Wie gehen wir nun vor, wenn wir eigene Module erstellen möchten?

- Wir beginnen unser Modul mit dem package()-Befehl, um festzulegen, wie das Modul heißen soll, und, wie wir im nächsten Abschnitt sehen werden, um unsere Funktions- und Variablennamen von denjenigen des Hauptprogramms zu trennen.

- Anschließend fügen wir drei oder vier Zeilen für den Import/Export-Mechanismus ein, der dafür sorgt, dass unsere Funktionen von den Skripten importiert und bequem aufgerufen werden können.

- Dann folgen die einzelnen Funktionsdefinitionen.

- Das Ganze endet schließlich mit dem Befehl 1;, der dafür sorgt, dass beim Laden ein wahrer Wert zurückgeliefert wird.

```
package Mymodule ;

require Exporter;
@ISA = qw(Exporter);
@EXPORT = qw(func1 func2 func3);
@EXPORT_OK = qw(func4 func5 func6);

sub func1 {
    .....
    }

sub func2 {
    .....
    }
```

```
sub func3 {
  .....
  }


1 ;
```

Abgespeichert wird das Modul in einer Datei mit der Endung .pm. Entweder im aktuellen Verzeichnis, in einem der Modulverzeichnisse von Perl (Ausgabe von @INC) oder in einem extra dafür geschaffenen eigenen Modulverzeichnis. In den nächsten beiden Abschnitten werden wir erfahren, wozu der package-Befehl dient und wie das Exportieren genau funktioniert.

14.11 Der Package-Mechanismus

Wenn man die Funktionen und Variablen unterschiedlicher Dateien mischt, so wie es beim Laden von Modulen geschieht, steht man sofort vor dem Problem, dass einige Namen doppelt oder mehrfach vorkommen können. Es hilft überhaupt nichts, dass sich die Funktionen in unterschiedlichen Dateien befinden, nach dem Laden ist ja alles in einem einzigen Programm vereint. Also muss es ein System geben, das Variablen- und Funktionsnamen aus unterschiedlichen Modulen getrennt halten kann: den Package-Mechanismus.

Ein Package oder Paket ist einfach eine Organisationsform zur getrennten Verwaltung von Namen, egal ob es sich um Namen von Funktionen, Variablen oder Filehandles handelt. Mit jedem Package ist eine eigene *Symboltabelle* verbunden, eine Tabelle, in der registriert wird, welche Variablen, Funktionen etc. (auch *Symbole* genannt) verwendet werden und wo die zugehörigen Werte im Arbeitsspeicher zu finden sind.

Funktions- und Variablennamen des Hauptprogramms werden normalerweise in der Symboltabelle main verwaltet. Für Module verwendet man hingegen eine Symboltabelle (ein Package), die den gleichen Namen trägt wie das Modul selbst, z.B. Mymod.

Der package-Befehl legt das aktuelle Paket fest. Durch ihn bestimmt man, welche Symboltabelle verwendet wird. In Modulen muss er gleich zu Beginn stehen, damit alle Variablen und Funktionen in dem gewünschten Paket verwaltet werden.

```
package pkgname ;        # allgemein
package Mymod ;          # z.B. im Modul Mymod
```

Um allgemein auf eine Funktion oder eine Variable aus einem beliebigen Paket zuzugreifen, schreibt man den Namen des Pakets – und somit der Symboltabelle – vor den eigentlichen Symbolnamen, getrennt durch zwei Doppelpunkte.

```
Mymod::func1() $Mymod::var @Mymod::arr @main::arr
```

Lässt man den Paketnamen weg, bezieht man sich immer auf das gerade aktuelle Paket; im Skript also auf main, im Modul auf das darin über package() definierte Paket. Im Skript kann man auf den Befehl package main; verzichten.

Die über den `package`-Befehl eingestellte Symboltabelle wird so lange verwendet, bis ein neuer `package`-Befehl auftaucht oder der umschließende Block (geschweifte Klammern) zu Ende geht. Bei Modulen endet die Wirkung des Befehls mit dem Dateiende.

Packages sind also eine eigene Organisationsform und zunächst einmal unabhängig von Modulen. Module sind eine Ansammlung von Funktionsdefinitionen in einer eigenen Datei. Da es beim Laden von Modulen aber zu Überlagerungen bei den Funktions- und Variablennamen kommen kann, realisiert man jedes Modul als eigenes Paket.

Die folgenden Zeilen sollen den Package-Mechanismus noch einmal verdeutlichen.

```
$planet = 'pluto' ;          # Wir befinden uns in main
print $planet ;              # -> pluto
print $main::planet ;        # -> pluto


package mypkg ;              # -> Paket-Wechsel


$planet = 'quaor' ;          # -> Huii, der ist neu
print $planet ;              # -> quaor (Indian. Name)
print $mypkg::planet ;       # -> quaor
print $main::planet ;        # -> pluto
$main::planet = 'jupiter' ;  # Frechheit


package main ;
print $planet ;              # -> jupiter
```

Alles klar? Gut.

▶ **Manpages:** perldoc perlmod ... Packages/Perl Modules

14.12 Der Import/Export-Mechanismus

Pakete sorgen dafür, dass die Funktions- und Variablennamen der verschiedenen Module und des Skripts in unterschiedlichen Tabellen verwaltet werden und sich daher nicht gegenseitig überschreiben können. Dieses Konzept ist zwar sicher, aber auch unkomfortabel für den Anwender. Der gesamte Import/Export-Apparat, der nun folgt, besitzt einzig das Ziel, Funktionen aus anderen Modulen genauso bequem aufrufen zu können, wie solche, die im eigenen Skript definiert sind.

Statt `File::Copy::copy()` einfach nur `copy()`.

Funktionen exportieren

Wie der *Import* von Modulfunktionen auf Seiten des Skripts erfolgt, wissen wir bereits: Über die genaue Syntax von `use()` kann der Benutzer festlegen, ob nur bestimmte Funktionen importiert werden sollen, *alle* vom Modulschreiber vorgesehenen oder überhaupt keine.

414

Was muss nun innerhalb des Moduls getan werden, um einen solchen Import zu ermöglichen? Im Prinzip können Sie hierzu die folgenden vier Zeilen in Ihr Modul kopieren und die beiden Spezial-Arrays @EXPORT und @EXPORT_OK mit *Ihren* Funktionsnamen füllen.

```
require Exporter;               # Enthaelt Fkt. import()
@ISA = qw(Exporter);            # suche auch in Exporter
@EXPORT = qw(func1 func2 func3);   # fuer Default-Import
@EXPORT_OK = qw(func4 func5 func6);  # fuer expliziten Import
```

Sieht ziemlich kryptisch aus. Welche Bedeutung besitzen die einzelnen Zeilen?

```
require Exporter;
```

Die erste Zeile lädt ein Modul namens Exporter. Hierzu verwenden wir nicht use(), sondern den Befehl require(). Im Gegensatz zu use() wirkt require() nicht schon zur Kompilierzeit, sondern erst zur Laufzeit. Entscheidend ist aber, dass require() keinen automatischen Import durchführt, es lädt lediglich den Modulcode in das aktuelle Skript.

Der Import von Funktions- oder Variablennamen in das Hauptprogramm besteht darin, dass Verknüpfungen aus der Symboltabelle des Moduls in die Symboltabelle des Skripts vorgenommen werden. Diese Verknüpfungen werden von der Funktion import() aus dem Modul Exporter durchgeführt. use() ruft import() automatisch hinter den Kulissen auf. Wir laden also Exporter, damit use() seine Import-Funktion findet.

use() sucht diese Import-Funktion zunächst in dem von uns geschriebenen Modul. Sie befindet sich aber nicht direkt dort, sondern in dem hinzugeladenen Modul Exporter. Um use zu veranlassen, auch dort zu suchen, schreibt man in der zweiten Zeile (in objektorientierter Syntax[4]):

```
@ISA = qw(Exporter) ;
```

Die dritte Zeile

```
@EXPORT = qw(func1 func2 func3);
```

legt über das Spezial-Array @EXPORT fest, welche Funktionen *per Default* in das Skript importiert werden sollen, also in dem Fall, dass der Benutzer use keine expliziten Funktionen mitgibt. Seien Sie zurückhaltend im Umgang mit @EXPORT. Exportieren Sie möglichst wenig, denn jede Funktion, die Sie exportieren, könnte mit einer Funktion im Hauptskript in Konflikt geraten.

In der vierten Zeile

```
@EXPORT_OK = qw(func4 func5 func6);
```

bestimmen Sie, welche Funktionen zusätzlich zu denjenigen, die in @EXPORT stehen, ebenfalls noch importiert werden *dürfen*. Diese Funktionen müssen vom Benutzer beim Aufruf von use() explizit genannt werden, damit ihr Import funktioniert.

Funktionen, die weder in @EXPORT noch in @EXPORT_OK vorkommen, können nicht importiert werden. Der Benutzer erhält bereits zur Kompilierzeit eine Fehlermeldung.

```
$ perl -e 'use Module qw(func7); func7()'
"func7" is not exported by the Module module at -e line 1
```

---

4   Die objektorientierte Syntax wird am 17. Tag behandelt.

Selbstverständlich sind aber immer alle Funktionen – auch die nicht exportierten – über die lange Schreibweise wie `Module::func7()` aufrufbar. Viele Programmierer ziehen es vor, `@EXPORT` überhaupt nicht zu belegen und statt dessen alle interessanten Funktionen in `@EXPORT_OK` aufzunehmen. Beim Laden des Moduls muss der Benutzer dann die zu importierenden Funktionen explizit angeben, wodurch er gezwungen wird, sich Gedanken über eventuelle Namenskollisionen zu machen.

Export-tags

Die zum Export freigegebenen Funktionen in `@EXPORT` und `@EXPORT_OK` können über so genannte *tags* zu Gruppen zusammengefasst werden. Die Gruppen werden in dem Hash `%EXPORT_TAGS` definiert, wobei die tags als Schlüssel dienen. Die Values werden von den Namen der zugehörigen Funktionen in Form einer Liste in eckigen Klammern gebildet.

```
%EXPORT_TAGS = (
        default => [qw(func1 func2 func3)],
        all => [qw(func1 func2 func3 func4 func5 func6)] ) ;
```

Im Skript werden solche Gruppen importiert, indem man ein tag mit vorangestelltem Doppelpunkt der Funktion `use()` übergibt.

```
use Module qw(:default func6) ;    # tag :default
```

Hilfsfunktionen

Unterscheiden Sie am besten schon anhand der Namen, welche Funktionen Sie für den Export vorsehen und welche bloß Hilfscharakter für andere Funktionen besitzen. Die Namen solcher untergeordneten Funktionen lässt man gewöhnlich mit einem Unterstrich beginnen `_funcx()`, `_funcy()`. Der Unterstrich schützt natürlich nicht davor, importiert zu werden, er dient lediglich als optische Hilfe.

Export von Variablen

Es ist nicht üblich, *Variablen* aus Modulen zu exportieren, da Module im Wesentlichen *Funktionssammlungen* darstellen. Aber es geht. Die Variablen müssen dazu in einem der Export-Arrays auftauchen, einschließlich Präfix.

```
@EXPORT_OK = qw( func4 func5 &func6 $var @arr %hash *FH ) ;
```

Auch das Präfix für Funktionen, das &, darf stehen. Es ist das einzige Vorzeichen, das man weglassen darf. Für Filehandles muss ein Sternchen als Präfix verwendet werden.

In genau dieser Form müssen die Variablennamen dann auch dem Befehl `use()` übergeben werden.

```
use Module qw( func4 $var @arr %hash *FH ) ;
```

Auch hier gilt wieder: Was nicht importiert wurde, ist immer noch über den voll qualifizierten Namen erreichbar.

▶ **Manpages:** perldoc Exporter

14.13 Eine POD-Dokumentation hinzufügen

Um aus Ihrem Modul eine runde Sache zu machen, sollten Sie ihm eine kleine Dokumentation hinzufügen.

Im einfachsten Fall schreiben Sie Ihre Anmerkungen in Form von Kommentaren, setzen sie also hinter #-Zeichen mitten in oder vor das Modul. Schön ist das aber nicht, da der Benutzer den Source-Code durchblättern muss, um an die Informationen heranzukommen.

Viel ansprechender ist eine kleine Dokumentation im POD-Format (**P**lain **O**ld **D**okumentation). Sie kann von vielen Programmen gelesen und automatisch aus dem Modul extrahiert werden. Sie können dann wie bei einem Standardmodul das Kommando `perldoc` verwenden:

```
$ perldoc Mymodule
```

oder automatisch eine Dokumentation im HTML-Format erstellen:

```
$ pod2html Mymodule.pm > Mymodule.html
```

Jetzt kann Ihr Hilfetext über einen beliebigen Webbrowser betrachtet werden. Wie Sie gleich sehen werden, ist es überhaupt nicht schwer, einen solchen POD-Text zu erstellen.

POD besteht aus einer relativ kleinen Menge von Befehlen und *tags* (Direktiven, Formatierungskennzeichen), von denen wir hier wiederum nur die wichtigsten – etwa die Hälfte – herausgreifen. Eine vollständige Besprechung finden Sie in der Manpage `perlpod`. Außerdem bilden die vielen Module der Standardbibliothek ein gutes Anschauungsmaterial.

Wohin mit der Dokumentation?

Zunächst müssen Sie sich entscheiden, wohin die Dokumentation soll. Die meisten Programmierer entscheiden sich für das Ende des Moduls. Über __END__ wird das Ende des Codes signalisiert, dann folgt die POD-Dokumentation. Aber aufgepasst: Dem __END__ muss eine Leerzeile folgen!

Sie dürfen Ihre Dokumentation aber auch an den Anfang des Moduls platzieren oder mitten hineinstreuen.

Einen Rahmen setzen

Beginnen Sie Ihren Hilfetext mit

```
=head1 Ueberschrift
```

in einer eigenen Zeile und beenden Sie ihn durch

```
=cut
```

ebenfalls in einer eigenen Zeile. Alles was zwischen diesen beiden Direktiven auftaucht, wird von Perl als POD-Text erkannt und bei der Ausführung ignoriert. Sie können auf diese Art auch mehrere POD-Abschnitte in das Modul einfügen.

Einfacher Text

Im Großen und Ganzen handelt es sich bei POD um einfachen ASCII-Text. Wenn Sie den Text direkt am Zeilenanfang beginnen, wird er von den Anzeigeprogrammen (z.B. von perldoc) automatisch eingerückt und umgebrochen.

```
Dies ergibt einen automatisch eingerueckten
und umgebrochenen Textabsatz.
```

Wollen Sie das Format statt dessen selbst bestimmen, etwa weil Sie Beispielcode zeigen möchten, der auf keinen Fall automatisch umgebrochen werden darf, rücken Sie den Text um mindestens ein Leerzeichen oder einen Tab ein.

```
myfunc1 ( oldfile newfile ) ;
myfunc2 ( oldfile newdir ) ;
```

Zeichenformatierung

Innerhalb des Textes können Sie verschiedene Zeichenformatierungen wählen, wobei diese nur auf Terminals und in Schriftarten zu sehen sind, die solche Effekte auch darzustellen vermögen. Die beiden wichtigsten tags sind diejenigen für **fett** und *kursiv*. Alles andere sieht man sehr selten. Die beiden Formate werden durch B bzw. I, gefolgt von einer öffnenden spitzen Klammer eingeschaltet. Mit der schließenden spitzen Klammer endet die Wirkung.

```
Sie sollten alles, was wichtig ist, B<fett markieren>
und alle Zitate I<kursiv hervorheben>. Zitate, die auch
noch wichtig sind, markieren Sie B<I<fett-kursiv>>.
```

Überschriften

Sie haben die Wahl zwischen head1- und head2-Überschriften, die je nach Anzeigeprogramm unterschiedlich dargestellt werden.

```
=head1 UEBERSCHRIFT
```

```
=head2 Eingerueckte Ueberschrift
```

Zwischen dem tag und dem nachfolgenden Text oder dem nächsten tag muss immer eine Zeile freigelassen werden, damit der tag erkannt wird.

```
=head1 UEBERSCHRIFT ERSTER ORDNUNG

Dieser Text folgt auf eine Head1
Ueberschrift.

=head2 Ueberschrift zweiter Ordnung

Dieser Text folgt auf eine Head2
Ueberschrift.
```

Ausgabe:

$ perloc test_pod
```
UEBERSCHRIFT ERSTER ORDNUNG
    Dieser Text folgt auf eine Head1 Ueberschrift.

  Ueberschrift zweiter Ordnung

    Dieser Text folgt auf eine Head2 Ueberschrift.
```

Listen und Aufzählungen

Alles, was uns jetzt noch fehlt, ist der Umgang mit Listen. Eine Liste oder Aufzählung wird zwischen die Direktiven

`=over` und

`=back` gepackt.

Der einzelne Listenpunkt wird durch =item eingeleitet, wobei hinter dem tag etwas stehen darf, was die Gliederung verdeutlicht, etwa 1. oder - oder * etc. Der Text hinter =item wird stärker eingerückt als der übrige. Wie stark, kann durch eine Zahl hinter =over bestimmt werden (Dflt.: acht Zeichen).

```
=over 4

=item 1.

Die Datei wird in den Verzeichnissen von @INC gesucht.

=item 2.

Sie wird geladen.

=item 3.

Und ausgefuehrt.

=back
```

Ausgabe:

```
$ perldoc test_pod
UEBERSCHRIFT ERSTER ORDNUNG
    Dieser Text folgt auf eine Head1 Ueberschrift. Dieser Text
    folgt auf eine Head1 Ueberschrift.

  Eine nicht ganz so wichtige Sache

    Dieser Text folgt auf eine Head2 Ueberschrift. Dieser Text
    folgt auf eine Head2 Ueberschrift.

    1. Die Datei wird in den Verzeichnissen von @INC gesucht.

    2. Sie wird geladen.

    3. Und ausgefuehrt.
```

Tja, mehr gibt es über POD nicht zu berichten. Denken Sie an das abschließende =cut. Und wie gesagt, können Sie über

```
$ pod2html test_pod.pm > test_pod.html
```

das Ergebnis auch gleich im HTML-Format bestaunen. Wenn Sie Ihre Dokumentation auf syntaktische Korrektheit testen möchten, verwenden Sie das Programm podchecker.

```
$ podchecker test_pod.pm
test_pod.pm pod syntax OK.
```

▶ **Manpages:** perldoc perlpod

14.14 Beispiel: Datumsprüfung im Modul

Wir wollen das Kapitel mit einem selbst erstellten Modul abschließen. Unser Datums-Check aus Kapitel 13 soll in ein Modul gepackt werden, damit es aus einem beliebigen Skript heraus aufgerufen werden kann.

Die Überprüfung bestand aus zwei Funktionen, dem eigentlichen Check und der Schaltjahrberechnung. Wir werden datumscheck() per Default exportieren und schaltjahr() nur auf Anfrage. An das Ende des Moduls hängen wir eine kleine POD-Dokumentation an. Das Modul soll DateCheck heißen, die Datei entsprechend DateCheck.pm.

Und hier ist das Ergebnis:

Listing 14.3: DateCheck.pm – Datumsüberprüfung als Modul

```
package DateCheck ;

require Exporter ;
```

```
@ISA = qw(Exporter) ;
@EXPORT = qw(datumscheck) ;
@EXPORT_OK = qw(schaltjahr) ;

sub datumscheck {
    # Datum ueberpruefen
    my $datum = shift @_ ;
    my ($d,$m,$y,$tag,$monat,$jahr) ;

    # Format OK?
    $d = '([012]?[1-9]|3[01])' ;
    $m = '(0?[1-9]|1[012])' ;
    $y = '(19[0-9][0-9]|2[0-9]{3})' ;
    if ( $datum !~ /^$d\.$m\.$y$/ ) { return undef }
    ($tag,$monat,$jahr) = ($1,$2,$3) ;

    # Maximaler Tag fuer den Monat ueberschritten?
    @monatstage = (0,31,28,31,30,31,30,31,31,30,31,30,31) ;
    $monatstage[2] = 29 if schaltjahr($jahr) == 366 ;
    if ( $tag > $monatstage[$monat] ) { return undef }

    # Hierher gelangt man nur, wenn das Datum korrekt ist.
    return 1 ;
    }

sub schaltjahr {
    # Handelt es sich um ein Schaltjahr?
    my $jahr = shift @_ ;
    my $tage ;

    if ( ($jahr%4 == 0 and $jahr%100 != 0) or $jahr%400 == 0 ) {
        $tage = 366
        }
    else {
        $tage = 365
        }
    return $tage ;
    }

1 ;

__END__

=head1 NAME

DateCheck - Pruefung von Datumsangaben

=head1 SYNOPSIS
```

```
use DateCheck ;
use DateCheck qw(datumscheck schaltjahr) ;

if ( datumscheck ($datum) ) { ... }
$tage = schaltjahr ($jahr) ;
```

=head1 DESCRIPTION

Ueberprueft, ob das uebergebene Datum dem Format dd.mm.[yy]yy entspricht und ob es sich um ein gueltiges Datum handelt.

=head1 AUTOR

Patrick Ditchen

=cut

Zum Testen brauchen wir ein kleines Skript.

Listing 14.4: test_DateCheck.pl – testet das Modul DateCheck

```
#!/usr/bin/perl -w
#
# test_DateCheck.pl
# Testet das Modul DateCheck

use DateCheck ;

if ( datumscheck($ARGV[0]) ) { print "Alles OK \n" }
else { print "FEHLER \n" }
```

Wie immer die Ausführung:

```
$ test_DateCheck.pl 11.03.2003
Alles OK
$
$ test_DateCheck.pl 11.13.2003
FEHLER
$
$ test_DateCheck.pl 28.2.2003
Alles OK
$
$ test_DateCheck.pl 29.2.2003
FEHLER
$
```

Klasse! Und die Doku?

```
$ perldoc DateCheck
NAME
    DateCheck - Pruefung von Datumsangaben

SYNOPSIS
        use DateCheck ;
        use DateCheck qw(datumscheck schaltjahr) ;

        if ( datumscheck ($datum) ) { ... }
        $tage = schaltjahr ($jahr) ;

DESCRIPTION
    Ueberprueft, ob das uebergebene Datum dem Format
    dd.mm.[yy]yy entspricht und ob es sich um ein gueltiges
    Datum handelt.

AUTOR
    Patrick Ditchen

$
```

Genial!

14.15 Zusammenfassung

Zunächst einmal: Alle Achtung! Wenn Sie diese Zeilen lesen, haben Sie sich nicht nur durch ein sehr umfangreiches Kapitel, sondern auch durch 14 Tage Perl gearbeitet. Sie haben sich in den letzten zwei Wochen ein Perl-Know-how angeeignet, das sich sehen lassen kann. Die Frage »Kannst du Perl?« können Sie inzwischen ruhigen Gewissens mit »Ja« beantworten. In der letzten Woche werden Sie Ihrem Wissen schließlich noch den letzten Schliff geben. Nun aber zur Zusammenfassung:

- Perl-Module sind Funktionsbibliotheken. Ihre Dateien tragen die Endung `.pm`.

- Über `use module;` wird ein Modul geladen. Die Datei wird gesucht, der Code eingelesen und ausgeführt. Anschließend werden die gewünschten Funktionen importiert, damit man sie bequem aufrufen kann.

- Ruft man `use` ohne zusätzliche Argumente auf, werden die per Default vorgesehenen Funktionen importiert. Ruft man `use` mit einer Funktionsliste auf, importiert man nur diese Funktionen; bei einer leeren Liste wird überhaupt nichts importiert.

- Importierte Funktionen werden aufgerufen, als wären sie im eigenen Skript definiert, nicht importierte Funktionen benötigen den voll qualifizierten Namen `Module::func()`.

- Verschachtelte Modulnamen entstehen, wenn mehrere Module zu einer Gruppe zusammengefasst werden, `File::Copy`. Auf Dateiebene drückt sich das dadurch aus, dass das Modul in einem Verzeichnis mit dem Namen der Gruppe liegt.

■ Die Dokumentation eines Moduls erhält man über `perldoc Module`.

■ Um ein zusätzliches Verzeichnis nach Modulen durchsuchen zu lassen, schreibt man: `use lib dir;`

■ Als Standardmodule werden diejenigen Module bezeichnet, die bei einer Perl-Distribution mitgeliefert werden. Der Umfang dieser Standardbibliothek variiert je nach Plattform.

■ Eine riesige Menge an Modulen steht außerdem im CPAN zur Verfügung, welches man über *www.cpan.org* erreicht.

■ Pragma-Module werden wie richtige Module geladen, tragen aber keine neuen Funktionen bei, sondern verändern spezielle Eigenschaften von Perl.

■ Die wichtigsten Pragmas sind `constant`, `diagnostics`, `integer`, `lib`, `strict`, `subs` und `warnings`.

■ Ein Modul beginnt immer mit einem `package()`-Befehl, wodurch der Name des Pakets und des Moduls festgelegt wird.

■ Pakete dienen zur Trennung von Funktionsnamen aus unterschiedlichen Modulen. Man kann Funktionen aus einem anderen Modul immer über den vollen Namen `package::func()` erreichen. Das Skript selbst befindet sich in einem Paket namens `main`.

■ Es folgen meistens einige Zeilen, die für das Exportieren verantwortlich sind: `require Exporter; @ISA = qw(Exporter); @EXPORT = qw(...);`

■ Das Array `@EXPORT` enthält alle Funktionen, die standardmäßig exportiert werden, das Array `@EXPORT_OK` diejenigen, die auf Wunsch exportiert werden sollen.

■ Anschließend folgen die einzelnen Funktionsdefinitionen. Abgeschlossen wird das Modul durch die Anweisung `1;`, die sicherstellt, dass ein wahrer Wert zurückgegeben wird.

■ Auf einfache Weise kann man dem Skript eine Dokumentation im POD-Format hinzufügen. Meistens geschieht dies nach dem Skript-Ende bzw. nach der Marke `__END__`.

■ POD-Dokumente beginnen mit `=head1` und enden mit `=cut`. Text kann automatisch umgebrochen und eingerückt werden oder er wird in einem fertigen Format angegeben. Überschriften fügt man über `=head1` und `=head2` ein, Aufzählungen über `=item`.

14.16 Workshop

Fragen und Antworten

F *Sind interne Perl-Befehle ähnlich programmiert wie Funktionen, die in Modulen untergebracht sind?*

A Nein. Intern ist Perl in C programmiert. Module bestehen normalerweise aus Perl-Code.

F *Warum ist der Großteil an Funktionen in Modulen ausgelagert und nicht in Form von Perl-Befehlen realisiert?*

   A Weil dieses Konzept viel flexibler ist und den Perl-Interpreter schlank hält. Es gibt eine Reihe von Funktionalitäten, die wirklich sehr viele Anwender benötigen. Diese sind als Perl-Befehle fest eingebaut. Die Menge der Funktionen, die zwar einige Leute gut gebrauchen können, aber von der Mehrzahl nicht benötigt werden, ist bei einer großen Anwendergemeinde hingegen unüberschaubar. Deshalb sind sie ausgelagert.

F *Können Sie nochmals den Unterschied zwischen* use() *und* require() *erläutern?*

   A require() arbeitet wie use(), aber zur Laufzeit. Es lädt den Modul-Code erst, wenn das Skript läuft und auf den require()-Befehl stößt. use() tut das Gleiche bereits zur Kompilierzeit. Außerdem importiert require keine Funktionen.

F *Sie sprechen davon, dass der Import einer Funktion darin besteht, dass eine Verknüpfung aus der Symboltabelle des Moduls in die Symboltabelle des Hauptprogramms erfolgt. Wie kann man sich so etwas vorstellen?*

   A Betrachten wir zunächst eine Funktion namens func1 im Hauptprogramm. In der Symboltabelle des Skripts wird registriert, dass es eine Funktion dieses Namens gibt und wo genau im Arbeitsspeicher ihr Code abgelegt ist. Handelt es sich hingegen um eine Verknüpfung, weil func1 aus dem Modul Mymod importiert wurde, steht anstelle der Code-Speicher-Adresse der voll ausgeschriebene Funktionsname Mymod::func1 sowie ein Hinweis (Flag), dass das, was da steht, eine Referenz ist. Perl weiß nun, dass es die Code-Adresse für func1 in der Symboltabelle des genannten Moduls findet.

F *Wer ist* quaoar?

   A Quaoar (ausgesprochen: kwa-whar, indianischer Gott) ist die neueste Entdeckung (Oktober 2002) in unserem Sonnensystem, zwei Milliarden Kilometer von der Sonne entfernt, 1300 km im Durchmesser und damit etwa halb so groß wie Pluto. Ob man ihn *Planet* nennen darf oder von einer gigantischen Eiskugel sprechen muss, ist noch nicht raus. ;-)

Quiz

1. Wie stellt man auf Integer-Arithmetik um?

2. Was genau passiert beim Import?

3. Wozu benötigt man das Modul Exporter?

4. Was ist ein Export-Tag?

5. Was ist ein Extension Module?

Übungen

1. Schreiben Sie ein Programmgerüst wie in Kapitel 13, das Befehlszeilenoptionen erkennt (und zum Testen einfach ausgibt). Verwenden Sie dieses Mal aber getopts() aus dem Standardmodul Getopt:Std. Sehen Sie sich zunächst die Manpage zu Getopt::Std an. Hier eine kurze Zusammenfassung: Die Funktion getopts() erkennt Optionen im typischen UNIX-Format, also etwa -i, -v, -iv, -i -c config usw. Man ruft getopts mit einem String als Parameter auf, der alle Optionen enthält. Optionen, denen ein Argument folgt, erhalten einen Doppelpunkt nachgestellt: getopts('ivx') oder getopts('ic:vxl:'). Als Ergebnis setzt getopts() die Variablen $opt_i, $opt_c etc. auf eine 1 oder auf das mitgegebene Argument.

2. Im CPAN gibt es ein Modul Sort::Fields, mit dem man auf einfache Weise tabellarisch aufgebaute Daten spaltenweise sortieren kann. Laden Sie sich dieses Modul herunter und setzen Sie es ein, um eine Datenreihe (sortdata.txt auf der CD) oder die Ausgabe eines Systemkommandos nach einer bestimmten Spalte zu sortieren. Verbinden Sie sich zunächst mit dem CPAN. Klicken Sie sich zur Modulliste durch. In Kategorie 6) Data Types finden Sie die Unterkategorie Sort:: und dort Fields. Erstellen Sie sich in Ihrem aktuellen Verzeichnis ein Unterverzeichnis Sort, in welches Sie das Modul speichern. Verwenden Sie es nun in Ihrem Programm. Die einfache Syntax lautet:

```
@sarr = fieldsort ['3n'], @arr ;
```

um beispielsweise numerisch nach Spalte 3 zu sortieren. Bei alphabetischer Sortierung lässt man das n weg. Absteigend wird sortiert, indem ein Minuszeichen vorangestellt wird.

3. Schreiben Sie zwei kleine Funktionen lrot() und rrot(), die ein Array entgegennehmen und dieses Array um eine Stelle links herum bzw. rechts herum rotiert zurückgeben. Links herum rotiert bedeutet, dass das erste Element entfernt und hinten drangehängt wird. Packen Sie die beiden Funktionen in ein Modul Rotate und fügen Sie die üblichen Export-Zeilen hinzu. Testen Sie Ihr Modul einfach auf der Befehlszeile:

```
perl -e "use Rotate; print lrot (1,2,3,4)"
perl -e "use Rotate; print rrot (1,2,3,4)"
perl -e "use Rotate; print lrot lrot (1,2,3,4)"
```

4. In den Übungen von Kapitel 7 hatten wir ein Skript erstellt, das Zeilen, Wörter und Zeichen einer Datei zählt. Schreiben Sie nun ein Modul, das die drei Zählungen in separaten Funktionen durchführt (zeilen(), woerter(), zeichen()). Von einem Test-Skript aus kann das Modul dann geladen und die gewünschte Funktion aufgerufen werden. Der jeweiligen Funktion wird lediglich der Dateiname übergeben. Das Öffnen und Laden der zu analysierenden Datei erledigt am besten eine weitere Funktion, die dann von den anderen drei aufgerufen wird.

Tag
15

Referenzen

Mit den heute behandelten Referenzen treten wir in die Welt der fortgeschrittenen Perl-Programmierung ein. Hier geht es um so spannende Themen wie den indirekten Variablenzugriff, Datenübergabe per Referenz, den Aufbau komplexer Datenstrukturen oder die Technik der objektorientierten Programmierung.

All diese Techniken und Konzepte basieren auf *Referenzen*. Sie ermöglichen den Zugriff auf Daten, ohne einen Variablennamen zu benutzen. Das hört sich auf den ersten Moment vielleicht unspektakulär an, bietet aber ungeahnte Möglichkeiten, wie Sie gleich sehen werden. Insbesondere bilden Referenzen die Grundlage für den Umgang mit Objekten und somit für die Technik der objektorientierten Programmierung. Und wie Sie vielleicht beim Durchstöbern des CPAN bemerkt haben, sind die meisten modernen Module eben nicht mehr klassisch, sondern objektorientiert geschrieben.

Mit welchen Themen werden wir uns heute beschäftigen?

- Was ist eine Referenz und wie geht man mit ihnen um?
- Wie erstellt man Referenzen auf skalare Daten?
- Wie erstellt man Referenzen auf Arrays und was tut man damit?
- Mit Referenzen auf Hashes arbeiten
- Referenzen auf Funktionen und Filehandles
- Wie sieht die Symboltabelle aus?

15.1 Mit Referenzen umgehen lernen

Referenzen bilden

Eine Referenz[1] ist im Wesentlichen die Information über die *Speicheradresse* eines Werts, also über den Ort, wo dieser Wert im Arbeitsspeicher abgelegt ist. Wozu man diese Information braucht, werden wir noch sehen. Konzentrieren wir uns aber zunächst auf den technischen Aspekt.

Um an die Adresse eines Werts heranzukommen, schreibt man einen Backslash davor.

```
\wert ;
```

Sagen wir, es wurde ein Wert 17 im Speicher abgelegt. Das tut man gewöhnlich, indem man ihn einer Variablen zuweist.

```
$var = 17 ;
```

Wenn wir nun wissen möchten, *wo* dieser Wert 17 im Speicher gelandet ist, lassen wir uns seine Adresse ausgeben. Und das geht, wie gesagt, über einen Backslash.

```
print \$var ;
```

---

1 Manchmal in Anlehnung an C auch *Pointer* genannt.

Mal sehen, was da rauskommt:

```
$ perl -e '$var = 17 ; print \$var, "\n"'
SCALAR(0x1aa29d0)
```

Hoppla, das sieht aber seltsam aus.

Variablentyp und Speicheradresse

Offenbar gibt uns Perl nicht nur die Speicheradresse aus, sondern auch noch den Variablentyp, in dem der Wert gespeichert ist. Wir haben es also mit einem Wert an der Speicherstelle 0x1aa29d0 zu tun, der als Skalar gespeichert ist. 0x... steht für eine Adresse im Hexadezimalformat, im 16er-System, aber das wissen Sie vielleicht noch aus Kapitel 2.

Symboltabelle

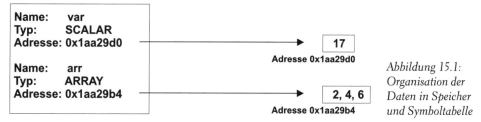

Abbildung 15.1:
Organisation der
Daten in Speicher
und Symboltabelle

Geht das auch mit einem Array?

```
$ perl -e '@arr = (2,4,6) ; print \@arr, "\n"'
ARRAY(0x1aa29b4)
$
```

Ja. Geht genauso. Landet sogar knapp neben der 17 von vorhin. Und ein Hash?

```
$ perl -e '%hash = ('aa' => 'bb') ; print \%hash, "\n"'
HASH(0x1aa29ac)
$
```

Okay. Offenbar besteht die Rückgabe also aus der Adresse des Werts und dem Typ der Variablen. Perl sagt uns: *Ich habe einen Hash an der Position* 0x1aa29ac *gespeichert.*

Diese Information nennt man *Referenz*, zu Deutsch *Verweis*. Denn mit ihrer Hilfe kommen wir jederzeit wieder an die gespeicherten Daten heran. Die Information *verweist* auf die Daten, sie ist eine *Referenz* auf die Daten.

Dereferenzierung

Es gibt zwar keine Syntax, mit der wir über die Zahl 0x1aa29ac wieder an den Hash gelangen könnten, das lässt Perl aus Sicherheitsgründen nicht zu. In C geht das, da ist es aber auch die Hauptquelle böser Programmierfehler. Perl möchte sicherstellen, dass wir uns nicht versehentlich verschreiben. Wir müssen daher die durch \%hash oder \$var ausgegebene Referenz in einer Variablen speichern. Dann stellt uns Perl eine Syntax zur Verfügung, über die wir mit dieser Information wieder an die ursprünglichen Werte gelangen können.

```
$var = 17 ;          # $var enthaelt 17
print \$var ;        # -> SCALAR(0x1aa3406)  (Referenz auf $var)

$ref = \$var ;       # Referenz in $ref speichern
print $ref ;         # -> SCALAR(0x1aa3406)  (nur zur Kontrolle)
```

Und wie kann man die gespeicherte Information nun nutzen? Man schreibt das Variablenpräfix – hier ein $ – vor die Variable, die die Referenz enthält.

```
print $$ref ;        # -> 17
```

Es klappt. Dieser Vorgang heißt *Dereferenzieren*. Wir gelangen über eine Referenz an die gespeicherten Daten. Man sagt auch, man greife *indirekt* auf die Daten zu. Ja, ja, ich weiß schon, Sie fragen sich, was das Ganze soll. Aber Geduld, das kommt gleich.

Der Clou an der Sache ist, dass die Information, die man für den indirekten Zugriff braucht, also die Referenz, immer aus einem einzelnen Wert besteht – wenn auch zusammengesetzt aus Typ und Speicherort. Egal, ob es sich um ein Skalar oder ein Array mit 100 Elementen oder einen Hash mit 200 Paaren handelt, die Referenz darauf ist ein *einzelner* Wert.

Beispiel: Arrays an Funktionen übergeben

Erinnern Sie sich an die Übergabe von Arrays an eine Funktion? Da hatten wir das Problem, dass zwei übergebene Arrays unweigerlich miteinander verschmelzen.

```
func1 (@arr1, @arr2) ;     # Ergibt eine einzige grosse Liste.
```

Zwei einfachen Werten wäre das nicht passiert. Warum übergeben wir nicht einfach die Referenzen, also quasi die Speicherorte der Arrays?

```
$ref1 = \@arr1 ;
$ref2 = \@arr2 ;
func1 ($ref1, $ref2) ;
```

Genial, nicht wahr? Wie man innerhalb der Funktion daraus wieder zwei Arrays macht, sehen wir später. Hier geht es uns vor allem darum zu sehen, dass Referenzen wirklich etwas bringen, dass man sie benötigt.

Beispiel: Mehrdimensionale Arrays

Noch eine Kostprobe gefällig? Wie war das mit den zweidimensionalen Arrays? Wir haben in Kapitel 6 gelernt, provisorisch mit ihnen umzugehen, aber richtig verstehen konnten wir sie dort noch nicht. Weil sie über Referenzen aufgebaut sind! Nehmen Sie die beiden Mini-Arrays:

```
@arr1 = (2,4,6) ;
@arr2 = (5,7,9) ;
```

Man bilde die Referenzen darauf:

```
$ref1 = \@arr1 ;
$ref2 = \@arr2 ;
```

Und speichere diese Werte in einem eigenen Array:

```
@marr = ($ref1,$ref2) ;
```

Voilà. Ein zweidimensionales Array ist entstanden. Probieren Sie es aus, das passt alles in einen Einzeiler oder ein kleines Skript. Oder rufen Sie einfach test_ref4.pl von der CD auf.

```
print $marr[0][0] ;        # -> 2
print $marr[1][0] ;        # -> 5
print $marr[1][2] ;        # -> 9
```

Weitere Details erfahren Sie im nächsten Kapitel, wenn im Rahmen komplexer Datenstrukturen auch mehrdimensionale Arrays besprochen werden. Aber immerhin, Sie sehen, dass es Referenzen sind, die mehrdimensionale Arrays zusammenhalten. Mit mehrdimensionalen Hashes ist es exakt das Gleiche.

Für Experten: Referenzen sind nicht manipulierbar

Möglicherweise kommen Sie auf den Gedanken, nachzusehen, was direkt neben der 17 im Speicher liegt.

```
$var = 17 ;
$ref = \$var ;          # Adresse, wo die 17 steht.
$ref ++ ;               # 1 zur Speicheradresse dazuzählen,
                        # also sozusagen eins weiter rechts.
print $$ref ;           # ???
```

Schlau. Aber es geht nicht! Es wird nichts ausgegeben. Perl verhindert konsequent, dass wir eigenständig in den Daten herumpfuschen. Was wir in Abbildung 15.1 nicht gezeigt haben, ist, dass sich Perl nicht nur den Wert selbst (17 bzw. 2, 4, 6), sondern auch dessen *Datentyp* merkt. Es speichert, ob es sich bei einem Wert um einen Integer, eine Fließkommazahl, einen String oder eben eine Referenz handelt, die man durch einen Backslash von einem anderen Wert gewonnen hat. Perl weiß, ob es sich um eine Referenz handelt. Und da mit Referenzen eben nicht gerechnet werden darf, wandelt es sie für eine Operation wie ++ kurzerhand in eine Zahl um. Die Zahl wird um 1 erhöht und bleibt eine Zahl. Die Referenz ist futsch, die Zahl kann nicht mehr dereferenziert werden.

Dieses System ist wasserdicht. Es können keine Fehler durch Adressarithmetik entstehen.

▶ **Manpages:** perldoc perlref ; perldoc perlreftut

15.2 Referenzen auf Skalare

Ich hoffe, Sie haben bereits ein gewisses Gespür für die Art und Weise entwickelt, wie man mit Referenzen arbeitet. Das Wort Gespür ist hier durchaus angebracht. Man muss sie benutzen, sehen, wie sie in den Skripten anderer verwendet werden, hören, wie man über sie diskutiert. Allmählich gewöhnt man sich dann an diese neue Art, mit Daten umzugehen. Mit Objekten wird es Ihnen ähnlich ergehen.

Wir werden nun systematisch zusammentragen, was man alles mit Referenzen anstellen kann. Begonnen wird mit Skalaren, da es sich bei ihnen um den einfachsten Variablentyp handelt und hier die Techniken am deutlichsten zu sehen sind. Es sei aber gleich zu Beginn darauf hingewiesen, dass Referenzen auf Skalare nicht besonders spannend sind, man nicht allzu viel Sinnvolles damit konstruieren kann.

Benannte und anonyme Referenzen

Egal, ob es um Skalare, Arrays, Hashes oder Funktionen geht, es wird immer zwischen *benannten* und *anonymen* Referenzen unterschieden. Bei Ersteren zeigt die Referenz auf einen Wert, der bereits über eine Variable erreichbar ist. Letztere verweisen hingegen auf einen Wert, der noch nicht in einer Variablen gespeichert wird, daher die Bezeichnung *anonym*. Solche Werte sind ausschließlich über die Referenz erreichbar.

Obwohl es leichter fällt, sich Referenzen auf Variableninhalte vorzustellen, werden wir sehen, dass anonyme Referenzen eine viel größere Rolle spielen.

Referenzierung

Referenzen werden immer dadurch gebildet, dass man einen Backslash vor den Wert setzt.

```
\$var ;            # benannte Referenz auf den Inhalt von $var
\17 ;              # anonyme Referenz auf 17
\"Grishnakh" ;     # anonyme Referenz auf einen Ork[2]
```

---

2   Mehr zu Orks erfahren Sie im Workshop.

Der Backslash ist ein eigener Operator. Er ermittelt Typ und Speicheradresse des nachfolgenden Werts und liefert sie zurück. Diesen Wert kann man erneut in einer skalaren Variablen speichern.

```
$ref = \$var ;          # benannte Referenz speichern
$ref = \17 ;            # anonyme Referenz speichern
```

Perl achtet darauf, ob Sie wirklich eine Referenz übergeben oder nur einen String, den Sie abgeschrieben haben und der so aussieht wie eine Referenz (z.B. den String SCALAR (0x1aa29d0)). Referenzen können nur vom Backslash-Operator geliefert oder aus einer anderen Variablen kopiert werden, die ihrerseits bereits eine Referenz enthält.

```
$ref2 = $ref ;          # Referenz kopieren
```

Dereferenzierung

Um über eine Referenz an den ursprünglichen Wert zu gelangen, *dereferenziert* man die Variable, die die Referenz enthält. Dies geschieht über das Präfix für den zu erwartenden Wert (bei Skalaren also ein $-Zeichen), gefolgt von der Referenzvariablen (mit Präfix). Dabei entstehen zwei aufeinander folgende Präfixe, etwa $$. Bei der Dereferenzierung spielt es keine Rolle mehr, ob die Referenz auf einen benannten oder einen anonymen Wert zeigt.

```
print $$ref ;
$newvar = $$ref ;
```

Der Zugriff über eine Referenz ist absolut gleichberechtigt mit demjenigen über den Variablennamen. Man kann den dahinter liegenden Wert sowohl abrufen als auch verändern.

```
$var = 17 ;
$ref = \$var ;          # Referenz auf 17
$$ref = 19 ;            # Wert über Referenz aendern
print $var ;            # -> 19    (Zwei Zugaenge aber EIN Wert)
```

Bei der Dereferenzierung darf anstelle der Referenzvariablen auch ein beliebiger Ausdruck stehen, der schließlich eine Referenz liefert. In solchen Fällen kommt der Parser allerdings durcheinander, weshalb wir den Ausdruck dann in geschweifte Klammern, also einen Block, setzen müssen. So speichern wir im folgenden Beispiel eine Referenz nicht in einer skalaren Variablen, sondern in einem Array-Element.

```
$var = 17 ;
$arr[0] = \$var ;       # Referenz als Array-Element speichern
print $$arr[0] ;        # ->     (Nichts) Bisherige Syntax
print ${$arr[0]} ;      # -> 17   Klappt
```

Häufig sieht man diese Schreibweise auch in Fällen, wo sie nicht unbedingt erforderlich wäre, aber auch nicht schadet.

```
print ${$ref} ;         # identisch mit $$ref
```

Konstanten

Macht es Sinn, eine Referenz auf einen anonymen skalaren Wert zu bilden?

```
$ref = \17  ;
```

Nicht wirklich. Deshalb nutzt Perl diese Syntax, um *Konstanten* zu bilden, Werte, die nicht verändert werden dürfen.

```
$ perl -e "$ref=\17; $$ref++"
Modification of a read-only value attempted at -e line 1.
```

Aliase

Perl lässt noch eine weitere Spielerei mit Referenzen zu. Über die Referenz kann man eine neue Variable anlegen, die auf denselben Wert zugreift wie die ursprüngliche Variable.

```
$var = 17 ;
*new = \$var ;          # ein zweiter Variablenname: $new
```

Über das Sternchen haben wir eine neue Variable $new erzeugt, die auf den gleichen Wert zeigt. Man kann nun sowohl über $var als auch über $new auf die 17 zugreifen. $new ist ein Alias von $var. Es handelt sich nicht etwa um eine Kopie. Die 17 existiert wirklich nur ein einziges Mal, aber zwei Variablennamen zeigen auf diesen Wert. Wenn Sie ihn über die eine Variable ändern, erhalten Sie den neuen Wert auch über die andere. Sie können auf diese Weise beliebig viele Variablennamen für ein und denselben Wert anlegen.

```
$new ++ ;
print $var ;            # -> 18
```

Und wozu braucht man das? Zum Beispiel für den bequemen Zugriff auf eine Konstante:

```
*const = \3.14159 ;     # pi
$const += 1 ;           # --> Fehler!!!
                        # Modification of a read-only value ...
```

Noch schöner erhält man Pi übrigens über folgenden Ausdruck:

```
*pi = \(4*atn2(1,1)) ;
```

Manchmal sieht man auch eine andere Schreibweise, um einen Alias zu einer Variablen zu erzeugen:

```
*new = *var ;
```

Das ist jedoch nicht ganz das Gleiche wie *new = \$var, wie Sie später sehen werden, da hier der Alias nicht nur für $var, sondern auch für @var und %var erzeugt wird.

Der ref-Operator

ref() hilft Ihnen, wenn Sie ermitteln möchten, ob eine Variable eine Referenz enthält oder nicht. Wenn ja, gibt die Funktion den Typ der Referenz zurück (SCALAR, ARRAY etc.), wenn nein, dann undef. Diese Rückgabe kann wieder hervorragend im booleschen Kontext ausgewertet werden.

```
$var = 17 ;
$rrr = \$var ;
print ref ($var) ;             # ->      (Nichts)
print ref ($rrr) ;             # -> SCALAR
print "ja" if ref ($rrr) ;     # -> ja
```

Wenn Sie statt dessen an der Speicherstelle interessiert sind, etwa um sie mit einer anderen zu vergleichen, können Sie die Referenz über +0 in eine Zahl umwandeln.

```
print \$var + 0 ;    # z.B. 27929032
```

▶ **Manpages:** perldoc perlref

15.3   Referenzen auf Arrays

Referenzierung und Dereferenzierung

Arrays werden zunächst einmal genauso referenziert und dereferenziert wie skalare Variablen. Um eine Referenz zu bilden, schreibt man einen Backslash vor das zu referenzierende Array.

```
@arr = (2,4,6) ;
$ref = \@arr ;
```

Möchte man über die Referenz wieder auf das Array zugreifen (Dereferenzierung), schreibt man die Referenzvariable wieder hinter das Variablensymbol (@), also an die Stelle, an der sonst der Name der Variable steht.

```
print @$ref ;              # 246
print "@$ref \n" ;         # 2 4 6
@brr = @$ref ;             # brr = (2,4,6)
@$ref = @crr ;             # (5,7,9) falls @crr dies enthielt
unshift @$ref, '3' ;       # (3,5,7,9)
```

Das funktioniert natürlich nicht nur, wenn das komplette Array angesprochen wird, sondern auch, wenn man ein einzelnes Element benötigt.

```
print $$ref[0] ;           # 3 , nulltes Element von @$ref[3]
```

Hui. Das sieht allerdings ziemlich verwirrend aus. Um die Zusammenhänge deutlicher zu machen, könnte man auch die Blockschreibweise verwenden.

---

3   Das Beispiel von oben wird fortgeführt, daher die 3.

```
print ${$ref}[0] ;        # 3
```

Diese Syntax wirkt zwar etwas deutlicher, ist aber immer noch recht unangenehm. Perl bietet daher eine alternative Schreibweise an, die wir im nächsten Abschnitt vorstellen. Anschließend gehen wir dann auf die wichtigsten Anwendungen von Array-Referenzen ein: die Übergabe von Arrays an Funktionen und mehrdimensionale Arrays.

Die Pfeilschreibweise

Für

```
$$ref[0]
```

dürfen wir auch folgende Syntax verwenden:

```
$ref->[0]
```

Und die meisten Perl-Programmierer tun dies auch. Man vermeidet das doppelte Symbol und verwendet den Pfeil, um $ref zu dereferenzieren, um an den Wert der Referenz zu gelangen. -> wird Pfeil-, Arrow- oder Dereferenzierungsoperator genannt.

Wie wir später noch sehen werden, verwendet man den Pfeiloperator auch bei Referenzen auf Hashes und Funktionen.

Referenzen auf anonyme Arrays

Anonyme Arrays sind solche, die nicht in einer Array-*Variablen* gespeichert, sondern ausschließlich über eine Referenz erreichbar sind. Wider Erwarten erzeugt man diese Referenz aber nicht über einen Backslash vor der übergebenen Liste, sondern über eckige Klammern.

```
$ref = [2,4,6] ;
```

Beim Erstellen der Referenz wird das Array automatisch angelegt. Es ist anonym und kann nur über $ref angesprochen werden.

```
print $ref->[0] ;        # 2
```

Doch warum schreibt man nicht einfach \(2,4,6)? Weil es bei dieser Syntax keine Möglichkeit gäbe, ein anonymes Array von einem anonymen Hash zu unterscheiden, da ja auch dort einfach eine Liste von Werten übergeben wird. Deshalb heißt es [,,,] für ein anonymes Array und {,,,} für einen anonymen Hash.

Damit bliebe die Syntax \(,,,) ohne Bedeutung, was absolut untypisch für Perl und für Larry Wall wäre. Also gab er ihr eine:

```
@arr = \($a,$b,$c) ;    entspricht    @arr = (\$a, \$b, \$c) ;
```

\(,,,) erzeugt eine Liste von Referenzen der einzelnen Elemente, was man eher selten braucht.

Referenzen auf anonyme Arrays sind wichtig, da man mit ihnen mehrdimensionale Arrays und Datenstrukturen realisiert. Mit Referenzen auf benannte Arrays arbeitet man hingegen, um Arrays an Subroutinen zu übergeben.

Autovivikation

Was geschieht eigentlich, wenn Sie einer Array-Referenz, die es noch gar nicht gibt, ein Element zuweisen?

```
$ref->[3] = 17 ;
```

Das anonyme Array wird automatisch neu erzeugt, genau so, wie bei dem erstmaligen Auftauchen von `$arr[3] = 17` das benannte Array neu erzeugt werden würde. Dieser Vorgang wird Autovivikation genannt.

Manchmal möchte man vorab ein anonymes Array anlegen, das erst später verwendet wird, gewissermaßen also auf die Autovivikation zum späteren Zeitpunkt verzichten. Das sieht dann so aus:

```
$ref = [] ;        # leeres anonymes Array anlegen
```

▶ **Manpages:** perldoc perlref

15.4   Call by Reference

Nach so viel Theorie wenden wir uns nun einer wichtigen Anwendung von Array-Referenzen zu: der Übergabe mehrerer Arrays an eine Funktion sowie der Rückgabe derselben aus einer Funktion heraus. Einfach so, durch bloßes Aneinanderhängen, kann man mehrere Arrays nicht übergeben, da die Arrays zu einer einzigen flachen Liste verschmelzen.

```
func ( @arr, @brr ) ;              # FALSCH
```

Übergabe von Array-Referenzen

Was kann man tun? Man muss die Arrays per *Referenz* übergeben! Wir übergeben nicht die Daten selbst, sondern im Wesentlichen ihre Speicheradresse. Das sind bei zwei Arrays genau zwei einfache skalare Werte. Und die können nicht durcheinander geraten.

```
func ( \@arr, \@brr ) ;            # RICHTIG, zwei Referenzen
```

Genauso macht man es übrigens auch mit Hashes.

```
func ( \%hash1, \%hash2 ) ;           # 2 skalare Werte
func ( \%hasch, $x, $y, \@arr, \@brr ) ;  # 5 skalare Werte
```

Aber wie geht man innerhalb der Funktion damit um?

In aller Regel werden Sie mit dem Original-Array arbeiten. Das Umkopieren großer Arrays beansprucht Zeit, die Sie sich sparen können. Die Möglichkeit, Arrays ohne Kopie übergeben zu können, ist etwas, was nur aufgrund von Referenzen funktioniert.

Der Übersichtlichkeit halber speichern Sie normalerweise die übergebenen Referenzen (nicht die Arrays!) in lokalen Variablen ab.

```
func ( \@arr, \@brr ) ;
.....
sub func {
    my ($aref,$bref) = @_ ;
```

Jetzt wird über die beiden Referenzen mit den Original-Arrays gearbeitet.

Zugriff auf ein Element:

```
$aref->[3]
```

pop, push etc.:

```
$last = pop @$aref ;
```

for-Schleife:

```
for (my $i=0; $i <= $#$aref; $i++) {
    print $aref->[$i], "\n" ;
    }
```

foreach-Schleife:

```
foreach $var ( @$aref ) { .... }
```

Vielleicht stört es Sie, auf eine neue Syntax ausweichen zu müssen, nur weil Sie Array-Referenzen übergeben haben. In diesem Fall können Sie einen Alias erzeugen, eine neue Variable, die auf die alten Werte zeigt. Verwechseln Sie das aber auf keinen Fall mit einer Kopie. Das Array gibt es nur einmal. Es ist aber über zwei Namen ansprechbar.

```
func ( \@arr, \@brr ) ;
.....
sub func {
local (*arr,*brr) = ($ARGV[0], $ARGV[1]) ;
```

Der *-Operator kann nicht mit my-Variablen arbeiten, deshalb verwenden wir hier ausnahmsweise local. Wir erzeugen zwei neue lokale Array-Variablen @arr und @brr. Nun können Sie wie gewohnt arbeiten:

```
$arr[3]
$last = pop @arr ;
for (my $i=0; $i <= $#arr; $i++) { ...}
foreach $var ( @arr )
```

Rückgabe von Array-Referenzen

Bei der Rückgabe von Arrays aus der Funktion steht man vor den gleichen Problemen wie bei der Übergabe. Man kann nicht mehrere Arrays direkt zurückgeben, da sie wieder zu einer einzigen Liste zusammenfließen.

```
return @arr, @brr ;            # FALSCH
```

Handelt es sich um die gleichen Arrays, die man vorher per Referenz an die Funktion übergeben hatte, muss man normalerweise überhaupt nichts zurückgeben. Es wurden ja die Original-Arrays bearbeitet.

In allen anderen Fällen – das sind die Ausnahmesituationen – gibt man Referenzen der Arrays zurück.

```
return \@arr, \@brr ;
```

Im Hauptprogramm nimmt man die Rückgabe in einer Array-Variablen auf.

```
($aref, $bref) = func() ;
```

Den schwarzen Peter hat jetzt das Hauptprogramm. Entweder man arbeitet mit den Referenzen weiter:

```
push @$aref, 11 ;
```

Oder man erstellt wieder einen neuen Array-Namen, um mit der gewöhnlichen Syntax arbeiten zu können.

```
(*arr, *brr) = func() ;
push @arr, 11 ;
```

Bei Verwendung des Schalters -w erkennt Perl nicht immer, dass Sie in der ersten Zeile ein Array übergaben, und warnt sie. Um diese Warnung zu vermeiden, sollten Sie zuvor das Array anlegen: @arr = () ;.

▶ **Manpages:** perldoc perlref

15.5 Beispiel: Schnittmenge zweier Arrays

Mal sehen, wie sich die Übergabe per Referenz in der Praxis macht. Wir schreiben ein Skript, das die Schnittmenge zweier Arrays zurückgibt. Das sind die Elemente, die in beiden Arrays vorkommen. Das Erstellen der Schnittmenge soll in einer separaten Funktion erfolgen, der wir die Arrays per Referenz übergeben. Das Array, welches anschließend die Schnittmenge enthält, wird erst innerhalb der Funktion erzeugt und ebenfalls per Referenz zurückgegeben. Auch das Einlesen der Arrays aus zwei Dateien erledigen wir über eine Funktion, die Array-Referenzen zurückliefert. Da die untersuchten Arrays aus Dateien geladen werden (ein Element = eine Zeile), ist unser Skript auch ganz allgemein dazu geeignet, Dateien miteinander zu vergleichen und die Zeilen zu finden, die in beiden enthalten sind.

Zur Abwechselung zunächst das fertige Programm und anschließend erst die Diskussion. Ich habe versucht, möglichst viele Referenzübergaben und auch die Pfeilnotation einzubauen. Vielleicht ein bisschen übertrieben, aber lehrreich allemal ;-)

Listing 15.1: schnittmenge.pl – bildet die Schnittmenge zweier Arrays (Dateien)

```perl
#!/usr/bn/perl -w
#
# schnittmenge.pl
# Bildet die Schnittmenge zweier Arrays (Dateien)

# Befehlszeile
if ( @ARGV != 2 ) {
   print "USAGE: schnittmenge file1 file2 \n" ;
   exit 1 ;
   }

# Arrays/Dateien einlesen
(*arr1,*arr2) = einlesen (@ARGV) ;

# Schnittmenge
$schnitt_ref = schnittmenge (\@arr1, \@arr2) ;

# Ausgabe
print "Schnittmenge: \n" ;
print "@$schnitt_ref \n\n" ;

# Funktionen
# ----------
sub einlesen {
   my ($file1,$file2) = @_ ;
   open ARR1, $file1 ;
   open ARR2, $file2 ;
   chomp ( @arr1 = <ARR1> ) ;
   chomp ( @arr2 = <ARR2> ) ;
   close ARR1 ;
   close ARR2 ;
   return \@arr1, \@arr2 ;
   }

sub schnittmenge {
   my ($ref1,$ref2) = @_ ;
   my %hash2 ;                         # Hash fuer @arr2
   my @schnitt ;                       # Schnittmenge

   # Wir bauen einen Such-Hash aus dem Array @arr2 auf.
   foreach $feld ( @$ref2 ) { $hash2{$feld} = 1 }
```

```
# Und suchen jedes Element aus @arr1 in %hash2
for (my $i=0; $i<=$#$ref1; $i++) {
    if ( defined $hash2{$ref1->[$i]} ) {
        push @schnitt, $ref1->[$i] ;
        }
    }


# Schnittmenge zurückgeben
return \@schnitt ;
    }
```

Die beiden Dateinamen werden von der Befehlszeile gelesen und gleich an die Einlesefunktion weitergegeben. Diese erzeugt private Arrays, deren Referenz sie an das Hauptprogramm zurückliefert. Die Array-Namen verschwinden, die Daten bleiben. Im Hauptprogramm sollen normale Array-Namen verwendet werden, daher das Auffangen durch (*arr1,*arr2).

Nun folgt die Übergabe dieser Arrays per Referenz an die Schnittmengenfunktion. Innerhalb der Funktion arbeiten wir in der Pfeilnotation. Statt der for-Schleife bevorzugt man in solchen Fällen normalerweise foreach wegen der besseren Lesbarkeit. Dann hätten wir aber keine Pfeile zu sehen bekommen. Sehen Sie sich mal an, wie wir die Suche in Array2 gelöst haben – über das Anlegen eines Hash, dessen Schlüssel die Array-Elemente sind. Ist das nicht raffiniert? Die Rückgabe der Schnittmenge erfolgt wieder per Referenz. Im Hauptprogramm akzeptieren wir dieses Mal Referenzen und verzichten auf normale Variablen und die Sternchen, damit wir auch das einmal in der Praxis sehen.

Beachten Sie bitte, dass hier nicht ein einziges Mal Array-Elemente kopiert wurden. Selbst wenn wir Dateien mit Hunderttausenden von Zeilen miteinander vergleichen, wird nicht eine einzige Zeile bei der Übergabe an die Funktionen kopiert.

Wir testen unser Skript an zwei kleinen Dateien *schnitt1.dat* und *schnitt2.dat*, die je eine zeilenweise (vertikal) aufgebaute Zahlenreihe enthalten. Zunächst geben wir die beiden Dateien *horizontal* aus, um etwas Platz zu sparen. Dazu missbrauchen wir unser Programm ein wenig und vergleichen die Dateien mit sich selbst.

```
$ schnittmenge.pl schnitt1.dat schnitt1.dat
Schnittmenge:
13 45 55 32 77 82 99 41 16 5 22 49


$ schnittmenge.pl schnitt2.dat schnitt2.dat
Schnittmenge:
38 77 14 55 27 46 99 8 22


$ schnittmenge.pl schnitt1.dat schnitt2.dat
Schnittmenge:
55 77 99 22
```

▶ **Manpages:** perldoc perlref ; perldoc perllol

15.6 Referenzen auf Hashes

Referenzieren und Dereferenzieren

Hashes können genauso referenziert werden wie Skalare oder Arrays.

Eine Referenz auf einen benannten Hash:

```
%hash = ( 'mars' => '172.19.23.5', 'luna' => '172.1.23.7' ) ;
$ref = \%hash ;
```

Eine Referenz auf einen anonymen Hash:

```
$ref = { 'mars' => '172.19.23.5', 'luna' => '172.1.23.7' } ;
```

Wie bereits bei Array-Referenzen erklärt wurde, gibt es auch eine besondere Syntax für Referenzen auf anonyme Hashes. Die Syntax \(, ,) wäre zweideutig, man könnte nicht zwischen anonymen Arrays und Hashes unterscheiden, daher die obige Schreibweise.

Für den Zugriff über die Referenzen auf die Daten des Hash stehen uns wieder zwei Techniken zur Verfügung: die klassische und – wenn es um einzelne Elemente geht – die Pfeilnotation.

```
%hash2 = %$ref ;              # Referenzvariable statt Hash-Name
keys %$ref ;

print $$ref{'luna'} ;         # Einfache klassische Art
print ${$ref}{'luna'} ;       # Blockschreibweise
print $ref->{'luna'} ;        # Pfeilschreibweise
```

Übergabe an Funktionen

Hashes können auf die gleiche Art wie Arrays an Funktionen übergeben oder von diesen zurückgegeben werden.

```
func (\%hash1,\%hash2) ;
.....
sub func {
    my ($ref1,$ref2) = @_ ;
    print $ref1->{'luna'} ;
    print $ref2->{'venus'} ;
    }
```

oder

```
sub func {
    local (*hasha,*hashb) = @_ ;
    print $hasha{'luna'} ;
    print $hashb{'venus'} ;
    }
```

Rückgabe von Funktionen

```
sub func {
    .....
    return \%hash1, \%hash2 ;
    }
```

Im Hauptprogramm:

```
($ref1,$ref2) = func () ;
print $ref1->{'luna'} ;
print $ref2->{'venus'} ;
```

oder

```
(*hashx,*hashy) = func() ;
print $hashx{'luna'} ;
print $hashy{'venus'} ;
```

Autovivikation

Was geschieht, wenn Sie einer Hash-Referenz, die es noch gar nicht gibt, ein Element zuweisen?

```
$ref->{'meier'} = '089/234543' ;
```

Der anonyme Hash wird automatisch neu erzeugt, genau so, wie auch anonyme Arrays in der gleichen Situation neu erzeugt wurden.

Möchte man auf diese Autovivikation verzichten und vorab einen leeren anonymen Hash erstellen, geht man folgendermaßen vor.

```
$ref = {} ;        # leeren anonymen Hash anlegen, ein OBJEKT!
```

Genau dies tut man, wenn man ein Objekt erzeugt. Objekte sind meist Referenzen auf anonyme Hashes. Überrascht? In Perl kann man objektorientierte Programmierung richtig *verstehen*, man muss nicht daran *glauben*. Freuen Sie sich auf die entsprechenden Kapitel, es macht wirklich Spaß!

Datenstrukturen

Die wichtigste Anwendung von Hash-Referenzen – neben dem Erzeugen von Objekten – ist der Aufbau komplexer Datenstrukturen. Datenstrukturen bestehen aus Hashes oder Arrays – meist aber aus Hashes, die wiederum Hashes und Arrays enthalten, die ihrerseits wieder Hashes und Arrays enthalten können, etc. Da wir damit aber auf ein zentrales Thema fortgeschrittener Perl-Programmierung treffen, wollen wir uns ein komplettes Kapitel Zeit dazu nehmen. Morgen werden wir uns einen ganzen Tag lang anhand mehrerer konkreter Beispiele über den Aufbau von und die Arbeit mit komplexen Datenstrukturen beschäftigen.

▶ **Manpages:** perldoc perlref ; perldoc perldsc

15.7   Referenzen auf Funktionen

Auch auf Funktionen lassen sich Referenzen bilden. Über Referenzen können Funktionen in Arrays, Hashes oder Datenstrukturen gespeichert werden. Außerdem kann man sie an andere Funktionen übergeben. Braucht man nicht? Oh doch, warten Sie's ab.

Referenzen können entweder auf benannte Funktionen gebildet werden ...

```
sub tan {
    my $x = shift @_ ;
    my $tangens = sin($x) / cos($x) ;
    return $tangens ;
    }


$ref = \&tan ;          # Referenz auf Funktion func1
```

... oder auf anonyme Funktionen.

```
$ref = sub { my $x=shift @_; return sin($x)/cos($x) } ;
```

Hat die Funktion bereits einen Namen, arbeitet man wieder mit einem Backslash. Das Typensymbol für Funktionen muss hier unbedingt stehen, also das &-Zeichen. Ist die Funktion anonym, muss sub vor geschweifte Klammern gesetzt werden. Beachten Sie: Zwischen sub und { steht kein Funktionsname!

Beim Aufruf einer Funktion, die über eine Referenz gespeichert ist, hat man wieder die klassische oder die Pfeilsyntax zur Auswahl. Im ersten Fall ist das Amperesand & wieder unbedingt erforderlich.

```
&$ref () ;              # klassisch, ohne Argumente
&$ref ($arg1,$arg2) ;   # klassisch, mit Argumenten

$ref->() ;              # Pfeil-Notation
$ref->($arg1,$arg1) ;   # Pfeil-Notation
```

Konkret für unsere Tangens-Funktion:

```
print $ref->(0.785398) ;     # ~ 1
```

Funktions-Dispatcher

Eine Anwendung für das Speichern von Funktionsreferenzen sind so genannte Funktions-Dispatcher. Man speichert eine Reihe von Funktionen bzw. ihre Referenzen in Arrays oder Hashes. Über den Array-Index oder den Hash-Key kann man dann eine der Funktionen auswählen. Dadurch spart man sich eine aufwendige if-elsif-Konstruktion.

Wir zeigen es hier anhand einiger Mini-Funktionen, die zu nichts weiter taugen als zur Demonstration. Die Referenzen auf drei anonyme Funktionen werden als Array-Elemente gespeichert. Der Benutzer kann dann durch Angabe einer Zahl eine der Funktionen auswählen. Wir starten also quasi menügesteuert Funktionen ohne eine if-elsif-Anweisung.

Listing 15.2: dispatcher.pl – Funktionsauswahl

```perl
#!/usr/bin/perl -w
#
# dispatcher.pl
# Funktionsauswahl

@farr = (undef) ;                    # 0-ten Wert besetzen

# Funktions-Array fuellen
laden() ;

# Eingabe-Schleife
# ----------------
while (1) {
    print "
1. Funktion A
2. Funktion B
3. Funktion C \n\n" ;

    print "Auswahl: " ;
    chomp ($wahl = <STDIN>) ;
    last if $wahl eq "" ;            # Abbruch durch RETURN

    $farr[$wahl]->() ;
    }

# Funktions-Array aufladen
# ------------------------
sub laden {

    push @farr , sub {
        print "Funktion A \n" ;
        } ;

    push @farr , sub {
        print "Funktion B \n" ;
        } ;

    push @farr , sub {
        print "Funktion C \n" ;
        } ;
    }
```

Da wir die Funktionen nicht namentlich definieren, werden sie erst zur Laufzeit gelesen. Dadurch müssten wir sie eigentlich *vor* den Rest des Codes setzen, damit sie bekannt sind, wenn eine davon aufgerufen wird. Das verstellt jedoch den Blick auf das Wesentliche. Deshalb wurde hier die Funktion laden() aufgerufen, die die anonymen Funktionen liest und in das Array @farr einträgt.

Wenn wir die Indizes nicht fest vergeben, sondern die Funktionen mit push() hinzufügen, halten wir den Aufbau des Arrays flexibler. Über die Variable $wahl wird gesteuert, welche Funktion aufgerufen wird. Innerhalb des Arrays ist es schöner, wenn man mit 1 startet, daher wurde das nullte Element mit undef belegt.

Ausprobieren:

```
$ dispatcher.pl

1. Funktion A
2. Funktion B
3. Funktion C

Auswahl: 1
Funktion A

1. Funktion A
2. Funktion B
3. Funktion C

Auswahl: 3
Funktion C

1. Funktion A
2. Funktion B
3. Funktion C

Auswahl:
$
```

Wenn Sie den Benutzer lieber aus Buchstaben (A, B, C) auswählen lassen möchten, nehmen Sie einfach einen Hash statt eines Arrays, um die Funktionsreferenzen zu speichern.

Funktionen an Funktionen übergeben

Sie können Funktionen über Referenzen an andere Funktionen übergeben. Erinnern Sie sich an die Funktion find() aus dem Modul File::Find? Hier musste man in einer eigenen Funktion festlegen, was man mit den gefundenen Dateien anstellen wollte. Diese selbst definierte Funktion wurde dann der Funktion find() übergeben.

```
use File::Find ;
find sub { print "$File::Find::name \n"}, $startdir ;
```

Es kann also durchaus Sinn machen, eine Funktion an eine andere zu übergeben. Dabei ist es egal, ob man die Referenz auf eine anonyme Funktion direkt beim Aufruf übergibt, wie gerade bei find() gesehen, oder sie vorher in einer Variablen speichert.

```
$ref1 = sub { print "Funktion A \n" } ;
$ref2 = sub { print "Funktion B \n" } ;

func($ref1) ;      # Übergabe einer Funktionsreferenz
func($ref2) ;      # an eine andere Funktion

sub func {
    my $ref = shift @_ ;
    $ref->() ;      # Führe die uebergebene Fkt. aus.
    # oder  &$ref ;
    }
```

Ausführung:

```
$ test_funcref2.pl
Funktion A
Funktion B
```

Weitere schöne Anwendungen für die Übergabe von Funktionsreferenzen findet man in Perl/Tk. Dieses enorm leistungsfähige Modul erlaubt den Aufbau grafischer Benutzeroberflächen, die keine Wünsche offen lassen. Wenn der Benutzer einen Button auf der grafischen Oberfläche drückt, wird eine Funktion ausgelöst. Aber welche? Das kann man natürlich selbst festlegen. Diese selbst definierte Funktion wird dann als anonyme Funktion an die Button-Funktion übergeben. Auf diese Art kann man praktisch jedem grafischen Element selbst definierte Funktionen zuweisen, die ausgeführt werden, wenn die Elemente angeklickt, berührt oder wieder verlassen werden.

Sie sehen: Was für ein einfaches Programm als künstlich und aufgesetzt erscheint, kann für komplexe Anwendungen eine absolute Notwendigkeit darstellen.

Unerreichbare private Funktionen

Eine letzte kleine Anwendung für Funktionsreferenzen. In Modulen ist es Ihnen beinahe unmöglich, Funktionen vor dem Gebrauch von außen, also vom Skript her zu schützen. Selbst dann, wenn es sich um eine reine Hilfsfunktion handelt, die bestimmte Voraussetzungen benötigt, um sinnvolle Ergebnisse zu liefern, und Unsinn, vielleicht sogar Schaden anrichtet, wenn sie aus dem Skript heraus aufgerufen wird. Sie können sich nur gegen den *Export* wehren, aber der Aufruf über Module::func() ist immer möglich.

Fast immer. Sie können auf einen Funktionsnamen verzichten, die Funktionen statt dessen anonym anlegen und die Referenz auf sie in einer Variablen speichern. Wenn Sie diese Variable *lokal* halten, hat man keine Chance, die Funktion vom Skript aus anzusprechen.

```
package Module_xy ;

my $f1_ref = sub {
    .....
    }
```

▶ **Manpages:** perldoc perlref

15.8   Referenzen auf Filehandles

Selbst auf Filehandles können Sie Referenzen bilden. Meistens geht es darum, ein Filehandle an eine Funktion zu übergeben. Hierfür schreibt man ein Sternchen * an die Stelle des Typensymbols, da es kein eigenes Typensymbol für Filehandles gibt.

Listing 15.3: test_fhref.pl – testet Referenzen auf Filehandles

```
#!/usr/bin/perl
#
# test_fhref.pl
# Testet Referenzen auf Filehandles

open FH, 'dispatcher.pl' ;
$ref = \*FH ;

func1($ref) ;
func2($ref) ;

sub func1 {
    $fh1 = shift @_ ;
    $line = <$fh1> ;
    print $line ;
    }

sub func2 {
    my $fh2 = shift @_ ;
    my $line = <$fh2> ;
    print $line ;
    }
```

Ausführen:

```
$ test_fhref.pl
#!/usr/bin/perl -w
#
$
```

Wir haben das Filehandle an zwei verschiedene Funktionen übergeben, die nacheinander daraus gelesen haben. Denken Sie nicht, das hätten wir einfach auch mit dem globalen Filehandle FH realisieren können. Dann hätten wir nämlich FH fest in die Funktionen hineinschreiben müssen und die ganze Flexibilität der Funktion wäre dahin.

▶ **Manpages:** perldoc perlref

15.9   Symbolische Referenzen

Perl kennt aus früheren Zeiten noch eine ganz andere Art von Referenzen. *Symbolische Referenzen* sind einfach nur Variablen, die den Namen einer anderen Variablen beinhalten.

```
$x = 3 ;
$y = 'x' ;
print $$y ;             # -> 3

$$y = 4 ;              # setzt $x auf 4
${$y.$y} = 4 ;        # setzt $xx auf 4
$$y[0] = 5 ;          # wie $x[1] = 5
print @$y ;           # wie print @x
&$y() ;               # wie x()
```

Symbolische Referenzen werden kaum noch verwendet, obgleich sie sich aus Gründen der Kompatibilität und der Bequemlichkeit nach wie vor im Perl-Repertoire befinden. Wie Sie sehen, sind sie ja durchaus vielfältig einsetzbar.

Für Sie sind symbolische Referenzen vor allem deshalb interessant, weil man sie leicht *versehentlich* benützt. Wann immer Sie

$$ref oder @$ref oder %$ref

schreiben, untersucht Perl, was in $ref eigentlich enthalten ist. Sie wissen ja, es merkt sich auch den Datentyp. Handelt es sich um eine »harte« Referenz, wird diese dereferenziert. Handelt es sich aber um einen String (auch einen leeren), wird sie als symbolische Referenz interpretiert. Es wird also die Variable aufgelöst, deren Name in $ref enthalten ist. Wundern Sie sich also nicht, warum alles still und leise weiterläuft, obwohl Sie sich verschrieben haben und es keine Referenz $ref gibt.

Verwenden Sie nicht absichtlich symbolische Referenzen. Sie zeigen einfach ins Leere, wenn die ursprüngliche Variable (bei uns oben $x) gelöscht wurde. Mit dem Schalter

```
use strict 'refs';
```

erhalten Sie eine Warnung, falls Sie versehentlich symbolische Referenzen verwenden.

▶ **Manpages:** perldoc perlref ... Symbolic References

15.10 Zusammenfassung

- Referenzen sind Verweise auf gespeicherte Daten. Sie bestehen aus Speicheradresse und Typ der Daten, ARRAY(0x1aa29b4). Referenzen können selbst wieder in skalaren Variablen gespeichert werden.

- Mit Referenzen kann nicht gerechnet werden, daher können auch keine Zugriffsfehler entstehen.

- `$ref = \$var;`   Referenz auf einen benannten Skalar.

- `$ref = \"meier";`   Referenz auf einen anonymen Skalar, Konstante.

- `print $$ref; $$ref=19;`   Dereferenzierung. Zugriff auf Daten über die Referenz.

- `print ${...Referenz...}`   Blockschreibweise, wenn erst ein Ausdruck die Referenz liefert.

- `*new = \$var;`   Einen Alias $new (eine zweite Variable) für $var erzeugen.

- `ref ($var);`
  Liefert den Datentyp, auf den die Referenz zeigt, oder den leeren String, falls $var keine Referenz ist.

- `$ref = \@arr;`   Referenz auf ein benanntes Array.

- `$ref = [2,4,6];`   Referenz auf ein anonymes Array.

- `print @$ref; shift @$ref;`   Dereferenzierung. Zugriff auf die Daten hinter einer Array-Referenz.

- `$$ref[0] ${$ref}[0]`   Dereferenzierung mit einfacher und Blockschreibweise.

- `$ref->[0]`   Pfeilschreibweise für den Zugriff auf ein Array-Element.

- `func ( \@arr, \@brr );`   Übergabe von Arrays per Referenz an eine Funktion.

- `my ($aref,$bref) = @_;`   Auffangen der übergebenen Referenzen in der Funktion.

- `return \@arr, \@brr;`   Rückgabe von Array-Referenzen aus einer Funktion.

- `($aref,$bref) = func();`   Auffangen zurückgegebener Array-Referenzen.

- `(*arr, *brr) = func();`
  Auffangen zurückgegebener Array-Referenzen in normalen Variablen.

- `$ref = \%hash;`   Referenz auf einen benannten Hash.

- `$ref = {'a' => 'b'};`   Referenz auf einen anonymen Hash.

- ■ `%$ref $$ref{'a'} $ref->{'a'}`   Hash-Referenzen dereferenzieren.

- ■ `func (\%hash1,\%hash2);`   Übergabe von Hash-Referenzen an Funktionen.

- ■ `$ref = {};`   Erzeugen eines leeren anonymen Hash, eines Objekts.

- ■ `$ref = \&tan;`   Referenz auf eine benannte Funktion

- ■ `$ref = sub{ ... };`   Referenz auf eine anonyme Funktion.

- ■ `&$ref() oder $ref->();`   Funktionsreferenzen verwenden.

- ■ `$ref = \*FH;`   Referenz auf ein Filehandle.

- ■ `<$ref>`   Filehandle-Referenz verwenden.

- ■ `print $$y;`   Symbolische Referenzen: $y enthält einen Variablennamen.

15.11 Workshop

Fragen und Antworten

F *Sie sprechen von Übergabe per Referenz, wenn man ein Array per Referenz übergibt. In früheren Kapiteln haben Sie aber erwähnt, dass auch bei normaler Übergabe von @arr das Spezial-Array @_ Referenzen und keine Kopien enthält. Das verwirrt mich.*

A Stimmt, das ist verwirrend. Der Unterschied besteht darin, dass \@arr wirklich nur *einen* skalaren Wert darstellt. Bei einer normalen Übergabe eines Arrays werden in @_ Aliase auf die Originaldaten erstellt, bei einem Array also Aliase für jedes einzelne Element. Das dauert und verbraucht richtig viel Speicher.

F *Warum muss man Arrays überhaupt an Funktionen übergeben? Man kann doch auch innerhalb der Funktion an einem Array arbeiten, das im Hauptprogramm erstellt worden ist. In Perl sind Variablen global, also überall zu sehen.*

A Weil die Funktion dann unflexibel wird. Der Code der Funktion muss dazu den konkreten Namen des Arrays enthalten. Manchmal ist das in Ordnung. Oft möchte man seine Funktion aber von verschiedenen Stellen des Skripts aus aufrufen und mit verschiedenen Arrays arbeiten lassen. Mit Funktionen in Modulen können Sie das aus dem gleichen Grund schon gar nicht machen. Man müsste dem Benutzer vorschreiben, wie er sein Array zu nennen hat.

F *Ich habe versucht, über die Pfeilnotation einen Array-Slice zu erhalten, $ref->[2,5]. Das funktioniert aber nicht.*

A Die Pfeilnotation funktioniert nur für den Zugriff auf einzelne Elemente, nicht für Slices. Hierzu müssen Sie die klassische Syntax verwenden: @$ref[2,5].

453

F *Private Variablen werden nach dem Ende einer Funktion doch wieder gelöscht. Wenn ich nun aber innerhalb einer Funktion ein Array privat über my erzeuge und es an den Aufrufer zurückgebe, müsste dieses Array doch ebenfalls nach dem Ende der Funktion wieder verworfen werden. Was soll der Aufrufer mit einer Variablen, die es gar nicht mehr gibt?*

  A Gut beobachtet! Hier kommt der so genannte *Referenzzähler* ins Spiel, den Perl für jede Variable anlegt. Perl zählt mit, unter wie vielen Namen und Referenzen im Skript auf eine Variable zugegriffen wird. Wird eine Variable entfernt, etwa weil sie lokal in einer Funktion definiert war und die Funktion nun beendet wurde, löscht es nicht sofort den Wert der Variablen. Vielmehr erniedrigt es zunächst den Referenzzähler um 1. Und erst wenn der auf Null fällt, wird der Wert wirklich gelöscht. Da bei Rückgabe eines Arrays per Referenz nun aber noch diese Referenz auf das Array zeigt, selbst wenn der ursprüngliche Array-Name verworfen wurde, werden die Daten nicht gelöscht. Auch im weiteren Verlauf des Skripts kann darauf zugegriffen werden.

F *Wer ist Grishnakh?*

  A Der Anführer der Sauron-treuen Orks, die zusammen mit den Saruman-treuen Uruk-hai unter Führung von Ugluk die Hobbits Pippin und Merry verschleppen. Ach, wäre nur alles so einfach wie Perl. ;-)

Quiz

1. Wie können Sie über eine Referenz einen schreibgeschützten Wert anlegen?

2. Was geschieht, wenn Sie eine Referenz verändern, sie beispielsweise um 1 erhöhen?

3. Wie legt man einen Alias für ein Array @arr an?

4. Warum macht die Übergabe von Arrays per Referenz an eine Funktion auch bei einem einzigen Array Sinn?

5. Wie erzeugt man Referenzen auf ein anonymes Array, einen anonymen Hash und eine anonyme Funktion?

6. Wie kann man Arrays und Hashes, die von einer Funktion als Referenz zurückgegeben werden, im Hauptprogramm auffangen, ohne dass man in Zukunft dauernd mit Referenzen arbeiten muss?

Übungen

1. Dauernd müssen wir Arrays aus Dateien einlesen. Schreiben Sie eine Funktion, die das tut. Die Funktion soll einen Dateinamen akzeptieren, die Daten in ein Array einlesen, so dass je eine Zeile einem Array-Element entspricht, und schließlich das Array per Referenz zurückgeben. Testen Sie Ihre Funktion an einer kleinen selbst erstellten Datei.

2. Schreiben Sie eine zweite Funktion zum Abspeichern eines Arrays in einer Datei. Diese Funktion benötigt eine Array-Referenz und einen Dateinamen als Eingabe. Fassen Sie beide Funktionen in einem Modul `Arr_Tools.pm` zusammen. Mithilfe eines kleinen Skripts können Sie Ihr Modul testen.

3. Erstellen Sie eine Funktion zur Addition zweier Vektoren. Das bedeutet, dass die Funktion zwei gleich lange Arrays (per Referenz) erhält und ein Array (per Referenz) zurückgibt. Das neu erstellte Array ergibt sich aus der Addition der beiden anderen: Die korrespondierenden Elemente der beiden Arrays werden paarweise addiert. Verwenden Sie zum Einlesen und Ausgeben der Arrays die soeben erstellten Modulfunktionen.

4. Schwierig! Schreiben Sie ausgehend von unserer Schnittmengenfunktion aus Abschnitt 15.5 ein Programm, das zwei Dateien miteinander vergleicht und diejenigen Zeilen ausgibt, die jeweils nur in der ersten oder nur in der zweiten vorkommen. Wird nichts ausgegeben, waren die beiden Dateien gleich. Ersetzen Sie die Einlese- und die Ausgabefubktion aus `schnittmenge.pl` durch unsere neuen Modulfunktionen (Ausgabe nach STDOUT: `'-'`).

Tipp: Schreiben Sie die Schnittmengenfunktion derart um, dass sie alle Zeilen in einem Array `@diff` sammelt, die im ersten, aber nicht im zweiten übergebenen Array vorkommen. Verwenden Sie dazu wieder einen Such-Hash. Geben Sie dann dieses Array zurück und aus. Rufen Sie die Funktion anschließend erneut auf, aber mit vertauschten Arrays.

Komplexe
Datenstrukturen

In vielen Projekten sind die zu verarbeitenden Daten zu kompliziert, als dass sie sich durch einfache Arrays oder Hashes verwalten ließen. Statt dessen werden komplexe Datenstrukturen benötigt, wie mehrdimensionale Arrays, mehrdimensionale Hashes, Hashes, die wiederum Hashes und Arrays enthalten, usw. Solche Strukturen werden gebildet, indem man einfache Arrays oder Hashes über Referenzen in anderen Arrays oder Hashes speichert. Eigentlich besitzen wir bereits das gesamte Know-how, das man hierzu braucht. Da der Umgang mit Datenstrukturen aber recht komplex ist, scheint es doch ratsam, sich mit ihrem Aufbau und ihrer Verwendung in aller Ruhe und in einem eigenen Kapitel zu befassen.

Aus Arrays und Hashes kann man genau vier verschiedene zweidimensionale Datentypen aufbauen: Arrays, die Arrays enthalten, Arrays aus Hashes, Hashes aus Arrays und Hashes aus Hashes. Anhand dieser vier Grundtypen werden wir die Techniken kennen lernen, über die man Listen mehrdimensional miteinander verknüpft, und die Syntax studieren, die man benötigt, um auf einzelne Elemente der Datenstruktur zuzugreifen. Komplizierter aufgebaute Datenstrukturen bildet man, indem man über die gleiche Technik weitere Arrays und Hashes einbindet.

- Mit Referenzen mehrdimensionale Strukturen bilden

- Mehrdimensionale Arrays

- Mehrdimensionale Hashes

- Arrays aus Hashes

- Hashes aus Arrays

- Beispiel: eine mehrdimensionale Datenstruktur für eine Kundenkartei

16.1 Mit Referenzen mehrdimensionale Strukturen bilden

Das Prinzip von mehrdimensionalen Datenstrukturen lässt sich leicht erklären. Man startet mit einem Array oder einem Hash. Dessen Elemente bestehen jedoch nicht aus gewöhnlichen Daten wie Zahlen oder Zeichenketten, sondern aus Referenzen. Da Referenzen skalare Daten darstellen, lassen sie sich in Elementen eines Arrays oder den Werten eines Hash speichern. Die Referenzen verweisen nun auf weitere Listen (Arrays oder Hashes). Diese enthalten entweder konkrete Daten, dann handelt es sich um eine zweidimensionale Struktur. Oder sie bestehen wieder aus Referenzen auf weitere Listen. Und so weiter.

Auf diese Art entstehen Hashes, die Arrays enthalten, die wiederum auf Hashes verweisen, etc. Dabei darf das erste Element eines Hash eine Zahl beinhalten, das nächste einen String, das dritte auf ein Array verweisen und das vierte auf einen weiteren Hash. Es ist in keinster Weise Homogenität erforderlich. Gerade diese Flexibilität macht es möglich, eine Datenstruktur aufzubauen, die den zu verarbeitenden Daten auch wirklich entspricht.

Die folgenden vier Grundtypen kommen nicht nur als eigenständige Typen vor. Zwar braucht man häufig wirklich zwei- oder mehrdimensionale Arrays und zwei- oder mehrdimensionale Hashes, ab und an auch Arrays von Hashes und Hashes von Arrays. Entscheidend ist aber etwas anderes: An den vier Grundtypen erkennen wir die Syntax, mit der Arrays und Hashes miteinander verknüpft werden, egal wie komplex eine Datenstruktur ist. An den Schnittstellen der Dimensionen wird immer ein Array oder ein Hash in ein *Array* integriert oder aber ein Array oder ein Hash in einen *Hash*. Das ist der Witz daran. Deshalb schauen wir uns diese vier grundsätzlichen Möglichkeiten sehr genau an.

16.2   Mehrdimensionale Arrays

Aufbau mehrdimensionaler Arrays

Zweidimensionale Arrays sind von der äußeren Struktur her ganz normale Arrays, Variablen, die eine Liste von Werten aufnehmen. Der Witz ist aber, dass die Elemente des Arrays nicht aus Zahlen oder Zeichenketten bestehen, sondern aus Referenzen. Referenzen worauf? Auf andere Arrays!

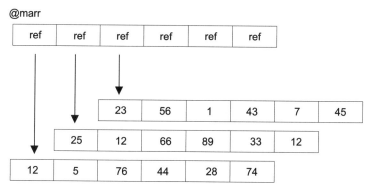

Abbildung 16.1:
Zweidimensionales
Array

Hier ein Beispiel zur Illustration, wie wir es bereits zu Beginn des letzten Kapitels gezeigt haben. Es arbeitet mit benannten inneren Arrays, was noch nicht ganz das Richtige ist. Aber es zeigt den Aufbau sehr gut.

Man habe zwei (innere) Arrays

```
@arr1 = (2,4,6) ;
@arr2 = (5,7,9) ;
```

bilde die Referenzen auf sie

```
$ref1 = \@arr1 ;
$ref2 = \@arr2 ;
```

und speichere diese Werte in einem neuen Array:

```
@marr = ($ref1,$ref2) ;
```

Fertig ist ein zweidimensionales Array. Aber wie gesagt, das ist ganz schön zur Illustration. In Wirklichkeit besitzen die inneren Arrays keinen eigenen Namen. Sie sind ausschließlich über Referenzen ansprechbar, sprich anonym.

```
$ref1 = [2,4,6] ;            # Referenz auf ein anonymes Array
$ref2 = [5,7,9] ;            # Noch eine
@marr = ($ref1,$ref2) ;      # Zweidimensionales Array
```

Dass zweidimensionale Arrays in der Tat derart aufgebaut sind, sieht man auch bei der üblichen Initialisierung:

```
@marr = ([2,4,6],[5,7,9]) ;
```

Jetzt, da wir diese Syntax verstehen, erkennen wir sofort: Es handelt sich um ein Array, das aus zwei Elementen besteht, und diese Elemente sind Referenzen auf andere anonyme Arrays.

Dementsprechend baut man auch drei- oder mehrdimensionale Arrays über weitere eckige Klammern auf. Wenn selbst die Elemente der zweiten Dimension noch keine Zahlen oder Strings sind, sondern Referenzen auf anonyme Arrays, müssen diese ebenfalls wieder in eckige Klammern geschrieben werden, und so weiter.

```
@marr = ([[2,4,6],[3,5,7]],[[6,5,4],[8,7,6]]) ;    # 3-dim. Array
```

Wenn Sie sich vor Augen halten, wie mehrdimensionale Arrays aufgebaut sind, als Referenzen von Referenzen von ..., wird auch klar, dass wie oben behauptet, keinerlei Homogenität gefordert ist, weder betreffend des Inhalts noch betreffend der Struktur. Es ist im Grunde völlig egal, ob alle inneren Arrays gleich lang sind, und sogar, ob das Array durchgehend dreidimensional ist. Kein Problem, wenn eines der inneren Arrays eine weitere Dimension eröffnet.

Mithilfe des Moduls Data::Dumper und der darin befindlichen Funktion Dumper() können Sie sich leicht einen Überblick über den Inhalt einer mehrdimensionalen Struktur verschaffen, beispielsweise zu Debugging-Zwecken. Nehmen wir zur Illustration wieder ein zweidimensionales Array.

```
use Data::Dumper ;

@marr = ([2,4,6],[5,7,9]) ;
print Dumper (@marr) ;
```

Ausführen:

```
$ test_datadumper.pl
$VAR1 = [
          2,
          4,
          6
        ];
```

```
$VAR2 = [
        5,
        7,
        9
       ];
$
```

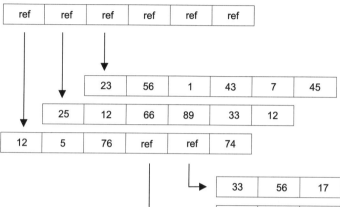

Abbildung 16.2:
Mehrdimensionales
Array

Zugriff auf die Elemente

Nehmen wir wieder folgendes Array.

`@marr = ([2,4,6],[5,7,9]) ;`

Das erste Hauptelement ist `$marr[0]`. Es beinhaltet eine Referenz auf ein anonymes Array. Erinnern Sie sich, wie man in der Pfeilnotation auf ein Element eines Arrays zugreift, das durch `$ref` referenziert war?

`$ref->[2]`

Wenn wir nun ein Element desjenigen inneren Arrays ansprechen möchten, dessen Referenz in `$marr[0]` steht, müssen wir Folgendes schreiben.

`$marr[0]->[2]`

Genau so funktioniert es auch. Wir erhalten in unserem konkreten Fall die 6. Aus Bequemlichkeit darf man den Pfeil in solchen Fällen auch weglassen, wodurch man schließlich zu der schon in Kapitel 6 gezeigten Notation

`$marr[0][2]`

gelangt. Wieder haben wir ein Geheimnis entmystifiziert.

Muss man über eine Referenz auf das Gesamt-Array zugreifen, etwa innerhalb einer Funktion, die das Array als Referenz erhalten hat, sieht die Formulierung etwas anders aus:

```
$ref_marr->[0][2]
```

Statt des Array-Namens setzen wir die Referenzvariable ein. In der klassisch geschriebenen Form erhielten wir $$ref_marr[0][2], was aber niemand schreibt. Üblich ist die oben gezeigte Pfeilnotation. Da meist mehrere Funktionen zur Verarbeitung mehrdimensionaler Strukturen benötigt werden und man Strukturen nie als Kopie, sondern stets als Referenz übergibt, findet man den Zugriff über die Referenz sehr häufig. Beachten Sie bitte, dass der Pfeil hinter der Referenz stehen *muss*. Verzichten dürfen Sie nur auf denjenigen zwischen den Indizes.

Die Länge innerer Dimensionen

Wir sollten nicht vergessen, uns nach den Längen der inneren Dimensionen zu fragen bzw. nach deren letztem Index, den wir für Schleifen um mehrdimensionale Arrays brauchen.

Die äußere Dimension ist klar, sie unterscheidet sich nicht von derjenigen bei eindimensionalen Arrays.

```
$#marr          # Laenge der aeusseren Dimension
```

Die Referenz auf ein inneres Array befände sich in `$marr[$i]`. Dann erhält man den höchsten Index dieses Arrays über

```
$#{$marr[$i]}
```

An die Stelle, wo normalerweise der Variablenname (der Identifier) steht, schreiben wir wie immer die Referenzvariable. Um dem Parser[1] die Zusammenhänge zu verdeutlichen, verwenden wir die geschweiften Klammern.

Iterationen

Um alle Elemente eines zweidimensionalen Arrays nacheinander anzusprechen, durchläuft man das Array in zwei ineinander geschachtelten Schleifen. Bei den inneren Schleifen muss man jeweils bis zum letzten Index des jeweiligen inneren Arrays laufen.

```
#!/usr/bin/perl -w
#
# test_marr1.pl ;
# Iteriert durch ein zweidimensionales Array

@marr = ([2,4,6,8], [3,5,7,9], [5,8,4,7]) ;
```

---

1   Der Teil des Perl-Interpreters, der den Programmcode analysiert und in seine kleinsten Bauteile (Wörter, auch Tokens genannt) zerlegt. Sie kennen den Parser von seiner bekanntesten Fehlermeldung: »Syntax Error«.

```
foreach my $i ( 0..$#marr ) {
    foreach my $j ( 0..$#{$marr[$i]} ) {
        print $marr[$i][$j], " " ;
        }
    print "\n" ;
    }
```

Ausgabe:

```
$ test_marr.pl
2 4 6 8
3 5 7 9
5 8 4 7
```

Teil-Arrays

Sie können innere Arrays in einem einzigen Befehl ausgeben oder belegen.
Allgemein erwischt man ein durch $ref referenziertes Array über @$ref. In unserem Fall steht
die Referenz in $marr[$i], also:

```
print "@{$marr[$i]}" ;        # Ausgabe des $i-ten inneren Arrays
@{$marr[$i]} = @brr ;         # Belegung des $i-ten inneren Arrays
```

Das Array belegen

In manchen Fällen mag es zwar möglich sein, das Array gleich zu Beginn des Skripts mit den
richtigen Werten zu initialisieren.

```
@marr = ([...],[...],...) ;
```

Meistens wird der Datenbestand aber aus einer Datei geladen und in das Array eingelesen. Wie
die Einleseprozedur genau aussieht, hängt maßgeblich vom Format der Daten in der Datei ab.
Als Beispiel nehmen wir an, die Elemente der äußeren Dimension seien durch *Newlines*
getrennt, die der inneren durch einen beliebigen Separator, beispielsweise '#'. In jeder Zeile ist
somit *ein* inneres Array gespeichert.

Die Daten seien also folgendermaßen in der Datei organisiert:

```
23#56#1#43#7#45
25#12#66#89#33#12
.....
```

Nun kann man mit einer geschachtelten Schleife, wie wir sie gerade gesehen haben, die Datei
zeilenweise einlesen, aufsplitten und jedem Array-Element seinen Wert zuweisen. Aber es geht
auch eleganter. Hierzu hängt man das jeweilige innere Array (eine Zeile) gleich als Referenz in
das äußere Array ein:

Listing 16.1: marr_input() – Einlesefunktion für ein zweidimensionales Array

```
$sep = '#' ;
*marr = marr_input ($file,$sep) ;

sub marr_input {
   my ($file, $sep) = @_ ;
   my (@marr, $line) ;
   open IN, $file ;

   while ($line = <IN> ) {
      chomp $line ;
      my @line = split "$sep", $line ;
      push @marr, \@line ;
      }
   return \@marr ;
   }
```

Sehen Sie sich bitte ganz genau an, was mit dem Ergebnis von split() passiert. Es wird einem
Array zugewiesen, das bei der Zuweisung mit my() erstellt wird. Dieser Punkt ist absolut entscheidend. Stünde dort kein my, würden wir immer wieder in das gleiche Array @line splitten
und immer wieder dieses gleiche Array in das äußere Array einbinden. Das Ergebnis wären lauter Zeilen, die identisch mit der letzten Zeile wären.

```
@line = split "$sep", $line ;      # FALSCH
push @marr, \@line ;               # FALSCH

my @line = split "$sep", $line ;  # RICHTIG
push @marr, \@line ;               # RICHTIG
```

Alternativ für

```
my @line = split "$sep", $line ;
push @marr, \@line ;
```

könnte man auch schreiben

```
push @marr, [ split "$sep", $line ] ;
```

oder

```
$marr[$i++] = [ split "$sep", $line ]
```

oder Sie weisen in einer Schleife jedem inneren Element einen Wert zu. Dann erhalten Sie
eine geschachtelte Schleife, wie sie im Abschnitt über Iterationen gezeigt wurde.

Elemente hinzufügen oder verändern

Neue Elemente werden meist über Tastatur hinzugefügt, bestehende auf die gleiche Weise verändert. Hierzu benötigt man einen Dialog oder eine grafische Eingabemaske (Perl/Tk), die die nötigen Informationen abfragt. Anschließend werden die Werte in das Array eingetragen.

In unseren Beispielen hatten die Zahlen keine besondere Bedeutung, so dass wir den Benutzer lediglich abstrakt nach Zeile und Spalte fragen können, in die das neue Element eingetragen werden soll. In der Praxis arbeitet man natürlich mit konkreten Zuordnungen. Wenn es sich um Abrechnungsdaten handelt, könnten die inneren Arrays zum Beispiel Monatswerte beinhalten, die äußeren ständen dann für die verschiedenen Jahre.

Sehen wir uns zunächst an, wie man eine solche Abfrage für den konkreten Fall gestalten würde, wenn man wirklich nach »Zeile« und »Spalte« fragt.

```
sub marr_add {
    my $ref = shift @_ ;

    # Dialog
    print "\nNeues Element:\n" ;
    print "  Zeile:  " ;
    chomp ( my $zl = <STDIN> ) ;
    print "  Spalte: " ;
    chomp ( my $sp = <STDIN> ) ;
    print "  Wert:   " ;
    chomp ( my $wert = <STDIN> ) ;

    # Element hinzufuegen
    $ref->[$zl][$sp] = $wert ;
    }
```

Und nun eine zweite Variante, die Sie flexibel für alle zweidimensionalen Arrays einsetzen können. Die Bedeutung von Zeile und Spalte wird beim Aufruf an die Funktion übergeben. Außerdem wird sicherheitshalber noch einmal nachgefragt, ob das Element definitiv überschrieben werden soll.

Listing 16.2: marr_add() – Funktion zum Hinzufügen neuer Elemente

```
marr_add (\@marr,'Jahr','Monat') ;

sub marr_add {
    my ($ref,$zeile,$spalte) = shift @_ ;
    $zeile = 'Zeile' unless $zeile ;
    $spalte = 'Spalte' unless $spalte ;

    # Dialog
    print "\nNeues Element:\n" ;
```

```
print "  $zeile:  " ;
chomp ( my $zl = <STDIN> ) ;
print "  $spalte: " ;
chomp ( my $sp = <STDIN> ) ;
print "  Wert:    " ;
chomp ( my $wert = <STDIN> ) ;

# Testen, ob Element besteht
if (defined $ref->[$zl][$sp]) {
    print "Feld [$zl][$sp]: $ref->[$zl][$sp] \n" ;
    print "ueberschreiben? (j/n) " ;
    chomp (my $wahl = <STDIN>) ;
    return 1 if $wahl ne 'j' ;
    }

# Element hinzufuegen
$ref->[$zl][$sp] = $wert ;
}
```

Das Array ausgeben

Um das Array auf den Bildschirm oder in eine Datei auszugeben, kann man entweder wieder die geschachtelte Schleife aus dem Abschnitt über Iterationen verwenden oder eine einfache Schleife, wie beim oben gezeigten Einlesen, indem man die inneren Arrays en block behandelt.

Listing 16.3: marr_output() – Ausgabefunktion für ein zweidimensionales Array

```
marr_output (\@marr) ;

sub marr_output {
    my ($ref_marr, $sep, $file) = @_ ;
    $sep = $sep || ' ' ;
    $file = $file || '-' ;
    open OUT, ">$file" ;

    foreach $ref ( @$ref_marr ) {
        $line = join "$sep", @$ref ;
        print OUT "$line\n";
        }
    close OUT ;
    }
```

Ein wenig Luxus ist in diese Funktion bereits eingearbeitet. Ohne Separator nimmt sie ein Leerzeichen zur Trennung der inneren Elemente, ohne Dateinamen gibt sie das Array auf den Bildschirm aus.

Wir fügen unsere drei gerade erstellten Funktionen in das Modul Struct_Tools ein und testen sie anhand der Datei marr.dat, die die oben gezeigten Zahlen enthält.

Listing 16.4: test_marr3.pl – testet Ein- und Ausgabe eines zweidimensionalen Arrays

```
#!/usr/bin/perl -w
#
# test_marr3.pl
# Testet Ein- und Ausgabe eines zweidim. Arrays

use Struct_Tools ;
$sep = "#" ;

# Einlesen
*marr = marr_input ($file,$sep) ;

# Neue Elemente / Elemente veraendern
marr_add (\@marr, 'Jahr', 'Monat') ;
marr_add (\@marr, 'Jahr', 'Monat') ;

# Ausgeben
print "\n" ;
marr_output (\@marr) ;
```

Ausführen:

$ test_marr3.pl   marr.dat

```
Neues Element:
  Zeile:  1
  Spalte: 6
  Wert:   99

Neues Element:
  Zeile:  0
  Spalte: 0
  Wert:   77
Feld [0][0]: 23
ueberschreiben? (j/n) j

77 56 1 43 7 45
25 12 66 89 33 12 99
12 5 76 44 28 74
7 92 33 78 39 12
$
```

Ist das nicht traumhaft? Sie sollten jede einzelne Zeile unserer Funktionen verstehen. Erstens werden wir für die folgenden Strukturen nicht mehr so sehr ins Detail gehen, zweitens werden Sie so oder so ähnlich auch Ihre eigenen komplexen Datenstrukturen organisieren.

▶ **Manpages:** perldoc perllol ; perldoc perldsc ...Arrays of Arrays

16.3 Mehrdimensionale Hashes

Ebenso wie mit Arrays, kann man auch mit Hashes mehrdimensionale Strukturen aufbauen. Auch hier ist der mehrdimensionale Hash eigentlich ein einfacher, eindimensionaler Hash, dessen Werte nicht Zahlen oder Strings, sondern Referenzen sind – Referenzen auf andere, anonyme Hashes. In diesen befinden sich dann entweder konkrete Daten, wodurch ein zweidimensionaler Hash entsteht, oder wiederum Referenzen, wodurch sich höhere Dimensionen bilden lassen.

Ein Telefonnummern-Hash. Wie man sehen kann, müssen auf den gesamten mehrdimensionalen Hash bezogen die Schlüssel nicht mehr eindeutig sein. Der innere Hash für die Finanzbuchhaltung hat nichts mit dem inneren Hash für das Controlling zu tun.

Initialisierung

```
%mhash = (
'fibu' => {'huber' => '446556', 'mueller' => '293846', ...},
'control' => {'bauer' => '6756432', 'kraus' => '776621', ...},
'agbraun' => {'braun' => '2454663', 'mueller' => '667445', ...},
..... ) ;
```

Man erkennt deutlich die innen liegenden anonymen Hashes.

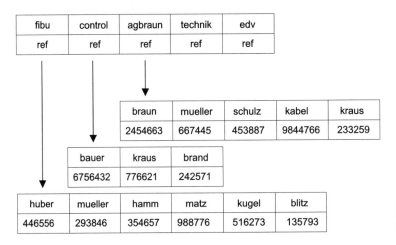

Abbildung 16.3:
Zweidimensionaler
Hash

Zugriff auf die Elemente

Den Wert zum Schlüssel `'kraus'` desjenigen inneren Hash, auf den `$mhash{'control'}` zeigt, erhält man über die Pfeilschreibweise durch:

`$mhash{'control'}->{'kraus'}`

Auch hier darf man den Pfeil weglassen.

`$mhash{'control'}{'kraus'}`

Muss man über eine *Referenz* auf den Gesamt-Hash zugreifen, zum Beispiel innerhalb einer Funktion, sieht das so aus:

`$ref_mhash->{'control'}{'kraus'}`

Der Pfeil hinter der Referenz *muss* stehen.

Iterationen und Teil-Hashes

Ein mehrdimensionaler Hash kann mittels einer doppelten `foreach()`-Schleife durchlaufen werden. Dazu benötigen wir den Zugriff auf den jeweiligen inneren Hash:

`%{$mhash{$key}}`

So kann man sich zum Beispiel alle Paare eines zweidimensionalen Hash ausgeben lassen.

Listing 16.5: test_mhash1.pl – iteriert durch einen zweidimensionalen Hash

```
#!/usr/bin/perl -w
#
# test_mhash1.pl
# Iteriert durch einen zweidimensionalen Hash

%mhash = (
'fibu' => {'braun' => '2454663', 'mueller' => '667445'},
'control' => {'bauer' => '6756432', 'kraus' => '776621'} ) ;

foreach $outkey ( keys %mhash ) {
    print "$outkey:\n---------\n" ;
    foreach $inkey ( keys %{$mhash{$outkey}} ) {
        print "$inkey => $mhash{$outkey}->{$inkey} \n" ;
        }
    print "\n" ;
    }
$ test_mhash1.pl
fibu:
---------
mueller => 667445
```

```
braun => 2454663

control:
---------
kraus => 776621
bauer => 6756432
```

Den Hash belegen

Soll der Hash aus einer Datei eingelesen werden, brauchen wir zwei Trennzeichen. Eines zwischen Key des Haupt-Hash und den Values, also den inneren Hashes ($sep1), und eines zwischen Schlüsseln und Werten der inneren Hashes ($sep2). Die inneren Hashes seien durch *Newlines* voneinander getrennt.

```
fibu#H#mueller#667445#braun#2454663
control#H#kraus#776621#bauer#6756432
```

So kann man diese Datei einlesen:

Listing 16.6: marr_input() – Einlesefunktion für ein zweidimensionales Array

```
$sep1 = '#H#' ;
$sep2 = "#" ;

*mhash = mhash_input ($file,$sep1,$sep2) ;

sub mhash_input {
    my ($file, $sep1, $sep2) = @_ ;
    my (%mhash, $line, $key, $val) ;
    open IN, $file ;

    while ($line = <IN> ) {
        chomp $line ;
        ($key,$val) = split $sep1, $line ;
        my %inner = split "$sep2", $val ;     # Hash = Liste
        $mhash{$key} = \%inner ;
        }
    return \%mhash ;
    }
```

Elemente hinzufügen oder verändern

Beim Hinzufügen oder Verändern von Elementen geht man wieder wie bei Arrays vor. Beim Aufruf der Einlesefunktion übergibt man wieder die Bedeutungen der beiden Dimensionen, hier also die Bedeutungen der Schlüssel.

```
mhash_add (\%mhash,'Abteilung','Mitarbeiter') ;
```

Über einen Dialog erfragt man den Key des Haupt-Hash und den des inneren Hash, dann den Wert. Schließlich trägt man den neuen Wert in den Hash ein. Hier sehen Sie nur die entscheidende Zeile:

```
sub mhash_add {
    .....
    # Element hinzufuegen
    $ref->{$key1}{$key2} = $wert ;
```

Den Hash ausgeben

Man muss unterscheiden zwischen einer Ausgabe in eine Datei und derjenigen auf den Bildschirm, da beide ein unterschiedliches Format benötigen. Zur Ausgabe auf den Bildschirm würden Sie wohl am ehesten die doppelte Schleife wählen, wie wir sie oben für den Zugriff auf die Elemente gezeigt haben. Zur Ausgabe in eine Datei konstruieren wir uns eine Routine, die den Hash wieder zu Strings zusammenbaut.

Listing 16.7: mhash_output() – Ausgabefunktion für ein zweidimensionales Array

```
mhash_output (\%marr) ;

sub mhash_output {
    my ($ref_mhash, $sep1, $sep2, $file) = @_ ;
    my $line ;
    $sep1 = $sep1 || "#H#" ;
    $sep2 = $sep2 || "#" ;
    $file = $file || '-' ;    # Datei oder STDOUT
    open OUT, ">$file" ;

    foreach $key1 ( keys %$ref_mhash ) {
        $line = $key1 . "$sep1" ;
        $line .= join ("$sep2", %{$ref_mhash->{$key1}}) ;
        print OUT "$line\n";
        }
    close OUT ;
    }
```

Erhält die Funktion beim Aufruf keine Datei, wird der Hash auf STDOUT ausgegeben, was aber wegen des unleserlichen Formats höchstens zu Testzwecken taugt.

Zum Schluss führen wir wieder einen kleinen Test durch, der einen zweidimensionalen Hash aus einer Datei einliest, ein Element neu hinzufügt, eines ändert und schließlich den gesamten Hash provisorisch auf dem Bildschirm ausgibt. In der Praxis würden Sie eine zusätzliche Routine für eine ordentlich formatierte Bildschirmausgabe schreiben. Die Zeilenumbrüche innerhalb eines Hash sind leider durch den Satz des Buchs bedingt.

Listing 16.8: test_mhash3.pl – testet Ein- und Ausgabe eines zweidimensionalen Hash

```perl
#!/usr/bin/perl -w
#
# test_mhash3.pl
# Testet Ein- und Ausgabe eines zweidim. Hash

use Struct_Tools ;
$sep1 = "###" ;
$sep2 = "#" ;
$file = shift @ARGV ;

# Einlesen
*mhash = mhash_input ($file,$sep1,$sep2) ;

# Neue Elemente / Elemente veraendern
mhash_add (\%mhash, 'Abteilung', 'Mitarbeiter') ;
mhash_add (\%mhash, 'Abteilung', 'Mitarbeiter') ;

# Ausgeben
print "\n" ;
mhash_output (\%mhash) ;
```

Ausführen:

```
$ test_mhash3.pl mhash.dat

Neues Element:
  Abteilung:  control
  Mitarbeiter: kirk
  Wert:  777777

Neues Element:
  Abteilung:  control
  Mitarbeiter: bauer
  Wert:  111111
Feld {control}{bauer}: 6756432
ueberschreiben? (j/n) j

fibu###blitz#135793#hamm354657#matz988776#mueller#293846#kugel#5
16273#huber#446556
agbraun###kraus#233259#mueller#667445#braun#2454663#kabel#984476
6#schulz#453887
control###kraus#776621#bauer#111111#kirk#777777#brand#242571
$
```

▶ **Manpages:** perldsc ... Hashes of Hashes

16.4 Arrays aus Hashes

Ich hoffe, die Formulierungen zum Zugriff auf mehrdimensionale Strukturen und die Techniken der Verarbeitung werden Ihnen allmählich vertrauter. Sie sehen, es gibt praktisch nichts Neues im Vergleich zu dem Kapitel über Referenzen, lediglich die Komplexität mehrdimensionaler Strukturen macht einem zu schaffen. Es ist doch immer noch ein gutes Stück Weg vom theoretischen Verständnis einer Sache bis zu ihrer praktischen Anwendung.

Erwarten Sie bitte nicht, dass Ihnen die gezeigten Techniken flüssig von der Hand gehen. Hier muss sich auch ein versierter Programmierer konzentrieren und sich immer wieder mit einem Blick auf die Struktur vergewissern, dass er die richtige Syntax gewählt hat.

Die beiden noch verbleibenden zweidimensionalen Strukturen sehen wir uns nur noch in groben Zügen an. Nicht etwa, dass sie seltener vorkämen. Im Gegenteil, die vier Grundtypen tauchen etwa in gleicher Häufigkeit in den größeren Strukturen auf. Aber die Techniken sind immer wieder die gleichen. Ich möchte Sie nicht langweilen oder ermüden. Alles, womit wir uns noch beschäftigen müssen, ist die korrekte Syntax für den Umgang mit diesen Strukturen.

Typ Nummer 3 der zweidimensionalen Strukturen besteht aus einem äußeren Array, das Referenzen auf anonyme Hashes besitzt – ein Array aus Hashes.

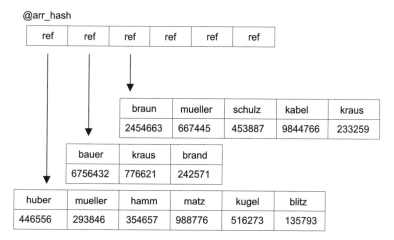

Abbildung 16.4:
Ein Array aus
Hashes

Initialisierung

```
@arr_hash = ({'huber' => '446556', 'mueller' => '293846', ...},
             {'bauer' => '6756432', 'kraus' => '776621', ...},
             {'braun' => '2454663', 'mueller' => '667445', ...},
             ..... ) ;
```

Sieht also beinahe so aus wie ein zweidimensionaler Hash, nur dass die inneren anonymen Hashes nicht über Schlüssel, sondern über Indizes erreichbar sind. Die Mitarbeiter und ihre Telefonnummern werden nicht mehr anhand des Abteilungsnamens gruppiert, sondern über ein abzählbares Merkmal, etwa das Stockwerk oder eine Arbeitsgruppennummer.

Zugriff auf die Elemente

Die gesamte Struktur heißt hier also

`@arr_hash`

Ein einzelnes Element, z.B. der Value zum Key 'kraus' in Hash Nr. 1:

`$arr_hash[1]{'kraus'}`

Steht einem lediglich eine Referenz auf den äußeren Hash zur Verfügung:

`$arr_hash_ref->[1]{'kraus'}`

Iterationen und Teil-Hashes

Mittels einer doppelten `foreach`- oder einer geschachtelten `for-foreach`-Schleife kann die Struktur durchlaufen werden.

```
foreach $hash_ref ( @arr_hash ) {
   foreach $key ( keys %$hash_ref ) {
      print "$key => $hash_ref->{$key} \n" ;
      }
   print "-------\n" ;
   }
```

Einen inneren Hash erhalten Sie also einfach durch `%$hash_ref`. Hätten wir eine `for`-Schleife genommen, hieße der innere Hash

`%{$arr_hash[$i]}`

Einlesen, Änderungen und Ausgabe

Die Daten werden am geschicktesten wieder in Zeilenstruktur in einer Datei gespeichert: eine Zeile je Hash, die Schlüssel und Werte jeweils durch einen Separator voneinander getrennt.

```
huber#446556#mueller#293846
bauer#6756432#kraus#776621
braun#2454663#mueller#667445
```

Das Einlesen gestaltet sich ganz ähnlich wie bei zweidimensionalen Hashes.

```
   while ($line = <IN> ) {
      chomp $line ;
      my %inner = split "$sep", $line ;    # Hash = Liste
      push @arr_hash, \%inner ;
      }
   return \@arr_hash ;
```

Sollen neue Elemente hinzugefügt oder bestehende geändert werden, müssen die Daten wieder über einen Dialog ermittelt werden. Schließlich werden sie in das Array aufgenommen.

```
$arr_hash[$i]{$key} = $wert ;
```

Oder, wenn in Funktionen nur eine Referenz zur Verfügung steht:

```
$ref->[$i]{$key} = $wert
```

Bei der Ausgabe muss wieder wegen des Ausgabeformats nach Bildschirm und Datei unterschieden werden. Der Bildschirm benötigt eine doppelte Schleife, wie sie oben für Iterationen gezeigt wurde. Die Dateiausgabe muss hingegen die kompakte Form erzeugen, in der die Daten gespeichert werden sollen. `$ref` sei die übergebene Referenz auf `@arr_hash`:

```
foreach $hash_ref ( @$ref ) {
    $line = join ("$sep", %$hash_ref) ;
    print OUT "$line\n";
    }
```

▶ **Manpages:** perldoc perldsc ... Arrays of Hashes

16.5 Hashes aus Arrays

Die letzte zweidimensionale Struktur besteht aus Hashes, deren Werte Referenzen auf anonyme Arrays darstellen.

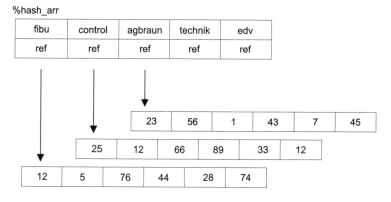

Abbildung 16.5:
Ein Hash aus
Arrays

Hier könnte es sich etwa um Monatsabrechnungen irgendeiner Art für die verschiedenen Arbeitsgruppen handeln.

Initialisierung

```
%hash_arr = ( 'fibu' => [12,5,76,44,28,74,...] ,
              'control' => [25,12,66,89,33,12,...] ,
              'agbraun' => [23,56,1,43,7,45,...],
              ..... ) ;
```

Das gleicht nun wieder eher einem zweidimensionalen Array.

Zugriff auf die Elemente

Die gesamte Struktur heißt

```
%hash_arr
```

Ein einzelnes Element, z.B. Feld Nr. 4 zu dem Schlüssel control, erhält man über:

```
$hash_arr{control}[4]
```

Steht einem lediglich eine Referenz auf das äußere Array zur Verfügung:

```
$hash_arr_ref->{'control'}[4]
```

Iterationen und Teil-Arrays

Wieder können Sie Schleifen nach Belieben verwenden, am geschicktesten wählt man wohl wieder eine doppelte foreach-Schleife.

```
foreach $key ( keys %hash_arr ) {
    print "\n$key: \n" ;
    foreach $wert ( @{$hash_arr{$key}} ) {
        print "$wert " ;
        }
    }
```

Auch hier sieht die Syntax wieder etwas anders aus, wenn Sie den Haupt-Hash nicht direkt, sondern über eine Referenz ansprechen müssen, wie z.B. in Funktionen.

Ein inneres Array erhalten Sie über

```
@{$hash_arr{'$key'}}
```

Bei Zugriff über die Referenz $ref statt %hash_arr:

```
@{$ref->{'$key}'}
```

Einlesen, Änderungen und Ausgabe

Beim Speichern braucht man *einen* Trenner zwischen Key und dem anonymen Array und einen anderen zwischen den Array-Elementen.

```
fibu#H#12#5#76#44#28#74
control#H#25#12#66#89#33#12
agbraun#H#23#56#1#43#7#45
```

Die Einleseprozedur sieht kaum anders aus als diejenigen, die wir bereits kennen.

```
while ($line = <IN> ) {
    chomp $line ;
    ($key,$val) = split "$sep1", $line ;
    my @inner = split "$sep2", $line ;
    $hash_arr{$key} = \@inner ;
    }
return \@hash_arr ;
```

Werden neue Elemente hinzugefügt oder bestehende geändert, geht man nach entsprechendem Dialog mit dem Benutzer folgendermaßen vor:

```
$hash_arr{$key}[$i] = $wert ;
```

Oder, falls man in Funktionen über die Referenz gehen muss:

```
$ref->{$key}[$i] = $wert
```

Eine Ausgabeprozedur, die die Elemente im Dateiformat speichert:

```
foreach $key ( keys %hash_arr ) {
    $val = join ($sep2, @{$hash_arr{$key}}) ;
    print OUT $key, $sep1, $val, "\n" ;
    }
```

▶ **Manpages:** perldsc ... Hashes oder Arrays

16.6   Von zwei- zu mehrdimensionalen Strukturen

Die Prinzipien

Mehrdimensionale Strukturen, die über zwei Dimensionen hinausgehen, werden über die gleichen Techniken aufgebaut, wie wir sie in den letzten Abschnitten studiert haben. Man schachtelt Arrays in Hashes oder umgekehrt, die innere Struktur verweist wiederum auf Arrays oder Hashes und so weiter.

Die entstehende Struktur ist selten homogen, da sie einen realistischen Datenbestand widerspiegelt. Da mag außen ein Hash liegen, der in einigen Elementen ganz normale skalare Werte enthält. Andere Elemente verweisen jedoch auf ein anonymes Array, wieder andere auf einen anonymen Hash. Deren Elemente bestehen ebenfalls wieder aus einer Mischung von konkreten Werten und Referenzen auf weitere Arrays oder Hashes.

Bei den erforderlichen Techniken und der Syntax für den Zugriff können Sie sich stets an den zweidimensionalen Grundtypen orientieren. Es wird natürlich komplexer mit jeder zusätzlichen Dimension, es müssen mehr und mehr Indizes aneinander gehängt werden, vom Prinzip her ändert sich aber nichts.

Beispiel: Eine Rechnerdatenbank

Im Folgenden sehen Sie ein erstes Beispiel für eine solche Struktur. Es handelt sich um eine Datenbank, die die Rechner eines Unternehmens enthält. Die Rechner werden anhand ihres eindeutigen Namens gespeichert, daher ist die äußere Struktur ein Hash. Für jeden Rechner können diverse Daten festgehalten werden, die recht unterschiedlicher Natur sind. Also bietet sich auch in dieser Ebene ein Hash an. Mögliche Schlüssel sind der Rechnertyp, der Raum, wo der Rechner steht, der Benutzer, Festplattengröße, nächster Wartungstermin, IP-Adresse, Memory-Bestückung, Kaufdatum etc.

Für die Belegung der Festplatte können eine Reihe von Werten gespeichert werden, die den zeitlichen Verlauf zeigen, z.B. ein prozentualer Wert pro Monat oder pro Woche. Hierzu wird ein Array eingehängt. Bei Servern (hier für `mars`) ist noch interessant, welche besonderen Dienste sie anbieten. Auch dafür kann man ein Array einbinden. Ein Hash täte es natürlich auch.

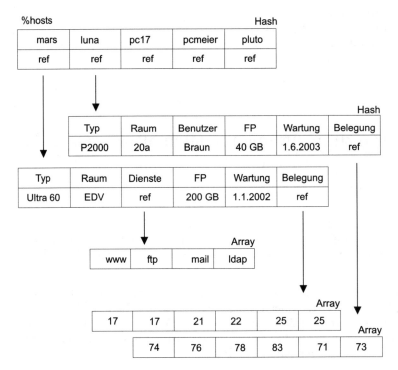

Abbildung 16.6:
Mehrdimensionale
Struktur für eine
Rechnerdatenbank

Die Festplattengröße von mars erhielten wir über

```
$host = 'mars' ;
print $hosts{$host}{'FP'} ;          # Festplattengroesse
```

oder, wenn uns in einer Funktion nur eine Referenz auf den Hash zur Verfügung stünde:

```
print $ref->{$host}{'FP'} ;          # Festplattengroesse
```

Um alle Dienste des Servers mars in einer Schleife anzusprechen:

```
foreach $dienst ( @{$hosts{$host}{'Dienste'} ) { ... }
```

Die Liste der Festplattenbelegungen von luna:

```
foreach $prozent ( @{$hosts{$host}{'Dienste'}} ) { ... }
```

Sie sehen, so schrecklich viel ändert sich an der Vorgehensweise nicht. Im nächsten Abschnitt speichern wir eine Kundendatenbank in einer solchen Datenstruktur.

Beispiel: Eine Kunden- und Kontendatenbank

Abschließend werden wir in einem zweiten Beispiel eine Kundendatenbank aufbauen, die nicht nur Name und Adresse der Kunden – etwa einer Bank –, sondern auch deren Konten beinhaltet.

Die Kunden erhalten als wichtigstes Merkmal eine Kundennummer. Unter dieser sind sie in der äußersten Struktur aufgelistet. Entweder man nimmt hierzu einen Hash oder – falls die Nummern reine Zahlen darstellen und nicht allzu groß sind – ein Array. Wir nehmen hier ein Array. Wenn der erste Kunde die Nummer 100001 erhalten soll, bleiben die ersten 100000 Elemente leer oder Sie ziehen von der Kundennummer immer einen festen Offset ab.

Das Haupt-Array verweist auf Hashes, die jeweils die Daten für *einen* Kunden beinhalten. Dazu gehören vor allem Name und Anschrift. Schließlich folgen die Konten. Wenn wir einem Kunden mehrere Konten zugestehen, müssen wir ein Array einschieben, das auf die einzelnen Konten verweist. Jedes Konto wird nun wieder durch einen Hash verwaltet, der Daten wie die Kontonummer, den aktuellen Stand, Währung, Dispo-Limit etc. beinhaltet.

Wir sind auf Ebene 4 in unserer Struktur angelangt. Das reicht für ein Lehrbuch. In der Praxis würden Sie nun wahrscheinlich noch ein Array einhängen, das die letzten Buchungen beinhaltet. Da aber jede Buchung selbst wieder eine eigene Struktur darstellt mit Betrag, Kontonummer, BLZ, Adressat etc., würden Sie wohl jede Buchung als Hash speichern und das übergeordnete Array auf diese Hashes zeigen lassen. Ebene 5 und 6!

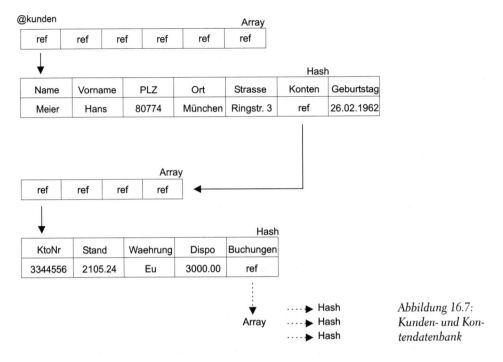

Abbildung 16.7: Kunden- und Kontendatenbank

Der Name von Kunde 102340:

```
$kdnr = 102340 ;
$name = $kunden[$kdnr]{'Name'} ;
```

Der Ort dieses Kunden:

```
$ort = $kunden[$kdnr]{'Ort'} ;
```

Und wie bekommt man überhaupt den richtigen Kunden auf den Bildschirm? Man kennt ja normalerweise nur den Namen und nicht die Kundennummer. Man durchläuft einfach alle Kunden und gibt für diejenigen, deren Name passt, ein paar Zusatzinformationen aus.

```
$suchname = 'Meier' ;
$i=0 ;
foreach $nr ( @kunden ) {
    if ( $suchname eq $nr->{'Name'} ) {
        print "$nr->{'Name'}, $nr->{'Vorname'}: $i \n" ;
        print "$nr->{'Strasse'}, $nr->{'PLZ'} $nr->{'Ort'} \n" ;
        }
    $i++ ;
    }
```

Auf diese Art wird man den gesuchten Kunden schon finden. Wie erhalten wir die Konteninformationen zum Hauptkonto eines Kunden (Konto 0)?

```
$kdnr = 102340 ;
$kto_ref = $kunden[$kdnr]{'Konten'}[0] ;

foreach $key ( keys %$kto_ref ) {
    printf "%-10s %s \n", "$key:", $kto_ref->{$key} ;
    }
```

Erkennen Sie, wie man sich Schreibarbeit sparen kann und die Syntax überschaubar hält, indem man von einer bestimmten Stelle innerhalb der Struktur ausgeht und sie in Form einer Referenz anspricht: $kto_ref?

Wie könnte man eine derartige Struktur auf Festplatte speichern? Wenn es sich um nicht zu große Bestände handelt, die höchstens einige wenige Megabyte Speicherplatz benötigen, können wir wieder ein zeilenorientiertes Format verwenden: eine Zeile je Kunde, ein Trenner zwischen die Elemente des Kunden-Hash (#), ein anderer zwischen die verschiedenen Konten (--) und ein dritter zwischen die Elemente eines Kontos (%).

```
Name#Meier#Vorname#Hans#PLZ#80774#Ort#München#Strasse#Ringstr.
3#Konten#KtoNr%3344556%Stand%2105.24%Waehrung%Eu%Dispo%3000.00#Geburtstag#26.02.19
62
```

Und wie liest man sie ein? Über eine Abfolge von Split-Prozeduren.

```
$sep1 = '#' ;
$sep2 = '--' ;
$sep3 = '%' ;

    while ( $line = <IN> ) {
        chomp $line ;
        # Kunden-Hash aufsplitten
        my %kunde_tmp = split $sep1, $line ;
        $ref = \%kunde_tmp ;
        push @kunden, $ref ;

        # Konten-Array aufsplitten
        my @konten_tmp = split $sep2, $ref->{'Konten'} ;
        $ref->{'Konten'} = \@konten_tmp ;

        # Konten-Hashes
        for ( my $i=0; $i<=$#konten_tmp; $i++) {
            my %konto_tmp = split $sep3, $konten_tmp[$i] ;
            $ref->{'Konten'}[$i] = \%konto_tmp ;
            }
        }
```

Beachten Sie bitte den Trick mit dem zwischengeschobenen Array für die Verwaltung mehrerer Konten. Eine Technik, die Sie in vielen ähnlichen Fällen anwenden können.

Auch die bereits erwähnte Technik, den komplett ausgeschriebenen Elementnamen wie `$kunden[102342]{'Konten'}[0]{'Stand'}` durch eine abgekürzte Form zu ersetzen, die auf einer bestimmten Ebene ansetzt, wie etwa `$ref->{'Stand'}`, ist wichtig, um das Programm überschaubar zu halten.

Jeglicher Zugriff, wie die Einleseprozedur, Ausgabeschleifen oder Änderungsmöglichkeiten gehören in eigene Funktionen verpackt, genauso, wie Sie es bei mehrdimensionalen Arrays und Hashes gesehen haben. Über Perl/Tk könnten Sie ansprechende Oberflächen für den Zugriff auf die Daten erstellen. Über die Kommandozeile ist eine solche Datenbank etwas schwieriger zu pflegen, da der Benutzer ja signalisieren muss, welche Daten er sehen, verändern oder hinzufügen möchte.

▶ **Manpages:** perldoc perldsc

16.7 Speicherung auf Festplatte

Das Modul Storable

Noch ein paar Worte zum Speichern auf Festplatte. Wenn Sie sich nicht selbst um das Format der Daten auf Festplatte kümmern möchten, können Sie auf einige Module der Standardbibliothek zurückgreifen. Das bekannteste ist `Storable`[2]. Es speichert die Datenstruktur in einem eigenen Format in einer Datei. Beim späteren Wiedereinlesen wird dann die ursprüngliche Struktur wiederhergestellt. Über die Funktion `store()` kann man speichern, über `retrieve()` einlesen. `store()` benötigt die Referenz auf die zu speichernde Struktur sowie den Dateinamen, `retrieve()` benötigt den Dateinamen und liefert die Referenz auf die erstellte Struktur zurück.

```
use Storable ;

# @marr aus datei einlesen
* marr = retrieve ($file) ;
.....
# @marr in Datei speichern
store (\@marr, $file) ;
```

Selbstverständlich müssen Sie Ihre Daten irgendwann einmal per Tastatur eingegeben oder in einem anderen Format aus einer Datei geladen haben, um `Storable` zur Wirkung kommen zu lassen.

---

2 Ebenfalls recht bekannt ist `Data::Dumper`, das heute aber eher zu Debugging-Zwecken verwendet wird, so wie es in Abschnitt Mehrdimensionale Arrays gezeigt wurde. Im Prinzip kann man den durch `Data::Dumper` erzeugten String in einer Datei speichern. Storable ist jedoch sehr viel komfortabler.

MLDBM

Der Nachteil unserer Speichermethode und derjenigen des Storable-Moduls besteht vor allem darin, dass alle Daten zu Programmbeginn und -ende gelesen bzw. gespeichert werden. Das kann lange dauern und birgt die Gefahr, dass Änderungen an den Daten durch einen Programmabsturz verloren gehen. Bei großen Datenbanken ist der direkte Zugriff auf jeweils nur einen Datensatz daher interessanter. Wir hatten solche Direktzugriffe bereits früher in zwei Variationen kennen gelernt: mittels der Speicherung als DBM-Datei oder über Daten fester Satzlänge und die Funktionen read() und seek().

Die Module aus Kapitel 9, SDBM_File und seine vielen Varianten, die es dazu gibt, können nur *eindimensionale* Hashes speichern. Mehrdimensionale Hashes bringen Probleme mit sich, da sie aus Referenzen aufgebaut sind und diese nur im Arbeitsspeicher Bedeutung besitzen. MLDBM schafft es hingegen, auch mehrdimensionale Hashes in einer DBM-Datei zu speichern. Hashes, nicht Arrays! Aber es ist ja ein Leichtes, aus einem Array als äußerster Struktur einen Hash zu konstruieren. Sie müssen bloß die Array-Indizes zu Hash-Schlüsseln umfunktionieren.

Mehr zur Verwendung von MLDBM erfahren Sie über die Manpage des Moduls. Denken Sie immer daran, dass DBM-Dateien große Mengen Festplattenplatz benötigen, dass sie größtenteils in der Länge ihrer Datensätze beschränkt sind, dass immer die komplette innere Datenstruktur geladen wird, wenn Sie einen bestimmten Teil benötigen, und dass die ganze Datei auf Festplatte durchwühlt werden muss, wenn Sie nach Daten suchen.

Relationale Datenbank-Management-Systeme

Neben selbst konstruierten Datenstrukturen stehen Ihnen immer auch professionelle relationale Datenbanken wie Oracle oder das kostenlose MySql zur Verfügung. In ihnen sind die Daten vollkommen anders organisiert, nämlich in Tabellen. Den Bezug zwischen den Datensätzen stellt ein eindeutiger Schlüssel, z.B. eine Datensatznummer, her.

Solche Datenbanken besitzen den unschätzbaren Vorteil, dass sie die komplette Indizierung selbst übernehmen. Die Suche quer durch die Datenbank erfolgt relativ schnell.

Entscheidungsfindung

Nun haben Sie mehrere Techniken zur Speicherung kennen gelernt. Welche Sie verwenden, hängt entscheidend von folgenden Kriterien ab:

- wie groß die Datenbank ist,
- wie sicher (wie schnell) jeder Eintrag auch auf Festplatte landen muss,
- wie schnell der Zugriff erfolgen muss,
- wie wichtig Suchmöglichkeiten sind und
- wie viel Arbeit Ihnen das wert ist.

Jedes der vorgestellten Konzepte besitzt, wie besprochen, Vor- und Nachteile in der ein oder anderen Hinsicht. Sie selbst müssen diese gegeneinander abwägen.

▶ **Manpages:** perldoc Storable / Data::Dumper / MLDBM ; perldoc -f read, seek, tell, open

16.8 Zusammenfassung

■ Mehrdimensionale Datenstrukturen werden mithilfe von Referenzen gebildet.

■ Sie bestehen aus Arrays oder Hashes, die Referenzen auf weitere Arrays oder Hashes enthalten, die wiederum Referenzen ...

■ Datenstrukturen müssen in keiner Weise homogen sein. Ein Hash darf beispielsweise eine Mischung aus Zahlen, Zeichenketten, Referenzen auf weitere Hashes und auf Arrays beinhalten.

■ Es gibt vier zweidimensionale Grundtypen: Arrays von Arrays, Arrays von Hashes, Hashes von Arrays und Hashes von Hashes. In diesen Grundtypen verwendet man alle Techniken, die auch bei komplizierteren Strukturen benötigt werden.

■ Struktur eines Arrays aus Arrays, Zugriff auf ein bestimmtes Element, Teilstruktur:

```
( [,,,], [,,,], ... )   bzw.  @marr , @$ref
$marr[idx][idx]   oder   $ref->[idx][idx]
@{$marr[idx]}
```

■ Struktur eines Hash aus Hashes, Zugriff auf ein bestimmtes Element, Teilstruktur:

```
( k, {k,v,k,v}, k, {k,v,k,v}, ... )   bzw. %mhash , %$ref
$mhash{key}{key}   oder $ref->{key}{key}
%{$mhash{key}}
```

■ Struktur eines Arrays aus Hashes, Zugriff auf ein bestimmtes Element, Teilstruktur:

```
( {k,v,k,v}, {k,v,k,v}, ... )   bzw. @arr_hash , @$ref
$arr_hash[idx]{key}   oder $ref->[idx]{key}
%{$arr_hash[idx]}
```

■ Struktur eines Hash aus Arrays, Zugriff auf ein bestimmtes Element, Teilstruktur:

```
( key, [,,,], key, [,,,], ...)   bzw. %hash_arr , %$ref
$hash_arr{key}[idx]   oder   $arr_hash->{key}[idx]
@{$hash_arr{key}}
```

■ Um bei mehrdimensionalen Strukturen die Syntax übersichtlich zu halten, speichert man Referenzen auf Teilstrukturen in Variablen und greift von diesen aus zu.

```
$arr[idx]{key}{key}[idx]           # lange Syntax
$ref = $arr[idx]{key}{key} ;
$ref->[idx]                        # kuerzere Syntax
```

- Zur Speicherung der Daten auf Festplatte eignen sich bei nicht allzu großen Datenmengen einfache zeilenorientierte Dateien. Die Organisation der gespeicherten Daten kann man den Modulen `Storable` oder `Data::Dumer` überlassen.

- Bei größeren Beständen lohnt sich wegen der besseren Performance ein direkter Datenzugriff. Dabei gibt es die Möglichkeit, über das Modul `MLDBM` die Datensätze als DBM-Dateien zu speichern. Oder man verwaltet sie über die Befehle `read()`, `seek()` und `tell()`.

- Als Alternative zu eigenen Datenstrukturen stehen Ihnen relationale Datenbanksysteme wie Oracle, MySql oder der Microsoft SQL-Server zur Verfügung.

16.9 Workshop

Fragen und Antworten

F *Ehrlich gesagt, das war ziemlich schwierig und anstrengend. Könnten Sie vielleicht irgendetwas Nettes sagen, was einen wieder aufbaut?*

A Sie lernen am 16. Tag Ihres Perl-Kurses Dinge, an die sich andere oft erst nach Monaten oder Jahren wagen. Darauf können Sie sich ruhig etwas einbilden. Komplexe Datenstrukturen aufzubauen, ist wirklich keine Kleinigkeit, die man mit links erledigt. Ich muss mich selbst sehr konzentrieren, um keine Fehler zu machen. Wichtig ist immer wieder, den roten Faden nicht zu verlieren. Die Details können Sie jederzeit nachlesen. Das, was in der Zusammenfassung steht, sollte Ihnen klar sein. Der Rest kommt später, wenn es gebraucht wird.

F *Angenommen, ich habe eine Struktur mit 20 verschiedenen Feldern (Hash-Schlüsseln) und der Benutzer möchte nur ein einziges ändern, etwa die Straße eines Kunden. Wie kann ich denn ohne grafische Oberfläche einen entsprechenden Dialog gestalten? Es scheint sehr aufwendig zu sein, da ich den Benutzer ja fragen muss, was er ändern möchte, und dann mit einer ewigen* `if-else`*-Anweisung reagieren muss (*`if( $feld eq 'name')`*...*`elsif($feld eq 'strasse')....`*).*

A Wenn Sie ihm wirklich die Möglichkeit geben möchten, ein Feld gezielt zu verändern, kommen Sie um ein gewaltiges `if-else` oder einen Funktions-Dispatcher nicht herum. Eine Alternative bestünde darin, eine einzige Änderungsroutine anzubieten, mit der man durch *alle* Felder schreitet. Mit der Eingabe-Taste könnte der Benutzer den eingestellten Wert akzeptieren, ansonsten gibt er ihn neu ein. Das macht es auch einfacher, gleich mehrere Werte zu ändern, und dient ebenso gut zur Neuaufnahme von Daten. Bei zu großen Datensätzen sollten Sie diese Methode aber besser in zwei, drei Blöcke teilen, etwa in eine Routine für die Stammdaten, eine für die Konten etc.

F *Könnten Sie noch einmal kurz darauf eingehen, wo der Unterschied zwischen den behandelten Strukturen und Datenbanken wie Oracle liegt?*

A In einer Struktur haben Sie alle Daten, die zu einem Objekt gehören, beisammen. Alle Daten für Meier, gleich ob es sich um Anschrift, Kontenstand oder Buchungen handelt, erreichen Sie über den gleichen Einstiegspunkt. Ganz anders verhält es sich bei relationalen Datenbanken. Hier würden alle Straßen in einer Straßentabelle verwaltet und alle Orte in einer Ortstabelle; für die Konten gäbe es eine eigene Tabelle, ebenso für die Buchungen. Jeder Eintrag enthielte außerdem eine eindeutige Kundennummer, die den Bezug herstellen würde zwischen Straße, Ort, Konto etc. und dem Kunden, für den der Eintrag gilt.

F *So viel ich weiß, sind nicht praktisch alle gängigen Datenbanken relational, also über Tabellen aufgebaut. Worin liegt eigentlich der Vorteil einer solchen Organisation?*

A Sie ist auch für große Datenbestände und für verzweigte Datenmodelle gut administrierbar. Man behält den Überblick und kann relativ gut neue Felder hinzufügen oder welche löschen. Über Indizes kann man außerdem dafür sorgen, dass die Zugriffszeiten auch bei riesigen Beständen nicht in den Keller gehen.

Quiz

Sie haben ein Array aus Arrays vor sich. Sie befinden sich in einer Funktion, die das Haupt-Array als Referenz `$ref` erhält.

1. Wie greifen Sie auf das gesamte Array zu, etwa um es auszugeben?

2. Wie erreichen Sie ein einzelnes Element?

3. Wie können Sie in einem einzigen Befehl dem i-ten Teil-Array ein neues Array `@brr` zuweisen?

   Nun haben Sie ein Array aus Arrays aus Hashes vor sich. Sie befinden sich in einer Funktion, die das Haupt-Array als Referenz `$ref` erhält.

4. Wie greifen Sie auf das gesamte Array zu, etwa um es auszugeben?

5. Wie erreichen Sie ein einzelnes Element?

6. Wie können Sie in einem einzigen Befehl dem Teil-Hash, der durch die Array-Indizes i und j festgelegt ist, eine neue Liste `@brr` zuweisen?

Übungen

In den folgenden Übungen werden wir Bausteine eines Terminkalenders für mehrere Personen aufbauen (`termine.pl`). Die Daten werden in einer dreidimensionalen Struktur gespeichert: einem Hash aus Hashes aus Arrays ;-)

Die äußerste Struktur steht für die verschiedenen Personen. Ihre Login-Namen bilden die Schlüssel des äußeren Hash. Die Werte enthalten Referenzen auf weitere Hashes. Diese inneren Hashes enthalten den Terminkalender der jeweiligen Person. Die Schlüssel bestehen aus Datumseinträgen, etwa Dez 14. Der dazugehörige Wert ist eine Referenz auf ein Array. Dieses Array enthält nun die Einträge als Strings, z.B. »11:00 – Treffen mit Hrn. Braun in dessen Büro«. Das Array benötigen wir, um mehrere Termine für ein und denselben Tag verwalten zu können. Die Struktur ist somit folgendermaßen aufgebaut:

```
%termine = ( name => ( datum => [text, text, ..] ,
                       datum => [text, text, ..] ) ,
             name => ( datum => [text, text, ..] ,
                       datum => [text, text, ..] ) ) ;
```

Am besten lesen Sie sich kurz *alle* Übungen durch, bevor Sie beginnen.

1. Schreiben Sie einen Dialog, der die drei Felder name, datum und text abfragt und in die Struktur neu aufnimmt. Achten Sie darauf, den neuen Eintrag an das bestehende Text-Array *anzuhängen*. Die entscheidende Zeile könnte lauten:

   ```
   push @{$ref->{$name}{$datum}}, $text ;
   ```

   Kümmern Sie sich noch nicht um Aktionen wie Löschen oder Ändern. Verpacken Sie das Ganze als Funktion neu(), damit es später bei Bedarf aufgerufen werden kann. Die Funktion benötigt als Argument die Referenz auf den Hash. Mit der Ausgabefunktion von Übung 2 können Sie Ihre Funktion testen.

2. Schreiben Sie einen ähnlichen Dialog als Funktion suche(), die alle Einträge für eine gewünschte Person und ein gewünschtes Datum untereinander ausgibt. Das Array, das es auszugeben gilt, lautet wie oben @{$ref->{$name}{$datum}}.

3. Schreiben Sie eine while-Schleife, die den Benutzer immer wieder fragt, ob er Einträge suchen oder neu eingeben oder das Programm verlassen möchte.

4. Schreiben Sie die beiden Funktionen zum Speichern und Einlesen der Daten. Binden Sie dazu das Modul Storable ein. Über

   ```
   store ($ref, $file) ;
   ```

   wird gespeichert, über

   ```
   $ref = retrieve ($file) ;
   ```

   geladen. Rufen Sie die Einlesefunktion am Anfang und die Speicherfunktion am Ende Ihres Programms auf. Laden Sie die Datei nur, wenn sie existiert. So vermeiden Sie Fehler beim ersten Aufruf.

5. Eine letzte Funktion kalender() soll den kompletten Terminkalender einer Person ausgeben. Nach dem Namen der Person fragen Sie am besten wieder per Dialog. Hinweis: Der Hash, der den Kalender für eine Person beinhaltet, lautet %{$ref->{$name}}.

Testen

Sie können die Musterlösung termine.pl anhand der Datei *termine.dat* testen. Sie enthält Einträge für die Benutzer Otto und Ulli zu den Tagen Apr 22 und Apr 23.

Anregungen

Wie könnten wir unseren Terminkalender erweitern und verbessern? Falsche Einträge sollte man über eine Löschfunktion wieder entfernen können. Alte Einträge, die älter als ein Monat sind, könnten automatisch gelöscht werden. Außerdem wäre die Übergabe der Parameter *Name* und *Datum* auf der Befehlszeile interessant. Dann könnte das Tool beim Starten des PCs aufgerufen werden und sofort alle anstehenden Termine des laufenden Tages anzeigen.

Objektorientierte Programmierung in Perl

Im Gegensatz zu C, wo die objektorientierte Syntax in Form von C++ komplett von der klassischen Syntax getrennt ist, koexistieren in Perl beide Ansätze nebeneinander. Sie können in ein und demselben Perl-Skript einige Funktionen klassisch aufrufen und andere objektorientiert.

»Braucht man denn objektorientiertes Perl überhaupt?«, werden Sie sich fragen. Kann man denn nicht auch im klassischen Stil große und komplizierte Programme schreiben? Durchaus! Bei einfachen Skripten wirkt der objektorientierte Ansatz oft sogar ein wenig aufgesetzt. Bei komplexeren Programmen ändert sich das Bild allmählich. In der neuen Schreibweise gewinnt das Programm an Klarheit, ist leichter zu verfolgen. Funktionen – allen voran die, die man nicht selbst geschrieben hat, lassen sich wesentlich leichter aufrufen. Man profitiert auch von den Möglichkeiten der Vererbung. Sie macht es sehr viel einfacher, Funktionen oder Datenstrukturen zu konstruieren, die auf bereits vorhandenen aufsetzen. Je komplexer ein Programm wird, desto mehr schälen sich die Vorteile der neuen Methode heraus.

Der wichtigste Grund, weshalb wir hier objektorientiertes Perl zeigen, ist aber ein anderer. Die meisten Module, die Sie im CPAN finden, sind in objektorientierter Syntax geschrieben. Sie sind also gezwungen, sich damit auseinander zu setzen. Sie müssen Objekte verstehen, sonst können Sie nur auf wenige der über 4000 Module zurückgreifen. Das ist erst recht der Fall, wenn Sie die Module nicht nur in ihrer bestehenden Form verwenden, sondern Ihren eigenen Bedürfnissen entsprechend anpassen möchten.

Eine Menge Gründe also, sich mit objektorientiertem Perl zu beschäftigen. Unser Fahrplan:

- Objektorientierte Konzepte
- Objekte und Klassen in Perl
- Objekt- und Klassenmethoden
- Das Konzept der Vererbung
- Objektorientierte Module benutzen

17.1 Objektorientierte Konzepte

Was hat es mit dem objektorientierten Ansatz auf sich? Was ist bitteschön ein Objekt? Und was ist eine Klasse, Methode, ein Attribut? Um diese Fragen geht es im ersten Abschnitt. Falls Sie das alles schon wissen, können Sie natürlich gleich weitergehen zu Abschnitt 17.2.

Daten und Funktionen im klassischen Stil

Wir werden uns die neue Denkweise an einem konkreten Beispiel klar machen. Nehmen Sie eine Kundendatenbank, wie wir sie im letzten Kapitel entwickelt haben, eine Kunden- und Kontenkartei. In der klassischen Sichtweise sind Daten und Funktionen strikt voneinander getrennt. Die Daten befinden sich in einer großen Struktur, die für jeden Kunden alle wichtigen Informationen enthält, wie etwa Name, Anschrift, Kontonummer, Kontostand etc. Die

Funktionen stehen als eigenständige Elemente daneben, sie haben zunächst einmal nichts mit den Daten zu tun. Da wären etwa Funktionen zum Einlesen und Speichern, zum Ändern von Daten, zum Buchen, Festsetzen des Dispos oder zur Ausgabe eines Kontoauszugs.

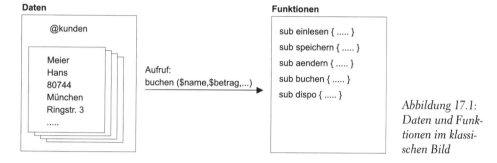

Abbildung 17.1:
Daten und Funktionen im klassischen Bild

Die Verbindung zwischen Daten und Funktionen wird beim Aufruf hergestellt, indem man den Funktionen die notwendigen Daten als Parameter übergibt.

Dabei kann man leicht den Überblick darüber verlieren, welche Parameter man wann übergeben muss. Welcher Parameter hat welche Bedeutung? Klar, bei Funktionen, die Sie selbst geschrieben haben, dürfte sich dieses Problem nicht stellen. Aber denken Sie nur an die vielen fremden Funktionen, die Sie im Rahmen von Modulen nutzen. Sie verwenden fertige Funktionen zum Abspeichern einer Datenstruktur, zum rekursiven Listing von Verzeichnissen, zum Auslesen von Webformularen oder zum Erstellen von Fenstern und grafischen Eingabemasken.

Sie müssen sich also mit der oft komplexen Aufrufsyntax der Funktionen herumschlagen, um ihnen die benötigten Daten zu übergeben. An dieser Stelle setzt das objektorientierte Konzept an. Hier versucht man ein System zu etablieren, bei dem sich die Funktion größtenteils selbst darum kümmert, welche Daten sie braucht.

Daten und Funktionen zu einem Objekt vereint

In der objektorientierten Programmierung vereinigt man Daten und Funktionen zu einem gemeinsamen Konstrukt, dem *Objekt*. Da gäbe es in unserem Beispiel etwa das Objekt Meier. Es besäße einerseits alle Datenelemente, die wir ihm auch im klassischen Stil zusprechen, also Vorname, Nachname, Anschrift, Konten etc., zusätzlich aber auch die Funktionen, die für das Objekt Meier einen Sinn ergeben.

Neben dem Objekt Meier gibt es noch die Objekte Kunz, Schulz, Berger usw. Selbstverständlich enthält nicht jedes Objekt wirklich den Code jeder einzelnen Funktion, das wäre unübersichtlich und reine Platzverschwendung. Später werden wir sehen, dass über ein ausgeklügeltes System aber sehr wohl jedes Objekt weiß, über welche Funktionen es verfügt.

Wir halten fest:

■ Ein Objekt vereint ein Bündel von zusammengehörigen Daten mit den dazu passenden Funktionen zu einer Einheit.

Meier	sub einlesen { ..... }
Hans	sub speichern { ..... }
80744	**+** sub aendern { ..... }
München	sub buchen { ..... }
Ringstr. 3	sub dispo { ..... }
.....	

Abbildung 17.2:
Daten und Funktionen zu Objekten vereint

Objektmethoden

Eine Funktion war im klassischen Sinne ja unabhängig von den Daten. In der objektorientierten Programmierung ist sie an das Objekt gekoppelt, was man auch durch eine neue Bezeichnung verdeutlichen möchte. Man spricht deshalb nicht mehr von einer Funktion, sondern von einer *Methode*. Dabei unterscheidet man zwischen Objektmethoden[1] – sie stellen sozusagen den Normalfall dar – und Klassenmethoden, auf die wir später eingehen werden.

Eine Methode – also eine objektorientierte Funktion – wird nun nicht mehr einfach so aufgerufen, wie es klassisch der Fall war, sondern immer in Verbindung mit dem Objekt. Wenn wir einfach dispo() aufrufen, wird sich Perl beschweren. Wir müssen angeben, dass für Meier die dispo()-Funktion gestartet werden soll. Syntaktisch drückt man dies durch den Pfeil aus, den wir bereits von Referenzen her kennen.

Meier->dispo() ;

Aber warum bitte schön? Was bringt das überhaupt?

Dass wir nicht 17 verschiedene Parameter mit angeben müssen! Alles, was dispo() benötigt, Name, Ort, Straße, Kontonummer etc., besorgt sich die Funktion selbst. Sie wurde ja von Meier aus aufgerufen, also weiß sie, wo sie die richtigen Daten findet. Das ist der Clou.

Klar, das kann man alles auch auf anderem Wege erreichen, indem man die Referenz einer Datenstruktur übergibt, zum Beispiel, und die Funktion so konstruiert, dass sie die Daten der Struktur verwendet. So ähnlich ist es auch realisiert, aber als einheitliches Konzept. Wir müssen uns nicht darum kümmern.

Indem man eine Funktion ausgehend vom Objekt aus aufruft, erreicht man, was man sich ursprünglich vorgenommen hat: Der Aufruf vereinfacht sich. Dass dafür das Schreiben der Funktion etwas aufwendiger wird, nimmt man gerne in Kauf. Das passiert ja nur einmal und wer es tut, kennt sich aus. Aufgerufen wird sie hingegen unzählige Male und dann auch noch von Leuten, die sich mit dem Innenleben der Funktion nicht beschäftigen möchten.

Wir halten fest:

■ Methoden werden immer vom Objekt aus aufgerufen. Sie greifen selbständig auf die Daten des Objekts zu.

Die genaue Syntax des Aufrufs einer Methode in Perl sehen wir uns erst in den nächsten Abschnitten an. Hier geht es uns zunächst einmal um das generelle Verständnis der Konzepte.

---

1   auch *Instanzmethode* genannt

Objektattribute

In der objektorientierten Programmierung erhält alles einen neuen Namen. Weil ja auch alles anders ist, sagen die einen, weil man nicht verstehen soll, wovon die reden, sagen die anderen. So spricht man auch nicht mehr von Daten oder Variablen, sondern von *Eigenschaften* oder auch von *Attributen*. Häufig ist auch von Instanzeigenschaften oder -attributen die Rede. Das Objekt `Meier` verfügt beispielsweise über die Eigenschaften oder Attribute `Name`, `Vorname`, `Strasse` und `Ort`. Eigenschaften sind mit bestimmten Werten besetzt, die sich natürlich von Objekt zu Objekt unterscheiden. Bei `Meier` wären dies `Meier`, `Hans`, `Ringstr. 3` und `München`.

Um nochmals auf den Aufruf von Methoden zurückzukommen: Man könnte sagen, dass sich eine Objektmethode bei ihrem Aufruf die Attribute des Objekts selbst besorgt. Vorhin konnten wir das noch nicht so perfekt formulieren.

Wir halten fest:

- Die für ein einzelnes Objekt gespeicherten Daten werden als Eigenschaften oder Attribute bezeichnet.

Kapselung

Da die objektorientierte Programmierung als Reaktion auf immer schwerer zu überblickende große Projekte entstand, wird sehr viel Wert auf Ordnung und Übersichtlichkeit gelegt. Dazu gehört auch, dass man die Daten eines Objekts, seine Attribute, nicht direkt manipulieren darf. In Perl ist ein solches Verbot allerdings schwer zu realisieren, hier müsste es eher heißen: sollte. Statt direkt die Eigenschaft `Strasse` zu verändern (durch ein einfaches =), *sollte* man dies über eine Methode erledigen, über so genannte *Akzessormethoden*.

Man möchte das Objekt möglichst gegen die Außenwelt abkapseln. Es soll nicht unkontrolliert etwas an dem Objekt, sprich an seinen Attributen, verändert werden. Alles soll über Funktionen/Methoden laufen. Diese kann dann gleich kontrollieren, ob der übergebene Wert überhaupt zulässig und sinnvoll ist. Auch könnte man gleich ein weiteres Attribut mit verändern, das mit dem ersten in engem Zusammenhang steht. Wenn eine Bankleitzahl geändert wird, stimmt mit größter Wahrscheinlichkeit auch die Kontonummer nicht mehr.

- Objekteigenschaften sollten möglichst nur über Methoden verändert werden.

Klassen

`Meier` ist ein Objekt und `Schulz` und `Kunz` sind ebenfalls Objekte. Alle unterscheiden sich voneinander, ihr Aufbau bleibt aber immer der gleiche. Sie besitzen die gleichen Eigenschaften und können auf die gleichen Methoden zugreifen. Warum sind sie gleich? Weil sie zur gleichen Gruppe gehören und nach dem gleichen Bauplan erstellt wurden. Man spricht aber selbstverständlich nicht von einer Gruppe. Hier heißt das: *Klasse*. Alle Objekte einer Klasse besitzen die gleichen Eigenschaften und Methoden.

Klasse: Kunden

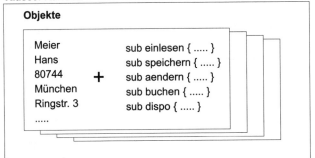

Abbildung 17.3:
Objekte in ihrer Klasse

Wie wir später sehen werden, verbleiben die Funktionen genaugenommen in der Klasse, sie werden nicht direkt im Objekt gespeichert. Die Objekte erhalten statt dessen einen Verweis darauf, zu welcher Klasse sie gehören. Perl sucht dann innerhalb der zugehörigen Klasse nach der richtigen Methode, wenn diese in Zusammenhang mit einem Objekt aufgerufen wird. In Abbildung 17.3 wurden die Methoden dennoch den Objekten zugeordnet, damit sie nicht mit den gleich folgenden *Klassenmethoden* verwechselt werden.

Wir merken uns:

■ Gleichartige Objekte werden zu einer Klasse zusammengefasst. Die Klasse enthält den Bauplan für ihre Objekte.

Die Konstruktormethode new()

Die Konstruktion neuer Objekte wird von einer Funktion übernommen, die in der Regel new() genannt wird und sozusagen den Bauplan der Objekte enthält. Als wichtigste Aktion erzeugt sie den Grundtyp eines Objekts. Solche Objekte haben dann noch nichts Spezifisches, sie unterscheiden sich noch nicht von den Objekten anderer Klassen. Was da genau passiert, ist natürlich von Sprache zu Sprache verschieden; wie es in Perl aussieht, sehen wir später. Nachdem nun ein Standardobjekt erstellt wurde, erhält dieses seine Instanzeigenschaften, also die Datenelemente, die für Objekte dieser Klasse vorgesehen sind. In unserem Fall: Name, Vorname etc.

new() ist eine *Klassenmethode*, das heißt, sie wird nicht von einem Objekt aus aufgerufen, sondern von der Klasse.

```
Kunden->new() ;
```

Weil new() Objekte konstruiert, wird sie auch *Konstruktor* oder *Konstruktormethode* genannt.

■ Über die Konstruktormethode new() erzeugt man neue Objekte einer Klasse.

Klassenmethoden und Klasseneigenschaften

Nicht alles ist vom konkreten Objekt abhängig. Manche Methoden beziehen sich auf alle Objekte gemeinsam oder auf überhaupt keines. Solche Funktionen nennt man Klassenmethoden. `einlesen()` und `speichern()` sind gute Beispiele aus unserer Kundenkartei. Da wird nicht ein einzelnes Objekt eingelesen, sondern alle. Die gerade besprochene Methode `new()` ist die bekannteste Klassenmethode, da sie praktisch in jeder Klasse vorkommt.

```
Kunden->einlesen() ;
```

Um die gewöhnlichen Methoden verbal von den Klassenmethoden zu unterscheiden, spricht man bei Ersteren oft auch von *Objekt- oder Instanzmethoden*.

Seltener findet man auch Klasseneigenschaften. Das sind Daten, die sich ebenfalls nicht auf bestimmte Objekte beziehen, sondern allen zur Verfügung stehen sollen. Das könnte etwa die Bankleitzahl der eigenen Bank sein, die Währung im eigenen Land oder Umrechnungsfaktoren zwischen Währungen. Wie man konkret in Perl auf diese Daten zugreift, sehen wir wieder später.

Klasse: Kunden

> **Objekte**
>
> | Meier | sub aendern { ..... } |
> | Hans | sub buchen { ..... } |
> | 80744 **+** | sub dispo { ..... } |
> | München | |
> | Ringstr. 3 | |
> | ..... | |
>
> **Klassen-Methoden**
>
> sub new { ..... }
> sub einlesen { ..... }
> sub speichern { ..... }

Abbildung 17.4:
Objekt- und Klassenmethoden

- Klassenmethoden sind Funktionen, die unabhängig von konkreten Objekten arbeiten. Sie werden als Elemente der Klasse, nicht der Objekte aufgerufen.

- Klasseneigenschaften sind Daten, die allen Objekten gemeinsam zur Verfügung stehen.

Vererbung

In der objektorientierten Programmierung ist viel von Vererbung die Rede. Darunter versteht man das Ableiten einer Klasse von einer anderen. Eine einfache Klasse dient als Basis für die Konstruktion einer komplexeren Klasse. Die neue Klasse verwendet die Objektmethoden, Klassenmethoden, Klassenattribute und oft auch den Konstruktor `new()` der ursprünglichen Klasse und bereichert sie um neue Methoden und Eigenschaften oder ersetzt einige durch neue Varianten.

Natürlich hat man auch früher schon komplexe Datenstrukturen aus einfacheren zusammengebaut oder ließ komplexe Funktionen einfachere aufrufen. Wie man das genau getan hat, blieb jedoch jedem selbst überlassen, was wiederum dazu führte, dass man leicht den Überblick verlor. Hier verwenden nun alle die gleiche, schlanke Syntax.

Ein Beispiel für die Vererbung wäre eine Klasse Kontakte, von der sich die Klasse Kunden ableiten ließe. Objekte von Kontakte besäßen zwar Namen und Adresse, aber noch keine Konten. Sie verfügten über die Methoden einlesen(), speichern() und aendern(), aber noch nicht über buchen() und dispo().

Auf der anderen Seite könnte wiederum aus der Klasse Kunden eine Klasse Geschaeftskunden abgeleitet werden. Sie erhielten zusätzlich noch Daten über Liefertermine, Konditionen und Rabatte sowie Funktionen für die Steuerabrechnung und den Ausdruck von Lieferscheinen.

Die ursprüngliche Klasse wird immer *Basisklasse* genannt. Kontakte ist demnach eine Basisklasse für Kunden. Die daraus hervorgehende Klasse nennt man *abgeleitete Klasse*.

Man bezeichnet auch Basisklassen vergangener Generationen einfach als Basisklasse. So ist auch Kontakte eine Basisklasse von Geschaeftskunden.

■   Aus bestehenden Klassen können neue Klassen gebildet werden, indem man die Eigenschaften und Methoden der ursprünglichen Klasse um neue erweitert. Diesen Vorgang nennt man Vererbung.

■   Die ursprüngliche Klasse heißt Basisklasse, die neue Klasse bezeichnet man als abgeleitete Klasse.

Zusammenfassung

Wir fassen noch einmal die wichtigsten Aspekte zur objektorientierten Programmierung in Form unserer Merksätze zusammen. Ich denke, wir haben einen ganz passablen ersten Eindruck von den neuen Konzepten bekommen. Natürlich bleiben eine Menge Fragen offen. Die meisten werden sich dann klären, wenn wir konkret sehen, wie man diese Konzepte schließlich in Perl realisiert.

■   Ein Objekt vereint ein Bündel von zusammengehörigen Daten mit den dazu passenden Funktionen zu einer Einheit.

■   Objektmethoden werden immer vom Objekt aus aufgerufen. Sie greifen automatisch auf die Daten des Objekts zurück.

```
Meier->dispo() ;
```

■   Die für ein einzelnes Objekt gespeicherten Daten werden als Eigenschaften oder Attribute bezeichnet. (Name, Vorname, Straße etc.)

■   Kapselung: Objekteigenschaften sollten möglichst nur über Methoden verändert werden.

■   Gleichartige Objekte werden zu einer Klasse zusammengefasst. Die Klasse enthält den Bauplan für ihre Objekte.

■   Über die Konstruktormethode new() erzeugt man neue Objekte einer Klasse.

```
Kunden->new() ;
```

Klassenmethoden sind Funktionen, die unabhängig von konkreten Objekten ablaufen. Sie werden als Elemente der Klasse, nicht der Objekte aufgerufen.

```
Kunden->einlesen() ;
```

Klasseneigenschaften sind Daten, die allen Objekten gemeinsam zur Verfügung stehen.

Aus bestehenden Klassen können neue Klassen gebildet werden, indem man die Eigenschaften und Methoden der ursprünglichen Klasse um neue erweitert. Diesen Vorgang nennt man Vererbung.

Die ursprüngliche Klasse heißt Basisklasse, die neue wird abgeleitete Klasse genannt.

▶ **Manpages:** perldoc perlboot

17.2 Objekte und Klassen

Wie wird nun die Idee einer objektorientierten Programmierung in Perl realisiert? Zunächst einmal sollte man sich darüber im Klaren sein, dass klassische und objektorientierte Syntax in Perl nicht getrennt sind. Sie können objektorientierte Module in ein klassisch geschriebenes Skript integrieren und umgekehrt. Eine Funktion darf klassisch aufgerufen werden, eine andere als Methode. Auch die Realisierung eines Objekts, einer Methode oder einer Erbschaft erfolgt in Perl meistens über uns bereits bekannte Konstruktionen. Nur in wenigen Fällen handelt es sich um etwas absolut Neues, was der Perl-Interpreter im Hintergrund tut und kein klassisches Äquivalent besitzt. Sie werden daher im Folgenden immer wieder auf Bekanntes treffen. Objektorientiertes Perl kann man *verstehen, nachvollziehen*, man muss seine Syntax nicht einfach akzeptieren.

Objekte

Alle Überlegungen beginnen mit dem *Objekt*. Wie bildet man in Perl ein Objekt?

Ein Objekt ist ein *anonymer Hash* oder ein anonymes Array mit einigen speziellen Eigenschaften! In aller Regel verwendet man Hashes, da sie flexibler sind als Arrays. Weil wir es mit anonymen Strukturen zu tun haben, müssen wir sie über Referenzen statt über Namen ansprechen. Merken wir uns also:

Ein Objekt ist ein anonymer Hash oder ein anonymes Array. Es wird über seine Referenz, die so genannte *Objektreferenz* angesprochen.

```
$ref = {} ;    bzw:   $obj = {} ;    bzw:   $Meier = {}
```

Wieso ist ein anonymer Hash am besten dafür geeignet, ein Objekt aufzunehmen? Erstens: Anonyme Strukturen lassen sich während der Laufzeit in beliebiger Zahl erstellen. Das passt schon mal gut. Ein neuer Kunde = ein neues Objekt = ein neuer anonymer Hash mit einer Referenz für den Zugriff.

```
$obj1 = {} ;          # neues Objekt
$obj2 = {} ;          # neues Objekt
.....
```

Zweitens: Hashes können beliebig viele Werte aufnehmen und im Gegensatz zu Arrays kann die *Bedeutung* des Werts gleich mit gespeichert werden (als Schlüssel). Genau das brauchen wir, um beliebige Eigenschaften eines Objekts beschreiben zu können. Die Instanzeigenschaft Vorname wird also schlichtweg das Hash-Element mit dem Schlüssel Vorname. Erzeugen wir doch einfach einmal ein Objekt Meier.

```
$obj = {} ;
$obj->{'Name'} = 'Meier' ;
$obj->{'Vorname'} = 'Hans' ;
```

Fertig. Erkennen Sie, wie einfach wir ein weiteres Objekt Schulz oder Kunz erzeugen könnten?

■   Objekteigenschaften und ihre Werte sind Schlüssel-Wert-Paare des anonymen Hash.

Es wäre auch denkbar, ein Objekt in Form eines anonymen Arrays zu bilden, das ist aber recht selten zu sehen. Auch ein Array kann beliebig viele Werte speichern, allerdings müsste man sich die Bedeutung der verschiedenen Werte dann anderweitig merken. Sinnvoll wäre eine solche Konstruktion zum Beispiel, wenn das Objekt nichts weiter als zwölf Abrechnungsdaten für die einzelnen Monate besäße. In diesem Fall schriebe man Folgendes:

```
$obj = [] ;
$obj->[0] = 2345 ;
$obj->[1] = 3456 ;
.....
```

Nun ist ein anonymer Hash oder ein anonymes Array aber noch kein vollwertiges Objekt. Bisher haben wir nur einen Behälter für unterschiedliche Eigenschaften konstruiert. Ein Objekt ist aber mehr. Es gehört zu einer Klasse. Man kann Methoden über ein Objekt aufrufen. Man kann es vererben. Sehen wir also weiter.

Klassen

Eine Klasse wird in Perl als Paket realisiert, als *Package*. In einem Package werden alle Funktionen und Eigenschaften einer Klasse, inklusive der Konstruktorfunktion new(), zu einer gemeinsamen Gruppe zusammengefasst. Die Klasse trägt den Namen des Pakets. Hier zum Beispiel die Klasse Kunden:

```
package Kunden ;

$waehrung = "Eu" ;

sub new {
  .....
  }
sub einlesen {
  .....
```

```
      }
sub buchen {
    .....
    }
sub dispo {
    .....
    }
```

Larry Wall hat also auch für Klassen einen Weg gefunden, die neuen Ideen über bereits bekannte Konstrukte zu realisieren. Das Package sorgt dafür, dass die Funktionen new() und einlesen() aus dieser Klasse nicht verwechselt werden mit gleichnamigen Funktionen anderer Klassen. Funktionen und Variablen eines Pakets werden ja immer in einer eigenen Symboltabelle gespeichert.

Wie Sie sehen, sind nicht bloß Klasseneigenschaften und Klassenmethoden in dem Package gespeichert, sondern auch die Objektmethoden, etwa buchen() oder dispo(). *Wie* ein konkretes Objekt dieser Klasse aussieht, erkennt man indessen noch nicht. Hierzu müssen wir unseren Blick auf die Methode new() richten, über die neue Objekte erzeugt werden. In new() werden wir auch die Antwort auf die Frage finden, wie die Verknüpfung zwischen Objekt und Klasse hergestellt wird und wie man festlegt, dass man über das Objekt Meier auf die Funktionen einlesen() und buchen() zugreifen darf.

■ Klassen sind als Packages realisiert.

Neue Objekte erzeugen

Über die Methode new() wird ein neues Objekt erzeugt.

Wie muss eine solche Funktion aussehen? Die wichtigste Aufgabe des Konstruktors ist die Erstellung des anonymen Hash. Dessen Referenz muss sie zurückgeben.

```
sub new {
    my $obj = {} ;
    .....
    return $obj ;
    }
```

Statt wie bisher ein neues Objekt über

```
$obj = {} ;
```

zu erzeugen, schreibt man nun

```
$obj = Class::new() ;
```

oder, schöner und gebräuchlicher:

```
$obj = Class->new() ;
```

wobei Class allgemein für die betroffene Klasse steht, in unserem Beispiel also für Kunden. Die Pfeilsyntax, die bisher nur für das Auflösen von Referenzen bei Arrays und Hashes benutzt wurde, ist in der Welt der objektorientierten Programmierung allgegenwärtig. Über einen Pfeil greift man auf eine Methode oder eine Eigenschaft eines bestimmten Objekts oder – wie hier – einer bestimmten Klasse zu.

Der Konstruktor muss übrigens nicht new() heißen. Da Sie ihn explizit aufrufen – es gibt keinen Automatismus im Hintergrund –, dürfen Sie ihm einen beliebigen Namen geben. So könnten wir unsere Methode zur Erzeugung eines neuen Kundenobjekts auch kunde() statt new() nennen.

Was muss oder sollte new() außerdem noch erledigen? Zunächst muss das Objekt an die Klasse gebunden werden. Ein Objekt ist ja mehr als bloß ein anonymer Hash. Über das Objekt können auch Methoden aufgerufen werden, $obj->dispo(), die dann automatisch auf die Eigenschaften des Objekts Zugriff haben. Für einen solchen Aufruf muss Perl wissen, zu welcher Klasse das Objekt gehört. Das Objekt darf nur Methoden dieser Klasse oder ihrer Basisklassen verwenden. Die Referenz an sich gibt das nicht her, sie enthält ja lediglich die Speicheradresse sowie den Typ der Variablen, auf die sie zeigt.

Die Zuordnung eines Objekts zu seiner Klasse erfolgt durch die Funktion bless().

```
bless reference ;
bless reference, class ;
```

Ohne die Angabe einer Klasse wird das durch *reference* angesprochene Objekt an die *aktuelle* Klasse gebunden. Die Angabe einer Klasse ist immer dann notwendig, wenn man innerhalb von abgeleiteten Klassen die ursprüngliche Methode *new()* verwenden möchte. Wir werden später im Rahmen der Vererbung noch ausführlicher hierauf eingehen. Vorerst begnügen wir uns mit dem einfacheren Aufruf. In Bezug auf unser Beispiel erhalten wir

```
bless $obj ;
```

oder, integriert in new():

```
sub new {
    my $obj = {} ;
    bless $obj ;
    return $obj ;
    }
```

Man stellt sich natürlich die Frage, was hinter der Funktion bless() steckt. Wir haben schon einmal erwähnt, dass sich Perl neben den eigentlichen Daten beispielsweise auch den Typ dieser Daten merkt (Zahl/String/Referenz). Hierzu verwaltet es für jede Variable eine kleine Datenstruktur, die solche Zusatzinformationen aufnehmen kann. Zwei Informationen speichert es hier auch in Zusammenhang mit Objekten: ein Flag, das – sofern es gesetzt ist – anzeigt, dass es sich bei den Daten um ein Objekt handelt, sowie die Referenz auf das Package, also die Klasse, zu der das Objekt gehört. Genau diese beiden Informationen trägt bless() in die Datenstruktur des Objekts ein.

Wenn später eine Funktion in Zusammenhang mit einem Objekt aufgerufen wird

```
$obj->dispo()
```

versichert sich Perl anhand des oben erwähnten Flags, dass es sich bei dem referenzierten Hash wirklich um ein Objekt handelt (ob er mit bless() gebunden wurde), liest den Pointer für die Klasse, zu dem das Objekt gehört, und sucht in dem referenzierten Paket nach der aufgerufenen Funktion. Voilà.

- Durch bless() wird eine Referenz zu einem richtigen Objekt. bless() bindet die Referenz an eine bestimmte Klasse.

bless() gibt die Referenz auf das zugeordnete Objekt wieder zurück. Das kann man dazu verwenden, return und bless zu kombinieren.

```
sub new {
    my $obj = {} ;
    return bless $obj ;
}
```

oder noch kürzer, falls new() nichts weiter tun soll:

```
sub new { return bless {} } ;
```

new() wird üblicherweise über einen Pfeil aufgerufen: $obj=Class->new();. Es ist aber auch möglich, new() wie einen eingebauten Perl-Befehl zu verwenden, wobei man den Klassennamen als Argument angibt: $obj = new Class;. Man spricht von indirekter objektorientierter Syntax. Das funktioniert im Prinzip zwar für alle Methoden, sollte aber vermieden werden, da der Interpreter in komplexeren Fällen – wenn Sie weitere Argumente übergeben – eventuell nicht mehr versteht, was Sie meinen.

Objekte initialisieren

Was kann innerhalb von new() sonst noch geschehen? Wir können die neu angelegten Objekte initialisieren! Dabei setzen wir Eigenschaften, deren Wert wir bereits zu diesem Zeitpunkt kennen oder die uns beim Aufruf übergeben wurden. Selbstverständlich *müssen* Sie das Objekt nicht sogleich initialisieren. Seine Werte kann es auch später noch über ganz andere Methoden erhalten.[2]

```
$obj = Kunden->new('Meier', 'Hans') ;

package Kunden ;

sub new {
    my $class = shift @_ ;
    my ($name,$vname) = @_ ;

    my $obj = {} ;
    $obj->{'Name'} = $name ;
```

---

2 Sie finden nicht nur die ausgefertigten Beispiel-Skripte, sondern auch solche Fragmente wie das folgende auf der CD. Sie sind benannt nach der Funktion oder dem behandelten Thema, hier test_obj1.pl.

```
$obj->{'Vorname'} = $vname ;
$obj->{'Typ'} = 'Kunde' ;

bless $obj ;
return $obj ;
}
```

Sie sehen, wie über @_ die übergebenen Argumente zur Initialisierung des Objekts verwendet werden. Das erste Argument wird jedoch vorher über shift() entfernt. Warum? Immer dann, wenn wir über die objektorientierte Syntax eine Klassenfunktion aufrufen, wie etwa Class-> new(), schickt Perl ohne unser Zutun den Namen der Klasse als erstes Argument mit. Unsere eigenen Argumente werden an @_ angehängt. Wie wir später erfahren werden, benötigt man den übergebenen Klassennamen immer dann, wenn Vererbung mit im Spiel ist, also eine abgeleitete Klasse auf unsere Methode new() zugreift. Hier werfen wir das erste Argument einfach weg, um an den Rest zu gelangen.

Oft lohnt sich wegen der besseren Übersichtlichkeit eine Auslagerung der Initialisierung in eine eigene Methode, die aus new() heraus aufgerufen wird. Wie das geht, erfahren Sie in Abschnitt 17.3, wo wir Objektmethoden genauer unter die Lupe nehmen.

Objektcontainer

Bei den meisten objektorientierten Modulen, die Sie sich aus dem CPAN herunterladen können, müssen Sie nur ein einziges Objekt erzeugen. Sie speichern seine Referenz nach der Erzeugung wie oben gesehen in einer skalaren Variablen $obj oder $host, $param, etc. Anschließend können Sie über dieses Objekt auf die Funktionen des Moduls zugreifen.

Wie sieht es aber aus, wenn es sich um ein Modul handelt, das *viele* Objekte erzeugt? Unsere Kundendatei ist ein Paradebeispiel für solche Fälle. Jeder Kunde ist in einem eigenen Objekt gespeichert. Wohin bitteschön mit den ganzen Referenzen? Wir benötigen einen Behälter, der die Objektreferenzen aufnimmt. Das kann ein Array oder ein Hash sein, je nachdem, was in der gegebenen Situation besser passt. Dieses übergeordnete Array bzw. diesen Hash nennt man *Objektcontainer*.

Im folgenden Beispiel wird für jeden Benutzer einer vorgegebenen Liste ein neues Objekt erzeugt, dessen Referenz in einem Container-Array gespeichert wird.

```
@liste = qw(Meier Kunz Schulz Schmidt Meier Bunt) ;

foreach $user ( @liste ) {
    $obj = Kunden->new($user) ;
    push @kunden, $obj ;              # Objektreferenz
    }                                 # in Array speichern

package Kunden ;

sub new {
```

```
my ($class, $name) = @_ ;
my $obj = {} ;
$obj->{'Name'} = $name ;
bless $obj ;
return $obj ;
}
```

Das Array @kunden enthält anschließend die Objektreferenzen aller Kunden. Es kann zum Abspeichern der Daten auf Festplatte, zum Einlesen oder auch zum Durchsuchen der Daten nach bestimmten Inhalten verwendet werden.

▸ **Manpages:** perldoc perllobj ... An Object is / A Class is ; perldoc perlboot / perltoot

17.3 Objektmethoden

Wir haben bereits gesehen, wie Methoden und Daten in Perl zu einem Objekt verbunden werden: Durch bless() wird ein anonymer Hash als *Objekt* gekennzeichnet (Flag) und mit einer Referenz auf ein *Package* versehen. Das Package steht für die *Klasse,* zu der das Objekt gehört. Perl kann nun immer dann, wenn eine Funktion über die objektorientierte Syntax

```
$obj->method() ;
```

aufgerufen wird, der Package-Referenz nachgehen und die Klasse sowie die darin enthaltene Funktion finden. Auf diese Weise ist ein eindeutiger Zusammenhang zwischen Methode und Objekt hergestellt, ohne dass der Code der Funktionen in jedem einzelnen Objekt gespeichert werden müsste.

Beim Aufruf einer Funktion über die Pfeilsyntax übergibt Perl automatisch ein Argument als ersten Parameter ($_[0]). Bei Objektmethoden – also solchen, bei denen auf der linken Seite des Pfeils ein Objekt steht – ist das die Referenz des Objekts. Wenn wir weitere Argumente an die Funktion übergeben, landen diese erst hinter der Objektreferenz.

Warum dieses Verhalten?

Der Clou einer objektorientierten Methode ist ja ihre Fähigkeit, sich einen Teil der benötigten Daten selbst zu besorgen. Hierzu benötigt sie die Information, von welchem Objekt aus sie aufgerufen worden ist. Und eben diese Information übergibt Perl in Form der Objektreferenz.

```
$obj_kunz->dispo() ;

sub dispo {
    my $self = shift @_ ;
    .....
```

Hier ist in $obj_kunz die Referenz auf das Objekt für Kunz gespeichert. Beim Aufruf der Funktion dispo() von dem Objekt aus übergibt Perl $obj_kunz als erstes (und hier auch als einziges) Argument. Innerhalb der Funktion kann die Referenz dann aufgefangen und in einer Variablen, häufig $self genannt, gespeichert werden.

Über die Objektreferenz hat die Funktion nun die Möglichkeit, auf alle Werte des Objekts zuzugreifen. Eine Funktion dispo() könnte zum Beispiel ein neues Dispo-Limit für einen Kunden festlegen. Das Dispo-Limit sei hierzu als Attribut Dispo im Kundenobjekt gespeichert.

```
$obj_kunz->dispo() ;
print $obj_kunz->{'Dispo'} ;
.....

package Kunden ;
.....

sub dispo {
    my $self = shift @_ ;
    print "Bisheriges Dispo-Limit: " ;
    print $self->{'Dispo'} , "\n"  ;
    print "Neuer Dispo:          "  ;
    chomp ( my $eingabe=<STDIN> ) ;
    $self->{'Dispo'} = $eingabe ;
    }
```

Wenn wir dieses Code-Fragment ausführen, ergibt sich vielleicht folgender Dialog:

```
$ test_object4.pl
Bisheriges Dispo-Limit: 2000
Neuer Dispo:            3400
3400
```

Objektmethoden werden oft auch *Instanzmethoden* genannt. Da man beinahe in jeder Instanzmethode zunächst die übergebene Referenz entfernen muss, gehört dies quasi zum Standard, so dass man häufig statt shift @_ die Kurzform shift sieht. Ohne Argument entfernt und liefert shift in Subroutinen das erste Feld von @_. (Außerhalb von Subroutinen verarbeitet shift ohne Argument das Array @ARGV.)

■ $obj->method(); Aufruf einer Objektmethode

■ $self = shift @_; Objektreferenz wird als erster Parameter übergeben

■ $self->{attr} Zugriff auf Objektattribute

Initialisierung zum Zweiten

Wenn sich die Initialisierung eines neu erzeugten Objekts recht aufwendig gestaltet, lohnt es sich, die zugehörigen Befehle aus dem Konstruktor new() in eine eigene Methode initialize() auszulagern.

Listing 17.1: Initialisierung durch eine eigene Methode

```perl
$obj = Kunden->new('Meier', 'Hans') ;

package Kunden ;

sub new {
    my $class = shift ;        # Kurzform von shift @_
    my $obj = {} ;
    bless $obj ;
    $obj->initialize(@_) ;
    return $obj ;
    }

sub initialize {
    my $self = shift ;
    my($name,$vname) = @_ ;

    $self->{'Name'} = $name ;
    $self->{'Vorname'} = $vname ;
    $self->{'Typ'} = 'Kunde' ;
    }
```

Da auch `initialize()` von einem Objekt aus aufgerufen wird, übergibt Perl auch hier wieder automatisch die Objektreferenz. Mit ihrer Hilfe gelangt `initialize()` an die Objektattribute, die es setzen möchte.

▶ **Manpages:** perldoc perllobj ... A Method is ; perldoc perlboot / perltoot

17.4 Klassenmethoden und Klasseneigenschaften

Im Gegensatz zu Objektmethoden, die mit den Attributen eines einzigen Objekts arbeiten, beziehen sich Kassenmethoden entweder auf überhaupt keine konkreten Objekte oder sie arbeiten gleich mit vielen oder allen Objekten. Auf jeden Fall werden sie nicht von einem bestimmten Objekt aus aufgerufen, sondern ausgehend von der Klasse. Beispiele für Klassenmethoden sind `new()` oder – in unserem Beispiel – `einlesen()` und `speichern()`.

```perl
Class->method() ;
```

Wenn Perl sieht, dass auf der linken Seite des Pfeils kein Objekt, sondern eine Klasse steht, übergibt es als ersten Parameter nicht eine Objektreferenz, sondern den Klassennamen, also den Namen des Package. Die Funktion kann, muss den Klassennamen aber nicht verarbeiten, er spielt vor allem bei der Vererbung eine Rolle. Erhält die Methode weitere Argumente, wie es z.B. häufig bei `new()` der Fall ist, muss man darauf achten, den ersten Parameter zunächst zu entfernen, bevor man mit `@_` wie gewohnt arbeitet.

Das beste Beispiel für eine Klassenmethode stellt die Konstruktormethode new() dar. Vielleicht sehen Sie sich new() in Listing 17.1 noch einmal an. Hier eine andere einfache Klassenmethode:

```
Kunden->euro_to_dollar(1.0524) ;

sub euro_to_dollar {
    $class = shift ;
    $dollarkurs = shift ;
    }
```

Unser kleines Beispiel tut nichts anderes, als den aktuellen Dollarkurs neu abzuspeichern. Zunächst entfernt es den mitgelieferten Klassennamen, anschließend speichert es den übergebenen Wert in der Klasseneigenschaft $Kunden::dollar ab.

- Class->method(); Aufruf einer Klassenmethode

- $class = shift @_; Klassenname wird als erster Parameter übergeben

Objekte in Dateien speichern

Wie könnten wir unsere Funktionen einlesen() und speichern() als Klassenmethoden schreiben? Zunächst zum Speichern. Wir gehen davon aus, dass alle Objektreferenzen der Kunden in einem Container-Array @kunden gespeichert sind. Ein einzelnes Objekt ist dann referenziert durch $kunden[$i]. Aus der Sicht der Daten bildet @kunden also eine einzige große Struktur, die man leicht mithilfe des Storable-Moduls speichern kann (siehe letztes Kapitel).

```
Kunden->speichern(\@kunden, $file) ;
.....
package Kunden ;
use Storable ;

# Klassenmethode zum Speichern aller Kundendaten
sub speichern {
    my $class = shift ;
    my ($container, $file) = @_ ;
    store ($container, $file ) ;
    }
```

Das geht offensichtlich sehr einfach. Aber wie steht es mit dem Einlesen? Wir können mithilfe der retrieve()-Funktion des Moduls Storable zwar die zuvor abgespeicherte Datenstruktur wieder herstellen, doch wie entstehen daraus neue Objekte? Die Objekte befinden sich ja quasi erst auf der zweiten Ebene der Gesamtstruktur. Die oberste Ebene wird von dem Objekt-Container gebildet.

Die Antwort lautet, dass Storable uns die Arbeit abnimmt. Es speichert die Information, dass es sich bei einer Unterstruktur um ein Objekt handelt, automatisch gemeinsam mit der Struktur ab. Beim späteren Einlesen werden die Objekte dann ebenfalls automatisch erzeugt. Genial, nicht wahr?

```
*kunden = Kunden->einlesen($file) ;       # Container @kunden

package Kunden ;
use Storable ;

# Klassenmethode zum Einlesen aller Kundendaten
sub einlesen {
    my ($class, $file) = @_ ;
    my $container = retrieve ($file) ;
    return $container ;
    }
```

Unglaublich, wie einfach das funktioniert.[3]

Wenn Sie Ihre Daten bisher zwar über Storable abgespeichert hatten, jedoch noch nicht als Objekte, müssen Sie ein einziges Mal die Objekte erzeugen. Die Methode einlesen() muss dann derart erweitert werden, dass die Referenzen der zweiten Ebene mittels bless() als Objekte markiert werden.

```
sub einlesen {
    my ($class, $file) = @_ ;
    my $container = retrieve ($file) ;

    # Nur beim ersten Mal
    foreach $obj ( @$container ) {
        bless $obj ;
        }
    return $container ;
    }
```

Wir greifen also in eine bestehende Struktur ein und erzeugen aus den Unterstrukturen Objekte. Geht alles!

■   use storable;   Objekte in Dateien speichern.

Methoden, die beides können

Vielleicht ist Ihnen aufgefallen, dass es syntaktisch keinen Unterschied zwischen Instanz- und Klassenmethoden gibt. Die Unterscheidung legen wir selbst im Moment des Aufrufs fest. Starten wir die Methode von einem Objekt aus, übergibt Perl die Objektreferenz, starten wir sie von einer Klasse aus, übergibt es den Klassennamen als erstes Argument.

```
$obj->method() ;          # Perl uebergibt die Referenz $obj
Class->method() ;         # Perl uebergibt den Namen Class
```

Es besteht daher die Möglichkeit, Methoden zu konstruieren, die beides können: Sie verstehen es sowohl, als Objektmethode zu agieren, also mit den Daten eines einzelnen konkreten

---

3   Ausprobieren: kunden_obj.pl

Objekts zu hantieren, wie auch als Klassenmethode zu funktionieren. Die Methode muss hierzu den ersten übergebenen Parameter daraufhin überprüfen, ob es sich um eine Referenz oder einen Klassennamen handelt. Wenn Sie CPAN-Module benutzen, werden Sie immer wieder auf derartige Zwittermethoden stoßen.

Sinnvoll wäre ein solches Vorgehen zum Beispiel für eine Funktion speichern(). Ruft man sie von einem Objekt aus auf, wird nur der Datensatz für dieses Objekt gespeichert, ruft man sie von der Klasse aus auf, speichert sie alle Datensätze. Oder vielleicht für new(). Von der Klasse aus aufgerufen, erzeugt sie ein neues, aber leeres Objekt, von einem bestehenden Objekt aus gestartet, erzeugt sie ein neues Objekt und kopiert die Eigenschaften des bestehenden Objekts hinein.

Um herauszufinden, wie die Methode aufgerufen wurde, testet man über die Funktion ref(), ob es sich bei $_[0] um eine Referenz handelt. Zum Beispiel so:

```
sub method {
    my $self = shift ;
    my $typ = ref($self) ? 'Objekt' : 'Klasse' ;
    .....
    }
```

▶ **Manpages:** perldoc perllobj / perlboot / perltoot

17.5 Vererbung

Die Vererbbarkeit ist neben der einfacheren Aufrufsyntax sicherlich die wichtigste Errungenschaft der objektorientierten Programmierung. Mit dem Vererbungskonzept ist man als Anwender einer fremden Funktion, die über ein Modul geladen wurde, zwar nicht unmittelbar konfrontiert. Dennoch dürfte es sich lohnen, die wichtigsten Züge dieser Strategie kennen zu lernen.

Von Vererbung spricht man im objektorientierten Umfeld, wenn eine Klasse auf einer anderen basiert. Die neue (abgeleitete) Klasse übernimmt zunächst alle Methoden und Objekteigenschaften ihrer Basisklasse, überschreibt vielleicht einige und fügt schließlich noch eigene hinzu. Wie verwirklicht Perl dieses Konzept?

@ISA

Perl verwendet zur Vererbung das Spezial-Array @ISA. »is a«, zu Deutsch »ist ein« deutet an, worum es geht: Die aktuelle Klasse leitet sich ab von der oder den Klassen, die in diesem Array erwähnt werden.

Um beispielsweise eine Geschäftskunden-Klasse Partner ausgehend von der Klasse Kunden aufzubauen, beginnt man die neue Klasse, indem man ihre Basisklasse in @ISA einträgt.

```
package Partner ;
@ISA = ('Kunden') ;
.....
```

Meistens sieht man das Spezial-Array als Quoted-Word-List angegeben.

```
@ISA = qw(Kunden) ;
```

Sobald `Kunden` als Basisklasse von `Partner` festgelegt ist, können Objekte von `Partner` auf alle Methoden zugreifen, die ursprünglich für die Kunden-Klasse definiert waren. Genau darum geht es bei der Vererbung. Die Arbeit, die wir uns bereits gemacht haben, müssen wir nicht noch einmal tun. Wir übernehmen alle Methoden und Objekteigenschaften der alten Klasse.

```
$obj = Partner->new() ;
$obj->buchen() ;
```

Objekteigenschaften übernehmen, wie geht das? Indem man den Konstruktor `new()` der alten Klasse verwendet! Müssen Sie nicht, können Sie aber. Wir gehen gleich noch näher darauf ein. Klasseneigenschaften werden übrigens *nicht* übernommen.

Immer dann, wenn eine Methode aufgerufen wird, egal ob Instanz- oder Klassenmethode, sucht Perl nach dieser Methode zunächst in der aktuellen Klasse. Findet es sie dort nicht, sucht es in der Basisklasse. Ist sie auch dort nicht zu finden, sucht es in der Basisklasse der Basisklasse, falls es eine gibt, und so weiter. Der Vererbungsbaum wird rekursiv durchsucht.

Mehrere Basisklassen

`@ISA` darf mehrere Klassennamen enthalten. So etwas wird zwar nicht oft benötigt, ist aber möglich.

```
@ISA = qw(One Two Three) ;
```

In diesem Fall wird eine Methode, die nicht in der aktuellen Klasse gefunden wird, in allen Basisklassen gesucht. Dabei wird `@ISA` von links nach rechts durchlaufen. Für jede Basisklasse werden aber deren Basisklassen durchsucht, bevor Perl mit der nächsten Basisklasse in `@ISA` fortfährt. »depth first« ist der englische Fachausdruck für diese Suchstrategie.

Die Klasse UNIVERSAL

Findet Perl in keiner der Basisklassen die gesuchte Methode, sieht es in der Klasse `UNIVERSAL` nach. Diese ist vordefiniert und darf nach Belieben erweitert werden. Per Default enthält sie die Methoden `isa()` zum Testen, ob ein Objekt zu einer Klasse gehört, `can()`, um zu prüfen, ob ein Objekt auf eine Methode zugreifen darf, und `VERSION()` zur Versionskontrolle.

AUTOLOAD()

Wird die gesuchte Methode auch in `UNIVERSAL` nicht gefunden, gibt Perl immer noch nicht auf. Es durchsucht den gesamten Vererbungsbaum ein zweites Mal. Nun aber nicht mehr nach der gewünschten Funktion, sondern nach einer Methode namens `AUTOLOAD()`. Die gibt es zunächst zwar nicht, sie kann aber jederzeit definiert werden. Und was hat man davon? Man kann Fehler

elegant abfangen und wunderbar ohne großen Aufwand Akzessormethoden implementieren.
Wie das geht, erfahren Sie aber erst später.

Methoden überschreiben und erweitern

Ist eine Methode der Basisklasse nicht für die Objekte der neuen, von ihr abgeleiteten Klasse
geeignet, kann man sie in der neuen Klasse neu definieren. Diesen Vorgang nennt man *Überschreiben*.

 Mit *Überladen* ist übrigens etwas ganz anderes gemeint. Hierunter versteht man das
Überschreiben von in Perl eingebauten Funktionen oder Operatoren.

```
package One ;
sub dispo { ... }        # urspruengliche Methode dispo()

package Two ;
@ISA = qw(One) ;
sub dispo { ... }        # dispo() fuer Objekte der Klasse Two
```

Sobald man die Methode für Objekte der abgeleiteten Klasse aufruft, führt Perl die neue
Variante aus, da sie zuerst gefunden wird. Ruft man die Methode hingegen für Objekte der
Basisklasse aus, findet Perl die alte Version und führt diese aus. Das gilt nicht nur für Objekt-,
sondern auch für Klassenmethoden.[4]

Möchte man eine Methode der Basisklasse in der neuen Klasse gänzlich löschen, entfernt man
sie über undef(). Das führende & beim Funktionsnamen ist obligatorisch. Die Basisklasse kann
weiterhin auf ihre Methode zugreifen.

```
undef &old_func ;
```

Wenn man nun eine Methode durch eine neue Variante überschreibt, bleibt einem die Möglichkeit, die alte Methode aus der neuen heraus aufzurufen. In diesem Fall handelt es sich um
eine *Erweiterung* der Basisklassenmethode.

```
package Two ;
@ISA = qw(One) ;

sub dispo {
   my $self = shift ;
   .....
   # $self->One::dispo() ;     # entweder konkret
   $self->SUPER::dispo() ;     # oder allgemein
   }
```

---

4 Testen: test_isa1.pl

Was ist geschehen? Der Aufruf der Basisklassenmethode gestaltet sich komplizierter als angenommen. Wie kann man Perl sagen, dass man `dispo()` aus der Basisklasse meint? Einfach `One->dispo()` ginge nicht, weil `dispo()` dadurch als Klassenmethode aufgerufen würde und Perl nicht die Objektreferenz, sondern den Klassennamen mitlieferte. Somit käme `dispo()` nicht mehr an die Daten des konkreten Objekts heran. Man muss also bei dem objektbezogenen Aufruf bleiben und dennoch mitteilen, aus welchem Paket die Methode genommen werden soll. Die Objektreferenz muss dafür vorher in `$self` aufgefangen worden sein, also: `$self->One::dispo()`.

Dass der konkrete Name des Pakets vor `dispo()` auftaucht, ist nicht schön, macht er doch die Verwendung der Methode unflexibel. Statt dessen können Sie das Schlüsselwort `SUPER` verwenden. Es weist Perl darauf hin, eine Methode nicht in der aktuellen, sondern ausschließlich in den Basisklassen zu suchen. Diese Formulierung ist die übliche, weil flexiblere.

Über die Pseudoklasse `SUPER` oder die Angabe eines konkreten Paketnamens kann man natürlich ganz allgemein eine Methode aus einer der Basisklassen aufrufen. Dieses Verfahren ist nicht darauf beschränkt, aus einer Methode gleichen Namens heraus benutzt zu werden.

Zu welcher Klasse gehört ein Objekt?

Wenn Sie einmal in die Verlegenheit kommen, innerhalb einer Methode bestimmen zu müssen, zu welcher Klasse eine übergebene Referenz gehört, verwenden Sie einfach `ref($obj)`. Der Befehl `ref()` gibt für Objekte den Namen ihrer Klasse zurück.

Vererbung des Konstruktors

Die Methode, die am häufigsten überschrieben wird, ist sicherlich der Konstruktor `new()`. Sobald die Aktionen des Konstruktors der Basisklasse für die neuen Objekte nicht mehr genügen, braucht man eine neue Methode `new()`. In manchen Fällen mag es sinnvoll sein, die alte Funktion komplett zu überschreiben, in anderen, die alte Methode aus der neuen heraus aufzurufen.

Bezüglich der Technik unterscheidet sich das Verfahren dahingehend von dem soeben beschriebenen, dass es sich hier um eine Klassenmethode handelt, die vererbt wird. `new()` wird nicht von einem Objekt, sondern über die Klasse aufgerufen. Die Basisklasse erzeugt letztendlich das Objekt, die neue Klasse fügt lediglich einige weitere Attribute hinzu. Entscheidend ist es, dafür Sorge zu tragen, dass ein Objekt der *aktuellen Klasse* erzeugt wird, selbst wenn es der Konstruktor der *Basisklasse* ist, der es erstellt. Genau zu diesem Zweck gibt es für `bless()` die Variante mit zwei Argumenten. Das zweite Argument nennt die Klasse, an die das erzeugte Objekt gebunden wird.

```
$obj = Two->new() ;

package Two ;
@ISA = qw(One) ;
sub new {
```

```
  my $class = shift ;
  $class->SUPER::new() ;      # Basiskl.-Konstruktor aufrufen
  .....                       # Zusätzliche spezielle
  }                           # Initialisierung

package One ;
sub new {
  $class = shift ;
  $obj = {} ;
  bless $obj, $class ;        # Bindet Objekt an Klasse Two
  return $obj ;
  }
```

Dies ist der Weg, Objektmerkmale einer Klasse an von ihr abgeleitete Klassen zu vererben.

▶ **Manpages:** perlboot ; perldoc perltoot ... Inheritance

17.6 Akzessormethoden

Eine letzte objektorientierte Raffinesse soll hier besprochen werden: Akzessormethoden und ihre einfache Verwirklichung über den Autoload-Mechanismus. Unter Akzessormethoden versteht man Funktionen, über die man Objektattribute erhält oder verändert.

Der objektorientierte Ansatz verlangt, dass Objekte gekapselt sind, das heißt, dass von außen die einzelnen Datensegmente des Objekts nicht verändert und – wenn man es ganz genau nimmt – nicht einmal eingesehen werden dürfen. Alles soll über Methoden laufen. Das hat zur Folge, dass wirklich nur *die* Daten angesprochen werden können, die der Programmierer für die Außenwelt vorgesehen hat, für die also Zugriffsmethoden bereitstehen. Und dass er die absolute Kontrolle über den Zugriff hat. Er könnte beispielsweise bei Veränderung bestimmter Daten andere, daran gekoppelte Variablen gleich mit verändern oder sogar die lesenden Zugriffe auf Daten zählen oder protokollieren. Akzessorfunktionen sind somit keineswegs überflüssiger Ballast, sondern bieten durchaus spannende Anwendungsmöglichkeiten.

get- und set-Methoden

Beginnen wir mit einer Akzessorfunktion zur Lieferung eines Werts, z.B. das aktuelle Dispo-Limit eines Kunden.

```
sub get_disp {
  my $self = shift ;
  return $self->{'Dispo'} ;
  }
```

Statt wie bisher für die Ausgabe des Dispo-Limits zu schreiben

```
print "Aktueller Dispo: ", $obj->{'Dispo'} ;
```

würde man nun wie folgt formulieren:

```
print "Aktueller Dispo: ", $obj->get_disp ;
```

was zwar kein großer Unterschied zu sein scheint, aber, wenn Sie an die obigen Erläuterungen denken, eine große Flexibilität für gekoppelte Aktionen ermöglicht.

Um den Wert des aktuellen Dispos zu ändern, würde man eine zweite Funktion benötigen:

```
sub set_disp {
   my ($self, $newdisp) = @_ ;
   $self->{'Dispo'} = $newdisp ;
   }
```

Aufgerufen würde die Methode z. B. über[5]

```
$obj->set_disp (3500) ;
```

Kombinierte Methoden

Zwei Funktionen für den Zugriff auf einen einzigen Wert, das ist zu aufwendig. Deshalb kombiniert man gerne beide Funktionalitäten in einer einzigen Methode. Die folgende Methode disp() gibt immer den bisherigen Wert zurück. Wird sie mit einem Argument aufgerufen, setzt sie außerdem den Wert auf das übergebene Argument.

```
sub Dispo {
   my ($self, $newdisp) = @_ ;

   # Bisheriger Wert
   my $olddisp = $self->{'Dispo'} ;

   # Eventuell neuen Wert zuweisen
   $self->{'Dispo'} = $newdisp if $newdisp ;

   # Alten Wert zurueckgeben
   return $olddisp ;
   }
```

Chick, nicht wahr? Verwendet wird die Methode dann wie folgt:

```
print "Aktueller Dispo: ", $obj->Dispo ;     # auslesen
$obj->Dispo(3500) ;                          # setzen
```

Auf diese Weise können Sie Akzessorfunktionen für beliebige Attribute schreiben. Tauschen Sie einfach ...Dispo gegen irgendeinen anderen Namen aus.

---

5   Testen: test_access1.pl

Alles läuft über AUTOLOAD()

Irgendwie dämlich, für zehn verschiedene Attribute zehnmal praktisch die gleiche Methode schreiben zu müssen, nur mit ausgetauschten Variablennamen. Das müsste doch zu verallgemeinern und in eine *einzige* Funktion zu packen sein?? Stimmt! Aber eine einzige Methode bedeutet auch nur einen einzigen Methodennamen. Die Änderung an unterschiedlichen Variablennamen müsste man dann über einen zusätzlichen Parameter, nämlich den Variablennamen, regeln.

```
change ( 'Dispo', 3500) ;
```

Na ja, auch nicht so toll. Es gibt eine elegantere Technik: Wir benutzen die Funktion AUTOLOAD(). Sie wird immer dann von Perl gesucht und – falls sie existiert – auch gestartet, wenn eine aufgerufene Funktion nicht gefunden wird. Den Namen der vergeblich gesuchten Funktion findet man in der Spezialvariablen $AUTOLOAD. Wurde also beispielsweise Dispo() aufgerufen, aber nicht gefunden, wird nach AUTOLOAD() gesucht. In $AUTOLOAD steht dann Class::Dispo, der Funktionsname mitsamt der Klasse, aus der er aufgerufen wurde.

Wenn wir nun festlegen, dass eine Akzessorfunktion immer exakt den gleichen Namen tragen soll wie das zu verändernde Attribut, dann bekommen wir in $AUTOLOAD den Namen dieses Attributs geliefert. Wir müssen lediglich noch den Klassennamen entfernen. Auf diese Art können wir jegliche Akzessorfunktion liefern, ohne auch nur eine einzige wirklich geschrieben zu haben.

```
sub AUTOLOAD {
    my ( $self, $newval ) = @_ ;

    # Attributname
    my $attrib = $AUTOLOAD ;
    $attrib =~ s/.*:// ;       # Klassenname entfernen

    # Bisheriger Wert
    my $oldval = $self->{$attrib} ;

    # Eventuell neuen Wert zuweisen
    $self->{$attrib} = $newval if $newval ;

    # Alten Wert zurueckgeben
    return $oldval ;
    }
```

Traumhaft!

Um den Dispo anzuzeigen oder zu setzen, schreibt man

```
print "Aktueller Dispo: ", $obj->Dispo ;       # auslesen
$obj->Dispo(3500) ;                            # setzen
```

Für die Telefonnummer:

```
print "Bisherige Tel: ", $obj->Tel ;          # auslesen
$obj->Tel('089/1231234') ;                     # setzen
```

Und so weiter.

Explizit ausgeschriebene Akzessorfunktionen müssen Sie also nur noch dann schreiben, wenn Sie bestimmte Aktionen an den Zugriff auf die Daten koppeln wollen.

Wenn Sie Angst haben, dass unzulässige Attribute geändert werden, bauen Sie einfach eine entsprechende Prüfung in AUTOLOAD()ein.

```
.......
die("keine Methode $AUTOLOAD implementiert")
    unless $AUTOLOAD =~ m/Dispo|Name|Vorname|Tel/;
    # nur für diese Eigenschaften soll es Akzessoren geben
.......
```

 Übrigens können Sie die Verwendung Ihrer Akzessormethoden nicht wirklich erzwingen und den direkten Zugriff auf Attribute nicht wirklich verhindern. Wenn Sie Ihre selbst geschriebenen Methoden verwenden, ist das kein Problem. Wenn Sie aber ein objektorientiertes Modul freigeben, können Sie in der beigefügten Dokumentation den Benutzer nur freundlich bitten, jeglichen Attributzugriff über Akzessorfunktionen durchzuführen.

▶ **Manpages:** perldoc perltoot ... AUTOLOAD

17.7   Objektorientierte Module benutzen

In den vorangegangenen Abschnitten haben Sie objektorientierte Techniken für alle Lebenslagen kennen gelernt. Gut möglich, dass Sie sich noch unsicher fühlen im Umgang mit Objekten; dass Sie immer wieder nachsehen müssen, was diese und jene Syntax eigentlich bedeutet. Das ist vollkommen in Ordnung, lassen Sie sich Zeit. Wahrscheinlich lohnt es sich, das komplette Kapitel ein zweites Mal zu lesen. Sie werden sehr viel mehr zuordnen können als beim ersten Durchgang.

Auf jeden Fall verfügen Sie nun über das notwendige Know-how, um Ihre eigenen Skripte und Module objektorientiert zu schreiben.

Häufig werden Sie vor der Situation stehen, CPAN-Module verwenden zu wollen, die objektorientiert geschrieben sind. Gott sei Dank müssen Sie dazu nur einen Teil der vorgestellten Techniken beherrschen. Da es sich dabei sozusagen um das Kernwissen handelt, werden wir es noch einmal zusammenfassen.

Klassische Module bieten Funktionen an, die Sie sofort benutzen können. In der beigefügten Dokumentation können Sie nachlesen, welche Parameter die Funktion benötigt, was sie tut und welchen Wert sie zurückgibt.

```
$ret = func1 (arg1, arg2, arg3, arg4) ;
@ret = func2 (arg1, arg2, arg3, arg4) ;
```

Objektorientierte Module bieten hingegen *Methoden* an, die man entweder über ein *Objekt* oder die *Klasse* aufruft. In aller Regel wird zunächst einmal ein Objekt *erzeugt*, um Zugriff auf alle angebotenen Methoden zu erhalten.

```
$obj = Class->new  ;                    # oder
$obj = Class->new(arg1, arg2) ;         # oder
$obj = new Class ;
```

Meistens genügt es, ein einziges Objekt zu erzeugen. In einigen Fällen benötigen Sie mehrere, etwa wenn es darum geht, mehrere Benutzer zu verwalten, mehrere Rechner zu kontrollieren oder mehrere Dateien zu komprimieren. Dann ist es meist eine gute Idee, die Objektreferenzen in einem Container-Array oder -Hash zu speichern. Aber, wie gesagt, oft kommt man mit einem einzigen Objekt über die Runden.

Der Aufruf der Methoden erfolgt entweder über das Objekt

```
$ret = $obj->func1(arg3, arg4) ;        # Instanzmethode aufrufen
@ret = $obj->func2(arg3, arg4) ;
```

oder über die Klasse

```
$ret = Class->func3(arg3, arg4) ;       # Klassenmethode aufrufen
@ret = Class->func4(arg3, arg4) ;
```

Der Name der Klasse ist meistens identisch mit dem Modulnamen (Dateinamen). Das ist bei objektorientierten Modulen aber nicht zwingend der Fall, da ein Modul auch mehrere Klassen enthalten kann. Übrigens müssen Sie nichts importieren. Die Methoden des Moduls bleiben ja in der Symboltabelle der jeweiligen Klasse. Die Verbindung entsteht durch die Package-Referenz, die bless() in das Objekt einträgt. Ihr eigener Namensraum ist nicht gefährdet.

Manchmal möchte man auf ein Attribut des angelegten Objekts lesend oder schreibend zugreifen. Stellt das Modul hierzu Akzessormethoden zur Verfügung, was man aus der Dokumentation oder durch Probieren herausfinden kann, sieht das in etwa so aus:

```
$val = $obj->attr() ;     # Wert von 'attr' lesen
$obj->attr($val) ;        # Wert von 'attr' schreiben
```

Gibt es keine Akzessorfunktionen, fasst man das Attribut direkt an.

```
$val = $obj->{'attr'} ;   # Wert von 'attr' lesen
$obj->{'attr'} = $val ;   # Wert von 'attr' schreiben
```

Weitaus seltener benötigt man Klassenattribute. Auf sie greift man normalerweise direkt zu. Wurde eigens eine Akzessormethode geschrieben, verwendet man natürlich besser diese.

```
$val = $Class::attr ;     # Klassenattribut 'attr' lesen
$val = Class->attr() ;    # Ueber Akzessorfunktion
```

In den nächsten beiden Kapiteln werden wir das vielleicht bekannteste Perl-Modul kennen lernen: CGI. Es bietet sowohl eine klassische als auch eine objektorientierte Schnittstelle.

17.8 Zusammenfassung

Bitte beachten Sie auch die Zusammenfassung der objektorientierten Konzepte am Ende von Abschnitt 17.1.

- Ein Objekt ist meist ein anonymer Hash oder ein anonymes Array. Es wird über seine Referenz, die so genannte Objektreferenz, angesprochen.

  `$ref = {} ;     bzw:   $obj = {} ;    bzw:   $Meier = {}`

- Objekteigenschaften und ihre Werte sind Schlüssel-Wert-Paare des anonymen Hash.

- Klassen sind als Packages realisiert. Alle Funktionen und Variablen des Package bilden eine Klasse.

- Durch `bless()` wird eine Referenz zu einem richtigen Objekt. `bless()` bindet die Referenz an eine bestimmte Klasse.

  `bless ` *reference* ` ;`

  `bless ` *reference, class* ` ;`

- Über die Konstruktormethode `new()` wird ein neues Objekt erzeugt.

  `$obj = Class->new() ;`

  `sub new { $obj={}; bless $obj; return $obj; }`

- Objekt-Container sind Arrays oder Hashes, die Objektreferenzen aufnehmen.

- Instanzmethoden

  `$obj->method();` Aufruf einer Objektmethode

  `$self = shift @_;` Objektreferenz wird als erster Parameter übergeben

  `$self->{attr}` Zugriff auf Objektattribute

- Klassenmethoden

  `Class->method();` Aufruf einer Klassenmethode.

  `$class = shift @_;` Klassenname wird als erster Parameter übergeben.

- Über das Modul `Storable` können Objekte in einer Datei gespeichert werden.

- Die Vererbung von einer Klasse zu einer anderen wird über das Spezial-Array `@ISA` geregelt. Wird eine Methode nicht in der aktuellen Klasse gefunden, durchsucht Perl alle Klassen in `@ISA`.

517

- Wird eine Methode auch in keiner der Basisklassen gefunden, durchsucht Perl die Klasse UNIVERSAL. Ist auch dort nichts zu finden, sucht es nach der Funktion AUTOLOAD().

- Über eine Akzessormethode können die Attribute eines Objekts gelesen oder verändert werden, ohne dass man direkt auf sie zugreifen müsste. Akzessormethoden werden am geschicktesten über AUTOLOAD() realisiert.

17.9 Workshop

Fragen und Antworten

F *Könnten Sie bitte noch einmal zusammenfassen, welche Teile bei der objektorientierten Programmierung auf alten Techniken beruhen und welche neu sind?*

A Auf klassischen Füßen stehen Objekte (anonyme Hashes oder Arrays), Objektreferenzen (Referenzen), Klassen (Packages) und Methoden (Funktionen). Wirklich neu ist die Funktion bless() und die Bindung, die sie in der Struktur des Objekts einrichtet. Neu ist auch die Pfeilsyntax zum Aufrufen von Funktionen über ein Objekt. Ebenfalls neu hinzugekommen ist Perls Verhalten, automatisch ein Argument zu übergeben (Objektreferenz oder Klassenname), wenn eine Funktion über die Pfeilsyntax aufgerufen wird. Und das Array @ISA gibt es in der klassischen Programmierung natürlich ebenfalls nicht.

F *Was kann man eigentlich mit objektorientierter Programmierung realisieren, was klassisch nicht geht?*

A Nichts. Wenn Sie geschickt mit Referenzen und anonymen komplexen Strukturen umgehen können, viel Zeit haben und ein ordentlicher Mensch sind, kriegen Sie das alles auch klassisch hin. Aber auch nur dann. Und *Ihre* Lösung des Problems wäre sicherlich eine sehr individuelle und für andere Programmierer nur schwer nachvollziehbare Lösung. Die objektorientierte Programmierung liefert hingegen ein Regelwerk, einen Rahmen, der auch für große und vielschichtige Aufgaben eine deutlich sichtbare Struktur erlaubt. Die Programme sind einander ähnlicher, leichter zu durchschauen, besser zu pflegen und einfacher zu erweitern.

F *Ist Ihre Darstellung eigentlich komplett oder muss man noch mehr Techniken lernen, um wirklich objektorientiert programmieren zu können?*

A Für Perl haben Sie eigentlich alle Grundtechniken kennen gelernt. Wenn Sie sich weiter mit der Materie beschäftigen, wird es vor allem darum gehen, wie bestimmte Problemstellungen am geschicktesten objektorientiert angegangen werden. Wie leite ich am besten eine Klasse von der anderen ab? Was vererbe ich, was nicht? Wie gehe ich geschickt mit Klasseneigenschaften um? Wie unterteile ich Strukturen in Objekte? Wie verhindere ich den Zugriff auf interne Daten? usw.

F *Soll ich meine zukünftigen Skripte nun objektorientiert schreiben oder doch lieber klassisch?*

A Module, die auch von anderen benutzt werden sollen, würde ich objektorientiert schreiben, weil die Methoden leichter aufzurufen sind. Andererseits beherrschen nicht alle die objektorientierte Syntax. Bei eigenen Skripten oder sehr einfachen Modulen ist es eigentlich egal. Wenn Sie gut klar kommen mit Objekten, spricht nichts dagegen, alles objektorientiert zu schreiben. Die meisten von uns denken aber eher klassisch, das sollte man berücksichtigen. Man muss sich nicht mit Gewalt ein Modell aufzwingen, das man bei einfachen Problemen überhaupt nicht braucht.

Quiz

1. Warum ist ein anonymer Hash meistens besser geeignet für ein Objekt als ein anonymes Array?

2. Wie lautet die kürzeste Formulierung einer Konstruktorfunktion `new()`?

3. Was erhält die Methode `func()` als erstes Argument, wenn man Sie über `$obj->func(17)` aufruft?

4. Wo steht, zu welcher Klasse ein Objekt gehört?

5. Wozu benötigt Perl die Information, zu welcher Klasse ein Objekt zählt?

6. Woran erkennt man an einer Funktion, ob es sich um eine Objekt- oder eine Klassenmethode handelt?

Übungen

In den folgenden Übungen werden wir schrittweise ein objektorientiertes Modul aufbauen und an diesem die wichtigsten Techniken nachvollziehen. Bei dem Modul handelt es sich um eine Sammlung von Methoden, die einen *persistenten Zähler* implementieren, also eine in einer Datei gespeicherte Zahl, die nach Belieben um 1 erhöht oder erniedrigt werden kann. Nicht unbedingt prickelnd, aber bewusst einfach gehalten, damit die angewandten Techniken deutlich zu erkennen sind. Außerdem können Sie das fertige Modul beispielsweise als Zugriffszähler für Webseiten einsetzen.

1. Beginnen Sie mit dem Gerüst. Legen Sie eine Datei mit dem Namen `Counter.pm` an, die oben den `package`-Befehl und unten die bekannte Zeile `1;` enthält. Dazwischen werden vier einfache Methoden erstellt:

   `new()` soll ein neues, leeres Objekt erzeugen. Das Attribut `$obj->{'count'}`, das ist der eigentliche Zähler, wird dabei mit 0 initialisiert.

   Die Funktion `get()` gibt einfach nur den aktuellen Wert des Zählers zurück. Denken Sie daran, dass es über `$self` auf das übergebene Objekt zugreift: `$self->{'count'}`.

`inc()` erhöht den Zähler um 1. Es gibt nichts zurück. Und `dec()` erniedrigt den Zähler um 1, solange er größer als Null ist. Es gibt ebenfalls nichts zurück. Bisher speichern wir den Zähler noch nicht ab.

2. Schreiben Sie ein Test-Skript `counter.pl`, um das soeben erstellte Modul zu überprüfen. Lesen Sie `Counter.pm` über `use()` ein und erstellen Sie sogleich ein neues Objekt. Eine Endlosschleife ist gut geeignet, um die Methoden zu testen. Fragen Sie den Benutzer immer wieder nach einer Eingabe. Gibt er ein + ein, rufen Sie `inc()` auf (über das Objekt!), bei einem Minuszeichen `dec()`, bei einer leeren Eingabe `get()` und bei einem q fliegt er raus. Bei einer leeren Eingabe sollten Sie also auf dem Bildschirm sehen, wie sich der Zähler erhöht oder erniedrigt hat.

3. Jetzt kümmern wir uns darum, dass der Zähler das Ende des Programms überlebt. Fügen Sie dem Modul eine Methode `store()` hinzu. Sie öffnet eine Datei – diese soll zunächst `counter.dat` heißen – zum Schreiben und gibt `$self->{'count'}` in diese Datei aus. Danach schließt sie die Datei. Rufen Sie innerhalb von `inc()` und `dec()` als letzten Befehl `$self->store()` auf. Testen Sie Ihr Skript erneut. Der aktuelle Zählerstand müsste nun immer sofort in der Datei landen. Allerdings startet er immer bei Null.

4. Der Zähler soll bei Aufruf des Skripts – genauer gesagt, beim Erstellen des Objekts – mit dem Wert starten, der bereits in der Datei `counter.dat` steht. Ersetzen Sie hierzu die bisherige Initialisierung mit Null in der Funktion `new()` durch den Aufruf einer Methode `initialize()`. In dieser Methode wird über `-e` geprüft, ob die Datei bereits existiert. Der Dateiname wird am besten in einer Paketvariablen (als Klassenattribut) gehalten. Existiert die Datei noch nicht, wird `$self->{'count'}` auf 0 gesetzt und `store()` aufgerufen. Existiert sie bereits, wird der Inhalt eingelesen und in `$self->{'count'}` eingelesen. Testen Sie den Effekt wieder über Ihr Skript. Startet der Zähler nun mit dem alten Wert?

5. Als Letztes ermöglichen wir einen beliebigen Dateinamen. Das Test-Skript soll mit einem Dateinamen als Argument aufgerufen werden können. Wurde kein Argument angegeben, wird wieder `counter.dat` verwendet. Übergeben Sie den Dateinamen an den Konstruktor `new()`, damit der ihn als Klasseneigenschaft `$file` abspeichern kann. Da `store()` und `initialize()` ebenfalls auf `$file` zugreifen.

Grundlagen der Webprogrammierung

Eine der wichtigsten Anwendungen von Perl ist sicherlich die Webprogrammierung. Perl-Skripte erzeugen weltweit auf unzähligen Internet- und Intranet-Servern dynamische Webseiten, also Seiten, die nicht fest auf dem Server gespeichert sind, sondern erst bei Bedarf zusammengestellt werden. Sobald ein Benutzer ein Formular über den Sende-Button zum Server schickt, wird im Hintergrund ein Skript aktiv, das die gewünschten Artikel, Bücher, Bestellinformationen und Suchergebnisse aus einer Datenbank heraussucht und präsentiert. Die Technik zur Erzeugung solcher Seiten wird CGI-Programmierung genannt, da man sich an bestimmte Regeln halten muss, die als CGI-Schnittstelle (Common Gateway Interface) definiert sind.

Auf zwei Kapitel verteilt werden wir uns nicht nur mit den Grundlagen der Webprogrammierung beschäftigen, sondern auch fortgeschrittene Konzepte kennen lernen und unser Wissen an zwei realistischen Beispielen erproben: einem Englisch-Wörterbuch und einer Support-Datenbank.

Die Themen *dieses* Kapitels im Überblick:

- Die Kommunikation zwischen Browser und Server
- Webseiten schreiben
- Webseiten lokal und auf dem Server testen
- Die wichtigsten HTML-Tags
- Perls CGI-Modul
- Flexible Inhalte in Webseiten integrieren

Im *nächsten* Kapitel wird es dann darum gehen,

- wie ein Benutzer Daten an das CGI-Skript senden kann,
- wie man diese Daten im Skript verarbeitet,
- und um einige fortgeschrittene Themen wie
- Zähler, Weiterleitungen, Session-IDs und Cookies.

18.1 Browser-Server-Kommunikation

Bevor wir uns an das Schreiben von CGI-Skripten wagen, sollten wir eine klare Vorstellung davon besitzen, was zwischen dem Browser des Benutzers und dem Webserver geschieht, wenn eine feste bzw. eine dynamische Webseite verlangt und geliefert wird.

Verlangt der Benutzer über seinen Browser eine *feste* Seite, beispielsweise indem er auf einen Link klickt, der auf eine neue Seite zeigt, läuft folgende Kommunikation ab.

- Der Browser sendet die Anfrage über das HTTP-Protokoll (**H**yper**T**ext **T**ransfer **P**rotocol) an den Webserver.

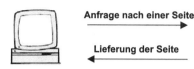

Abbildung 18.1:
Kommunikation bei statischen Webseiten

- Der Webserver sucht die gewünschte Datei auf seiner Festplatte und sendet sie unverändert an den Browser zurück.
- Dieser stellt die Seite auf dem Bildschirm dar.

Ganz anders verhält es sich, wenn der Benutzer eine *dynamische* Seite anfordert, etwa indem er ein Formular über einen Sende-Button abschickt (der einen Link auf ein *Skript* in sich birgt).

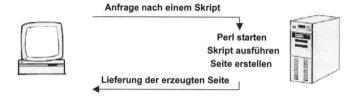

Abbildung 18.2:
Kommunikation bei dynamischen Webseiten

- Der Browser sendet die Anfrage über das HTTP-Protokoll an den Webserver.
- Der Server sucht das gewünschte Skript auf seiner Festplatte.
- Er ruft Perl auf (falls es sich bei dem CGI-Skript um ein Perl-Programm handelt) und übergibt dem Perl-Interpreter das geladene Skript.
- Perl führt das Skript aus. Dieses durchsucht nun eine Datenbank, führt Berechnungen durch oder erzeugt auf irgendeinem anderen Weg neue Daten. Schließlich gibt es eine fertige HTML-Seite auf die Standardausgabe aus, die die ermittelten Daten enthält.
- Der Webserver greift die Standardausgabe des Perl-Skripts ab und sendet die erhaltene HTML-Seite zum Browser.
- Dieser stellt die Seite auf dem Bildschirm dar.

Entscheidend ist der Punkt, dass jedes CGI-Skript im Endeffekt eine *fertige HTML-Seite* ausgeben muss.[1] Es genügt nicht etwa, dass wir mit unserem Perl-Skript nach bestimmten Kunden in unserer Kundendatei suchen und diese schließlich ausgeben. Nein, wir müssen eine *komplette Webseite* erzeugen und die Daten in diese integrieren.

Als Erstes müssen wir daher lernen, wie man überhaupt Webseiten schreibt, zumindest in dem Maße, wie wir es für die Ausgabe unserer Skripte benötigen. Anschließend werden wir uns damit beschäftigen, wie man Daten, die innerhalb des Skripts beschafft wurden, in eine solche Webseite integriert, so dass der Benutzer wirklich etwas Neues auf dem Bildschirm zu sehen bekommt. Und schließlich wird es darum gehen, die Daten zu verarbeiten, die uns der Benutzer über einen Link oder ein Formular gesendet hat.

---

1 Außer man sendet reine Bild- oder Sound-Dateien, was uns hier aber nicht interessiert.

18.2 Webseiten gestalten

Da ein CGI-Skript immer eine fertige Webseite ausgeben muss, benötigt der Webprogrammierer wenigstens grundlegende Kenntnisse über deren Aufbau und die Sprache, in der man sie schreibt. Wir werden daher im Folgenden auf die wichtigsten Aspekte der Gestaltung von HTML-Seiten kurz eingehen, ohne uns in der Tiefe der Materie zu verlieren. Dem Leser, der bisher noch keine Webseite geschrieben hat, soll dieser Abschnitt als erste grobe Anleitung dienen. Wer sich bereits auskennt, kann seine Kenntnisse vielleicht überprüfen und auffrischen oder er überspringt einfach die beiden folgenden Kapitel.

Eine einfache Webseite

Webseiten werden in einer Sprache formuliert, die man HTML nennt, **H**ypertext **M**arkup **L**anguage. Eine HTML-Seite besteht im Großen und Ganzen aus einem Kopf (Header) und einem Hauptteil (Body). Was im Body steht, sieht man hinterher im Browser, der Header enthält im Wesentlichen einleitende Informationen für den Browser. Beginnen wir doch einfach mit einer schlichten HTML-Seite, die ein simples *Hallo* ausgibt:

Listing 18.1: **test_html1.html – ein schlichtes Hallo**

```
<html>
<head>
<title>Eine einfache Webseite</title>
</head>

<body>
<center>
<h2>Hallo</h2>
</center>
</body>

</html>
```

Das Ergebnis:

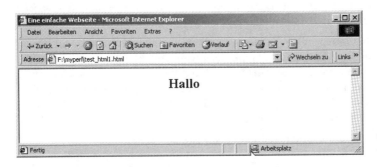

Abbildung 18.3:
Eine einfache Webseite

Prinzipieller Aufbau

Eine HTML-Seite besteht aus Inhalten – das ist bei uns das Wort »Hallo« – und Steuerungs-anweisungen, so genannten HTML-Tags. Die Tags werden immer in spitze Klammern gesetzt, wobei es keine Rolle spielt, ob man sie klein oder groß schreibt. Die meisten Tags behalten ihre Gültigkeit, bis sie durch das entsprechende Ende-Tag (das gleiche Tag, nur mit einem führenden Schrägstrich) abgeschaltet werden. Tags dürfen ineinander geschachtelt werden, im Gültig-keitsbereich eines Tags darf also ein weiteres geöffnet werden.

■ Die komplette Webseite wird in die Tags <html> und </html> eingeschlossen.

■ Eingefügte Newlines und zusätzliche Leerzeichen dienen der besseren Lesbarkeit, werden vom Browser aber nicht dargestellt.

Der Header

■ Der HTML-Header steht zwischen den Tags <head> und </head>.

■ Er enthält Zusatzinformationen wie den Titel der Seite.

■ Der Titel steht zwischen <title> und </title>.

Der Body

■ Der Hauptteil steht zwischen den Tags <body> und </body>.

■ Im Body werden die Inhalte der Webseite dargestellt.

Tag-Attribute

Die meisten Tags können Attribute aufnehmen, Schlüssel-Wert-Paare, die das genaue Verhal-ten des Tags steuern. Die Attribute stehen innerhalb der spitzen Klammer des öffnenden Tags. So wäre beispielsweise die Hintergrundfarbe unserer Seite durch ein Attribut des body-Tags ein-stellbar, z. B. auf ein leichtes Grau.

```
<body bgcolor="#D0D0D0">
```

Kommentare

Kommentare, also Text, den der Browser nicht interpretieren soll, werden innerhalb eines spe-ziellen Tags gesetzt, der mit <!-- beginnt und mit --> endet.

```
<!-- Kommentartext -->
```

Webseiten testen

Um eine statische Webseite zu testen, bedarf es keines Servers. Sie können sich die neue Seite einfach in Ihrem Webbrowser ansehen. Jeder Browser verfügt über die Möglichkeit, Seiten von der lokalen Festplatte zu laden (DATEI ÖFFNEN ...). Auf diese Weise können Sie das Ergebnis Ihrer Programmierung schnell und ohne viel Aufwand überprüfen.

18.3 Die wichtigsten HTML-Tags

Als CGI-Programmierer müssen Sie die wichtigsten HTML-Tags zur Gestaltung von Webseiten kennen. Sie können sich nicht wie ein Webdesigner auf HTML-Editoren verlassen. Ihr Perl-Skript soll eine fertige HTML-Seite ausgeben, also müssen Sie die Seite – oder zumindest einen Abschnitt der Seite – als HTML-Code im Perl-Skript hinterlegen.

Nehmen wir an, Ihr Skript sucht in einer Datenbank nach allen CDs von Diana Krall und soll sie samt Titel und Preis ausgeben. Solche Listings sehen auf einer Webseite nur gut aus, wenn sie als Tabelle angezeigt werden. Folglich muss Ihr Skript eine HTML-Tabelle erstellen. Und *Sie* müssen das können, da kommen Sie nicht drum herum ;-).

Genauso wichtig sind Formulare. Über Formulare gelangen Sie an die Daten, die der Benutzer Ihnen mitteilen möchte. Über ein Eingabefeld gibt der Benutzer beispielsweise Diana Krall ein, über einen Radio-Button bestimmt er, dass er auch Sample-CDs sehen möchte.

Wenn Sie etwas Zeit haben, empfiehlt es sich, die nun folgenden Tags wenigstens in ihrer Grundform auszuprobieren. Nehmen Sie sich einen beliebigen Texteditor, fügen Sie die einzelnen Tags nach und nach hinzu und testen Sie immer wieder, wie das neue Element im Browser aussieht. Viele Fragen werden offen bleiben, halten Sie sich wieder an das Wesentliche!

Hintergrundfarbe und Hintergrundbild

- `<body bgcolor="#rrggbb">`

  Hintergrundfarbe. Die Farbe wird im RGB-Format angegeben, das sind drei Hexadezimalzahlen, die jeweils zwischen `00` und `FF` liegen und für die Wertigkeit für Rot, Grün und Blau stehen.

- `<body background="URL">`

  Hintergrundbild. Die URL bezeichnet den Ort des Bildes, das im Hintergrund dargestellt werden soll, z.B. einfach `myimg.gif`, wenn das Bild im gleichen Verzeichnis wie die Webseite liegt, oder `gifs/myimg.gif`, wenn sich das Bild in einem Unterordner namens `gifs` befindet.

Zeichenformate

- `<b>fett</b>`
- `<i>kursiv</i>`
- `<u>unterstrichen</u>`
- `<code>Schrift fester Breite</code>`
- `<pre>Vorformatierter Text</pre>`

  Vorformatierter Text behält seine Leerzeichen, Tabs und Zeilenumbrüche.

■ `<h1>`Text`</h1>`

Schriftgröße, sechs verschiedene Schriftgrößen einstellbar, h1 (groß) bis h6 (klein)

■ `<font>`Text`</font>`

Mit dem Tag `font` können Schriftgröße, -art und -farbe eingestellt werden.

Attribute: `size=2`   Schriftgrößen 1-7 einstellbar (Default: 3)

`color=#rrggbb`   Schriftfarbe im RGB-System

`face="arial"`   Schriftart

■ ` `
Zusätzliches Leerzeichen einfügen. Ein einfaches Leerzeichen würde einfach ignoriert werden.

Absatzformate

■ `<p>` oder `<p>`Text`</p>`   Absatz (Leerzeile)

■ `<p align=wert>`

Ausrichtung des Textes in diesem Absatz. Mögliche Werte: `left`, `right`, `center` und `justify` (Blocksatz).

■ `<center>`Text`</center>`   Absatz zentrieren

■ `<br>`   Zeilenumbruch

■ `<nobr>`Text`</nobr>`   Automatischen Zeilenumbruch unterdrücken

■ Nummerierte Listen

```
<ol>
<li>Element</li>
<li>Element</li>
</ol>
```

■ Nicht nummerierte Listen

```
<ul>
<li>Element</li>
<li>Element</li>
</ul>
```

■ `<hr width=x size=x align=wert >`

Horizontale Trennlinie. Wert: `left`, `right` oder `center`

Beispiel

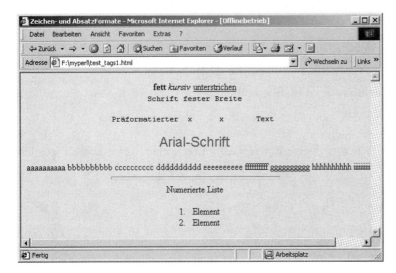

Abbildung 18.4:
Zeichen- und
Absatzformate

Listing 18.2: *Zeichen- und Absatzformate*

```
<!-- test_tags1.html -->

<html>
<header><title> Zeichen- und Absatzformate </title></header>

<body bgcolor="E0E0E0"><center>

<b>fett </b>  <i>kursiv </i>  <u>unterstrichen</u> <br>
<code>Schrift fester Breite</code>
<pre>Vorformatierter  x  x  Text</pre>

<font size=5 color="#FF0000" face="Arial">Arial-Schrift</font>
<p>

<nobr>
aaaaaaaaaa bbbbbbbbbb cccccccccc dddddddddd eeeeeeeeee
ffffffffff gggggggggg hhhhhhhhhh iiiiiiiiii jjjjjjjjjj
</nobr>

<hr width=300 size=6>

Nummerierte Liste
<ol>
```

```
<li>Element</li>
<li>Element</li>
</ol>

</body></html>
```

Links

■ `<a href="URL">Text</a>`

Der Text wird meist unterstrichen dargestellt. Wenn der Benutzer auf ihn klickt, springt der Browser zu dem in *URL* angegebenen Ziel. Handelt es sich bei dem Link um eine fremde Webseite, schreibt man die URL in der Form `"http://www.xyz.de/dir/seite.html"`.

Zielt der Link zu einer Seite auf dem eigenen Server im gleichen Verzeichnis, reicht auch einfach `"seite.html"`. Seiten auf dem eigenen Server, aber in einem anderen Verzeichnis kann man mit relativen Pfadangaben erreichen, z.B. `"kapitel2/seite.html"` oder `"../home.html"`.

Soll eine bestimmte, verankerte Stelle auf einer Seite angesprungen werden: `"seite.html#anker"`; ein Anker in der aktuellen Seite: `"#anker"`.

■ `<a name="anker">Text</a>`

Einen Anker setzen. Zu dieser Stelle kann man über `<a href=...>` springen, indem man der URL `#anker` hinzufügt.

■ `<a href="mailto:user@domain">Text</a>`

Bei Anklicken dieses Links wird ein Fenster geöffnet, mit dem eine E-Mail gesendet werden kann. Die Zieladresse ist bereits eingetragen. Sie können auch das Subject und den Mail-Text vorbelegen, indem Sie folgende Attribute über ein ? an die Adresse anhängen. Falls beide Attribute gewünscht sind, werden sie über ; verknüpft.

`subject=Text`   Subject vordefinieren

`body=Text`   Mail-Text vordefinieren

Beispiel:

`href="mailto:admin@saruman.de?subject=Achtung;body=Festplatte ist bald voll!"`

Grafiken

■ `<img src="URL">`

Über diesen Tag wird eine Grafik an der aktuellen Stelle eingebaut. Der Name der Grafik wird als URL angegeben, z.B. `dir/img.gif`. Attribute:

`width=n height=n`

Vom Original abweichende Breite und Höhe der Grafik festlegen. Die Grafik wird dann vom Browser skaliert. Angabe in Pixel möglich (`width=240`) oder in Prozent der ursprünglichen Größe (`width=50%`).

`border=n`   Rahmendicke in Pixel

`alt="Text"`

Text, der angezeigt wird, wenn das Bild (noch) nicht dargestellt werden kann, weil es z. B. noch geladen wird oder kaputt ist. Manche Browser zeigen den Text auch an, wenn die Maus längere Zeit über dem Bild stehen bleibt.

■ `<a href="URL1"><img src="URL2"></a>`

Bilder als Links. Wenn hier auf das Bild »URL2« geklickt wird, lädt der Browser das als »URL1« angegebene Dokument.

Tabellen

Tabellen spielen eine wichtige Rolle, da man über sie eine genaue zweidimensionale Positionierung von Elementen erreichen kann.

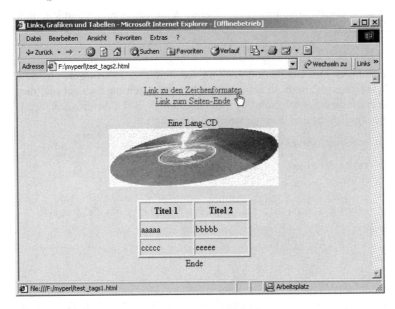

Abbildung 18.5:
Links, Grafiken
und Tabellen

■ `<table> ... </table>`

Zwischen diesen beiden Tags wird eine Tabelle definiert.

Attribute: `width=n height=n`   Breite und Höhe in Pixel oder Prozent der Fensterbreite border=*n*   Rahmendicke in Pixel

cellspacing=*n* cellpadding=*n*

Abstand der Zellen voneinander und Abstand des Zelleninhalts zum Zellenrand

- `<tr>` ... `</tr>`   Eine Tabellenzeile. Attribute: height, align
- `<td>` ... `</td>`   Eine Tabellenzelle. Attribute: width, height
- `<th>` ... `</th>`   Eine Header-Zeile

Beispiel

Listing 18.3: *Links, Grafiken und Tabellen*

```
<!-- test_tags2.html -->

<html>
<header><title> Links, Grafiken und Tabellen </title></header>

<body bgcolor="E0E0E0"><center>

<a href="test_tags1.html">Link zu den Zeichenformaten</a><br>
<a href="#ende">Link zum Seiten-Ende</a>

<p>Eine Lang-CD<br>
<img src="cd.gif" width=300 height=100> <p>

<table width=200 height=100 border=2>
  <tr>
    <th> Titel 1 </th>
    <th> Titel 2 </th> </tr>
  <tr>
    <td> aaaaa </td>
    <td> bbbbb </td> </tr>
  <tr>
    <td> ccccc </td>
    <td> eeeee </td> </tr>
</table>

<a name="ende"> Ende </a>
</body></html>
```

Formulare

Formulare sind für die CGI-Programmierung besonders interessant. Über sie werden normalerweise die Informationen erfragt, die das CGI-Skript auswerten soll.

■ `<form> ... </form>`

Zwischen diesen beiden Tags wird das Formular definiert.

Attribute: `action="cgi-script-URL"`

URL zu dem Skript, das aufgerufen werden soll, wenn der Sende-Button angeklickt wird.

`method=GET/POST`   Sendemethode (falls nicht angegeben: `GET`)

■ `<input type=submit value="Text">`

Absende-Button mit Text als Beschriftung. Wird dieser Button angeklickt, sendet der Browser die Daten aus dem Formular an das im `<form>`-Tag angegebene Skript.

■ `<input type=reset value="Text">`

Reset-Button. Löscht alle Eingaben.

■ `<input type=text >`   Texteingabefeld

Attribute: `name="name"`   Name des Feldes; wird zum *Variablennamen* bei CGI-Skripten

`size=n maxlength=m`   Feldlänge und maximale Inhaltslänge in Zeichen

`value="Text"`   Vorbelegung mit einem Text

■ `<input type=checkbox>`   Checkbox zum Anklicken von Optionen

Attribute: `name="Text" value="Text"`

Mehrere Optionen dürfen ausgewählt werden. Alle Optionen, die zu einer Gruppe gehören, erhalten das gleiche Attribut `name`. Die einzelnen Optionen werden durch das Attribut `value` unterschieden. Beim Absenden werden für eine Gruppe die ausgewählten Values verschickt.

■ `<input type=radio>`   Radio-Buttons

Wie Checkbox, es kann aber immer nur *eine* Option pro Gruppe ausgewählt werden.

■ `<input type=password>`

Passwortfeld. Passwort kann unsichtbar eingegeben werden, wird aber unverschlüsselt versendet.

■ `<textarea cols=n rows=n></textarea>` Mehrzeiliges Texteingabefeld

■ `<select> ... </select>`

Auswahlmenü. Ausklappbare Listen, von denen ein oder mehrere Felder ausgewählt werden können. Attribute:

`name="name"`   Name des Menüs, der als Variablenname übertragen wird

`multiple`   Mehrfachauswahl erlauben (über `Strg`- und `Shift`-Taste)

```
<option value="wert">Text
```

Listeneintrag, der als Text angezeigt und als *wert* versendet wird, wenn er ausgewählt wurde. Das Attribut selected (ohne Wert) kennzeichnet den Eintrag, der per Default ausgewählt ist.

Beispiel

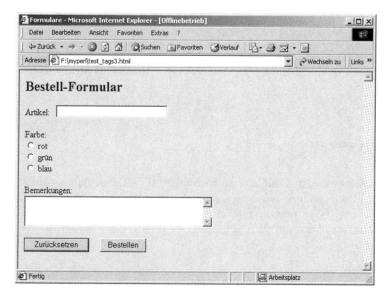

Abbildung 18.6:
Formulare

Listing 18.4: Formulare

```
<!-- test_tags3.html -->

<html>
<header><title> Formulare </title></header>

<body bgcolor="E0E0E0">
<h2>Bestell-Formular</h2>

<form action="http://www.saruman.de/cgi-bin/bestellen.cgi">
  Artikel:  
  <input type=text name="artikel" size=30> <br><br>

  Farbe: <br>
  <input type=radio name="farbe" value=1 > rot <br>
  <input type=radio name="farbe" value=2 > grün <br>
```

```
<input type=radio name="farbe" value=3 > blau <p>

Bemerkungen: <br>
<textarea cols=40 rows=3></textarea> <p>

<input type=reset value="Zurücksetzen">    
<input type=submit value="Bestellen">

</form>

</body></html>
```

▶ **Dokumentation**: Eine vorzügliche Dokumentation über die Gestaltung von Webseiten bietet SELFHTML von Stefan Münz, das Sie sich von http://selfaktuell.teamone.de herunterladen können.

18.4 Webseiten erzeugen mit Perl

Wir haben uns reichlich Zeit genommen und uns die wichtigsten HTML-Befehle zur Gestaltung einer Webseite zu Gemüte geführt. Wir wissen nun, wie man Webseiten in Form von eigenständigen Dateien schreibt. Aber wie kann man eine solche HTML-Seite aus einem Perl-Skript heraus an den Webserver übergeben? Wir schreiben den HTML-Code einfach auf die Standardausgabe!

HTTP-Header

Allerdings bedarf es noch eines kleinen Vorspanns, der nicht Bestandteil der eigentlichen HTML-Seite ist, sondern zum Übertragungsprotokoll HTTP gehört. Er informiert den Browser darüber, dass er sogleich eine Webseite erhält.

Content-Type: text/html

Auf diese Zeile muss unbedingt eine Leerzeile folgen! Sonst werden Sie nichts auf Ihrem Browser zu sehen bekommen.

Die Webseite

Dem HTTP-Header muss eine Leerzeile folgen, dann kommt die Webseite. Am besten, wir versuchen uns zunächst an der Mini-Seite aus Listing 18.1.

Listing 18.5: hallo.pl – ein einfaches CGI-Skript

```perl
#!/usr/bin/perl
#
# hallo.pl
# Unser erstes CGI-Skript

# Content-Type
print "Content-Type: text/html \n\n" ;

# Die HTML-Seite
print "
<html>
<head><title>Eine einfache Webseite</title></head>

<body>
<center>
<h2>Hallo</h2>
</center>

</body></html>"
```

Unser erstes CGI-Skript!

Und wie können wir dieses Skript aufrufen? Wir müssen es in das CGI-Verzeichnis eines Web-servers stellen. Wir gehen gleich noch näher darauf ein, was das eigentlich bedeutet. Dann können wir von einem Browser aus die entsprechende URL aufrufen, z.B.

http://www.somehost.de/cgi-bin/test/hallo.pl

und erhalten ein freundliches Hallo auf dem Browser zu sehen.

Das Skript lokal testen

Wie Sie sicherlich schon festgestellt haben, benötigt man meist einige Durchläufe, bis ein Perl-Skript reibungslos funktioniert. Das wird sich bei CGI-Skripten nicht ändern. Da ist es oft zu umständlich, das verbesserte Skript jedes Mal zum Server übertragen zu müssen, um es erneut zu testen. Besser wäre es, so lange *lokal* testen zu können, bis es zu funktionieren scheint, und es erst anschließend auf dem Server zu speichern.

Am besten gehen Sie folgendermaßen vor:

Starten Sie Ihr CGI-Skript zunächst einmal wie jedes andere Perl-Skript auch auf der Befehls-zeile. Auf diese Weise erhalten Sie vorab bereits alle Syntaxfehler und Warnungen und können diese beseitigen. Läuft das Skript reibungslos, wird die erzeugte HTML-Seite auf den Bild-schirm ausgegeben.

Rufen Sie das Skript nun erneut auf und leiten Sie die Ausgabe um.

```
$ myscript.pl > test.html
```

`test.html` können Sie sich mit einem Browser ansehen. In der ersten Zeile erscheint der HTTP-Header, der ja normalerweise nicht Bestandteil der eigentlichen Seite wäre. Ignorieren Sie ihn einfach oder löschen Sie ihn gleich bei der Umleitung heraus:

```
$ myscript.pl | perl -pe '!/Content-/' > test.html
```

Anschließend folgt die Seite selbst. Sind Sie mit dem Ergebnis zufrieden, können Sie die lokalen Tests abschließen und das Skript auf den Server kopieren. Gefällt Ihnen die Ausgabe noch nicht, kehren Sie zu Ihrem Skript zurück, um dies und das zu ändern, und wiederholen Sie den ganzen Vorgang von vorn.

Das Skript uploaden

Schließlich wird das Skript auf den Server übertragen. Ich gehe davon aus, dass Sie über einen Rechner verfügen, auf dem ein Webserver läuft. Wenn nicht, sollten Sie einen installieren.

Am verbreitetsten ist der Apache Webserver. Er ist frei erhältlich, kann von *www.apache.org* heruntergeladen werden und ist für jedes gängige Betriebssystem verfügbar. Nach meiner Erfahrung muss man in der Regel kaum etwas an der voreingestellten Konfiguration ändern. Wer an einem Windows-Rechner arbeitet, kann natürlich auch den Internet Information Server (IIS) von Microsoft verwenden. Teilweise ist er bei den moderneren Windows-Varianten bereits installiert und muss nur noch gestartet werden, teilweise muss man ihn nachinstallieren. Sie sollten aber, bevor Sie IIS starten, alle aktuellen Security Updates von Microsoft eingespielt haben! Die Konfiguration funktioniert recht einfach über grafische Menüs.

Wohin mit den Skripten? Jeder Webserver verwaltet zwei Verzeichnisse, die hier von Bedeutung sind: erstens das so genannte root-Verzeichnis, in das die HTML-Dokumente gehören, und zweitens das Skript-Verzeichnis, das meist `cgi-bin` genannt wird und oft neben dem root-Verzeichnis liegt. Die absolute Position der beiden Directorys variiert je nach Webserver und Betriebssystem. Auf jeden Fall müssen Sie Ihre Skripte nach `cgi-bin` oder eines seiner Unterverzeichnisse verfrachten.

Mithilfe eines Browsers kann das Skript nun von einem beliebigen Rechner aus getestet werden. Geben Sie die passende URL in die Adressleiste ein:

http://www.somehost.de/cgi-bin/test/hallo.pl

Dem Rechnernamen folgt das CGI-Verzeichnis, eventuell ein Unterverzeichnis und der Name des Skripts.

Wenn Sie den Webserver direkt auf Ihrem Arbeitsrechner installieren, vereinfacht sich der Aufruf wie folgt:

http://localhost/cgi-bin/test/hallo.pl

Das gilt für UNIX- genauso wie für Windows-Rechner.

Fehlerquellen

Falls Ihr CGI-Skript nicht auf Anhieb funktioniert, überprüfen Sie folgende Punkte zuerst:

- Ist das Skript wirklich im `cgi-bin`-Ordner?

- Falls Sie das Skript mit FTP von einem Windows-Rechner auf einen UNIX-Server übertragen haben: Haben Sie bei der Übertragung den ASCII-Übertragungsmodus gewählt?

- Enthält das Skript eine korrekte she-bang Zeile? (Am Server ist der Pfad zum Perl-Interpreter vielleicht anders als auf Ihrer Entwicklungsmaschine.)

- Ist der erste Output des Skripts auch wirklich `"Content-Type: text/html\n\n"` – mit zwei Zeilenumbrüchen dahinter?

- Falls der Server unter UNIX läuft: Sind die Zugriffsrechte auch richtig gesetzt, so dass der Webserver das Skript ausführen darf? Der Webserver läuft unter einer eigenen User-ID, Sie müssen die Rechte also z.B. auf `rwxr-xr-x` setzen.

18.5 HTML-Editoren nutzen

Webseiten, die man direkt über HTML programmiert, kommen über ein schlichtes Erscheinungsbild meistens nicht hinaus. Webdesigner arbeiten deshalb mit HTML-Editoren. In diesen kann man Texte und Grafiken wie in einem Grafikprogramm frei auf der Fläche anordnen, Tabellen über dialoggesteuerte Assistenten erstellen und Formularfelder von einer Werkzeugleiste auf die Arbeitsfläche ziehen.

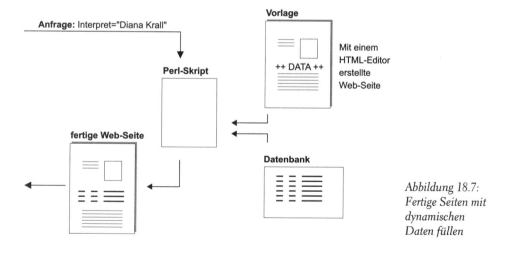

Abbildung 18.7:
Fertige Seiten mit
dynamischen
Daten füllen

Wenn Sie Wert auf ein professionelles und aufwendiges Aussehen der Webseite legen, die Sie mit Ihrem Perl-Skript ausgeben wollen, können Sie gerne mit einem HTML-Editor arbeiten. Sie oder der Webdesigner können die komplette Seite – sozusagen als Vorlage – einmal voll ausgestalten, Sie müssen nur berücksichtigen, dass an einer vorgesehenen Stelle später noch Daten eingefügt werden, deren Umfang eventuell variieren kann. Mit dieser Vorlage können Sie nun auf zwei unterschiedliche Arten umgehen.

Entweder Sie teilen sie an der Stelle, an der sie die Daten aufnehmen muss, in zwei Hälften, die Sie in zwei Dateien abspeichern. Beim Ablauf des Skripts werden beide Dateien geladen, die erste Hälfte ausgegeben, dann die von dem Skript ermittelten Daten und schließlich die zweite Hälfte.

Oder Sie lassen die Vorlage intakt, markieren die Stelle, wo die Daten eingefügt werden sollen, aber bereits während des Designs mit einem eindeutigen Merkmal, etwa ++++++ DATEN ++++++. Das Perl-Skript liest dann die Datei, ersetzt die Markierung durch die flexiblen Daten und gibt das Ergebnis aus. Genial, nicht wahr?

18.6 HTML-Shortcuts und CGI.pm

Das Modul CGI.pm spielt eine zentrale Rolle, wenn es darum geht, Webskripte mit Perl zu schreiben. Seinem Autor, Lincoln D. Stein, kann gar nicht genug gedankt werden. Er hat die Webprogrammierung mit Perl wesentlich erleichtert.

Wie wir im nächsten Kapitel sehen werden, enthält es als wichtigsten Bestandteil die Funktion param(), die dazu dient, Anfragen auszuwerten, die unserem Skript per Formular zugeschickt wurden. Hier geht es uns zunächst noch nicht um die Verarbeitung von Anfragen, sondern um die Ausgabe von HTML-Seiten. Das CGI-Modul bietet auch hierzu eine Menge von Hilfsfunktionen, die so genannten *HTML-Shortcuts*.

Wie Shortcuts funktionieren

Wir haben im letzten Abschnitt zwar erklärt, wie man mithilfe eines Perl-Skripts Daten in *fertige*, über HTML-Editoren erstellte Seiten einfügen kann. Der Einfachheit halber werden wir im Folgenden aber stets davon ausgehen, dass wir die komplette Seite in unserem Skript erstellen. Zunächst zeigen wir anhand einiger Tags, wie man die HTML-Funktionen des CGI-Moduls benutzt. Anschließend erläutern wir, welche Shortcuts es gibt und wie man genau mit ihnen umgeht.

Ohne CGI.pm würden wir unsere kleine Hallo-Seite folgendermaßen erzeugen:

```
print "Content-Type: text/html \n\n" ;

print "
<html>
<head><title>Eine einfache Webseite</title></head>
```

```
<body>
<center>
<h2>Hallo</h2>
</center>
</body></html>"
```

Mit CGI-Modul sieht das dann folgendermaßen aus:

Listing 18.6: CGI-Skript mit CGI.pm

```
#!/usr/bin/perl -w
#
# hallo2.pl
# CGI-Skript mit CGI.pm

use CGI qw(:standard) ;

print header,
    start_html('Eine einfache Webseite '),
    h2({'align','center'},
        'Hallo'),
    end_html;
```

Wie Sie sehen, bietet das CGI-Modul Perl-Funktionen an, die HTML-Code erzeugen. Die Rückgabe der einzelnen Funktionen wird normalerweise direkt über print() ausgegeben.

- header()
  erzeugt Content-Type: text/html sowie die nachfolgende Leerzeile

- start_html('Titel')
  erzeugt <html><head><title>Titel</title></head><body>

- h2({'align','center'},'Hallo')
  erzeugt <h2 align="center">Hallo</h2>

- end_html()
  erzeugt </body></html>

Sie können selbst entscheiden, ob Sie lieber ursprüngliche HTML-Befehle zusammenstellen oder mit den HTML-Shortcuts von CGI.pm arbeiten. Die Shortcuts ersparen Ihnen jedoch eine Menge Zeit, bieten viele nützliche Details und sind schnell erlernt. Anderseits ist ihr Nutzen begrenzt, da bereits die HTML-Tags recht einfach strukturiert sind.

Welche Shortcuts zur Verfügung stehen

Wir listen die Shortcuts wegen ihrer großen Anzahl hier nicht auf. Sie können sich die Liste aller Funktionen in CGI.pm (etwa 180!!, die meisten davon Shortcuts) über das Skript list_shortcuts.pl ausgeben lassen, das Sie auf der Buch-CD finden. Dieses Skript liest den

Hash %EXPORT_TAGS aus, in dem alle exportierbaren Funktionen zu Gruppen zusammengefasst sind. Die Gruppeneinteilung wird durch das Skript ebenfalls ausgegeben.

Aber Sie benötigen diese Liste eigentlich nicht. Denn:

- Praktisch zu jedem HTML-Tag existiert eine entsprechende Shortcut-Funktion *gleichen Namens*. Statt den Tag zwischen spitze Klammern zu setzen, rufen Sie ihn als Funktion auf, z.B. h2() statt <h2>. So einfach geht das.

- Shortcuts, deren Namen mit Perl-Funktionen kollidieren, werden mit führendem Großbuchstaben geschrieben, z.B. Tr statt tr oder Select statt select.

Wie man Tag-Attribute wie width, height usw. setzt, erfahren Sie im nun folgenden Abschnitt.

Shortcuts richtig benutzen

Hier einige prinzipielle Informationen über den Umgang mit diesen Funktionen. Denken Sie immer daran, dass es um nichts anderes geht, als die HTML-Tags nachzubilden. Für eine umfassende Diskussion und mehr Beispiele sehen Sie bitte in der Manpage des Moduls nach (perldoc CGI).

- Das Modul importiert normalerweise keine Funktionen, da die Namen zu leicht mit eigenen Funktionen kollidieren können. Für einen Import muss das Import-Tag :standard oder :all explizit genannt werden:

  use CGI qw(:standard);

- Einige der Shortcuts erhalten Sie nur über das Import-Tag :all (z.B. center) oder Sie importieren sie explizit: use CGI qw(:standard center);

- CGI.pm verfügt auch über eine objektorientierte Schnittstelle. Wenn Sie die Funktionen als Objektmethoden aufrufen, vermeiden Sie jegliche Kollision mit eigenen Funktionsnamen, es muss nichts importiert werden.

  use CGI; $p=CGI->new; print $p->header;

- Die Shortcuts erzeugen automatisch immer auch den schließenden Tag hinter den Daten.

- Die auszugebenden Texte werden der Funktion als Argument übergeben.

  print h1('Überschrift');

  Manchmal ist es bequemer, mehrere Argumente zu übergeben, die Funktion fügt sie dann durch Leerzeichen getrennt zusammen.

  print h1('Datum', $datum) ;

- Übergibt man nicht einen einzigen Wert, sondern eine Referenz auf ein anonymes Array mit Werten, wird das HTML-Tag für jedes einzelne dieser Elemente erstellt.

  print li(['rot','grün','blau']);

  erzeugt

  <li>rot</li> <li>grün</li> <li>blau</li>

Das ist eine extreme Vereinfachung gegenüber direkter HTML-Programmierung, vor allem wenn es um aufwendige Attribute geht.

■ Tag-*Attribute* werden als anonymer Hash übergeben, als erstes Argument.

Statt `align=` `'center'` heißt es:

```
print p( {'align','center'}, 'Hallo');
```

Das gilt auch für Attribute, die keinen Wert besitzen. In diesem Fall wird `undef` als Wert angegeben. Statt `'align'` kann man auch einfacher `-align` schreiben. In Verbindung mit anonymen Listen werden die Attribute jedem einzelnen Element hinzugefügt.

```
print td( {align,'right',valign,'top'}, ['eins','zwei','drei'] );
```

▶ **Manpages:** perldoc CGI

18.7 Webseiten mit flexiblem Inhalt

Wir wissen nun, wie man mithilfe eines Perl-Skripts eine neue Webseite erzeugt. Die Seite wird auf `STDOUT` ausgegeben, vom Webserver abgefangen und an den Browser des Benutzers zurückgeliefert. Aber wie kommen überhaupt die flexiblen Daten in die Seite? Den magischen Punkt, an dem eine statische Seite zu einer dynamischen wird, haben wir bisher noch nicht berührt.

Die Beschaffung der Daten ist eigentlich kein spezieller Aspekt der CGI-Programmierung. Sie gehen vor, wie in jedem anderen Perl-Skript auch. Sie lesen Dateien ein, filtern interessante Datensätze heraus, führen Berechnungen durch und stellen die Ausgabe nach bestimmten Kriterien zusammen. Was sich durchaus von gewöhnlichen Perl-Skripten unterscheidet, ist die Frage, wie Sie an die Eingabe des Benutzers herankommen, aber damit beschäftigen wir uns erst im nächsten Kapitel.

Lassen Sie uns einen Blick auf einige typische Methoden werfen, dynamische Inhalte in Webseiten einzubringen.

Datum und Uhrzeit

Sie möchten das aktuelle Datum und die Uhrzeit in Ihre Webseite aufnehmen? Kein Problem. Über `localtime()` erhalten wir die gewünschte Information.

```
print scalar localtime ;   # -> Sat Jan  4 21:27:09 2003
```

Vielleicht benötigen Sie die getrennte Ausgabe:

```
@lt = localtime ;
$zeit = $lt[2] . ':' . $lt[1] . ':' . $lt[0] ;       # 21:27:09
$datum = $lt[3] . '.' . $lt[4]+1 . $lt[5]+1900 ;      # 4.1.2003
```

Eingefügt in ein Mini-Skript:

Listing 18.7: dyna1.pl – CGI-Skript mit Datum und Uhrzeit

```perl
#!/usr/bin/perl -w
#
# dyna1.pl
# CGI-Skript mit Datum und Uhrzeit

use CGI qw(:all) ;

# Datum und Uhrzeit ermitteln
@lt = localtime ;
$zeit = $lt[2] . ':' . $lt[1] . ':' . $lt[0] ;    # 21:27:09
$datum = join '.',$lt[3],($lt[4]+1),($lt[5]+1900) ;   # 4.1.2003

# HTML-Ausgabe
print header,
      start_html('Datum und Uhrzeit'),
      center,
      h3('Datum: ', $datum ),
      h3('Zeit: ', $zeit),
      end_html;
```

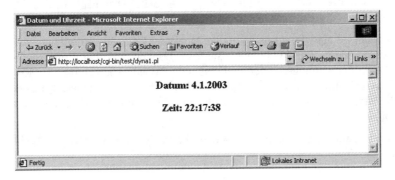

Abbildung 18.8: CGI-Skript mit Datum und Uhrzeit

Umgebungsvariablen

Zu Diagnosezwecken gibt man gerne die Liste der Umgebungsvariablen aus.

```perl
foreach $key ( keys %ENV ) {
   printf "%20s => %s \n", $key, $ENV{$key} ;
   }
```

Aber Achtung: Das schöne zweispaltige Format, das wir durch unseren Perl-Befehl erzeugen, geht im Browser verloren. Den Browser interessieren Leerzeichen und *Newlines* überhaupt nicht, statt dessen braucht er   und <br>. Mit Tabulatoren kann er ebenfalls nicht umgehen, hierfür benötigt er eine Tabellenstruktur. Deshalb werden Ausgabedaten auch fast immer in eine Tabelle integriert. Ein Beispiel hierfür werden wir weiter unten sehen. Eine einfache Alternative bildet der Tag <pre>, der die Formatierung eines übergebenen Textes erhält, so dass Tabulatoren und *Newlines* ihre Wirkung behalten.

Listing 18.8: Auszug aus dyna2.pl – Umgebungsvariablen ausgeben

```
# HTML-Ausgabe
print header,
      start_html('Umgebungsvariablen'),
      print h3('Umgebungsvariablen'),
      pre;

# Umgebungsvariablen
foreach $key ( keys %ENV ) {
   printf "%-20s => %s \n", $key, $ENV{$key} ;
   }


print end_html;
```

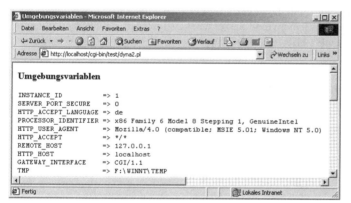

Abbildung 18.9:
Ausgabe von Umgebungs-
variablen

Systeminformationen

Wenn Sie im Umfeld der Systemadministration arbeiten, möchten Sie sich vielleicht Systeminformationen eines zu überwachenden Rechners über das Web ansehen. Mithilfe eines CGI-Skripts ist das leicht zu arrangieren.

Auf einem UNIX-Rechner erhalten Sie beispielsweise durch den Befehl df einen Überblick über den Zustand der Festplatten:

```
df -k
```

Eingebaut in ein kleines CGI-Skript:

Listing 18.9: Auszug aus dyna3.pl – Belegung der Filesysteme ausgeben

```
# HTML-Ausgabe
print header,
      start_html('Filesysteme'),
      print h3('Filesysteme'),
      pre;

# Filesysteme
print `df -k` ;

print end_html;
```

Auf die gleiche Art können Sie sich ansehen, wer gerade im System arbeitet (who oder finger), wer sich zuletzt eingeloggt hat (last) oder welche Prozesse laufen (ps -ef).

Dateiinhalte ausgeben

Möchten Sie sich den Inhalt von Systemdateien, Logfiles oder anderen Dateien über einen Browser ansehen? Kein Problem. Wie man dem Server den gewünschten Dateinamen übergibt, sehen wir erst im nächsten Kapitel. Hier zeigen wir zunächst, wie es für eine fest vorgegebene Datei funktioniert.

Listing 18.10: Auszug aus dyna4.pl – Dateiinhalt ausgeben

```
$file = '/etc/passwd' ;

# HTML-Ausgabe
print header,
      start_html('Datei ausgeben'),
      b($file), br,
      pre;

# Filesysteme
print `cat $file` ;

print end_html;
```

Aber zugegeben, wahrscheinlich ist es keine gute Idee, gerade die passwd-Datei im Web zu publizieren. ;-)

Verzeichnis-Listings

Für Verzeichnis-Listings verwenden Sie

```
@dir = <$dir/*> ;
print join("\n", @dir) ;
```

Datensätze suchen

Am interessantesten ist aber die Ausgabe von Daten, die man aus einer eigenen Datenbank herausgesucht hat. Hier stellt sich sofort die Frage, *welche* Datensätze gesucht werden sollen, was natürlich von der Eingabe des Benutzers abhängt, welche wir erst später behandeln. Vorläufig legen wir das Suchwort einfach fest. Später werden wir es dann per Formular vom Benutzer erfragen.

Als Beispiel eignet sich vielleicht unser Englisch-Deutsch-Wörterbuch aus Kapitel 9 ganz gut. Dort kannten wir noch keine Module, weshalb die etwas aufwendige Prozedur des Einlesens der Daten in einen Hash noch als Schleife im Hauptprogramm realisiert war. Ich habe diese Einleseprozedur kurzerhand in ein Modul En_de.pm gepackt, von wo aus sie über die Funktion einlesen() aufgerufen werden kann. Den aufgebauten Wörterbuch-Hash gibt einlesen() als Referenz zurück. Mal sehen.

Listing 18.11: Suche im englisch-deutschen Wörterbuch

```
#!/usr/bin/perl
#
# en-de.pl
# Englisch-deutsches Wörterbuch
# Mit Suchmöglichkeit in den engl. Wörtern

use CGI qw(:all) ;
use En_de ;

$file = "ger-eng.txt" ;
$suchwort = 'pearl' ;
$ergebnis = "" ;

# Woerterbuch einlesen
*dict = einlesen($file) ;

# Suche nach einem englischen Wort
$ergebnis = $dict{$suchwort}, "\n" if exists $dict{$suchwort} ;
$ergebnis =~ s/\n/<br>/g ;

# HTML-Ausgabe
```

```
print header,
     start_html('Deutsch-englisches Wörterbuch'),
     $ergebnis;
```

Wir suchen also nach pearl. Das Ergebnis:

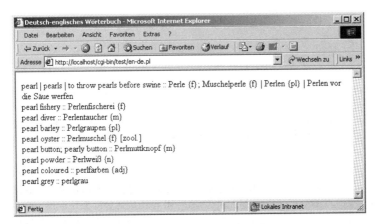

Abbildung 18.10:
Suche im englisch-
deutschen Wörterbuch

Klar, dass dieses Programm erst richtig sinnvoll wird, wenn man beliebige Begriffe eingeben kann. Es ist jedoch wichtig, jeden einzelnen Aspekt separat zu betrachten, sonst verliert man den Überblick. Auf jeden Fall sehen Sie deutlich, wie man vorgeht: Der größte Teil des Skripts kümmert sich in aller Regel darum, die gewünschten Daten zu beschaffen. Die Ausgabe ist dann ein Klacks, wenn man weiß, wie's geht ;-).

18.8 Zusammenfassung

- Ein CGI-Skript kann vom Benutzer genauso aufgerufen werden wie eine normale HTML-Seite.

- Der Browser sendet die Anfrage über das HTTP-Protokoll an den Webserver.

- Der Server sucht das gewünschte Skript auf seiner Festplatte.

- Er ruft Perl auf (falls es sich bei dem CGI-Skript um ein Perl-Programm handelt) und übergibt dem Perl-Interpreter das geladene Skript.

- Perl führt das Skript aus. Dieses durchsucht nun eine Datenbank, führt Berechnungen durch oder erzeugt auf irgendeinem anderen Weg neue Daten.

- Schließlich gibt es eine fertige HTML-Seite auf die Standardausgabe aus, die die ermittelten Daten enthält.

- Der Webserver greift die Standardausgabe des Perl-Skripts ab und sendet die erhaltene HTML-Seite zum Browser. Dieser stellt die Seite auf dem Bildschirm dar.

■ Webseiten werden in HTML geschrieben, einer Sprache, in der die Steueranweisungen in Form von so genannten Tags in spitzen Klammern stehen.

■ Es gibt Tags für Zeichenformate, für die Absatzformatierung, für Grafiken, Links, Tabellen, Formulare und viele weitere spezielle Elemente.

■ Das Perl-Skript gibt die Webseite über eine einfache `print`-Anweisung auf die Standardausgabe aus.

■ Vor der eigentlichen Seite muss der `HTTP`-Header `Content-Type: text/html` stehen, gefolgt von einer leeren Zeile.

■ Mithilfe von HTML-Editoren kann man anspruchsvolle HTML-Seiten gestalten. Eine Markierung sollte die Stelle kennzeichnen, an der das Perl-Skript später die individuellen Daten einsetzt.

■ Das Modul `CGI.pm` enthält praktisch für jeden HTML-Tag eine Funktion gleichen Namens, einen so genannten Shortcut. Diese Funktionen erleichtern das Schreiben von Webseiten ganz erheblich.

■ Tag-Attribute werden in den HTML-Shortcuts als anonyme Hashes angegeben `{attr,val}`. Soll ein Tag für mehrere Elemente gebildet werden, schreibt man die Elemente als anonyme Liste `['rot','grün','blau']`.

■ Das Einfügen von individuellen, flexiblen Daten ist die wichtigste Aufgabe eines CGI-Skripts. Die Daten werden über beliebige Perl-Befehle ermittelt und innerhalb der HTML-Seite ausgegeben.

■ Sind die Daten bereits formatiert, verwendet man am besten das HTML-Tag `<pre>`, welches die Formatierung bewahrt. Ansonsten gibt man sie in Form einer HTML-Tabelle aus.

18.9 Workshop

Fragen und Antworten

F *Was genau definiert eigentlich der CGI-Standard?*

  A Die Schnittstelle zwischen einem Webprogramm und der Außenwelt. Genauer gesagt, *wie* die Daten vom Webserver in ein Webskript gelangen und in welcher Form Daten aus dem Webprogramm zum Webserver kommen.

F *Und wie sieht das aus?*

  A Der zweite Punkt ist der einfachere. Das Skript muss immer komplette HTML-Seiten auf seine Standardausgabe schreiben, wobei die `Content-Type`-Zeile vorgeschaltet wird. Neben dem `Content-Type` kann noch eine `Location` für eine eventuelle Weiterleitung angegeben sowie über `Status` ein Eintrag für die Statuszeile übermittelt werden. Das war's für die Ausgabeseite.

F *Die Eingabeseite?*

A Ist komplizierter geregelt. Darauf kommen wir noch im nächsten Kapitel zu sprechen. Es gibt zwei Alternativen: Entweder die Daten werden in Form von Umgebungsvariablen abgelegt, auf die das Skript dann über `%ENV` zugreifen kann. Oder sie werden auf die Standardeingabe des Skripts gegeben. Wie man einliest und wann welche Methode verwendet wird, sehen wir dann morgen.

F *Kann es Probleme mit Sonderzeichen geben, wenn man sie als normalen Text ausgeben möchte, sie aber in HTML eine eigene Bedeutung besitzen, wie < > oder /?*

A Ja. Sonderzeichen können natürlich kollidieren. Für alle Sonderzeichen gibt es daher einen speziellen Code, wenn man sie als normale Zeichen braucht. ` ` steht zum Beispiel für ein geschütztes Leerzeichen ('non breaking space') und `&lt;` für ein Kleiner-Zeichen ('less than'). Eines der wertvollen Details des CGI-Moduls besteht darin, dass jede Ausgabe, die über HTML-Shortcuts erfolgt, auf Sonderzeichen überprüft wird und diese dann automatisch durch den Spezialcode ersetzt werden.

F *Wie geht man mit Umlauten wie ä und ö und Ü um?*

A Auch hierfür gibt es den Spezialcode, den Sie übrigens in jedem HTML-Buch finden. Die Umlaute kollidieren zwar nicht mit einer anderen Bedeutung, sie werden aber nur bei Benutzern richtig angezeigt, die die gleiche Zeichentabelle benutzen wie Sie. Der Spezialcode, z.B. `&uuml;` für ü, wird hingegen unabhängig von der eingestellten Zeichentabelle richtig interpretiert.

F *Ich wollte das mal auf die Schnelle testen, bekomme aber die Meldung* `undefined soubrou-tine`*, ganz egal ob ich es mit* `h3()` *oder* `start_html()` *etc. versuche.*

A Wahrscheinlich haben Sie vergessen, das Import-Tag anzugeben. Bei 180 Funktionen gibt es schnell Kollisionen mit eigenen Funktionen, deshalb importiert `CGI.pm` von selbst keine Funktionen. Das müssen Sie mit dem Tag `:standard` oder `:all` selbst tun.

Quiz

1. Wie können Sie Kollisionen zwischen den Funktionsnamen `h3()`, `center()`, `header()` etc. des CGI-Moduls und eigenen Funktionen verhindern?

2. Warum gibt es im CGI-Modul kein `tr()`, obwohl man das HTML-Tag `<tr>` zum erstellen einer Tabellenzeile braucht?

3. Wie erzeugt man mithilfe des CGI-Moduls die HTTP-Header-Zeile `Content-Type: text/html`?

4. Was würde geschehen, wenn man eine formatierte mehrspaltige Ausgabe, wie etwa die einer Prozessübersicht oder einer Kundenliste, ohne das HTML-Tag `<pre>` ausgibt?

5. Wie können Sie Daten per Skript in eine Seite einfügen, die von Webdesignern einer externen Firma geliefert wurde?

6. Wie übergibt man per Shortcut ein Attribut, etwa `<img src='bild.jpg'>`?

Übungen

In den Übungen dieses und des folgenden Kapitels werden wir eine webbasierte Support-Datenbank aufbauen. Benutzer sollen über ein Formular die Möglichkeit erhalten, in einem Fundus von bereits beantworteten Fragen nach Schlüsselwörtern zu suchen oder neue Fragen zu stellen. Das Support-Team erhält ein eigenes Formular, um neue Fragen zu beantworten und sie in die Support-Datenbank aufzunehmen. Stück für Stück werden in den verschiedenen Übungen die entsprechenden HTML-Seiten erstellt, die Formulare ausgewertet, die Datenbank durchsucht und das Ergebnis dargestellt.

1. Wir beginnen mit der Startseite `support.html`. So etwas ist eigentlich unnötig, dient hier aber zum Üben der einfacheren Gestaltungsmittel. Erstellen Sie also eine HTML-Seite (direkt, nicht per Skript), deren Ergebnis in etwa so aussieht wie Abbildung 18.1. Geben Sie eine spezielle Hintergrundfarbe an (z.B. bläulich: `#E0E0FF`). Die Überschrift soll in Arial, satt-blau (`#0000FF`) und Größe 6 dargestellt sein. Sie benötigen also das `font`-Tag. Der Untertitel ist zwar zweizeilig, führt aber zu ein und demselben Link: `support2.html`. Wenn Sie noch ein kleines Bild parat haben, um das ganze netter aussehen zu lassen – umso besser.

Abbildung 8.11: Startseite des Support-Systems

2. Schreiben Sie nun das eigentliche Support-Formular `support2.html` (direkt, nicht als Skript). Es soll in etwa so aussehen wie in Abbildung 18.12. Kümmern Sie sich zunächst weniger um die genaue Formatierung. Das kommt in der nächsten Übung, wenn wir das Formular in einer Tabellenstruktur ausgeben. Die Seite soll zwei Formulare enthalten. Als Aktion geben Sie einmal `http://localhost/cgi-bin/test/support_suche.pl` und einmal `http://.../support_anfrage.pl` an. Das erste der beiden Eingabefelder ist ein *text-input*-Feld, das zweite eine *textarea*.

3. Verschönern Sie Ihr Formular, indem Sie es in eine Tabellenstruktur bringen. Hierzu erzeugen Sie direkt innerhalb der `form`-Tags jeweils eine Tabelle:

```
<form><table> ..... </table></form>
```

549

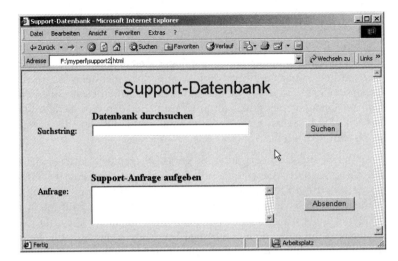

Abbildung 8.12:
Support-
Formular

Das hier zu sehende Layout wurde mit jeweils zwei Zeilen (<tr>) pro Tabelle erstellt. In der ersten Zeile steht die Überschrift (in Spalte 2). In der zweiten Zeile erstellt man drei Spalten (<td>), die das Wort »Suchstring/Anfrage«, das eigentliche Feld sowie den Button aufnehmen. Dabei wurde der Tabelle eine Breite (width=) von 600 gegeben, der ersten Spalte eine Breite von 100, der zweiten von 200 und der dritten von 300.

4. Schließlich erstellen Sie das CGI-Skript support_suche.pl zur Suche in der Datenbank. Realistische Suchen können wir erst im nächsten Kapitel durchführen. Hier legen wir fest, nach Festplatte zu suchen. Erzeugen Sie zunächst eine Mini-Datenbank, die durchsucht werden kann, etwa mit folgendem Eintrag (*eine* Zeile):

```
Meine Festplatte ist voll.#/#Suchen und löschen Sie alle Dateien mit der Endung .tmp.
```

Im ersten Feld steht die Frage, im zweiten die Antwort. Kopieren Sie diese Zeile zum Testen einfach mehrmals oder schreiben Sie zwei, drei weitere Zeilen.

Schreiben Sie nun das Perl-Skript, das diese Datenbank einliest, jede Zeile über /.../ auf das Suchwort hin überprüft und alle gefundenen Zeilen an ein Array @found anhängt. Anschließend wird die Ergebnisseite mit den gefundenen Zeilen mithilfe von CGI.pm und HTML-Shortcuts ausgegeben. Trennen Sie dazu jede Zeile in Frage und Antwort und geben Sie diese untereinander aus. Bei einem Klick auf den Such-Button des Formulars müsste nun die gefundene Zeile aus der Datenbank angezeigt werden.

5. Verbessern Sie das Such-Skript, indem Sie mehrere Suchwörter erlauben. Versuchen Sie es hier zunächst mit dem festgelegten String 'Harddisk festplatte'. Wandeln Sie diesen String in einen regulären Ausdruck um, indem Sie zunächst alle Leerzeichen durch ein Pipe-Symbol ersetzen, so dass Harddisk|festplatte entsteht. Verändern Sie den eigentlichen Such-Befehl außerdem dahingehend, dass er unabhängig von der Groß-/Kleinschreibung sucht.

Fortgeschrittene
Webprogrammierung

Im letzten Kapitel haben wir gelernt, wie man mithilfe eines Perl-Skripts HTML-Seiten produziert. Wir haben auch gesehen, wie man Daten, die spontan erzeugt werden oder nach bestimmten Kriterien aus einem Datenbestand herausgesucht werden, in die erzeugten Webseiten integriert.

In diesem Kapitel lernen Sie nun, wie die Informationen des Benutzers, der uns mitteilen möchte, was eigentlich gesucht oder welche Aktion ausgeführt werden soll, von dessen Browser zu unserem Skript gelangen und wie wir im Skript an diese Informationen herankommen. Damit aber nicht genug.

Wir werden uns außerdem damit beschäftigen, wie man Benutzerinformationen über mehrere Stufen einer Websitzung hinweg konservieren kann, was immer dann benötigt wird, wenn sich Transaktionen, zum Beispiel Bestellungen, über mehrere Webseiten erstrecken. Am bekanntesten in diesem Zusammenhang sind Warenkorb-Systeme, die Stück für Stück gefüllt werden und erst zum Schluss in eine Bestellung münden. Realisiert wird ein solcher Datentransfer über versteckte Felder, Cookies und Session-IDs.

- Wie Benutzereingaben kodiert werden

- Wie die Daten zum Server gelangen

- Wie das Skript an die Daten gelangt

- Versteckte Felder

- Cookies

- Session-IDs und Serverseitiges speichern

19.1   Die Auswertung von Benutzereingaben

Zunächst sollten wir uns einen groben Überblick über den gesamten Prozess verschaffen, der mit der Auswertung von Benutzereingaben einhergeht.

Der Benutzer kann über drei Arten Daten an den Server senden:

- Am bekanntesten ist das Ausfüllen und Absenden eines Formulars.

- Es geht aber auch über einen Link, dessen URL zusätzliche Daten enthält.

- Außerdem kann der Benutzer direkt einen erweiterten URL in die Adressleiste eingeben.

Wir werden auf jede dieser Methoden noch näher eingehen, vor allem natürlich auf den Umgang mit Formularen.

Welchen Weg nehmen die Daten nun von der Eingabe des Benutzers bis hin zur Verarbeitung in unseren Skripten?

- Zunächst erzeugt der Browser aus den Daten einen kodierten String. Wir werden sehen, was genau hinter dieser Kodierung steckt.

- Er sendet den Datenstring zum Server. Dabei werden wir zwei Methoden unterscheiden: GET und POST.

- Der Server leitet die Daten weiter an das Skript. Wie genau, hängt von der oben erwähnten Übertragungsmethode ab.

- Das Skript übernimmt die Daten, dekodiert sie und stellt irgendetwas mit ihnen an. Wie wir sehen werden, nimmt uns die Funktion `param()` des `CGI`-Moduls hierbei praktisch alle Arbeit ab.

19.2 Erzeugung eines Datenstrings

Die Kodierung

Nachdem der Benutzer die Daten eingegeben hat, etwa in ein Formular, werden sie zu einem einzigen, langen Datenstring zusammengestellt. Dessen Format erkennt man leicht an dem folgenden Beispiel:

```
artikel=Pulli;farbe=rot;bestellnr=236641
```

- Daten werden als Schlüssel-Wert-Paare zusammengestellt.

- Schlüssel und Wert werden durch ein Gleichheitszeichen (=) voneinander getrennt.

- Zwischen den Schlüssel-Wert-Paaren steht ein Amperesand (;).[1]

Alle Daten werden so zu einer einzigen Zeichenkette verbunden, die beliebig lang werden kann. Allerdings darf sie keine Leer- oder Sonderzeichen enthalten. Tauchen welche auf, werden sie kodiert.

- In den Daten enthaltene Leerzeichen werden zu einem Plus (+) umgewandelt.

- Sonderzeichen (Zeichencode>128) werden als zweistellige Hexadezimalzahlen kodiert (einfach der Zeichencode im 16er-System) und mit einem führenden Prozentzeichen (%) versehen. Das Zeichen 128 (eventuell ein _) wird z.B. zu %80.

- Damit gibt es vier Zeichen unterhalb von 128 mit Sonderbedeutung: ; = + %. Auch sie werden mit der beschriebenen Methode in Hexadezimalzahlen umgewandelt.

Hätten wir es im obigen Beispiel nicht mit einem einfachen, sondern einem langärmeligen Pulli zu tun, würde unser Datenstring folgendermaßen aussehen:

```
artikel=lang%E4rmeliger+Pulli;farbe=rot;bestellnr=236641
```

---

1 Häufig sieht man statt des Semikolons (;) auch ein Ampersand (&) als Trennzeichen zwischen den Schlüssel-Wert-Paaren. Davon wird heutzutage jedoch abgeraten, da man Ampersands in HTML-Dokumenten eigentlich als `&amp;` darstellen soll und in XML-Dokumenten sogar muss.

Formulare

Wie funktioniert das Kodieren der Daten im Einzelnen, wenn der Benutzer ein Formular ausgefüllt hat? Wie setzt sich der Datenstring aus den verschiedenen Feldern zusammen?

Beim Erstellen eines Formulars legt der Programmierer über das Attribut name den Namen jedes Eingabefeldes fest. Etwa

```
<input type=text name='artikel'>
```

Dieser Name wird nun zum Variablennamen oder Schlüssel für den Datenstring. Das, was der Benutzer in das Feld eingegeben hat, wird zum Value, steht also rechts vom Gleichheitszeichen.

```
artikel=lang%E4rmeliger+Pulli
```

Bei den Eingabefeldern text (type=text), textarea und password schreibt der Benutzer selbst etwas in das Feld hinein. Wie sieht es aber bei checkbox, radio und select aus? Hier sind vordefinierte Werte über das Attribut value festgelegt.

```
<input type=checkbox name='kataloge' value='kinder'>
```

Der Browser fügt nun die Werte derjenigen Elemente in den Datenstring ein, die vom Benutzer ausgewählt wurden. Waren Mehrfachauswahlen erlaubt, werden einfach mehrere Paare mit dem gleichen Schlüssel gebildet. Wird ein Element überhaupt nicht ausgewählt, wird nicht einmal sein Name eingetragen.

```
kataloge=Kinder;kataloge=Damen
```

Beispiel: Bestellformular

Sehen wir uns ein kleines Beispiel an. Folgende HTML-Seite kodiert das in Abbildung 19.1 zu sehende Bestellformular.

Listing 19.1: bestell.html – HTML-Seite für ein Bestellformular

```
<html>
<head><title>Bestellformular</title></head>
<body>

<h4> Bestellformular</h4>

<form action="http://localhost/cgi-bin/test/bestellung.pl">

Artikel:        
<input type='text' size=40 name='artikel'> <br>
Bestell-Nr.:  
<input type='text' size=40 name='bestellnr'> <p>
```

```
Farbe:  
<input type=radio name='farbe' value='rot'>rot    
<input type=radio name='farbe' value='gruen'>grün    
<input type=radio name='farbe' value='blau'>blau <p>

Größe:  
<select name='groesse'>
<option value="128">128
<option value="134">134
<option value="140">140
</select>      

Anzahl: <input type='text' size=4 name='anzahl'> <p>

<input type=submit value='Bestellen'>
</form>

</body></html>
```

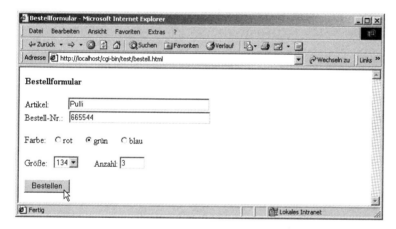

Abbildung 19.1:
Bestellformular

Bei einer Benutzereingabe, wie sie oben zu sehen ist, stellt der Browser folgenden Datenstring zusammen:

```
artikel=Pulli;bestellnr=665544;farbe=gruen;groesse=134;anzahl=3
```

Erweiterte Links

Daten können nicht nur über Formulare an den Server übermittelt werden, sondern auch über Links, die über vordefinierte Schlüssel-Wert-Paare erweitert sind.

```
<a href="http://localhost/cgi-bin/myscript.pl?list=hardware">
Angebotsliste Hardware</a>
<a href="http://localhost/cgi-bin/myscript.pl?list=software">
Angebotsliste Software</a>
```

Wie Sie sehen, wird der Datenstring `list=hardware/software` über ein Fragezeichen (?) an den URL angehängt. Achtung: Für die Kodierung des Datenstrings müssen Sie hier selber sorgen (Leerzeichen, Sonderzeichen etc.).

Eingabe in die Adressleiste

Vor allem zu Testzwecken ist es ganz nützlich zu wissen, dass man komplette URLs auch direkt in die Adressleiste eingeben kann. Wieder muss der Datenstring durch ein Fragezeichen an den Namen des Skripts angeschlossen werden, wieder ist man für das richtige Format und die richtige Kodierung selbst verantwortlich.

Abbildung 19.2:
Eingabe eines
Datenstrings in die
Adressleiste

▶ Dokumentation: HTML-Bücher

19.3 Datenübertragung zum Server

Hat der Browser die Formulardaten zu einer langen Zeichenkette zusammengestellt oder hat er sie aus dem URL eines Links oder aus der Adressleiste gelesen, überträgt er sie mithilfe des HTTP-Protokolls (Hypertext Transfer Protocol) zum Server. Das geht automatisch, wir müssen uns nicht darum kümmern.

Bei Formularen können wir zwischen zwei verschiedenen Übertragungsmethoden wählen: zwischen GET, das ist die Standardmethode, und POST. Wollen wir die POST-Methode angeben, legen wir innerhalb des `form`-Tags das Attribut `method` entsprechend fest.

```
<form action='...' method='POST'>
```

Auf die gleiche Weise können Sie GET als Methode festlegen, was aber nicht nötig ist, da es sich bei GET ja um die Standardmethode handelt.

Worin besteht nun der Unterschied zwischen beiden Übertragungsarten? GET hängt den aus dem Formular gewonnenen Datenstring an die Zieladresse an, genau so, wie es bei Links und direkten Eingaben sowieso bereits der Fall ist.

```
http://localhost/cgi-bin/test/bestellung.pl?artikel=Pulli;bestel
lnr=665544;farbe=gruen;groesse=134;anzahl=3
```

Der Browser kontaktiert über das HTTP-Protokoll den Server und übergibt diesem den kompletten URL. Diese Methode ist zwar leicht verständlich, besitzt aber zwei Nachteile: Zum einen zeigen die Browser die Zieladresse immer im Adressfenster an, was hier dazu führt, dass sämtliche Daten zu sehen sind. Das ist natürlich nicht in jedem Fall erwünscht, denken Sie nur an die Übertragung eines Passworts. Zum anderen ist die Länge der Daten, die auf diese Art übertragen werden können, begrenzt. Wo genau die Grenze liegt, ist schwer vorherzusagen, da mehrere Komponenten ins Spiel kommen: Der Browser kann keine beliebig langen URLs übertragen, der Webserver kann sie nicht empfangen. Die genauen Werte hängen von Browser und Server ab.[2] Außerdem werden die Daten auf dem Server in einer Umgebungsvariablen gespeichert, die ebenfalls von System zu System eine unterschiedliche maximale Länge annehmen darf. Man geht davon aus, dass alle Systeme mit 256 Byte klar kommen, ich habe aber noch nie von Problemen gehört, solange man wenigstens unter 1024 Byte bleibt. Größere Datenmengen sollten auf jeden Fall über POST versendet werden.

Bei der POST-Methode[3] wird der Datenstring – er sieht nach wie vor so aus, wie wir ihn beschrieben haben – nicht über die URL, sondern einfach *als Datenstrom* im Rahmen des HTTP-Protokolls gesendet, genau so, wie Dateien oder HTML-Seiten transportiert werden. Damit entfallen alle Größenprobleme bei Browser und Server. Der Server übergibt anschließend die Daten über die *Standardeingabe* an das ausführende Programm, wodurch auch die Beschränkungen bei den Umgebungsvariablen wegfallen. Mit POST können daher beliebig große Datenmengen übertragen werden.

19.4 Auslesen der Daten im Skript

Wir wissen nun, wie die Daten kodiert sind und wie sie zum Server gelangen. Aber wie kommen wir aus unserem Perl-Skript heraus an sie heran? Werfen wir zuerst einen kurzen Blick auf das recht komplizierte System, wie es der CGI-Standard vorsieht. Anschließend werden wir jedoch die Funktion param() des CGI-Moduls kennen lernen, die den Zugriff auf die Daten letztendlich zu einem Kinderspiel macht.

Der CGI-Standard

Der größte Teil des CGI-Standards beschäftigt sich mit der Übergabe zwischen Server und Skript. Dabei unterscheidet er zwischen Daten, die über GET transportiert wurden, und solchen, die per POST ankommen.

---

2   z.B. 2.083 Byte für Internet Explorer 5.x und 8 KB Default für Apache Webserver.
    Siehe http://support.microsoft.com/default.aspx?scid=KB;EN-US;q208427 und http://httpd.apache.org/docs/
    mod/core.html#limitrequestline
3   POST ist nur für Formulare möglich. Daten über Links und Adresseingaben werden immer mittels GET
    übertragen.

GET

Hat der Browser die Daten mittels GET übertragen, speichert der Webserver den Datenstring in einer Umgebungsvariable namens QUERY_STRING. Die Variable REQUEST_METHOD setzt er auf GET. Anschließend ruft er das Skript auf.

In Perl könnte man die Daten dann über

```
$data = $ENV{'QUERY_STRING'} if $ENV{'REQUEST_METHOD'} eq 'GET';
```

einlesen. *Könnte*, tut heutzutage aber niemand mehr, da die Daten anschließend noch dekodiert werden müssten und das ist eine Heidenarbeit. Statt dessen verwendet man die param()-Funktion.

POST

Kommen die Daten mittels POST, schreibt der Server die Daten auf die *Standardeingabe* des aufgerufenen Skripts. Diese ist unbegrenzt in ihrer Kapazität, so dass alle Größenbeschränkungen wegfallen. Allerdings schließt er die Daten nicht mit einem Dateiendezeichen ab, weshalb man sie in Perl nicht über <STDIN> einlesen kann. Vielmehr speichert der Server die Länge der übergebenen Daten in der Umgebungsvariablen CONTENT_LENGTH. Die Variable REQUEST_METHOD wird auf POST gesetzt. Somit könnte man in Perl die Daten über

```
read STDIN, $data, $ENV{'CONTENT_LENGTH'}
    if $ENV{'REQUEST_METHOD'} eq 'POST';
```

einlesen.

Die param()-Funktion

Nun kommen wir endlich zu dem praktischen Teil bei der Auswertung von Benutzereingaben. Alles andere war Theorie und Hintergrundwissen. Wie macht man es nun also wirklich? Wie liest man die übertragenen Daten aus? Mithilfe der CGI-Funktion param()! Was tut diese Funktion?

- param() ermittelt die Übertragungsmethode.

- Es liest den Datenstring je nach Methode auf unterschiedliche Art ein.

- Es dekodiert alle als Hex-Code geschriebenen Sonderzeichen und wandelt Pluszeichen in Leerzeichen um.

- Es zerlegt den Datenstring in Schlüssel-Wert-Paare und stellt sie uns einzeln zur Verfügung.

Wir müssen param() lediglich nach dem Wert für eine bestimmte Variable fragen und bekommen sie fix und fertig geliefert.

```
$artikel = param('artikel') ;              # Pulli
```

Oder objektorientiert:

```
$obj = CGI->new ;
$artikel = $obj->param('artikel') ;        # Pulli
```

Ist der gewünschte Parameter leer oder ist er überhaupt nicht vorhanden, erhält man einen leeren String.

Variablen, die mehrere Werte enthalten können – das sind Check-Boxen und Auswahlfelder mit aktivierter Mehrfachauswahl – werden als Liste geliefert. Man kann sie einfach in einem Array auffangen. Angenommen, unser Bestellformular biete auch die Möglichkeit, über eine Checkbox mehrere Kataloge anzukreuzen, so erhielten wir vielleicht folgendes Array:

```
@kataloge = param('kataloge') ;          # (k1,k4,k5)
```

Objektorientiert:

```
@kataloge = $obj->param('kataloge') ;     # (k1,k4,k5)
```

Und woher wissen wir überhaupt, welche Variablen gesetzt sind? Entweder indem wir uns den HTML-Code des Formulars ansehen oder indem wir param() ohne Argument aufrufen.

```
@arguments = param(); #(artikel,bestellnr,farbe,groesse,anzahl)
```

Übrigens kommt man auch an den ursprünglichen, noch kodierten Datenstring heran, über die Funktion query_string().

```
$data = query_string() ;
```

Die param()-Funktion macht die Erfassung übertragener Daten kinderleicht. Endlich können wir vollwertige CGI-Skripte schreiben.

▶ **Manpages:** perldoc CGI ... Description

19.5   Beispiel: Wörterbuch

Wir beginnen mit unserem englisch-deutschen Wörterbuch. In Kapitel 18 hatten wir das Suchwort noch auf 'pearl' festlegen müssen. Nun können wir wirklich den vom Benutzer eingegebenen String auswerten.

Basteln wir ein einfaches Eingabeformular, damit der Benutzer etwas eingeben kann.

Listing 19.2: HTML-Formular zur Suche im Wörterbuch

```
<html>
<head><title>Englisch-Deutsches Wörterbuch</title></head>
<body>
<h4>Englisch-Deutsches Wörterbuch</h4>

<form action="http://localhost/cgi-bin/test/en-de.pl">
Englischer Begriff:  
<input type=text name="suchwort">
<input type=submit value="Suchen">
</form>
```

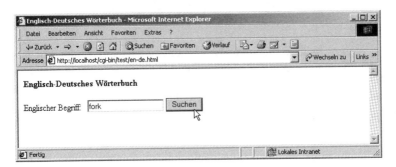

Abbildung 19.3:
HTML-Formular
zur Suche im
Wörterbuch

In dem CGI-Skript `en-de.pl`, das nach dem eingegebenen Begriff im Englisch-Wörterbuch sucht, müssen wir lediglich die Zeile

```
$suchwort = 'pearl' ;
```

gegen

```
$suchwort = param('suchwort') ;
```

austauschen. Und fertig ist das Web-Frontend für unser Wörterbuch.

Listing 19.3: Suche im englisch-deutschen Wörterbuch

```
#!/usr/bin/perl
#
# en-de.pl
# Englisch-deutsches Wörterbuch
# Mit Suchmöglichkeit in den engl. Wörtern

use CGI qw(:all) ;
use En_de ;

$file = "ger-eng.txt" ;
$suchwort = param('suchwort') ;
$ergebnis = "" ;

# Woerterbuch einlesen
*dict = einlesen($file) ;

# Suche nach einem englischen Wort
$ergebnis = $dict{$suchwort}, "\n" if exists $dict{$suchwort} ;
$ergebnis =~ s/\n/<br>/g ;

# HTML-Ausgabe
print header,
      start_html('Deutsch-englisches Wörterbuch'),
      $ergebnis
      end_html;
```

Klasse!

Abbildung 19.4:
Antwortseite

19.6 Beispiel: Bestellformular

Wir wagen uns an ein zweites, anspruchvolleres Beispiel und schreiben ein CGI-Skript, das die Daten verarbeitet, die über das in Abbildung 19.1 gezeigte Bestellformular geschickt werden. Das Ganze soll realistisch, das heißt hier *zweistufig*, funktionieren: Wir geben dem Benutzer zunächst eine Auflistung seiner Bestellung aus und rufen erst dann, wenn er einen Bestätigungs-Button drückt, ein weiteres CGI-Skript auf, das die Daten schließlich abspeichert.

Die Preise der einzelnen Artikel werden aus einer Datei preise.dat geladen.

```
preise.dat:
765432 37.99
665544 13.99
344556 28.49
```

Na ja, nicht besonders vielfältig, unser Sortiment. ;-) Die erste Zahl in jeder Zeile stellt die Bestellnummer dar. Wir lesen die Preise in einen Hash %preise ein.

```
# Preise einlesen
open PR, $preis_datei or die $! ;
while ($line = <PR>) {
    chomp $line ;
    ($nr,$pr) = split ' ', $line ;


    $preis{$nr} = $pr ;
    }
close PR ;
```

Anschließend beschaffen wir uns über param() die übergebenen Daten.

```
# Formulardaten einlesen
$artikel    = param('artikel') ;   $bestellnr = param('bestellnr') ;
$farbe      = param('farbe') ;     $groesse   = param('groesse') ;
$anzahl     = param('anzahl') ;
```

Und bestimmen den Gesamtpreis der bestellten Artikel.

```perl
# Gesamtpreis berechnen
$pr_einzel = $preis{$bestellnr} ;
$pr_total = $pr_einzel * $anzahl ;
```

Der Rest ist wieder eine einfache Ausgabe per HTML. Allerdings müssen wir zum Schluss noch einen Button ausgeben, mit dem die Bestellung bestätigt werden kann.

```perl
print start_form({'action',
  'http://localhost/cgi-bin/test/bestell_fertig.pl'}),
  input({'type','submit','value','Bestellen'}),
  end_form,
```

Wie Sie sehen, wird bei einem Klick auf den Button ein weiteres CGI-Skript aufgerufen: bestell_fertig.pl.

Fertig. Hier das komplette Skript.

Listing 19.4: bestell1.pl – Verarbeitung des Bestellformulars

```perl
#!/usr/bin/perl -w
#
# bestell1.pl
# Verarbeitung des Bestellformulars

use CGI qw(:all) ;

$preis_datei = 'preise.dat' ;

# Warendaten einlesen: zweidim. Hash
open PR, $preis_datei or die $! ;
while ($line = <PR>) {
    chomp $line ;
    ($nr,$pr) = split ' ', $line ;
    $preis{$nr} = $pr ;
    }
close PR ;

# Formulardaten einlesen
$artikel   = param('artikel') ;    $bestellnr = param('bestellnr') ;
$farbe     = param('farbe') ;      $groesse   = param('groesse') ;
$anzahl    = param('anzahl') ;

# Gesamtpreis berechnen
$pr_einzel = $preis{$bestellnr} ;
$pr_total = $pr_einzel * $anzahl ;
```

```
# HTML-Ausgabe
print
  header, start_html, b,
  "Ihre Bestellung:", br,br,
  "Artikel: $artikel        Preis: $pr_einzel Eu", br,
  "Farbe: $farbe             Größe: $groesse", br,
  "Anzahl: $anzahl", br,br
  hr({'width','200','align','left'}),
  "Gesamt-Preis:   $pr_total Eu",
  hr({'width','200','align','left'});

print start_form({'action',
  'http://localhost/cgi-bin/test/bestell_fertig.pl'}),
  input({'type','submit','value','Bestellen'}),
  end_form,
  end_html ;
```

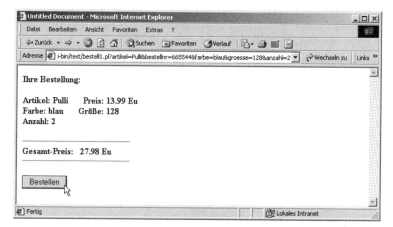

Abbildung 19.5:
Auflistung der
Bestellung

Nicht schlecht! Abbildung 19.5 zeigt die Ausgabe der Bestelldaten mit dem Bestätigungs-Button. Klickt der Benutzer auf diese Schaltfläche, wird das Skript `bestell_fertig.pl` aufgerufen, welches die Bestellung schließlich vollzieht. Aber wie erhält dieses eigentlich die Bestelldaten? Genau darum wird es in den folgenden Abschnitten gehen.

 Schon bemerkt? Wir haben noch keine Kundendaten in unserer Bestellung. Auch darum werden wir uns erst später kümmern.

Standortbestimmung

Ich denke, es ist Zeit für eine Standortbestimmung. Was haben wir bisher erreicht und was fehlt uns noch?

- Wir sind inzwischen in der Lage, Webseiten mit Formularen zu schreiben, über die der Benutzer uns beliebige Daten senden kann.

- Wir können diese Formulare dazu zu bringen, ein beliebiges CGI-Skript aufzurufen.

- Wir wissen, wie das aufgerufene Perl-Skript die übergebenen Daten einliest ...

- ... und sie weiterverarbeitet oder sie verwendet, um bestimmte Datensätze aus einer Datenbank herauszusuchen.

- Und schließlich verstehen wir es, die gefundenen Daten dem Benutzer zurück auf seinen Browser zu liefern.

Das ist eine ganze Menge! Was uns noch fehlt, ist eine Technik, die es uns erlaubt, Daten zwischen verschiedenen Webseiten oder Skripten zu transferieren. Transaktionen, wie etwa das Bestellen von Waren, sind oft in mehrere einzelne Schritte gegliedert. Da stellt sich die Frage, woher das zweite Skript etwas von den Daten des ersten Skripts weiß.

In unserem Bestellsystem bestätigt der Benutzer über einen Button die Richtigkeit der Bestellung, so dass sie schließlich vollzogen werden kann. Das Skript, das dabei aufgerufen wird, muss die Bestelldaten erhalten, die das erste Skript herausgesucht hat. Das gleiche Problem stellt sich bei Warenkorbsystemen, in die der Benutzer nach und nach die gewünschten Daten aufnimmt, bevor er sie schließlich bestellt.

Um diese *Erhaltung der Daten* – oder allgemeiner gesprochen des *Zustands* – geht es in den kommenden Kapiteln.

19.7 Datentransfer von Skript zu Skript

Wie können wir Daten zwischen verschiedenen Skripten und Webseiten transportieren, wenn eine Transaktion aus mehreren Schritten besteht?

Mehrere Möglichkeiten stehen uns zur Verfügung: erweiterte Links (URL + Daten), versteckte Felder in Formularen, eine clientseitige Speicherung der Daten über Cookies und eine serverseitige Speicherung mithilfe von Session-IDs, User-IDs und einem Authentifizierungsmechanismus.

Hier zunächst eine kurze Gegenüberstellung der verschiedenen Techniken zu Ihrer Orientierung. Anschließend werden wir auf jede einzelne ausführlich eingehen.

Methode	Erläuterung	Vor- und Nachteile
URL	Daten an URL anhängen. *http://host/dir/script?var=val;var=val*	Einfach, nur bei Links, Daten sind jedoch sichtbar. Nur für Skript geeignet.
Versteckte Felder	*<input type=hidden name=step val=3>*	Einfach, über Formulare, Daten sind nicht sichtbar, wenn POST verwendet wird. Nur für Skripte geeignet.
Cookie	Daten werden als Cookie auf dem Rechner des Benutzers gespeichert.	Klappt für Skripte und HTML-Seiten. Cookies können aber im Browser deaktiviert werden. Keine eigene Kontrolle über die Daten.
Serverseitiges Speichern	Daten werden in einer Datenbank auf dem Server gespeichert.	Volle Kontrolle über die Daten. Aber aufwendige Benutzerverwaltung erforderlich (Authentifizierung). Wird in der Regel mit einer der anderen drei Methoden kombiniert.

Tabelle 19.1: Techniken, Informationen über Seiten und Skripte hinweg zu speichern

19.8 Datentransfer über URLs

Wird das nächste Skript innerhalb einer Transaktionskette über einen *Link* erreicht, beispielsweise über einen Klick auf den Link *weiter*, können die Daten in Form von Schlüssel-Wert-Paaren an die Adresse angehängt werden.

```
$daten = "name=$name;alter=$alter" ;
$href  = "http://www.saruman.de/cgi-bin/step2.pl?$daten" ;
print qq(<a href="$href">weiter</a>) ;
.....
```

Diese Methode ist sicherlich die einfachste, funktioniert naturgemäß aber nur für Links. Außerdem muss die Seite, die den Link mit den angefügten Daten enthalten soll (in unserem Bestellsystem die Seite mit der Übersicht über die bestellten Artikel), unbedingt von einem *Skript* erstellt werden. Feste HTML-Seiten können ja keine flexiblen Daten (bestellte Artikel) in URLs enthalten. Auch muss das nächste Glied in der Kette ein Skript sein, da nur ein Skript die Daten aus der URL auslesen kann.

Ein Beispiel für den Datentransfer per URL finden Sie in einer Variante des Skripts bestell1.pl (Bestellübersicht) unter dem Namen bestell2.pl auf der beigelegten CD.

19.9 Versteckte Felder

Soll der Benutzer den nächsten Schritt in einer Transaktionskette über einen Klick auf einen *Formular-Button* erreichen, speichern Sie die zu transportierenden Daten in *versteckten Feldern*. Solche Felder besitzen den Typ 'hidden' und werden bei Anklicken des Buttons wie ganz gewöhnliche Eingabefelder versendet. Die Daten werden in Form von Schlüssel-Wert-Paaren den Attributen name und value zugewiesen.

```
<input type='hidden' name='...' value='.....'>
```

 Beachten Sie, dass bei der GET-Methode alle Daten in der Adressleiste angezeigt werden. Möchte man vermeiden, dass die Daten zu sehen und einfach zu manipulieren sind, verwendet man besser POST.

Ein Formular mit versteckten Feldern erzeugt man beispielsweise so:

```
$url  = "http://www.saruman.de/cgi-bin/step2.pl?" ;

print <<EOM
    <form method="POST" action="$url">
    <input type="hidden" name="name" value="$name">
    <input type="hidden" name="alter" value="$alter">
.....
EOM
```

Auch diese Methode funktioniert nur, wenn die Webseite, in der der Button erscheint, von einem Skript erstellt wird. Eine fertige Seite kann keine variablen Formulare zusammenstellen.

Beispiel: Bestellformular

Zurück zu unserem Bestellsystem. Über versteckte Felder können wir die Daten der Bestellung an das abschließende Skript bestell_fertig.pl senden, das die Bestellung letztendlich vollzieht. Dazu erweitern wir das bereits gezeigte Skript bestell1.pl (Übersicht über die Bestellung) um die versteckten Felder in dem Formular, das den Bestätigungs-Button enthält.

Listing 19.5: Auszug aus bestell3.pl – Bestellung mit abschließender Bestätigung

```
#!/usr/bin/perl -w
#
# bestell3.pl
# Erweiterte Version von bestell1.pl
# Verarbeitung des Bestellformulars

# ... alles wie in bestell1.pl aus Listing 19.4
```

```
# HTML-Ausgabe
# ...

# Action-String
$action = "http://localhost/cgi-bin/test/bestell_fertig.pl" ;

# Bestaetigungs-Button
print
  start_form({'method','POST','action',$action }),
  input({'type','hidden','name','bestellnr','value',$bestellnr}),
  input({'type','hidden','name','artikel','value',$artikel}),
  input({'type','hidden','name','farbe','value',$farbe}),
  input({'type','hidden','name','groesse','value',$groesse}),
  input({'type','hidden','name','anzahl','value',$anzahl}),
  input({'type','hidden','name','preis','value',$pr_einzel}),
  input({'type','hidden','name','total','value',$pr_total}),
  input({'type','submit','value','Bestellen'}),
  end_form,
  end_html ;
```

Das Ziel-Skript (bestell_fertig.pl) erhält die Daten, ohne dass der Benutzer etwas davon bemerkt. Und wie könnte ein solches abschließendes Skript aussehen? Vielleicht so:

Listing 19.6: bestell_fertig.pl – das abschließende Skript

```
#!/usr/bin/perl -w
#
# bestell_fertig.pl
# Speichert die Bestellung in einer Datei ab

use CGI qw(:all);
$bestell_file = "bestellungen.dat" ;

# Eine lange Zeile als Array zusammenstellen
foreach $key qw(bestellnr artikel farbe
                groesse anzahl preis total) {
  push @zeile, $key, param($key) ;
  }

# Zeile schreiben
open OUT, ">>$bestell_file" ;
print OUT join('##',@zeile), "\n" ;
close OUT;

# Ein Dankeschoen ausgeben
print header, start_html('Bestellung'), p,
```

```
h4("Vielen Dank für Ihre Bestellung."),
a({'href','/bestell.html'},"zurück"),
end_html;
```

Mal sehen, was geschieht, wenn wir auf den in Abbildung 19.5 gezeigten Bestätigungs-Button klicken.

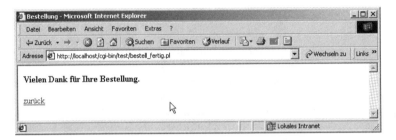

Abbildung 19.6:
Fertig

So haben wir es uns das vorgestellt. Vielleicht sollten wir auch einen Blick in die entstandene Datei werfen.

```
$ more bestellungen.dat
bestellnr#H#344556#H#artikel#H#Hose#H#farbe#H#blau#H#groesse#H#128#H#anzahl#H#2#H#preis#H#28.
49#H#total#H#56.98
```

In der Praxis hätten wir außerdem eine Kopie an die Versandabteilung geschickt und eine an die Buchhaltung. Wir hätten einen ordentlichen Ausdruck auf Papier fabriziert und die Daten in das SAP-System eingespeist. Kleinigkeiten. ;-)

19.10 Mit Cookies arbeiten

Die bisher besprochenen Methoden zur Erhaltung von Daten über mehrstufige Dialoge hinweg haben den Nachteil, dass alle Daten durch alle Stufen hindurch geschleust werden müssen. Das funktioniert, solange man es ausschließlich mit Skripten zu tun hat, scheitert aber, wenn einfache HTML-Seiten im Spiel sind. Diese können die in versteckten Feldern oder URLs enthaltenen Daten weder auslesen noch weiterreichen. Fertige HTML-Seiten sind aber erforderlich, wenn der Benutzer zum Beispiel zurück zur Bestellseite geführt werden soll, damit er weitere Artikel bestellen kann. Alle Warenkorbsysteme funktionieren auf diese Art. In solchen Fällen braucht man eine Ablage, in der man die Daten nach und nach sammeln und zu einem gewünschten Zeitpunkt auslesen kann. Auf dem Server benötigt man dazu eine Datenbank, auf dem Benutzerrechner realisiert man eine solche Ablage durch *Cookies*.

Wie Cookies funktionieren

Cookies (Kekse) sind Informationen, die in Form von Schlüssel-Wert-Paaren auf dem Benutzerrechner gespeichert werden. Zusammen mit den Daten wird die Information gespeichert, aus welcher Domäne der Rechner stammt, der das Cookie setzen ließ. Der Browser wird nur Rechnern aus dieser Domäne erlauben, das Cookie zu lesen oder zu verändern. Damit ist ein Missbrauch ausgeschlossen.

Und wie kommt man an die gespeicherten Informationen heran, wenn sie auf dem Rechner des Benutzers gespeichert sind?

Der Browser sendet bei *jeder* Anfrage, die er wegen einer Seite oder eines Skripts an einen Server richtet, automatisch alle Cookies mit, die von diesem Server auf dem Client-Rechner gesetzt worden sind. Der Webserver speichert die übergebenen Cookies in einer Umgebungsvariablen ab, so dass ein CGI-Skript jederzeit lesend darauf zugreifen kann.

Außerdem kann ein Skript bei der Rückgabe einer HTML-Seite an den Server spezielle Befehle in den HTTP- oder HTML-Header einbauen, die den Browser, wenn er die Seite liest, dazu veranlassen, einen neuen Cookie zu setzen oder einen bestehenden zu verändern.

In Perl setzt und liest man Cookies mithilfe des CGI-Moduls und der darin enthaltenen Funktion cookie(). Damit dies reibungslos funktioniert, müssen Sie die *objektorientierte* Schreibweise verwenden.[4]

■ Zunächst müssen wir das CGI-Modul laden und ein Objekt erstellen.

```
use CGI ;
$query = CGI->new ;
```

■ So fragen wir den Wert eines vorhandenen Cookies ab.

```
$cookie_val = $query->cookie(-name=>'name') ;
```

Wir erhalten den *Wert* des Cookies zurückgeliefert (ohne seinen Namen).

■ Um ein Cookie neu zu setzen, gehen wir in zwei Schritten vor. Über die Funktion cookie() wird zunächst der entsprechende Cookie-String erzeugt.

```
$keks = $query->cookie(-name=>'name',-value,'value') ;
```

Wir erhalten einen speziell formatierten String zurückgeliefert.

■ Diesen Cookie-String übertragen wir nun innerhalb des HTTP-Headers auf eine von zwei Arten an den Browser.

```
print $q->header(-cookie,$keks), ... ;
```

oder

```
print "Set-Cookie: $keks\n" ; # vor der Content-Type-Zeile
```

---

4   Cookies können auch in statischen HTML-Seiten gesetzt werden. Man verwendet dazu so genannte Meta-Tags im Header der HTML-Seite oder einen Java-Skript-Befehl. Das ist nicht Thema dieses Kapitels, soll aber darauf hinweisen, dass Cookies nicht nur über Skripte gesetzt werden können.

Das Cookie muss entweder als Attribut der `header()`-Funktion übergeben oder als eigene Zeile innerhalb des HTTP-Headers ausgegeben werden, noch vor der Content-Type-Zeile.

■ Mehrere Cookies übergeben

```
print $q->header(-cookie,[$keks1,$keks2,$keks3]), ... ;
```

Um mehrere Cookies zu senden, schreiben Sie entweder mehrere `Set-Cookie`-Zeilen oder Sie übergeben der Header-Funktion eine Array-Referenz als Cookie-Wert.

■ Verfallsdatum

```
$keks =
$query->cookie(-name=>'name',-value,'value',-expires,'+3d') ;
```

Cookies verfallen automatisch, wenn der Browser beendet wird. Soll ein Cookie längere oder kürzere Zeit bestehen, gibt man über `-expires` ein Verfallsdatum an. Die Werte `+1s`, `+1m`, `+1h`, `+1d`, `+1w`, `+1M`, `+1y` stehen für Verfallszeiten von einer Sekunde bis zu einem Jahr.

Das war's. Nicht wirklich schwierig, aber wahrscheinlich noch ziemlich trocken, wenn man es zum ersten Mal liest. Deshalb gibt es auch gleich zwei Anwendungsbeispiele. Alle vom Browser an Ihr Skript übertragenen Cookies finden Sie übrigens in der Umgebungsvariablen `$ENV{'HTTP_COOKIE'}`. Cookies können weitere Attribute erhalten, etwa für weitere Einschränkungen bezüglich der berechtigten Domäne. Es würde hier aber zu weit führen, auf all diese Details einzugehen.

Beispiel: Bestellformular

Mithilfe von Cookies können Sie richtige Warenkorbsysteme erstellen. Statt die Bestellinformationen durch die Skripte hindurchzuschleusen, speichern Sie sie als Cookies auf dem Rechner des Benutzers ab. Dazu können Sie beispielsweise alle Bestelldaten in einen einzigen String verwandeln und ihn als Cookie `'bestellung'` speichern. Vorher würden Sie den bisherigen Wert des Cookies auslesen, um festzustellen, ob es bereits eine Bestellung gibt. Wenn ja, hängen Sie die aktuelle Bestellung über einen eindeutigen Trenner einfach an den bestehenden String an und speichern das Ganze als neues Cookie.

Listing 19.7: Fragment eines Bestellsystems mit Cookies

```
# Die Daten der aktuellen Bestellung
$bestellung = "bestellnr#$bestellnr#artikel#$artikel#..." ;

# Den Wert des bisherigen Cookies auslesen
$q = CGI->new ;
$cookie_val = $q->cookie (-name, 'bestellung') ;

# Die aktuellen Daten an den Cookie-Wert anhaengen
if ( $cookie_val ) { $cookie_val .= ':::' . $bestellung }
else { $cookie_val = $bestellung }
```

```
# Den neuen Wert als Cookie formatieren
$keks = $q->cookie (-name,'bestellung', -value,$cookie_val) ;

# Und im HTTP-Header versenden
print $q->header(-cookie, $keks),
      $q->start_html(),
      ..... ;
```

Übrigens sollte man hier das Attribut -expires verwenden, um alte Bestellungen automatisch nach einer bestimmten Zeit aus dem Warenkorb zu entfernen. Der Benutzer kann nun zu jedem beliebigen Zeitpunkt seinen Warenkorb anwählen, die dort abgelegten Artikel kontrollieren und die eigentliche Bestellung tätigen. Die gesammelten Artikel präsentieren Sie ihm einfach, indem Sie das Cookie auslesen, in seine einzelnen Bestellungen zerlegen und nett formatiert ausgeben.

Unsere Bestellformulare und -skripte sind realistisch, aber sehr aufwendig. Deshalb möchte ich mich hier auf das oben zu sehende Fragment beschränken.

Sie können das Hinzufügen von Bestellungen mithilfe des Skripts test_cookie.pl testen, das sich auf der Buch-CD befindet.

Beispiel: Individueller Zugriffszähler

Hier noch ein kleiner Zähler, der mitzählt, wie oft ein Benutzer unsere Seite besucht hat. Er steht stellvertretend für viele Problemstellungen, in denen es darum geht, Informationen, die man zu *einem* Zeitpunkt sammelt, zu einem *anderen* zu verwenden. Dabei handelt es sich vielleicht darum, wo man die letzte Sitzung beendet hat, welche Bereiche einer Website man häufig besucht oder wie bestimmte Formularfelder beim letzten Besuch ausgefüllt wurden, so dass sie nun entsprechend vorbelegt werden können.

In dem nun folgenden Beispiel geht es, wie gesagt, einfach darum, für jeden Benutzer separat zu zählen, wie oft er die betroffene Seite besucht hat.

Listing 19.8: counter-cookie.pl – wie oft hat man diese Webseite bereits besucht?

```
#!/user/bin/perl
#
# counter_cookie.pl
# Zaehlt die Besuche eines Benutzers
# auf einer Seite

use CGI ;
$q=CGI->new;
```

```
# Wert des Cookies auslesen
$count = $q->cookie(-name=>'counter');

# Neues Cookie erstellen
$cookie = $q->cookie(-name=>'counter',-value=>$count+1, -expires,'+1m');

# Ausgabe und Setzen des Cookies
print $q->header(-cookie,$cookie),
      $q->start_html,
      $q->p("Sie haben diese Website ", $count, "mal besucht."),
      $q->end_html ;
```

Abbildung 19.7:
Ein Cookie als
Counter

▶ **Manpages:** perldoc CGI ... HTTP Cookies

19.11 Serverseitiges Speichern

Cookies sind toll. Leider sind sie aber nicht für alle Situationen geeignet, in denen Daten gespeichert werden sollen. Wie steht es etwa mit der Bankverbindung des Kunden? Die sollte er natürlich nicht immer wieder von neuem eingeben müssen. Andererseits speichert ein Cookie sie in einer Datei auf seinem PC und das ist sicherlich nicht der richtige Ort für derart sensible Daten. Aber auch viele andere Daten eignen sich nicht dazu, ungeschützt auf dem Rechner des Benutzers herumzuliegen.

In solchen Fällen sollte man wegen der größeren Sicherheit zu einer Speicherung auf dem Server übergehen. Diese Vorgehensweise ist jedoch viel aufwendiger als der Weg über Cookies. Muss man doch gewährleisten, dass die Daten der unterschiedlichen Benutzer auseinander gehalten werden. Geht es nur um Informationen, die die aktuelle Sitzung des Benutzers betreffen, genügt es, jedem Benutzer eine eindeutige Sitzungsnummer, eine Session-ID, zu vergeben. Sollen die Daten aber über die momentane Session hinaus gültig bleiben, wie Name, Adresse und Bankverbindung des Benutzers, bedarf es einer Datenbank und einer Authentifizierungsmethode (Anmeldeverfahren).

572

Session-IDs

Die Informationen, die der Benutzer gerade in eines unserer Formulare eingetragen hat, sind vielleicht nicht für die Allgemeinheit bestimmt, so dass wir sie auf dem Server in einer Datei speichern möchten. Falls es sich aber um Daten handelt, die nach Beendigung der Sitzung wieder hinfällig sind, müssen wir uns keine ausgeklügelte Benutzerverwaltung antun. Es genügt eine eindeutige Nummer, unter der wir die Daten des Benutzers speichern.

Diese Session-ID wird dann während der gesamten Sitzung des Benutzers mitgeführt oder bei Bedarf abgefragt. Das geschieht mit einer der besprochenen Methoden:

■ Die Session-ID wird an URLs angehängt, oder

■ sie wird über versteckte Formularfelder mitgeführt, oder

■ man speichert sie als Cookie ab.

Immer dann, wenn die zuvor eingegebenen Daten wieder benötigt werden, kann das Cookie dann gelesen, die Session-ID ermittelt und der zu dieser ID gespeicherte Datensatz aus der Datei geladen werden.

Und wie erstellt man eine eindeutige Session-ID? Meistens als Kombination von Uhrzeit, Prozess-ID und irgendeiner Zufallszahl. Letztere soll vermeiden, dass die ID von bösen Menschen vorhergesagt und berechnet werden kann.

```
$time = time ;              # 1042049936
$pid = $$ ;                 # 488
$zufall = int(rand (1_000_000)) ;   # 542510

$session = $time . $pid . $zufall ;   # 1042049936488542510
```

Authentifizierung und Benutzerdatenbanken

Sollen die Daten hingegen fest auf dem Server gespeichert werden, benötigt man eine richtige Benutzerverwaltung. Der Server muss den Benutzer auffordern, sich anzumelden, sobald er eine bestimmte Seite betritt. Ab diesem Moment ist er unter seinem Benutzernamen registriert, so dass die Skripte die richtigen Daten für diesen Benutzer, wie Adresse und Bankverbindung, aus der Datenbank heraussuchen können.

Die Anmeldeprozedur wird direkt vom Server erledigt. Es wäre viel zu aufwendig und unsicher, sich selbst darum zu kümmern. Der Apache-Server verwaltet dazu Dateien mit dem Namen .htaccess wahlweise zentral oder in den betroffenen Verzeichnissen. Sie enthalten Informationen darüber, welche Benutzer auf welche Dateien und Unterverzeichnisse zugreifen dürfen. Außerdem führt er eine Benutzerdatenbank in der Datei .htusers, die Benutzer und Passwörter enthält. Allerdings ist dies nur die Default-Authentifizierungsmethode. Es existieren einige weitere. Im Microsoft IIS lässt sich über das grafische Administrationsmenü eine Authentifizierung für die gewünschten Verzeichnisse einrichten.

Ist die Authentifizierung eingeschaltet – egal bei welchem Server –, erhält der Benutzer beim Zugriff auf eine Webseite, die im geschützten Bereich liegt, ein Dialogfeld eingeblendet, in das er Name und Passwort eintragen muss. Anschließend wird sein Name bei jedem Zugriff auf weitere Seiten mitgesendet. Dadurch muss er sich nur ein einziges Mal anmelden.

■ Den Namen des Benutzers setzt der Webserver in die Umgebungsvariablen REMOTE_USER ein.

Durch das Auslesen der Variablen $ENV{'REMOTE_USER'} können Sie in Ihrem Skript den Namen des Benutzers ermitteln, so dass beispielsweise die richtigen Sätze aus einer Kundendatenbank ausgelesen werden können.

Es liegt auf der Hand, dass wir uns im Rahmen dieses Buches nicht ausführlicher mit diesen interessanten, aber auch komplexen Themen beschäftigen können. Dennoch wollte ich es nicht versäumen, Ihnen eine Idee davon zu vermitteln, wie man CGI-Skripte in der Praxis einsetzt. Einen Wegweiser, der aufzeigt, aus welchen Überlegungen heraus man welche der fortgeschritten Techniken verwendet.

Damit sind wir man Ende unserer Arbeit mit CGI-Skripten angelangt. Das folgende Kapitel enthält noch eine Zusammenstellung einiger Umgebungsvariablen, die in Zusammenhang mit CGI eine Rolle spielen. Ich hoffe, es hat Ihnen Spaß gemacht und Sie konnten sich das notwendige Know-how aneignen, um Fragestellungen im Internet- und Intranetbereich erfolgreich angehen zu können.

19.12 Interessante Umgebungsvariablen

Der CGI-Standard legt eine ganze Reihe von Umgebungsvariablen fest, die der Server setzt, bevor er das aufgerufene Skript startet. Einige davon sind vielleicht auch für Ihre Belange interessant. Über $ENV{...} können Sie auf diese Variablen zugreifen.

Variable	Erläuterung/Beispiel[5]
AUTH_TYPE	Authentifizierungsmethode, falls eine Authentifizierung stattgefunden hat (Basic)
CONTENT_LENGTH	Die Länge der Daten bei POST
CONTENT_TYPE	Datentyp, der per POST oder PUT übertragen wurde (application/x-www-form-urlencoded)
GATEWAY_INTERFACE	CGI-Version (CGI/1.1)
HTTP_ACCEPT	Mime-Types, die der Browser! akzeptiert (image/gif, image/x-xbitmap, image/jpeg, image/pjpeg, ...)

Tabelle 19.2: CGI-Umgebungsvariablen

---

5   Beispiele von einem Microsoft Internet Information Server auf Windows 2000

Variable	Erläuterung/Beispiel[5]
HTTP_USER_AGENT	Mozilla/4.0 (compatible; MSIE 5.01; Windows NT 5.0)
PATH_INFO	Pfadanteil des URL (/cgi-bin/test/bestell.pl)
PATH_TRANSLATED	Pfadanteil in physikalischer Schreibweise (F:\inetpub\cgi-bin\test\ bestell.pl)
QUERY_STRING	Alles, was im ankommenden URL hinter dem Fragezeichen steht. Bei der GET-Methode ist das der Datenstring
REMOTE_ADDR	IP-Adresse des Rechners, von dem die Anfrage kommt
REMOTE_HOST	Name des Rechners, von dem die Anfrage kommt
REMOTE_USER	Benutzername, falls eine Authentifizierung stattgefunden hat
REQUEST_METHOD	Übertragungsmethode (GET, POST und weitere spezielle Methoden)
SCRIPT_NAME	Virtueller Pfad zum aufgerufenen Skript (/cgi-bin/test/bestell.pl)
SERVER_PORT	Port-Nummer, auf der die Daten empfangen wurden (80)
SERVER_PROTOCOL	Version des Transportprotokolls (HTTP/1.1)
SERVER_SOFTWARE	Name/Version der Webserver-Software (Microsoft-IIS/5.0)

Tabelle 19.2: CGI-Umgebungsvariablen (Forts.)

▶ **Manpages:** perldoc CGI ... Fetching Environment Variables

19.13 Zusammenfassung

■ Vor dem Versand an den Server werden Benutzereingaben in ein bestimmtes Format gebracht.

```
artikel=Pulli;farbe=rot;bestellnr=236641
```

■ Der Datenstring enthält Schlüssel-Wert-Paare, die durch ; voneinander getrennt sind. Leerzeichen werden zu +. Alle Sonderzeichen werden als Hex kodiert und bekommen ein % vorgesetzt.

■ Die Daten werden entweder über die GET- oder die POST-Methode zum Server übertragen. Die Methode wird im form-Tag über das Attribut method festgelegt.

■ Mithilfe der Funktion param() aus dem CGI-Modul gelangt man aus einem Skript heraus auf einfache Weise an die übertragenen Daten. Diese werden fix und fertig dekodiert geliefert.

```
$alter = param('alter') ;

$alter = $obj->param('alter') ;
```

■ CGI-Variablen mit Mehrfachwerten werden einem Array zugewiesen.

```
@kataloge = param('kataloge') ;
```

■ param() ohne Parameter liefert die Namensliste der übertragenen Variablen.

```
@arguments = param();
```

■ Möchte man Informationen während einer Session über den Wechsel der Seiten und Skripte hinaus erhalten, kann man sie über erweiterte URLs oder über versteckte Felder von Skript zu Skript weitergeben.

```
<input type=hidden name='...' value='...'>
```

■ Cookies speichern Informationen auf dem Rechner des Benutzers. Man kann sie jederzeit bei Bedarf wieder auslesen. Daher eignen sie sich hervorragend dazu, Informationen während einer Session zu konservieren. Über das Attribut -expires kann man eine Gültigkeitsdauer festlegen.

```
$query = CGI->new ;
$cookie_val=$query->cookie(-name=>'name') ; # Lesen
$keks=$query->cookie(-name=>'...',-value,'...') ; # Setzen
print $q->header(-cookie,$keks), ... ;   # Senden
```

■ Möchte man Daten serverseitig speichern, benötigt man einen Anmeldemechanismus sowie eine Session-ID, die man über ein verstecktes Feld weitergibt oder per Cookie speichert.

```
$session_id = time() . $$ . int(rand(1_000_000));
```

19.14 Workshop

Fragen und Antworten

F *Sie zeigen, wie man mit Cookies arbeitet. Nun haben Cookies aber einen schlechten Ruf, so dass viele Leute sie abschalten. Was kann man da tun?*

A Wenn die Daten nur während einer Session erhalten werden müssen, können sie auch serverseitig gespeichert und die Session-ID zwischen den Skripten über versteckte Felder übertragen werden. So verzichten Sie auf Cookies. Sollen die Daten aber auch noch am nächsten Tag Bestand haben, bleiben Ihnen nur Cookies oder ein aufwendiges Anmeldeverfahren. Bei den professionellen Bestellsystemen im Internet wird einfach *verlangt*, dass der Browser Cookies akzeptiert.

F *Werden serverseitig gespeicherte Daten typischerweise in selbst konstruierten, flachen Datenbanken gespeichert oder in professionellen wie Oracle?*

A Im Web werden vor allem professionelle SQL-Datenbanken eingesetzt. Solange es nur um kleine Datenmengen und wenige Zugriffe pro Stunde geht, erledigen allerdings selbstgestrickte Dateien ihre Arbeit wunderbar. Schwierig wird es bei großen Daten-mengen und – noch kritischer – bei häufigen Zugriffen, vor allem, wenn diese schrei-bend erfolgen. Da kann es leicht zu Konflikten zwischen zwei gleichzeitig arbeitenden Benutzern kommen. Und die bekommt dann meist nur noch eine professionelle Datenbank in den Griff.

F *Was kann da passieren? Und welche Datenbanken werden dann eingesetzt?*

A Stellen Sie sich vor, Sie geben an, noch genau einen Artikel, für den der Benutzer sich interessiert, auf Lager zu haben, und verkaufen ihn zwei Benutzern gleichzeitig. Das gibt Ärger. Nicht nur real, sondern auch technisch. Solche Situationen werden von ausgereiften Datenbanken weitaus besser bewältigt. Typische Datenbanksysteme im Web sind Oracle und MySql.

F *Ich habe CGI-Skripte gesehen, die das Modul* `CGI::Carp` *laden und Fehlermeldungen über den darin enthaltenen Befehl* `croak()` *ausgeben. Was hat es damit auf sich?*

A Fehlermeldungen (`die`) und Warnungen (`warn`) werden mithilfe dieses Moduls mit einem Zeitstempel versehen sowie dem Namen des Skripts. `croak` gibt bei Fehlern, die innerhalb einer Funktion auftreten, außerdem noch die Stelle im Hauptprogramm an, von der aus die Funktion aufgerufen wurde. Das hilft bei der anschließenden Fehlersuche.

F *Ich habe CGI-Skripte gesehen, die aus dem Modul* `CGI::Carp` *die Funktion* `fatalsToBrowser` *laden. Was hat es damit auf sich?*

A Sie bewirkt, dass Fehlermeldungen, die auf `STDERR` gehen und die normalerweise nur im Logfile des Webservers landen würden, auch als HTML formatiert und an den Browser gesandt werden. Das ist während der Entwicklung von CGI-Skripten ganz praktisch. So können Sie die übliche Fehlerbehandlung wie z.B. `open(IN, $file) or die("... !")` verwenden und sehen das Ergebnis gleich im Browser. Wenn das Skript dann in den Echtbetrieb geht, nimmt man diesen Schalter meist wieder raus.

Quiz

1. Welche Arbeit spart man sich durch den Aufruf der `param()`-Funktion?

2. Können Daten ausschließlich mittels Formularen an den Server übertragen werden?

3. Wie liest man im Perl-Skript den Wert einer CGI-Variablen namens `mailtext` ein?

4. Wie liest man die Variable `options` ein, wenn sie über eine Checkbox zustande kam? (Mehrfachauswahl!)

5. Wie gelangt man an die Namen der übertragenen Variablen?

6. Worauf müssen Sie bei der Erstellung eines Formulars achten, wenn es Textfelder beinhal-tet, in die große Datenmengen eingegeben werden können?

Übungen

Wir führen unsere Support-Datenbank aus den Übungen des letzten Kapitels weiter.

1. Verändern Sie das Such-Skript `support_suche.pl` dahingehend, dass nicht mehr ein vorgegebener, sondern wirklich der vom Benutzer eingegebene String gesucht wird.

2. Kümmern Sie sich nun um das zweite Skript `support_anfrage`, das neue Support-Anfragen annehmen soll und über das zweite Formular der Support-Seite aufgerufen wird. Es muss die Frage einlesen und in der Support-Datenbank `support.dat` abspeichern. Im Antwortfeld der gespeicherten Zeile soll zunächst `'Neue Frage'` stehen.

3. Was noch fehlt, ist jemand, der die Fragen beantwortet. Erstellen Sie hierzu ein Skript `support_antwort.pl`, das die Administratoren von Zeit zu Zeit aufrufen sollen. Es sucht in der Datenbank nach Zeilen, die `'Neue Frage'` enthalten. Auf einer Webseite gibt es anschließend über eine Schleife die gefundenen Fragen nacheinander aus, jeweils gefolgt von einem Formular. Dieses Formular enthält ein Textfeld, in das die Antwort geschrieben werden kann, sowie ein zusätzliches verstecktes Feld, in dem die Frage gespeichert wird (Abbildung 19.8). Beim Absenden sollen Frage und Antwort zu einem weiteren Skript geschickt werden.

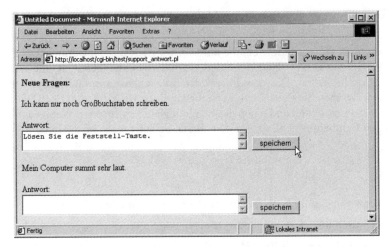

Abbildung19.8: Antwort-formular

4. Das Skript `support_antwort2.pl` soll die Antworten erhalten, die bei einem Klick auf den Button »Speichern« abgeschickt wurden. Lesen Sie die CGI-Variablen `frage` und `antwort` ein und stellen Sie sie zu einer Zeile zusammen, die in `support.dat` gespeichert werden kann. Lesen Sie auch die komplette Datenbank ein. Ersetzen Sie nun die noch nicht beantwortete Zeile durch die gerade erzeugte. Schließlich muss die Datenbank wieder zurückgeschrieben werden.

Tag

20

Spezialitäten und Ausblicke

In den Tagen 1 bis 16 hatten wir uns das gesamte klassische Repertoire von Perl angeeignet und in vielen Beispielen und Übungen gelernt, wie man es einsetzt. Kapitel 17 zeigte uns, wie man objektorientiert programmiert, und in den beiden letzten Tagen ging es um die wohl populärste Anwendung von Perl, die Webprogrammierung. Langsam neigt sich unser dreiwöchiger Kurs seinem Ende zu und es bleiben uns nur wenige Themen, die wegen ihrer speziellen Natur bisher noch nicht behandelt wurden:

- Mehr über Kommandozeilenschalter

- Sichere Skripte durch den Taint-Modus

- Die Funktionen `eval()`, `fork()`, `pack()` und `tie()`

- Signal-Verarbeitung

- Länderspezifische Codepages

- Der Perl-Compiler

Da es in Kapitel 21 nur noch um Unterschiede zwischen Perl-Versionen für die verschiedenen Plattformen geht, schließen wir mit dem jetzigen Kapitel unser Buch sozusagen thematisch ab. Und wie könnten wir das besser tun als mit einem Ausblick auf fortgeschrittene Anwendungen? Wir werden deshalb zum Abschluss einen Blick in so verwegene Themen wagen wie

- Netzwerkprogrammierung,

- grafische Oberflächen mit Perl/Tk sowie

- Perl und SQL-Datenbanken.

Keine Chance natürlich, solche Themen, über die eigene Bücher geschrieben werden, hier angemessen zu behandeln. Für eine kurze und hoffentlich unterhaltsame Schnuppertour sollte es aber allemal genügen.

Dieses Kapitel ist sehr umfangreich. Vielleicht lesen Sie die einführenden Erläuterungen zu jedem Abschnitt kurz an und entscheiden dann für jedes Thema individuell, ob Sie sich intensiv damit beschäftigen, es nur überfliegen oder sogar lieber ganz überspringen möchten.

20.1 Kommandozeilenschalter und Einzeiler

Perl verfügt über eine ganze Reihe von Kommandozeilenschaltern, die man erst dann sinnvoll nutzen kann, wenn man über ein solides Grundwissen verfügt. Deshalb werden sie erst hier, gegen Ende des Buchs behandelt.

Die wichtigsten Schalter

Über die Manpage `perlrun` verschaffen wir uns zunächst einen Überblick.

```
$ perldoc perlrun
.......
SYNOPSIS
perl    [ -CsTuUWX ]
        [ -hv ] [ -V[:configvar] ]
        [ -cw ] [ -d[:debugger] ] [ -D[number/list] ]
        [ -pna ] [ -Fpattern ] [ -l[octal] ] [ -O[octal] ]
        [ -Idir ] [ -m[-]module ] [ -M[-]'module...' ]
        [ -P ]
        [ -S ]
        [ -x[dir] ]
        [ -i[extension] ]
        [ -e 'command' ] [ -- ] [ programfile ] [ argument ]...
```

 Befehlszeilenschalter können nicht nur beim Aufruf auf der Kommandozeile, sondern auch in der Shebang-Zeile innerhalb des Skripts gesetzt werden!

Eine Reihe von Schaltern kennen wir bereits:

- `-h` gibt die Liste aller Schalter mit kurzen Erläuterungen aus.

- `-v` zeigt die Version des Perl-Interpreters.

- `-c` führt einen reinen Syntax-Check durch, ohne das Skript zu starten.

- `-w` schaltet Warnungen ein.

- `-d script` startet `script` im Perl-Debugger.

- `-e` leitet einen Einzeiler ein, also ein Perl-Programm, das nicht als Datei übergeben, sondern direkt auf die Befehlszeile geschrieben wird. Mit `--` schaltet man die Interpretation von Schaltern ab. Falls Sie Ihrem Programm ein Argument `-c` übergeben möchten, ohne dass Perl es als Perl-Option `-c` interpretieren soll, muss ihm ein `--` vorausgehen.

Welche Bedeutung besitzen die übrigen Optionen?

- `-s` durchsucht die Befehlszeile nach Optionen in der Form `-opt`, setzt gegebenenfalls im Skript die Variable `$opt` auf 1 und löscht `-opt` aus `@ARGV`. Wurde auf der Befehlszeile `-opt=val` angegeben, setzt Perl die Variable `$opt` nicht auf 1, sondern auf `val`.

- `-T` erzwingt die Taint-Überprüfung (siehe Abschnitt 20.2).

- `-C`, `-u`, `-U`, `-W` und `-X` sieht man äußerst selten.[1]

---

1   Wir konzentrieren uns auf die Beschreibung der *wichtigsten* Optionen. Erläuterungen zu *allen* Schaltern finden Sie in der Manpage `perlrun`.

- -V gibt die Liste aller internen Konfigurationsvariablen sowie @INC aus. Solche Variablen können beim Kompilieren des Perl-Interpreters eingestellt werden. -V:var zeigt nur den Inhalt einer bestimmten Konfigurationsvariablen.

- -Dlist schaltet während der Laufzeit Debugging-Flags an. Funktioniert nur, wenn der Interpreter mit der Option -DDEBUGGING kompiliert wurde (normalerweise nicht der Fall).

- -p, -n, -a und -i sind interessante Optionen zur Unterstützung von Perl-Einzeilern. Auf sie gehen wir weiter unten intensiver ein.

- -I dir fügt ein neues Verzeichnis zu @INC hinzu (an den Anfang).

- -mmodule oder -Mmodule lädt das angegebene Modul (entspricht use module;). Import-Listen können über = als kommaseparierte Liste übergeben werden: perl -MMymodule=func1,func2

- -P, -S und -x sind wieder eher exotischer Natur.

Optionen für Perl-Einzeiler

Richtig spannend sind die Optionen -p, -n, -a und -i, die man in Zusammenhang mit Perl-Einzeilern verwendet.

-n

-n liest in einer Schleife alle Zeilen der Standardeingabe oder aller auf der Befehlszeile übergebenen Dateien in die Variable $_ ein. Es wirkt so, als hätte man selbst folgende Schleife um das gesamte Skript gelegt:

```
while (<>) { ... }
```

In Kombination mit dem Schalter -e lassen sich über -n sehr kompakt geschriebene, mächtige Aktionen »auf die Schnelle« direkt von der Befehlszeile aus ausführen.

```
$ perl -ne 'print if /regexp/' filea fileb
```

Sucht in den genannten Dateien nach Zeilen, die *regexp* enthalten, und gibt sie aus.

```
$ perl -ne 'print "$. $_" if /regexp/' filea fileb
```

Gibt außerdem die Zeilennummer vor jeder Zeile aus.

```
$ perl -ne '$c++ if /regexp/; END{print $c}' filea fileb
```

Zählt, wie häufig *regexp* vorkommt.

-p

-p geht einen Schritt weiter. Es legt die gleiche Schleife wie -n um das Skript herum, gibt aber *nach* der Verarbeitung jeder Zeile den Inhalt von $_ aus.

```
$ perl -pe 's/old/new/g' file
```

Ersetzt alle Vorkommen von *old* durch *new* und gibt die resultierenden Zeilen aus – alle, egal ob verändert oder nicht.

```
$ perl -pe '' file
```

Gibt einfach alle eingelesenen Zeilen aus.

```
$ perl -pe '$_ = lc' file
```

Gibt die Datei nach einer Umwandlung in Kleinbuchstaben aus.

-i

Mit -i können Sie eine Datei nicht nur zeilenweise geändert ausgeben, sondern wieder in *dieselbe* Datei speichern. Wenn Sie z.B. in vielen Webseiten URLs ändern müssen, weil Sie von *www.saruman.de* nach *www.isengard.de* übergesiedelt sind, dann geht das (unter UNIX) so:

```
$ perl -i.bak -pe 's/www.saruman.de/www.isengard.de/g' *.html
```

Keine Sorge: Wenn etwas schief geht, finden Sie die Originaldateien wieder. Mit -i.bak wird der Perl-Interpreter angewiesen, von allen Dateien ein Backup unter dem jeweiligen Dateinamen mit der Endung .bak zu speichern.

-a

Der Schalter -a erweitert die Möglichkeiten von -n und -p noch einmal dahingehend, dass automatisch jede Zeile in ihre Felder zerlegt wird.[2] Die einzelnen Wörter werden in dem Array @F gespeichert, so dass man z.B. über $F[2] an das dritte Wort jeder Zeile gelangt. Das Aufsplitten erfolgt über den Befehl split ' ', $_;. Alternative Trennzeichen können über die Option -F festgelegt werden: -F: oder -F/[:.;]/

```
$ perl -nae 'print "$F[0] \n"' file
```

Gibt das erste Wort jeder Zeile aus.

```
$ perl -F: -nae 'print "$F[0] \n"' /etc/passwd
```

Liefert unter UNIX die Login-Namen aller registrierten Benutzer.

```
$ perl -nae 'print $#F+1, "\n"' file
```

Gibt die Anzahl der Wörter in jeder Zeile aus.

Perl-Einzeiler statt UNIX-Tools

Wenn Sie auf UNIX arbeiten, haben Sie sicherlich schon bemerkt, dass die Schalter -n, -p und -a das Verhalten einiger UNIX-Tools imitieren, oder anders ausgedrückt: Mithilfe dieser Schalter kann man eine Reihe von UNIX-Tools durch Perl-Einzeiler ersetzen. Das gilt nicht nur für

---

2 So wie es das UNIX-Tool awk macht.

grep, sed und awk, die in etwa das Gleiche tun wie die bisher gezeigten Perl-Beispiele, sondern auch für viele andere.

Insbesondere für Anwender von Windows und MacOS 8/9 ist das Potenzial von Perl-Einzeilern interessant, da sie auf diese Weise das Fehlen der mächtigen, für UNIX so typischen Tools ausgleichen können.

▶ **Manpages:** perldoc perlrun

20.2   Mehr Sicherheit durch taint

In vielen Fällen werden Ihre Skripte nicht nur von Ihnen selbst, sondern auch von anderen, vielleicht sogar fremden Personen verwendet. Und einige dieser Personen legen es möglicherweise darauf an, Unfug mit Ihrem Skript anzustellen, an den Sie im Traum nicht gedacht haben. Vor allem bei CGI-Skripten ist diese Gefahr groß. Über den Befehlszeilenschalter -T können Sie den so genannten Taint-Modus[3] aktivieren und einen Riegel vor derartigen Missbrauch schieben.

Gefahr durch system(), `...`und eval()

Perl ist an sich eine sehr sichere Sprache. Das hängt vor allem mit seiner restriktiven Speicherverwaltung zusammen. Variablen wachsen dynamisch mit ihrem Inhalt, so dass sie nie durch unerwartet große Eingaben gesprengt werden können. Auch über falsch benutzte Referenzen kann man nie an Bereiche im Speicher gelangen, in denen man nichts zu suchen hat, denn Referenzarithmetik funktioniert nicht in Perl. Diese beiden Punkte machen Perl-Skripte sehr viel sicherer als C-Programme.

Gefahr bergen hingegen Systemaufrufe über system(), `...` und Prozess-Handles sowie der Perl-Befehl eval()(siehe Abschnitt 20.3), da man hier über *einen* Befehl *beliebige* andere Befehle ausführen kann.

Natürlich gibt es keine Probleme, wenn Sie in Ihrem Skript fest vorgeben, *welcher* Befehl ausgeführt wird, etwa system("start_database");. Auch Variablen dürfen bedenkenlos verwendet werden, solange sie *innerhalb* des Skripts gesetzt werden:

```
$befehl="start_database"; system($befehl);    # Sicher
```

In ungeahnte Gefahr begibt man sich jedoch, sobald man in diesen Befehlen Variablen verwendet, die ihren Inhalt *auf irgendeine Art* von *außen* beziehen! Wie kann das sein? Zunächst ein einfaches Beispiel, das die Problematik sehr deutlich zeigt:

```
chomp ($befehl = <STDIN>) ;
system($befehl) ;                              # GEFAHR!
```

---

3   engl. verseucht, vergiftet, verdorben. Perl ist misstrauisch gegenüber verseuchten Eingaben.

Hier wird gedankenlos *alles* ausgeführt, was der Benutzer eingibt, selbst ein Befehl, der alles löschen würde. Wenn Sie sich selbst so etwas als Helferlein für bestimmte Situationen schreiben, mag das in Ordnung sein; Sie haben sicherlich ganz bestimmte Befehle vor Augen, die Sie ausführen lassen möchten. Aber wehe, jemand anderes kommt da ran. Nun ist dieses Beispiel so deutlich, dass Sie kaum Gefahr laufen werden, in eine solche Falle zu tapsen. Doch wie steht es mit dem folgenden Beispiel?

```
#!/usr/bin/perl
print "Welche Datei soll kopiert werden? \n";
chomp ($datei = <STDIN>) ;
system (cp $datei $datei.old) ;          # GEFAHR!
```

Vollkommen in Ordnung, nicht wahr? Ja, in *Ihren* Händen schon! Wenn wir davon ausgehen, das Skript liefe unter UNIX, könnte ein böser Anwender aber auf die Idee kommen, Folgendes einzugeben:

```
.....
Welche Datei soll kopiert werden?
`rm /data/mydata.db`
```

Was? Das funktioniert? Auf jeden Fall! Solange er die Rechte besitzt, die Datei zu löschen. Und wenn die Datei zum gleichen Projekt gehört wie das aktuelle Skript, dann hat er die. `system()` gibt den Inhalt zwischen den runden Klammern an die Shell weiter und die Shell führt gnadenlos alles aus, was in Backquotes steht. Klar, er bekommt eine Fehlermeldung, dass der `cp`-Befehl falsch aufgerufen wurde. Hilft aber nichts, die Datei ist weg!

Unter anderen Betriebssystemen liegen die Gefahren teilweise an anderen Stellen, da jede Shell, jeder Befehls-Interpreter anders gestrickt ist. Im Prinzip läuft es aber immer auf das Gleiche hinaus: Gefahr eines Missbrauchs gibt es immer dann, wenn wir Systembefehle ausführen oder auf das Dateisystem zugreifen und dabei Variablen verwenden, die ihren Inhalt von außen beziehen.

Der Taint-Modus

Über den Schalter `-T` können Sie sich vor solchen Gefahren schützen und das pure Misstrauen gegenüber Fremdem auslösen.

```
#!/usr/bin/perl -T
```

Mit aktiviertem `-T` wirft Perl ein Auge auf jede Variable, die von außen gesetzt wurde, und stuft sie als *unsicher* ein. Dabei ist es egal, ob dies über `<STDIN>`, eine Datei, ein Prozess-Handle, eine Umgebungsvariable oder die Befehlszeile geschehen ist. Sobald Sie versuchen, einen Befehl auszuführen, der irgendeine Wirkung nach außen erzielt und eine solche *unsichere* Variable benutzt, verweigert Perl die Ausführung, gibt eine Fehlermeldung aus und bricht das Programm ab.

```
#!/usr/bin/perl -T
# test_taint.pl
#
```

```
print "Welche Datei soll kopiert werden? \n";
chomp ($datei = <STDIN>) ;
system (cp $datei $datei.old) ;                     # GEFAHR!
```

Ausführen:

```
$ test_taint.pl
Welche Datei soll kopiert werden?
filexy
Insecure dependency in system while running with -T switch at
./test_taint.pl line 6, <STDIN> chunk 1.
$
```

Wie Sie sehen, spielt es jetzt nicht einmal mehr eine Rolle, ob der Benutzer überhaupt etwas Böses beabsichtigt; Perl könnte dies nicht zuverlässig beurteilen. Es genügt die Tatsache, dass system() eine Variable verwendet, die von außen gespeist wurde. Das funktioniert nicht nur für system(), sondern auch für Backquotes, File- und Prozess-Handles, das schreibende Öffnen einer Datei, Veränderungen am Dateisystem (unlink, rename etc.) und so weiter. Einfach alle Befehle, die eine Wirkung außerhalb des Programms entfalten, mit denen man also etwas kaputt machen könnte.

Übrigens beobachtet Perl nicht nur diejenigen Variablen, die direkt von außen gespeist wurden, sondern auch alle, die von ihnen infiziert sein könnten. Hätten wir beispielsweise nicht direkt $datei zum Kopieren verwendet, sondern $file = lc($datei);, wäre das Ergebnis das gleiche geblieben.

Und was können Sie tun, wenn Sie im Ausnahmefall auf die Verwendung einer potenziell infizierten Variablen angewiesen sind? Wie können Sie Perl mitteilen, dass in diesem Fall ausnahmsweise nicht blockiert wird? Die einzige Möglichkeit besteht darin, die Variable durch einen regulären Ausdruck zu jagen und sie wieder über $1, $2 etc. aufzufangen!

```
chomp ($datei = <STDIN>) ;
$datei = $1 if $datei =~ /^([\w\/\.\-]+)$/ ;
```

Hier wird $datei »reingewaschen«, wenn es nichts anderes enthält als ein Wortzeichen, einen Schrägstrich, Punkt oder ein Minus.

Unter UNIX schaltet Perl automatisch den Taint-Modus an, wenn bei einem Skript das Set-UID- oder das Set-GID-Bit gesetzt ist.

Der Taint-Modus misstraut noch einer anderen Sache: Ihrer Pfadvariablen PATH. »Woher weiß ich eigentlich«, sagt sich Perl, »dass das Programm, das über system() oder `...` aufgerufen wird, wirklich dasjenige ist, das der Programmierer im Sinn hatte? Wenn die Pfadvariable umgestellt worden ist, wird eventuell ein anderes Programm gleichen Namens gefunden. Ein gefälschtes cp statt des richtigen cp. Ein Trojaner!«

Aus diesem Grunde verlangt -T, dass Sie PATH in Ihrem Skript neu setzen. Ansonsten erhalten Sie die Fehlermeldung:

```
Insecure $ENV{PATH} while running with -T switch ...
```

Also:

```
$ENV{'PATH'} = "/bin:/usr/bin/" ;
```

Vor allem bei CGI-Skripten ist es immer eine gute Idee, den Taint-Modus einzuschalten.

▶ **Manpages:** perldoc perlrun

20.3 Mit eval() Code zur Laufzeit festlegen

Perl verfügt über eine interessante Funktion, die es erlaubt, eine Zeichenkette als Perl-Befehl zu interpretieren und auszuführen: eval(). Am deutlichsten wird die Wirkung von eval(), wenn man den Befehl, den es auszuführen gilt, per Tastatur abfragt.

Listing 20.1: *test_eval.pl – Code über* eval() *ausführen*

```perl
#!/usr/bin/perl
#
# test_eval.pl

while (1) {
    print "cmd: " ;
    chomp ($befehl = <STDIN>) ;
    exit if $befehl eq "q" ;

    eval $befehl ;
    }
```

Mal testen:

```
$ test_eval.pl
cmd: $x=5
cmd: $x += 7
cmd: print "Ergebnis: $x \n"
Ergebnis: 12
cmd: q
```

Alles klar?

Perl liest eine Zeichenkette ein und führt sie als Perl-Befehl aus. Es benötigt in diesem Fall also keinen *festen* Programmcode, sondern evaluiert den Code erst zur Laufzeit. Wie gerade gesehen, kann man damit hervorragend Befehlsinterpreter basteln, Programme, die Befehle entgegennehmen und diese dann ausführen.

Perl führt den Code wie in einem Block { ... } aus, daher benötigen wir nicht einmal abschließende Strichpunkte bei der Eingabe. Wenn Sie Variablen mit my oder local deklarieren, sind sie demnach auch nur innerhalb von eval() gültig.

`eval()` wird mit einer etwas anderen Schreibweise noch zu ganz anderen Zwecken eingesetzt: zur Vermeidung fataler Fehler. Was geschieht normalerweise, wenn Sie eine Zahl durch Null dividieren? Das Pogramm bricht mit einer Fehlermeldung mitten im Betrieb ab! So etwas könnte man mit `eval{};` vermeiden. Achtung: Bei diesem Befehl ist der Strichpunkt auch nach der schließenden geschweiften Klammer verpflichtend! `eval{};` gibt den Wert des auszuführenden Befehls zurück, wenn der Befehl erfolgreich war, und `undef`, wenn nicht. Es gibt `undef` zurück, aber es stürzt nicht ab!

```
$z = eval { $x / $y } ;      # oder
eval $z = { $x / $y } ;
```

Das Programm läuft weiter, selbst wenn durch Null dividiert wurde. Die geschweiften Klammern sind in diesem Fall allerdings unbedingt notwendig.

Nun werden Sie einwenden, so etwas könne man viel einfacher über eine `if`-Abfrage klären. Stimmt! So etwas schon. Aber in vielen anderen Fällen kann Ihnen nur `eval()` helfen, fatale Fehler zu vermeiden. Etwa, wenn Sie wissen möchten, ob ein bestimmter Befehl auf Ihrem Rechner überhaupt verfügbar ist. Manche Befehle gibt es ja nicht überall. Versuchen Sie doch einmal einen Aufruf von `system()` auf MacOS 8/9; das hat böse Folgen! Über `eval` können Sie es testen und entsprechend reagieren, wenn es den Befehl nicht gibt.

```
$sysok = eval {system("testscript.pl")} ;
if ( defined($sysok) and $sysok==0 ) {
    system("start_database.pl") ;
    }
else {
    print STDERR "system() nicht implementiert\n" ;
    #.....
    }
```

Und warum heißt es `if(... $sysok==0)...`? Weil `system` eine 0 zurückgibt, wenn alles geklappt hat.

▶ **Manpages:** perldoc -f eval

20.4 Mit fork() Prozesse erzeugen

Ein Schnellkurs in Multitasking gefällig? Bitte sehr.

Über `fork()`[4] können Sie auf UNIX- und Windows-Systemen (nicht aber unter MacOS 8/9) mehrere Kopien des aktuellen Prozesses erzeugen, also des gerade laufenden Skripts. Das Skript klont sich selbst. Mehrere Prozesse benötigt man beispielsweise, wenn mehrere Benutzer (über das Netzwerk) gleichzeitig mit einem Programm arbeiten möchten. In diesem Fall muss der zweite Benutzer nicht warten, bis der erste seine Arbeit beendet hat. Er erhält eine eigene Kopie des gewünschten Prozesses, mit der er unabhängig vom und parallel zum ersten Benutzer arbei-

---

4   engl. Gabel, Verzweigung

ten kann. Textverarbeitungs- oder Grafikprogramme, die mit mehreren eigenständigen Dokumenten arbeiten können, sind ebenfalls Beispiele für Programme, die neue, parallel laufende Prozesse erzeugen.

Der Einfachheit halber *simulieren* wir hier lediglich den Fall mehrerer Benutzer oder Fenster. Wir schreiben ein Skript, das eine kontinuierliche Zahlenreihe ausgibt, mit einer Geschwindigkeit von einer Zahl pro Sekunde.

```
$i = 0 ;
while (1) {
    print $i++, " " ;
    sleep 1 ;
    }
```

Die Wirkung ist zunächst höchst simpel. Nach einigen Sekunden brechen wir über $\boxed{\text{Strg}}\ \boxed{\text{C}}$ ab.

```
$ test_fork1.pl
1 2 3 4 5 6 ^C
$
```

Nun schalten wir das Multitasking ein. Nach 5 Sekunden tun wir so, als habe sich ein zweiter Benutzer angemeldet. Der Prozess wird sich teilen, ein zweiter Prozess entsteht. Der erste wird weiterlaufen, der zweite Prozess läuft parallel dazu. Hier zunächst das Ergebnis. Anschließend werden wir sehen, wie man vorgehen muss, um den gewünschten Effekt zu erzielen.

```
$ test_fork2.pl
0 1 2 3 4 5 5 6 6 7 7 8 8 9 9 10 10 ^C
$
```

Sehen Sie, was passiert ist? Ab der 5 mischen plötzlich zwei Prozesse mit. Dass der zweite Prozess eine exakte Kopie des ersten ist, sieht man daran, dass er bei der aktuellen Zahl, also der 5 startet und nicht bei 0. Der Kindprozess läuft an exakt der gleichen Stelle weiter wie der Vater.

Wie geht man vor? Über den Befehl fork() weist man Perl an, sich zu gabeln, eine Kopie des Prozesses zu erzeugen und diese Kopie zu starten.

```
$i = 0 ;
$| = 1 ;            # Ausgabepuffer abschalten
while (1) {
    print $i++, " " ;
    sleep 1 ;
    fork if $i == 5 ;
    }
```

Absolut simpel! Noch ein weiteres fork() bei 10 und wir hätten drei Prozesse laufen und so weiter. Den Ausgabepuffer haben wir über $|=1 abgeschaltet, damit die Ausgabe nicht wegen der Pufferung durcheinander gerät.

Nun soll aber normalerweise der zweite Prozess nicht exakt das Gleiche tun wie der erste. In unserem Beispiel könnten wir fordern, der neue Prozess solle wieder bei 0 starten. Das ist im Grunde nicht schwer: $i=0;. Aber wie können wir festlegen, dass diese Zeile nur für den zweiten, den so genannten Kindprozess gilt? Es steht uns ja nur eine einzige Version des Programm-codes zur Verfügung, beide Prozesse führen den *gleichen* Code aus.

Zum Glück liefert fork() ein Unterscheidungsmerkmal. Er gibt etwas zurück, was sich für die beiden Prozesse unterscheidet. Beim Kindprozess gibt er eine 0 zurück, beim Vaterprozess die Prozess-ID des Kindes. Damit lässt sich eine Unterscheidung treffen!

```
$i = 0 ;
$| = 1 ;                 # Ausgabepuffer abschalten
while (1) {
    print $i++, " " ;
    sleep 1 ;
    if ($i == 5) {
        $pid = fork ;          # Unterschiedliche Rueckgabe!
        $i=0 if $pid == 0 ;    # Zaehler auf 0 fuer Child
        }
    }
```

Wir haben es ab der Zahl 5 mit zwei identischen Prozessen zu tun. Beide Prozesse besitzen den gleichen Programmcode. Beide Prozesse lesen die Zeile

```
$i=0 if $pid == 0 ;
```

Beim Vaterprozess trifft die Bedingung nicht zu, da hier fork() eine Prozess-ID ungleich Null zurückgegeben hat, etwa 567. Beim Kindprozess wurde hingegen eine 0 zurückgegeben, die Bedingung ist wahr und der Zähler $i wird auf Null zurückgesetzt. Das Ergebnis:

```
$ test_fork3.pl
0 1 2 3 4 5 0 6 1 7 2 8 3 9 4 10 5 ^C
$
```

Toll! Man sieht deutlich, wie der eine Prozess weiterläuft und der zweite bei Null startet. Aber was passiert eigentlich, wenn auch der zweite Prozess bei 5 ankommt? Dann trifft auch für ihn die Bedingung zu, dass er sich gabeln soll, und wir haben es mit drei Prozessen zu tun.

```
$ test_fork3.pl
0 1 2 3 4 5 0 6 1 7 2 8 3 9 4 10 5 0 1 11 6 2 12 7 3 13 8 ^C
$
```

Wenn Sie genau hinsehen, erkennen Sie, wie sich der dritte Prozess vor die beiden anderen mogelt. Die Prozesse sind gleichberechtigt. Wer als erstes die Standardausgabe erwischt, ist Zufall.

Ganz allgemein läuft das Klonen eines Prozesses über folgendes Schema ab:

```
if (bedingung) {
    $pid = fork ;
    if ( $pid != 0 ) {
        ..... Code fuer Vater-Prozess
    }
    else {
        ..... Code fuer Kind-Prozess
    }
```

Häufig möchte man den ersten Prozess von allen anderen unterscheiden, etwa wenn nur der *erste* Prozess Anmeldungen entgegennehmen, nur *er* sich teilen und anschließend auf neue Anmeldungen warten soll, während der neu geschaffene Kindprozess dem Benutzer für seine Arbeit zur Verfügung steht. In solchen Fällen setzt man eine Variable, die für den ersten Prozess einen anderen Wert besitzt als für alle anderen.

```
$top = 'yes' ;       # Bleibt nur beim ersten Prozess

while (1) {
    if (bedingung and $top eq 'yes') {
        $pid = fork ;
        if ( $pid != 0 ) {
            ..... Code fuer Vater-Prozess
        }
        else {
            $top = 'no' ;
            ..... Code fuer Kind-Prozess
        }
    }
}
```

Hier kann sich immer nur der *erste* Prozess teilen. Die Kinder sind reine Arbeitsprozesse.

Wenn Sie den Kindprozess dazu verwenden möchten, ein externes Programm zu starten, können Sie dies entweder mit system() tun oder mit exec() (gleiche Syntax). Während bei system() der Perl-Kindprozess weiter besteht und auf das Ende des gestarteten Programms wartet, wird bei exec() der Perl-Kindprozess durch das neue Programm ersetzt. Er wird beendet. Der Perl-Vaterprozess wartet dann auf das Ende dieses neuen Programms, aber er wartet! Möchten Sie, dass sich das externe Programm von dem Vater loslöst, starten Sie es über einen Prozess-Handle.

Wenn Sie sich weiter mit diesem Themen beschäftigen möchten, sollten Sie zunächst die Manpage zu fork() lesen: perldoc perlfork. Informationen zu der Frage, wie unterschiedliche Prozesse miteinander kommunizieren können, beispielsweise um sich zu synchronisieren, finden Sie im Hilfetext zu dem Befehl pipe().

▶ **Manpages:** perldoc perlfork ; perldoc -f pipe/exec

20.5 Signale, Strg-C und Timeouts

Signale

Möchten Sie Ihr Skript gegen einen Abbruch durch [Strg] [C] schützen? Es ist zwar eine gute Sache, dass man ein hängendes Skript über die Tastatur abbrechen kann. In manchen heiklen Passagen, etwa wenn gerade ein Datensatz in die Tabellen einer Datenbank geschrieben wird, könnte ein Abbruch jedoch fatale Folgen haben. Deshalb ist es möglich, Perl anzuweisen, [Strg] [C] zu ignorieren.

Was der Tastendruck ⎡Strg⎤ ⎡C⎤ auslöst, ist ein *Signal*. Signale sind rudimentäre Informationen (einfache, ganze Zahlen), die ein beliebiger Prozess (hier Ihr Terminal-Programm) an einen beliebigen anderen Prozess (hier Ihr Skript) senden kann.

MacOS 8/9 kennt keine Signalverarbeitung. Sie können diesen Abschnitt einfach überspringen.

Welche Signale gibt es? Das folgende kleine Skript liefert Ihnen die Liste aller Signale auf Ihrem System.

Listing 20.2: list_signals.pl – listet die verfügbaren Signale auf

```perl
#!/usr/bin/perl
#
# list_signals.pl
# Listet verfuegbare Signale mit Nummer und Name auf

use Config;

foreach $name ( split ' ', $Config{'sig_name'} ) {
    print $i++, "\t $name \n" ;
    }
```

Unter Windows 2000 erhält man folgende Ausgabe:

```
$ list_signals.pl
0       ZERO
1       NUM01
2       INT
3       QUIT
4       ILL
.....
```

⎡Strg⎤ ⎡C⎤ entspricht dem Signal INT, Signal Nr. 2. Unter Windows ist es das einzige Signal, das erkannt wird. UNIX ist da flexibler. Über den Befehl kill() kann hier ein beliebiges Signal an einen beliebigen Prozess mit der Prozess-ID $pid gesendet werden, wenn man den Prozess besitzt oder als Administrator (root) arbeitet:

```
kill signr, pid ;
```

Unter Windows darf kill() zwar ebenfalls verwendet werden, der Prozess wird jedoch in jedem Fall abgebrochen.

Per Default wirken alle Signale tödlich. Der Prozess bricht seine Arbeit ab und beendet sich, wenn er ein Signal erhält. Über den Hash %SIG können wir Perl jedoch anweisen, sich anders zu verhalten.

%SIG

`%SIG` enthält die Namen der Signale (z.B. `INT`) als Schlüssel und festgelegte Konstanten oder Referenzen auf Funktionen als Werte. Erhält Perl ein bestimmtes Signal, sieht es in dem Hash `%SIG` nach, welche Aktion für dieses Signal definiert ist und führt diese aus. Dabei gibt es drei Möglichkeiten:

■ `$SIG{'INT'} = 'IGNORE' ;`

Perl ignoriert das Signal.

■ `$SIG{'INT'} = 'DEFAULT' ;`

Perl stellt sein Verhalten wieder auf die Grundeinstellung zurück (und bricht ab).

■ `$SIG{'INT'} = \&func ;`

Oder es springt in die Subroutine, deren Referenz als Wert für das Signal in `%SIG` gespeichert ist.

Das Skript vor Strg-C schützen

Indem Sie das Signal `INT` ignorieren, können Sie Ihr Skript vor ungewünschten Abbrüchen schützen. Mal sehen, wie das wirkt. In dem folgenden Skript geben wir jede Sekunde eine Zahl aus. Zunächst ignorieren wir Strg C, um es dann nach 5 Sekunden wieder zuzulassen.

```
$SIG{'INT'} = 'IGNORE' ;
foreach (1..10) {
   print "$_ \n" ;
   $SIG{'INT'} = 'DEFAULT' if $_ == 5 ;
   sleep 1 ;
   }
```

Testen ...

```
$ test_sig1.pl
1 Strg C
2
3 Strg C
4
5 Strg C
$
```

Offensichtlich bleiben unsere Abbruchbemühungen erfolglos, bis das Skript seinen Signal-Handler auf das Default-Verhalten zurückstellt.

Timeouts setzen

Unter UNIX ist es mithilfe von Signalen möglich, Timeouts für Aktionen zu setzen, die ansonsten dazu führen könnten, dass das Skript *hängt*. Ein typisches Beispiel wäre der Download einer Webseite: Dauert er länger als 15 Sekunden, vermutet man ein Netzwerk- oder Server-Problem und möchte nicht länger warten. Über den Befehl `alarm()` veranlassen Sie das Betriebssystem dazu, Ihrem Skript nach einer gewünschten Anzahl von Sekunden das Signal `ALRM` zu senden. Haben Sie für dieses Signal in `%SIG` eine entsprechende Routine definiert, springt Ihr Skript zu dieser Funktion, sobald es das Signal erhält, egal, was es gerade tat und worauf es gerade wartete.

```
alarm 15 ;               # Sendet Signal ALRM nach 15 Sek
$SIG{'ALRM'} = \&func ;  # Ruft func bei Erhalt von ALRM auf
use LWP::Simple;         # Modul für das Downloaden von Webseiten
$text = get("http://www.die-langsamste-site-der-welt.de/");
.......
```

Unter Windows ist der `alarm`-Befehl leider nicht implementiert.

▶ **Manpages:** perdoc perlipc ... Signals ; perldoc -f kill/alarm

20.6 Datenumwandlung mit pack() und unpack()

Perl verfügt über zwei leistungsfähige Funktionen zur Konvertierung von Daten in ein vorgegebenes, festes Format bzw. zur Rückgewinnung von Daten, die in einem solchen festen Format geliefert werden.

■ `pack()` wandelt eine Liste von Daten in einen einzigen langen Datenstring mit festem Format um.

■ `unpack()` isoliert aus einem zusammengesetzten Datenstring wieder die einzelnen Werte.

`pack()` benötigt eine Maske als Bauanleitung für die Daten sowie die Liste der zu verpackenden Werte. Zurückgegeben wird der fertige String. `pack()` funktioniert in ähnlicher Weise wie `sprintf()`, bietet aber weitaus mehr Formatierungsmöglichkeiten.

`$datastring = pack template, LIST ;`

`unpack()` benötigt den Bauplan sowie den Datenstring und liefert die Liste der darin enthaltenen Werte zurück. Es leistet demnach Ähnliches wie eine Extraktion durch reguläre Ausdrücke, arbeitet jedoch schneller als diese und versteht alle Formate, in die `pack()` die Daten verpacken kann.

`List = unpack template, datastring ;`

`pack()` und `unpack()` lassen sich sehr vielfältig einsetzen. Das reicht von festen Datenbankformaten über Bit-Vektoren, die Netzwerkdarstellungen von IP-Adressen bis hin zur Kodierung und Dekodierung von Text mittels uuencode[5].

Daten entpacken

Angenommen, wir exportieren Daten aus einer Datenbank mit fester Satzlänge, zum Beispiel aus einer Oracle-Datenbank. Jeder Datensatz bestünde aus sechs Feldern: zwei Integer-Zahlen (je 32 Bit), eine Zeichenkette von 20 Byte Länge, eine Fließkommazahl (double, 64 Bit), eine Zeichenkette von 10 Byte und noch eine Integer-Zahl. Die erhaltenen Datenstrings besäßen dann folgenden Aufbau:

```
<in><in><     string      >< float >< string ><in>
<4 ><4 ><      20         ><  8  ><  10  ><4 >
```

Über unpack() könnten wir nun aus jedem Datenstring die fünf einzelnen Werte isolieren. Das zugehörige Template, der Bauplan, sähe folgendermaßen aus:

```
'i2 a20 d a10 i'
```

Das i steht für eine Integer-Zahl. Dass Integer-Zahlen 32 Bit benötigen, weiß Perl selbst. Da wir aber zwei Integerzahlen brauchen, schreiben wir eine 2 hinter das Typensymbol. Leerzeichen dürfen wir zur besseren Lesbarkeit einfügen, sie haben weiter keine Bedeutung. Das a steht für ein ASCII-Zeichen, wovon wir einmal 20 und einmal 10 brauchen, und d steht für *double*, also eine Fließkommazahl doppelter Genauigkeit.

Der entsprechende unpack-Befehl zum Isolieren der gepackten Daten lautet dann:

```
@data = unpack 'i2 a20 d a10 i', $datastring ;
```

Wie gesagt, den Datenstring erhielten wir aus dem Export einer Datenbank oder eines beliebigen, Daten produzierenden Programms. Üblicherweise würden wir den unpack-Befehl in einer Schleife um die eingelesenen Datenzeilen herum verwenden.

Daten verpacken

Im Gegenzug stellt sich manchmal die Frage, wie man Daten aus einem Perl-Skript heraus in ein solches festes Format für Datenbanken oder andere Programme verpacken kann. Hier hilft uns pack(). In unserem Beispiel würde es die gleiche Maske benutzen wie unpack.

```
$datastring = pack 'i2 a20 d a10 i',
              $int1, $int2, $str1, $float, $str2, $int4 ;
```

Auf der CD finden Sie das Programm test_pack.pl, das einen konkreten Satz von Daten im oben gezeigten Format packt und anschließend wieder entpackt. Es zeigt auch den entstehenden Datenstring in Binärformat und ordnet dessen einzelne Bereiche den verschiedenen Datenelementen zu.

pack() und unpack() sind sehr, sehr mächtig. Hier geht es uns nur darum, einen ersten Einblick in die Arbeitsweise der beiden Funktionen zu erhalten. Eine mehrseitige Dokumentation mit einer Liste aller Typensymbole finden Sie in der Manpage perlfunc.

▸ **Manpages:** perdoc -f pack/unpack

---

5   In ein 7-Bit-Format umgewandelte 8-Bit-Daten zum Transport über das Internet.

20.7 Länderspezifische Codetabellen

Der ASCII-Satz

Beim Umgang mit deutschen Texten kann man auf unterschiedliche Probleme wegen der Umlaute ä, ö, ü, Ä, Ö, Ü und des scharfen ß stoßen, bei französischen entsprechend wegen è, é, á usw. Warum?

In einer Datei sind alle Zeichen als Binärcode gespeichert. Normalerweise ist jedes Zeichen durch *ein* Byte repräsentiert. Ein Byte kann 256 verschiedene Werte annehmen, also können auf diese Art 256 verschiedene Zeichen kodiert werden. Ein großes A entspricht beispielsweise dem Byte 0100 0001, was man dezimal als 65, oktal als 101 oder hexadezimal als 41 ausdrücken könnte.

Diese Zuordnung, dass also z.B. das A durch ein Byte mit dem Wert 65 dargestellt wird, ist in der so genannten ASCII-Tabelle (American Standard Code of Information Interchange) festgelegt, an die sich alle Computersysteme halten. Neben dem großen A sind dort auch alle übrigen Buchstaben des *englischen* Alphabets, alle Ziffern und die gängigen Sonderzeichen wie . : , ; – _ + * ( ) / etc. festgelegt.

Wenn wir nun eine Datei über einen Editor auf dem Bildschirm betrachten, liest der Editor den Inhalt der Datei ein und sieht für jedes Byte in der ASCII-Tabelle nach, welches Zeichen er hierfür darstellen soll. Für eine 65 gibt er ein A aus, für eine 66 ein B usw. Auch wenn wir ein Skript ausführen und eine Ausgabe auf dem Bildschirm erhalten, fällt dieser Übersetzungsvorgang an, nur dass er dieses Mal vom Terminal-Treiber erledigt wird.

Länderspezifische Zeichentabellen

Dass ein A immer ein A bleibt, egal auf welchem Rechner und in welchem Land es gespeichert oder betrachtet wird, basiert darauf, dass sich alle an den ASCII-Zeichensatz halten. Doch leider umfasst dieser nicht alle darstellbaren Zeichen, insbesondere sind die deutschen Umlaute nicht darin enthalten. Die ASCII-Tabelle verwendet nicht einmal alle 256 Möglichkeiten, die in einem Byte stecken, sondern nur die Hälfte. Das erste Bit wird freigelassen für Parity-Checks bei der Datenübertragung (ASCII wurde zuerst von Fernschreibern, erst später von Computern benutzt). 128 Zeichen, das reicht eben gerade mal für das englische Alphabet, Ziffern und die wichtigsten Sonderzeichen.

Was also tun mit den länderspezifischen Zeichen? Datenübertragung ist wichtig, aber nicht alles. Auf dem Weg von der Festplatte in den Prozessor ist ein Parity-Bit nicht nötig! Deshalb belegte man schließlich doch auch die zweite Hälfte der Tabelle, nur ergab sich nun das Problem, dass die neu gewonnenen Codes bei weitem nicht für alle Sprachen ausreichten (von den komplett anders aufgebauten Schriften wie Kyrillisch, Chinesisch etc. gar nicht zu sprechen).

Man ließ die Idee einer einheitlichen Tabelle fallen und baute durch unterschiedliche Belegungen mehrere länderspezifische Codepages auf. Alle Tabellen besitzen den gleichen Code für die ersten 128 Zeichen, in den letzten 128 unterscheiden sie sich jedoch, da man dort die typischen Sonderzeichen der jeweiligen Sprachen hinterlegt. Die westeuropäische Codepage, die auch unsere Umlaute enthält, trägt die Bezeichnung ISO-8859-1.

Die gewünschte Codepage wird dem Betriebssystem über OS-abhängige Befehle oder Einstellungen mitgeteilt. Die betroffenen Programme, wie Editoren oder Terminaltreiber, erfragen die entsprechende Einstellung dann vom Betriebssystem.

 Den aktuellen Zeichensatz kann man sich mit einem einfachen Perl-Skript ansehen:

Listing 20.3: codepage.pl – aktuelle Codepage auflisten

```perl
#!/usr/bin/perl
#
# codepage.pl
# Gibt die Zeichentabelle aus

for ($i=0; $i<=255; $i++) {
  print "$i: ", chr($i), "\t" ;
  if ( $i % 8 == 0 ) {print "\n"} ;
  }
```

Codepage-Transformationen

In einem deutschen Text wird das Ä als 196 gespeichert. Haben Sie die falsche Codepage bei der Ausgabe eingestellt, erhalten Sie statt dessen etwas anderes auf dem Bildschirm.

Mit etwas Glück existieren aber auch in *Ihrer* Codepage deutsche Umlaute, nur stehen sie an anderen Positionen. In solchen Fällen können Sie mithilfe von tr/// über eine einfache Transformation wieder Äs hervorzaubern. Die folgende Zeile würde beispielsweise Umlaute aus dem westeuropäischen Satz in einem DOS-Fenster (Codepage 850 oder 437) anzeigen.

```perl
$line =~ tr /\xc4\xd6\xdc\xe4\xf6\xfc\xdf/ÄÖÜäöüß/ ;
```

Gibt es in Ihrem Zeichensatz überhaupt keine Umlaute, können Sie den Text wenigstens lesbar machen, indem Sie ihn vor der Ausgabe durch einen Filter schicken, der Umlaute durch ae, oe, ue, etc. ersetzt.

```perl
$_=$line;
s/\xc4/Ae/g ; s/\xd6/Oe/g ; s/\xdc/Ue/g ;
s/\xe4/ae/g ; s/\xf6/oe/g ; s/\xfc/ue/g ; s/\xdf/ss/;
```

locale() und Codepage-abhängige String-Funktionen

Perl arbeitet normalerweise mit dem ASCII-Satz. Das ist meistens nicht weiter schlimm, denn es ist nicht Perl, das Ihnen die Zeichen anzeigt, sondern ein Editor oder Ihr Terminaltreiber. Unangenehm wird es allerdings, wenn Sie einige String-Funktionen auf Umlaute anwenden, wie uc(), lc(), ucfirst(), lcfirst(). Perl weiß nicht, welches Zeichen die kleingeschriebene Form eines Äs darstellt. sort() bzw. Perl hat auch keine Ahnung davon, dass wir bei sortierter Reihenfolge das Ä direkt hinter dem A erwarten.

Um die richtige Konvertierung von Klein- und Großbuchstaben sowie die richtige Sortierung zu erhalten, müssen wir Perl mitteilen, dass wir die Verwendung der länderspezifischen Codepage wünschen. Welcher Zeichensatz genau eingestellt ist, erfragt sich Perl dann beim Betriebssystem. Diese Lokalisierung stoßen wir mit dem Laden des Moduls locale an.

```
use locale ;
```

Möchten wir auf ASCII zurückstellen, entladen wir das Modul wieder.

```
no locale ;
```

Unicode

Seit Version 5.6 unterstützt Perl auch Unicode. In diesem neuen System der Zeichendarstellung sind die Begriffe Byte und Zeichen nicht mehr identisch. Man reserviert von vornherein mehrere Bytes für die Repräsentation eines Zeichens, was Hoffnung macht, alle, oder wenigstens die gängigsten Zeichen der verschiedenen Sprachen, in einer einzigen Codepage unterzubringen. Allerdings gibt es unterschiedliche Ansätze der Kodierung: Nimmt man zwei oder vier Bytes pro Zeichen, nimmt man eine konstante oder eine Variable Anzahl von Bytes? Die gebräuchlichste Kodierung heißt UTF-8.

Perl erkennt seit Version 5.6 Unicode-Text. In Perl 5.6 muss man allerdings mit

```
use utf8 ;
```

noch explizit auf einen solchen Text hinweisen, ab Perl 5.8 wird er *automatisch* erkannt.

Über

```
no utf8 ;
```

kann die Unicode-Lesart wieder abgeschaltet werden. Perl 5.8 benötigt use utf8 nur für den Fall, dass das Skript selbst in Unicode geschrieben ist.

Perl gibt jedoch per se keinen UTF8-formatierten Text *aus*. Um dies zu bewerkstelligen, müssen Sie das Modul Unicode::String laden und die darin enthaltene Funktion utf8() benutzen. Das folgende Fragment soll die Verwendung demonstrieren.

```
use Unicode::String  qw(utf8);
$u=utf8("abcdäöü") ;
print $u ;
```

20.8   Magische Variablen mit tie()

Magie in Perl!

Ich weiß schon, immer wenn Sie ein neues Skript geschrieben haben und es zum ersten Mal starten möchten, scheint es verhext zu sein und will nicht laufen. Doch diese Art böser Magie ist hier nicht gemeint. Perl kann *Variablen* verzaubern! Auf Wunsch. Im Guten. Und das bedeutet, dass immer, wenn die betroffene Variable verwendet wird, etwas auf magische Weise im Hintergrund geschieht, ohne dass es direkt zu sehen ist.

Perl speichert in seinen Variablen neben den eigentlichen Daten auch eine Referenz auf eine Reihe von Funktionen, die für die magische Wirkung verantwortlich sind. Ist eine Variable als *magisch* gekennzeichnet, springt Perl bei jedem Zugriff auf die Variable zu diesen Funktionen und führt sie aus. Mit *Zugriff* ist einfach nur gemeint, dass sie in irgendeiner Art lesend oder schreibend verwendet werden. Bei einer magischen Variablen $x etwa

```
print $x; oder $y=$x+7; oder $x=lc($eingabe);
```

tie()

Über den Befehl tie() wird ein Paket von Funktionen direkt an eine Variable gebunden.

Wie so vieles in diesem Kapitel können wir auch tie()nur kurz anreißen. Es macht Spaß, mit tie() zu arbeiten, aber es braucht auch viel Raum und Zeit. Deshalb also wieder nur ein Einblick, ein Einstieg in diese interessante Technik. Wie funktioniert sie?

Die Gruppe von Funktionen, die man an die Variable binden möchte, fasst man in einem Package zusammen. In aller Regel wird das Paket als Modul in einer eigenen Datei gespeichert, das muss aber nicht sein. Die Namen der Funktionen sind festgelegt. Sie richten sich nach der Aktion (Lesen, Schreiben etc.) und hängen davon ab, um welchen Variablentyp es sich handelt. Im Endeffekt wird aus der Variablen ein Objekt gemacht.

Wir sehen uns die Vorgehensweise anhand einer skalaren Variablen an und erklären anschließend, wie man das Gleiche für Arrays und Hashes erreicht.

Unsere Variable soll derart verzaubert werden, dass jeder lesende Zugriff auf sie in einer Datei mitprotokolliert wird. Die magischen Funktionen seien in dem Modul Log_scalar untergebracht. Dann müssen wir dieses Modul laden und die Variable $var an die darin befindliche Klasse binden. Anschließend arbeiten wir ein wenig mit der Variablen, um zu sehen, was geschieht.

```
use Log_scalar ;
tie $var, 'Log_scalar' ;
.....
```

Die Spannung steigt. Wie sieht das Modul aus?

Bei Skalaren müssen wir drei Bindungsfunktionen definieren: TIESCALAR(), FETCH() und STORE(). Die Namen sind festgelegt. Hier unser magisches Modul:

Listing 20.4: Log_scalar.pm – magische Bindung einer Variablen

```perl
#!/usr/bin/perl
# Log_scalar.pm

package Log_scalar ;
$logfile = 'fetch.log' ;

sub TIESCALAR {
    my $obj ;
    return bless \$obj ;
    }

sub FETCH {
    $self = shift ;
    open LOG, ">>$logfile" ;
    print LOG scalar localtime() ;
    print LOG " Variable gelesen: $$self \n" ;
    close LOG ;
    return $$self ;
    }

sub STORE {
    my ($self, $val) = @_ ;
    $$self = $val ;
    }
```

TIESCALAR() wird automatisch aufgerufen, wenn die Variable zum ersten Mal verwendet wird. Sie erzeugt eine neue skalare Variable, macht sie über bless() zum Objekt und gibt die Referenz darauf zurück.

FETCH() wird automatisch aufgerufen, wenn die Variable *gelesen* wird. Hier bauen wir das Logging ein: Der aktuelle Wert der Variablen wird in einer Datei festgehalten. FETCH() erhält die Referenz auf die Variable automatisch von Perl übergeben. Über diese Referenz gelangt es an die Daten. Schließlich muss es den Wert der Variablen zurückgeben, denn diese Rückgabe wird im Skript für $var eingesetzt!

STORE() wird automatisch aufgerufen, wenn die Variable *geschrieben* wird. Perl übergibt STORE() automatisch die Referenz auf die Variable sowie den Wert der ihr zugewiesen werden soll. In der Funktion erfolgt nun die Zuweisung, was übrigens nicht zwingend erforderlich ist. Man kann statt dessen auch ganz andere Dinge tun.

So funktioniert das also! Mal sehen, was bei einem kleinen Test herauskommt.

```perl
#!/usr/bin/perl
# test_tie.pl

use Log_scalar ;
```

```
tie $var, 'Log_scalar' ;

$var=5 ;              # Aufruf von STORE
$y = $var ;           # Aufruf von FETCH
$var ++ ;             # Aufruf von FETCH und STORE
print $var, "\n" ;    # Aufruf von FETCH
```

Aufrufen:

```
$ test_tie.pl
6
$
```

Na ja, nicht gerade spektakulär. Aber: Die Magie zeigt sich in der Log-Datei.

```
$ more fetch.log
Thu Jan 23 22:16:33 2003 Variable gelesen: 5
Thu Jan 23 22:16:33 2003 Variable gelesen: 5
Thu Jan 23 22:16:33 2003 Variable gelesen: 6
$
```

Wahnsinn!

Mit Arrays und Hashes funktioniert es ähnlich, allerdings stehen dort mehr Funktionen zur Verfügung. Es gibt wieder FETCH() und STORE(), aber auch etwa POP() und PUSH() für Arrays, DELETE() und EXISTS() für Hashes und viele mehr.

Aber darauf gehen wir hier nicht mehr ein. Viel Spaß beim Zaubern!

▶ **Manpages:** perdoc -f pack/unpack

20.9 Der Perl-Compiler

Was??? Noch mal zurückblättern ... ja, da steht es, gleich im ersten Kapitel: *Perl ist ein Interpreter*, kein Compiler. Wieso wird jetzt plötzlich das Gegenteil behauptet?

Perl ist eine Interpreter-Sprache! Aber ein Großteil der Arbeit an den letzten Releases wurde in einen *zusätzlichen* Compiler gesteckt! Viele Perl-Anhänger forderten kompilierte Perl-Programme. Sie wollten etwas, das noch schneller ist als Byte-Code + Interpreter und *überall* läuft, selbst da, wo kein Perl installiert ist. Und sie haben es bekommen. Zwar wird nach wie vor daran herumgebessert, aber der Perl-Compiler steht!

Allerdings stellt der Perl-Compiler nicht etwa Maschinencode her, wie man vermuten sollte, sondern C-Code! Ein echtes C-Programm. Um dieses in Maschinencode zu übersetzen, benötigen Sie einen zusätzlichen C-Compiler. Auf den meisten UNIX-Rechnern ist ein solcher normalerweise bereits installiert, auf Windows und MacOS 8/9 können Sie sich eine freie Version von GNU, den gcc, über *www.gnu.org* herunterladen.

Den Perl-Compiler ruft man auf der Kommandozeile über das Tool `perlcc` auf.

- `perlcc [-S] -o binary-name perlscript`

Über `-o` legt man den Namen des fertigen Binary fest. Ohne `-o` entsteht lapidar `a.out`. Die Option `-S` wird verwendet, wenn man auch den C-Quellcode (`perlscript.c`) erhalten möchte. Ohne `-S` wird er nach der Erstellung des Binary automatisch wieder gelöscht.

Dann also ran ans Übersetzen. Wir wollen es dem Compiler nicht allzu leicht machen, verzichten deshalb auf `'Hallo Welt'` und legen gleich mit einem kleinen Statistikprogramm los.

Listing 20.5: minmax.pl – ein einfacher, aber nicht trivialer Compiler-Test

```perl
#!/usr/bin/perl
#
# minmax.pl
# Compiler-Test

$sum=0 ;

# Eingabe
print "Geben Sie bitte eine Zahlenreihe ein. \n" ;
chomp ( $line = <STDIN> ) ;
@zahlen = split ' ', $line ;

# Min und Max
@zahlen = sort { $a <=> $b } @zahlen ;
($min, $max) = @zahlen[0,-1] ;

# Mittelwert
foreach ( @zahlen ) { $sum += $_ }  ;
$mw = $sum / @zahlen ;

print "Min: $min   Max: $max   Mw: $mw \n" ;
```

Wie läuft das Programm unter dem Perl-Interpreter ab?

```
$ minmax.pl
Geben Sie bitte eine Zahlenreihe ein.
10 8 6 4 2
Min: 2   Max: 10   Mw: 6
$
```

OK. Jetzt kompilieren wir unser Programm.

```
$ perlcc -o minmax minmax.pl
$
```

Es entsteht ein ausführbares Programm `minmax`, das auf jedem Rechner der gleichen Plattform (Hardware und Betriebssystem) läuft, auch wenn dort kein Perl installiert ist.

Wir testen das entstandene Binary.

```
$ minmax
Geben Sie bitte eine Zahlenreihe ein.
10 8 6 4 2
Min: 2   Max: 10   Mw: 6
$
```

Ja!

Aaaaber: Hätten wir's mit `map()` gemacht, hätte es nicht mehr geklappt! Keine Ahnung, warum. Eigentlich wollte ich den Mittelwert mit `map()` bestimmen, statt mit einer `foreach()`-Schleife. Doch dabei ist der Compiler ausgestiegen! Und was lernen wir daraus?

 Der Perl-Compiler ist nach wie vor im Entwicklungszustand. Verwenden Sie ihn noch nicht für den produktiven Betrieb!

▶ **Manpages:** perdoc perlcc/perlcompile

20.10 C-Code in Perl integrieren

Wenn Sie seit Jahren in C programmieren, haben sich bei Ihnen vielleicht eine Reihe von nützlichen Funktionen angesammelt, die Sie nun auch in Ihre Perl-Programme integrieren möchten. Oder Sie arbeiten mit einem wichtigen Perl-Programm, das Sie dadurch beschleunigen möchten, dass Sie die ein oder andere Perl-Funktion durch eine entsprechende C-Routine ersetzen.

Die wichtigste Information in diesem Zusammenhang lautet: Es geht!

■ In C geschriebene, kompilierte Bibliotheken können in Perl-Code integriert werden.

Die zweitwichtigste Information: Es ist teuflisch schwer. :-{

Das Problem liegt darin, dass Perl-Variablen so anders sind als C-Variablen. C ist voll typisiert. Das bedeutet, Variablen können immer nur *einen* bestimmten Typ von Daten aufnehmen, etwa eine Integer-Zahl oder einen String. Ihr Typ wird bei der Deklaration festgelegt. Perl hingegen lässt dynamische Typen zu. Ein und dieselbe Variable speichert zunächst einen Integer. Dann teilen Sie ihn durch 2 und es entsteht eventuell eine Fließkommazahl. An diese hängen Sie ein `'a'` und voilà, ein String. Was tut man nun, wenn man aus einer C-Funktion heraus mit einer solchen Variablen arbeiten soll?

Wie gesagt, es ist recht kompliziert und kann im Rahmen dieses Buchs nicht dargestellt werden. Perl stellt eine Schnittstelle zur Verfügung, die Perl-API mit dem XS-Interface, die Funktionen anbietet, über die C-Programme an Perl-Daten gelangen können. Ihre Verwendung und wie man die Einbindung der C-Bibliothek schließlich realisiert, wird in einer Reihe von Manpages ausführlich beschrieben.

▶ **Manpages:** perdoc perlxstut/perlxs/perlapi

20.11   Netzwerkprogrammierung mit Perl

Wie besprochen werden wir uns in der zweiten Hälfte dieses Kapitels, gewissermaßen zum Abschluss unseres Perl-Kurses, einen Ausblick auf einige fortgeschrittene Anwendungsgebiete gönnen. Wir beginnen mit der spannenden Frage, wie man mit Perl Client-Server-Programme realisiert. Wie stellt man so etwas an? Ist nicht eine Menge spezielles Know-how dazu notwendig? Mal sehen ...

Netzwerk-Client-Programme

Naturgemäß benötigt man für eine Client-Server-Anwendung immer *zwei* Programme, eines für jede Seite. Wir starten mit dem *Client*, weil der ein gutes Stück einfacher funktioniert als der Server. Wir schreiben zunächst – nur zur Demonstration – einen Client für das daytime-Protokoll. Die meisten Server (UNIX und Windows) lassen sich auf Port[6] 13 nach der aktuellen Uhrzeit abfragen. Hier sehen wir, wie es über telnet funktionieren würde:

```
$ telnet mars.saruman.de 13
Fri Jan 24 16:15:57 2003
$
```

Es besteht zwar keine Notwendigkeit, einen eigenen Client hierfür zu schreiben, da es ja wunderbar über telnet klappt, aber wir wollen ja etwas lernen.

Ein Netzwerk-Client-Programm muss immer einen *Socket* öffnen, vergleichbar mit dem Filehandle für Dateien. Unter Perl kann man das sehr einfach über die Funktion INET::new() aus der Modul-Gruppe IO::Socket erreichen.

```
use IO::Socket;
$host = "mars.saruman.de" ;

$remote = IO::Socket::INET->new (
    Proto => "tcp", PeerAddr => $host , PeerPort => 13   )
```

Und schon ist der Socket erstellt und versucht sich mit dem Zielrechner zu verbinden. Es geht uns hier wirklich nicht um die Details! Die benötigten Parameter werden als einfache Liste übergeben. Als Protokoll geben wir tcp an, das übliche Übertragungsprotokoll. Als Zielrechner $host und als Port-Nummer die 13. Zurückgegeben wird ein Handle auf einen Socket, aus dem wie aus einem Filehandle gelesen werden kann. Wir lesen einfach so lange, bis die Gegenseite die Verbindung kappt.

```
while ( <$remote> ) { print }
```

---

6   Unterschiedliche Server-Programme auf ein und demselben Rechner werden über Nummern, sogenannte Ports, angesprochen.

Kein Witz, das war's! Hier das komplette Programm:

Listing 20.6: daytime.pl – kontaktiert den daytime-Server eines Rechners

```
#!/usr/bin/perl -w
#
# daytime.pl
# Konnektiert den daytime-Server eines Rechners (Port 13)

use IO::Socket;
$host = $ARGV[0] || 'localhost' ;

$remote = IO::Socket::INET->new(
    Proto => "tcp", PeerAddr => $host, PeerPort => 13 )
    or die "Server nicht erreichbar";

while ( <$remote> ) { print }
```

Wir haben $host etwas flexibler gestaltet, damit man den Zielrechner auf der Befehlszeile angeben kann. Ausprobieren ...

```
$ daytime.pl mars.saruman.de
Fri Jan 24 16:36:33 2003
$
```

Das funktioniert also schon mal. Wir merken uns: Über das Modul IO::Socket lässt sich auf einfache Weise ein Socket erstellen, über den man Kontakt zu einem anderen Rechner aufnehmen kann. Nun sind wir natürlich an interessanteren Client-Server-Programmen interessiert als an dem daytime-Protokoll. Wie wäre es mit unserem Englisch-Wörterbuch? Als CGI-Skript haben wir es ja schon zum Laufen gebracht, sollte das nicht auch über ein astreines Netzwerkprotokoll mit eigenem Client und eigenem Server gelingen? Und ob!

Zu der Server-Seite kommen wir zum Schluss, zuerst schreiben wir den Client. Wir brauchen eine Port-Nummer, sagen wir: 9000. Der Client soll einen Socket öffnen und sich an Port 9000 mit dem Zielrechner verbinden.

```
use IO::Socket;
$port = 9000 ;

$remote = IO::Socket::INET->new(
    Proto => "tcp", PeerAddr => $host, PeerPort  => $port )
    or die "Server nicht erreichbar." ;
```

Nun zur eigentlichen Kommunikation. Der Server präsentiere uns in einer Endlosschleife den Prompt 'Engl. Wort: ', worauf wir unser englisches Suchwort eingeben können. Anschließend liefert uns der Server die deutsche Übersetzung sowie den nächsten Prompt usw.

Die Schwierigkeit liegt in der Koordination von Lesen und Schreiben. Was wir tun müssen, ist so lange vom Server zu lesen, bis nichts mehr kommt. Da es aber kein `ctrl-d` wie bei Dateien gibt, das automatisch zum Abbruch führte, nehmen wir das Auftauchen des nächsten Prompts als Abbruchkriterium.

```perl
while ( $line = <$remote> ) {
    chomp $line if $line eq "Engl. Wort: \n" ;
    print $line ;
    last if $line eq "Engl. Wort: " ;    # Ende wenn Prompt
    }
```

Anschließend lesen wir eine Zeile von Tastatur ein (das neue Suchwort) und übergeben es dem Server.

```perl
chomp ( $wort = <STDIN> ) ;
print $remote "$wort\n"  ;
last if $wort eq "q" ;
```

Dann wiederholt sich das Ganze. Hier das gesamte Client-Programm:

Listing 20.7: en_de_net.pl – Client für das englisch-deutsche Wörterbuch

```perl
#!/usr/bin/perl -w
#
# en_de_net.pl
# Client fuer das deutsch-englische Woerterbuch

use IO::Socket;
$port = 9000 ;

# Netzwerkverbindung herstellen
$host = shift(@ARGV) || 'localhost' ;
$remote = IO::Socket::INET->new(
    Proto => "tcp", PeerAddr => $host, PeerPort  => $port )
    or die "Server nicht erreichbar." ;
$remote->autoflush(1);       # Pufferung abschalten (wie $|=1)

# Die Eingabe-Schleife
while (1) {
    # Server-Antwort lesen und ausgeben
    while ( $line = <$remote> ) {
        chomp $line if $line eq "Engl. Wort: \n" ;
        print $line ;
        last if $line eq "Engl. Wort: " ;      # Ende wenn Prompt
        }
    # Tastatureingabe
    chomp ( $wort = <STDIN> ) ;
    print $remote "$wort\n"  ;
```

```
    last if $wort eq "q" ;
    }
close $remote;
```

Netzwerk-Server-Programme

Server sind aufwendiger zu realisieren, mit dem Modul IO::Socket macht es aber kaum einen
Unterschied. Hier der Teil unseres Wörterbuch-Servers, der mit der Netzwerkverbindung
zusammenhängt:

```
$server = IO::Socket::INET->new( Proto => 'tcp',
        LocalPort => $PORT, Listen => SOMAXCONN )
        or die "Socket-Verbindung hat nicht geklappt." ;
print "Ready\n" ;
```

Auch hier geht es uns wieder nicht darum, jedes Detail zu verstehen! Als Protokoll wird wieder
»tcp« angegeben. Der Port, auf dem *gelauscht* wird, also der eigene Port des Servers, die 9000,
heißt hier LocalPort. Der Wert Listen gibt die Länge der Client-Warteschlange an, der wie
viele Client abgewiesen wird, wenn die Verbindung schon besetzt ist. Wir benutzen hier
SOMAXCONN, eine Systemkonstante. Das Programm ist zwar mit dem Netzwerk verbunden, es
akzeptiert aber noch keine Verbindung. Dies wird erst über den Befehl accept() erreicht.

```
$client = $server->accept() ;
```

Nun wartet unser Skript geduldig, bis es von irgendeinem Client über das Netzwerk angesprochen wird. Dann kommuniziert es mit diesem und schließt anschließend die Verbindung über
close(). Damit es danach einem weiteren Client zur Verfügung steht, muss erneut accept()
aufgerufen werden. Sprich: accept() gehört in eine Schleife. In dieser Schleife läuft die gesamte
Kommunikation ab. Die Kommunikation mit dem Client benötigt selbst wieder eine Schleife,
damit so lange Anfragen des Clients beantwortet werden, bis dieser den Kontakt mit q beendet.

```
    while (1) {
        # Suchwort einlesen
        print $client "Engl. Wort: " ;
        chomp( $suchwort = <$client> ) ;
        last if !$suchwort or $suchwort eq  "q" ;

        # Suche nach dem englischen Wort
        $ergebnis = $dict{$suchwort} if exists $dict{$suchwort} ;
        print $client $ergebnis ;
    }
```

Den Hash %dict müssen wir vorher aus der Wörterbuch-Datei füllen. Das geschieht übrigens
nur ein einziges Mal. Danach kann unser Server wochenlang Anfragen beantworten, ohne die
Wortliste neu laden zu müssen.

Hier das komplette Programm. Wie bereits bei der CGI-Version in Kapitel 19 ist die Einlesefunktion für die Wortliste in das Modul En_de.pm ausgelagert.

Listing 20.8: en_de_serv.pl – Server für das englisch-deutsche Wörterbuch

```perl
#!/usr/bin/perl -w
#
# en_de_serv.pl
# Server fuer das deutsch-englische Woerterbuch

# Woerterbuch einlesen
use En_de ;
$dict_file = "ger-eng.txt" ;
print "Loading ...\n" ;
*dict = einlesen($dict_file) ;

use IO::Socket;
$PORT = 9000;
$\ = "\n" ;

# Netzwerkverbindungen akzeptieren
$server = IO::Socket::INET->new( Proto => 'tcp',
        LocalPort => $PORT, Listen => SOMAXCONN )
        or die "Socket-Verbindung hat nicht geklappt." ;
print "Ready\n" ;
# Lese- und Suchschleife
while ($client = $server->accept()) {
    $client->autoflush(1);      # Pufferung abschalten (wie $|=1)
    while (1) {
        # Suchwort einlesen
        print $client "Engl. Wort: " ;
        chomp( $suchwort = <$client> ) ;
        last if ! defined $suchwort or $suchwort eq  "q" ;

        # Suche nach dem englischen Wort
        $ergebnis = "" ;
        $ergebnis = $dict{$suchwort} if exists $dict{$suchwort} ;
        print $client $ergebnis ;
    }
    close $client;
}
```

Ob *das* funktioniert? Wir gehen davon aus, dass das Server-Programm auf dem Rechner mars installiert und gestartet worden ist. Auf einem beliebigen Rechner rufen wir anschließend den Client auf.

```
$ en_de_net.pl mars.saruman.de
Engl. Wort: rainy
rainy day :: Regentag {m}
rainy season :: Regenzeit {f}
```

```
Engl. Wort: sunny
sunny side | sunny sides :: Sonnenseite {f} | Sonnenseiten {pl}
sunny | sunnier | sunniest :: sonnig {adj} | sonniger | am sonnigsten

Engl. Wort: q
$
```

Great!

Übrigens, ganz nebenbei: Die beiden Programme laufen auf UNIX und auf Windows und auf MacOS! Ist das nicht unglaublich?

Ich möchte Sie *neugierig* machen auf einige fortgeschrittene Anwendungen von Perl, mehr geht hier nicht. Wenn Sie sich ernsthaft für die Netzwerkprogrammierung interessieren, schauen Sie sich wieder am besten die entsprechenden Manpages an. Dort gibt es viele weitere Beispiele.

 Im Rahmen der Net::....-Module finden Sie fertige Funktionen für viele bekannte Client-Server-Anwendungen (Mail, News, FTP, WWW, ...).

▶ **Manpages:** perdoc perlipc ... Sockets/Clients/Servers ; perdoc IO::socket::INET

20.12 Grafische Oberflächen mit Perl/Tk

Perl verfügt über ein gigantisches Modul zur Erstellung grafischer Oberflächen: Tk. Gigantisch ist Perl/Tk sowohl was seine Leistungsfähigkeit betrifft wie auch in seinem Umfang. Hunderte Funktionen, Elemente und Einstellungsmöglichkeiten lassen keinen Wunsch offen. Perl/Tk erlaubt es, Fenster zu erstellen, die Schaltflächen enthalten, Textfelder, Eingabefelder, Menüs, Check-Buttons, Auswahlfelder, Scrollbars und Zeichenflächen. Jedes einzelne Elemente besitzt einerseits eine akzeptable Grundform, kann andererseits aber auch nach eigenen Vorstellungen umgestaltet werden. Und Perl/Tk ist schnell! Die Grafik steht sofort!

Wieder der Hinweis, dass wir höchstens an der Oberfläche dieses riesigen Moduls kratzen können. Und dennoch – welch ein Gewinn, wenigstens einmal ein kleines, simples Tk-Programm geschrieben zu haben, um eine Vorstellung davon zu bekommen, was man damit alles tun könnte.

Sie können grafische Aufrufe in Ihr normales Perl-Programm integrieren, etwa um Benutzereingaben zu verlangen; Sie können aber auch das gesamte Programm auf grafischer Grundlage ablaufen lassen – was eher der Normalfall ist. Wir zeigen hier Letzteres

Ein Perl/Tk-Programm wird zuallererst einmal das Hauptfenster öffnen. In diesem Fenster spielt sich dann alles Weitere ab.

```
use Tk ;
my $mw = MainWindow->new ;
```

Sie sehen schon: Das Modul will objektorientiert angesprochen werden. $mw enthält nun eine Referenz auf das Objekt des Hauptfensters. Wann immer wir etwas tun, was direkt in diesem Fenster geschieht, werden wir es von $mw aus aufrufen.

Wie groß soll unser Fenster überhaupt werden? Vielleicht 300 auf 150 Pixel?

```
$mw->geometry("300x150");
```

Wir könnten auch die genaue Position auf dem Bildschirm festlegen, die Hintergrund-, Vorder-grund- und Rahmenfarbe etc., etc. Wir beschränken uns auf den Titel. Und weil wir im Folgen-den ein kleines Ratespiel programmieren werden, soll unser Fenster auch so heißen.

```
$mw->title("Ein kleines Zahlenratespiel" ) ;
```

Eigentlich war's das fürs Erste. Allerdings hat Perl bisher unser Fenster-Objekt nur zur Kenntnis genommen. Es fühlt sich noch nicht berufen, etwas damit zu tun, weder es zu zeichnen noch zu beobachten, ob wir darin herumklicken. Dazu bedarf es des Befehls MainLoop().

MainLoop() bewirkt, dass der klassische serielle Ablauf eines Programms, wie wir ihn bisher ken-nen, durch einen ereignisgesteuerten Ablauf ersetzt wird. Das Programm läuft nicht mehr von Zeile zu Zeile, sondern wartet, bis ein grafisches Ereignis ausgelöst wird, etwa durch einen Mausklick. Dann springt es in die vorher festgelegte Subroutine, führt diese aus und wartet anschließend wieder auf das nächste Ereignis. Hier also unser erstes Mini-Programm:

```
use Tk ;

my $mw = MainWindow->new ;
$mw->title("Ein kleines Zahlenratespiel" ) ;
$mw->geometry("300x150");

MainLoop ;
```

Ausführen:

```
$ test_tk1.pl
```

Abbildung 20.1:
Ein Perl/Tk-Fenster

Das klappt also schon mal. Als Nächstes brauchen wir einige grafische Elemente. Nun müssen wir uns für eine konkrete, aber einfache Anwendung entscheiden. Ein Ratespiel! Der Benutzer soll eine Zahl zwischen 0 und 10 raten. Wir brauchen eine Textfläche mit der Bedienungsanlei-tung, ein Eingabefeld für die geratene Zahl und einen Button zum Abschicken dieser Zahl.

Zunächst zur Spielanleitung:

```
$mw->Label(-text => "\nRaten Sie bitte eine Zahl" .
                    " zwischen 1 und $max.\n") -> pack ;
```

Was geschieht da? Label ist eine Methode, die ein Textfeld erzeugt. Den anzuzeigenden Text übergibt man als Argument. Alle Argumente werden als Liste übergeben, wobei sich jeweils Schlüssel und zugehörige Werte abwechseln. Schlüssel ist -text, Wert ist das, was dahinter kommt. Das entstandene Element muss anschließend in dem Fenster platziert werden. Aber wo? Es gibt mehrere Methoden, dies zu tun; die beliebteste ist pack(). pack() braucht relativ wenige Angaben darüber, *wohin* das Element muss, es erledigt das Meiste automatisch. $max wird weiter oben im Skript gesetzt.

Nun das Eingabefeld:

```
$eingabe = $mw->Entry(-width,3)->pack();
```

Entry() heißt die Methode, die ein solches Feld erstellt. Drei Zeichen sollen hineinpassen, alles andere belassen wir in der Grundeinstellung. Dieses Element müssen wir im weiteren Verlauf noch einmal ansprechen, deshalb merken wir es uns in Form seiner Referenz, die uns die Methode zurückgibt. Das Feld wird wieder mittels pack() platziert. Eine weitere Textfläche für die Information, ob man richtig geraten hat, zu niedrig oder zu hoch liegt:

```
$info = $mw->Label(-text,"\nEingabe?\n")->pack() ;
```

In dieser Fläche wollen wir im Verlauf des Programms unterschiedliche Texte ausgeben, deshalb speichern wir uns ihre Referenz.

Schließlich der Button zum Abschicken der Eingabe:

```
$mw->Button(-text =>"Raten", -command => \&raten)->pack() ;
```

Die Methode zur Erzeugung einer Schaltfläche heißt Button(). Wenn der Benutzer auf den Button klickt, wird die Funktion aufgerufen, die man in Form einer Referenz dem Schlüssel -command zuweist. Das sollte fürs Erste genügen. Folgenden Block fügen wir somit hinter den bisherigen Code, aber vor MainLoop() ein.

```
# Die grafischen Elemente
$mw->Label(-text =>
    "\nRaten Sie bitte eine Zahl zwischen 1 und $max.\n")->pack;
$eingabe = $mw->Entry(-width,3)->pack();
$info    = $mw->Label(-text,"\nEingabe?\n")->pack() ;
$mw->Button(-text =>"Raten", -command => \&raten)->pack() ;
```

Ausführen:

```
$ test_tk2.pl
```

Von der grafischen Seite her war's das. Alle Elemente sind untereinander geordnet, was dem Default-Verhalten von pack() entspricht. Über eine Reihe von Argumenten können auch ganz andere Anordnungen erzielt werden. Nun muss nur noch etwas passieren, wenn der Benutzer eine Zahl eingibt. Bei Eintritt in das Programm soll sich Perl eine Zahl ausdenken.

```
$zufall = 1 + int rand $max ;
```

Die ist aber noch geheim! Wenn der Benutzer seine geratene Zahl eingegeben und auf den Button geklickt hat, springt Perl in die Routine raten(). Dort muss zunächst das Eingabefeld ausgelesen werden. Das geht über die Methode get().

Abbildung 20.2:
Ein Fenster, zwei Labels, ein Eingabefeld und ein
Button

```
$zahl = $eingabe->get()
```

Nun wird auch klar, wofür wir die Referenz auf das Eingabefeld gespeichert haben. Anschließend testen wir die eingegebene Zahl gegen die zu erratene und teilen dem Benutzer mit, ob er richtig, zu niedrig oder zu hoch lag. Mitteilen, wohin? In die Textfläche $info:

```
$info->configure(-text,"\nToll !!!! \n") ;
```

Fertig.

Hier das komplette Skript:

Listing 20.9: tk_ratespiel.pl – kleines grafisches Ratespiel

```
#!/usr/bin/perl -w
#
# tk_ratespiel.pl
# Kleines grafisches Ratespiel

use Tk ;
$max = 10 ;
$zufall = 1 + int rand $max ;

# Das Fenster erzeugen
my $mw = MainWindow->new ;
$mw->geometry("300x150");
$mw->title("Ein kleines Zahlenratespiel" ) ;

# Die grafischen Elemente
$mw->Label(-text => "\nRaten Sie bitte eine Zahl" .
                    " zwischen 1 und $max.\n") -> pack ;
$eingabe = $mw->Entry(-width,3)->pack();
$info = $mw->Label(-text,"\nEingabe?\n")->pack() ;
$mw->Button(-text =>"Raten", -command => \&raten)->pack() ;
```

```
MainLoop ;

sub raten {
   $zahl = $eingabe->get() ;
   if    ($zahl < $zufall ) { $info->configure(-text,"zu klein\n")}
   elsif ($zahl > $zufall ) { $info->configure(-text,"zu groß\n")}
   else { $info->configure(-text,"Toll !!!! \n")}
   }
```

Ausführen, zweimal falsch raten, aber dann:

Abbildung 20.3:
Richtig geraten!

▶ **Manpages:** perldoc Tk

20.13 Perl und SQL-Datenbanken

Perl, DBI und SQL

Vor allem in der Webprogrammierung, aber nicht nur da, wird Perl gerne in Verbindung mit SQL-Datenbanken eingesetzt. Die am häufigsten eingesetzten Datenbanken sind in diesem Zusammenhang wohl Oracle und MySql, aber es gibt auch eine Reihe anderer, darunter SQL-Server, Sybase und Informix.

Wenn man große Datenmengen zu verwalten hat, häufige und eventuell auch konkurrierende (gleichzeitige) Zugriffe erwartet oder minimale Downtime garantieren muss, speichert man seine Daten am besten in einer professionellen Datenbank. In der Regel verwendet man hierzu relationale Datenbank-Management-Systeme (RDBMS)[7], auf deren Daten man über die Sprache SQL zugreifen kann. Obwohl jedes Produkt die Daten anders verwaltet und von außen anders angesprochen werden möchte, akzeptieren sie alle die gleiche Sprache für den Datenzugriff. Diesen Umstand nutzt Perl dazu, eine *gemeinsame* Schnittstelle für alle SQL-Datenbanken anzubieten.

---

7   Die Daten werden in getrennten Tabellen verwaltet, die über eindeutige Satznummern miteinander in Beziehung stehen.

Dieses Modul, welches SQL-Befehle von uns entgegennimmt, heißt DBI (Database Independant Interface). Um mit den unterschiedlichen Datenbanken kommunizieren zu können, benötigt es spezifische Treiber, die ebenfalls über Module angesprochen und in der Modulgruppe DBD (Database Drivers) zusammengefasst werden. Man spricht daher auch oft von der DBI/DBD-Schnittstelle. Das DBI-Modul bindet das gewünschte DBD-Modul automatisch ein. Zu jedem DBD-Modul gehören außerdem einige Hilfsfunktionen und -bibliotheken, die als Perl-Extension realisiert, also teilweise in C geschrieben sind. Ganz schön kompliziert.

Nun, die Komplexität beschränkt sich Gott sei Dank auf die Installation der richtigen Treiber, danach funktioniert das Anbinden an eine SQL-Datenbank umso leichter. Im CPAN findet man sowohl das DBI- als auch die unterschiedlichen DBD-Module. DBI kann man als Source-Code herunterladen und im Modulverzeichnis speichern. Für die DBD-Module benötigt man in aller Regel ein fertig verpacktes Bündel mit Installationsprogramm – die einzelnen Teile müssen in verschiedenen Verzeichnissen gespeichert werden.

Wohl dem, der alles fix und fertig auf CD hat, wie bei einer LINUX-Distribution. Auf kommerziellen Webservern ist ebenfalls normalerweise alles schon drauf. Für alle anderen heißt es: Installieren! Darauf werden wir hier aber leider nicht eingehen. Wir vollziehen daher einen kleinen Sprung in der Art eines Fernsehkochs und setzen voraus, dass alles bereits »angerichtet« ist.

Man nehme also Perl, das DBI-Modul und eine SQL-Datenbank. Ich möchte hier anhand eines sehr, sehr einfachen Beispiels zeigen, wie man diese drei Zutaten miteinander kombiniert, um eine mächtige Skriptsprache mit einem mächtigen Datenbanksystem zusammenarbeiten zu lassen. Ganze Bücher beschäftigen sich mit diesem Thema, also erwarten Sie bitte auch hier wieder nicht mehr als einen ersten – wenn auch interessanten – Einblick.

DBI einbinden und die Datenbank konnektieren

- ```
  use DBI ;
  ```

Über use() wird das DBI-Modul eingebunden. Unnötig zu sagen, dass es objektorientiert geschrieben ist. Um zu kontrollieren, ob der Treiber für Ihre Datenbank auch vorhanden ist, schreiben Sie:

```
@drivers = DBI->available_drivers() ;
```

In der Ausgabe des Arrays sollte mysql oder oracle erscheinen oder was auch immer Sie brauchen. Nun verbinden wir uns mit der gewünschten Datenbank, wobei wir DBI mitteilen müssen, welchen Treiber es verwenden soll. Im Folgenden wird davon ausgegangen, dass MySql als Datenbanksystem installiert ist.

- ```
  $dbh = DBI->connect("DBI:mysql:support") ;
  ```

DBI ist klar, mysql ist der Treiber[8], der für andere Datenbanksysteme entsprechend anders lautet, und support soll der konkrete Name unserer Datenbank sein. Wenn die Datenbank auf einem anderen Rechner liegt oder Sie sich unter einem bestimmten Benutzernamen anmelden müs-

---

8 Das DBD-Modul mysql.pm

sen, erweitert sich der `connect`-Befehl entsprechend. Wie genau, kann man in den Manpages nachlesen. Zurückgeliefert wird ein Database-Handle, eine Referenz auf ein Datenbankobjekt.

Nun können wir SQL-Befehle losschicken und Daten aus der Datenbank heraussuchen oder welche hineinschreiben. Wie das genau funktioniert, werden wir weiter unten sehen.

Eine SQL-Datenbank erstellen

Das Thema ist schwierig und alles weitere kaum nachvollziehbar, wenn man kein konkretes Beispiel vor Augen hat. Also erstellen wir eine kleine SQL-Datenbank. Nehmen wir doch einfach unsere Support-Datenbank aus dem letzten Kapitel. Mit etwas Geschick können Sie diese dann später an die CGI-Skripte anbinden, die Sie in den Übungen geschrieben hatten. Die Datenbank könnten wir zwar auch über Perl erstellen, aber das wäre untypisch und umständlich. Besser, wir nutzen die textorientierte Schnittstelle, wie sie jedes Datenbanksystem zur Verfügung stellt. Für MySql heißt sie: `mysql`

```
$ mysql
Welcome ... bla ... bla ...
mysql>
```

Wir erhalten einen Prompt zur Eingabe von SQL-Befehlen. Wie die aussehen, werden Sie gleich feststellen können. Wir erstellen eine neue Datenbank namens support. Anschließend lassen wir uns alle bestehenden Datenbanken anzeigen.

```
mysql> create database support ;
Query OK, 1 row affected (0.04 sec)
```

```
mysql> show databases ;
+-----------+
| Database  |
+-----------+
| mysql     |
| support   |
| test      |
+-----------+
2 rows in set (0.00 sec)
```

Aha. Unsere ist dabei, die anderen gab es wohl schon vorher. Wie Sie sehen, schreibt man SQL-Befehle wie bei Perl mit abschließendem Strichpunkt. Nun wird eine Tabelle angelegt. Sie soll `anfragen` heißen und drei Spalten enthalten: eine laufende Datensatznummer, die Fragen und die Antworten. Für die Nummer müssen wir den Typ "`int auto_increment primary key`"[9] wählen, damit sie automatisch hochgezählt wird. Für die beiden anderen Felder nehmen wir den Typ `text`, in den 64 KB Daten passen. Bevor wir die Tabelle erstellen, wählen wir die Datenbank aus, auf die sich alle Befehle beziehen.

---

9   Sie haben Glück: Weil das hier kein SQL-Buch ist, müssen Sie's einfach nur abschreiben. ;^)

```
mysql> use support ;
Database changed
mysql> create table abfragen (
    -> nummer int auto_increment primary key,
    -> frage text,
    -> antwort text ) ;
Query OK, 0 rows affected (0.03 sec)
```

Jetzt füllen wir zwei Pseudo-Fragen mit Antworten in diese Datenbank hinein.

```
mysql> insert into anfragen (frage,antwort) values
    -> ('Frage 1 .....' , 'Antwort 1 .....') ,
    -> ('Frage 2 .....' , 'Antwort 2 .....');
Query OK, 2 rows affected (0.03 sec)
Records: 2  Duplicates: 0  Warnings: 0
```

Fertig. Die Datenbank ist erstellt. Nun soll mit ihr gearbeitet werden. Zur Suche in einer SQL-Datenbank verwendet man den select-Befehl. Die Suchkriterien werden über das Schlüsselwort where angegeben. Soll eine Spalte exakt bla enthalten, heißt es:

```
select * from anfragen where frage='bla'.
```

Soll bla hingegen nur Bestandteil der Zeile sein, heißt es:

```
select * from anfragen where frage like '%bla%'.
```

% ist ein Joker-Zeichen mit der gleichen Bedeutung wie * bei Dateinamen oder .* bei Regular Expressions. Ein Underscore (_) steht hingegen für genau *ein* beliebiges Zeichen. Mehr Joker gibt es nicht. Der Stern hinter select besagt, dass alle Felder der gefundenen Zeilen gewünscht werden. Statt dessen könnten hier auch die Namen von bestimmten Feldern stehen.

Wie man neue Zeilen einfügt, haben wir oben bereits gesehen (insert). Um einen bestehenden Wert zu überschreiben, wenn beispielsweise das Support-Team die vorläufige Bemerkung 'Neue Frage' durch eine richtige Antwort ersetzen möchte, schreibt man:

```
update anfragen set antwort='ENTER ist die Eingabe-Taste.' where nummer=267 ;
```

SQL-Befehle über die DBI-Schnittstelle senden

Jetzt wissen Sie, wie SQL-Befehle aussehen. ;-) Zumindest für einfache Fälle. Genau solche Befehle senden Sie mithilfe des DBI-Moduls an die Datenbank. Dabei muss man immer in zwei Schritten vorgehen. Man bereitet den Befehl über prepare() zuerst vor und führt ihn anschließend mithilfe von execute() aus.

```
use DBI ;
$dbh = DBI->connect("DBI:mysql:support") ;

$sth = $dbh->prepare("select * from anfragen where frage='bla'");
$sth->execute ;
```

prepare() erhält den SQL-Befehl als Argument. Dabei muss prepare() immer vom Datenbankobjekt $dbh aus aufgerufen werden. Es liefert eine Referenz auf die vorbereitete Anweisung zurück. Diese wird über execute() ausgeführt.

Als Letztes stellt sich die Frage, wie man mit der Rückgabe des SQL-Befehls umgeht. In aller Regel handelt es sich nämlich um eine zweidimensionale Struktur von Daten, die da kommt: mehrere Zeilen, die jeweils mehrere Felder enthalten. Die Funktion fetchall_arrayref() liefert eine Referenz auf dieses zweidimensionale Array.

```
$ref = $sth->fetchall_arrayref() ;
```

Über

```
map {print join("\t",@$_), "\n" } @$ref ;
```

könnten Sie dieses Array dann zum Beispiel neben- und untereinander ausgeben. DBI kennt noch zwei weitere Funktionen, um an die zurückgegebenen Daten heranzukommen, auf die wir hier aber nicht mehr eingehen werden.

Uff! Geschafft! Ich hoffe, dieser kurze, aber konkrete Einblick hat Ihnen ein Gefühl dafür vermitteln können, was dahinter steckt, wenn es heißt, ein Projekt werde über Perl und eine SQL-Datenbank realisiert. Viele Internet-Shops, Support-Ticket-Systeme und Formularverwaltungen in Firmennetzen (Intranets) funktionieren auf diese Weise. Genauso ist wohl klar geworden, dass man eine Menge weitere Details benötigt, um ernsthaft an einem solchen Projekt arbeiten zu können.

Vielen Dank für Ihre Aufmerksamkeit! ;^)

20.14 Zusammenfassung

- `-n -p -a`
  Über diese Kommandozeilenschalter erspart man sich eine Einleseschleife und das Aufsplitten der eingelesenen Zeilen.

- `-i.bak`
  Mit einem zusätzlichen `-i`-Schalter werden die Originaldateien geändert, zuvor wird aber ein Backup mit der angegebenen Endung erstellt.

- `-T`
  Die Option `-T` aktiviert den Taint-Modus. Perl bricht das Skript ab, sobald ein Befehl, der durch eine von außen kommende Variable beeinflusst ist (<STDIN>, @ARGV, ...), etwas tut, was selbst wieder eine Wirkung nach außen entfaltet (system(), `...`, print OUT ...).

- `eval(code)`
  interpretiert einen String als Code und führt ihn zur Laufzeit aus. Damit lassen sich Befehlsinterpreter basteln.

- `$status = eval{ code };`
  fängt fatale Fehler ab. Der Strichpunkt nach der schließenden geschweiften Klammer ist zwingend!

- `fork()`
  Einen Prozess als Kopie des laufenden Prozesses erzeugen. Im Code lassen sich beide Prozesse getrennt behandeln, wenn man die Rückgabe von `fork()` auswertet (PID für Vater, 0 für Kind).

- `%SIG`
  Über `$SIG{'signal'}=\&func;` kann man eine Routine einrichten, die immer dann aufgerufen wird, wenn ein entsprechendes Signal empfangen wird.

- `pack()`
  wandelt Daten in einen fest formatierten Datenstring um, `unpack()` extrahiert die Daten aus einem solchen String.

- `use locale;`   stellt die länderspezifische Zeichentabelle ein.

- `tie()`   Den Zugriff auf Variablen an automatisch aufgerufene Funktionen binden.

- `perlcc -o binary-name perlscript`
  Ein Binary erzeugen, das eigenständig, ohne den Perl-Interpreter läuft.

- `use IO::Socket;`   Funktionen zur Implementierung von Netzwerk-Clients und -Servern.

- `use Tk;`   Grafische Oberflächen für Perl-Programme schreiben.

- `use DBI;`   Verbindung eines Perl-Skripts mit einer SQL-Datenbank.

20.15 Workshop

Fragen und Antworten

F *Könnten Sie eine weitere Anwendung für* `tie()` *nennen?*

A Im letzten Abschnitt wurde gezeigt, wie man SQL-Datenbanken anbindet. Nun benötigt man für jeden Zugriff auf einen Datensatz drei bis vier Befehle, was etwas aufwendig erscheint, zumal der Umgang mit den zurückgelieferten zweidimensionalen Strukturen nicht gerade einfach ist. Wenn man diese Funktionen über `tie()` an einen Hash oder ein Array bindet, wird die Sache schon wesentlich einfacher. Von dieser Technik macht beispielsweise das CPAN-Modul `Tie::DBI` Gebrauch.

F *Soll man wirklich ein Client-Server-Programm über Perl schreiben? Verwendet man dazu nicht besser C?*

A Kommt drauf an. Mit Perl entwickeln Sie das Programm viel, viel schneller. Außerdem läuft es sofort auf allen Plattformen. Gerade was Netzwerkprogramme angeht, ist das gar nicht hoch genug einzuschätzen. Allerdings muss überall der Perl-Interpreter laufen. Und zum Verkaufen eignet sich so ein Programm wegen des offenen Source-Codes ebenfalls nur bedingt.

F *Den Perl-Interpreter braucht man allerdings nicht mehr, wenn man das Skript kompiliert.*

A Na ja. Die Stabilität des Compilers lässt noch sehr zu wünschen übrig. Außerdem ist dann die Portabilität hinüber. Sie dürfen den Client für jede Zielplattform erneut kompilieren.

F *Kann man Perl auf diese Art auch einsetzen, um beispielsweise Webserver automatisch nach bestimmten Inhalten zu durchsuchen oder zu kontrollieren, ob die Links auf dem eigenen Server noch aktuell sind?*

A Absolut, vor solchen Aufgaben stehen viele. Deshalb gibt es auch Module zu diesem Thema (`LWP::...`). Über eine einzige Funktion können Sie sich eine HTML-Seite von einem anderen Server herunterladen oder auch nur den Header, wenn es darum geht, die Aktualität der Seite zu kontrollieren.

F *Lohnt es sich wirklich, Perl/Tk richtig zu lernen?*

A Wenn Sie grafische Benutzerschnittstellen benötigen und dazu nicht den Webbrowser mit CGI-Skripten einsetzen wollen, allemal. Ich bin ein ausgesprochener Fan von Perl/Tk. Die Möglichkeiten dieses Moduls sind enorm und es ist verblüffend schnell. Allerdings recht aufwendig zu erlernen wegen der Fülle an Funktionen, was aber bei allen Sprachen der Fall ist, die mit Grafik zu tun haben.

Quiz

1. Wie kann man über einen Perl-Einzeiler für eine komplette Datei alle Vorkommen eines Strings gegen einen anderen austauschen?

2. Auf welche Art könnte ein Anwender Schaden anrichten, wenn er zu einer Eingabe aufgefordert wird, die anschließend in irgendeiner Form in den Befehl `system()` einfließt?

3. Wie schalten Sie Perl in den sicheren Modus, so dass es derartige Gefahren erkennt?

4. Wie überprüfen Sie, ob ein Befehl auf einer Plattform vorhanden ist, ohne dass das Skript abstürzt, wenn es den Befehl nicht gibt?

5. Wo ordnet Perl normalerweise deutsche Umlaute ein, wenn es alphabetisch sortiert?

6. Wie kann man das so einstellen, wie man es von deutschen Wörterbüchern her kennt?

Übungen

Die folgenden Übungen sind von ihrer Zielsetzung her sehr anspruchsvoll. Aber keine Angst, das Meiste wird einfach von einer Vorlage kopiert.

In den ersten drei Übungen basteln wir uns ein Client-Server-Programm zur Ermittlung des freien Festplattenplatzes auf einem beliebigen Rechner (auf dem unser Server läuft) von einem beliebigen anderen Rechner aus (auf dem der Client läuft).

1. Schreiben Sie zunächst ein paar Zeilen zur Ermittlung des freien Festplattenplatzes auf Ihrem Rechner (UNIX-Befehl: df, Windows-Befehl: dir \ )[10]. Selbstverständlich müssen Sie aus der Ausgabe des Systembefehls noch die richtige Zahl extrahieren. Der freie Platz wird in einer Variablen $frei gespeichert.

2. Erstellen Sie nun das Server-Programm. Kopieren Sie hierzu das Skript en_de_serv.pl aus Abschnitt 20.11 auf den Namen disk_serv.pl. Löschen Sie alles heraus, was mit dem Wörterbuch zu tun hatte. Auch die innere Schleife wird entfernt. Was übrig bleibt, ist die Erstellung des Socket und die leere accept-Schleife. In diese werden die Zeilen zur Ermittlung des freien Platzes eingetragen. Geben Sie das Ergebnis an den Client zurück: print $client $frei;. Als Port-Nummer können Sie 9001 wählen. Starten Sie das Skript und testen Sie es über telnet: telnet localhost 9001. Die Ausgabe des Servers müsste erscheinen.

3. Jetzt wird der Client erstellt. Kopieren Sie en_de.net.pl nach disk_client.pl. Ändern Sie die Port-Nummer auf 9001 und löschen Sie alles außer der Socket-Erstellung, auch die Leseschleife. Fügen Sie nun den einfachen Befehl zum Lesen der Server-Ausgabe hinzu: $frei=<remote>; und geben Sie das Ergebnis aus.

    Sie halten da gerade den Schlüssel für eine ausgeklügelte Fernüberwachung Ihrer Rechner in Händen!

In den folgenden beiden Übungen entwickeln wir eine grafische Message-Box und ein grafisches Eingabefenster, wie Sie es in Abbildung 20.4 sehen. Sie können diese Fenster so oder so ähnlich in alle Ihre Skripte einbauen, wenn Sie Informationen an den Benutzer ausgeben oder von ihm erhalten möchten.

Abbildung 20.4:
Info- und Eingabefenster als Perl/Tk-Funktionen

---

10 MacOS 8/9 können wir nicht berücksichtigen.

4. Erstellen Sie ein Modul `Grafiktools.pm`, das eine Funktion `gr_info()` enthält. Diese Funktion soll ein Fenster der Größe `200x120` erstellen, ein Label, das den Text ausgibt, welcher der Funktion beim Aufruf übergeben wurde, sowie einen Button OK, bei dessen Drücken das Fenster wieder verschwindet. Kopieren Sie die nötigen Perl/Tk-Befehle einfach aus dem Beispiel `tk_ratespiel.pl` aus Abschnitt 20.12. Die einzige Neuerung betrifft den OK-Button. Damit er das Fenster zum Verschwinden bringt, geben Sie ihm als Attribute Folgendes mit: `-command => sub {exit}`. Vergessen Sie nicht den Export-Block.

Testen Sie Ihr Modul auf der Befehlszeile:

```perl
$ perl -e 'use Grafiktools; gr_info("Weiter mit OK")'
```

5. Kopieren Sie die gerade erstellte Funktion und geben Sie der neuen Funktion den Namen `gr_input()`. Fügen Sie ein Eingabefeld hinzu. Kopieren Sie wieder die entsprechende Zeile aus `tk_ratespiel.pl`. Der Benutzer wird zur Eingabe aufgefordert. Schwierig gestaltet sich die Rückgabe. Bei Drücken des OK-Buttons soll eine Funktion `ende()` aufgerufen werden:

```perl
sub ende {$wert=$eingabe->get(); $mw->destroy()}
```

Außerdem müssen Sie hinter dem Befehl `MainLoop()` die Rückgabe einbauen.

```perl
Mainloop; return $wert;
```

Testen Sie wieder auf der Befehlszeile:

```perl
$ perl -e 'use Grafiktools; print gr_input("Ihr Alter?")'
```

WinPerl, MacPerl und Perl 6

Einerseits liegt eine der Stärken von Perl in der Portierbarkeit seines Codes, andererseits möchte aber natürlich jeder von den Besonderheiten und Vorzügen seines Betriebssystems profitieren und fordert zu Recht von Perl, dass es diese unterstützt. So kommt es zwangsläufig zu Perl-Funktionen, die auf dem einen System funktionieren und auf dem anderen nicht. Dabei handelt es sich praktisch immer um Befehle, die in irgendeiner Art unmittelbar mit dem Betriebssystem oder dem Filesystem in Berührung kommen.

Diese Unterschiede werden wir im Folgenden genauer betrachten. Nacheinander sehen wir uns die Extras der einzelnen Versionen an.

Schließlich werfen wir noch einen Blick auf die Zukunft von Perl. Was erwartet uns in der rund-erneuerten Version **Perl 6**? Was ändert sich intern und was ändert sich für uns? Wie erfährt man, ab wann es zur Verfügung steht, und wie geht man mit der Koexistenz von Perl 5 und Perl 6 um?

- Perl für Windows
- Perl für Macintosh
- Perl für UNIX/LINUX
- Ein Blick in die Zukunft: Perl 6

Auch dieses Kapitel ist nicht dazu gedacht, dass Sie es von der ersten bis zur letzten Seite durcharbeiten. Suchen Sie sich Ihr Betriebssystem heraus und lesen Sie sich die aufgelisteten Funktionen und Module in aller Ruhe durch. Was Sie interessiert, können Sie dann anhand eigener oder auf der CD befindlicher Skripte testen. Nicht in der Standarddistribution zu findende Module müssen allerdings zuerst aus dem Internet heruntergeladen werden.

21.1 Perl für Windows

Wir fassen zunächst noch einmal zusammen, an welchen Stellen der Windows-Anwender auf Unterschiede im Vergleich zum Perl-Standard achten muss. Anschließend betrachten wir eine Reihe von Funktionen und Modulen, die speziell für Windows geschrieben sind. Dabei geht es meistens um Funktionen zur Administration von Windows-Rechnern. Administrationsbefehle und -konzepte sind extrem plattformabhängig, so dass Perl zwangsläufig auf spezifische Module ausweichen muss.

Kommandozeile und Filename-Globbing

Eine der auffälligsten Besonderheiten von Perl für Windows besteht darin, dass man auf der Kommandozeile Double- statt Single-Quotes verwenden muss, um die gewünschten Befehle zusammenzufassen. Der Grund hierfür liegt darin, dass command.com ausschließlich Double-Quotes für die Übergabe von Befehlsargumenten akzeptiert.

```
C:\> perl -ne "print if /error/" file.log
```

Worauf man ebenfalls achten muss, vor allem, wenn man es gewohnt ist, auf UNIX-Rechnern zu arbeiten, ist die fehlende Lust von command.com, Metazeichen auszuwerten. Vergessen Sie also Konstruktionen wie die folgende:

```
C:\> perl -ne "print if /error/" *.log    #FALSCH
```

Das mit dem Sternchen müssen Sie innerhalb des Skripts lösen.

```
C:\> perl -e "@ARGV=<*.log>; while (<>){print if /error/}"  # OK
```

Pfadangaben

Bei der Angabe von Dateipfaden müssen Sie beachten, dass der Backslash (\) als Pfadtrenner von Perl anders interpretiert wird. Er gehört daher verdoppelt. Für Perl ist es in Ordnung, wenn Sie die UNIX-Darstellung verwenden, also einfache Schrägstriche als Trenner. Allerdings werden diese von Windows wieder als Optionsbeginn interpretiert. Deshalb können Sie nur so lange die UNIX-Syntax verwenden, wie Sie innerhalb von Perl bleiben.

```
open IN, "c:\daten\file.log" ;       # FALSCH -> c:datenfile.log

open IN, "c:\\daten\\file.log" ;     # OK

open IN, 'c:\daten\file.log' ;       # OK

open IN, "c:/daten/file.log" ;       # OK


system ("dir c:/daten") ;            # FALSCH -> Option /daten

system ("dir c:\\daten") ;           # OK
```

Newlines und binmode()

Newlines werden in Dateien als \015\012, im Arbeitsspeicher jedoch als \012 repräsentiert. Die Übersetzung erfolgt automatisch bei der Ein- und Ausgabe. Hat man es mit binären Daten zu tun, muss man die automatische Umwandlung mittels binmode() abschalten.

```
binmode IN ;
```

Unterschiede bei einigen Funktionen

Die *Filetest-Operatoren* liefern – vor allem was Zugriffsrechte und symbolische Links betrifft – Ergebnisse, die im Detail von den in den Manpages beschriebenen abweichen. Genaue Darstellungen hierzu finden Sie in Kapitel 11.

Für Funktionen, die *Verzeichnisoperationen* durchführen (chown, chmod, link, symlink etc.), gilt das Gleiche. Auch hierauf wurde in Kapitel 11 detailliert eingegangen.

Ansonsten ist im Rahmen der in diesem Buch besprochenen Funktionen der Befehl `alarm()` nicht implementiert, außerdem sendet `kill()`keine unterschiedlichen Signale, sondern beendet in jedem Fall den angegebenen Prozess.

 Die komplette Liste der Funktionen, die Unterschiede auf den einzelnen Betriebssystemen aufweisen, finden Sie über: perldoc perlport ... Function Implementations.

▶ **Manpages:** perldoc perlport

Verknüpfungen

Keiner der Perl-Standardbefehle kann mit Windows-Verknüpfungen umgehen (die Icons mit dem krummen Pfeil). Leider wurde der Befehl `symlink` nicht entsprechend angepasst, sondern unter Windows einfach unbenutzt gelassen. So hat sich ein netter Mensch namens Aldo Calpini des Problems angenommen und das Modul `Win32::ShortCut` geschrieben, mit dem man Verknüpfungen verfolgen, erstellen und verändern kann. Sie finden dieses Modul im CPAN (siehe unten).

Zusätzliche Funktionen unter Windows

Eine ganze Reihe von Funktionen wurde eigens für die Windows-Variante von Perl geschrieben. Der Großteil beschäftigt sich mit der Administration von Windows-Rechnern, der Rest macht grafische Spezialitäten verfügbar.

Das wichtigste Modul mit Windows-spezifischen Funktionen ist `Win32`. Wir werden die meisten darin befindlichen Funktionen gleich erläutern. `Win32` ist aber nicht nur ein eigenes Modul (`Win32.pm`), sondern auch eine Gruppe (Verzeichnis), zu der eine Palette weiterer Module zählen. Diese sind teilweise bereits in Ihrer Perl-Distribution vorhanden, teilweise müssen sie aber erst aus dem Internet heruntergeladen werden.

Neben dem `Win32`-Modul und der Gruppe `Win32::...` spielt das Modul `Win32Api` eine eigenständige Rolle. Es macht die Windows-Programmierschnittstelle (API) für Perl-Skripte zugänglich, ist aber ziemlich kryptisch und kaum für eigene Programme zu empfehlen. Einige Module laden `Win32Api` automatisch.

Wie gesagt, die meisten der Modulfunktionen dienen zur Administration von Windows-Rechnern. Hier stehen sie in direkter Konkurrenz zu den Kommandozeilenbefehlen des Windows NT Ressource Kit sowie dem mächtigen Befehl `net` (Ausprobieren: `net help` bzw. `net help befehl`). Systembefehle zu verwenden, gilt zwar als Perl-untypisch, andererseits ist die Portabilität aber so oder so dahin. Sie können also auch gerne die Windows-Befehle benutzen.

Einen eindeutigen Vorteil bieten die Perl-Befehle, wenn es darum geht, ihre Ausgabe weiterzuverarbeiten. Die Ausgabe der Windows-Befehle ist offensichtlich für das menschliche Auge bestimmt. Da gibt es Titelzeilen, variable Spaltenaufteilungen etc. Viel Arbeit, aus einer solchen Ausgabe einen Benutzernamen oder den freien Festplattenplatz zu isolieren. Die Perl-Befehle liefern ihre Daten hingegen in skalare Variablen, Arrays und Hashes.

Win32-Funktionen

Die folgenden Funktionen stehen Ihnen unter Windows normalerweise zur Verfügung, ohne dass Sie Win32 explizit laden. Um wirklich auf alle zugreifen zu können, schreiben Sie aber besser:

```
use Win32;
```

Die meisten Funktionen werden in dem Test-Skript test_win32funcs.pl demonstriert, das Sie auf der Buch-CD finden. In der Manpage zu Win32 werden noch einige weitere Funktionen beschrieben, die hier nicht aufgelistet sind.

Funktion	Beschreibung
Win32::CopyFile *(from, to, overwrite)*	Dateien kopieren
Win32::DomainName()	Liefert die NT-Domäne
Win32::FormatMessage *(ERRORCODE)*	Liefert den von GetLastError() gelieferten Code als String. Statt dessen kann man direkt $^E verwenden.
Win32::FsType()	Filesystem-Typ und (im Array-Kontext) weitere Informationen über das Filesystem der aktuellen Partition
Win32::GetArchName()	Veraltet. Verwenden Sie statt dessen $ENV{PROCESSOR_ARCHITECTURE}
Win32::GetChipName()	Gibt den Prozessortyp zurück
Win32::GetCwd()	Liefert aktuelles Laufwerk und Pfad
Win32:: GetFullPathName*(file)*	Wandelt den Dateinamen in einen absoluten Pfad um
Win32::GetLastError()	Liefert den letzten Fehler, der durch den Aufruf einer Win32-API-Funktion ausgelöst wurde. Einfacher: $^E
Win32::GetOSVersion()	Gibt drei Felder zurück, die die laufende Windows-Version kennzeichnen
Win32::GetOSName()	Windows-Version als String

Tabelle 21.1: Funktionen des Moduls Win32

Funktion	Beschreibung
`Win32::GetTickCount()`	Millisekunden, die seit dem Systemstart vergangen sind (Auflösung zwischen 10 und 50 ms je nach Windows-Version)
`Win32::InitiateSystemShutdown (machine, messages, timeout, force, reboot)`	System herunterfahren
`Win32::MsgBox (message [,flags [,titel]])`	Ein Informationsfenster anzeigen. *message* wird in der Windows-üblichen Message-Box dargestellt. Buttons und Icons können nach Wunsch kombiniert werden, indem man ihre Zahlencodes **addiert**: Buttons: OK (0), OK+Abbr.(1), Beenden+Wiederh.+Ignor. (2), Ja+Nein+Abbr. (3), Ja+Nein (4), Wiederh.+Abbr. (5) Icons: Stopp (16), Fragezeichen (32), Ausrufezeichen (48), Info (64) Die ausgewählte Schaltfläche wird ebenfalls als Zahl zurückgegeben: OK (1), Abbrechen (2), Beenden (3), Wiederh. (4), Ignorieren (5), Ja (6), Nein (7)
`Win32::NodeName()`	Liefert den aktuellen Rechnernamen
`Win32::SetChildShowWindow (bool)`	Über `bool=0` legt man fest, dass Programme, die über `system()` aufgerufen werden, unsichtbar ablaufen.
`Win32::Sleep(ms)`	Pausiert *ms* Millisekunden
`Win32::Spawn(befehl,args, pid)`	Veraltet. Startet ein Programm in einem neuen Prozess. Besser: `use Win32::Process`

Tabelle 21.1: Funktionen des Moduls `Win32` (Forts.)

▶ **Manpages:** perldoc Win32

Win32-Standardmodule

Nur ein Teil der Windows-spezifischen Funktionen findet sich direkt in `Win32`. Eine Menge weiterer Module werden bei der Installation von Perl in das *Verzeichnis* `Win32` unter ...\perl\lib oder ...\perl\site\lib installiert.

Die Trennung in Standard- und Nicht-Standardmodule basiert auf der Perl-Version 5.8 von ActiveState. Bei anderen Distributionen werden möglicherweise andere Module standardmäßig installiert.

Zu vielen der im Folgenden vorgestellten Module finden Sie auf der CD Test-Skripte mit dem Namen test_win_*modname*.pl, wobei für *modname* der jeweilige Modulname einzusetzen ist. Weitere Beispiele finden Sie in den Manpages der einzelnen Module.

Mal sehen, ob etwas Nützliches für Sie dabei ist ...

Modul	Beschreibung
Win32:: AuthenticateUser	Anmeldeprozedur an Windows-Domänen, experimentell
Win32:: ChangeNotify	Dateien und Verzeichnisse auf Veränderungen in Größe, Zeitstempel, Name oder Zugriffsrechten beobachten. Windows sendet ein Signal, wenn sich etwas an den betroffenen Objekten ändert. Auf dieses Signal kann das Skript dann reagieren.
Win32::Clipboard	Funktionen, um den Inhalt des Windows-Clipboards (Zwischenablage) einzulesen und etwas hineinzuschreiben. Ermöglicht den Datenaustausch zwischen Skript und Benutzer oder zwischen mehreren Skripten.
Win32::Console	Funktionen zur Kontrolle eines Eingabeaufforderungsfensters (DOS-Box); Vorder- und Hintergrundfarben, Größe, Puffer und Cursor-Positionierung
Win32::DBIODBC	Eine Schnittstelle zwischen DBI und Win32::ODBC (siehe dort)
Win32::Event	Synchronisation von Prozessen. Windows-Event-Objekte werden definiert, um Funktionen ereignisgesteuert aufzurufen. Vergleichbar mit UNIX-Signalen. Der eine Prozess (besser: Thread) definiert ein Event und wartet. Der andere Thread setzt das Event, wenn er etwas signalisieren will.
Win32::EventLog	Funktionen zum Auslesen der Ereignisanzeige (Event-Log, Zentrale Sammelstelle für Fehlermeldungen) und zum Senden eigener Fehlermeldungen
Win32::File	Datei- oder Verzeichnisattribute auslesen oder neu setzen (ARCHIVE, HIDDEN, SYSTEM, READONLY, ...)
Win32:: FileSecurity	Zugriffsrechte (ACLs, Access Control Lists) für Dateien und Verzeichnisse auslesen und setzen (FULL, READ, WRITE, CHANGE, ...)
Win32::Internet	Internetfunktionen für Win32, vergleichbar mit IO::SOCKET. Schnittstelle zu den C-Funktionen in wininet.dll zur Erstellung von FTP-, HTTP- und anderen Internetverbindungen
Win32::IPC	Basisklasse für Win32::Event, Win32::Mutex und Win32::Semaphore. Wird von diesen Modulen automatisch geladen und enthält die dort benötigten wait-Funktionen.

Tabelle 21.2: Win32-Module

Modul	Beschreibung
Win32::Job	Nur für Windows 2000 und spätere Versionen. Enthält die Funktion spawn() als Alternative zu system(). Mehrere Prozesse können zu einem *Job* zusammengefasst und kontrolliert werden (Status, Kill, Timeouts, ...).
Win32::Mutex	Synchronisation von Prozessen. Abstrakte Objekte zur Regelung konkurrierender Zugriffe auf Dateien oder andere Ressourcen. Der eine Prozess (besser: Thread) definiert ein Mutex-Objekt und nimmt es in Besitz, solange er die Datei benötigt. Der andere Prozess wartet, bis er das Objekt bekommt. Erst dann darf er schreiben.
Win32::NetAdmin	Funktionen zur Benutzer- und Gruppenverwaltung sowohl lokal als auch in der Domäne. Erstellen, Ändern, Löschen von Benutzern und Gruppen. Benutzerliste (keine Gruppenliste!), Passwortänderung.
Win32:: NetResource	Funktionen zur Freigabe von Verzeichnissen, Druckern etc. sowie zur Verbindung mit Netzwerkressourcen
Win32::ODBC	ODBC (Open Database Connectivity) ist Microsofts Schnittstelle zum Ansprechen verschiedener SQL-Datenbanken (analog zu DBI in Perl). Der Anwender schreibt SQL-Befehle in der ODBC-Syntax; die ODBC-Schnittstelle übersetzt sie in die korrekte Syntax für die kontaktierte Datenbank.
Win32::OLE::...	Funktionen zu Microsofts OLE-Konzept. Aus einem Perl-Skript heraus können Applikationen, die OLE-Automation beherrschen (v.a. MSOffice-Produkte), automatisiert werden (z.B. einen Text über Word umformatieren).
Win32::PerfLib	Interface zur Abfrage von Daten, die über den Windows NT System- bzw. Performance-Monitor gesammelt wurden. Microsoft erlaubt es, regelmäßig Daten von Leistungsmerkmalen zu sammeln (Festplattenplatz, CPU-Auslastung, Zugriffe, ...) und von einem beliebigen Rechner aus abzufragen.
Win32::Pipe	Erstellung von Named Pipes. Named Pipes sind Puffer im Memory, die wie normale Dateien angesprochen werden können und dem Austausch von Daten zwischen zwei Programmen dienen. Das eine Skript schreibt hinein, das andere liest daraus.
Win32::Process	Alternative zu system(). Neue Prozesse starten, eventuell auf ihn warten und bei Bedarf wieder beenden (create(), wait() und kill()).
Win32::Registry	Älteres Modul für den Zugriff auf die Windows Registry. Verwenden Sie statt dessen Win32::TieRegistry.
Win32::Semaphore	Synchronisation von Prozessen. Abstrakte Objekte zur Regelung konkurrierender Zugriffe auf Dateien oder andere Ressourcen. Semaphoren werden verwendet, um einer vorgegebenen Menge an Prozessen gleichzeitig den Zugriff auf eine Ressource zu erlauben.

Tabelle 21.2: Win32-Module (Forts.)

Modul	Beschreibung
Win32::Service	Windows-Services starten und stoppen oder ihren Zustand ermitteln
Win32::Sound	Systemklänge oder wav-Dateien abspielen
Win32::TieRegistry	Funktionen zum Auslesen, Verändern und Hinzufügen von Registry-Einträgen. Die Registry ist die als Baumstruktur organisierte Konfigurationsdatenbank von Windows. Das Interface bindet die Registry an einen Hash.

Tabelle 21.2: Win32-Module (Forts.)

▶ **Manpages:** perldoc Win32::...

Win32-CPAN-Module und ppm

Ich nenne diesen Abschnitt CPAN-Module, obwohl nicht alle hier vorgestellten Module dort zu finden sind. So toll das CPAN auch sein mag, gerade wenn es um Windows und MacOS geht, spielen auch andere Server eine wichtige Rolle. Für Windows ist das natürlich in erster Linie ActiveStates *www.activestate.com*. Überraschender Weise wurde ich bei der Suche nach Win32::AdminMisc und Win32::Lanman, zwei gängigen Administrationsmodulen, aber nicht dort fündig, sondern bei www.roth.net, dem Server einer Consulting-Firma. Eine gute Quelle!

Wild und wüst ist allerdings manchmal die Installation der Module geregelt. Installationsskripte sind oft nicht vorhanden und selbst die beigefügten Beschreibungen sind nicht immer korrekt. Viel Glück!

Einige der Module lassen sich über ppm, den Perl Package Manager, installieren, der mit der Windows-Distribution mitgeliefert wird und die Sache wirklich sehr erleichtern kann. Über perldoc ppm erfahren Sie, wie er funktioniert. ppm ist zwar dafür gedacht, direkt aus dem Internet heraus zu installieren, man fährt aber oft besser, wenn man die gezippte Datei herunterlädt, in ein lokales Verzeichnis entpackt und dieses Directory ppm mitteilt.

```
ppm install -location=dir modulname
```

Modul	Beschreibung
Win32::AdminMisc	Einige zusätzliche Administrationsfunktionen zum Anlegen und Verwalten von Benutzern sowie zum Starten von Prozessen unter einer bestimmten UID. Enthält außerdem eine Funktion zur Verwaltung virtueller Desktops. Die neueste Fassung findet man nicht auf dem CPAN, sondern unter *http://www.roth.net/pub/ntperl/AdminMisc*.
Win32::DriveInfo	Die Funktion DriveSpace(drive) liefert die Größe, den freien Platz und Informationen zu den einzelnen Festplatten.

Tabelle 21.3: Nicht im Standard enthaltene Windows-Module

Modul	Beschreibung
`Win32::GUI`	Eine riesige Modulgruppe mit einer Unmenge von Funktionen zur Erstellung grafischer Benutzerschnittstellen. Im Prinzip vergleichbar mit dem `Tk`-Modul, jedoch nicht portabel, sondern spezifisch für Win32. Möglicherweise findet man hier die ein oder andere spezielle Windows-Funktion, die es in Perl/Tk nicht gibt.
`Win32::GuiTest`	Funktionen zur Fernsteuerung und Automatisierung von grafischen Anwendungen. Über `SendKeys()` und `PushButton()` können Eingaben und Mausklicks an eine laufende Applikation gesendet werden. Die Applikation läuft wie von Geisterhand gesteuert.
`Win32::Lanman`	Ein riesiges Modul, zur Verwaltung eines Windows NT/2000-Rechners. Praktisch alles, was Sie über die Befehlszeile mit dem Windows-Befehl `net` erreichen, ist hier aus Perl heraus möglich. Erhältlich über *http://www.roth.net/pub/ntperl/others*
`Win32::Shortcut`	Funktionen zur Erstellung, Änderung und zum Auslesen von Windows-Verknüpfungen
`Win32::SystemInfo`	Informationen über Memory-Belegung und Prozessoreigenschaften

Tabelle 21.3: Nicht im Standard enthaltene Windows-Module (Forts.)

▶ **Manpages:** perldoc *Modulname*

21.2   Perl für Macintosh

MacOS 8/9 und MacOS X

Die klassischen Macintosh-Betriebssysteme (bis MacOS 9) kommen mit Funktionen wie `system()`, `` `...` `` oder Prozess-Handles nicht klar. Da außerdem das Dateisystem anders aufgebaut ist als dasjenige von UNIX, gibt es auch hier einige Abweichungen. Im Gegenzug gibt es für MacPerl eine Reihe von Spezialfunktionen, die in dem Standardmodul `MacPerl.pm` zusammengefasst sind und auf MacOS zugeschnitten sind. Darunter findet sich auch eine Funktion zur Ausführung von AppleScript-Skripten, was man als eine Art Ersatz für `system()` etc. ansehen könnte. Natürlich bietet auch MacOS für den Programmierer eine Schnittstelle zum Aufruf von Systemfunktionen. Diese API, Macintosh Toolbox genannt, steht auch unter Perl zur Verfügung.

Da MacOS X (10) auf einem BSD-UNIX-System beruht, arbeiten Sie auf diesem Betriebssystem mit einem waschechten UNIX-Perl. Daher sind auch die systemspezifischen Features für UNIX implementiert, etwa `system()`, `` `...` ``, `symlink()` etc. Zusätzliche Funktionen für die grafische Benutzeroberfläche von MacOS können in Form von Modulen aus dem Internet heruntergeladen werden. Das Einbinden von AppleScript-Programmen erfolgt über ein externes Kommando namens `osascript`.

Wenn im Folgenden von *MacPerl* gesprochen wird, ist stets die Perl-Version für MacOS 8/9 gemeint und nicht diejenige für MacOS X. Für MacOS X gelten immer die Ausführungen zu UNIX.

Kommandozeile

Im Menü SCRIPT von MacPerl findet man den Eintrag ONE LINER. Wenn man hier klickt, öffnet sich eine Dialogbox mit einem Textfenster zur Eingabe eines Perl-Einzeilers. Dieser Befehl muss exakt in der gleichen Form eingegeben werden wie auf der UNIX-Kommandozeile, also etwa:

```
perl -e 'print "Hallo Welt";'
```

Pfadangaben, Filename-Globbing und Newlines

MacPerl erkennt ausschließlich den Doppelpunkt als Pfadtrenner.

```
open IN, "vol:daten:file.log" ;
```

Beim Filename-Globbing werden die Metazeichen * und ? unterstützt, nicht aber die eckigen Klammern [].

Newlines werden im Macintosh-Filesystem als \015 dargestellt (UNIX: \012). Das ist für sich betrachtet natürlich in Ordnung, sollte Ihnen aber bewusst sein, wenn Sie unter UNIX geschriebene Daten in Ihrem MacPerl-Skript einlesen.

system(), `...` und Prozess-Handles

MacPerl unterstützt allgemeine Systemaufrufe nicht! Sie müssen Perl-interne Befehle benutzen oder über `MacPerl::DoAppleScript()` ein AppleScript-Programm aufrufen, das den gewünschten Befehl startet (siehe unten).

Die Backquote-Syntax wird ausschließlich für folgende spezielle Argumente unterstützt:

`pwd` oder `Directory` liefert das aktuelle Verzeichnis.

`hostame` liefert den Rechnamen.

`stty raw` schaltet das Eingabefenster in den ungepufferten Modus,

`stty sane` macht diese Einstellung wieder rückgängig.

`fork()`, `exec()`, ...

Befehle zur Erzeugung neuer, paralleler laufender Prozesse funktionieren unter MacPerl nicht, da das klassische MacOS dieses Konzept nicht unterstützt.

@ARGV, <> und Droplets

Da man unter MacPerl ein Skript nicht auf der Befehlszeile, sondern durch einen Doppelklick startet, stellt sich die Frage, wie man Argumente übergibt. Geht es dabei ausschließlich um Dateinamen, kann man das Skript als Droplet speichern (Option unter SAVE AS) und die Dateien auf das Icon des Skripts ziehen. `@ARGV` wird dann automatisch mit den entsprechenden Dateinamen gefüllt, `<>` kann wie gewohnt verwendet werden.

In allen anderen Fällen kann man nicht mit Argumenten arbeiten. Statt dessen muss man die Optionen oder Daten über `<STDIN>` oder ein Eingabefenster (`MacPerl::Ask`, siehe unten) erfragen. War das Skript ursprünglich für die Arbeit mit Argumenten vorgesehen, kann man die erfragten Daten in `@ARGV` abspeichern. Weitere Veränderungen am Skript sind dann nicht mehr nötig.

%ENV

Umgebungsvariablen werden zwar von MacPerl unterstützt, nicht aber von MacOS 8/9. Das heißt, der Hash `%ENV` ist leer. Über den Menüpunkt PREFERENCES im Menü EDIT können Sie `%ENV` aber manuell vorbelegen.

Zeitangaben

Zeitangaben beziehen sich auf den 1.1.1904 (und nicht wie bei UNIX und Windows auf den 1.1.1970).

MacPerl-Funktionen

Die folgenden Funktionen stehen Ihnen unter MacPerl zur Verfügung. Das Modul `MacPerl.pm` ist bereits eingebunden, so dass Sie es nicht extra über `use()` laden müssen. Allerdings sind die Funktionen nicht importiert (`MacPerl::` muss vor den Funktionsnamen geschrieben werden).

Einige der gezeigten Funktionen finden Sie in dem Skript `test_macperlfuncs.pl` demonstriert.

Funktion	Beschreibung
`MacPerl::Answer` (*prompt, button1, button2, button3*)	Erzeugt ein Informationsfenster mit ein bis drei Schaltflächen, das den Text *prompt* ausgibt. Die Angabe von Buttons ist optional (Default: OK). Werden Buttons übergeben, erscheint der jeweilige Text auf den Schaltflächen. Die Buttons werden dann von rechts nach links angeordnet! Die Funktion gibt für den letzten Button in der Liste eine 0 zurück, für den zweitletzten eine 1 etc.

Tabelle 21.4: Funktionen des Moduls `MacPerl`

Funktion	Beschreibung
`MacPerl::` `Ask(prompt [,default])`	Erzeugt ein Fenster mit dem Text *prompt*, einem Eingabefeld sowie den Schaltflächen »OK« und »Abbrechen«. Ein Standard-Eingabetext kann vorgegeben werden. Liefert die Eingabe zurück oder `undef`, falls abgebrochen wurde.
`MacPerl::` `Pick(prompt, value1, value2, ...)`	Erzeugt eine Auswahlliste der Werte *value1*, ... und gibt den ausgewählten Wert als Text zurück.
`MacPerl::` `SetFileInfo(creator, type, file, ...)`	Verändert den Ersteller und den Typ der Dateien *file*, ...
`MacPerl::` `GetFileInfo(file)`	Liefert im skalaren Kontext den Filetyp, im Listenkontext (*creator*, *typ*).
`MacPerl::` `DoAppleScript(scripttext)`	Führt *scripttext* als AppleScript-Programm aus. Liefert den Ausgabetext des Skripts zurück. Eventuelle Fehler findet man in `$@` (Näheres hierzu im nächsten Absatz).
`MacPerl::Reply(answer)`	Rückgabe an AppleScript, wenn das Perl-Skript über den AppleScript-Befehl `do script` aufgerufen wurde (Näheres im nächsten Absatz).
`MacPerl::Quit(level)`	Festlegen, ob das Skript sich nach der letzten Zeile beenden oder unter bestimmten Bedingungen noch warten soll. Mögliche Werte für *level*: 1-3 (perldoc MacPerl).
`MacPerl::` `LoadExternals(libfile)`	XCMD- und XFCN-Extensions aus der Datei *libfile* laden.
`MacPerl::` `FAccess(file, CMD, args)`	Dateiinformationen verändern (Tabulator, Font, Fensterposition etc.). Was genau verändert wird, legt man über CMD fest. Diesbezügliche Konstanten findet man in `MacPerl:site-perl:FAccess.ph`.
`MacPerl::` `MakeFSSpec(path)`	Kodiert einen Pfad zu einem auf dem System eindeutigen String.
`MacPerl::` `MakePath(fsspec)`	Dekodiert den über `MakeFSSpec` kodierten String wieder zu einem Pfad.
`MacPerl::Volumes()`	Gibt den FSSPEC-String des Start-Volume (skalarer Kontext) oder aller Volumes (Listenkontext) zurück.

Tabelle 21.4: Funktionen des Moduls `MacPerl` *(Forts.)*

AppleScript einbinden

Wie bindet man vorhandene AppleScript-Programme in Perl ein und wie ruft man umgekehrt Perl-Programme im Rahmen von Apple-Skripten auf? Um aus einem Perl-Programm heraus AppleScript-Befehle auszuführen, verwenden Sie die Funktion `MacPerl::DoAppleScript`. Als Argument erwartet der Befehl einen String, der einem AppleScript-Kommando entspricht.

```
MacPerl::DoAppleScript ('display dialog "Hallo"') or die $@;
```

Eventuelle Fehlermeldungen findet man in `$@`. Das übergebene Argument ist der AppleScript-Code an sich, nicht etwa eine Datei, die ein Skript enthält! Für mehrzeiligen Code verwendet man typischerweise eine Variable oder ein Here-Dokument.

```
$script = "... script-befehle ..." or die $@;
MacPerl::DoAppleScript ($script) ;
```

oder

```
$script = << END
.....
END
MacPerl::DoAppleScript ($script) or die $@ ;
```

Möchte man ein bereits gespeichertes Skript aufrufen, muss man es zunächst in eine Variable einlesen.

```
@ARGV = ("my_applesript.txt") ;
while (<>){$script .= $_ }
```

Und wie ruft man ein Perl-Programm aus AppleScript heraus auf? Über den AppleScript-Befehl `do script`.

```
AppleScript:
tell application "MacPerl"
     Do Script {":myscript.pl"}
end tell
```

Möchte man dem Perl-Skript Parameter mitgeben, schreibt man

```
Do Script {":myscript.pl", arg1, arg2, ...}
```

Soll das Perl-Skript etwas an AppleScript zurückgeben, verwendet man innerhalb des Perl-Skripts den Befehl `MacPerl::Reply()`.

```
MacPerl::Reply ("$adress{'Meier'}") ;
```

Diese Rückgabe wird dann in Apple-Skript von dem Befehl `do script` empfangen und seinerseits zurückgeliefert.

```
tell application "MacPerl"
     set rep to Do Script {":myscript.pl"}
end tell
```

```
display dialog "Rückgabe des Perl-Skriptes: " & rep

do script ":dir:myscript.pl"
```

Die Macintosh-Toolbox

Die Macintosh-Programmierschnittstelle, die so genannte Macintosh-Toolbox, steht Ihnen unter Perl ebenfalls zur Verfügung. Sie bietet Low-Level-Befehle für den Umgang mit Dateisystem, Memory, Festplatten, Prozessen und der grafischen Oberfläche.

Sie finden die Befehle der Toolbox in den Unterverzeichnissen von ...MacPerl:lib:Mac. Um beispielsweise das Prozessmodul zu laden, schreibt man

```
use Mac::Processes;
```

Im Hilfe-Menü von MacPerl sowie in der POD-Dokumentation der Module selbst finden Sie Erläuterungen zu den einzelnen Funktionen.

Weitere Module

Im CPAN findet man in der Modulliste unter Kategorie

```
4) Operating System Interfaces, Hardware Drivers
.......
Platform Specific Modules
.......
Mac::
```

noch einige weitere interessante Module für den Mac. Viel Spaß!

21.3   Perl für UNIX

Da die UNIX-Version von Perl sozusagen der Standard ist, von dem aus man die Differenzen der anderen Versionen betrachtet, gibt es nicht viel Spezifisches dazu zu sagen. Vielleicht nur dieses: Es existieren eine ganze Reihe von Befehlen, die für den Umgang mit Systemdateien wie der /etc/passwd oder der /etc/hosts bestimmt sind. Diese Befehle sind naturgemäß ausschließlich in der UNIX-Version von Perl implementiert. Hilfe dazu finden Sie einerseits in der Manpage perlfunc, andererseits aber auch direkt in den Manpages des Systems, da es sich ohne Ausnahme um Nachbildungen der Systemaufrufe gleichen Namens handelt.

getpwnam	getprotobynumber	sethostent
getgrnam	getservbyport	setnetent
gethostbyname	getpwent	setprotoent
getnetbyname	getgrent	setservent
getprotobyname	gethostent	endpwent
getpwuid	getnetent	endgrent
getgrgid	getprotoent	endhostent
getservbyname	getservent	endnetent
gethostbyaddr	setpwent	endprotoent
getnetbyaddr	setgrent	endservent

21.4 Unterschiede zwischen den Perl-5-Versionen

Wenn Sie wissen möchten, was sich an der Perl-Version, die bei Ihnen installiert ist, in Bezug auf ihre Vorgänger geändert hat, was also neu hinzugekommen ist und welche Fehler beseitigt worden sind, können Sie sich die Manpage `perldelta` ansehen.

```
$ perldoc perldelta
```

Die Änderungen spielen sich vor allem im Innenleben von Perl ab, die Performance wird verbessert, ungünstige Fälle werden behandelt etc. Das ist nicht besonders spannend, weshalb wir hier auch nicht genauer darauf eingehen werden. Wenn Sie aber Probleme mit einer älteren Versionen haben, lohnt es sich bestimmt, in der Delta-Dokumentation einer neueren Version nachzusehen, ob die Sache inzwischen behoben wurde.

Auf einen Unterschied zwischen Perl 5.6 und 5.8 sei aber nochmals explizit hingewiesen: die Behandlung von Unicode (Kapitel 20). Wenn Sie für ein Projekt Unicode-Unterstützung brauchen, sollten Sie unbedingt die Version 5.8 oder später verwenden, von 5.6 auf 5.8 gab es in diesem Bereich umfangreiche Änderungen.

21.5 Ein Ausblick auf Perl 6

»*Perl 5 was my rewrite of Perl. I want Perl 6 to be the community's rewrite of Perl and of the community.*« Larry Wall

Das Wichtigste auf einen Blick

- Perl 6 wird viele Jahre *neben* Perl 5 existieren.

- Sie können über Jahre hinweg sowohl Perl-5- als auch Perl-6-Skripte schreiben.

- Der Perl-6-Interpreter wird auch Perl-5-Skripte ausführen können.

- Perl 6 steht dem *normalen* Programmierer wohl ab 2005 zur Verfügung.

- Für *Sie* wird sich nicht allzu viel ändern! Die Syntax bleibt überwiegend erhalten.

Warum Perl 6?

Aus den Beiträgen im Internet zur Entstehungsgeschichte von Perl 6 wird deutlich, dass es immer schwieriger wurde, gewünschte und für notwendig erachtete Veränderungen in Perl 5 aufzunehmen. Bei Larry Wall wurde der Wunsch immer dringlicher, Perl komplett neu zu schreiben. Dabei ging es *nicht* darum, die Syntax zu verändern, also das, womit *wir* als Perl-Anwender konfrontiert sind, sondern um den *inneren Aufbau*. Perl sollte noch modularer, objektorientierter, flexibler und noch schneller werden.

Entscheidend ist der Punkt, dass es im Wesentlichen nicht darum geht, eine neue Sprache, neue Syntax oder neue Elemente zu entwickeln, sondern darum, die uns bekannte Sprache auf neue, flexiblere und schnellere Füße zu stellen.

Die Entwicklung an Perl 6 wird von Larry Wall zwar kontrolliert; die wichtigen Entscheidungen trifft allein er selbst. Durchgeführt wird sie jedoch von einer Gruppe von Programmierern aus der Perl-Gemeinde. Und die komplette Gemeinde redet mit und rein.

Unter *http://dev.perl.org/perl6/* können Sie den Diskussions- und Schaffensprozess mitverfolgen.

Die innere Struktur von Perl 6

Das wichtigste an der internen Neustrukturierung ist die starke Modularisierung. Perl 6 wird im Wesentlichen aus den Komponenten

- Parser

- Compiler

- Bytecode-Optimierer und

- Laufzeitumgebung (Runtime Engine)

bestehen.

Der Source-Code eines Skripts wird vom *Parser* zerlegt. Der baut daraus den so genannten Syntax-Tree auf, welchen er an den *Compiler* weiterreicht. Der *Compiler* erzeugt aus dieser Baumstruktur von Befehlen den so genannten Byte-Code. Der *Optimizer* macht daraus vielleicht besseren, schnelleren Byte-Code. Der fertige Byte-Code wird schließlich der Laufzeitumgebung, dem eigentlichen Interpreter zur Ausführung übergeben.

So weit, so gut. Nichts Erschütterndes bisher. Der Witz ist aber, dass alle vier Komponenten unabhängig voneinander funktionieren, weshalb es voraussichtlich nicht *eine*, sondern mehrere Versionen einer Komponente geben wird. Einen Compiler, der Perl-Byte-Code erzeugt, OK.

Aber warum nicht auch einen für Java-Byte-Code? Oder .Net-Byte-Code? C-Code? Genau dies wird angestrebt!

Außerdem kann die Runtime Engine wegen ihrer Unabhängigkeit auch aus einer *Datei* mit *fertigem* Byte-Code gefüttert werden, Sie können also Byte-Code *speichern*. Das macht die Ausführung wesentlich schneller. Die Modularität erlaubt es beispielsweise auch, eine Runtime Engine für Palm-PCs zu schaffen. Sie alleine genügt, wenn sie mit fertigem Perl-Byte-Code versorgt wird. Der Palm-PC braucht weder den Parser noch den Compiler oder Optimizer.

Stand der Dinge

Nun will natürlich jeder wissen, wann es so weit ist, wann Perl 6 herauskommt und wie weit man in der Entwicklung bereits vorangeschritten ist. Dazu sei bemerkt, dass Anfang 2003, das ist der Zeitpunkt, zu dem diese Zeilen geschrieben werden, die Arbeit noch voll im Gange ist.

Beispielsweise ist die Laufzeitumgebung – *parrot* genannt – noch nicht im Stande, Hash-Elemente zu löschen. Auch beherrscht sie noch keine Iteration durch den Hash. Was Parser und Compiler betrifft, möchte man eine Möglichkeit schaffen, Integer-Zahlen mit einem Gültigkeitsbereich zu versehen. Über das Wie wird aber noch *diskutiert*. Soll es

```
my $date is Integer(1..31);
```

heißen? Oder doch lieber

```
my int(1..31) $date;
```

Ein Entwickler berichtet, dass er gerade dabei ist, eval() zu implementieren, andere diskutieren über eine zusätzliche Syntax zur Anwendung mehrerer Operatoren auf Arrays. Soll man die Operatoren in der Reihenfolge ihrer Ausführung von links nach rechts oder von rechts nach links schreiben? Als Operator stehen entsprechend ~> und <~ zur Diskussion.

Und warum dauert die Entwicklung so lange? Weil alles, aber auch wirklich alles neu geschrieben wird. Man kann kaum auf Bestehendem aufbauen, weil man größten Wert auf kleinen Umfang und starke Leistungsfähigkeit legt. Alles wird in C neu programmiert, außer Elemente, die keinen Einfluss auf die Schnelligkeit des laufenden Programms haben, da nimmt man Perl! Der Compiler beispielsweise ist in Perl geschrieben!

Sie sehen: Der Weg ist noch weit. Aber selbst, wenn es irgendwann heißt, die erste *stabile* Version von Perl 6 sei erhältlich, was wohl irgendwann 2005 der Fall sein dürfte, werden Sie Ihre Perl-Programme für den produktiven Einsatz noch eine ganze Weile in Perl 5 schreiben.

Koexistenz von Perl 5 und Perl 6

Die Entwickler von Perl 6 betonen immer wieder, dass Perl 5 und Perl 6 über viele, viele Jahre koexistieren werden. Das sieht man alleine schon daran, dass parallel zu Perl 6 derzeit auch Perl 5 noch weiterentwickelt wird. Die zig tausend Perl-5-Skripte, die weltweit im Einsatz sind, werden nach wie vor unterstützt. In welcher Form das genau sein wird, ob Parser, Compiler und

Runtime Engine die Perl-Version des Skripts anhand bestimmter Merkmale automatisch erkennen oder ob man die eine oder die andere Gruppe explizit kennzeichnen muss, steht allerdings noch nicht fest.

Auch hier lautet die wichtigste Botschaft: Entwarnung.

Up-to-date bleiben

Wenn Sie in Sachen Perl 6 am Ball bleiben möchten, sollten Sie ab und zu einen Blick auf

http://dev.perl.org/perl6/

werfen. Die Entwickler haben sich zum Ziel gesetzt, nicht nur die interne Struktur der neuen Sprache zu erläutern, sondern auch den kompletten Entstehungsprozess zu dokumentieren. Dreh- und Angelpunkt dieses Dokumentationsprojekts ist die oben genannte Website. Hier ein paar Hinweise zum Aufbau der Seite:

Status	Gibt einen Überblick über das Dokumentationssystem.
Architecture	Erläutert das Architektur von Perl 6.
RFC	Beinhaltet 361 Dokumente mit Vorschlägen aus der Perl-Gemeinde.
PDD	Enthält Perl Design Documents, die den inneren Aufbau der Sprache beschreiben.
Apocalypses	Larry Walls Ankündigungen und Entscheidungen
Exegeses	Versuche von Damian Conway, Larry Walls Apocalypses zu erläutern.
Synopses	Fassen die syntaktischen Neuerungen sachlich zusammen.
This Week	Bietet eine Zusammenfassung der Beiträge in den verschiedenen Newsgroups und Mailing-Listen der vergangenen Woche und somit einen Eindruck vom aktuellen Zustand der Arbeit.

21.6 Zum Abschied

Nun bleibt mir nur noch, mich von Ihnen zu verabschieden. Ich hoffe, Sie hatten in den letzten drei Wochen eine gute Zeit und viel Freude an der Arbeit mit diesem Buch. Vieles von dem, was Sie gelesen haben, gerade was die grundlegenden Konzepte, Techniken und Befehle betrifft, haben Sie inzwischen verinnerlicht. Anderes, vor allem die Fülle von Details, die mit Perl einhergeht, kann man sich unmöglich auf Anhieb merken. Akzeptieren Sie, dass ein menschliches Gehirn keine Festpatte ist. Details kann man nachlesen! Entweder in den Manpages oder in diesem Buch. Und je mehr Sie in der Praxis mit Perl arbeiten, desto seltener werden Sie nachschauen müssen.

Wenn Ihnen Druck- oder sonstige Fehler aufgefallen sind, wäre es sehr nett, wenn Sie mir und dem Verlag eine kurze Mail senden würden: *patrick.ditchen@mut.de*. Auch über Anregungen und (positive ;-)) Kritik würde ich mich freuen. Auf meiner Webseite *www.pditchen.de* finden Sie die bis dahin eingegangenen Hinweise, außerdem Informationen zu anderen Büchern, die ich geschrieben habe, sowie zu Kursen für Perl und UNIX-Shell-Skript-Programmierung.

21.7 Zusammenfassung

Perl für Windows

- `perl -e "....."` Doppelte Anführungszeichen auf der Kommandozeile.

- Metazeichen für Dateinamen werden von `command.com` nicht aufgelöst.

- `open IN, "c:\\daten\\file.log";` Den Backslash verdoppeln.

- `open IN, "c:/daten/file.log";`
  Normale Slashes funktionieren, solange kein Windows-Befehl sie als Optionszeichen interpretieren kann.

- `binmode IN;`
  Die Übersetzung von Newlines zwischen Festplatte und Memory abschalten.

- `chmod(), symlink(),...`
  Funktionen, die Attribute betreffen, die das Windows-Filesystem nicht bietet, sind nicht oder nur teilweise implementiert.

- `Win32::ShortCut.pm` Verknüpfungen erstellen und auslesen.

- `Win32.pm` Viele Windows-spezifische Funktionen sind im Win32-Modul zu finden.

- `Win32::MsgBox()` Einfache Informations-Popup-Fenster.

- `Win32::...` Viele weitere Funktionen findet man in Standardmodulen der `Win32`-Gruppe.

- `Win32::Adminmisc`
  Auch im CPAN findet man eine Reihe leistungsfähiger Windows-Module.

Perl für MacOS 8/9

- MacOS X basiert auf einem UNIX-System. Daher läuft auf diesen Rechnern auch die UNIX-Version von Perl. Unter MacPerl versteht man Perl für MacOS 8/9.

- Einzeiler führt man in MacPerl über den Menüeintrag ONE LINER aus.

- `open IN, "vol:daten:file.log";` Doppelpunkte als Verzeichnistrenner.

- `system()` und `` `...` `` funktionieren unter MacPerl bis auf vier Ausnahmen nicht.

- @ARGV wird bei Dateinamen über ein Droplet nachgebildet, ansonsten über eine Eingabe von STDIN.

- %ENV kann von MacPerl gesetzt werden, das System ignoriert es aber.

- 1.1.1904 Absolute Zeitangaben in Sekunden beziehen sich auf diesen Tag, 0:00 Uhr.

- MacPerl::Ask()
  Einige interessante Funktionen für die Mac-Oberfläche, insbesondere einfache Fensterfunktionen findet man im Modul MacPerl.

- MacPerl::DoAppleScript() AppleScript-Befehle einbinden.

- Do Script {":myscript.pl"} Perl-Programme aus AppleScript heraus aufrufen.

- Mac::... Die Module der Macintosh-Toolbox, der Low-Level-API für Macs.

- Perl für UNIX/LINUX

- getpwnam
  Befehle, die sich auf Systemdateien beziehen, findet man ausschließlich in den UNIX-Versionen von Perl.

Perl 6

- Perl 6 ist ein komplett neu geschriebenes Perl.

- Es besteht aus voneinander unabhängigen Modulen, die es erlauben, gespeicherten Byte-Code direkt auszuführen und andere Programmiersprachen mit einzubinden.

- Die Syntax bleibt überwiegend erhalten, Perl 6 wird auch Perl-5-Skripte ausführen können.

- Zurzeit wird noch an Perl 6 gearbeitet. 2005 ist es wohl verfügbar.

- Auf *http://dev.perl.org/perl6/* kann man den Entwicklungsprozess mitverfolgen.

21.8 Workshop

Fragen und Antworten

F *Administriert man Windows-Rechner besser über die* Win32-*Module oder über* system() *und den Windows-Befehl* net?

A Wenn Sie den net-Befehl kennen, können Sie ihn gerne über system oder `...` dazu nutzen, Benutzer und Gruppen anzulegen, Laufwerke freizugeben etc. Dumm wird es nur, wenn Sie seine Ausgabe weiterverarbeiten müssen! Wenn Sie net aber noch nicht kennen, würde ich Ihnen die Perl-Module empfehlen. Es erspart der Maschine eine Menge Arbeit, wenn Sie nicht dauernd system() aufrufen.

F *Wenn ich Benutzereingaben und Bildschirmausgaben unter Windows über Fenster abwickeln möchte, nehme ich da besser Perl/Tk oder* `Win32::GUI`*?*

A Mit der `Win32`-Funktion `MsgBox()` und dem GUI-Modul kommen Sie wahrscheinlich schneller zum Ziel. Perl/Tk ist aber sehr viel flexibler. Sobald es über eine einfache Texteingabe hinausgeht, würde ich Perl/Tk empfehlen. Dann läuft Ihr Skript auch auf einem klassischen Mac und auf einem neuen, auf einer Linux-Maschine oder auf einer UNIX-Workstation von SUN, IBM oder HP.

F *Soll ich meine AppleScript-Programme in Perl umschreiben?*

A Nie und nimmer! Was läuft, das läuft! Außerdem beherrscht AppleScript die Automatisierung vieler Macintosh-Programme, das heißt, Sie können programminterne Befehle über AppleScript steuern. Das ist großartig, Perl kann das nicht. Allerdings lassen sich solche Fernsteuerungen auch hervorragend über `DoAppleScript()` und die entsprechenden AppleScript-Kommandos in Perl-Skripte integrieren.

F *Können Sie keine Liste mit Neuerungen in Perl 6 angeben, die uns als Programmierer betreffen?*

A Nein, leider nicht. Ich hatte es eigentlich vor, habe aber wieder Abstand davon genommen. Alles befindet sich noch in einem Stadium von »wahrscheinlich«, »womöglich« und »entweder oder«. Das Entwicklerteam arbeitet an der Programmierung der vier Hauptmodule und realisiert zunächst einmal die wichtigsten Features von Perl 5. Gleichzeitig legt Larry Wall Schritt für Schritt die Änderungen an der Syntax fest. Dabei gelten aber die beisden Grundsätze:

1. Was Perl betrifft, hat Larry immer Recht.

2. Larry kann jederzeit seine Meinung ändern und hat dann immer noch Recht. Von dem zweiten Grundsatz macht er leider öfter Gebrauch ;-)

Quiz

1. Der normale Perl-Befehl `sleep()` arbeitet mit einem Raster von einer Sekunde, wie ist das mit `Win32::Sleep()` und `Win32::GetTickCount()`?

2. Können Sie einen Windows-Rechner über Perl herunterfahren?

3. Erzeugen Sie über einen Perl-Einzeiler die kleine Nachricht »Feierabend!« als Popup-Fenster auf dem Bildschirm.

4. Wie lauten unter MacPerl die drei Befehle zur Erzeugung einer Info-Box, eines Texteingabefensters und einer Auswahlliste?

5. Wie heißt die Runtime Engine von Perl 6, also dasjenige Modul, das den Byte-Code schließlich ausführt?

6. Wie hat Ihnen dieses Buch gefallen, was haben Sie vermisst und was könnte man verbessern? ;-)

Übungen

1. Windows: Schreiben Sie ein Skript, das eine Nachricht auf dem Bildschirm anzeigt (oder irgendetwas anderes tut), wenn in einem Verzeichnis oder in einem seiner Unterverzeichnisse eine Datei geändert wurde. Verwenden Sie hierzu das Modul `Win32::ChangeNotify`. Sehen Sie sich seine Dokumentation an. Über `new()` bilden Sie zunächst ein Überwachungsobjekt. Legen Sie das Attribut `subtree` auf 1 fest und `event` auf `LAST_WRITE`. Wenn Sie möchten, können Sie `wait()` und `reset()` in eine Endlosschleife setzen. Bei `wait()` hängt das Programm, bis ein Event eintritt. Hinter `wait()` können Sie also die eigentliche Aktion starten.

2. MacOS 8/9: Fragen Sie den Benutzer nach einer Zeichenkette und geben Sie ihm diese umgedreht wieder zurück. Verwenden Sie sowohl für die Eingabe wie auch für die Ausgabe grafische Dialoge.

3. UNIX und MacOS X: Schreiben Sie ein Programm, das einen Benutzernamen oder eine Benutzer-ID auf der Befehlszeile erwartet und die zu dem Namen passende ID oder den zu der ID passenden Namen ausgibt. Kontrollieren Sie das übergebene Argument anhand eines Regular Expression. Im einen Fall wird `getpwnam()`, im anderen `getpwuid()` (im skalaren Kontext) aufgerufen.

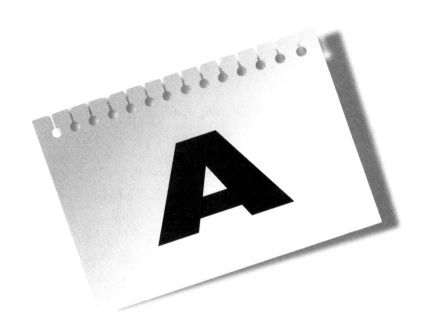

Auflösung der
Workshops

A.1   Tag 1

Quiz-Antworten

1. Perl steht für **P**ractical **E**xtraction and **R**eport **L**anguage.

2. Larry Wall hat Perl 1987 entwickelt.

3. Perl ist definitiv eine Interpreter-Sprache. Sie interpretiert Zeile für Zeile erst zur Laufzeit. Compiler-Sprachen übersetzen hingegen den gesamten Code in Maschinensprache.

4. Aktuell arbeitet man mit Perl 5. Die Versionen 5.6 und 5.8 sind geläufig.

5. Die zentrale Perl-Adresse lautet: *www.perl.com*

6. Es wird erst gar nicht gestartet.

7. Warnungen anschalten: `perl -w myscript.pl`

Lösungen zu den Übungen

1.
```perl
#!/usr/bin/perl -w
#
# user1.pl
# Benutzeralter erfragen

print "Geben Sie Ihr Alter ein. " ;
$alter = <STDIN> ;
chomp $alter ;

print "Ihr Alter ist: $alter \n" ;
```

2.
```perl
#!/usr/bin/perl -w
#
# user2.pl
# Benutzer ueber 18?

print "Geben Sie Ihr Alter ein. " ;
$alter = <STDIN> ;
chomp $alter ;

if ($alter >= 18) {
    print "Zugang erlaubt. \n" ;
    }
```

```
3. #!/usr/bin/perl -w
   #
   # rechne.pl
   # Kleine Rechnungen

   print "Erste Zahl: " ;
   $zahl1 = <STDIN> ;
   print "Zweite Zahl: " ;
   $zahl2 = <STDIN> ;

   $sum = $zahl1 + $zahl2 ;
   $diff = $zahl1 - $zahl2 ;

   print "Summe: $sum \n" ;
   print "Differenz: $diff \n" ;
```

A.2   Tag 2

Quiz-Antworten

1. $kunde1 , $_kunde1 und $__kunde__1 . Die anderen enthalten Sonderzeichen oder beginnen mit einer Ziffer.

2. 5 + "a34" -> 5 (String wird zu 0); 5 + "34a" -> 39 (String wird zu 34)

3. $n = $n - 1 ; $n -= 1 ; $n -- ; --$n ;

4. Im ersten Fall 5, da $a erst anschließend erhöht wird, im zweiten Fall 6.

5. $z = int (rand 10) ; print "$z \n" ;

6. $z = int (rand 5) + 10 ; print "$z \n" ;

7. printf "%.1f", 45.77777 ;

8. if ($n % 7 == 0) ...

   Der Modulo-Operator % ist hervorragend für solche Teilbarkeitsprobleme geeignet.

Lösungen zu den Übungen

1.
```
#!/usr/bin/perl
#
# befunde1.pl
# Berechnet prozentualen Anteil positiver Befunde
```

649

```perl
$all = 350 ;                    # Gesamtanzahl
$pos = 75 ;                     # positive

$p = $pos / $all * 100 ;        # Berechnung

# Rundung und Ausgabe. Prozentzeichen in printf: %%
printf "Positive Proben: %.0f %% \n", $p ;
```

2.
```perl
#!/usr/bin/perl
#
# befunde2.pl
# Berechnet prozentualen Anteil positiver Befunde

print "Gesamtanzahl Befunde: " ;
$all = <STDIN> ;
chomp $all ;                    # geht auch ohne chomp

print "positive Befunde:    " ;
$pos = <STDIN> ;
chomp $pos ;

$p = $pos / $all * 100 ;        # Berechnung

# Rundung und Ausgabe. Prozentzeichen in printf: %%
printf "Positive Proben:    %.0f %% \n", $p ;
```

3.
```perl
#!/usr/bin/perl
#
# euro.pl
# Euro-Dollar-Umrechner

$kurs = 0.95 ;                              # Umrechnungskurs

print "Euro-Preis:    " ;
$euro = <STDIN> ;
chomp $euro ;

$dollar = $kurs * $euro ;
$dollar = sprintf "%.2f", $dollar ;         # Runden

print "Dollar-Preis: $dollar" ;
```

```
4.   #!/usr/bin/perl -w
     #
     # mwst.pl
     # Berechnet die in einem Preis enthaltene Mehrwertsteuer

     print "Geben Sie bitte Ihren Preis ein: " ;
     $preis = <STDIN> ;

     # Preis = Netto + Mwst. (100% + 16% = 116%)
     $netto = sprintf "%.2f", $preis / 1.16 ;
     $mwst  = sprintf "%.2f", $preis / 1.16 * 0.16 ;

     print "\n" ;
     print "Nettopreis: $netto \n" ;
     print "Mehrwertsteuer: $mwst \n\n" ;
```

A.3   Tag 3

Quiz-Antworten

1. | 90 lt 245 | -> | falsch ("245" vor "99") |
    | 88 > 123 | -> | falsch |
    | "Berlin" < "Bobb" | -> | falsch (0 == 0) |
    | "Berlin" lt "Bonn" | -> | wahr ("Be..." vor "Bo...") |

2. `if ( $eingabe eq "" ) ...`

3. Man wandelt zunächst in Kleinbuchstaben um:

    ```
    if ( lc($eingabe) eq "quit) ...     oder
    $test = lc $eingabe ; if ($test eq "quit") ...
    ```

4. Man testet die vorwärts gegen die rückwärts geschriebene Variante:

    ```
    if ( $wort eq reverse($wort) ) { print "Palindrom! \n" ;
    ```

5. Alles vom Startpunkt bis zum Ende

6. Der Startpunkt wird von hinten gezählt. Ab diesem Punkt wird ein Teil der gewünschten Länge geliefert.

Lösungen zu den Übungen

1.
```perl
#!/usr/bin/perl -w
#
# bck.pl
# Ersetzt die Endung einer Datei durch .bck

print "Dateiname: " ;
$datei = <STDIN> ; chomp $datei ;
$datei_neu = $datei ;                    # Manipulationen an Kopie

$p = rindex $datei_neu, "." ;

# Ausnahmen: Wenn kein Punkt vorhanden oder bereits erstes
# Zeichen ein Punkt ist, dann
if ( $p <= 0 ) { $p = length($datei_neu) }

substr ($datei_neu, $p) = ".bck" ;

print "Neuer Name: $datei_neu \n\n" ;
```

2.
```perl
#!/usr/bin/perl -w
#
# euro2.pl
# Euro-Dollar-Umrechnerfür beide Richtungen

$kurs = 0.95 ;                           # Umrechnungskurs

print "Original-Preis:   " ;
$orig = <STDIN> ;
chomp $orig ;

$p = index $orig , " " ;                 # erstes Leerzeichen
$waehrung = substr $orig , $p+1 ;        # Waehrung hinter $p
substr($orig, $p+1) = "" ;               # Waehrung loeschen

# Eu -> $
if ( $waehrung eq "Eu" ) {
    $neu = $orig * $kurs ;
    $waehrung_neu = '$' ;
    }

# $ -> Eu
if ( $waehrung eq '$' ) {
    $neu = $orig / $kurs;
```

```
        $waehrung_neu = "Eu" ;
    }

    $neu = sprintf "%.2f", $neu ;     # Runden

    print "Umgerechnet:      $neu $waehrung_neu" ;
```

3.  ```
    #!/usr/bin/perl -w
    #
    # zeit.pl
    # Isoliert die Zeit aus einem Datum.

    $date="Thu Oct 24 18:01:40 MEST 2002" ;
    # UNIX: $date = `date`;

    $p2 = index($date,":") ;            # Erster :
    $p1 = rindex($date," ",$p2) ;       # Leerzeichen vor :
    $p3 = index($date,":",$p2+1) ;      # Zweiter :

    # Zeit: Vom Leerzeichen bis zum zweiten Doppelpunkt
    $zeit= substr ($date, $p1+1, $p3-$p1-1) ;

    print "Uhrzeit: $zeit \n" ;
    ```

4.  ```
    #!/usr/bin/perl -w
    #
    # umbruch1.pl
    # Bricht 2 eingelesene Zeilen neu um

    print "Umbruch-Breite:   " ;
    chomp ( $breite = <STDIN> ) ;

    print "Geben Sie bitte eine Text-Zeile ein.\n" ;

    $line = <STDIN> ;

    # Wir suchen das letzte Leerzeichen vor der Breite
    $p = rindex ($line, " ", $breite-1) ;

    # Geben die Zeile bis dorthin aus
    print substr ($line, 0, $p) , "\n" ;

    # Löschen den ausgegebenen Teil + Leerzeichen
    substr ($line, 0, $p+1) = "" ;
    ```

```
# Und wiederholen das Ganze
$p = rindex ($line, " ", $breite-1) ;
print substr ($line, 0, $p) , "\n" ;
substr ($line, 0, $p+1) = "" ;

$p = rindex ($line, " ", $breite-1) ;
print substr ($line, 0, $p) , "\n" ;
substr ($line, 0, $p+1) = "" ;

# OK, es wird langweilig.
# Wir brauchen auf jeden Fall eine Schleife,
# doch die gibts erst uebermorgen.
```

A.4   Tag 4

Quiz-Antworten

1. Ein Semikolon darf nur hinter der letzten geschweiften Klammer stehen. In der Mitte von `if-else` oder `if-elsif-else` würde es das Gesamtkonstrukt zerstören.

2. Es darf nur ein einziger Befehl modifiziert werden, geschweifte Klammern bzw. Befehls-gruppen sind nicht erlaubt.

3. Über `do {...} if ...` können mehrere Befehle modifiziert werden.

4. `xor` wird dann wahr, wenn beide Teile einen unterschiedlichen Wahrheitswert besitzen. Um festzustellen, ob dies der Fall ist, muss Perl den zweiten Teil *immer* auswerten. Damit kann kein `if` nachgebildet werden.

5. `perl -d myscript.pl`

Lösungen zu den Übungen

1.
```
$max = $a > $b ? $a : $b ;
$max = $c > $max ? $c : $max ;
```

```
- - - - - - - - - - - - - - - - - - -
```

```
$max = $a ;
$max = $b if $b > $max ;
$max = $c if $c > $max ;
```

- - - - - - - - - - - - - - - - - -

```perl
$max = $a ;
$b > $max and $max = $b ;
$c > $max and $max = $c ;
```

Ausprobieren: Skript heißt max3.pl

2.
```perl
#!/usr/bin/perl -w
#
# username.pl
# Schlaegt einen hoechstens 8 Zeichen langen Benutzernamen vor

print "Bitte geben Sie Vor- und Nachname ein. \n" ;
$name = <STDIN> ; chomp $name ;

$user = substr $name, rindex($name, " ") + 1 ;   # Letztes Wort
$user = lc $user ;                               # Klein geschrieben
$user = substr($user,0,8) if length($user) > 8 ;   # 8 Zeichen

print "Vorgeschlagener Benutzername: $user \n" ;
```

3.
```perl
#!/usr/bin/perl -w
#
# backup.pl
# Ermittelt den Typ des Backups abhaengig vom Wochentag

$date = localtime ;                    # aktuelles Datum

$p = index $date, " " ;
$wotag = substr $date, 0, $p ;         # Wochentag

# Backup-Typ
if ( $wotag eq "Fri" ) {
    $typ = 'full' ;
    }
elsif ( $wotag eq "Sat" or $wotag eq "Sun" ) {
    $typ = 'no' ;
    }
else {
    $typ = 'diff' ;
    }

print "Backup-Typ: $typ \n"
```

4.
```perl
#!/usr/bin/perl -w
#
# rechner.pl
# Kleiner Rechner für + - * und /

print "Rechnung: \n" ;
$zeile = <STDIN> ; chomp $zeile ;

# Zerlegung
$p1 = index $zeile, " " ;
$p2 = index $zeile, " ", $p1+1 ;
$a  = substr $zeile, 0, $p1 ;              # erste Zahl
$op = substr $zeile, $p1+1, $p2-$p1-1 ;    # Operator
$b  = substr $zeile, $p2+1 ;               # zweite Zahl

# Berechnung
if    ( $op eq "+" ) { $c = $a + $b }
elsif ( $op eq "-" ) { $c = $a - $b }
elsif ( $op eq "*" ) { $c = $a * $b }
elsif ( $op eq "/" ) { $c = $a / $b }
else { print "Operation nicht bekannt (+ - * /). \n" }

# Ausgabe
print "$zeile = $c \n" ;
```

A.5   Tag 5

Quiz-Antworten

1. Man muss die Einlese-Befehle nicht noch einmal zusätzlich vor die Schleife setzen.

2. `while () {...}` oder `while (1) {...}`

3. `while ( $eingabe ne "quit\n" ) { ... }`

4. Auf 6.

5. Sie gibt alle Dateinamen des aktuellen Verzeichnisses groß geschrieben untereinander aus.

6. `print $line while $line = <> ;`

   Das geht übrigens noch kürzer ;-)

   `print while <> ;`

Lösungen zu den Übungen

1.
```perl
#!/usr/bin/perl -w
#
# rate2.pl
# Zahlen raten mit Hinweis auf niedrig/hoch

$n = 0 ;                      # Zaehler
$maximum = 10 ;              # Zahl zwischen 0 und $maximum
$zahl = int rand $maximum ;   # Die gilt es zu finden

print "Welche Zahl habe ich mir ausgedacht? (0-$maximum) \n" ;

while () {
    $rate = <STDIN> ;
    chomp $rate ;
    $n ++ ;

    print "zu klein \n" if $rate < $zahl ;
    print "zu hoch \n"  if $rate > $zahl ;

    last if $rate == $zahl
    }

print "Richtig! \n"  ;
print "Sie haben $n Versuche gebraucht. \n\n" ;
```

2.
```perl
#!/usr/bin/perl -w
#
# stringsuche1.pl
# Durchsucht Dateien nach einem String

print "Nach welchem String soll gesucht werden? \n" ;
chomp ( $string = <STDIN> ) ;

print "Suchergebnisse: \n" ;

while ( $line = <> ) {
    print $line if index ($line, $string) >= 0 ;
    }
```

3.
```perl
#!/usr/bin/perl -w
#
# stringsuche2.pl
```

657

```
# Durchsucht Dateien nach einem String
# Mit Dateinamen ($ARGV)

print "Nach welchem String soll gesucht werden? \n" ;
chomp ( $string = <STDIN> ) ;

print "Suchergebnisse: \n" ;

while ( $line = <> ) {
    print "$ARGV:$line" if index ($line, $string) >= 0 ;
    }
```

4.
```
#!/usr/bin/perl -w
#
# statistik2.pl
# Zusammenfassung der Quartale

<>; <>;      # die ersten beiden Zeilen wegwerfen

for ($quart=1; $quart<=4; $quart++) {

    for ($monat=1, $summe=0; $monat<=3 ; $monat++) {
        $zahl = <> ;
        chomp $zahl ;
        $summe += $zahl ;
        }
    print "Quartal $quart: $summe \n"
    }
```

A.6 Tag 6

Quiz-Antworten

1. Nein. qw($x $y $z) steht für ('$x', '$y', '$z')

2. Alle außer $a[1]+$b[1]

3. Große Dateien passen nicht in den Arbeitsspeicher. Außerdem kann man sich auch bei kleineren Dateien den Speicherplatz sparen, wenn man die Zeilen nur *einmal* bearbeiten und dadurch nicht zwischenspeichern muss.

4. shift, pop, unshift, push und splice

5. shift, pop und splice geben das entfernte Stück zurück, unshift und push die neue Anzahl von Elementen.

6. Ja. Perl stellt in dieser Hinsicht überhaupt keine Ansprüche.

7. Ja. Das Array darf beliebig ungleichmäßig sein. Nur so kann man individuelle Datenstrukturen erzeugen.

8. Das dritte

Lösungen zu den Übungen

1.
```perl
#!/usr/bin/perl -w
#
# monatsname.pl
# Gibt den zu einer Monatszahl passenden Namen aus

$USAGE = "monatsname.pl <zahl>   ( 1 - 12 )\n" ;

@monat = qw ( Januar Februar Maerz April Mai Juni
              Juli August September Oktober November Dezember ) ;

if ( $#ARGV != 0 || $ARGV[0] < 1 || $ARGV[0] > 12 ) {
   print "Skript falsch aufgerufen. \n", $USAGE ;
   exit 1;
   }

print $monat[$ARGV[0]-1], "\n" ;
```

2.
```perl
#!/usr/bin/perl -w
#
# monatszahl.pl
# Gibt den zu einem Monatsnamen die passende Zahl aus

$USAGE = "monatszahl.pl <Monatsname> \n" ;
$mzahl = 0 ;                    # zu ermittelnde Zahl

@monat = qw ( Januar Februar Maerz April Mai Juni
              Juli August September Oktober November Dezember ) ;

$name = $ARGV[0] ;

if ( $#ARGV != 0 ) {
   print "Skript falsch aufgerufen. \n", $USAGE ;
   exit 1;
```

```
        }

    # Die richtige Zahl suchen
    for ( $i=0; $i<=11; $i++) {
        if ( lc($name) eq lc($monat[$i]) ) {
            $mzahl = $i+1 ;
            last ;
            }
        }

    print $mzahl > 0 ? "$mzahl \n" : "Monatsname falsch angegeben.\n" ;
```

3.
```
#!/usr/bin/perl
#
# lochweg.pl
# Entfernt Loescher aus einem Array

@old = ( 2, 5, 13, undef, 6, 8, undef, 3 ) ;
@new = () ;

for ($i=0; $i<=$#old; $i++) {
    $new[$n++] = $old[$i] if defined $old[$i] ;
    }

print "Altes Array: @old \n" ;
print "Laenge: ", scalar @old, "\n" ;
print "Neues Array: @new \n" ;
print "Laenge: ", scalar @new, "\n" ;

# Wenn man's unbedingt im gleichen Array haben moechte
@old = @new ;
```

4.
```
#!/usr/bin/perl -w
#
# reverse.pl
# Gibt eine Datei rückwärts aus

# Einlesen
@datei = <> ;

# Ausgeben
for ($i=$#datei; $i>=0; $i--) {
    print $datei[$i] ;
    }
```

A.7   Tag 7

Quiz-Antworten

1. `@arr = split /,/, $string ;`

2. `$hostaddr = ( split /\./, $ipadress ) [-1] ;`

3. `@funde = grep /sendmail/ @arr ;`

4. `map { $_ = sprintf "%.2f", $_ } @arr ;`

5. `@sarr = sort { $b <=> $a } @arr ;`

Lösungen zu den Übungen

1.
```perl
#!/usr/bin/perl
#
# pfad.pl
# Zerlegt einen Pfad in seine Bestandteile
# UNIX-Variante: Pfad mit / getrennt

$USAGE  = "pfad.pl /dir1/dir2/file \n" ;
$fehler = "Skript falsch aufgerufen. \n" ;

# Falschen Aufruf abfangen
if ( @ARGV != 1 ) {
   print $fehler, $USAGE ;
   exit ;
   }


# Erstes Argument
$pfad = shift @ARGV ;

# Zerlegen - hier ändern für Windows: split /\\/, $pfad
@pfad_arr = split '\/', $pfad ;

# Absolute Verzeichnisnamen beginnen mit einem leeren Feld
shift @pfad_arr if $pfad_arr[0] eq "" ;

# Ausgeben
print "Verzeichnisse, Dateiname: \n" ;
print join "\n", @pfad_arr ;
```

2.  ```
    #!/usr/bin/perl -w
    #
    # wordcount.pl
    # Zaehlt Zeilen, Woerter und Zeichen einer Datei

    $USAGE  = "wordcount.pl datei \n" ;
    $fehler = "Skript falsch aufgerufen. \n" ;
    $zeilen=$woerter=$zeichen=0 ;                  # Initialisierung

    $datei = $ARGV[0] ;

    # Falschen Aufruf abfangen
    if ( @ARGV != 1 ) {
       print $fehler, $USAGE ;
       exit ;
       }

    # Datei einlesen
    open IN, $datei ;
    @file = <IN> ;
    chomp @file ;

    # Zeilen
    # Skalarer Kontext = Anzahl
    $zeilen = @file ;

    # Zeichen
    # Für jede Zeile die Länge ermitteln und aufsummieren.
    map { $zeichen += length($_) ; print length ($_), "\n"} @file ;

    # Woerter
    # Für jede Zeile die Anzahl der Woerter ermitteln
    # (skalarer Kontext von split, split ohne alles -> $_).
    map { @lines = split; $woerter += @lines } @file ;

    # Ausgabe
    print "
    Datei: $datei
    Zeilen: $zeilen  woerter: $woerter  Zeichen: $zeichen \n" ;
    ```

3.  ```
    #!/usr/bin/perl -w
    #
    # schwelle.pl
    # Gibt alle Werte aus, die über einer Schwelle liegen

    $file = "zahlen.dat" ;
    ```

```
# Befehlszeile
$schwelle = shift @ARGV ;
$schwelle = $schwelle || 10 ;          # Default

# Daten einlesen
open IN, $file ;
@zahlen = <IN> ;
chomp @zahlen ;
close IN ;

# Suche
@gross = grep { $_ > $schwelle } @zahlen ;

# Sortieren
@gross = sort  { $a <=> $b } @gross ;

# Ausgabe
print "Zahlen ueber $schwelle: \n" ;
print "@gross \n" ;
```

4.
```
#!/usr/bin/perl -w
#
# mittelwert.pl
# Bestimmt Min, Max und Mittelw. ueber map und sort

$sum = 0 ;

# Zeile Einlesen
print "Geben Sie bitte eine Zahlenreihe ein. \n" ;
$zahlen = <STDIN> ;
chomp $zahlen ;

# Zerlegen
@zahlen = split " ", $zahlen ;


# Sortieren
@zahlen = sort { $a <=> $b } @zahlen ;

# Min und Max
$min = $zahlen[0] ;
$max = $zahlen[-1] ;

# Mitelwert
map {$sum += $_ } @zahlen ;
```

663

```
$mittel = sprintf "%.1f", $sum / @zahlen ;

# Ausgabe
print "Min: $min  Max: $max  Mittelwert: $mittel \n" ;
```

A.8   Tag 8

Quiz-Antworten

1. An einer beliebigen Stelle einer Liste, hat also keine besondere Bedeutung.

2. Nein, dies würde die *Zeichenkette* `'undef'` speichern. Richtig: `$=undef` oder `undef $var`

3. Man verknüpft Key und Value mit einem eindeutigen Trenner und speichert das Resultat in einer eigenen Zeile ab.

    ```
    $line = $key . "#HH#" . $hash{$key} ;
    print OUT "$line \n" ;
    ```

4. Man muss Key und Value durch `split` wieder trennen.

    ```
    $line = <STDIN> ; chomp $line ;
    ($k,$v) = split /#HH#/, $line ;
    $hash{$k} = $v ;
    ```

5. Weil die Position des Wertes im Wesentlichen nicht *gesucht*, sondern *berechnet* wird. Nur falls mehr als ein Wert im berechneten Slot gespeichert ist, muss diese (wesentlich kleinere) Liste durchsucht werden.

Lösungen zu den Übungen

1.  ```
    #!/usr/bin/perl -w
    #
    # monat1.pl
    # Wandelt Monatsnamen in Monatszahlen um

    $USAGE = "monat1.pl monatsname \n" ;

    %monat = qw ( Januar 1 Februar 2 Maerz 3 April 4 Mai 5
                  Juni 6 Juli 7 August 8 September 9
                  Oktober 10 November 11 Dezember 12 ) ;

    # Befehlszeile
    if ( @ARGV != 1 ) {
    ```
    ```

```perl
      print "Falscher Aufruf \n", $USAGE ;
      exit 1 ;
      }
   $mname = shift @ARGV ;

   # Ausgabe
   print $monat{$mname} if defined $monat{$mname} ;
```

2.
```perl
   #!/usr/bin/perl -w
   #
   # monat2.pl
   # Wandelt Monatsnamen in Monatszahlen um.
   # Klein- und Grossschreibung und abgekuerzte Form OK

   $USAGE = "monat2.pl monatsname \n" ;

   # Hash: Namen jetzt klein geschrieben
   %monat = qw ( januar 1 februar 2 maerz 3 april 4 mai 5
                 juni 6 juli 7 august 8 september 9
                 oktober 10 november 11 dezember 12 ) ;

   # Befehlszeile
   if ( @ARGV != 1 ) {
     print "Falscher Aufruf \n", $USAGE ;
     exit 1 ;
     }
   $mname = shift @ARGV ;

   # Klein/Grossschreibung
   $mname = lc $mname ;

   # Test und Ausgabe
   foreach $mon ( keys %monat ) {
      print $monat{$mon}, "\n" if index($mon, $mname) == 0 ;
      }
```

3.
```perl
   #!/usr/bin/perl -w
   #
   # monat.pl
   # Wandelt Monatsnamen in Monatszahlen um und umgekehrt
   # Klein- und Grossschreibung und abgekuerzte Form OK
   $USAGE = "monat.pl monatsname/monatszahl \n" ;

   # Hash: Namen jetzt klein geschrieben
```

```perl
%monat = qw ( januar 1 februar 2 maerz 3 april 4 mai 5
              juni 6 juli 7 august 8 september 9
              oktober 10 november 11 dezember 12 ) ;

# Hash fuer umgekehrte Suche (Geht auch mit einem Array)
%monat2= qw ( 1 Januar 2 Februar 3 Maerz 4 April 5 Mai
              6 Juni 7 Juli 8 August 9 September
              10 Oktober 11 November 12 Dezember ) ;

# Befehlszeile
if ( @ARGV != 1 ) {
  print "Falscher Aufruf \n", $USAGE ;
  exit 1 ;
  }
$mname = shift @ARGV ;

# Klein/Grossschreibung
$mname = lc $mname ;

# Test und Ausgabe fuer Zahl->Name
if ( $mname =~ /[0-9]/ ) {
  print $monat2{$mname} ;
  exit ;
  }

# Test und Ausgabe fuer Name->Zahl
foreach $mon ( keys %monat ) {
  print $monat{$mon}, "\n" if index($mon, $mname) == 0 ;
  }
```

4.
```perl
#!/usr/bin/perl
#
# umsatz_sort.pl
# Sortiert einen Hash nach dem Umsatz der Filialen

%ums = ( 'Frankfurt' => 23.6, 'Hamburg' => 17.3,
         'Muenchen' => 20.1, 'Dortmund' =>26.5 ) ;

print "\n" ;
print "Filiale \t Umsatz in Mio Eu \n" ;
print "------- \t --------------- \n" ;

foreach $filiale ( sort { $ums{$b} <=> $ums{$a} } keys %ums ) {
  print "$filiale \t $ums{$filiale} \n" ;
  }
```

A.9   Tag 9

Quiz-Antworten

1. Entweder man speichert Werte für mehrere Schlüssel in einem Hash-Value, jeweils durch eine eindeutige Zeichenfolge voneinander getrennt. Oder man wechselt den Schlüssel, so dass dieser wieder eindeutig wird (z.B. Kundennummer).

2. `if ( $key ~= /$suchstring/ ) { ... }`

3. `if ( $hash{key} ~= /$suchstring/ ) { ... }`

4. Etwa so:

   ```
   ($teil1,$teil2,$teil3) = split /##/, $hash{$key} ;
   if ( $teil2 ~= /$suchstring/ ) { ... }
   ```

5. Indem man nur das gelöschte Element erneut abspeichert, jedoch mit leerem Value.

   ```
   open OUT, ">>$file ;
   print OUT "$key##" ;
   ```

   Beim späteren Einlesen würde dieser Eintrag den zuvor gelesenen überschreiben.

Lösungen zu den Übungen

1.
   ```perl
   #!/usr/bin/perl -w
   #
   # umsatz1.pl
   # Gibt eine Umsatz-Statistik nach Filialen aus

   $file = "umsatz.dat" ;
   $monat = "" ;    # nur wegen -w

   # Daten einlesen
   open IN, $file ;
   @umsatz = <IN> ;
   close IN ;

   # Statistik-Hash aufbauen
   foreach $line ( @umsatz ) {
      ( $filiale, $monat, $einnahmen ) = split ' ', $line ;
      $ums_fil{$filiale} += $einnahmen ;      # Ums. nach Filialen
      }

   print "\n" ;
   ```

```perl
print "Umsatz nach Filialen \n" ;
print "-------------------- \n" ;
map { print "$_ \t $ums_fil{$_} \n" } keys %ums_fil ;
```

2.
```perl
#!/usr/bin/perl -w
#
# umsatz2.pl
# Gibt Umsatz-Statistiken nach Filialen
# und nach Monaten aus

$file = "umsatz.dat" ;

# Hash zum Sortieren der Monate
%monat = qw ( Jan 1 Feb 2 Mar 3 Apr 4 Mai 5 Jun 6
              Jul 7 Aug 8 Sep 9 Oct 10 Nov 11 Dez 12 ) ;

# Daten einlesen
open IN, $file ;
@umsatz = <IN> ;
close IN ;

# Statistik-Hashes aufbauen
foreach $line ( @umsatz ) {
    ( $filiale, $monat, $einnahmen ) = split ' ', $line ;
    $ums_fil{$filiale} += $einnahmen ;      # nach Filialen
    $ums_mon{$monat} += $einnahmen ;        # nach Monaten
    }

print "\n" ;
print "Umsatz nach Filialen \n" ;
print "-------------------- \n" ;
map { print "$_ \t $ums_fil{$_} \n" } keys %ums_fil ;

print "\n" ;
print "Umsatz nach Monaten \n" ;
print "-------------------- \n" ;

# Sortierung nach den Hash-Werten der Monate (Jan=1, Feb=2, ...)
foreach ( sort {$monat{$a} <=> $monat{$b}} keys %ums_mon ) {
    print "$_ \t $ums_mon{$_} \n" ;
    }
```

3.  ```perl
    #!/usr/bin/perl -w
    #
    # counter1.pl
    # Zugriffs-Zaehler auf DBM-Basis

    use Fcntl ;
    use SDBM_File ;
    tie %count, 'SDBM_File', "counter", O_RDWR|O_CREAT, 0644 ;

    $count{'aufruf'} ++ ;
    print "Dieses Skript wurde bereits $count{'aufruf'} mal aufgerufen.\n" ;
    ```

4.  ```perl
    #!/usr/bin/perl -w
    #
    # counter2.pl
    # Zugriffs-Zaehler auf DBM-Basis

    use Fcntl ;
    use SDBM_File ;
    tie %count, 'SDBM_File', "counter", O_RDWR|O_CREAT, 0644 ;

    $count{'aufruf'} ++ ;

    # aktueller Benutzer UNIX/Windows
    $user = $ENV{LOGNAME} || $ENV{USERNAME} || 'anonym';

    $count{$user} ++ ;                      # Wert fuer diesen Benutzer

    print "Dieses Skript wurde bereits $count{'aufruf'} mal aufgerufen.\n" ;
    print "Von Benutzer $user bereits $count{$user} mal. \n" ;
    ```

A.10 Tag 10

Quiz-Antworten

1. print schreibt seine Meldungen normalerweise auf STDOUT, warn() und die() auf STDERR. Außerdem geben sie automatisch den Dateinamen und die aktuelle Zeilennummer mit aus. Und schließlich beendet die() das Programm.

2. print STDERR 'Achtung: 90% belegt.' ;

3. $ **myscript.pl 2>file.log**

4. Über $

5. `while ( defined( $line = <FH> ) { ... }`

6. Die Länge, nach der ein String abgeschnitten werden soll, wenn er nicht in den vorgesehenen Platz passt.

Lösungen zu den Übungen

1.
```perl
#!/usr/bin/perl -w
#
# mittel.pl
# Mittelwert von Zahlen, die durch : getrennt in einer Datei stehen

$/ = ':' ;                        # Datensatz-Trenner
$sum=$mittel=0 ;                  # Initialisierung

open IN, 'data1.dat' ;           # Daten einlesen
@zahlen = <IN> ;
chomp @zahlen ;
close IN ;

$n = @zahlen ;                              # Anzahl
map {$sum += $_ } @zahlen ;                 # Summe
$mittel = sprintf "%d", $sum / $n ;         # Mittelwert, gerundet

print "Anzahl: $n   Mittelwert: $mittel \n" ;
```

2.
```perl
#!/usr/bin/perl -w
#
# testargs.pl
# Testet uebergebene Argumente

$USAGE = "Aufruf: testargs.pl -i -s -f file host1 host2 host3 ..." ;

# Abbruch, wenn kein Rechnername mitgegeben wird
if ( ! @ARGV or substr ($ARGV[-1], 0, 1) eq '-' ) {
   print "$USAGE \n" ;
   exit 1 ;
   }

# Optionen verstehen
while ( 1 ) {
   $arg = shift @ARGV ;
   last if substr ($arg, 0, 1) ne '-' ;     # Ende wenn keine Option
   $opt_i = 'yes'   if $arg =~ /^-.*i/ ;    # info
   $opt_s = 'yes'   if $arg =~ /^-.*s/ ;    # silent
```

```
            if ( $arg =~ /^-.*f/ ) {                     # Logfile
               $opt_f = 'yes' ;
               $log_file = shift @ARGV ;
               }
            }

      # letztes shift wieder rueckgaengig
      unshift @ARGV, $arg ;

      # Ausgabe
      print "Option info  \n"   if $opt_i ;
      print "Option silent  \n" if $opt_s ;
      print "Logfile $log_file \n" if $opt_f ;

      # Der Rest
      print "Hosts: \n" ;
      foreach (@ARGV) { print "$_ \n" }
```

3.
```
   #!/usr/bin/perl -w
   #
   # usage.pl
   # Liest eine Gebrauchsanweisung aus <DATA>

   # Gebrauchsanweisung einlesen
   @USAGE = <DATA> ;

   while ( @ARGV ) {
      $arg = shift @ARGV ;
      print @USAGE if $arg eq '-h' ;
      }

   __DATA__

   usage.pl -i -d -n -f logfile user user user ...

   -i  Benutzer-Information
   -d  Benutzer loeschen
   -n  Benutzer neu anlegen
   -f  logfile Meldungen zusaetzlich in Logdatei
```

4.
```
   #!/usr/bin/perl -w
   #
   # puffer.pl
   # Testet die Ausgabe-Pufferung
```

```perl
# Die Datei
$file = 'test.dat' ;

# Der String
$str = 'a' x 100 ;

# Oeffnen
open OUT, ">$file" or die "$!" ;

# Pufferung ?
if ( @ARGV and $ARGV[0] eq '-nobuf' ) {        # *** s.unten
   select OUT ; $| = 1 ; select STDOUT ;
   }

# Die Schleife
while ( 1 ) {
   print OUT $str ;
   $out += 100 ;
   $size = -s $file ;
   print "Raus: $out  Datei:$size \n" ;
   sleep 1 ;
   }

# *** if ( @ARGV and ...  wegen -w. Perl gibt sonst eine Warnung
#     aus, wenn @ARGV nichts enthaelt.
```

A.11 Tag 11

Quiz-Antworten

1. Man muss ihn durch 256 teilen: $? / 256

2. copy() kopiert Dateien und move() verschiebt sie, selbst wenn Quelle und Ziel auf unterschiedlichen Partitionen liegen. Das sind übrigens die beiden einzigen Befehle in File::Copy.

3. $groesse = -s $datei ;

4. Als Tage zwischen dem Zeitstempel und dem Start des Skripts.

Lösungen zu den Übungen

1.
```perl
#!/usr/bin/perl -w
#
# pstype_count.pl
# Zaehlt, welche Prozess-Art wie oft läuft

# Daten erfassen
@procs = `ps -ef` ;
shift @procs ;                      # Titelzeile rauswerfen

# Daten zerlegen und Hash aufbauen
foreach ( @procs ) {
    $proc = ( split )[10] ;
    $p_count{$proc} ++ ;
    $p_all ++ ;                     # gesamte Anzahl
    }

# Ausgabe des Zaehlers
printf "Prozesse:   %4d \n", $p_all ;
foreach ( sort { $p_count{$b}<=>$p_count{$a} } keys %p_count) {
    printf "%-20.20s %3d \n", $_, $p_count{$_} ;
    }
```

2.
```perl
#!/usr/bin/perl -w
#
# ls_size.pl
# Gibt das Listing eines Verzeichnisses
# nach Groesse sortiert aus

# Welches Verzeichnis ?
$dir = $ARGV[0] || '.' ;

# Listing Einlesen
@ls = <$dir/*> ;
chomp @ls ;

# sortieren
@ls = sort { -s $b <=> -s $a } @ls ;

# Ausgabe
foreach ( @ls ) {
    printf "%8d   %s \n", -s ($_) , $_ ;
    }
```

3.
```perl
#!/usr/bin/perl -w
#
# ls_size2.pl
# Gibt das Listing eines Verzeichnisses
# nach Groesse sortiert aus
# mit Angabe des Dateityps

# Welches Verzeichnis ?
$dir = $ARGV[0] || '.' ;

# Listing Einlesen
@ls = <$dir/*> ;
chomp @ls ;

# Sortieren
@ls = sort { -s $b <=> -s $a } @ls ;

# Ausgabe
foreach ( @ls ) {
    $typ = ' ' ;                # Default
    $typ = 'f' if -f ;          # File (Abk. fuer -f $_)
    $typ = 'd' if -d _ ;        # Directory, ohne Zugriff auf HD
    $typ = 'l' if -l ;          # symb. Link, _ geht nicht
    printf "%1s %8d   %s \n", $typ, -s ($_) , $_ ;
    }
```

4.
```perl
#!/usr/bin/perl -w
#
# move_olds.pl
# Verschiebt Dateien, die aelter als n Tage sind,
# in ein Auffang-Verzechnis.

use File::Copy ;            # Modul einbinden. Muss nicht.

$maxdays = 183 ;            # Maximales Alter in Tagen
$olddir = "/old" ;          # Auffang-Verzeichnis
$dir = $ARGV[0] or die "Verzeichnis?\n" ;  # Welches Verzeichnis

open OUT, ">>$olddir/moveold.log" or die "$!" ;    # Logdatei

foreach $file (<*>) {

    next unless -f $file or -l $file;   # Muss Datei oder Link sein
    next unless -M $file > $maxdays ;   # Muss alt sein
```

```
# Verzeichnis neu erstellen?
mkdir "$olddir/$dir" unless -d "$olddir/$dir" ;

# Datei schon vorhanden? Dieses System kann beliebig
# erweitert werden. Ist nicht besonders toll, ich weiss.
$newname = "$olddir/$dir/$file" ;
$newname = "$olddir/$dir/$file.1" if -e $newname ;
$newname = "$olddir/$dir/$file.2" if -e $newname ;

# Verschieben. Geht auch über rename, wenn im gleichen FS.
move $file, $newname ;

# Protokollieren
print OUT "$dir/$file --> $newname \n" ;
}

close OUT ;
```

A.12 Tag 12

Quiz-Antworten

1. /^[A-Z][a-z]+$/ oder /^[A-ZÄÖÜ][a-zäöü]+$/

2. /^\d+$/

3. /^\d*\.?\d*$/

4. /^(Mo|Di|Mi|Do|Fr|Sa|So)$/

5. /^([0-9][0-9]|20[0-9][0-9])$/

6. /^$/

7. /^\s*#/

8. /^\W*\w+\W+\w+\W+\w+\W*$/

Lösungen zu den Übungen

1.  ```
    #!/usr/bin/perl -w
    #
    # newtime.pl
    # Wandelt localtime() in ein eigenes Format um

    # Monats-Hash
    ```
    ```

```
%monat = qw (Jan 1 Feb 2 Mar 3 Apr 4 Mai 5 Jun 6
              Jul 7 Aug 8 Sep 9 Oct 10 Nov 11 Dec 12) ;

# Zeit im alten Format
$time = localtime ;

# Matching
$time =~ /\w+ (\w\w\w) (\d\d) (\d\d:\d\d):\d\d (\d{4})/ ;

# Neu zusammen bauen
$newtime = "$2.$monat{$1}.$4, $3" ;

print $newtime, "\n" ;
```

2.
```
#!/usr/bin/perl -w
#
# plzort.pl
# Identifiziert PLZ und Ort

print "Geben Sie bitte PLZ und Ort ein.\n" ;
chomp($line =<STDIN>) ;

$line =~ /(\d+)[ ,]*([\w -]+)/ ;

$plz = $1 || '' ;
$ort = $2 || '' ;
print "PLZ: $plz \n" ;
print "Ort: $ort \n" ;
```

3.
```
#!/usr/bin/perl -w
#
# telefon1.pl
# Anonymisiert Telefonnummern

$logfile = 'telefon.log' ;
$newfile = $logfile . '.1' ;

open LOG, $logfile or die "$!" ;
open NEW, ">$newfile" or die "$!" ;

while ($line = <LOG>) {
    # Zerlegen in a) alles bis zur 2. Ziffer,
    # b)die restlichen Ziffern und c)den Rest der Zeile
    # und Teil b) durch ... ersetzen.
```

```
        $line =~ s/(^.+Ziel \d+\/\d)\d* (.+$)/$1...$2/ ;
        print NEW $line ;
        }
    close LOG; close NEW;


4.  #!/usr/bin/perl -w
    #
    # telefon2.pl
    # Anonymisiert Telefonnummern und
    # ersetzt Apparate-Nummern durch AG-Namen

    $agfile = 'agtel.dat' ;
    $logfile = 'telefon.log' ;
    $newfile = $logfile . '.2' ;

    # AG-Telefon-Hash aufbauen
    open AG, $agfile or die "$!" ;
    while (<AG>) {
        ($tel,$ag) = split ;
        $agtel{$tel} = $ag ;
        }
    close AG ;

    open LOG, $logfile or die "$!" ;
    open NEW, ">$newfile" or die "$!" ;

    while ($line = <LOG>) {
        # Zerlegen in a) alles bis zur 2. Ziffer,
        # b)die restlichen Ziffern und c)den Rest der Zeile
        # und Teil b) durch ... ersetzen.
        $line =~ s/(^.+Ziel \d+\/\d)\d* (.+$)/$1...$2/ ;

        # Apparate-Nr. durch AG-Name ersetzen.
        $line =~ s/App.\s+(\d+)/$agtel{$1}/ ;

        print NEW $line ;
        }
    close LOG; close NEW;
```

A.13 Tag 13

Quiz-Antworten

1. Ja. Das ist zwar die alte Form, die in Perl 4 üblich war, sie funktioniert aber nach wie vor und ist ab und zu noch zu sehen.

2. $#_ enthält die Anzahl übergebener Argumente.

3. Man verändert den ersten übergebenen Parameter, im Original.

4. Ja, denn in Perl sind alle Variablen, die nicht über my oder local erzeugt werden, global.

5. Sie kopieren die Parameter auf neue, private Variablen.

    ```
    my ( $var1, $var2, ...) = @_ ;
    ```

6. return $x, @arr ;   Nicht umgekehrt, da beim Auffangen mit ($a,@brr)=func() alles gut geht, beim Auffangen mit (@brr, $a)=func() hingegen das Array alle weiteren Werte aufsaugen würde.

7. Die Rückgabe ist flexibler. Die von der Funktion gelieferten Werte können gespeichert oder weiterverarbeitet werden.

Lösungen zu den Übungen

1.
```perl
#!/usr/bin/perl -w
#
# statistik.pl
# Mittelwert, Minimum, Maximum per Funktion

# Daten einlesen aus Datei/Tastatur
@arr = <> ;
chomp @arr ;

print "Min: ", min(@arr), "  Max: ", max(@arr);
print "  Mittel: ", mittel(@arr), "\n" ;

sub min {
    my @werte = @_ ;
    my $min ;
    $min = $werte[0] ;
    map { $min = $_<$min ? $_ : $min } @werte ;
    return $min ;
    }

sub max {
```

```perl
    my @werte = @_ ;
    my $max ;
    $max = $werte[0] ;
    map { $max = $_>$max ? $_ : $max } @werte ;
    return $max ;
    }

sub mittel {
    my @werte = @_ ;
    my ($sum, $mittel) ;
    map { $sum += $_ } @werte ;
    $ mittel = $sum / @werte ;
    return $mittel ;
    }
```

2.
```perl
#!/usr/bin/perl -w
#
# steuerung.pl
# Skriptgeruest das in Abhaengigkeit von
# Befehlszeilen-Optionen versch. Funktionen startet

# Hauptprogramm
# -------------
while ( @ARGV ) {
    $arg = shift @ARGV ;
    last if $arg !~ /^-/ ;
    control() if $arg =~ /^-.*c/ ;
    info()    if $arg =~ /^-.*i/ ;
    verify()  if $arg =~ /^-.*v/ ;
    }
unshift @ARGV, $arg ;    # letztes Argument wieder zurueck
# Funktionen
# ----------
sub control {
    print "control() \n" ;
    }

sub info {
    print "info() \n" ;
    }

sub verify {
    print "verify() \n" ;
    }
```

3.
```perl
#!/usr/bin/perl -w
#
# subcount.pl
# Gibt aus, wie oft ein Substring in einem String vorkommt

$string = "aa bb cc dd aa bb cc aa bb aa" ;
$search = "aa" ;

$anzahl = zaehle ($string, $search) ;
print "Anzahl: $anzahl \n" ;

sub zaehle {
    my ($zeile, $wort) = @_ ;
    my $count ;

    $count = $zeile =~ s/$wort/$wort/g ;
    return $count ;
    }
```

4.
```perl
#!/usr/bin/perl -w
#
# usort.pl
# Sortiert ein Array und wirft doppelte Einträge heraus

@arr = qw ( dd cc bb aa aa bb cc dd aa bb cc aa bb aa ) ;

# Eindeutig sortiert
@arr_usort = usort ( @arr ) ;

print "Original:    @arr \n" ;
print "Eind. Sort.: @arr_usort \n" ;


sub usort {
    my @arr = @_ ;
    my %hash ;

    # Doppelte rauswerfen, indem Array-Elemente zu
    # Hash-Schluesseln werden
    map { $hash{$_} = 1 } @arr ;
    @arr = keys %hash ;

    # Sortieren
```

```
@arr = sort @arr ;
return @arr ;
}
```

A.14 Tag 14

Quiz-Antworten

1. `use integer ;`

2. Es wird ein Verweis von einer Symboltabelle in die andere angelegt, so dass beim Zugriff auf eine Funktion in der ursprünglichen Symboltabelle nachgesehen werden kann.

3. Es enthält die Funktion `import()`, die die Verweise anlegt.

4. Ein Kürzel für eine Gruppe von Funktionen, die gemeinsam exportiert werden können. Man ruft es in `use()` mit einem Doppelpunkt auf: `use Module qw(:all);`

5. Ein Modul, das in C geschrieben ist.

Lösungen zu den Übungen

1.
```perl
#!/usr/bin/perl -w
#
# options.pl
# Zeigt an, welche Optionen aufgerufen wurden
# Einfache Version wegen getopts()

use Getopt::Std;
$opt_c=$opt_i=$opt_l=$opt_v=$opt_x="" ;

# Erlaubte Optionen
$opts = 'ivxc:l:' ;                    # c und l erwarten ein Argument

# Abfrage
getopts($opts);                        # Nur ein Befehl statt Schleife!

# Ausgabe
print "
opt_c: $opt_c
opt_i: $opt_i
opt_l: $opt_l
```

```
    opt_v: $opt_v
    opt_x: $opt_x
    Rest: @ARGV \n" ;
```

2.
```perl
#!/usr/bin/perl -w
#
# sortdata.pl
# Sortiert Daten nach einer bestimmten Spalte
# Aehnlich dem UNIX-Kommando sort()

use Sort::Fields ;

open IN, "sortdata.txt" ;
@arr = <IN> ;
close IN ;

print "Original:\n" ;
print @arr, "\n" ;

while (1) {
    print "Spalte: (q=quit)" ;
    chomp ($sp = <STDIN>) ;
    last if $sp =~ /^(0|q|quit)$/ ;

    @srr = fieldsort [$sp.'n'], @arr ;
    print @srr, "\n" ;
    }
```

3.
```perl
# Rotate.pm
# Rotiert ein Array um eine Stelle
# nach links oder nach rechts

package Rotate ;

require Exporter ;
@ISA = qw(Exporter) ;
@EXPORT = qw(lrot rrot) ;


sub lrot {
    my @arr = @_ ;
    my $first = shift @arr ;
    push @arr, $first ;
    return @arr ;
```

```
        }

    sub rrot {
        my @arr = @_ ;
        my $last = pop @arr ;
        unshift @arr, $last ;
        return @arr ;
        }

    1 ;
```

4.
```
    #!/usr/bin/perl -w
    #
    # wordcount.pm
    # Modul, erstellt aus wordcount.pl von Kap. 7
    # Zaehlt Zeilen, Woerter und Zeichen einer Datei

    package Wordcount ;

    require Exporter ;
    @ISA = qw(Exporter) ;
    @EXPORT = qw(zeilen woerter zeichen) ;

    # Zeilen
    sub zeilen {
        my @file = readfile ($_[0]) ;      # Aufruf der Einlese-Routine
        my $zeilen = @file ;
        return $zeilen ;
        }

    # Zeichen
    # Für jede Zeile die Länge ermitteln und aufsummieren.
    sub zeichen {
        my $zeichen ;
        my @file = readfile ($_[0]) ;
        map { $zeichen += length($_) } @file ;
        return $zeichen ;
        }

    # Woerter
    # Für jede Zeile die Anzahl der Woerter ermitteln
    sub woerter {
        my ($woerter, @lines) ;
        my @file = readfile ($_[0]) ;
        map { @lines = split; $woerter += @lines } @file ;
        return $woerter ;
```

```
    }

sub readfile {
    open IN, $_[0] ;
    my @arr = <IN> ;
    chomp @arr ;
    return @arr ;
    }


1 ;

=================
#!/usr/bin/perl
#
# test_worcount.pl
# Testet das Modul Wordcount.pm

use Wordcount ;

$datei = $ARGV[0] or die "Bitte eine Datei angeben.\n" ;

print "Zeilen:  ", zeilen($datei), "\n" ;
print "Woerter: ", woerter($datei), "\n" ;
print "Zeichen: ", zeichen($datei), "\n" ;
```

A.15 Tag 15

Quiz-Antworten

1. `$ref = \4711 ;` oder `*const = \4711 ;`

2. Die Referenz wird in eine Integerzahl umgewandelt und um 1 erhöht. Als Referenz ist sie nicht mehr benutzbar, man kann über sie nicht mehr auf eine Speicherstelle zugreifen.

3. `*brr = \@arr ;`

4. Weil dadurch, dass nur ein einziger Wert übergeben werden muss, statt eine ganze Liste von Werten zu kopieren, eine Menge Zeit und Arbeitsspeicher gespart wird.

5. `$ref = [ .... ]`   `$ref = { .... }`   `$ref = sub { ... }`

6. `*arr = func()`   `*hash = func()`

Lösungen zu den Übungen

1.
```perl
#!/usr/bin/perl -w
#
# einlesen.pl
# Funktion zu Einlesen einer Datei in ein Array

@arr = () ;

# Funktion aufrufen
* arr = arr_input ('arr_add1.dat') ;

# Ausgabe
print "@arr \n" ;

# Array einlesen
sub arr_input {
    my $file = shift @_ ;
    open ARR_IN, $file ;
    my @arr = <ARR_IN> ;
    chomp @arr ;
    close ARR_IN ;
    return \@arr ;
    }
```

2.
```perl
#!/usr/bin/perl -w
#
# test_arr_tools.pl
# Testet das Modul Arr_tools.pl

use Arr_Tools ;

# Einlesen
*arr = arr_input ('arr_add1.dat') ;

# Ausgabe
arr_output (\@arr,'test.out') ;

=================

# Arr_Tools.pm
# Modul zum Einlesen und Ausgeben
# von Arrays aus/in Dateien.arr_add1.dat') ;

package Arr_Tools ;

require Exporter ;
```

```perl
@ISA = qw(Exporter) ;
@EXPORT = qw(arr_input arr_output) ;

# Array einlesen
sub arr_input {
    my $file = shift @_ ;
    open ARR_IN, $file ;
    my @arr = <ARR_IN> ;
    chomp @arr ;
    close ARR_IN ;
    return \@arr ;
    }

# Array ausgeben
sub arr_output {
    my ($arr_ref,$file) = @_ ;
    open ARR_OUT, ">$file" ;
    map { print ARR_OUT "$_\n"} @$arr_ref ;
    }
```

3.
```perl
#!/usr/bin/perl -w
#
# arr_add.pl
# Addiert zwei Vektoren (Arrays)

use Arr_Tools ;      # Ein- und Ausgabe-Routinen

# Array-Dateien auf der Befehlszeile uebergeben
if (@ARGV != 2 and @ARGV != 3) {
    print "USAGE: arr_add.pl file1 file2 [outfile]\n" ;
    exit 1 ;
    }
($file1,$file2,$outfile) = @ARGV ;
$outfile = $outfile || '-' ;

# Arrays einlesen
$ref1 = arr_input ($file1) ;
$ref2 = arr_input ($file2) ;

# Arrays addieren
$sumref = add ($ref1,$ref2) ;

# Summe ausgeben
arr_output ($sumref,$outfile) ;
```

```perl
# Additions-Funktion
sub add {
    my ($ref1,$ref2) = @_ ;
    my @sum ;
    for (my $i=0; $i<=$#$ref1; $i++) {
        $sum[$i] = $ref1->[$i] + $ref2->[$i] ;
        }
    return \@sum ;
    }
```

4.
```perl
#!/usr/bn/perl -w
#
# filediff.pl
# Gibt die Zeilen zurück, die nur in jeweils einer der
# Dateien enthalten sind

use Arr_Tools ;

# Befehlszeile
if ( @ARGV != 2 ) {
    print "USAGE: vereinigung file1 file2 \n" ;
    exit 1 ;
    }
($file1,$file2) = @ARGV ;

# Arrays/Dateien einlesen
$ref1 = arr_input($file1) ;
$ref2 = arr_input($file2) ;

# Was gibt es in Arr 1, aber nicht in Arr 2?
*diff = arr_diff ($ref1,$ref2) ;
if (@diff) {
    print "Nur in Datei 1:\n";
    arr_output (\@diff, '-') ;
    }

# Was gibt es in Arr 2, aber nicht in Arr 1?
*diff = arr_diff ($ref2,$ref1) ;
if (@diff) {
    print "Nur in Datei 2:\n";
    arr_output (\@diff, '-') ;
    }

# Differenz-Funktion
# -----------------
```

```
sub arr_diff {
   my ($ref1,$ref2) = @_ ;
   my %hash2 ;                          # Hash fuer @arr2
   my @diff ;                           # Schnittmenge

   # Wir bauen einen Hash aus dem Array 2 auf.
   foreach $feld ( @$ref2 ) { $hash2{$feld} = 1 }

   # Und testen, ob es alle Feder aus @arr1 auch in %hash2 gibt.
   foreach $line ( @$ref1 ) {
        push @diff, $line unless defined $hash2{$line} ;
      }

   # Schnittmenge zurückgeben
   return \@diff ;
   }
```

A.16 Tag 16

Quiz-Antworten

1. @$ref

2. $ref->[$i][$j]

3. @{$ref->[$i]} = @brr ;

4. @$ref

5. $ref->[$i][$j]{$key}

6. %{$ref->[$i][$j]} = @brr ;

Lösungen zu den Übungen

1. neu(\%termine);

    .....

```
    # Neuen Eintrag aufnehmen
    sub neu {
       my $ref = shift @_ ;
       my ( $name, $datum, $text) ;
       print "Person: " ; chomp ($name = <STDIN> ) ;
       print "Datum:  " ; chomp ($datum = <STDIN> ) ;
```

```
      print "Text:    " ; chomp ($text = <STDIN> ) ;

      push @{$ref->{$name}{$datum}}, $text ;
      }
```

2. suche (\%termine)

    .....

    ```
    # Eintraege suchen
    sub suche {
       my $ref = shift @_ ;
       my ( $name, $datum ) ;
       print "Person: " ; chomp ($name = <STDIN> ) ;
       print "Datum:  " ; chomp ($datum = <STDIN> ) ;

       print "\nTermine fuer $name am $datum: \n" ;
       foreach $line ( @{$ref->{$name}{$datum}} ) { print "$line \n" } ;
       }
    ```

3.  ```
    # Die Haupt-Schleife
    while (1) {
       print "\n" .
             " n: Eintrag neu anlegen\n" .
             " s: Eintrag suchen\n" .
             " k: Kalender einer Person\n" .
             " q: quit \n " ;
       chomp ($eingabe = <STDIN>) ;

       last                  if $eingabe eq "q" ;
       neu(\%termine)        if $eingabe eq "n" ;
       suche (\%termine)     if $eingabe eq "s" ;
       loesche (\%termine)   if $eingabe eq "l" ;
       kalender (\%termine)  if $eingabe eq "k" ;
       }
    ```

4.  ```
    $file = "termine.dat" ;
    use Storable ;          # Funktionen zum Laden und Speichern

    # Daten Einlesen
    *termine = einlesen ($file) or die $! if -e $file ;

    # Die Haupt-Schleife
    while (1) {
    ```

```
    .....
    }

# Alles wieder abspeichern
speichern (\%termine, $file) ;

# Ende Hauptprogramm

sub einlesen {
    my ( $file ) = @_ ;
    $ref = retrieve ($file) ;
    return $ref ;
    }

sub speichern {
    my ($ref,$file) = @_ ;
    store ($ref, $file) ;
    }
```

5.
```
# Terminkalender einer Person ausgeben
sub kalender {
    my $ref = shift @_ ;
    my ( $name, $datum) ;
    print "Person:  " ; chomp ($name = <STDIN>) ;
    print "\n" ;
    foreach $datum ( %{$ref->{$name}} ) {
        foreach $eintrag ( @{$ref->{$name}{$datum}} ) {
            print "$datum: $eintrag \n" ;
            }
        }
    }
```

Das komplette Programm besteht einfach nur aus der Aneinanderreihung der gezeigten Abschnitte. Außerdem finden Sie es wie immer auf CD (termine.pl). Einen Mini-Kalender gibt es unter termine.dat für Otto und Rudi.

A.17 Tag 17

Quiz-Antworten

1. Bei einem anonymen Array müsste man sich merken, welche Eigenschaft (Telefonnummer, Name, Kontonummer) unter welchem Index gespeichert ist, wohingegen bei einem anonymen Hash die Bedeutung der Werte gleich mit gespeichert wird (als Schlüssel).

2.   `sub new { return bless {} }`

3.   `$obj`

4.   In der internen Datenstruktur des Objekts. Ein besonderes Feld enthält die Referenz auf die Klasse.

5.   Perl muss wissen, in welchem Package es die aufgerufene Funktion suchen soll. Außerdem darf keine Funktion aufgerufen werden, die nicht zur Klasse des Objekts gehört.

6.   Wenn die Methode eine Objektreferenz erwartet, handelt es sich um eine Instanzmethode. Erwartet sie einen Klassennamen, geht es um eine Klassenmethode. Da eine Methode aber überhaupt nichts mit dem ersten Argument anfangen muss, ist ihre Natur eventuell auch überhaupt nicht festgelegt. Der Aufruf entscheidet.

Lösungen zu den Übungen

1.   `package Counter1 ;`

```perl
sub new {
    my $class = shift ;
    my $ref = {} ;
    $ref->{'count'}=0 ;
    bless $ref ;
    return $ref ;
    }

sub get {
    my $self = shift ;
    return $self->{'count'} ;
    }

sub inc {
    my $self = shift ;
    $self->{'count'}++ ;
    }

sub dec {
    my $self = shift ;
    $self->{'count'}-- if $self->{'count'} > 0 ;
    }

1;
```

2. ```perl
   #!/usr/bin/perl -w
   #
   # Test-Skript fuer Counter1.pm und Counter2.pm

   use Counter3 ;    # Hier und unten richtige Modul-Nr. aktivieren
   $obj = Counter3->new ;

   while (1) {
       chomp ($input = <STDIN>) ;
       last if $input eq "q" ;

       $obj->inc if $input eq "+" ;
       $obj->dec if $input eq "-" ;
       print $obj->get, "\n" if $input eq "" ;
       }
   ```

3. ```perl
   package Counter2 ;

   $file = 'counter.dat' ;

   sub new { ... }
   sub get { ... }

   sub inc {
       my $self = shift ;
       $self->{'count'}++ ;
       $self->store ;
       }

   sub dec {
       my $self = shift ;
       $self->{'count'}-- if $self->{'count'} > 0 ;
       $self->store ;
       }

   sub store {
       my $self = shift ;
       open OUT, ">$file" or die $! ;
       print OUT $self->{'count'} ;
       close OUT ;
       }
   1;
   ```

```perl
4.  package Counter3 ;

    $file = 'counter.dat' ;

    sub new {
       my $class = shift ;
       my $ref = {} ;
       bless $ref ;
       $ref->initialize ;
       return $ref ;
       }

    sub get { ... }
    sub inc { ... }
    sub dec { ... }
    sub store { ... }
    sub initialize {
       my $self = shift ;
       # Zaehler schon vorhanden?
       if ( -e $file ) {
          open IN, $file or die $! ;
          chomp ( $self->{'count'} = <IN> ) ;
          close IN ;
          }
       # Neuen Zaehler anlegen
       else {
          $self->{'count'} = 0 ;
          $self->store ;
          }
       }
    1;
```

```perl
5.  #!/usr/bin/perl -w
    #
    # Test-Skript fuer Counter.pm

    # Befehlszeile
    $datei = $ARGV[0] ;
    $datei='counter.dat' unless $datei ;

    use Counter ;
    $obj = Counter->new($datei) ;

    while (1) {
       chomp ($input = <STDIN>) ;
       last if $input eq "q" ;
```

```perl
      $obj->inc if $input eq "+" ;
      $obj->dec if $input eq "-" ;
      print $obj->get, "\n" if $input eq "" ;
      }

==================

# Counter.pm
# Modul zur Implementierung eines
# persistenten Zaehlers

package Counter ;

sub new {
   my $class = shift ;
   my $file = shift or die "Usage: Counter->new(datei)\n" ;

   my $ref = {} ;
   bless $ref ;
   $ref->initialize($file)   ;
   return $ref ;
   }

sub get {
   my $self = shift ;
   return $self->{'count'} ;
   }

sub inc {
   my $self = shift ;
   $self->{'count'}++ ;
   $self->store ;
   }

sub dec {
   my $self = shift ;
   $self->{'count'}-- if $self->{'count'} > 0 ;
   $self->store ;
   }

sub store {
   my $self = shift ;
   open OUT, ">$file" or die $! ;
   print OUT $self->{'count'} ;
   close OUT ;
   }
```

```
sub initialize {
    my $self = shift ;
    my $file = shift ;
    # Zaehler schon vorhanden?
    if ( -e $file ) {
        open IN, $file or die $! ;
        chomp ( $self->{'count'} = <IN> ) ;
        close IN ;
        }
    # Neuen Zaehler anlegen
    else {
        $self->{'count'} = 0 ;
        $self->store ;
        }
    }
1;
```

A.18 Tag 18

Quiz-Antworten

1. Indem man das Modul objektorientiert verwendet, `$obj->h3()`, oder die Funktionen mit vollem Package-Namen aufruft: `CGI::h3()`

2. Weil es eine Perl-Funktion `tr` gibt (`tr///`). Bei solchen Kollisionen weicht das Modul auf großgeschriebene Anfangsbuchstaben aus: `Tr()`

3. Über `print header();`

4. Alle Newlines, Tabs und Mehrfach-Leerzeichen würden jeweils auf ein einziges Leerzeichen zusammengezogen. Alle Formatierungen gehen verloren.

5. Sie oder die Firma müssen eine eindeutige Markierung an die Stelle setzen, an die später die Daten eingefügt werden sollen. Sie ersetzen dann in Ihrem Skript über `s///` die Markierung durch die Daten.

6. Über eine Referenz auf einen anonymen Hash

   `print img({'src','bild.gif'});`

Lösungen zu den Übungen

1.
```
<html>
<header>
<title>Support-Datenbank</title>
</header>

<body bgcolor='E0E0FF'>
<center>

<font color='0000FF' size=6 face='Arial'>
Support-Datenbank
</font>
<p>
<a href='support2.html'>
Datenbank durchsuchen, durchstöbern oder <br>
Support-Anfrage absenden.
</a>

</body></html>
```

2.
```
<html>
<header>
<title>Support-Datenbank</title>
</header>

<body bgcolor='E0E0FF'>
<center>

<font color='0000FF' size=6 face='Arial'>
Support-Datenbank
</font>
<p>

<form action='http://cgi-bin/test/support_suche.pl'>
    <h3>Datenbank durchsuchen</h3>
    <h4>Suchstring:
    <input type=text size=40>
    <input type=submit value='Suchen'></h4>
</form><br><br>

<form action='http://cgi-bin/test/support_anfrage.pl'>
    <h3>Support-Anfrage aufgeben</h3>
    <h4>Anfrage:
    <textarea cols=40 rows=4></textarea>
```

```
        <input type=submit value='Absenden'></h4>
    </form>

    </body></html>
```

3.
```
    <form action='http://localhost/cgi-bin/test/support_suche.pl'>
        <table width=600 border=0>
        <tr>
        <td></td><td><h3>Datenbank durchsuchen</h3></td></tr>
        <tr>
        <td width=100><h4>Suchstring:</h4></td>
        <td width=400><input type=text size=45></td>
        <td width=100><input type=submit value='Suchen'></td></tr>
        </table>
    </form><br><br>

    <form action='http://localhost/cgi-bin/test/support_anfrage.pl'>
        <table width=600 border=0>
        <tr>
        <td></td><td><h3>Support-Anfrage aufgeben</h3></td></tr>
        <tr>
        <td width=100 valign=top><h4>Anfrage:</h4></td>
        <td width=400><textarea cols=40 rows=4></textarea></td>
        <td width=100><input type=submit value='Absenden'></td>
    </form>
```

4.
```
    #!/usr/bin/perl -w
    #
    # support_suche.pl
    # Sucht in der Suport-Datenbank

    use CGI qw(:standard) ;

    $database = 'support.dat' ;
    $suchstring = 'Festplatte' ;

    # Einlesen
    open DB, $database or die $! ;
    @db = <DB> ;
    close DB ;

    # Suche
    @found = grep /$suchstring/, @db ;
```

```
# HTML-Ausgabe
print header,
      start_html ('Such-Ergebnisse'),
      h4('Suchergebnisse für:<br>'),
      u($suchstring,'<br><br>');
foreach $line (@found) {
   $line =~ s/#/<br>/ ;
   print $line, br, br ;
   }
print end_html ;
```

5.  ```
    # Suchstring in Alternative umwandeln
    $suchstring =~ s/\s+/\|/g ;
    .....
    @found = grep /$suchstring/i, @db ;
    ```

A.19 Tag 19

Quiz-Antworten

1. Ermitteln der Übertragungsmethode, Einlesen der Daten, Aufsplitten in Paare und Deko-
    dierung.

2. Nein. Es ist auch möglich, Daten an den URL eines Links (durch den Programmierer)
    oder an den URL in der Adressleiste anzuhängen (durch den Benutzer).

3. `$mail = param('mailtext') ;`

4. `@optionen = param('options') ;`

5. `@vars = param() ;`

6. Dass man die Daten über die POST-Methode versendet. `method=POST`

Lösungen zu den Übungen

1.  ```
    # Suchstring auslesen
    $suchstring = param('suchstr') ;
    ```

2.  ```
    #!/usr/bin/perl -w
    #
    # support_anfrage.pl
    ```
    ```

```
# Nimmt eine neue Anfrage auf und speichert sie
# in der Suport-Datenbank

use CGI qw(:standard) ;

$database = 'support.dat' ;

# Anfrage auslesen
$anfrage = param('anfrage') ;
die header,start_html,'Keine Anfrage', "\n" unless $anfrage ;

# Zeile zusammenstellen
$line = $anfrage . '##' . 'Neue Frage' ;

# Abspeichern
open DB, ">>$database" or die $! ;
print DB "$line\n" or die $! ;
close DB ;

# HTML-Ausgabe (Bestaetigung)
print header,
      start_html ('Neue Anfrage'),br,
      h4('Neue Anfrage erfolgreich gespeichert'),
      end_html ;
```

3.
```
#!/usr/bin/perl -w
#
# support_antwort.pl
# Anfragen beantworten

use CGI qw(:standard) ;

$database = 'support.dat' ;

# Suchstring auslesen
$suchstring = 'Neue Frage' ;

# Einlesen
open DB, $database or die $! ;
@db = <DB> ;
close DB ;

# Suche
@found = grep /\Q$suchstring\E/i, @db ;
```

```perl
# HTML-Ausgabe
print header,
      start_html ({-bgcolor,'E0E0FF'},'Such-Ergebnisse'),
      h4('Neue Fragen:<br>');

foreach (@found) {
   @line = split /#/;
   print $line[0], br,

   "<form action='support_antwort2.pl' method=POST>
   Antwort:<br>
   <textarea name='antwort' rows=2 cols=50></textarea>
   <input type=hidden name='frage' value=\"$line[0]\">
   <input type=submit value='speichern'>
   </form>" ;
   }
print end_html ;
```

4.
```perl
#!/usr/bin/perl -w
#
# support_antwort2.pl
# Speichert eine Antwort in der Datenbank

use CGI qw(:standard) ;

$database = 'support.dat' ;

# Datenbank einlesen
open DB, $database or die $! ;
@db = <DB> ;
close DB ;

# Frage und Antwort aus Formular auslesen
$frage = param('frage') ;
$antwort = param('antwort') ;
die header,start_html,'Keine Antwort', "\n" unless $antwort ;
# Zeile zusammenstellen
$line = $frage . '#' . $antwort . "\n" ;

# Zeile ersetzen
foreach ( @db ) {
   $_ = $line if /^\Q$frage\E#Neue Frage$/ ;
   }

# Abspeichern
open DB, ">$database" or die $! ;
```

```perl
print DB @db  ;
close DB ;

# HTML-Ausgabe (Bestaetigung)
print header,
      start_html ('Neue Anfrage'),br,
      h4('Antwort erfolgreich gespeichert'),
      end_html ;
```

A.20   Tag 20

Quiz-Antworten

1. `$ perl -pe 's//new/g' file`

2. Indem er bei der Eingabe böse Befehle in Backquotes setzt: `` `rm *` ``

3. Über den Befehlszeilenschalter `-T`

4. Über `eval { befehl };`

5. Normalerweise werden Umlaute ganz hinten eingeordnet.

6. Über `use locale;` kann man dies ändern.

Lösungen zu den Übungen

1. und 2.

```perl
#!/usr/bin/perl
#
# disk_serv.pl
# Netzwerk-Server, der auf Wunsch den freien
# Festplattenplatz ausgibt.

use IO::Socket;
$PORT = 9001;

# Netzwerk-Verbindungen akzepztieren
$server = IO::Socket::INET->new( Proto => 'tcp',
        LocalPort => $PORT, Listen => SOMAXCONN )
        or die "Socket-Verbindung hat nicht geklappt." ;

while ($client = $server->accept()) {
```

```
        $client->autoflush(1);              # Pufferung abschalten (wie $|=1)
        @df = `dir \ `;
        $last=$df[-1];
        $frei=(split ' ',$last)[-3] ;
        print $client $frei ;
        close $client;
        }
```

3.
```
#!/usr/bin/perl -w
#
# disk_client.pl
# Erfraegt bei diskserv.pl den freien Festplattenplatz
# eines Rechners.

use IO::Socket;
$port = 9001 ;

# Netzwerk-Verbindung herstellen
$host = shift(@ARGV) || 'localhost' ;

$remote = IO::Socket::INET->new(
    Proto => "tcp", PeerAddr => $host, PeerPort  => $port )
    or die "Server nicht erreichbar." ;

$remote->autoflush(1);         # Pufferung abschalten (wie $|=1)

$frei = <$remote> ;
print "$frei \n" ;
close $remote;
```

4. und 5.
```
Grafiktools.pm
# Grafische Eingabe-Elemente

package Grafiktools ;

require Exporter ;
@ISA = qw (Exporter) ;
@EXPORT = qw(gr_info gr_input) ;
use Tk ;
# Ein Info-Fenster
sub gr_info {

    $text = shift @_  ;
```

```perl
    # Das Fenster erszeugen
    $mw = MainWindow->new ;
    $mw->geometry("200x120");
    $mw->title("Eingabe" ) ;

    # Die grafischen Elemente
    $mw->Label(-text => "\n$text\n" ) -> pack ;
    $mw->Button(-text =>"OK", -command => sub {exit})->pack() ;

    MainLoop ;

    return $wert ;
    }

# Ein Eingabe-Fenster
sub gr_input {

    $text = shift(@_) || "Eingabe:" ;

    # Das Fenster erszeugen
    $mw = MainWindow->new ;
    $mw->geometry("200x120");
    $mw->title("Eingabe" ) ;

    # Die grafischen Elemente
    $mw->Label(-text => "\n$text\n" ) -> pack ;
    $eingabe = $mw->Entry(-width,20)->pack();
    $mw->Label(-text => "" ) -> pack ;
    $mw->Button(-text =>"OK", -command => \&ende)->pack() ;

    MainLoop ;

    return $wert ;
    }

sub ende {
    $wert = $eingabe->get() ;
    $mw->destroy();
    }

1 ;
```

A.21 Tag 21

Quiz-Antworten

1. Win32 arbeitet mit einem Zeitraster von einer Millisekunde. Die Genauigkeit liegt jedoch für WinNT/2000 nur bei etwa 10 ms und für Win95 nur bei etwa 50 ms.

2. Ja, über `Win32::InitiateSystemShutdown()`

3. `C:\perl> perl -e "use Win32; Win32::MsgBox('Feierabend')"`

4. `MacPerl::Answer()`, `MacPerl::Ask()` und `MacPerl::Pick()`

5. Parrot

6. Schreiben Sie mir eine Mail: *patrick.ditchen@mut.de*

Lösungen zu den Übungen

1.
```perl
#!/usr/bin/perl
#
# win_observe.pl
# Ueberwacht ein Verzeichnis auf Veränderungen

use win32 ;
use Win32::ChangeNotify;

$path = $ARGV[0] || "c:\\" ;

$Events = "LAST_WRITE" ;
$notify = Win32::ChangeNotify->new($path,1,$Events) or die $^E;

while (1) {
  $notify->wait() ;
  $notify->reset() ;
  Win32::MsgBox("Achtung: Etwas hat sich innerhalb \nvon $path verändert.") ;
  }
```

2.
```perl
#!/usr/bin/perl
#
# mac_reverse.pl
# Fragt nach einem Text, der rueckwaerts ausgegeben wird.

$frage = "Geben Sie bitte einen Text ein." ;
$antw = "Umgedreht lautet Ihr Text:\n" ;
```

```
while (1) {
  $text = MacPerl::Ask ($frage) ;
  last unless $text ;
  $text = reverse $text ;
  $rep = MacPerl::Answer ($antw.$text, "Weiter", "Ende") ;
  last if $rep == 0 ;
  }
```

3.
```
#!/usr/bin/perl
#
# unix_uid.pl
# Liefert User-ID oder User-Name eines Benutzers
# zurueck, je nachdem ob eine ID oder ein Name
# uebergeben wurde

$frage = $ARGV[0] || $ENV{'LOGNAME'} ;

if ( $frage =~ /^[0-9]+$/ ) {
   print "Der Login-Name zu $frage ist: " ;
   print scalar getpwuid ($frage), "\n" ;
   }
else {
   print "Die User-ID zu $frage ist: " ;
   print scalar getpwnam ($frage), "\n" ;
   }
```

Perl installieren

Dieser Anhang erläutert die Installation von Perl auf einem UNIX-, einem Windows- und einem Macintosh-Rechner. Dabei wird sowohl gezeigt, wie man mit fertigen Perl-Binarys umgeht, als auch, wie man den Perl-Source-Code zu einem lauffähigen Programm kompiliert.

B.1   Die Installation unter UNIX

Auf einem UNIX-Rechner müssen Sie Perl normalerweise nicht selbst installieren, da es in aller Regel bereits vorhanden ist. Testen Sie dies am besten über

`mars# perl -v`

oder

`mars# find / -name perl`

Ist Perl noch nicht installiert oder nur in einer älteren Version[1], müssen Sie selbst zur Installation schreiten. Hier wird beschrieben, wie Sie ein fertig kompiliertes Perl-Paket installieren. Wenn Sie sich statt dessen entscheiden, den Source-Code selbst zu übersetzen, erfahren Sie in Abschnitt A.D, wie man dabei vorgehen muss.

Fertige Binarys gibt es für alle denkbaren Betriebssysteme, darunter auch alle gängigen UNIX-Distributionen. Im oberen Teil der CPAN-Seite *http://www.cpan.org/ports/* ist zu sehen, für welche (Abbildung B.1).

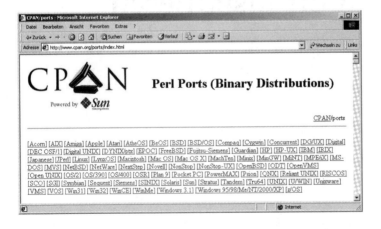

Abbildung B.1: Betriebssysteme, für die Perl-Binarys verfügbar sind

Allerdings muss man einschränkend hinzufügen, dass das CPAN[2] nicht die Binarys selbst, sondern nur Links auf Server verwaltet, die die Programme beherbergen. Wenn Sie befürchten, dass sich dort irgendwo ein Virus oder Trojaner eingeschmuggelt hat, müssen Sie wohl oder übel den Source-Code selbst übersetzen.

---

1   Anfang 2003 ist 5.6 OK, 5.8 die neueste Version. Auf der Webseite *www.perl.com* erfahren Sie, welches derzeit die neueste Version ist.

2   Comprehensive Perl Archive Network, Netzwerk mit Website, das die Verbreitung von Perl und Perl-Modulen organisiert.

In aller Regel werden Sie den bequemeren Weg wählen und eine fertig kompilierte Version installieren.

 Die Installation eines Perl-Binary besteht einfach darin, das gepackte Archiv herunterzuladen, zu entpacken und ein Installationsskript (als root) auszuführen.

Im Einzelnen:

- Gehen Sie zunächst zu der Website *http://www.cpan.org/ports/*.
- Wählen Sie den Link für Ihr Betriebssystem.

Wir wählen hier zur Demonstration eine Distribution für LINUX. Man gelangt zu einer Auswahl von Servern, welche die gewünschte Distribution zur Verfügung stellen. In unserem Fall:

▶ ActiveState RPM, ActiveState formats

▶ Prebuilt Perls by Rich Megginson, a special installer is used.

▶ SiePerl for Linux by Siemens, contains several modules

- Klicken Sie auf eine der Distributionen.

Wir entscheiden uns hier für ActiveState, die vor allem für ihr Windows-Perl bekannt sind, sich aber auch auf dem LINUX-Sektor tummeln.

- Laden Sie von dort das gepackte Perl-Archiv herunter. Achten Sie auf die richtige Versionsnummer und auf eine Kompressionsart, die Sie entpacken können.

  Wir laden hier das Paket `ActivePerl-5.8.0.804-i686-linux.tar.gz` von ActiveState herunter.

- Wechseln Sie in den root-Account oder lassen Sie die folgenden Schritte vom Administrator Ihres Rechners ausführen.

- Speichern Sie das Paket in einem temporären Verzeichnis und entpacken Sie es dort.

```
mars://tmp # ls
. ..  ActivePerl-5.8.0.804-i686-linux.tar.gz
mars:/var/tmp # gunzip ActivePerl*
mars:/var/tmp # ls
. ..  ActivePerl-5.8.0.804-i686-linux.tar
mars:/var/tmp # tar -xf ActivePerl*
mars:/var/tmp # ls
. ..  ActivePerl-5.8.0.804  ActivePerl-5.8.0.804-i686-linux.tar
mars:/var/tmp # cd Active*
mars:/var/tmp/ActivePerl-5.8.0.804 # ls
. ..  install.sh  perl
```

- Rufen Sie das Installationsskript auf. Sie müssen einige Fragen beantworten, wobei Sie normalerweise die Default-Einstellungen akzeptieren können.

```
mars:/var/tmp/ActivePerl-5.8.0.804 # ./install.sh

Welcome to ActivePerl.
.....................
Enter top level directory for
install [/usr/local/ActivePerl-5.8]  Enter
.....................
Enable PPM3 to send profile info to ASPN? [n] n
.....................
The typical ActivePerl software installation requires
55 megabytes. Please make sure enough free space is
available before continuing.
Proceed? [y]  Enter
.....................
mars:/var/tmp/ActivePerl-5.8.0.804 #
```

■ Testen ...

```
mars:/var/tmp/perl-5.8.0 # cd /
mars:/ # perl -v

This is perl, v5.8.0 built for i686-linux

Copyright 1987-2002, Larry Wall
.....................
```

Fertig! ;-)

B.2   Die Installation unter Windows

Auf Windows-Systemen ist Perl normalerweise noch nicht installiert. Um sicherzugehen, wechseln Sie in das Fenster einer Eingabeaufforderung und geben dort

```
C:\> perl -v
```

ein oder

```
C:\> dir /s perl.exe
```

Ist Perl nicht installiert oder nur als ältere Version[3], müssen Sie es selbst installieren. Hier wird beschrieben, wie Sie ein fertig kompiliertes Perl-Paket installieren. Wenn Sie sich statt dessen entscheiden, den Source-Code selbst zu übersetzen, erfahren Sie in Abschnitt A.D, wie man dabei vorgeht. Allerdings brauchen Sie dazu einen C-Compiler und das Programm make.

In aller Regel werden Sie auf einem Windows-Rechner eine fertig kompilierte Version installieren.

---

3   Anfang 2003 ist 5.6 OK, 5.8 die neueste Version. Auf der Webseite *www.perl.com* erfahren Sie, welches derzeit die neueste Version ist.

Die Installation eines Perl-Binary besteht einfach darin, das gepackte Archiv herunterzuladen, zu entpacken und ein Installationsskript auszuführen.

Im Einzelnen:

- Gehen Sie zunächst zu der Website *http://www.cpan.org/ports/*.

- Wählen Sie den Link *[Windows 95/98/Me/NT/2000/XP]*.

  Sie gelangen zu einer Auswahl von Servern, welche die gewünschte Distribution zur Verfügung stellen.

  ▶ ActivePerl (Perl for Win32, Perl for ISAPI, PerlScript, Perl Package Manager)

  ▶ Apache/Perl (Win32 Perl, with mod_perl and related Apache modules)

  ▶ IndigoPerl (Perl for Win32, integrated Apache webserver, GUI Package Manager)

  ▶ Perl 5.8.0 for Win32 and Apache2/mod_perl-2 and a number of common modules

  ▶ SiePerl for Win32 by Siemens, contains several modules

  ▶ Prebuilt Perls by Rich Megginson, a special installer is used.

- Klicken Sie auf eine der Distributionen.

  Wir installieren hier die bekannteste Perl-Distribution für Windows, ActivePerl.

- Laden Sie von dort das gepackte Perl-Archiv herunter. Achten Sie auf die richtige Versionsnummer und auf eine Kompressionsart, die Sie entpacken können.

- a) Haben Sie ein Zip-Archiv gewählt, müssen Sie dieses mithilfe von `winzip`, `gnuzip` oder einem ähnlichen Programm in ein temporäres Verzeichnis entpacken.

  b) Haben Sie ein msi-Archiv gewählt (Microsoft Windows Installer), müssen Sie dieses in einem temporären Verzeichnis speichern.

  zu a) Zip-Archiv: Das entpackte Zip-Archiv enthält im Hauptverzeichnis die Datei `Installer.sbat`. Durch einen Doppelklick starten Sie das Installationsprogramm. Sie müssen einige einfache Fragen beantworten. Im Großen und Ganzen sollten Sie bei den Vorgaben bleiben, außer Sie haben wichtige Gründe, etwas an ihnen zu ändern.

```
Welcome to ActivePerl.
..............
Enter top level directory for install [c:\Perl]: [Enter]
The typical ActivePerl software installation requires
35 megabytes. Please make sure enough free space is
available before continuing.

ActivePerl 804 will be installed into 'c:\Perl'
```

Proceed? [y] `Enter`

If you have a development environment ......
Proceed? [y] `Enter`

. . . .
Create shortcuts to the HTML documentation? [y] `Enter`

Add the Perl/bin directory to the PATH? [y] `Enter`

Copying files...

Das war's! Testen ...

`C:\> perl -v`

zu b) msi-Archiv: Das heruntergeladene msi-Archiv wird einfach doppelgeklickt. Sollten Sie die Meldung erhalten, dass Sie den erforderlichen Installer nicht besitzen, können Sie diesen von der gleichen Seite herunterladen, auf der Sie das Perl-Paket gefunden hatten (Abbildung B.2).

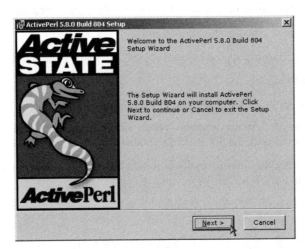

Abbildung B.2:
Installation des msi-Pakets

Nach der Bestätigung des Lizenzvertrags wird ein Fenster angezeigt, in dem Sie das Installationsverzeichnis und den Installationsumfang verändern können. Per Default wird das komplette Paket installiert (Abbildung B.3).

Über einige weitere Fenster, in denen man die Voreinstellungen akzeptieren sollte, gelangt man schließlich zur abschließenden Frage, ob installiert werden soll. Die Antwort lautet: Ja.

Fertig. Zum Testen öffnen Sie die Eingabeaufforderung (Dos-Box):

`C:\> perl -v`

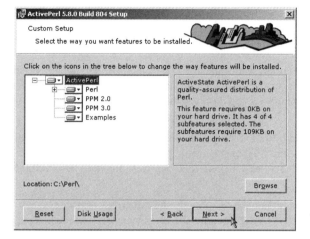

Abbildung B.3:
Installationsoptionen

B.3 Die Installation unter MacOS

MacOS X

Unter MacOS X ist Perl bereits fertig installiert. Um es verwenden zu können, öffnen Sie ein Terminal-Fenster zu dem UNIX-Betriebssystem, das unter der grafischen Oberfläche arbeitet (Ordner PROGRAMME – DIENSTPROGRAMME – TERMINAL). Nun können Sie Perl aufrufen und testen.

```
$ perl -v
```

Möchten Sie eine neuere Perl-Version installieren, finden Sie im Internet eine fertig kompilierte Version. Möchten Sie hingegen selbst den Source-Code übersetzen, gehen Sie wie in Abschnitt A.D beschrieben vor.

 Die Installation eines Perl-Binary besteht einfach darin, das gepackte Archiv herunterzuladen, zu entpacken und ein Installationsskript auszuführen.

Im Einzelnen:

■ Gehen Sie zunächst zu der Website *http://www.cpan.org/ports/*.

■ Wählen Sie den Link [Mac OS X].

Sie sehen eine Liste verschiedener Perl-Distributionen für MacOS X. Wir wählen hier die von Apple zur Verfügung gestellte Distribution.

■ Folgen Sie dem Link zu dem entsprechenden Server und laden Sie das gepackte Archiv herunter.

■ Durch einen Doppelklick auf die heruntergeladene Datei starten Sie die Installation.

In dem Fall, dass Sie die Distribution von Apple zum Download gewählt haben, sehen Sie eine Readme-Datei sowie ein Paket `Perlxyz.pkg`. Die Readme-Datei enthält Informationen zur Installation. Mit einem Doppelklick auf das Perl-Paket wird die eigentliche Installation eingeleitet.

■ Sie werden nach Benutzernamen und Kennwort gefragt. Wählen Sie eine Kennung, die Administrationsrechte besitzt. Anschließend müssen Sie sich durch einige Fenster mit Lizenzbestimmungen klicken. Schließlich gelangen Sie zur Auswahl des Installations-Volume (Abbildung B.4).

Ein Fenster weiter werden Sie zur Bestätigung aufgefordert, die neue Software zu installieren. Nach einem Klick auf INSTALLIEREN werden die einzelnen Dateien nach `/opt/perl` kopiert.

■ Der neue Perl-Interpreter landet unter `/opt/perl/bin/perl`, der alte, vorinstallierte wird nicht überschrieben. Um in Zukunft immer die neue Version des Perl-Interpreters zu erhalten, müssen Sie einen Link nach `/usr/bin/perl` legen.

■ Öffnen Sie eine Terminal-Verbindung zu Ihrem UNIX-Betriebssystem.

■ Wechseln Sie zur root-Kennung[4], verschieben Sie die alte Version und legen Sie den Link an.

```
mars$ su
Password:
mars# mv /usr/bin/perl /usr/bin/perl5.6
mars# ln -s /opt/perl/bin/perl /usr/bin/perl
mars#
```

■ Testen Sie das Ergebnis, indem Sie Perl aufrufen.

```
mars# perl -v
```

MacOS 8/9

■ Gehen Sie zunächst zu der Website *http://www.cpan.org/ports/*.

■ Wählen Sie den Link [Mac OS].

■ Klicken Sie auf *MacPerl 5.6.1r2 Full Installer* und laden Sie dieses Programm herunter.

■ Auf Ihrem Rechner starten Sie nun die Installation mit einem Doppelklick auf das Icon MACPERL FULL INSTALLER. Nach einigen Fenstern, die sich mit dem Lizenzvertrag beschäftigen, gelangen Sie zur eigentlichen Installation (Abbildung B.5).

---

4 Falls Ihre root-Kennung noch nicht eingerichtet ist, rufen Sie das Programm NETINFO im Ordner DIENST-PROGRAMME auf. Wählen Sie dort unter dem Menü SICHERHEIT den Punkt ROOT-BENUTZER AKTIVIEREN.

■ Bleiben Sie bei der Voreinstellung EASY INSTALL und wählen Sie das Volume aus, auf dem Perl installiert werden soll. Im Ordner »Programme« finden Sie anschließend den neuen Ordner MACPERL mit allem, was Sie benötigen. Ein Doppelklick auf das MacPerl-Icon öffnet die Entwicklungsumgebung für Perl.

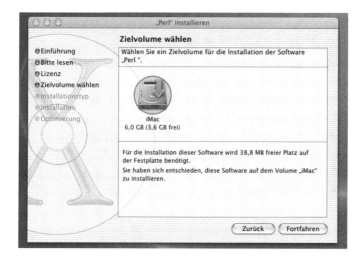

Abbildung B.4:
Das Ziel-Volume
auswählen

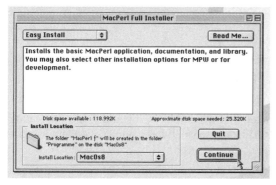

Abbildung B.5:
MacPerl-Installationsfenster

B.4   Den Source-Code kompilieren

Vielleicht möchten Sie kein fertiges Binary installieren, sondern lieber selbst den Perl-Source-Code übersetzen. Hierzu benötigen Sie einen C-Compiler, das Programm make und einige weitere Entwicklungswerkzeuge, wie sie unter UNIX üblich sind.

Da man auf Windows- und Macintosh-Plattformen praktisch ausschließlich Binarys installiert, werden wir hier für ein LINUX-System zeigen, wie die Kompilierung des Source-Codes vor sich geht. Es sei aber darauf hingewiesen, dass Sie die gezeigte Vorgehensweise im Wesentlichen auch auf die anderen Plattformen übertragen können.

Die Übersetzung und Installation des Perl-Source-Codes besteht darin, das gepackte Archiv herunterzuladen, zu entpacken, ein Konfigurationsskript auszuführen und anschließend über make den Source-Code zu übersetzen und die fertigen Binarys installieren zu lassen.

Im Einzelnen:

■ Gehen Sie zunächst zu der Website *http://www.cpan.org/scr/*.

■ Laden Sie die Datei stable.tar.gz herunter und speichern Sie sie in einem temporären Verzeichnis.

■ Wechseln Sie in den root-Account oder lassen Sie die folgenden Schritte vom Administrator Ihres Rechners ausführen.

■ Entpacken Sie das Archiv.

```
mars:/var/tmp # ls
.  .. stable.tar.gz
 mars:/var/tmp # gunzip stable.tar.gz
mars:/var/tmp # ls
.  .. stable.tar
mars:/var/tmp # tar -xf stable.tar
 mars:/var/tmp # ls
.  .. perl-5.8.0  stable.tar
mars:/var/tmp #
mars:/var/tmp # cd perl-5.8.0
mars:/var/tmp/perl-5.8.0 #
```

■ Werfen Sie einen Blick in die Datei README.

```
mars:/var/tmp/perl-5.8.0 # more README
.................
```

■ Lesen Sie sich aufmerksam die Datei INSTALL durch. In ihr finden Sie die wichtigsten Befehle zur Kompilierung und Installation sowie Informationen darüber, wie Sie die Default-Einstellungen ändern können.

```
mars:/var/tmp/perl-5.8.0 # more INSTALL
.................
```

■ Die Installation besteht im Wesentlichen aus folgenden Schritten:

```
rm -f config.sh Policy.sh
sh Configure -de
make
make test
make install
```

▶ Entfernen Sie eventuell das Ergebnis vergangener Installationsversuche.

```
mars:/var/tmp/perl-5.8.0 # rm -f config.sh Policy.sh
mars:/var/tmp/perl-5.8.0 #
```

▶ Erstellen Sie die Konfigurationsdatei. Teilen Sie `Configure` eventuell über zusätzliche Parameter Änderungen an der Default-Konfiguration mit (siehe INSTALL).

```
mars:/var/tmp/perl-5.8.0 # sh Configure -de
. . . . . . . . . . . . . . . . . .
    etwa 5 Minuten [5]
. . . . . . . . . . . . . . . . . .
```

▶ Rufen Sie `make` auf, um den Source-Code zu kompilieren.

```
mars:/var/tmp/perl-5.8.0 # make
. . . . . . . . . . . . . . . . . .
    etwa 10 Minuten
. . . . . . . . . . . . . . . . . .
```

▶ Testen Sie das kompilierte Programm und alle Module.

```
mars:/var/tmp/perl-5.8.0 # make test
. . . . . . . . . . . . . . . . . .
    etwa 10 Minuten
. . . . . . . . . . . . . . . . . .
```

▶ Installieren Sie die fertigen Dateien.

```
mars:/var/tmp/perl-5.8.0 # make install
```

▶ Ausprobieren.

```
mars:/var/tmp/perl-5.8.0 # perl -v
```

Viel Spaß!

---

5 Pentium 3, 700 MHz, Suse Linux 8.0

Spezialvariablen

Perl kennt eine Reihe von Spezialvariablen, die teils der Feineinstellung des Interpreters dienen, teils dem Programmierer spezielle Informationen zur Verfügung stellen. Jede Variable kann alternativ über ein oder zwei ausgeschriebene Namen angesprochen werden. Die werden zwar kaum verwendet, lassen die Bedeutung der Variablen aber leichter erkennen. Falls Sie diese alternativen Namen benutzen möchten, müssen Sie das Standardmodul English laden.

```
use English ;
```

Es wurde versucht, die Variablen grob danach zu ordnen, wie häufig sie benötigt werden.

C.1 Skalare Spezialvariablen

`$_`	`$ARG` Default-Variable für viele Funktionen, bei der Mustererkennung und beim Einlesen in einer Schleife
`$,`	`$OUTPUT_FIELD_SEPARATOR,$OFS` Trenner zwischen Feldern bei der Ausgabe durch `print()`. Default: `""`
`$"`	`$LIST_SEPARATOR` Trenner zwischen Array-Elementen bei der Ausgabe von Arrays in Double-Quotes durch `print()`. Default: `" "`
`$\`	`$OUTPUT_RECORD_SEPARATOR,$ORS` Abschließende Zeichen nach einer Ausgabe durch `print()`. Default: `""`
`$/`	`$INPUT_RECORD_SEPARATOR,$RS` Trenner zwischen den Datensätzen beim Einlesen. Default: `"\n"`
`$ARGV`	Aktueller Dateiname beim Einlesen über `<>`
`$.`	`$INPUT_LINE_NUMBER,$NR` Aktuelle Zeilennummer des zuletzt gelesenen Dateihandle
`$|`	`$OUTPUT_AUTOFLUSH` Ausgabepuffer. 0 gepuffert, 1 ungepuffert. Default: gepuffert. Ohne Pufferung wird der Ausgabepuffer nach jedem `print()` geleert.
`$!`	`$OS_ERROR,$ERRNO` Fehlermeldung des letzten System-Calls. Im numerischen Kontext als Zahl, im String-Kontext als Fehlermeldung
`$?`	`$CHILD_ERROR` Exit-Status des letzten `system()`, `` `...` ``, `wait()` oder `close()`

$@	$EVAL_ERROR	
	Fehlermeldung des letzten eval- oder do-Befehls	
$^E	$EXTENDED_OS_ERROR	
	Betriebssystemspezifische Fehlermeldungen bei Windows und MacOS 8/9	
$a, $b	Platzhalter für zwei Vergleichswerte bei sort()	
$1, $2, ...	Mustererkennung: Inhalt der ersten, zweiten, ... Klammer	
$&	$MATCH	
	Mustererkennung: das auf das Muster passende Teilstück	
$`	$PREMATCH	
	Mustererkennung: String-Anteil *vor* dem passenden Teilstück	
$'	$POSTMATCH	
	Mustererkennung: String-Anteil *nach* dem passenden Teilstück	
$+	$LAST_PAREN_MATCH	
	Mustererkennung: Inhalt der letzten Klammer	
$0	$PROGRAM_NAME	
	Programmname (mit Pfad)	
$$	$PROCESS_ID,$PID	
	Prozess-ID des aktuellen Prozesses	
$]	$Perl_Version	
	Perl-Version des aufgerufenen Interpreters	
$<	$REAL_USER_ID,$UID	
	ID des ausführenden Benutzers beim Login	
$>	$EFFECTIVE_USER_ID,$EUID	
	ID des ausführenden Benutzers zum jetzigen Zeitpunkt	
$(	$REAL_GROUP_ID,$GID	
	Gruppen-ID des ausführenden Benutzers beim Login	
$)	$EFFECTIVE_GROUP_ID,$EGID	
	Gruppen-ID des ausführenden Benutzers zum jetzigen Zeitpunkt	
$~	$FORMAT_NAME	
	Name des für den aktuellen Ausgabekanal gewählten Formats bei Seitenformaten	

721

`$^`	`$FORMAT_TOP_NAME` Name des für den aktuellen Ausgabekanal gewählten Formatkopfs bei Seitenformaten
`$%`	`$FORMAT_PAGE_NUMBER` Seitennummer des aktuellen Ausgabekanals bei Seitenformaten
`$=`	`$FORMAT_LINES_PER_PAGE` Seitenlänge in Zeilen bei Seitenformaten. Default: 60
`$-`	`$FORMAT_LINES_LEFT` Anzahl der auf einer Seite noch zur Verfügung stehenden Zeilen bei Seitenformaten
`$:`	`$FORMAT_LINE_BREAK_CHARACTERS` Umbruchstellen bei Seitenformaten
`$^A`	`$ACCUMULATOR` Akkumulator für `write()`
`$^L`	`$FORMAT_FORMFEED` Zeichen, das für den Seitenvorschub bei Seitenformaten verwendet wird
`$^C`	`$COMPILING` 1 wenn Schalter `-c` gesetzt ist, 0 wenn nicht. Kann in `BEGIN` ausgewertet werden.
`$^D`	`$DEBUGGING` Enthält die auf der Befehlszeile über `-D` übergebenen Flags
`$^F`	`$SYSTEM_FD_MAX` Der höchste automatisch geöffnete Filedeskriptor. Default. 2
`$^H`	Interne Compiler-Informationen. Nur für den internen Gebrauch
`$^I`	`$INPLACE_EDIT` Enthält die mit `-i` übergebene inplace-edit-Erweiterung. Kann auch im Programm noch gesetzt werden!
`$^M`	Speicherbereich, der bei dem eigentlich fatalen Fehler `out-of-memory` noch verwendet werden kann
`$^O`	`$OSNAME` Name des Betriebssystems
`$^P`	`$PERLDB` Interne Variable für den augenblicklichen Zustand beim Debugging
`$^S`	Interpreter-Zustand: *wahr*, wenn innerhalb von `eval()`, sonst *falsch*
`$^T`	`$BASETIME` Startzeit des Programms (in Sekunden wie bei `time()`)

$\^V	Perl-Version in Form von drei ASCII-Zeichen, die den numerischen Werten der drei Teile der Versionsnummer entsprechen
$\^W	$WARNING *wahr* für gesetzte, *falsch* für nicht gesetzte Option -w. Kann -w ein- oder abschalten.
$\^X	$EXECUTABLE_NAME Name des Perl-Interpreters
${\^TAINT}	0 wenn Taint-Modus abgeschaltet, 1 wenn er angeschaltet ist (ab 5.8)
$[	Erster Index bei Arrays und Listen. Nicht verändern! Default: 0
$;	$SUBSCRIPT_SEPARATOR,$SUBSEP Index-Trenner für die Emulation mehrdimensionaler Listen. Default: \034
$#	Alt! Ausgabeformat für Zahlen. Verwenden Sie printf()
$*	Alt! Multiline-Matching anschalten. Verwenden Sie /m und /s

C.2   Spezial-Arrays

@_	@ARGV Enthält die an eine Funktion übergebenen Parameter
@ARGV	Die auf der Befehlszeile übergebenen Argumente. Kann auch im Programm noch gesetzt werden, beeinflusst das Verhalten von <>
@EXPORT	Per Default exportierte Funktionen und Variablen
@EXPORT_OK	Auf Anforderung exportierte Funktionen und Variablen
@-	Mustererkennung: Enthält die Positionen im String, an denen die Teilstücke $1, $2 ... *beginnen* (ab 5.8)
@+	Mustererkennung: Enthält die Positionen im String, an denen die Teilstücke $1, $2 ... *enden* (ab 5.8)
@F	Beinhaltet die Felder der aktuell eingelesenen Zeile bei Verwendung des Schalters -a
@INC	Verzeichnisse, in denen nach Modulen gesucht wird
@ISA	Basisklassen. Funktionen, die Perl nicht in der aktuellen Klasse findet, sucht es in diesen Klassen.

C.3   Spezial-Hashes

`%ENV`	Umgebungsvariablen. Die Namen der Variablen dienen als Schlüssel.
`%!`	Enthält alle möglichen Fehler Ihrer System-Calls als Hash-Schlüssel. Wenn ein Fehler auftritt, wird der Wert desjenigen Schlüssels, der `$!` entspricht, also dem aktuellen Fehler, auf 1 gesetzt (ab 5.8).
`%EXPORT_TAGS`	Funktionen und Variablen für den Export zusammenfassen. Als Schlüssel dienen die Tag-Namen (ohne Doppelpunkt), als Werte anonyme Listen aus Funktions- oder Variablennamen.
`%INC`	Eingebundene Module (Schlüssel) und ihr Dateiname mit vollem Pfad (Werte)
`%SIG`	Signal-Handler. Signal-Nummern dienen als Schlüssel, Referenzen auf Funktionen als Werte.

Perl-Funktionen

Dieser Anhang gibt einen Überblick über alle Perl-Funktionen. Zunächst werden alle Funktionen thematisch zu Gruppen zusammengefasst, damit man sich vergewissern kann, welche Funktionen zur Bearbeitung einer bestimmten Fragestellung zur Verfügung stehen. Anschließend erläutern wir kurz jede einzelne Funktion, gehen hierbei jedoch alphabetisch vor, um die Suche nach einem bestimmten Befehl zu erleichtern.

Alle Funktionen finden Sie außerdem in der Manpage `perlfunc` ausführlich beschrieben.

```
perldoc perlfunc
```

Um sich den Hilfetext aus `perlfunc` zu einer bestimmten Funktion anzeigen zu lassen, schreiben Sie

```
perldoc -f befehl
```

D.1 Perl-Funktionen thematisch geordnet

Es wurde die Kategorisierung der Manpage `perlfunc` übernommen.

- Skalare und Strings

  `chomp`, `chop`, `chr`, `crypt`, `hex`, `index`, `lc`, `lcfirst`, `length`, `oct`, `ord`, `pack`, `q/STRING/`, `qq/STRING/`, `reverse`, `rindex`, `sprintf`, `substr`, `tr///`, `uc`, `ucfirst`, `y///`,

- Regular Expressions und Mustererkennung

  `m//`, `pos`, `quotemeta`, `s///`, `split`, `study`, `qr//`

- Numerische Funktionen

  `abs`, `atan2`, `cos`, `exp`, `hex`, `int`, `log`, `oct`, `rand`, `sin`, `sqrt`, `srand`

- Verarbeitung echter Arrays

  `pop`, `push`, `shift`, `splice`, `unshift`

- Verarbeitung von Listen

  `grep`, `join`, `map`, `qw/STRING/`, `reverse`, `sort`, `unpack`

- Verarbeitung echter Hashes

  `delete`, `each`, `exists`, `keys`, `values`

- Ein- und Ausgabe

  `binmode`, `close`, `closedir`, `dbmclose`, `dbmopen`, `die`, `eof`, `fileno`, `flock`, `format`, `getc`, `print`, `printf`, `read`, `readdir`, `rewinddir`, `seek`, `seekdir`, `select`, `syscall`, `sysread`, `sysseek`, `syswrite`, `tell`, `telldir`, `truncate`, `warn`, `write`

- Datensätze mit fester Satzlänge

  `pack`, `read`, `syscall`, `sysread`, `syswrite`, `unpack`, `vec`

- Filehandles, Dateien und Verzeichnisse

    -X, chdir, chmod, chown, chroot, fcntl, glob, ioctl, link,
    lstat, mkdir, open, opendir, readlink, rename, rmdir, stat,
    symlink, umask, unlink, utime

- Programmfluss

    caller, continue, die, do, dump, eval, exit, goto, last, next,
    redo, return, sub, wantarray

- Sichtbarkeit von Variablen

    caller, import, local, my, our, package, use

- Vermischte Funktionen

    defined, dump, eval, formline, local, my, our, reset, scalar,
    undef, wantarray

- Prozesse

    alarm, exec, fork, getpgrp, getppid, getpriority, kill, pipe,
    qx/STRING/, setpgrp, setpriority, sleep, system, times, wait,
    waitpid

- Perl-Module

    do, import, no, package, require, use

- Klassen und objektorientiertes Perl

    bless, dbmclose, dbmopen, package, ref, tie, tied, untie, use

- Low-Level Socket-Funktionen

    accept, bind, connect, getpeername, getsockname, getsockopt,
    listen, recv, send, setsockopt, shutdown, socket, socketpair

- IPC (SystemV Interprocess Communication)

    msgctl, msgget, msgrcv, msgsnd, semctl, semget, semop, shmctl,
    shmget, shmread, shmwrite

- Informationen über Benutzer und Gruppen (nur UNIX)

    endgrent, endhostent, endnetent, endpwent, getgrent, getgrgid,
    getgrnam, getlogin, getpwent, getpwnam, getpwuid, setgrent,
    setpwent

- Netzwerkinformationen

    endprotoent, endservent, gethostbyaddr, gethostbyname,
    gethostent, getnetbyaddr, getnetbyname, getnetent,
    getprotobyname, getprotobynumber, getprotoent, getservbyname,
    getservbyport, getservent, sethostent, setnetent, setprotoent,
    setservent

- Funktionen für Datum, Uhrzeit und Zeitstempel

    gmtime, localtime, time, times

Perl-Funktionen in alphabetischer Reihenfolge

Im Folgenden werden alle Funktionen in alphabetischer Reihenfolge aufgelistet und *kurz* erläutert. Sehr viel ausführlichere Informationen finden Sie in der `perlfunc`-Manpage.

`perldoc -f` *befehl*

* Alle mit einem Sternchen gekennzeichneten Funktionen arbeiten mit der Default-Variablen `$_`, wenn keine Argumente übergeben wurden.

+ Alle mit einem Plus gekennzeichneten Funktionen entsprechen gleichnamigen C-Funktionen oder System-Calls. Details über ihre Verwendung und die möglichen Argumente finden Sie unter UNIX auch in der C- oder Systemdokumentation (z.B. `man accept`).

Wenn nichts Spezielles über den Rückgabewert einer Funktion gesagt wird, gibt sie *wahr* zurück, wenn sie erfolgreich war, und *falsch*, wenn nicht.

Anstatt einer konkreten Zahl, eines konkreten Strings oder einer konkreten Liste kann man allen Funktionen auch einen Ausdruck übergeben, der zu einer Zahl, einem String oder einer Liste ausgewertet werden kann.

In der letzten Spalte finden Sie die Nummer des Kapitels, in dem die jeweilige Funktion besprochen wird.

Befehl/Syntax	Beschreibung		Kap.
`-X`	Dateitestoperatoren `-f`, `-d`, `-w` ... Testen Dateien auf bestimmte Eigenschaften.		11.10
`abs` *zahl*	Gibt den absoluten Betrag einer Zahl zurück.	*	2.7
`accept`	`accept` *clientsocket*, *serversocket* Der Server wartet darauf, von einem Client angesprochen zu werden. Liefert die gepackte Adresse des Clients zurück.	+	20.11
`alarm` *sec*	Sendet das Signal SIGALRM nach *sec* Sekunden an den Prozess des laufenden Skripts (Timeout-Funktion).	*	20.5
`atan2` *y, x*	Gibt den Arcus-Tangens von *y/x* zurück.		2.7
`binmode` *FH*	Schaltet die Interpretation von Zeilenende und Dateiende unter Windows ab.		10.10
`bind`	`bind` *socket*, *address* Bindet eine (gepackte) Adresse an einen Socket.	+	20.11
`bless`	`bless` *objref*, *[class]* Bindet ein Objekt über seine Referenz `objref` an eine Klasse *class* oder an die aktuelle Klasse.		17.2

Befehl/Syntax	Beschreibung		Kap.
caller	Liefert Informationen über den Aufrufer einer Funktion. Im skalaren Kontext den Namen des Pakets, im Listenkontext Paket, Dateinamen und Zeilennummer.		
chdir *dir*	Wechselt zum Verzeichnis *dir*.		11.8
chmod	chmod *mode*, *file*, ... Ändert die Zugriffsrechte der angegebenen Dateien auf *mode*. Rechte müssen vierstellig geschrieben werden, z.B. 0644.		11.8
chomp *string*	Entfernt $/ vom Ende des Strings, wenn möglich, normalerweise also *Newline*. Liefert die Anzahl abgeschnittener Zeichen zurück.	*	3.7
chop *string*	Entfernt das letzte Zeichen eines Strings und liefert es zurück.	*	3.7
chown	chown *uid*, *gid*, *file*, ... Ändert die Besitzer- und die Gruppen-ID der Dateien. Die IDs müssen numerisch angegeben werden. Möchte man nur *eine* der IDs verändern, setzt man die andere auf -1.		11.8
chr *zahl*	Liefert das Zeichen mit der Nummer *zahl* aus der aktuellen Zeichentabelle.	*	3.8
chroot *dir*	(Nur UNIX) Stellt das Root-Verzeichnis auf *dir* ein. Das Programm kann nicht mehr auf Dateien oberhalb dieses Verzeichnisses zugreifen.		11.8
close *FH*	Schließt ein Filehandle (siehe open).		10.3 10.10
closedir *DH*	Schließt ein Verzeichnis-Handle (siehe opendir).		11.7
connect	connect *socket*, *address* Versucht den lokalen Socket mit dem entfernten Socket auf Adresse *address* (gepackt) zu verbinden.	+	20.11
continue	Leitet einen Schleifenblock ein, dessen Befehle direkt nach den Befehlen des eigentlichen Schleifenblocks ausgeführt werden. Bei einem next-Befehl innerhalb der Schleife werden alle Befehle des Hauptblocks übersprungen, aber nicht diejenigen des continue-Blocks.		5.7
cos *zahl*	Cosinus	*	2.7

Befehl/Syntax	Beschreibung	Kap.
crypt	crypt *string*, *salz* Verschlüsselt *string* mithilfe des Schlüssels *salz* über den gleichen Algorithmus, mit dem Unix-Passwörter verschlüsselt werden. Gibt das verschlüsselte Wort zurück. Zur Kontrolle, ob ein in Klartext übergebenes Passwort $plain einem bereits verschlüsselten Passwort $crpt entspricht (Passwortkontrolle), schreibt man: if (crypt($plain,$crpt) eq $crpt) ...	*
dbmclose	dbmclose *%hash* Hebt die Bindung zwischen dem Hash und der DBM-Datei wieder auf (siehe dbmopen). Soll nicht mehr verwendet werden. Nehmen Sie statt dessen untie().	
dbmopen	dbmopen *%hash*, *filename*, *mode* Verbindet einen Hash mit einer DBM-Datei. Soll nicht mehr verwendet werden. Nehmen Sie statt dessen tie().	
defined *expr*	Stellt fest, ob *expr* einen definierten Wert enthält. *expr* ist typischerweise ein Hash-Value, ein Array-Element oder irgendeine Variable, bei der man feststellen möchte, ob sie nun undef oder einen leeren String enthält.	* 8.4
delete	delete *$hash{$key}* Löscht ein Schlüssel-Wert-Paar aus einem Hash.	8.3
die	die [*message*] Beendet das Programm, nachdem es eine Fehlermeldung auf STDERR ausgegeben hat. Ohne message wird eine Standardmeldung angezeigt.	10.3
do	do {*befehle*} do {*befehle*} while ... do *filename* Führt einen Block von Befehlen aus und testet erst im Nachhinein eine eventuell vorhandene Bedingung. Kann auch den Code einer externen Datei ausführen.	5.4
dump	Erstellt einen Speicherabzug des Programms. Wurde früher dazu verwendet, über undump ein kompiliertes Programm herzustellen. Heute benutzen Sie perlcc.	
each	(*$key,$val*) = each *%hash* while((*$key,$val*) = each *%hash*) { ... } Liefert das nächste Schlüssel-Wert-Paar eines Hash. Jeder Hash enthält einen Zeiger, in dem festgehalten wird, welches Paar als Nächstes geliefert wird. Über eine Schleife wird der gesamte Hash durchlaufen.	8.7

Befehl/Syntax	Beschreibung		Kap.
endgrent	endgrent, endpwent, endhostent, endnetent, endprotoent, endservent[1]	+	
eof [FH]	Liefert *wahr* zurück, wenn man an das Ende einer Datei gelangt ist. Ohne Argument wird die Datei kontrolliert, aus der zuletzt gelesen wurde. eof() mit leeren Klammern testet auf das Ende von <>.		10.3
eval expr	Interpretiert *expr* als Perl-Ausdruck und führt ihn aus. Führt der Befehl zu einem fatalen Fehler, gibt eval() den Wert undef zurück, das Skript läuft aber weiter.		20.3
exec liste	Beendet den aktuellen Prozess und führt im gleichen Prozess das angegebene Programm aus.		20.4
exists	if (exists $hash{$key}) ... Überprüft, ob der Schlüssel $key im Hash vorhanden ist.		8.4
exit [int]	Bricht das Programm ab und gibt int zurück oder 0, wenn kein int angegeben ist (Wert muss zwischen 0 und 255 liegen).		5.7
exp zahl	Exponential-Funktion (e^{zahl})	*	2.7
fcntl	Ruft den System-Call fcntl zur Low-Level-Kontrolle von Dateien auf.	+	
fileno FH	Gibt einen Filedeskriptor für ein Filehandle zurück.		
flock	flock FH, operation Sperrt die zu FH gehörende Datei gegen Schreibaktionen von anderen Programmen oder löst die Sperre wieder auf.	+	
fork	Erzeugt einen Kindprozess. Im Vaterprozess gibt fork die Prozess-ID des Kinds zurück, im Kindprozess 0.		20.4
format	Leitet die Definition eines Seitenformats ein.		
formline	formline format, liste Interne Funktion, die implizit bei Seitenformaten verwendet wird. Sie formatiert die Liste von Werten entsprechend dem festgelegten Format und speichert sie in $^A.		

---

1   Die Funktionen get..., set... und end... sind Nachbildungen der gleichnamigen System-Calls und beziehen sich auf den Umgang mit UNIX-Systemdateien wie /etc/passwd, /etc/hosts usw. Weitere Informationen finden Sie in der Manpage perlfunc.

731

Befehl/Syntax	Beschreibung	Kap.
getc *FH*	Liest ein einzelnes Zeichen aus FH oder von STDIN und liefert es zurück. Damit der Terminaltreiber überhaupt einzelne Zeichen weitergibt und nicht auf das abschließende ENTER wartet, müssen Sie seine Pufferung über system('stty raw') abschalten. (Später stty -sane nicht vergessen!)	
getgrent	getgrent, getgrgid, getgrnam, getlogin, getpwent, getpwnam, getpwuid, gethostbyaddr, gethostbyname, gethostent, getnetbyaddr, getnetbyname, getnetent, getprotobyname, getprotobynumber, getprotoent, getservbyname, getservbyport, getservent[2]	+
getlogin	Liefert den Login-Namen des aktuellen Benutzers.	
getpeername	getpeername *socket* Liefert die gepackte Socket-Adresse des Rechners zurück, der mit socket verbunden ist.	
getpgrp *pid*	Gibt die Prozessgruppe des angegebenen Prozesses zurück.	+
getppid	Gibt die Prozess-ID des Vaterprozesses zurück.	
getpriority	Gibt die Priorität eines Prozesses zurück. (Nur UNIX)	+
getsockname	getpeername *socket* Liefert die gepackte Socket-Adresse des lokalen Rechners zurück.	+
getsockopt	getsockopt *socket*, *level*, *optname* Ermittelt den Wert einer Socket-Option optname an und liefert ihn zurück bzw. undef bei Misserfolg.	+
glob	glob *muster* Liefert alle Verzeichniseinträge, die auf das Dateinamensmuster muster passen, als Liste zurück. Entspricht dem gleichnamigen Operator <*muster*>.	* 11.6
gmtime	gmtime [*secs*] Wie localtime(), alle Angaben beziehen sich jedoch auf die Greenwich-Zeitzone (GMT).	

---

2   Die Funktionen get..., set... und end... sind Nachbildungen der gleichnamigen System-Calls und beziehen sich auf den Umgang mit UNIX-Systemdateien wie /etc/passwd, /etc/hosts usw. Weitere Informationen finden Sie in der Manpage perlfunc.

Befehl/Syntax	Beschreibung		Kap.
goto *LABEL*	Springt zu der mit LABEL gekennzeichneten Stelle.		5.8
grep	grep /*regexp*/, *liste* grep {*befehle*} *liste* Liefert alle Elemente einer Liste, die auf einen regulären Ausdruck passen oder für die ein Block von Befehlen als *wahr* ausgewertet wird.		7.8
hex *zahl*	Interpretiert *zahl* als Hexadezimalzahl und gibt den entsprechenden Dezimalwert zurück.	*	2.7
import	Kein Perl-Befehl, sondern eine Funktion, die ein Modul zur Verfügung stellen muss, damit das Hauptprogramm Modulfunktionen importieren kann. Wird meist durch Vererbung vom Modul Exporter übernommen.		14.13
index	index *string*, *part* [,*pos*] Sucht nach der *ersten* Position des Strings part in der Zeichenkette *string* und gibt diese zurück. Ist part nicht in *string* enthalten, liefert es -1. Über *pos* kann eine Startposition festgelegt werden, ab der gesucht wird.		3.9
int *zahl*	Liefert den ganzzahligen Anteil von *zahl*.	*	2.7
ioctl	Ruft den System-Call ioctl zur Low-Level-Kontrolle von Geräten auf.	+	
join	join '*sep*', *liste* Verbindet die Elemente einer Liste mithilfe des oder der Zeichen sep zu einem einzigen String.		7.3
keys *%hash*	Liefert die Liste aller Schlüssel eines Hash.		8.6
kill	kill *sig*, *pids* Sendet der Liste von Prozessen das Signal sig.		20.5
last [*LABEL*]	Springt aus der aktuellen oder der mit LABEL gekennzeichneten Schleife heraus.		5.7
lc *string*	Liefert *string* in Kleinbuchstaben.	*	3.6
lcfirst *str*	Liefert den übergebenen String zurück, macht erstes Zeichen zum Kleinbuchstaben, lässt die restlichen Zeichen unverändert.	*	3.6
length *str*	Gibt die Länge der Zeichenkette zurück.	*	3.5
link	link *oldfile*, *newfile* Erstellt einen Hardlink der Datei oldfile unter dem Namen newfile.		11.8

Befehl/Syntax	Beschreibung		Kap.
listen	listen *socket, max* Richtet für einen Server eine Warteschlange für maximal max ankommende Verbindungen ein.	+	20.11
local	local *var* local(*var1, var2, ...*) Deklariert eine oder mehrere Variablen als lokal zum umgebenden Block. Die Variable ist nur in diesem Block sichtbar und in allen Blöcken (Funktionen), die aus ihm heraus *aufgerufen* werden.		13.3
localtime	localtime [*secs*] Gibt Datum und Uhrzeit für die lokale Zeitzone aus. Im skalaren Kontext als String, im Listenkontext in Form von neun Feldern (Sekunden, Minuten, Stunden, Tag, Monat, Jahr (100 für 2000), Wochentag (0-6), Jahrestag(0-364/365), Sommerzeit (0/1)). Wird ein Argument übergeben, wird es als Sekunden seit dem 1.1.1970, 0:00 Uhr (bzw. 1.1.1904 für Mac) interpretiert, also als Zeitstempel, wie ihn die Funktion time() liefert, und Datum und Uhrzeit für diesen Zeitstempel ausgegeben.		6.6
log *zahl*	Natürlicher Logarithmus	*	2.7
lstat *FH*	Wie stat(). Falls FH auf einen symbolischen Link zeigt, liefert lstat() jedoch Informationen über den Link selbst und nicht über die Zieldatei des Links, wie es stat() tut.	*	11.11
m/*regexp*/	Mustererkennung. Testet, ob der Regular Expression *regexp* im zu untersuchenden String enthalten ist. Liefert im skalaren Kontext *wahr* oder *falsch* zurück, im Listenkontext die Inhalte der Klammern.		12.1
map	map *befehl, liste* map {*befehle*} *liste* Führt die angegebenen Befehle für alle Elemente der Liste aus und liefert die resultierenden Werte als Liste zurück.		7.7
mkdir	mkdir *newdir* [,*mode*] Erstellt ein neues Verzeichnis und setzt eventuell die angegebenen Zugriffsrechte. Diese müssen vierstellig angegeben werden, etwa 0755.		11.8
msgctl	(Nur UNIX) Ruft die SystemV-IPC-Funktion msgctl (message control) zur Kontrolle einer Nachrichtenwarteschlange auf.	+	
msgget	(Nur UNIX) Ruft die SystemV-IPC-Funktion msgget (get message queue identifier) zur Ermittlung der ID einer Nachrichtenwarteschlange auf.	+	

Befehl/Syntax	Beschreibung		Kap.
`msgrcv`	(Nur UNIX) Ruft die SystemV-IPC-Funktion `msgrcv` (message receive) auf, um eine Nachricht zu empfangen.	+	
`msgsnd`	(Nur UNIX) Ruft die SystemV-IPC-Funktion `msgsnd` (message send) auf, um eine Nachricht zu senden.	+	

`my`	`my var`
	`my(var1, var2, ...)`
	Deklariert eine oder mehrere Variablen als lokal (privat) zum umgebenden Block. Die Variable ist nur in diesem Block sichtbar und in allen Funktionen, die in ihm *definiert* werden.
			13.3

`next [LABEL]`	Überspringt die restlichen Befehle des aktuellen Durchlaufs und setzt die aktuelle oder die mit `LABEL` gekennzeichnete Schleife mit dem nächsten Durchgang fort. Gibt es einen `con`-`tinue`-Block, wird mit diesem fortgefahren.		5.7
`no`	`no module list` Entlädt ein vorher über `use` geladenes Modul.		14.8
`oct zahl`	Interpretiert `zahl` als Oktalzahl und gibt den entsprechenden Dezimalwert zurück.	*	2.7

`open`	`open FH, file`
	`open FH, '>file'`
	`open FH, '>>file'`
	Öffnet eine Datei zum Lesen, Schreiben oder Anhängen und macht sie über das Filehandle `FH` erreichbar.
			10.3

`opendir`	`opendir DH, dir` Öffnet ein Verzeichnis zum Lesen und macht es über das Verzeichnis-Handle `DH` erreichbar.		11.7
`ord zeichen`	Liefert die Nummer des Zeichens in der aktuellen Zeichentabelle.	*	3.8

`our`	`our var`
	`our(var1, var2, ...)`
	Deklariert eine oder mehrere Variablen als global. Wird benötigt, um eine globale Variable unter aktiviertem `use strict` zu deklarieren.
			13.3

`pack`	`pack format, liste` Verpackt eine Liste von Daten entsprechend dem übergebenen Format zu einem einzigen Datenstring und liefert diesen zurück.		20.6

Befehl/Syntax	Beschreibung		Kap.
package	package *pkgname* Legt den Namen des aktuell gültigen Package und damit des Namensraums bzw. der Symboltabelle fest. Alle Variablen, die ohne expliziten Package-Namen verwendet werden, beziehen sich auf dieses aktuellen Packages.		14.12
pipe	pipe *readhandle, writehandle* Öffnet eine Pipe zwischen zwei Handles.		
pop *@arr*	Entfernt das letzte Element eines Arrays und liefert es zurück.		6.10
pos *string*	Liefert bei einer Mustererkennung die Position, auf der die Suchmarke im untersuchten String gerade steht.	*	12.7
print	print [*FH*] *liste* Gibt die übergebenen Daten nach FH oder auf STDOUT aus.	*	10.6 10.10
printf	printf [*FH*] *format, liste* Gibt die übergebenen Daten in dem durch format festgelegten Format nach FH oder auf STDOUT aus.		10.8
push	push *@arr, liste* Hängt ein oder mehrere Elemente hinten an ein Array an. Gibt die neue Anzahl von Elementen zurück.		6.10
q/*string*/	Wirkt wie *string* in Single-Quotes.		3.14
qq/*string*/	Wirkt wie *string* in Double-Quotes.		3.14
qr/*string*/	Behandelt *string* als Mustererkennungs-Pattern. Beispiel: $re = qr/HTTP/i ; # HTTP,Http,http,... if ($string =~ /${re}-Protokoll/) { ...}		
quotemeta	quotameta *string* Setzt einen Backslash vor alle Sonderzeichen (\W) und liefert den fertigen String zurück.	*	12.2
qw(*a b c*)	Liefert die Liste ('a','b','c') zurück.		3.14
qx/*string*/	Führt *string* in rückwärts gerichteten Quotes aus und liefert das Ergebnis zurück.		11.3
rand *zahl*	Liefert eine Zufallszahl zwischen 0 und 1 (ohne Argument) oder zwischen 0 und *zahl*.		2.7
read	read *FH $var, len* [*,offset*] Liest *len* Bytes aus dem Filehandle FH ein und speichert sie in der Variablen $*var*, dort eventuell erst ab Position offset.		10.11

Befehl/Syntax	Beschreibung		Kap.
`readdir` *DH*	Liest im skalaren Kontext den nächsten Eintrag, im Array-Kontext alle restlichen Einträge aus einem Verzeichnis aus und liefert sie zurück.		11.7
`readlink`	`readlink` *file* Liefert den Dateinamen, auf den ein symbolischer Link *file* zeigt.	*	11.8
`recv`	`recv` *socket*, *$var*, *len*, *flags* Liest *len* Bytes von einem Socket und speichert sie in einer Variablen. Gibt die Adresse der Gegenstelle zurück.	+	
`redo` [*Label*]	Wiederholt den gerade getätigten Durchgang der aktuellen oder der mit *Label* gekennzeichneten Schleife.		5.7
`ref` *var*	Liefert den Typ der Referenz zurück, falls *var* eine Referenz enthält, und undef, wenn nicht.		15.2
`rename`	`rename` *oldfile*, *newfile* Ändert den Namen einer Datei und verschiebt sie eventuell in ein anderes Verzeichnis.		11.8
`require` *file*	Lädt zur Laufzeit eine externe Datei in das aktuelle Skript. Wie use, arbeitet aber zur Laufzeit und ruft import() nicht auf.		14.13
`reset` *expr*	Setzt alle Variablen zurück, deren Name mit *expr* beginnt. Setzt außerdem das Flag für Einmal-Matches zurück. Einmal-Matches, ?*regexp*?, liefern nur das *erste* Vorkommen eines regulären Ausdrucks (z. B. in einer Datei). Nach reset wird ein weiteres Mal gematcht.		
`return` *wert*	Beendet die aktuelle Funktion oder den aktuellen Block und gibt einen beliebigen Wert oder eine Liste von Werten zurück.		13.4
`reverse`	`reverse` *string* `reverse` *liste* Liefert *string* in umgedrehter Anordnung zurück, also das letzte Zeichen zuerst. Liefert die Liste in umgekehrter Reihenfolge zurück, das letzte Element zuerst.	*	3.7
`rewinddir` *DH*	Setzt den Zeiger eines Verzeichnis-Handle wieder an den Anfang des Verzeichnisses zurück.		11.7
`rindex`	`index` *string*, *part* [,*pos*] Sucht nach der *letzten* Position des Strings part in der Zeichenkette *string* und gibt diese zurück. Ist part nicht in *string* enthalten, liefert es -1. Über *pos* kann eine Startposition festgelegt werden, ab der (nach links) gesucht wird.		3.9

Befehl/Syntax	Beschreibung		Kap.
rmdir *dir*	Löscht ein leeres Verzeichnis *dir*.	*	11.8
s/*old*/*new*/	Mustererkennung. Ersetzt den Regular Expression *old* durch den String *new*. Liefert die Anzahl der Ersetzungen zurück.		12.4
scalar *expr*	Erzwingt den skalaren Kontext für die Auswertung von *expr*.		6.6
seek	seek *FH*, *pos*, *start* Verschiebt den Zeiger des Filehandle *FH* um *pos* Byte ab der Position *start*. 0 für *start* bedeutet den Dateianfang, 1 die aktuelle Position und 2 das Dateiende.		10.11
seekdir	seekdir *DH*, *pos* Verschiebt den Zeiger des Verzeichnis-Handle *DH* auf die Position *pos*. (Sinnvolle Positionen werden von telldir zurückgegeben.)		11.7
select [*FH*]	Bestimmt *FH* zu dem neuen Standard-Ausgabe-Handle, auf welches sich print- oder printf-Befehle ohne explizites Filehandle beziehen. Liefert das bisherige Standard-Handle zurück.		10.10
semctl	(Nur UNIX) Ruft die SystemV-IPC-Funktion semctl (semaphore control) auf, um die Eigenschaften eines Semaphor-Objekts zu kontrollieren.	+	
semget	(Nur UNIX) Ruft die SystemV-IPC-Funktion semget (semaphore id get) zur Ermittlung der ID eines Semaphor-Objekts auf.	+	
semop	(Nur UNIX) Ruft die SystemV-IPC-Funktion semop (semaphore operation) auf, um den Zähler eines Semaphor-Objekts zu verändern.	+	
send	send *socket*, *message*, *flags*, [*address*] Sendet messages an den mit socket verbundenen Rechner oder an address, falls socket nicht verbunden ist. Gibt die Anzahl der gesendeten Zeichen oder undef zurück.	+	
setgrent	setgrent, setpwent, sethostent, setnetent, setprotoent, setservent[3]	+	
setpgrp	Setzt die Prozessgruppe für einen Prozess.	+	
setpriority	Setzt die Priorität eines Prozesses. (Nur Unix)	+	
setsockopt	setsockopt *socket*, *level*, *optname*, *value* Setzt eine Socket-Option optname auf *value*.	+	

---

[3] Die Funktionen get..., set... und end... sind Nachbildungen der gleichnamigen System-Calls und beziehen sich auf den Umgang mit UNIX-Systemdateien wie /etc/passwd, /etc/hosts usw. Weitere Informationen finden Sie in der Manpage perlfunc.

Befehl/Syntax	Beschreibung		Kap.
shift *@arr*	Entfernt das erste Element aus einem Array und liefert es zurück. Die restlichen Elemente wandern um eine Position nach links.		6.10
shmctl	Ruft die SystemV-IPC-Funktion shmctl (shared memory control) auf, um die Eigenschaften eines Shared-Memory-Segments zu kontrollieren. (Nur UNIX)	+	
shmget	Ruft die SystemV-IPC-Funktion shmget (shared memory get) auf, um ein neues Shared-Memory-Segment zu erstellen. (Nur UNIX)	+	
shmread	Liest aus einem Shared-Memory-Segment. (Nur UNIX)		
shmwrite	Schreibt in ein Shared-Memory-Segment. (Nur UNIX)		
shutdown	shutdown *socket, how* Schließt eine Socket-Verbindung.	+	
sin *zahl*	Sinus	*	2.7
sleep *sec*	Legt eine Pause von sec Sekunden ein.		11.2
socket	socket *sockname, domain, type, proto* Erstellt ein Socket namens sockname vom Typ type und der Adressfamilie domain.	+	
socketpair	socketpair *sock1, sock2, domain, typ, proto* Erstellt zwei miteinander verbundene Sockets sock1 und sock2 (eine Pipe).	+	
sort	sort *liste* sort { $b <=> $a } *liste* sort {*befehle*} *liste* sort *func liste* Liefert die sortierte Version der übergebenen Liste. Per Default wird alphabetisch aufsteigend sortiert. Über eigene Sortierbefehle kann man die Reihenfolge variieren. Dabei wird über die Variablen $a und $b bestimmt, wie zwei herausgegriffene Werte miteinander verglichen werden sollen.		7.9
splice	splice *@arr, start* [,*len* [,*liste*]] Entfernt das über die Startposition start und die Länge len festgelegte Teilstück eines Arrays und ersetzt es eventuell durch liste. Das Array schrumpft oder wächst entsprechend. Liefert die entfernte Liste von Elementen zurück. Wird len nicht angegeben, werden alle Elemente ab start bis zum letzten Element entfernt.		6.11

Befehl/Syntax	Beschreibung		Kap.
split	split /*regexp*/, *string* [,*max*] split /*regexp*/ split Zerlegt einen String anhand eines Regular Expression in einzelne Felder und liefert diese als Liste zurück. Eine maximale Anzahl von Feldern kann angegeben werden, wobei das letzte Feld dann den restlichen, nicht zerlegten Teil des Strings erhält. Ohne *string* wird $_ zerlegt. Ohne *regexp* wird $_ nach Leerzeichen zerlegt, wie split ' ', $_;. Viele weitere Details werden im entsprechenden Kapitel beschrieben.		7.5
sprintf	sprintf *format*, *liste* Gibt einen String zurück, der die Elemente von *liste* in dem angegebenen Format enthält.		10.8
sqrt *zahl*	Liefert die Quadratwurzel von *zahl*.	*	2.7
srand *zahl*	Legt den Startwert des Zufallsgenerators auf *zahl* fest. Achtung: Seit Perl 5.004 wird srand automatisch aufgerufen.	*	2.7
stat *file*	Liefert Informationen über eine Datei (oder ein Filehandle) als Liste von 13 Elementen zurück (Näheres siehe im entsprechenden Kapitel).	*	11.11
study *string*	Untersucht *string* ausführlich, um anschließend Zeit zu sparen, wenn mehrere Mustererkennungsoperationen auf ihn angewandt werden.	*	
sub	Leitet die Definition einer Funktion ein.		13.1
substr	$teil = substr *string*, *start* [,*len*] ; substr(*string*, *start* [,*len*]) = $new ; Liefert das Teilstück eines Strings *string* zurück, das bei der Position *start* beginnt und *len* Zeichen lang ist. Oder ersetzt in *string* das über *start* und *len* definierte Teilstück durch $new.		3.10
symlink	symlink *oldfile*, *newfile* Erstellt einen symbolischen Link der Datei oldfile auf den neuen Namen newfile.		11.8
syscall	syscall *call* [,*args*] (Nur UNIX) Ruft den angegebenen System-Call call auf und liefert dessen Rückgabe zurück.		
sysopen	Wie open( ), verwendet im Gegensatz zu diesem jedoch intern nicht die C-Funktion der stdio-Bibliothek, sondern den entsprechenden System-Call.	+	

Befehl/Syntax	Beschreibung	Kap.
sysread	Wie read(), verwendet im Gegensatz zu diesem jedoch intern nicht die C-Funktion der stdio-Bibliothek, sondern den entsprechenden System-Call.	+
sysseek	Wie seek(), verwendet im Gegensatz zu diesem jedoch intern nicht die C-Funktion der stdio-Bibliothek sondern den entsprechenden System-Call.	+
system cmd	Führt den externen Befehl cmd aus und wartet mit der Fortführung des eigenen Skripts, bis cmd zurückgekehrt ist.	11.2
syswrite	Wie write(), verwendet im Gegensatz zu diesem jedoch intern nicht die C-Funktion der stdio-Bibliothek, sondern den entsprechenden System-Call.	+
tell FH	Gibt die Position des Dateizeigers für das Filehandle FH zurück.	10.11
telldir DH	Gibt die Position des Zeigers für das Verzeichnis-Handle DH zurück.	11.7
tie	tie variable, class, arglist Bindet eine Variable an eine Klasse. Die Argumenten-Liste wird dem Konstruktor new() übergeben.	20.8
tied var	Gibt die Referenz auf das Objekt zurück, an das die Variable var gebunden ist. Handelt es sich nicht um eine gebundene Variable, wird undef geliefert.	20.8
time	Gibt den *aktuellen* Zeitstempel zurück, die Anzahl Sekunden seit dem 1.1.1970, 0:00 Uhr (bzw. 1.1.1904 für Mac). Dieser Zeitstempel kann localtime(), gmtime() oder utime() übergeben werden. Um den Zeitstempel für einen Tag zuvor zu erhalten, rechnet man beispielsweise time - 24 * 3600	11.8
times	($user,$system,$cuser,$csystem) = times; Gibt die verbrauchte CPU-Zeit (in Sekunden) in Form von vier Feldern zurück: Zeit, die das Skript im User-Modus (Verarbeitung des Skripts) und im System-Modus (I/O-Vorgänge und Ähnliches) verbraucht hat, sowie die Zeit, die seine Kindprozesse (falls vorhanden) in den beiden Modi verbruzzelten.	

Befehl/Syntax	Beschreibung		Kap.
tr///	tr/*liste_a*/*liste_b*/[cds] Ersetzt jedes Zeichen von liste_a durch das jeweils entsprechende Zeichen von liste_b. Über /d werden die Zeichen gelöscht, bei /c ist das Komplement der ersten Liste gemeint, bei /s werden alle direkt aufeinander folgenden gleichen Zeichen auf ein einziges zusammengezogen. Gibt den entstandenen String zurück.		12.9
truncate	truncate *FH*, *len* Verkürzt eine Datei auf eine Länge von *len* Byte.		
uc *string*	Liefert *string* in Großbuchstaben.	*	3.6
ucfirst *str*	Liefert den übergebenen String zurück, das erste Zeichen als Großbuchstaben.	*	3.6
umask *mode*	Setzt die *umask*, d. h. die Negativ-Maske der Default-Rechte für die Erstellung neuer Dateien. Gibt die alte *umask* zurück. Die Rechte müssen vierstellig angegeben werden.		
undef	if (*expr* == undef) ... undef *var* Der Wert undef oder die Funktion undef(), die *var* den Wert undef zuweist.		8.3
unlink	unlink *file*, ... Löscht die angegebenen Dateien.	*	11.8
unpack	unpack *format*, *datastring* Zerlegt den übergebenen Datenstring anhand der Maske format in die einzelnen Felder und liefert diese als Liste zurück.		20.6
unshift	unshift @*arr*, *liste* Schiebt eine Liste von Elementen links in ein Array ein. Die übrigen Elemente werden nach rechts verschoben. Liefert die neue Anzahl von Elementen zurück.		6.10
untie *var*	Hebt die Bindung einer Variablen an eine Klasse wieder auf.		20.8
use	use *modname* use *modname* qw(f1 f2 ...) use *modname* () use 5.6 Lädt ein Modul zur Kompilierzeit, quasi wie in einem BEGIN-Block. Ruft außerdem import() auf, um Funktionen des Moduls zu importieren. Bei numerischem Argument wird das Programm nur ausgeführt, wenn es mindestens die genannte Perl-Version läuft.		14.2

Befehl/Syntax	Beschreibung	Kap.
`utime`	`utime atime, mtime, filename, ... ;` Setzt den Zeitstempel des letzten lesenden und schreibenden Zugriffs. Die Zeiten müssen in der Form von `time()` angegeben werden, also als Sekunden seit Beginn der Epoche.	11.8
`values %hash`	Liefert die Liste aller Werte eines Hash.	8.6
`vec`	`vec string, n, bits` Liefert das *n*-te Element eines Vektors *string*. Es wird angenommen, dass *string* aus einer Abfolge vorzeichenloser Integer-Werte von jeweils `bits` Bits besteht.	
`wait`	Wartet auf das Ende des Kindprozesses und liefert dessen Prozess-ID zurück.	
`waitpid pid`	Wartet auf das Ende des Kindprozesses mit der Prozess-ID *pid* und liefert dessen Prozess-ID wieder zurück.	
`wantarray`	Liefert 1 zurück, wenn die aktuelle Funktion in einem Listenkontext aufgerufen wurde, und 0, wenn nicht.	13.5
`warn`	`warn [message]` Gibt eine Warnung auf `STDERR` aus. Ohne `message` wird eine Standardmeldung angezeigt.	10.3
`write [FH]`	Schreibt im aktuellen Seitenformat auf `FH` oder auf `STDOUT`.	
`y///`	Alias für `tr///`	12.9

Standardmodule

Dieser Anhang bietet Ihnen eine Übersicht über alle Standardmodule; das sind diejenigen Module, die in einer vollständigen Perl-Distribution bereits enthalten sind. Zunächst werden die Module in Kategorien eingeteilt, damit Sie sich einen Überblick über alle Module zu einem bestimmten Thema verschaffen können. Anschließend werden sie in alphabetischer Reihenfolge kurz erläutert.

Nicht jedes Modul ist auf allen Systemplattformen zu finden. Ist ein Modul bei Ihnen nicht vorhanden, können Sie es aus dem Internet herunterladen (*www.cpan.org*).

Eine ähnliche Auflistung wie die hier vorliegende, enthält die Manpage `perlmodlib`.

Indem Sie `perldoc` *modulname* aufrufen, erhalten Sie die vollständige Dokumentation eines Moduls.

 Module, die seit Perl 5.6 überholt und durch andere ersetzt sind, tauchen in der folgenden Liste nicht mehr auf.

E.1   Modulkategorien

Pragmatische Module

attributes, attrs, autouse, base, blib, bytes, charnames, constant, diagnostics, fields, filetest, integer, lib, locale, open, ops, overload, re, sigtrap, strict, subs, utf8, vars, warnings, warnings::register

Allgemeines

Archive::..., Benchmark, CPAN::..., Carp, Compress::Zlib, Config, Convert::BinHex, Digest::..., Exporter, English, Env, Fcntl, Font::AFM, Getopt::..., Mac::..., MIME::..., Scalar::Util, Shell, Switch, POSIX, PPM, Time::..., Win32::..., Win32API::...

Texte und Zahlen

Math::..., SEARCH::Dict, Text::..., UNICODE

Datei- und Verzeichniszugriffe

Cwd, DirHandle, File::..., FileCache, FileHandle, FindBin, IO::..., List::Util, SelectSaver

WWW

Apache:..., Bundle::LWP, CGI, CGI::..., HTML, HTTP, LWP::..., URI::..., WWW::RobotRules::...

Datenstrukturen

AnyDBM_File, Class::Struct, Data::Dumper, SDBM_File, Storable, SOAP, Symbol, UDDI::Lite, UNIVERSAL, XML::Parser, XMLRPC::...

Benutzerschnittstellen

```
Term::..., Tk
```

Netzwerk, System, IPC

```
Errno, IPC::..., Mail::..., Net::..., Socket, Sys::..., User::...
```

Compiler

```
B, O
```

Für Entwickler

```
AutoLoader, AutoSplit, ByteLoader, DB, Devel::..., Dumpvalue, Dynaloader,
ExtUtils::..., Fatal, Opcode, POD::..., Safe, SelfLoader, Test::Harness,
Thread::..., Tie::..., XSLoader
```

E.2   Alphabetische Liste

Pragmatische Module

- `attributes`
  Variablen- oder Funktionsattribute erfragen. (Attribute sind im experimentellen Stadium, bisher gibt es lediglich die Attribute `locked`, `method` und `lvalue` für Funktionen.)

- `attrs`
  Alte Methode, um Funktionsattribute zu erfragen und zu setzen. Soll nicht mehr verwendet werden.

- `autouse`
  Funktionen erst bei Bedarf laden.

  ```
  use autouse modulname, fktlist;
  ```

- `base`
  Fügt Basisklassen in das Array `@ISA` hinzu (OO-Programmierung).

- `blib`
  Verwende die *blib*-Verzeichnisstruktur des Moduls MakeMaker (Schreiben von Perl-Erweiterungen mit C und XS).

- `bytes`
  Stellt jegliche Mehr-Byte-Interpretation von Zeichen ab (Unicode) und interpretiert wieder 1 Byte als 1 Zeichen (ASCII oder länderspezifische Codepages).

- `charnames`
  Unicode-Zeichenbeschreibungen verwenden.

- `constant`
  Konstanten, also unveränderliche Werte deklarieren.

  `use constant BUFFER => 4096 ;`

  Später wird die Konstante dann ohne Präfix verwendet: `print BUFFER;`. Arrays und Hashes können über Referenzen als Konstanten angelegt werden.

- `diagnostics`
  Erweiterte Fehler- und Warnmeldungen aktivieren. Schaltet automatisch auch den Schalter `-w` an.

- `fields`
  Deklaration von Klassenfeldern während der Kompilierzeit. :-)

- `filetest`
  Verändert die Ausgabe der Filetest-Operatoren dahingehend, dass zusätzliche Berechtigungseinstellungen über Access Control Lists (ACLs, UNIX) mit berücksichtigt werden.

- `integer`
  Verwendung von Integer- statt Fließkommaarithmetik

  `use integer ; print 10 / 8 ;     # --> 1`

- `lib`
  Fügt zur Kompilierzeit Modulverzeichnisse zu dem Array `@INC` hinzu.
  Entspricht: `BEGIN{unshift(@INC, LIST)}`

  `use lib dirlist ;`

  Durch `no lib dirlist;` können Verzeichnisse entfernt werden.

- `locale`
  Länderspezifische Zeichentabelle benutzen statt ASCII.

- `open`
  Nur für DOS/Windows interessant. Statt mit `binmode` den Modus für einzelne Filehandles festzulegen, kann über

  `use open IN/OUT mode;`

  ein Default-Modus eingerichtet werden. Als Modi stehen `:raw` (Binary) und `:crlf` (Text) zur Verfügung.

- `ops`
  Verhindert unsichere Operationen bereits zur Kompilierzeit.

- `overload`
  Hiermit können Perl-Operatoren (+, –, *, += etc.) überladen werden. Ist aber nicht so einfach, wie es sich hier anhört. ;-)

- `re`
  Änderung des Verhaltens von Regular Expressions hinsichtlich der Systemsicherheit.

- sigtrap
  Ein einfaches Interface zur Festlegung von Signalbehandlungsroutinen (siehe Kapitel 20).

- strict
  Erfordert einen restriktiven Umgang mit Variablen. Verhindert Fehler, die durch die unüberlegte Verwendung von globalen Variablen entstehen. Erzeugt eine Fehlermeldung zur Kompilierzeit, wenn Variablen nicht mit my oder our deklariert oder mit vollständigem Package-Namen angegeben werden.

- subs
  Deklariert die genannten Funktionen (wie sub func1;), so dass sie ohne Klammern verwendet werden können.

  ```
  use subs fun1, func2, ... ;
  ```

- utf8
  Ermöglicht UTF8-formatierten Source-Code.
  (UTF8 ist die gängigste Unicode-Kodierung.)

- vars
  Alte Form, globale Variablen unter use strict zu erlauben. Seit Perl 5.6 tut man dies über den Befehl our().

- warnings
  Schaltet den Schalter -w an und ermöglicht weitergehende und differenziertere Warnungen.

- warnings::register
  Erstellt eine neue Kategorie von Warnungen. Hilfsmodul für warnings

Andere

- AnyDBM_File
  Gemeinsame Schnittstelle für unterschiedliche DBM-Varianten

- Apache::.....
  Perl-Module für Apache WWW-Server

- Archive::Tar
  Archive::Zip
  Module zum Komprimieren von Dateien im tar- bzw. im zip-Format

- AutoLoader
  Automatisches Laden einer Funktion erst bei Bedarf, nicht in der normalen Kompilierphase

- AutoSplit
  Hilfsmodul zur Vorbereitung eines Moduls für das automatische Laden

- B
  B::Assembler
  B::Bytecode
  B::C
  .....

  Interne Schnittstellen für den Perl-Compiler. Werden zur Programmierung neuer Compiler benötigt.

- Benchmark
  Modul zum Erstellen von Benchmark-Tests für Perl-Code (Laufzeitanalyse)

- Bundle::LWP
  Hilfsmodul zur Installation aller lib-www Perl-Module

- ByteLoader
  Modul zum Laden von Perl-Bytecode

- Carp
  Erweiterte Fehlermeldungen, die auch den Aufrufer der fehlerhaften Funktion nennen

- CGI
  Wichtigstes Perl-Modul zum Programmieren von CGI-Skripten (Webskripten)

- CGI::Cookie
  CGI::Push
  .....

  Hilfsmodule zur Programmierung von CGI-Skripten

- Class::Struct
  Modul zur Deklaration strukturähnlicher Datentypen als Perl-Klassen

- Compress::Zlib
  Schnittstelle zur Zlib-Kompressions-Bibliothek

- Config
  Abfrage von Konfigurationsparametern des Perl-Interpreters bei dessen Kompilierung

- CPAN::......
  Hilfsmodule zur Installation von Modulen aus dem CPAN

- Convert::BinHex
  Daten aus Macintosh BinHex-Dateien extrahieren

- Cwd
  Abfrage des aktuellen Verzeichnisses

- Data::Dumper
  Stringifizierung von Datenstrukturen (zur Speicherung auf Festplatte)

- DB
  Debugging-Interface

- `Devel::.....`
  Module für einen Perl-Code Profiler (Laufzeit-Analysator) und zum Debugging selbst geschriebener Erweiterungen

- `Digest::HMAC`
  `Digest::MD5`
  `.......`
  Module zur Berechnung von Messgage Digests (Fingerprints)

- `DirHandle`
  Objektorientiertes Interface für Directory Handles

- `Dumpvalue`
  Ausgabe der internen Struktur von Variablen

- `DynaLoader`
  Dynamisches Laden von C-Bibliotheken

- `English`
  Modul zur Verwendung ausgeschriebener Variablennamen für die Spezialvariablen

- `Env`
  Umgebungsvariablen als normale skalare Variablen oder Arrays importieren

- `Errno`
  Definiert und exportiert alle Konstanten der C-Bibliothek `errno.h`

- `Exporter`
  Enthält die Importfunktion für Module, welche dafür sorgt, dass Modulfunktionen im Skript sichtbar sind

- `ExtUtils::Command`
  `ExtUtils::Embed`
  `ExtUtils::MakeMaker`
  `.....`
  Utilities zur Erstellung von Perl-Extensionen (in C geschriebenen Erweiterungen) und zur Einbettung von Perl-Code in C-Programmen

- `Fatal`
  Normale Funktionen durch solche ersetzen, die das Programm beenden, wenn sie *falsch* zurückgeben

- `Fcntl`
  Bequemere Notation zum systemnahen Öffnen, Schließen und Sperren von Dateien

- `File::Basename`
  Liefert Verzeichnis- und Dateianteil eines Pfadnamens

- `File::CheckTree`
  Mehrere Dateitests für alle Einträge eines Verzeichnisbaums durchführen

■ File::Compare
Den Inhalt zweier Dateien vergleichen

■ File::Copy
Dateien kopieren oder verschieben

■ File::CounterFile
Zähler als Datei implementieren

■ File::DosGlob
DOS-gemäße Auflösung von Dateinamensmustern

■ File::Find
Ein Verzeichnis rekursiv durchlaufen und beliebige Aktionen mit den gefundenen Dateien durchführen

■ File::Glob
BSD-Erweiterung von Dateinamensmustern

■ File::Listing
Verzeichnislisting verstehen und zerlegen

■ File::Path
Verzeichnisbäume anlegen oder löschen

■ File::Spec
Viele Funktionen zur Manipulation von Dateinamen (Pfad zerlegen, Vaterverzeichnis, Root-Directory, relativer zu absolutem Pfad etc.)

■ File::stat
Bequemere Schnittstelle für Perls stat()-Funktion

■ File::Temp
Modul für den Umgang mit temporären Dateien

■ FileCache
Mehr Dateien offen halten, als es eigentlich vom Betriebssystem her möglich ist

■ FileHandle
Objektorientierte Schnittstelle für Datei-Handles

■ FindBin
Aufbau eines Verzeichnisbaums mit /bin und /lib relativ zum aktuellen Directory

■ Font::AFM
Interface zur Adobe Font Metrics-Datei, zur Festlegung von Adobe Fonts

■ Getopt::Std
Getopt::Long
Modul zur Erkennung von Befehlszeilenoptionen

■ HTML::......
Eine Reihe von Modulen zur Erstellung und Analyse von HTML-Dokumenten

- `HTTP::.....`
  Eine Reihe von Modulen zur Implementierung eines HTTP-Servers

- `IO::.....`
  Objektmethoden für Filehandles, Directory-Handles und Sockets

- `IPC::.....`
  Funktionen, um ein Prozess-Handle zum Lesen und Schreiben zu öffnen (open PH, "| befehl |";) sowie zur Implementierung des SystemV-IPC-Konzepts

- `List::Util`
  Einige Funktionen in Zusammenhang mit Listen, wie Minimum/Maximum-Bestimmung, zufällige Auswahl oder Summierung

- `LWP::.....`
  Lib WWW Perl. Eine Reihe von Modulen zur Implementierung eines Webclients und zur automatischen Ausführung von HTTP-Requests

- `Mac::.....`
  Module für spezielle Macintosh-Funktionen

- `Mail::.....`
  Module zum Senden von Mail per SMTP und zum Filtern eingegangener Mails

- `Math::BigFloat`
  `Math::BigInt`
  `Math::Complex`
  `Math::Trig`
  Mathematische Module für Zahlen beliebiger Größe und Genauigkeit, komplexe Zahlen und trigonometrische Funktionen

- `MIME::.....`
  Funktionen zur Konvertierung von Daten in das und aus dem MIME-Format (z. B. E-Mail-Attachments)

- `Net::FTP`
  Funktionen für einen FTP-Client

- `Net::HTTP`
  Funktionen für einen Web-Client

- `Net::NNTP`
  Funktionen für einen Newsreader-Client

- `Net::Ping`
  Erreichbarkeit von Rechnern überprüfen

- `Net::POP3`
  Funktionen zum Abholen von Mail per POP3-Protokoll

- `Net::SMTP`
  Funktionen zum Versenden von Mail

- Net::......
  Weitere Module der Gruppe Net

- O
  Frontend für den Perl-Compiler

- Opcode
  Teile des Perl-Codes nicht in Bytecode umwandeln, bevor er ausgeführt wird

- Pod::......
  Analysieren und Konvertieren von POD-Dokumentationen (Modul-Dokus)

- POSIX
  Perl-Schnittstelle für den POSIX-Standard. Ein riesiges Modul, das die für POSIX geforderten Funktionen implementiert. Es handelt sich um etwa 200 Funktionen aller Kategorien, die man vor allem im UNIX- und C-Umfeld kennt.

- PPM
  Package Manager zur Installation und Wartung beliebiger Software

- Safe
  Erlaubt es, einen Teil des Perl-Codes in einem abgetrennten logischen Bereich auszuführen.

- Scalar::Util
  Einige zusätzliche Funktionen für skalare Variablen

- SDBM_File
  Hashes als DBM-Dateien auf Festplatte halten

- Search::Dict
  Sucht in einer Datei nach einem vorgegebenen Wort.

- SelectSaver
  Hilfsfunktionen für den gleichzeitigen Umgang mit mehreren Filehandles

- SelfLoader
  Modul zum automatischen Laden von Funktionen bei Bedarf

- Shell
  Macht Shell-Befehle des jeweiligen Systems als Perl-Funktionen bekannt. Ersetzt quasi `...`.

- SOAP
  SOAP (Simple Object Access Protocol) Client und Server. (Wird z.B. für XML-Protocol benötigt.)

- Socket
  Lädt die Definitionen der C-Header-Datei socket.h.

- Storable
  Komplexe Datenstrukturen auf Festplatte speichern

- Switch
  Ein switch-Befehl für Perl

- Symbol
  Manipulation von Perl-Symbolen (Variablennamen, Filehandles etc.)

- Sys::Hostname
  Versucht auf jede mögliche Art, den Rechnernamen herauszufinden.

- Sys::Syslog
  Interface zum UNIX-syslog-Server

- Term::ANSIColor
  Term::Cap
  . . . . .
  Ausgabe mittels spezieller Terminal-Funktionalitäten

- Test::.....
  Hilfsfunktionen zum Testen von Perl-Skripten

- Text::.....
  Einige Module zur Textverarbeitung. Es geht um Zeilenumbrüche, die Zerlegung in Wörter und um Abkürzungen.

- Thread::.....
  Experimentelles Modul zum Umgang mit Threads

- Tie::.....
  Module zur Erstellung von Funktionen, die magisch an skalare Variablen, Arrays oder Hashes gebunden sind, die also so funktionieren wie die Anbindung von DBM-Dateien an Hashes über SDBM_File.

- Time::.....
  Bequemerer Zugang zu den Feldern von localtime() und Funktionen zur Konvertierung zwischen Sekundenwerten und echten Datumswerten

- Tk::.....
  Perl/Tk. Modulpaket mit etwa 100!!! Modulen zur Erstellung grafischer Oberflächen unter Perl. Enorm vielfältig!

- UDDI::Lite
  Funktionen für einen UDDI-Client (Universal Description, Discovery and Integration, Webservice).

- Unicode::CharName
  Unicode::String
  . . . . .
  Module zur Konvertierung zwischen ASCII- und Unicode-Text. (Mehr als ein Byte je Zeichen, länderspezifische Zeichen wie z.B. Umlaute werden einheitlich dargestellt.)

- UNIVERSAL
  Basisklasse für alle anderen Klassen

- ■ `URI::......`
  Mehrere Module für den Umgang mit URIs (Verallgemeinerung von URL, Strings zur Identifizierung von Objekten im WWW)

- ■ `User::.....`
  Bequemerer Zugang zu den Werten der Funktionen `getpw*` und `getgr*`

- ■ `Win32::.....`
  Eine Reihe von Modulen mit einer großen Anzahl von Windows-spezifischen Funktionen

- ■ `Win32API::......`
  Low-Level-Funktionen für den Umgang mit dem I/O-System, der Netzwerkschnittstelle und der Registry von Windows

- ■ `WWW::RobotRules::......`
  `robots.txt`-Dateien analysieren

- ■ `XML::Parser`
  Modul zum Zerlegen von XML-Dokumenten

- ■ `XMLRPC::......`
  Implementierung des XML-RPC-Protokolls sowohl als Client als auch als Server (basiert auf dem SOAP-Protokoll)

- ■ `XSLoader`
  Dynamisches Laden von XS-Modulen (in C geschriebenen Perl-Erweiterungen)

Stichwortverzeichnis